Albert Richard Mohr

Das Frankfurter Opernhaus 1880–1980

Ein Beitrag zur Frankfurter Theatergeschichte

Im Verlag von Waldemar Kramer
Frankfurt am Main

Alle Rechte, insbesondere auch an der auszugsweisen
Verwendung von Text und Bildern in Presse, Funk,
Film und Fernsehen, vorbehalten!

© 1980 Dr. Waldemar Kramer, Frankfurt am Main

ISBN 3-7829-0232-7

Titelbild: Zeichnung des Opernhauses
von Lorenz Ritter (1881)
Umschlagbild: Bühnenbild-Entwurf von Ludwig Sievert
zur »Ariadne auf Naxos« von Richard Strauss (1926)

Buchgestaltung: Philipp Kroner, Bad Vilbel

Fotosatz: sg Satzservice GmbH, Frankfurt am Main

Einband: C. Fikentscher KG, Darmstadt

Druck von W. Kramer & Co. Druckerei-GmbH
in Frankfurt am Main

Inhaltsverzeichnis

- 9 Vorwort

- 11 Zur Vorgeschichte

- 11 Bekenntnis der Stadt und ihrer Bürger zum Theater-Neubau

- 21 Von der Planung zur Bauausführung

  - 29 Das Opernhaus in seiner äußeren Gestalt
  - 34 Das prunkvoll ausgestattete Haupttreppenhaus als Übergang vom Alltag in die Welt der dramatischen Kunst
  - 38 Das große Foyer, ein repräsentativer Treffpunkt für alle Theaterbesucher
  - 41 Der festlich gestaltete Zuschauerraum als Forum für ein gemeinsames Theatererlebnis
  - 47 Das Anlitz der Bühne
  - 52 Das Opernhaus im Spiegel der Kritik

- 56 Vorbereitende Maßnahmen zur Eröffnung des Opernhauses

- 63 Das Opernhaus unter der Leitung von Intendant Emil Claar 1880–1900

  Die Einweihung des Opernhauses mit Mozarts »Don Juan« – ein Ereignis im Frankfurter Theaterleben

  Spielplan-Auszug:
  - 83 Erstaufführung »Aida« von G. Verdi (1880)
  - 88 Erstaufführung »Carmen« von G. Bizet (1881)
  - 89 Erstaufführung »Rienzi« von R. Wagner
  - 92 Erstaufführung »Die Königin von Saba« von C. Goldmark (1881)
  - 92 Uraufführung der im Frankfurter Wettbewerb preisgekrönten Oper »Das Käthchen von Heilbronn« von C. Reinthaler
  - 93 Erstaufführung »Rheingold« von R. Wagner (1882)
  - 93 Erstaufführung »Die Walküre« von R. Wagner
  - 95 Erstaufführung »Siegfried« von R. Wagner (1883)
  - 96 Erstaufführung »Götterdämmerung« von R. Wagner
  - 97 Erste geschlossene Aufführung von R. Wagners »Ring des Nibelungen«
  - 98 Erstaufführung »Die Makkabäer« von A. Rubinstein
  - 99 Erstaufführung »Lakmé« von L. Delibes
  - 99 Erstaufführung »Die Meistersinger von Nürnberg« von R. Wagner (1884)
  - 101 Erstaufführung »Tristan und Isolde« von R. Wagner
  - 104 Die 400. Aufführung von Mozarts »Don Juan« (1885)
  - 104 Erstaufführung »Hoffmanns Erzählungen« von J. Offenbach (1886)
  - 107 Deutsche Erstaufführung »Heinrich der Achte« von C. Saint Saëns (1887)
  - 107 Deutsche Erstaufführung »Der Cid« von J. Massenet
  - 108 Mozart-Zyklus mit sieben seiner Werke (1888)
  - 108 Erstaufführung »Othello« von G. Verdi
  - 110 Erstaufführung »Hamlet« von A. Thomas
  - 111 100. Aufführung von R. Wagners »Lohengrin« (1891)
  - 111 Erstaufführung »Manon« von J. Massenet
  - 112 Erstaufführung »Cavalleria rusticana« von P. Mascagni
  - 113 Zum 100. Geburtstag von J. Meyerbeer
  - 114 Mozart-Zyklus zum 100. Geburtstag des Meisters
  - 114 Zum 100. Geburtstag von G. Rossini (1892)
  - 114 Erstaufführung »Der Bajazzo« von R. Leoncavallo (1893)
  - 116 Richard Wagner-Zyklus mit zehn seiner Werke
  - 116 Erstaufführung »Die verkaufte Braut« von F. Smetana
  - 117 Erstaufführung »Hänsel und Gretel« von E. Humperdinck (1894)
  - 118 Erstaufführung »Die Medici« von R. Leoncavallo
  - 121 Erstaufführung »Dalibor« von F. Smetana (1895)
  - 121 Erstaufführung »Der Evangelimann« von W. Kienzl
  - 121 Erstaufführung »Falstaff« von G. Verdi (1896)
  - 122 Erstaufführung »Das Heimchen am Herd« von C. Goldmark
  - 126 Erstaufführung »Der arme Heinrich« von H. Pfitzner (1897)
  - 126 Erstaufführung »Die Königskinder«, Melodram von E. Humperdinck
  - 126 Erstaufführung »La Bohème« von G. Puccini
  - 128 Erstaufführung »Die Abreise« von E. d'Albert (1898)
  - 128 Deutsche Erstaufführung »Iris« von P. Mascagni (1899)
  - 129 Deutsche Erstaufführung »Die Mainacht« von N. Rimskij-Korsakow (1900)

- 130 Das Opernhaus unter der Leitung von Intendant Paul Jensen 1900–1911

  - 130 Erstaufführung »Der Bärenhäuter« von S. Wagner (1900)
  - 130 Erstaufführung »Das Rothkäppchen« von F. A. Boieldieu
  - 130 Erstaufführung »Benvenuto Cellini« von H. Berlioz (1901)

132	Erstaufführung »Jolanthe« von P. Tschaikowski
134	Erstaufführung »Feuersnot« von R. Strauss
135	Erstaufführung »Louise« von G. Charpentier (1902)
136	Erstaufführung »Samson und Dalila« von C. Saint-Saëns
137	Erstaufführung in neuer Fassung »Don Pasquale« von G. Donizetti
137	Erstaufführung »Eugen Onegin« von P. Tschaikowský
138	Uraufführung »Dornröschen« von E. Humperdinck
139	Deutsche Erstaufführung »Götz von Berlichingen« von C. Goldmark (1903)
141	Erstaufführung »Die neugierigen Frauen« von E. Wolf-Ferrari (1905)
142	25 Jahre Frankfurter Opernhaus (1905)
142	Glucks »Iphigenie auf Tauris«, Neubearbeitung R. Strauss (1906)
143	Erstaufführung »Flauto Solo« von E. d'Albert
144	Erstaufführung »Tiefland« von E d'Albert
144	Erstaufführung »Salome« von R. Strauss (1907)
146	Deutsche Erstaufführung »Pelleas und Melisande« von C. Debussy
148	Erstaufführung »Der Daimon« von A. Rubinstein
150	Uraufführung »Die rote Gred« von J. Bittner
150	Erstaufführung »Madame Butterfly« von G. Puccini (1908)
152	Erstaufführung »Elektra« von R. Strauss (1909)
153	Erstaufführung »Tosca« von G. Puccini
154	Erstaufführung »Guntram« von R. Strauss (1910)
155	Erstaufführung »Susannens Geheimnis« von E. Wolf-Ferrari
156	Erstaufführung »Der Rosenkavalier« von R. Strauss (1911)
157	Erstaufführung »Die Königskinder« von E. Humperdinck
158	Erstaufführung »König für einen Tag« von A. Adam
158	Uraufführung »Der ferne Klang« von F. Schreker (1912)

166 Das Opernhaus unter der Leitung von Intendant Robert Volkner 1912–1917

166	Erstaufführung »Der Kuhreigen« von W. Kienzl (1912)
167	Erstaufführung »Ariadne auf Naxos« (Urfassung) von R. Strauss (1913)
168	Uraufführung »Das Spielwerk und die Prinzessin« von F. Schreker
170	Erstaufführung »Don Carlos« von G. Verdi
171	Erstaufführung »Parsifal« von R. Wagner (1914)
174	Erstaufführung »Der Corregidor« von H. Wolf
174	Erstaufführung »Der Liebhaber als Arzt« von E. Wolf-Ferrari
175	Erstaufführung »Don Juans letztes Abenteuer« von P. Graener
180	Erstaufführung »Mona Lisa« von M. v. Schillings (1915)
181	Erstaufführung »Violanta« von E. W. Korngold (1916)
181	Erstaufführung »Der Ring des Polykrates« von E. W. Korngold
182	Erstaufführung »Die Schneider von Schönau« von J. Brandts-Buys
182	Erstaufführung »Die toten Augen« von E. d'Albert (1917)

184 Das Opernhaus unter der Leitung von Generalintendant Dr. Karl Zeiß 1917–1920

184	Erstaufführung »Ariadne auf Naxos«, Neufassung von R. Strauss (1917)
186	Erstaufführung »Das Höllisch Gold« von J. Bittner (1918)
186	Uraufführung »Die Gezeichneten« von F. Schreker
187	Mozart-Zyklus mit fünf seiner Werke
187	Erstaufführung »Alkeste« von Chr. W. Gluck in einer Neufassung von F. Mottl
188	Erstaufführung »Turandot« und »Arlecchino« von F. Busoni
191	Lortzing-Zyklus mit fünf seiner Werke
194	Erstaufführung »Scheherazade« von B. Sekles (1919)
194	Uraufführung »Fennimore und Gerda« von F. Delius
196	Uraufführung »Der Schatzgräber« von F. Schreker (1920)
197	Erstaufführung »Das Loch in der Landstraße« von F. A. Boieldieu
198	Uraufführung »Die ersten Menschen« von R. Stephan

200 Das Opernhaus unter der Leitung von Dr. Ernst Lert 1920–1923

200	Erstaufführung »Boris Godunow« von M. P. Mussorgskij (1921)
202	Erstaufführung »Die tote Stadt« von W. Korngold
203	Webers »Oberon« in einer Neufassung von G. Mahler (1922)
204	Erstaufführung »Mörder, Hoffnung der Frauen« von P. Hindemith
204	Erstaufführung »Nusch-Nuschi«, Musik von P. Hindemith
204	Uraufführung »Sancta Susanna« von P. Hindemith
205	Deutsche Erstaufführung »Herzogs Blaubarts Burg« von B. Bartók
205	Deutsche Erstaufführung »Der holzgeschnitzte Prinz« von B. Bartók
206	Zyklus moderner Opernwerke
206	Wagner-Zyklus mit neun seiner Werke
206	Erstaufführung »Tannhäuser« in der Pariser Fassung von R. Wagner
207	Erstaufführung »Die Frau ohne Schatten« von R. Strauss
208	Erstaufführung »Palestrina« von H. Pfitzner (1923)
211	Erstaufführung »Josefslegende« von R. Strauss
212	Erstaufführung »Jenufa« von L. Janáček (1923)

212 Erstaufführung »Die Fürsten Howansky« von M. P. Mussorgskij (1924)
213 100. Aufführung von E. d'Alberts »Tiefland«
215 Erstaufführung »Irrelohe« von F. Schreker
216 Uraufführung »Der Sprung über dem Schatten« von E. Křenek

217 **Das Opernhaus unter der Leitung von Prof. Clemens Krauss 1924–1929**

217 Uraufführung »Sakahra« von S. Bucharoff (1924)
217 Erstaufführung »Pique Dame« von P. Tschaikowsky
218 Erstaufführung »Gianni Schicchi« von G. Puccini (1925)
218 Erstaufführung »Intermezzo« von R. Strauss
219 Erstaufführung »Der goldene Hahn« von N. Rimskij-Korsakow
219 100. Aufführung von R. Strauss' »Der Rosenkavalier«
219 Uraufführung »Die zehn Küsse« von B. Sekles (1926)
225 Uraufführung »Der Golem« von E. d'Albert
226 Erstaufführung »Die Lästerschule« von P. v. Klenau
227 Erstaufführung »Turandot« von G. Puccini (1927)
228 Erstaufführung »Doktor Faust« von F. Busoni
229 Richard Strauss-Zyklus mit fünf seiner Werke
229 Erstaufführung »Jonny spielt auf« von E. Křenek
229 Erstaufführung »Die Macht des Schicksals" von G. Verdi
229 Erstaufführung »Ritter Blaubart« von E. N. von Reznicek (1928)
230 Erstaufführung »Cardillac« von P. Hindemith
231 Erstaufführung »Der Protagonist« von K. Weill
231 Erstaufführung »Der Zar läßt sich photographieren« von K. Weill
232 Erstaufführung »Der Diktator« von E. Křenek
232 Erstaufführung »Das geheime Königsreich« von E. Křenek
232 Erstaufführung »Schwergewicht oder Die Ehre der Nation« von E. Křenek
233 Deutsche Erstaufführung »Die Sache Makropulos« von L. Janáček (1929)
233 Erstaufführung »Der Jahrmarkt von Sorotschintzi« von M. P. Mussorgskij
235 Erstaufführung »Das Mädchen aus dem goldenen Westen« von G. Puccini

236 **Das Opernhaus unter der Leitung von Intendant Prof. Josef Turnau 1929–1933**

236 Erstaufführung »Schwanda, der Dudelsackpfeifer« (1929)
236 Erstaufführung »Maschinist Hopkins« von M. Brand
236 Uraufführung »Von heute auf morgen« von A. Schönberg (1930)
239 Uraufführung »Achtung Aufnahme« von W. Grosz
239 Uraufführung »Transatlantik« von H. Antheil
240 50 Jahre Frankfurter Opernhaus
240 Erstaufführung »Aufstieg und Fall der Stadt Mahagonny« von K. Weill
242 Erstaufführung »Simone Boccanegra« von G. Verdi
243 Erstaufführung »Wozzeck« von A. Berg (1931)
244 Erstaufführung »Macbeth« von G. Verdi (1932)
245 Erstaufführung »Der arme Matrose« von D. Milhaud
245 Erstaufführung »Die spanische Stunde« von M. Ravel

248 **Das Opernhaus unter der Leitung von Generalintendant Hans Meissner 1933–1944**

248 Erstaufführung »Arabella« von R. Strauss (1933)
249 Uraufführung »Prinz Eugen, der edle Ritter« von M. Pfugmacher (1934)
252 Erstaufführung »Friedemann Bach« von P. Graener
253 Uraufführung »Münchhausens letzte Lüge« von H. Dransmann
254 125. Aufführung von R. Wagners »Tristan und Isolde«
255 Erstaufführung »Sly« von E. Wolf-Ferrari (1935)
256 100. Aufführung von R. Wagners »Parsifal«
256 Uraufführung »Die Zaubergeige« von W. Egk
261 Uraufführung »Doktor Johannes Faust« von H. Reutter (1936)
264 Erstaufführung »Manon Lescaut« von G. Puccini (1937)
266 Uraufführung »Carmina burana« von C. Orff
267 Erstaufführung »Madame Liselotte« von O. Gerster
269 Uraufführung »Das Herz« von H. Pfitzner
272 Erstaufführung »Hanneles Himmelfahrt« von P. Graener (1938)
276 Uraufführung der Neufassung »Die Rose vom Liebesgarten« von H. Pfitzner (1939)
277 Erstaufführung »Daphne« von R. Strauss
277 Erstaufführung »Christelflein« von H. Pfitzner
278 Pfitzner-Zyklus mit fünf seiner Werke (1940)
278 Erstaufführung »Die vier Grobiane« von E. Wolf-Ferrari
283 Erstaufführung »Peer Gynt« von W. Egk (1940)
285 Mozart-Zyklus mit sieben seiner Werke (1941)
285 Uraufführung »Columbus« von W. Egk (1942)
288 Uraufführung »Odysseus« von H. Reutter
290 Uraufführung »Die Kluge« von C. Orff (1943)
291 Erstaufführung »Donna Diana« von E. N. v. Reznicek
292 Erstaufführung »André Chénier« von U. Giordano
293 Deutsche Erstaufführung »Las Golondrinas« von J. M. Usandizaga

295 Zerstörung des Opernhauses durch Kriegseinwirkung
(1944)

297 Die Situation der Stadt nach ihrer Besetzung
(1945)

301 Rettet das Opernhaus!

301 Der bauliche Zustand der Opernhaus-Ruine (1952)

307 Mit der Ruine leben?

318 Planungsauftrag der Stadt Frankfurt
an eine Architektengemeinschaft (1960)

322 Gründung der »Aktionsgemeinschaft Opernhaus«
(1964)

343 Endgültige Zustimmung der Stadtverordnetenversammlung zum Wiederaufbau
der Alten Oper (1976)

347 Zweckbestimmung der Alten Oper
als Konzert- und Kongreßhaus (1977)

357 Richtfest der Alten Oper (1978)

358 Auftrag und Vollendung

367 Ausblick

368 Namensverzeichnis

Vorwort

Das alte Frankfurter Opernhaus, das im Jahre 1944 durch Kriegseinwirkung zerstört wurde und dessen Wiederaufbau nunmehr vor der Vollendung steht, gibt berechtigten Anlaß, sich seiner Vergangenheit zu erinnern.
Seit dem Jahre 1880, als das repräsentative Gebäude im Beisein des Kaisers feierlich eröffnet wurde, konnte sich die Mainstadt rühmen, eines der schönsten Opernhäuser jener Zeit zu besitzen. Dabei wurde insbesondere die Opferbereitschaft der Frankfurter Bürger herausgestellt, da diese einen wesentlichen finanziellen Beitrag zur Errichtung des kostspieligen Theaters geleistet hatten. Auch nach der Zerstörung des Gebäudes im Zweiten Weltkrieg bekannten sich die Frankfurter Bürger mit ungebrochener Begeisterung und Einsatzfreude zum Wiederaufbau des Opernhauses und bekundeten ihren Willen durch ein bemerkenswert hohes Spendenaufkommen.
Zwischen der Inbetriebnahme des Opernhauses (1880) und der in Aussicht stehenden Wiedereröffnung der Alten Oper spannt sich ein Bogen von etwa hundert Jahren, der glanzvolle Zeiten künstlerischer Ereignisse ebenso in sich schließt wie bittere Jahre der Erschwernis.
Nachdem das Opernhaus dem »totalen Krieg« zum Opfer gefallen und das künstlerische Leben im Stadtgebiet gänzlich zum Erliegen gekommen war, wurden sich die im Frankfurter Raum verbliebenen Bürger erst in vollem Umfang des schweren Verlustes bewußt, den sie erlitten hatten. Es gereicht ihnen zur Ehre, daß sie unmittelbar nach Kriegsende, lange bevor die Schäden an den Wohnhäusern beseitigt werden konnten und die meisten der geflüchteten Einwohner zurückgekehrt waren, ihre Stimme zum Wiederaufbau des zerstörten Theaters erhoben. Indes sollten noch viele Jahre vergehen, bis sich gegen so manchen massiven Widerspruch die Instandsetzung der »schönsten Ruine Deutschlands« durchsetzen ließ und die dafür notwendigen finanziellen Voraussetzungen geschaffen werden konnten. Was die zukünftige Verwendung der Alten Oper betraf, so gelangte man aufgrund sachlicher Erwägungen schon sehr früh zu der Überzeugung, daß eine ausschließliche Nutzung des Gebäudes als Musiktheater nicht mehr in Frage kommen könne. Die verantwortlichen Gremien folgten zuletzt denn auch der gebotenen Notwendigkeit, die Alte Oper nach ihrem Wiederaufbau als »Konzert- und Kongreßhaus« zu verwenden.
Wenngleich mit der Wiedereröffnung der Alten Oper eine neue Epoche anhebt und sich der Blick nunmehr auf die Zukunft richtet, so sollte dies für uns keinesfalls Anlaß sein, die schicksalhafte Vergangenheit des Opernhauses der Vergessenheit anheimfallen zu lassen. Die vielfältigen Bemühungen unserer Vorfahren um die Errichtung des stolzen Gebäudes wie auch der bis heute ungebrochene Einsatz für ein aktives Theaterleben mögen ihren Niederschlag in vorliegendem Buche finden; dafür spricht nicht nur die aus historischer Sicht gebotene Notwendigkeit, sondern ebenso der Wunsch, das Verhalten der Frankfurter Bürgerschaft als rühmliches Beispiel einer fortdauernden Einsatzbereitschaft für kulturelle Belange gebührend zu würdigen. So war es denn auch die immerwährende Verbundenheit der Frankfurter Bevölkerung mit ihren kulturellen Einrichtungen, welche bewirkte, daß man der Opernhaus-Ruine erdenklich große Fürsorge zuteil werden ließ und jene Absichten, die eine Niederlegung der Ruine vorsahen, als frevlerisches Vorhaben anprangerte. Nur in großen Zügen können die vielfältigen Bemühungen um die Wiedererstehung des Gebäudes angedeutet werden, die nach jahrelangem Ringen schließlich die Voraussetzungen schafften für die Erhaltung und den Wiederaufbau der Alten Oper. Dabei blieb nicht aus, daß manche Auseinandersetzungen auf politischer Ebene ausgetragen wurden und oft harte Worte fielen, die weder der Sache noch dem Fortgang des Vorhabens dienten. Ähnliche Erscheinungen ließen sich schon in den Jahren der Errichtung des Frankfurter Opernhauses beobachten, da man damals wie heute andere Bauprojekte für vordringlicher oder zweckdienlicher erachtete als den mit so hohen finanziellen Aufwendungen verbundenen Aufbau bzw. Wiederaufbau eines Kunsttempels. Unabhängig von diesen grundsätzlichen Erwägungen waren jedoch beim Wiederaufbau der Ruine insofern zusätzliche Probleme zu bewältigen, als die bauliche Verwendbarkeit der Ruine zunächst geprüft, die Zweckbestimmung des Gebäudes geklärt und letztlich eine entsprechende architektonische Lösung erarbeitet werden mußte, die sich an den Abmessungen des erhalten gebliebenen Mauerwerks orientierte. Der Rahmen des vorliegenden Buches gestattet nur ein kurzes, flüchtiges Eingehen auf die verschiedenen Vorschläge, die nach einem langwierigen Für und Wider schließlich zu dem Beschluß führten, die Architektengruppe Braun & Schlokkermann / Prof. Keilholz nebst Mitarbeitern mit der Ausführung des Projekts zu beauftragen.
Die textliche Erfassung der einzelnen Vorgänge wurde in ihrer Ausführlichkeit maßgeblich bestimmt durch den festgelegten Umfang des Buches. Für den historischen Teil mußten empfindliche Lücken im Grundmaterial hingenommen werden. Die Vernichtung wertvoller Archive im Frankfurter Raum durch Kriegseinwirkung machte es notwendig, sich mit weitreichenden Verlusten abzufinden. Der Verfasser war dennoch der Überzeugung, dem interessierten Leser einen ausreichenden Einblick in das Geschehen um das Frankfurter Opernhaus vermitteln zu können. Die Länge der einzelnen Kapitel wurde mitunter auch durch den Sachverhalt bestimmt, daß bislang unbekannte Quellen ausgewertet bzw. bedeutsame Gegebenheiten festgehalten werden konnten, die von theatergeschichtlichem oder doch wenigstens lokalhistorischem Interesse sind und bisher in keiner Veröffentlichung berücksichtigt wurden. Die

Bedeutung des Frankfurter Opernhauses als Musiktheater konnte nur in großen Umrissen dargestellt werden. Da der Verfasser bereits in einem anderen Buch »Die Frankfurter Oper 1924 bis 1944«, die Frankfurter Operngeschichte seit der Ära Clemens Krauss bis zur Zerstörung des Gebäudes detailliert beschrieben hat, erübrigte sich eine ausführlichere Darstellung dieser Epoche. Gleichfalls konnte darauf verzichtet werden, die Bedeutung des Frankfurter Opernhauses als architektonisches Bauwerk näher zu erläutern, da entsprechende Ausführungen von kompetenter Seite bereits vorliegen. Andererseits mußten zahlreiche Irrtümer zur Baugestaltung, wie sie in Aufsätzen aus jüngster Zeit enthalten sind, im Interesse historischer Wahrheit wenigstens insoweit richtiggestellt werden, als sie den Themenkreis des vorliegenden Buches berühren; dies gilt ebenso in bezug auf Fehleinschätzungen im künstlerischen und personellen Bereich.

Ein spürbarer Engpaß für die fragliche Zeit ergab sich hinsichtlich des Bildmaterials, da ein Großteil desselben während der Kriegswirren verlorengegangen ist. Nur kleine Restbestände der einst so reichhaltigen Frankfurter Sammlungen an Künstlerporträts, Bühnenbild- und Kostümwürfen, Bühnenmodellen usw. blieben erhalten. So erklärt es sich, daß ein beträchtlicher Teil des in diesem Buch wiedergegebenen Bildmaterials auswärtigen Archiven bzw. privaten Sammlungen entstammt. Trotz einvernehmlicher Zusammenarbeit mit allen erreichbaren in- und ausländischen Archiven blieben gewisse Erwartungen in Hinsicht auf Szenen- und Bühnenbilder unerfüllt, so daß sich einige Lücken nicht schließen ließen. Für die Frühzeit der dargestellten Zeitspanne kam erschwerend hinzu, daß damals weit weniger fotografiert wurde und darüber hinaus ein beträchtlicher Teil des bildhaften Materials sich als nicht mehr reproduktionsfähig erwies. Infolge dieser Sachlage ergab sich bei verschiedenen in Frankfurt aufgetretenen Künstlern die Notwendigkeit, auf Porträts zurückzugreifen, die aus deren Tätigkeitsbereichen an anderen Bühnen stammen. Der Verfasser hielt die Wiedergabe solcher Bilder dennoch für vertretbar, da die Porträts in Kostüm und Maske als charakteristisch für den Gestaltungswillen der damaligen Zeit gelten können; nicht zuletzt ging es aber auch darum, bewährte Künstler wenigstens mit einer bildhaften Darstellung vertreten zu wissen.

Es ist dem Verfasser ein besonderes Anliegen, für die bereitwillige Unterstützung zu danken, die ihm bei seiner Arbeit und den damit verbundenen Recherchen durch Personen und Institutionen in so großzügiger Weise zuteil wurde. In diesem Zusammenhang sind zu erwähnen die Musik- und Theaterabteilung der Frankfurter Stadt- und Universitätsbibliothek, das Frankfurter Stadtarchiv, das Historische Museum Frankfurt am Main, die Archive der Technischen Universität Berlin mit ihrer Plansammlung, das Theatermuseum des Theaterwissenschaftlichen Instituts der Universität Köln, das Deutsche Theatermuseum München, die Theatersammlung des Literaturwissenschaftlichen Instituts der Universität Hamburg, die Österreichische Nationalbibliothek Wien mit ihrer Musik- und Theatersammlung, dem Bildarchiv und der Porträtsammlung, das Zentrale Staatsarchiv, Merseburg, die Polytechnische Gesellschaft, Frankfurt am Main, das Deutsche Literatur-Archiv, Marbach a. N., sowie die zahlreichen Privatarchive im In- und Ausland.

Beteiligt an der schwierigen Suche nach Grundmaterial bzw. an der Realisierung des Buchvorhabens waren: Gertrud Faust, Emmy Sinner, Architekt Jörg Husmann, Studienrat Ehrhard Marz, Mag. Oberrat i. R. Theo Nau, Dramaturg Rudi Seitz und Dipl. Ing. Peter Westrup.

Persönlichen Dank schuldet der Verfasser auch: Christel Benner (Hamburg), Oberrat Dr. Christine Gruber (Wien), Martha Hellfritsch, Karla Ihlder, Katharina Küpper-Brioschi (Wien), Christa Krupp, Vlasta Lazar, Silja Lésny (München), Heidrun Moosmann, Lena Muda (Berlin), Anni Reuter, Susi Rühl, Elisabeth Schaaf, Friedl-Maria Schacko, Anneliese Strömsdörfer, Elisabeth Werth – Johannes Adrian, Archivdirektor Dr. Dietrich Andernacht, Operndirektor Dr. Christof Bitter, Techn. Direktor Klaus Diers, Techn. Direktor Friedrich Fischer (Remscheid), Dipl. Ing. Bodo Gerken (Bad Soden), Helmut Grosse (Köln), Karl Gruß, Dr. Arnulf Herbst, Archivdirektor Prof. Dr. Wolfgang Klötzer, Toni Krein, Georg Mumm von Schwarzenstein, Direktor Dr. Eckehart Nölle (München), Dipl. Ing. Dieter Radicke (Berlin), Prof. Dr. Dr. Hans Reuther (Berlin), Norbert Rücker, Dr. Hartmut Schaefer, Dr. Harti Schwarz, Direktor Dr. Hans Stubenvoll, Dr. Frank Tornquist (Graz), Dipl. Volkswirt Wolfgang Werner, Prof. Dr. Ernst Wolff (New York).

Im Zusammenhang mit der Erfassung der Wiederaufbau-Periode der Alten Oper fand der Verfasser wohlwollende Unterstützung bei: Hochbauamt der Stadt Frankfurt, stellv. Amtsleiter Hans Joachim Kirchberg, Leiter der Projektgruppe Alte Oper und Mitarbeiter; Frankfurter Aufbau AG, Direktor Hermann Sengle, Leiter der Planungsgruppe Alte Oper, und Mitarbeiter; Amt für Denkmalpflege, Dr. Heinz Schomann; Betriebsgesellschaft »Alte Oper GmbH«, Generalmanager Ulrich Schwab und Mitarbeiter; Aktionsgemeinschaft Opernhaus, Fritz Dietz, Präsident der Industrie und Handelskammer, nebst Mitarbeiter.

Nicht zuletzt dankt der Verfasser den Fotografen und Foto-Ateliers für die geleistete Arbeit und die oft schwierigen Reproduktionen von Bildvorlagen: Karl Arendt, Victor v. Brauchitsch, Klaus Broszat, Renate & Tadeusz Dabrowski, Gerhard Dittmann, Edmund Keller, Philipp Kerner, Lutz Kleinhans, Fred Kochmann, Michael & Wolf-Dieter Köhler, Ruth Neumann, Gerd Scheffler, Ursula Seitz-Gray, Erich Uttendörfer, Peter Westrup, Dr. Wolff-Tritschler u. a. m.

Zur Vorgeschichte

Es war ein Ereignis von weitreichender Bedeutung, als im Jahre 1782 das erste Theatergebäude in Frankfurt am Main eröffnet wurde. Bis zu diesem Zeitpunkt hatten in- und ausländische Wandertruppen das Theaterleben in der altehrwürdigen Kaiserstadt bestimmt. Nun aber traten die fahrenden Komödianten zunehmend in den Hintergrund, bis ihr Einfluß im Jahre 1792 infolge der Verpflichtung eines bodenständigen Ensembles nahezu völlig zum Erliegen kam. Dies bedeutete den Beginn einer zielbewußten Kunstpflege im Bereich des Musik- und Sprechtheaters. Es sollte dann nicht mehr lange dauern, bis das »Frankfurter Nationaltheater« seinen Ruf als vorbildliches Kunstinstitut weit über die Stadtgrenzen hinaustragen konnte. Diese spürbare Belebung des Theaterwesens in den folgenden Jahrzehnten hatte eine weitere Ursache in der stetig wachsenden Einwohnerzahl, wodurch sich auch der Kreis der Theaterfreunde zusehends erweiterte. Wie aus den Statistiken hervorgeht, wies die Stadt im Jahre 1780 eine Einwohnerzahl von ca. 36.000 Personen auf. Im Jahre 1855 war die Bevölkerung innerhalb der Stadtgrenzen bereits auf ca. 64.000, 1871 auf ca. 91.000 und 1880 auf ca. 133.000 Bewohner angewachsen. Es konnte daher nicht ausbleiben, daß das etwa 1000 Personen fassende Stadttheater mit all seinen Kunstgattungen eines Tages als zu beengt angesehen wurde, da es den gestiegenen Ansprüchen nicht mehr genügen konnte. Im Jahre 1855 glaubte man, diesem Problem nicht länger ausweichen zu können, so daß der Senat Erhebungen bezüglich einer Erweiterung des Theatergebäudes in Aussicht stellte. Dabei wurde auch die Frage erörtert, ob man die für einen Umbau des Theaters notwendigen Geldmittel nicht sinnvoller in einen Neubau investieren solle. In diesem Zusammenhang nahm man sogar Verbindung mit auswärtigen Intendanten und Schriftstellern auf, um deren Stellungnahme kennenzulernen. Mehr und mehr setzte sich die Auffassung durch, das alte Haus mit seiner hervorragenden Akustik zu erhalten und lediglich für eine elegantere Ausschmückung und bessere Einrichtung Sorge zu tragen. Unter anderem wurde die Möglichkeit ins Auge gefaßt, das Parterre durch Wegnahme von acht Logen zu vergrößern, die Parterrebänke ohne Rückenlehne durch Einzelstühle zu ersetzen, Gasbeleuchtung einzurichten und die Bühne umzugestalten. Nach längerem Hin und Her entschloß sich der Senat, von einem Neubau abzusehen und den Umbau des Theaters einzuleiten. Mit der Durchführung der Arbeiten beauftragte man den Frankfurter Architekten Rudolf Heinrich Burnitz. Bereits im Jahre 1862 beschäftigte sich der Senat erneut mit der Frage eines Neubaues, doch erst drei Jahre später wurde diesbezüglich ein Antrag »vom Stadtbauamt in vorbereitende Behandlung genommen«. Leider gerieten die erfolgversprechenden Ansätze durch die Ereignisse des Jahres 1866 für einige Zeit völlig aus dem Blickfeld. Der Einmarsch preußischer Truppen am 16. Juli in die offene Stadt Frankfurt am Main ließ vorerst alle Erwartungen hinsichtlich einer Durchführung notwendiger Bauvorhaben im Kulturbereich schwinden.

Die Einverleibung der Stadt in den preußischen Staat, der damit verbundene Verlust politischer Freiheit sowie die hohen Kontributionszahlungen führten zu einem völligen Wandel in den Lebensverhältnissen. Erst am 27. Februar 1868, als Oberbürgermeister Dr. Daniel Heinrich Mumm von Schwarzenstein und die übrigen Magistratsmitglieder in ihr Amt eingeführt wurden, bestand wieder Hoffnung, daß der Theaterneubau in absehbarer Zeit erneut zur Debatte gestellt würde. Glücklicherweise ließ dieser Zeitpunkt nicht allzu lange auf sich warten.

Bekenntnis der Stadt und ihrer Bürger zum Theater-Neubau

Der 14. Dezember 1869 ist als ein denkwürdiger Tag in die Frankfurter Theatergeschichte eingegangen. Bei der damals einberufenen Stadtverordnetenversammlung bezeichnete Oberbürgermeister Dr. Daniel Heinrich Mumm von Schwarzenstein den Neubau eines geräumigen Theaters als dringendes Bedürfnis der Stadt. Sein Antrag an das Plenum hatte folgenden Wortlaut:

»Frankfurt entbehrt eines, der Größe und Bedeutung der Stadt wie den Anforderungen des guten Geschmackes entsprechenden, Theatergebäudes. Was ein diesen Erfordernissen genügendes Opernhaus für den Verkehr und den Wohlstand einer Stadt werth ist, darüber braucht man nur in anderen Städten Umschau und Nachfrage zu halten, darüber geben die bedeutenden Opfer Belehrung, welche man in Städten von gleichem und selbst geringerem Range wie Frankfurt zur Herstellung solcher Theatergebäude zu bringen für angemessen und nützlich erachtet. – Der Strom der Fremden, die einen ihrer Annehmlichkeit dienenden Aufenthaltsort suchen, geht nach den Städten, wo die räumlichen Verhältnisse der vorhandenen

Theatergebäude ihnen die Möglichkeit leichten und genußreichen Theaterbesuches bieten. Hier in Frankfurt ist den Fremden diese Möglichkeit geradezu genommen. Die überaus beengten Räumlichkeiten des städtischen Hauses monopolisiren factisch den Besuch des Theaters zu Gunsten eines kleinen, zumeist aus Abonnenten bestehenden Publikums. – Die Frage solchen Neubaues hat in den Kreisen der Bürgerschaft bereits vielfache Erörterung gefunden. Möge endlich von dorther der Gedanke zur That heranreifen; an der Mitwirkung der Behörden zum Gelingen des Unternehmens wird es alsdann sicherlich nicht fehlen. Das eigene erfolgreiche Eintreten der Bürgerschaft für die Interessen der Stadt ist eine nachdrückliche Mahnung an deren Behörden, ihrerseits nicht zurückzubleiben. Magistrat und Stadtverordneten-Versammlung werden diese Mahnung nicht überhören wollen. Der Magistrat ist an seinem Theile entschlossen, derselben thatsächliche Folge zu geben.« Bereits am 23. Dezember 1869 kam eine größere Anzahl von Theaterfreunden im roten Saal des Saalbaues zusammen, um Fragen im Zusammenhang mit dem Neubau eines Theaters zu erörtern. Dabei wurde Einverständnis hinsichtlich der Gründung eines Spendenfonds erzielt, der mit Zuwendungen von 5.000 bzw. 10.000 Gulden einen Grundstock für das Bauvorhaben bilden sollte. Die Spender äußerten den Wunsch, das zu errichtende Gebäude solle etwa 2.000 Plätze umfassen und über eine große Bühne sowie eine vollständige Ausstattung an Dekorationen verfügen. Weiterhin erwartete man großräumige Foyers und weitläufige Treppen, eine große Anzahl von Ein- und Ausgängen, eine bedeckte Unterfahrt sowie breite steinerne Treppen. Des weiteren stellten die Geldgeber die Bedingung, daß ihnen und ihren Rechtsnachfolgern die Auswahl einer Loge gewährleistet werde, wobei im Falle gleichberechtigter Ansprüche das Los entscheiden solle. Auf eine Rückzahlung bzw. Verzinsung wurde ebenso verzichtet wie auf eine Bevorzugung hinsichtlich der zu zahlenden Abonnementsgelder. In der Zeit vom 23. Dezember 1869 bis zum 8. Januar 1870 verpflichteten sich 67 angesehene Frankfurter Bürger, einen Gesamtbetrag von 480.000 Gulden (das ensprach etwa einer Summe von 750.000 Mark) als Spenden zur Verfügung zu stellen. Darunter befand sich neben 40 Beiträgen à 5.000 Gulden und 26 Beiträgen à 10.000 Gulden auch eine Spende von 20.000 Gulden. Bei einer erneuten Sitzung, die am 13. Januar 1870 unter Moritz von Bethmanns Leitung stattfand, konnten die Spenden bereits protokollarisch erfaßt und notariell beglaubigt werden. Zugleich wurden aus dem Kreis der Anwesenden drei Deputierte gewählt, die das Gremium bei den nunmehr einsetzenden Besprechungen mit den städtischen Behörden vertreten sollten. Es waren dies die Herren J. Michel-Kuchen, Rudolph Sulzbach und Georg Stern. Als Suppleanten wurden dem Ausschuß die Herren Alexander von Bethmann, H. Mumm jr. und Adolph B. H. Goldschmidt beigegeben. Man forderte die Deputierten auf, sich nachdrücklich dafür einzusetzen, daß die Bauarbeiten noch im Jahre 1870 aufgenommen würden, damit die Fertigstellung des Hauses im Jahre 1874 gewährleistet sei. Ferner plante man, eine Aktiengesellschaft von Frankfurter Bürgern mit der Leitung des Theaters zu beauftragen. Schon am 15. Januar 1870 wandten sich die Deputierten der Spendengeber an den Magistrat mit einer Eingabe, die wegen ihrer Bedeutung im folgenden auszugsweise wiedergegeben sei: »Es hat wohl selten eine Anregung so fruchtbaren Boden gefunden wie jene des Herrn Oberbürgermeisters Dr. Mumm in seinem Vortrage an die Stadtverordneten, den Neubau eines Stadttheaters in Frankfurt am Main betreffend. Kaum sind einige Wochen verstrichen, seitdem der Inhalt seiner Ansprache den Bewohnern Frankfurt's bekannt wurde und schon sind die Endesunterzeichneten im Stande Namens einer Anzahl hiesiger Bürger und Einwohner dem Magistrate eine aus freiwilligen Beträgen von je 10.000 resp. 5.000 Gulden hervorgegangene bedeutende Summe zur Verfügung zu stellen, welche es den Städtischen Behörden ermöglicht, den so sehnlichst gewünschten Neubau sofort in Angriff nehmen zu können.« Die Beitragszeichner vertraten ferner die Auffassung, daß künftig keine weitere Verzögerung des Bauvorhabens mehr hingenommen werden solle, da mit dem Spendenaufkommen ein großer Teil der Kosten des Neubaues ohne Inanspruchnahme der »Steuerkraft der Bürger« finanziert werden könne. Offen bekannte man hierbei, daß die »Committenten nicht mit vollständiger Selbstverleugnung ein patriotisches Opfer bringen, sondern gleichfalls ihr eigenes Interesse im Auge haben«, welches darin bestehe, »die Früchte ihrer Opferbereitwilligkeit genießen zu können«. Damit wurde auf den Logenanspruch eines jeden Beitragszeichners Bezug genommen, wodurch jedoch für das Theater zahlreiche Abonnements als gesichert gelten konnten. Abschließend wiesen die Deputierten in ihrer Eingabe darauf hin, daß man ihre Initiative nach den schweren Ereignissen (gemeint ist die Einbeziehung der Stadt in den Preußischen Staat anno 1866) als einen »sprechenden Beweis des wiedererwachten Muthes und als ein neues Lebenszeichen des übrigens nie erstorbenen Gemeinsinns der Einwohner Frankfurt's« ansehen könne. Wenige Tage nach erfolgter Eingabe erhielt die Baudeputation vom Magistrat den Auftrag, sich der Angelegenheit anzunehmen und folgende Feststellungen zu treffen: 1. auf welchem Platz der Theater-Neubau realisiert werden könne, 2. auf welche Summe sich die mutmaßlichen Gesamtkosten für ein Theater mit etwa 2000 Plätzen belaufen werden und 3. wie viele Logen ein solches Haus aufzunehmen imstande sei. Hinsichtlich der Standortwahl des zu errichtenden Theaters vertrat man die Auffassung, daß hierfür nur ein freier Platz in Frage kommen könne, der von allen Seiten einen Zugang zum Theater ermöglicht. Man berief sich dabei sowohl auf die bei jedem Theater bestehende Brandgefahr wie auch darauf, daß der Neubau »der Stadt zur Zierde gereichen solle«. Unter diesem Aspekt hielt man nur drei Standorte für vertretbar und realistisch: 1. den Schiller-Platz an der Hauptwache, 2. den Scherbius- und Andreae'schen Platz vor dem Bockenheimer Tor (am heutigen Opernplatz) und 3. den neu zu schaffenden Platz im Rahmhof, an den heute noch die

Entwurf von Richard Lucae (zu Seite 18).

Rahmhofstraße erinnert. Wie aus einem Bericht der Baudeputation an den Magistrat vom 17. Februar 1870 hervorgeht, hatte man den Schiller-Platz schon früher einmal für ein Theater mit 2000 Plätzen vorgesehen. Wie weiter zu erfahren war, wurde seinerzeit die auf gleichem Platz stehende Hauptwache als ein »nahezu werthloses Gebäude« betrachtet, so daß bei einer Verwirklichung des Bauvorhabens keinerlei Bedenken hinsichtlich eines Abbruchs bestanden hätten. Nunmehr aber mußte man in dieser Sache mit Schwierigkeiten rechnen, da die Hauptwache inzwischen in das Eigentum des Preußischen Staates übergegangen war. Darüber hinaus wurde man sich bewußt, daß die »mittlerweile erfolgte Errichtung des Schiller-Monumentes« sowie die nicht mehr aufzuhaltende Gefahr einer »Einengung des Verkehrs an der Katharinenpforte« eine Entscheidung für den Neubau des Theaters auf dem Schiller-Platz unwahrscheinlich machten. Als besonders »effectvoll« wurden die Gärten der Herren Scherbius und Andreae angesehen, da der Neubau in diesem Fall in der Nähe einer Hauptverkehrsstraße zu liegen gekommen wäre. Gegen diese Lösung sprach jedoch der Einwand, daß das auf den meisten Wallgrundstücken und folglich auch auf den in Rede stehenden Liegenschaften haftende Servitut nur eine sehr beschränkte Bebauung zulasse. Schließlich wurde beanstandet, die Lage des Theaters sei in diesem Falle »dem Mittelpunkt der Stadt allerdings sehr entrückt« und die »Kostspieligkeit des Erwerbes der betreffenden Grundstücke« verlange allzu große Opfer. Nachdem auch der Frankfurter Stadtbaumeister Henrich den Rahmhof als das einzige für den Theaterbau geeignete Gelände bezeichnet hatte, wurden unverzüglich entsprechende Situationspläne angefertigt. Unter Einbeziehung von einigen der angrenzenden Gebäude, die zum städtischen Besitz gehörten, glaubte man einen ausreichenden, ziemlich rechteckigen Platz von 300 Fuß Breite und 450 Fuß Länge zur Verfügung zu haben. Eine Vergrößerung dieser Fläche konnte nur durch zusätzlichen Erwerb privater Grundstücke erreicht werden, was indes erhebliche Mehrkosten verursacht hätte. Für die Wahl des Rahmhof-Geländes sprach schließlich auch der Vorteil, daß sich das alte Stadttheater in unmittelbarer Nähe befand und daher die Magazine für Dekorationen, Kostüme usw. gegebenenfalls in einem von beiden Theatern zu nutzenden Gebäude untergebracht werden könnten.

Die delikate Frage nach den Kosten des Bauvorhabens suchte man im Vergleichsverfahren zu lösen. Man sammelte Erfahrungswerte bei anderen Theatern von etwa gleicher Größe, zu denen u. a. das von dem bedeutenden Baumeister Karl Ferdinand Langhans errichtete Kgl. Opernhaus in Berlin und das Stadttheater in Leipzig sowie das von dem berühmten Architekten Karl Friedrich Schinkel erbaute Stadttheater in Hamburg gehörten. Auf der Grundlage einer Duchschnittsberechnung glaubte man, für das Frankfurter Vorhaben eine Summe von 594.000 bis 600.000 Gulden aufbringen zu müssen, wovon bereits 480.000 Gulden an Spenden zur Verfügung standen. Bei diesem Kostenansatz blieben die Aufwendungen für Dekorationen und Kostüme jedoch unberücksichtigt. Immerhin ist bemerkenswert, daß Stadtbaumeister Henrich damals schon die Auffassung vertrat, es müsse mit einem Kostenaufwand von mindestens 800.000 Gulden gerechnet werden. Die Deputierten der Spendergruppe stellten daraufhin eine Erhöhung ihres Geldaufkommens auf eine halbe Million Gulden in Aussicht.

Bei der Erörterung des dritten Fragenkomplexes, welcher die Anzahl der im neuen Theater unterzubringenden Logen betraf, zog man eine Vielzahl von Theatern zum Vergleich heran. Bei einer Durchschnittsberechnung kam man auf eine Zahl von 85 Logen im Parterre und in den beiden darüberliegenden Rängen. Man betrachtete dies als ausreichend für die Ansprüche der Spendengeber, wobei hinzugefügt werden muß, daß sich die Zeichner von 5.000 Gulden inzwischen mit einer halben Loge zufrieden gaben.

Das Auszugsprotokoll der Stadtverordnetenversammlung vom 9. Februar 1871 brachte nach langem Hin und Her den Beschluß, daß der Neubau des Theaters im Rahmhof verwirklicht werden solle. Dabei nahm man Bezug auf den Bericht der eigens hierfür eingesetzten gemischten Kommission, deren Referent der Gründer der Frankfurter Zeitung, Leopold Sonnemann, war. Zu den Vereinbarungen gehörte auch die Bestimmung, bei Vergabe des Neubaues auf eine »allgemeine Conkurrenz« zu verzichten und statt dessen »einen oder mehrere im Theaterbau erfahrene Architekten mit der Ausarbeitung eines Bauplanes zu betrauen«. Mit den Vorbereitungen beauftragte man eine gemischte Kommission, die sich zusammensetzte aus Magistratsmitgliedern und Stadtverordneten unter Mitwirkung der Baudeputation. Der Verzicht auf eine öffentliche Ausschreibung stieß beim Verein der Architekten in Berlin auf wenig Gegenliebe, da man darin eine »Gefahr einseitiger Parteilichkeit in der Wahl der betreffenden Persönlichkeiten« zu erkennen glaubte. Dessenungeachtet zeigten sich die verantwortlichen Gremien in Frankfurt sehr darum bemüht, unter den Architekten nur eine kleine Anzahl geeigneter Bewerber für das Projekt auszuwählen. In der Hoffnung, einen der berühmtesten Architekten jener Zeit für den Theaterneubau gewinnen zu können, wandte man sich zunächst an Professor Gottfried Semper, Zürich, und an den Geheimen Oberbaurat Friedrich Hitzig, Berlin. Da man sich einer Zusage nicht sicher sein konnte, formulierte man die Anfrage derart, ob sie sich durch Überlassen von Bauskizzen an dem Wettbewerb beteiligen wollten oder doch wenigstens zur Übernahme eines Sitzes im Schiedsrichterkollegium bereitfinden könnten. Beide Herren erklärten sich lediglich zur Teilnahme an der Jury bereit. Nunmehr richtete man – nach vorangegangenen verläßlichen Erkundungen – Einladungen an folgende Architekten: Otto Brückwald (Altenburg), Johann Heinrich Strack (Berlin), Gédéon Bordiau (Brüssel), Rudolf Heinrich Burnitz (Frankfurt am Main) und Gustav Gugitz (Wien). Mit Ausnahme von G. Gugitz, der aus Krankheitsgründen verhindert war, gaben alle Adressaten eine Zusage für die Teilnahme an der ausgeschriebenen Konkurrenz. Für Gugitz fand man Ersatz in dem Berliner Architekten Professor Richard

Wettbewerbsentwurf von Johann Heinrich Strack, Berlin.

Lucae. Die Theaterbaukommission informierte nunmehr die an dem Wettbewerb beteiligten Architekten über die bei der Ausarbeitung ihrer Bauskizzen zu beachtenden Bestimmungen für ein Städtisches Theater mit den Spielgattungen Schauspiel, Oper und Ballett. Man wies u. a. darauf hin, bezüglich der Richtung der Hauptfassade des Neubaues auf den Umstand gebührende Rücksicht zu nehmen, »daß das bestehende alte Stadttheater voraussichtlich später niedergelegt« werden sollte. Im neuen Theater wünschte man sich 1800 bis 2000 gute Plätze unter Einbeziehung von mindestens 55 Logen, von denen wiederum 48 mit Vorzimmern versehen werden sollten. Als nicht zu überschreitende Bausumme war für den Theaterbau »vorläufig« ein Betrag von 700.000 Gulden angesetzt. Aus dieser Summe sollten – wenn möglich – auch die Kosten für ein getrennt vom Hauptgebäude, jedoch in dessen nächster Nähe zu errichtendes Dekorations- und Werkstättengebäude bestritten werden. Weiterhin erwartete man, daß sich die Fußböden von Orchester, Parterre und Parkett mittels einer mechanischen Vorrichtung auf die Höhe des Bühnenbodens bringen ließen. Aufgrund eines Beschlusses der Theaterkommission wurden die beteiligten Architekten ferner verpflichtet, ihre Entwurf-Skizzen im Maßstab 1:100 anzufertigen und diese spätestens nach drei Monaten abzuliefern. Als Vergütung für jede Skizze stellte man ein Gesamthonorar von 500 Gulden in Aussicht. Für den ersten Preisträger wurde eine zusätzliche Prämie von 1.200 Gulden ausgesetzt. Der prämierte Entwurf sollte – gemäß einer weiteren Bedingung – in das Eigentum der Stadtgemeinde übergehen, ohne daß damit eine Vorentscheidung über die endgültige Vergabe des Bauauftrags getroffen worden wäre.

Nunmehr richten wir einen kurzen Blick auf die einzelnen Teilnehmer am Wettbewerb um den Aufbau des neuen Theaters. Da ist zunächst Johann Heinrich Strack zu nennen. Er fand nach Abschluß seiner Studienzeit an der Berliner Kunstakademie bald schon den Weg zu ersten Erfolgen. Nach seiner bewährten Mitarbeit bei der Errichtung verschiedener fürstlicher Palais in Berlin wurde er ins Hofbauamt berufen, dem er zuletzt als Oberhofbaurat angehörte. Zwischenzeitlich betätigte er sich als Lehrer an der Kunstakademie sowie als Zeichenlehrer des Prinzen Friedrich Wilhelm, der später auch der Einweihung des Frankfurter Opernhauses beiwohnte. Stracks Entwürfe standen ganz im Zeichen Schinkels und der klassischen Antike. Als sich Strack zur Beteiligung an dem Frankfurter Projekt entschloß, war er bereits zum Architekten des Kaisers avanciert. – Der Belgier Gédéon Bordiau ging in die Baugeschichte ein als Architekt des Großherzogs von Hessen, für den er das Schloß Königstein und das Palais Luxembourg erbaute. Später fanden seine Bauten bei den großen Ausstellungen in Brüssel und Antwerpen weitreichende Zustimmung. – Als weiterer Konkurrent trat Otto Brückwald auf den Plan, ausgestattet mit dem Titel eines Hofbaumeisters in Leipzig. Er hatte einst den Bau des dortigen Theaters nach Plänen des berühmten Architekten Langhans geleitet und später in eigener Regie das Hoftheater in Altenburg errichtet. Besonderes Renommée verschaffte ihm die Erstellung des Festspielhauses in Bayreuth. – Mit dem Architekten Rudolf Heinrich Burnitz befand sich auch ein gebürtiger Frankfurter im Kreis der Bewerber. Für den Theaterbau brachte er insofern gute Voraussetzungen mit, als er bereits am Wiederaufbau des Karlsruher Hoftheaters beteiligt war und im Jahre 1855 für den Umbau des Frankfurter Stadttheaters verantwortlich zeichnete. Mit seinem Namen verbinden sich auch Entwurf und Aufbau des Frankfurter Saalbaues sowie – in Zusammen-

Wettbewerbsentwurf von Rudolf Heinrich Burnitz, Frankfurt.

arbeit mit Oskar Sommer – die Errichtung der Börse. Ferner hatte man ihn mit dem Bau der Villen Grunelius und Metzler (beide in Frankfurt) betraut und darüber hinaus ihm die Verantwortlichkeit für die Villa Reiß in Kronberg im Taunus übertragen. – Schließlich bleibt Professor Richard Lucae zu erwähnen, ein gebürtiger Berliner (geb. 1829), der – wie bereits berichtet – ursprünglich nicht zur Teilnahme an dem Wettbewerb vorgesehen war und erst nach Absage von Architekt Gugitz in den Kreis der Bewerber aufgenommen wurde. Nach dem Abitur unterzog sich Lucae einer Lehre als Feldmesser, war dann Eleve bei Carl Ferdinand Busse, dem angesehenen Architekten und langjährigen Direktor der Bauakademie. Später finden wir ihn als Mitarbeiter bei Kirchenbauten, z. B. am Kölner Dom. In diesem Zusammenhang wäre noch zu erwähnen, daß er für eine Kirche in Kattowitz einen eigenen Entwurf lieferte und auch für seine Baumeisterprüfung einen solchen Entwurf vorlegte. Seit 1859 betätigte er sich als Assistent bei Entwurfsarbeiten und wirkte seit 1862 als Dozent an der Bauakademie, deren Direktor er im Jahre 1873 wurde. Vier Jahre später erfolgte seine Ernennung zum Mitglied der Akademie der Künste. Als charakteristische Werke seines Schaffens gelten das Borsigsche Palais am Wilhelmsplatz in Berlin, die Villa Henschel in Kassel und die Villa Lucius in Erfurt. Leider konnte nicht mehr festgestellt werden, auf wessen Empfehlung Lucae einst zur Teilnahme an dem Wettbewerb in Frankfurt herangezogen wurde. Von gewissem Interesse aber ist, daß Architekt Lucae durch seinen Oheim Dr. med. Christian Lucae auch familiäre Bindungen nach Frankfurt hatte. Der Letztgenannte war ein berühmter Anatom, der in Frankfurt das bedeutende Werk »Zur Architektur des Menschenschädels« herausbrachte (1857) und dessen Vater im Jahre 1796 in der Fahrgasse die Apotheke zum Brückhof gründete. Der Name Lucae genoß demnach schon damals seit längerer Zeit einen guten Ruf im Frankfurter Raum.

Zur Begutachtung der eingereichten Entwürfe wurde seitens der Stadt ein Schiedsrichterkollegium zusammengestellt, das am 14. August 1871 seine Tätigkeit aufnahm. Federführend war der Geheime Oberbaurat Friedrich Hitzig, der als Präsident der Kgl. Akademie der Künste in Berlin und als Träger des Ordens »Pour le mérite« sich eines guten Rufes erfreuen konnte. Mit seinem Namen verbindet sich u. a. die Errichtung der Berliner Börse, der Deutschen Bank sowie die Umwandlung des dortigen Zeughauses in eine Ruhmeshalle. Weiterhin konnte bekanntermaßen der geniale Architekt Professor Gottfried Semper für das Schiedsrichteramt gewonnen werden. Als einer der bedeutendsten Architekten seiner Zeit wirkte er richtungsweisend im modernen Theaterbau. Über den Gutachter Philipp Hoffmann, Oberbaurat in Wiesbaden, ließ sich nichts Bemerkenswertes in Erfahrung bringen. Zum vierten Preisrichter wurde der gebürtige Frankfurter Karl Friedrich Henrich bestimmt, der seine Ausbildung an der Münchener Akademie erhalten hatte und nach längerem Aufenthalt in Wien, Prag, Berlin und Paris in seine Heimatstadt zurückgekehrt war. Dort wurde er zum Stadtbaumeister berufen, eine Aufgabe, die er bis zu seiner Pensionierung wahrnahm. In seinen Amtsbereich fiel vor allem die Restaurierung von Kirchen, Schulen, Bahnhöfen und Brücken im Frankfurter Raum.
Die eingereichten Entwürfe hatte man in fünf aneinander grenzenden Zimmern des Saalbaues ausgestellt, um den Preisrichtern und den hinzugezogenen Kommissionsmitgliedern eine gute Übersicht und optimale Vergleichsmöglichkeiten zu bieten. Es ging dabei um die Frage, wer die »beste, weil schönste und zweckmäßigste, zugleich den hiesigen Verhältnissen entsprechende« Bauskizze vorgelegt habe. Um ein gleichmäßiges Verfahren bei der Beurteilung der fünf eingereichten Skizzen zu gewährleisten, wurden folgende vier Gesichtspunkte als maßgebend deklariert: 1. Disposition in bezug auf Hauptgrundform, Ausdehnung und Stellung im Bauterrain, 2. Komposition, d. h. Zweckmäßigkeit und Schönheit in Grundplänen, Aufrissen und Durchschnitten, 3. Konstruktion

Architekt Richard Lucae, der Erbauer des Opernhauses.

Wettbewerbsentwurf von Richard Lucae, Berlin.

hinsichtlich solider Ausführbarkeit der Bauanlage und 4. Höhe der Baukosten. Letzteres war selbstverständlich nur nach Maßgabe der überbauten Grundfläche und der in den Projekten enthaltenen reicheren oder weniger reicheren Architektur zu beurteilen. Der Rahmen des vorliegenden Buches erlaubt es nicht, auf die Vor- und Nachteile der eingereichten Arbeiten einzugehen, wie sie den erhalten gebliebenen Beurteilungen der Schiedskommission zu entnehmen sind. Interessant dürfte vor allem die jeweilige Baukostenberechnung sein, wobei bedacht werden muß, daß seitens der Stadt ein Betrag von 700.000 Gulden (ca. 1,2 Millionen Mark) als vertretbar angesehen wurde. Bei Brückwald beliefen sich die Baukosten auf 652.750 Gulden, bei Strack betrugen sie 702.881 Gulden, bei Bordiau 720.000 Gulden, bei Burnitz 702.055 Gulden, bei Lucae schließlich 703.000 Gulden. Das Schiedsrichterkollegium gelangte in diesem Punkt einhellig zu der Auffassung, daß keines der vorgeschlagenen Projekte bei Zugrundelegung der angegebenen Kostenbeträge zu errichten sei und die Stadt wohl noch einige Hunderttausende zusätzlich investieren müsse.

Nach sachlichen Erwägungen kamen die Gutachter schließlich überein, Richard Lucaes Entwürfe zur Verwirklichung des Bauvorhabens zu empfehlen, allerdings mit der Maßgabe einiger notwendiger Abänderungen. Das einstimmige Urteil zugunsten des Lucaeschen Projektes wurde damit begründet, daß dieses im »Einzelnen wie im Ganzen den im Programme aufgestellten Bestimmungen, sowohl rücksichtlich der Zweckmäßigkeit, als in Ansehung der künstlerischen Behandlung der äußeren und inneren Architektur« am ehesten entspreche. Abweichend vom Vorschlag der städtischen Behörden, für den »meist befriedigenden und zur Ausführung geeigneten« Entwurf eine Prämie von 1.200 Gulden auszusetzen, beschloß das Gutachtergremium, dem Architekten Lucae lediglich 500 Gulden zukommen zu lassen, da seine Entwürfe noch der Umarbeitung bedürften. Die restliche Summe sollte daher gleichmäßig unter den anderen vier Bewerbern aufgeteilt werden, da auch diese sich über das verlangte Maß hinaus durch eine »verdienstliche und gründliche Bearbeitung« ausgezeichnet hatten.

Schon kurz nach Abschluß der Konkurrenz kam es zu erheblichen Unstimmigkeiten. So fühlte sich der renommierte Architekt Strack von der Jury nicht genügend berücksichtigt, obwohl er unter den Teilnehmern der einzige war, der sich an die vorgeschriebene Baufläche gehalten hatte, während alle anderen diese Bedingung bei ihren Entwürfen ignoriert hatten. Erst dieser Sachverhalt machte deutlich bewußt, daß die Dimensionen des Gebäudes in der von der Frankfurter Baukommission verfaßten Ausschreibung offenbar zu knapp bemessen waren. Die Preisrichter sahen sich vor die schwierige Aufgabe gestellt, zwischen zwei Projekten zu entscheiden, von denen das eine, Stracks Entwurf, dem Programm treu blieb, doch – trotz aller künstlerischer Vorzüge – wegen einiger unverkennbarer praktischer Nachteile nicht zur Realisierung empfohlen wurde, während sich Lucae in seinem Entwurf nicht an das Programm gehalten hatte und trotz notwendiger Verbesserungen den ersten

Abgeänderter Entwurf von Richard Lucae.

Preis zugesprochen bekam. Die Fachpresse zeigte Verständnis für Stracks Verbitterung, gab jedoch zu vestehen, daß gegen die begrenzte Konkurrenz und die von der Stadt Frankfurt beanspruchte Freiheit der Entscheidung rechtlich nichts einzuwenden sei. Somit blieb Stracks Einspruch ohne jede Auswirkung. Auch der Mitbewerber Burnitz ging gegen die Entscheidung des Prüfungsausschusses an, wovon noch später die Rede sein wird. Mit vollem Recht erhob man den Vorwurf, die Frist für die Anfertigung der Skizzen sei zu kurz gewesen und so den mit der Aufgabe besonders gut vertrauten Berliner Architekten ein »zu großer Vorschub« gewährt worden. Auch die Fachwelt hätte eine öffentlich ausgeschriebene Konkurrenz vorgezogen, um auf diese Weise der Gefahr von Parteilichkeit besser vorbeugen zu können. Die Würfel fielen indessen zu Gunsten von Richard Lucae, der ursprünglich nicht einmal für eine Teilnahme an der Ausschreibung vorgesehen gewesen war, es dann aber schaffte, seine Mitbewerber aus dem Rennen zu werfen. Durch die Zuerkennung des ersten Preises wurde Lucaes Ansehen erheblich gefördert. Die gelungene Realisierung seines Entwurfes sichert seinem Namen in der deutschen Baugeschichte stete Erinnerung.

Am 27. Oktober 1871 erstattete die Theaterbaukommission dem Magistrat und der Stadtverordnetenversammlung ausführlich Bericht und sprach zugleich die Empfehlung aus, Professor Lucae mit der Ausführung des Projektes zu beauftragen. Unter Hinweis auf einige Abänderungswünsche bezüglich der Konstruktion von Logenhaus und Vestibül wurde Lucae aufgefordert, möglichst bald die endgültigen Baupläne zu erstellen. Am 5. Februar 1872 wurden diese von ihm zur abschließenden Genehmigung vorgelegt. Der erneut zur Begutachtung herangezogene Oberbaurat Hoffmann aus Wiesbaden erklärte bei der Abnahme der Entwürfe, daß das »Frankfurter Theater nach den vorliegenden Plänen eines der schönsten Theater Deutschlands sein werde«. Weiterhin ungeklärt blieb jedoch vorerst die Frage nach dem Schicksal des alten Stadttheaters. Professor Lucae und die Gutachterkommission hatten bisher die Auffassung vertreten, das alte Haus sei »alsbald niederzulegen«, da dies dem Ansehen des Neubaues nur zuträglich sein könne. Ein großer Teil der Bürgerschaft wie auch einige Sachverständige sprachen sich jedoch gegen diesen Plan aus. In dieser auf eine Entscheidung hindrängenden Situation erklärte die Frankfurter Handelskammer ihre Bereitschaft, das zum Ankauf stehende Scherbius-Andreaesche-Areal für den Theaterneubau zur Verfügung zu stellen, wenn andererseits das für das neue Theater vorgesehene Rahmhof-Gelände für die Errichtung einer neuen Börse genutzt werden dürfe. In der Eingabe der Handelskammer vom 16. Januar 1872 wurde darauf verwiesen, daß ein Theater-Neubau im Rahmhof keine »freie und gut zur Anschauung gelangende Lage« vorfinde und darüber hinaus auch keine Möglichkeit bestehe, dort ein »Decorationshaus mit Malersaal und ein den Bedürfnissen entsprechendes Café« unterzubringen. Es versteht sich, daß der Vorschlag der Handelskammer von allen Beteiligten eifrig diskutiert wurde. Bei den städtischen Instanzen stieß das Angebot der Handelskammer allein schon deshalb auf Wohlwollen, weil der Bau einer »neuen Börse und Effecten-Societät« seit jeher als dringliche Aufgabe angesehen wurde. Inzwischen hatte die Handelskammer mit einer kurzen Ratifikationsfrist bis zum 2. März 1872 die Gartengrundstücke von Scherbius und Andreae zu einem Preis von 600.000 Gulden (857.142 Mk. 51 Pf.) erworben. Die Stadtverwaltung wurde ersucht, »zum Zwecke der Verwendung dieses Terrains als Theaterbauplatz in den von ihr geschlossenen Kaufvertrag« einzutreten. Als bekannt wurde, daß der Lucaesche Plan »ohne die geringste Änderung« auf dem gebotenen Bauplatz zu verwirklichen war und das Theaterprojekt somit in einer »wunderschönen Stellung in malerischer Umgebung« realisiert werden

Endgültiger Entwurf der Hauptfassade von Richard Lucae.

könne, schwanden auch die letzten Bedenken, nunmehr endgültige Vertragsverhandlungen aufzunehmen. Für die Stadt ergab sich insofern ein weiterer Vorteil, als ihr nicht nur auf dem Tauschwege die Gärten von Scherbius und Adreae überlassen wurden, sondern zudem 200.000 Gulden seitens der Handelskammer als »bare Herauszahlung« für das überlassene Rahmhofgelände zuflossen. Mit dieser Entscheidung verfügte die Stadt Frankfurt über ein herrliches Areal für ihren Theaterneubau, und die Handelskammer gelangte in den Besitz eines besonders geeigneten Terrains für die Errichtung einer Börse im Stadtzentrum. Damit war der Weg endgültig frei, und es konnte mit den Vorbereitungen für den Theaterneubau begonnen werden. Bezüglich der geographischen Ausrichtung des zukünftigen Theaters einigte man sich dahingehend, daß die Hauptfassade in der gleichen Flucht mit der Bockenheimer Landstraße verlaufen sollte.

Eine dringliche Anfrage bezog sich auf die zu erwartenden Baukosten des neuen Theaters. Architekt Lucae gab in einem Erläuterungsbericht vom Mai 1872 hierzu eine ausweichende Antwort mit der Begründung, daß in Anbetracht der voraussichtlich über drei Jahre sich hinziehenden Bauarbeiten, die Entwicklung der Material- und Lohnkosten schwer zu übersehen sei. Als ein weiterer maßgeblicher Faktor komme hinzu, daß erst nach Aufstellung umfassender Detail-Kostenvoranschläge für das komplizierte Projekt Klarheit über die effektiven Kosten erreicht werden könne. Lucae empfahl daher zwecks besserer Übersicht, die amtlich festgestellten Aufwendungen für das in letzter Zeit unter annähernd gleichen Bedingungen errichtete Leipziger Stadttheater heranzuziehen.

Die gemischte Theaterbaukommission legte daraufhin in ihrer Eingabe an den Magistrat und die Stadtverordnetenversammlung vom 24. Mai 1872 für den Neubau einen Betrag von 1.196.250 Gulden (=2.057.142 Mk. 85 Pf.) zugrunde, der über eine vierjährige Bauzeit verteilt aufzubringen sei. Bereits am 6. Juni befaßte sich die Stadtverordnetenversammlung mit diesem Antrag und genehmigte nach eingehender Diskussion grundsätzlich das Projekt entsprechend den unterbreiteten Vorschlägen. Gleichzeitig stimmte das Gremium dem von Professor Lucae vorgelegten Bauplan zu, dies jedoch mit der Auflage, daß die für die Logen vorgesehenen »Kabinette« – die Proszeniumslogen ausgenommen – entfernt würden. Im weiteren Verlauf jener Stadtverordnetenversammlung erklärten sich die Vertreter der Parteien mit dem Vorschlag einverstanden, Herrn Professor Lucae auch mit der Oberleitung bei der Bauausführung zu betrauen und einen entsprechenden Vertrag abzuschließen auf der Grundlage der von deutschen Architekten aufgestellten Norm. Damit war der Weg frei zur »sofortigen Inangriffnahme der Grundarbeiten zu dem Theaterbau«, für den die Stadtverordneten einen ersten Kredit in Höhe von 100.000 Gulden zur Verfügung stellten.

Kaum waren diese Entscheidungen getroffen, da wandte sich der konkurrierende Architekt R. H. Burnitz mit einem Schreiben, datiert vom 15. Juli 1872, an den Frankfurter Magistrat, um diesen von der Unzulänglichkeit der Lucaeschen Entwürfe zu überzeugen. Als Frankfurter sah Burnitz es als seine »patriotische Pflicht« an, sich erneut mit einem »definitivem Plan« zur Verfügung zu stellen, welcher »sowohl den Anforderungen der Kunst, als den praktischen Bedürfnissen des Theaters« genügen und »keine größere Bausumme als Acht bis Neunhundert Tausende erfordern« werde. Diese Summe sollte nach Burnitz' Rechnung nicht nur die Kosten für den Bau mit seinen Ausschmückungen wie z. B. Skulpturen und Malereien, beinhalten, sondern auch das gesamte Mobiliar, Heizung, Ventilation, die unbewegliche Maschinerie, schließlich sogar die Kosten der Bauleitung. Wie vorauszusehen war, fand Burnitz' Eingabe,

Entwurf der Ostfassade von Richard Lucae.

die allgemein als wenig seriös und fadenscheinig angesehen wurde, keinerlei Beachtung. Nachdem die Stadtverordnetenversammlung Lucaes Baupläne nur mit der Modifikation genehmigt hatte, daß die darin vorgesehenen Logenkabinette wegfallen und es dem Magistrat nicht gelungen war, die Stadtverordneten von diesem Beschluß abzubringen, galt es nunmehr, die Spendenzeichner zu befragen, ob sie gewillt seien, auf die Logenkabinette zu verzichten und dennoch ihre bisherige Beitragszeichnung aufrecht zu erhalten. Zu den neugefaßten Bedingungen gehörte u. a. das Einverständnis der Zeichner, daß die Vergabe der Logen auf eine Dauer von 99 Jahren erfolgen solle, vom Zeitpunkt der Eröffnung des Hauses angerechnet, es sei denn, der Magistrat würde von seiner Möglichkeit Gebrauch machen, mit einjähriger Kündigungsfrist und gegen Rückzahlung der eingezahlten Beitragssummen, das Logenrecht für alle zu kündigen.
Wie aus dem Stadtverordnetenprotokoll vom 1. Oktober 1872 zu entnehmen ist, betrug das endgültige Spendenkapital 500.000 Gulden (= 857.142 Mk. 51 Pf.). Zu gleichem Zeitpunkt erging auch der Auftrag an Professor Lucae, einen neuen Entwurf für den Theaterbau auf der Grundlage des endgültigen Bauprogramms auszuarbeiten, und zwar mit einem entsprechenden Kostenvoranschlag. Nach Erhalt dieser Unterlagen erwartete die Stadtverordnetenversammlung, daß mit Beginn der nächsten Bauperiode die Arbeiten ihren Anfang nehmen konnten. Nichts stand jedoch im Wege, »sofort mit der Nivelierung des neuen Theaterplatzes« zu beginnen. Am 23. Januar 1873 wurde den Beitragszeichnern mitgeteilt, daß mit Aufnahme der Bauarbeiten nunmehr auch der Termin gekommen sei, vereinbarungsgemäß 25% der gezeichneten Spendenbeträge beim Rechneiamt einzuzahlen. – Im Februar 1873 schickte Professor Lucae die neuangefertigten Pläne von Berlin nach Frankfurt. Aus dem Begleitschreiben seien einige Stellen im Wortlaut wiedergegeben: »Nachdem der Beschluß gefaßt worden war die Cabinets hinter den Logen nicht zur Ausführung zu bringen, würde eine bloße Umarbeitung des Projectes, welche etwa den durch den Fortfall jener Cabinets frei gewordene Raum entweder dem Zuschauersaal oder den Corridoren etc. zugetheilt hätte, nicht rationell gewesen sein. Es erstand vielmehr die Aufgabe ein neues Project aufzustellen, welches dem wesentlich veränderten Programm von Grund aus Rechnung trug. Ich habe mich aber bei meiner jetzigen Arbeit nicht damit begnügt, die neuen mir gestellten Bedingungen soweit es in meinen Kräften stand zu erfüllen, sondern ich bin gleichzeitig bewußt gewesen, die Mängel meines früheren Projectes möglichst zu vermeiden.« Imponierend ist, daß Lucae außer dem abzuändernden Logenprojekt noch weitere Verbesserungen vornahm, auf die in diesem Rahmen nicht eingegangen werden kann. In diesem Zusammenhang muß jedoch darauf hingewiesen werden, daß die kürzlich aufgestellte Behauptung, die Logen seien trotz Beschluß der Stadtverordnetenversammlung »auf einem Umweg«, nämlich »auf Veranlassung des Magistrats«, wiederhergestellt worden, nicht den Tatsachen entspricht. Mit Ausnahme der Proszeniumslogen, für welche die Kabinette laut Protokoll vom 6. Juni 1872 genehmigt worden waren, verfügten die übrigen Logen bei der endgültigen Bauausführung lediglich über beengte Kleiderablagen, die allerdings eine spürbare Entlastung für die allgemeinen Garderoben bedeuteten. Neben dem endgültigen Entwurf für den Neubau hat Architekt Lucae der Stadtverordnetenversammlung wunschgemäß auch noch eine detaillierte Kostenberechnung vorgelegt, in der die finanziellen Aufwendungen auf 1.200.000 Gulden (= 2.057.142 Mk. 85 Pf.) beziffert wurden. Laut Protokoll vom 9. April 1873 stimmen die Stadtverordneten aufgrund dieser Unterlagen endgültig dem Neubau des Theaters zu. Drei Jahre mühevoller Vorverhandlungen waren vergangen, bis ein endgültiges Einvernehmen über die Erstellung des neuen Theaters erreicht werden konnte. Von Lucae erwartete man nunmehr, daß das Gebäude mit seinen 2010 Plätzen (einschließlich der 270 Stehplätze) bis zum 1. Oktober 1876 fertiggestellt sein würde, wozu er sich am 29. April 1873 schriftlich verpflichtete. Niemand hätte damals ahnen können, daß über den vereinbarten Termin hinaus weitere vier Jahre bis zur Einweihung des Opernhauses vergehen würden.

Von der Planung zur Bauausführung

Die bauliche Gestaltung des Frankfurter Opernhauses und die Bedeutung des Gebäudes als architektonisches Kunstwerk hat bereits in verschiedenen Veröffentlichungen eine mehr oder weniger ausführliche Würdigung erfahren. Es kann nicht Aufgabe dieses Buches sein, die einzelnen in diesem Zusammenhang geäußerten Meinungen kommentierend wiederzugeben. Dem Verfasser sei jedoch gestattet, einige Aspekte aufzugreifen, die zur Ergänzung vorliegender Darstellung geeignet erscheinen bzw. dem Leser die Bedeutung des Frankfurter Opernhauses als eines eigenständigen Kunstwerks verständlich machen. Vorweg sei Gelegenheit genommen, auf einen Vortrag des Architekten Lucae über das Frankfurter Bauprojekt hinzuweisen, den er am 27. Januar 1872 in Berlin gehalten hatte, also wenige Monate nach der Prämiierung seiner Opernhaus-Entwürfe. Lucae führte hierbei u. a. aus, daß er »für das Äußere die für das Theater so charakteristische Erscheinung des Rundbaues zu erlangen gesucht habe«. Da das in Frankfurt befindliche Planungsmaterial jedoch keinen derartigen Entwurf aufwies, hielt der Verfasser in Lucaes aufgefundenen Nachlaß in Berlin danach Ausschau. Glücklicherweise ließ sich dort der dazugehörige Entwurf finden, der in diesem Buch erstmals veröffentlicht wird. Die Experten sind sich darüber einig, daß es sich hierbei um den ursprünglichen Entwurf handelt, wie er von Lucae zum Wettbewerb in Frankfurt eingereicht worden ist. Damit bietet sich dem Leser die Möglichkeit, anhand drei verschiedener Entwürfe die Entwicklung der Planung von ihren Anfängen bis hin zur endgültigen Entschließung nachzuvollziehen. Schon der erste Änderungsentwurf zeigt keinen Rundbau mehr in der Hauptfassade, sondern einen freien Giebel, dessen Dreieck mit Bildwerk ausgefüllt ist. Der darauffolgende, endgültige Entwurf läßt erkennen, daß die bislang etwas starr wirkende Fassadenfront durch seitliche Abrundungen im Unterbau aufgelockert wurde, wodurch sich ein harmonischeres Gesamtbild ergab. Den Leser wird es überraschen, daß im vorletzten Entwurf, der von der Familie Georg und Christine Mumm von Schwarzenstein freundlicherweise zur Verfügung gestellt wurde, seitlich vom Opernhaus noch ein Pavillon eingeplant war. Hierfür bringt der oben erwähnte Vortrag Lucaes insofern eine Erklärung, als seinerzeit die Errichtung eines zusätzlichen »Kaffeehauses« diskutiert wurde. Ergänzend sei in diesem Zusammenhang jedoch darauf hingewiesen, daß damals die Architekten ihre Entwürfe gerne mit zusätzlichen Gebäuden, Anlagen, Brunnen usw. versahen, um das Erscheinungsbild des zu errichtenden Hauses für den Laien gefälliger zu gestalten. Zur Abänderung der Fassadenfront kam noch eine Vielzahl von Veränderungswünschen bezüglich des Innenausbaus hinzu, die zahlreiche Neuplanungen notwendig machten. Für den Leser dürfte dies jedoch von geringerem Interesse sein. Wichtig erscheint es vielmehr, den Innenbau in seiner endgültigen Beschaffenheit zu beschreiben, wie er für mehr als sechzig Jahre als Musiktheater genutzt wurde. Dies ist auch insofern sinnvoll, als der nunmehr anstehende Neuaufbau des Baukerns – die Restaurierung des Vestibüls und des großen Foyers ausgenommen – eine gänzlich andere Struktur aufweist. Bevor hierauf im einzelnen eingegangen wird, muß im Hinblick auf die endgültige Planfassung durch Lucae nochmals deutlich unterstrichen werden, daß der Bau des Frankfurter Opernhauses keinesfalls das Ergebnis eines geglückten Zufallsentwurfs war. Die wechselnden Bedingungen und die daraus resultierenden Umarbeitungen der Pläne sowie die von Architekt Lucae angestrebte Vertiefung in seine Aufgabe verliehen dem Bauvorhaben letzten Endes sein besonderes Gesicht. Die schlicht wirkende Gliederung des Grundrisses und der klare Aufbau des Gebäudes sind demnach als die Frucht jahrelanger Bemühungen angesehen worden. Das großartige Erscheinungsbild des Frankfurter

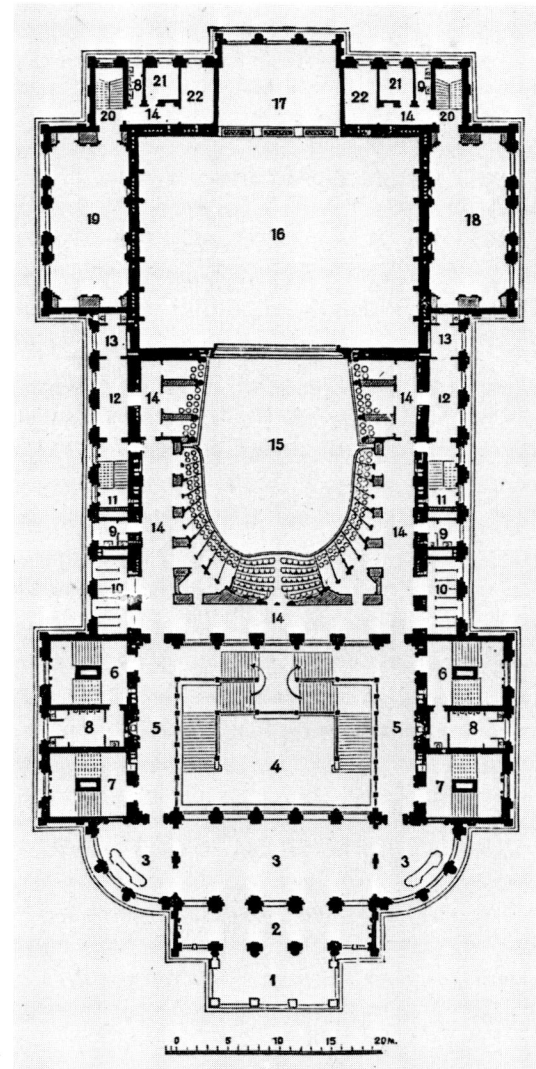

Grundriß in Höhe des Foyers.

1. Balkon
2. Loggia
3. Foyer
4. Haupt-Treppenhaus
5. Säulengalerien
6. Treppen für den 1. und 2. Rang
7. Treppen für den den 3. Rang
8. Herren-Toiletten
9. Damen-Toiletten
10. Garderoben
11. Prosceniums-Treppen
12. Salons
13. Boudoirs
14. Korridore
15. Zuschauerraum
16. Hauptbühne
17. Hinterbühne
18. Saal für Ballettproben
19. Saal für Chorproben
20. Personal-Treppen
21. Ankleidezimmer
22. Zimmer für Soloproben.

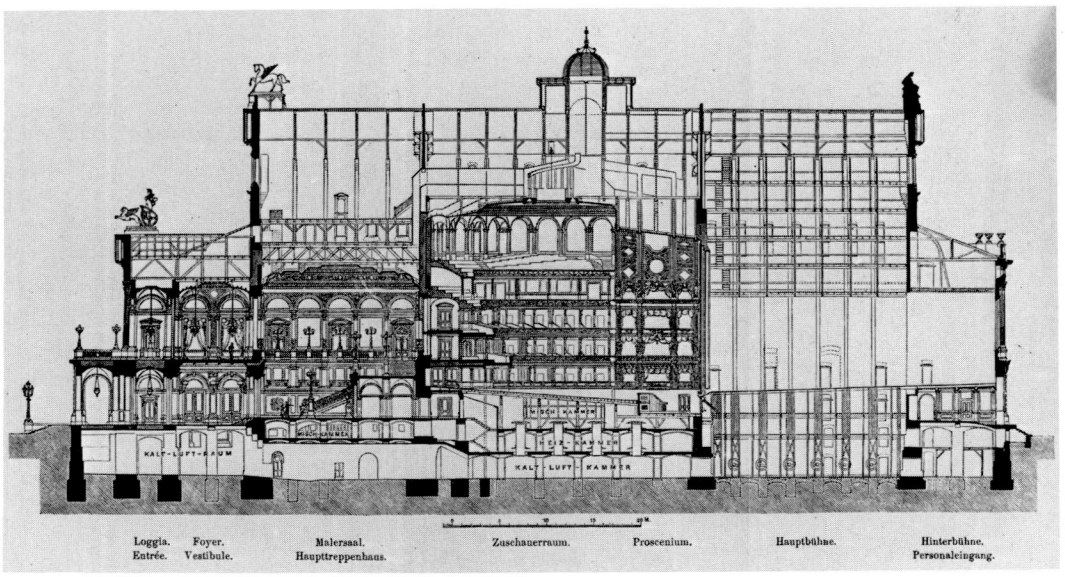

Loggia. Foyer. Malersaal. Zuschauerraum. Proscenium. Hauptbühne. Hinterbühne.
Entrée. Vestibule. Haupttreppenhaus. Personaleingang.

Längsschnitt nach dem Entwurf von Richard Lucae.

Opernhauses, wie es uns bereits in seinen Plänen entgegentritt, verrät unverkennbar den Einfluß des berühmten Architekten Gottfried Semper, der als Schöpfer des früheren Dresdner Hoftheaters Schule gemacht hat. Die von ihm entwickelte Formgebung im Renaissancestil unter Anlehnung an hellenische Vorbilder hat einen Theatertypus geschaffen, dem sich kaum ein Architekt der damaligen Zeit entziehen konnte. Auch Lucae dürfte die durchdachte Grundrißkomposition und den daraus sich gestaltenden Aufbau mit seiner starken Überzeugungskraft studiert haben. Als logische Konsequenz tritt uns der kräftige Unterbau des Frankfurter Opernhauses mit seinem hoch aufragenden tempelartigen Aufbau entgegen wie auch die zweckmäßige Anordnung der Treppenhäuser. Maßgeblicher Einfluß auf die Gestaltung des Frankfurter Opernhauses muß auch dem bedeutenden Architekten der Berliner Schule, Carl Ferdinand Langhans, zugesprochen werden. Als Erbauer des Leipziger Theaters sowie durch den Umbau des Berliner Opernhauses setzte er neue Maßstäbe in bezug auf die ästhetische Wirkung als auch auf die praktische Notwendigkeiten eines Theaters. Lucae hat wiederholt – so auch im Rahmen seiner Lehrtätigkeit – seine Verbundenheit mit Langhans zum Ausdruck gebracht, der aus der gleichen Bildungsstätte hervorgegangen ist und mit dem er das Erbe der Schinkelschen Kunstrichtung teilte. Starke Anlehnung an Langhans verrät ferner die Gestaltung des Zuschauerraumes, ohne daß hierbei die speziell für das Frankfurter Haus geforderten Bedingungen übersehen werden dürfen. Als absolute Neuerung muß die von Lucae eingeführte Säulengalerie im obersten Rang angesehen werden. Von einem Einfluß Charles Garniers, des Erbauers der Pariser Oper, auf die Gestaltung des Frankfurter Opernhauses kann nicht die Rede sein. Hier ließen sich höchstens Garniers Bestrebungen nach mehr Weiträumigkeit der Nebenräume und Bequemlichkeit der Treppenzugänge anführen, wie überhaupt der Drang nach mehr Komfort für die Theaterbesucher. Lucae fand bezüglich des Raumaufwands und des Reichtums der Ausstattung – wie dies auch schon bei Semper der Fall war – kein allseitiges Verständnis. Im Grunde hätte man dies aber erwarten können, da sich die früheren Theaterbauten bezüglich des Komforts als wenig befriedigend erwiesen hatten.

Zusammenfassend läßt sich das Erscheinungsbild des Frankfurter Opernhauses in etwa folgendermaßen beschreiben: Lucae hat es kraft seiner Begabung verstanden, die hervorstechenden Merkmale und positiven Errungenschaften im Theaterbau seiner Vorgänger zu verwerten und das Frankfurter Opernhaus durch eigene Eingebungen zu einer Schöpfung ganz persönlicher Prägung zu machen. Er bewies bezüglich der Raumdisposition und der dekorativen Ausstattung hohe künstlerische Erfindungsgabe, wobei ihm sein technisches Wissen sehr zugute kam. Auf diese Weise hat Lucae in hohem Maße den Anforderungen des damaligen Kulturlebens Genüge getan und, ähnlich wie Schinkel und Semper, eine Höchstleistung künstlerischen Schaffens erbracht. Es konnte daher nicht ausbleiben, daß Lucae als Architekt auch auf spätere Bauwerke stilbildend wirkte.

Bevor die Bauarbeiten aufgenommen werden konnten, war eine schwerwiegende Entscheidung zu treffen bezüglich des für die Außenfassade zur Verwendung kommenden Steinmaterials. Die in hoher Zahl eingegangenen Offerten brachten die verschiedensten Vorschläge, welche größtenteils jedoch als zu teuer bzw. von der Lieferzeit her als ungeeignet bezeichnet werden mußten. Die Firma Holzmann & Co., Frankfurt am Main, brachte einen Stein aus Savonnières in Frankreich zum Angebot, den man nicht nur für besonders preiswert hielt, sondern auch wegen weiterer Vorteile, wie Farbe, leichte Bearbeitung und Dauerhaftigkeit, auf »das dringlichste« empfehlen zu müssen glaubte. Die Annahme dieses Vorschlags bedingte denn auch, daß die Firma Holzmann als Hauptunternehmer für die Maurer-, Zimmer-, Putz- und Steinmetzarbeiten verpflichtet wurde und zwar in Verbindung mit der Mannheimer Steinmetzfirma Boller & Co., in deren Besitz sich die Steinbrüche von Savonnières en Perthois befanden. Beide Firmen übernahmen volle Garantie hinsichtlich der Haltbarkeit des vorgeschlagenen Steines. Gleiches galt auch für den aus der nämlichen Gegend stammenden Euville- und Leonville-Stein, den man für die Treppenstufen und Türschwellen vorsah. Ferner wurde erklärt, daß der Savonnières-

Einblick in den Innenausbau.

Stein stets rein und hell bleibe, eine große Wetterbeständigkeit besitze, sich zunehmend verhärte und sein »elegantestes Aussehen für immer« behalte. Um in dieser Angelegenheit ganz sicher zu gehen, schickte man Baumeister Johann Albrecht Becker, Mitarbeiter und ständiger Vertreter von Architekt Lucae, eigens nach St. Dizier zur Begutachtung des Steines sowie nach Nancy, wo er die aus dem empfohlenen Stein erbauten Gebäude besichtigen sollte. Als Baumeister Becker die guten Eigenschaften des Steines nach seiner Besichtigungsfahrt bestätigen konnte, stand einer Annahme des Angebots der Firma Holzmann nichts mehr im Wege.

Leider verschob sich die Aufnahme der Bauarbeiten »wegen der in Feststellung des definitiven Bauprojektes eingetretenen Verzögerung« – wie es der Magistratsbericht formuliert – bis in das Jahr 1873.
Wie bereits angedeutet, war der Neubau des Theaters im Bereich der früheren Festungswerke disponiert, wobei die Baustelle einen alten Wallgraben durchkreuzen mußte. Der Bau selbst erforderte ein Terrain von ca. 4.000 qm, und zwar in 50 Meter Breite und 80 Meter Länge; dabei sind die auf beiden Seitenfronten herausragenden Gebäudeteile sowie die Aufgliederungsbauten der Hauptfassade einschließlich der Wagenunterfahrt einbezogen. Die stattliche Höhe des Gebäudes war von Architekt Lucae mit 34 Meter über dem Terrain festgelegt worden.

Der Verfasser sieht es nicht als seine Aufgabe an, sämtliche Phasen des Aufbaus zu schildern, für den mehr als 700 Pläne als Grundlage dienten. Soweit allgemeines Interesse vorausgesetzt werden kann, seien einige Gesichtspunkte den Lesern nahegebracht. Auch wird davon Abstand genommen, die immer wieder aufgetretenen Schwierigkeiten zu beschreiben, aufgrund deren sich die Fertigstellung des Hauses um Jahre hinauszögerte.
Bevor mit den eigentlichen Bauarbeiten begonnen werden konnte, mußten gewaltige Erdmassen ausgehoben werden, da die Planung ein Kellergeschoß von drei übereinanderliegenden Stockwerken für die Heiz- und Ventilationsanlagen sowie für die Untermaschinerie notwendig machten.
Zu Beginn des Jahres 1874 war der Aufbau immerhin so weit gediehen, daß die Arbeiten an den Fundamenten und am Kellermauerwerk als abgeschlossen betrachtet werden konnten. Nach Einbringen von 5505 Fuhren Schutt konnte nunmehr mit der Hinterfüllung der Kellermauern begonnen und ein Planum für Ablagerung der Werksteine geschaffen werden. Das nunmehr in rascher Folge aufgehende Mauerwerk, dessen Hauptmauer eine Stärke von 2.80 Meter aufwies, war Voraussetzung für die Inangriffnahme der äußeren Verkleidungsarbeiten mit dem oben erwähnten französischen Kalkstein; auch galt es, eine sorgfältige Prüfung aller Details für die Außenarchitektur vorzunehmen. Aus Gründen der Verantwortlichkeit hielt man es für angezeigt, ein maßstabgetreues Modell aus Latten und bearbeitetem Gips herzustellen, um sich so von der Wirkung der vorliegenden Entwürfe bei der Ausgestaltung der Fassaden zu überzeugen. Ein erhalten gebliebenes Foto ist in diesem Buch wiedergegeben. Für den Innenausbau des Gebäudes hatte man inzwischen einen Teil der Zimmer- und Eisenarbeiten vergeben. Auch die Werkzeichnungen für die Heizungs- und Ventilationsanlagen, soweit sie das innere Mauerwerk betrafen, waren fertiggestellt.
Zu einer wichtigen Entscheidung sah sich Architekt Lucae bezüglich der vorzuschlagenden Heizungs- und Ventilationsanlage gedrängt.

Das Opernhaus während des Aufbaus.

Wie aus den umfangreichen Schriftsätzen der Theaterbaukommission zu ersehen ist, nahm man diese Frage sehr ernst, da das bisherige Stadttheater in dieser Hinsicht schon immer ein Sorgenkind gewesen war. Immerhin ist ein kleiner Rückblick auf die Probleme früherer Jahrzehnte von gewissem Interesse. Als im Jahre 1782 das alte Theatergebäude errichtet wurde, waren zunächst keinerlei Heizmöglichkeiten vorgesehen. Dies hatte zur Folge, daß im Winter des öfteren Vorstellungen ausfallen mußten. Erst im Jahre 1792 stellte man Öfen im Theater auf, was jedoch bei starker Kälte noch immer keine ausreichende Erwärmung des Hauses gewährleistete. So konnte es nicht ausbleiben, daß auch weiterhin Aufführungen gestrichen werden mußten. Eine wesentliche Verbesserung erreichte man erst um das Jahr 1830, als eine Einrichtung »nach dem System der sogenannten retournierenden Luftheizung« geschaffen wurde. Die Anlage bestand aus acht eisernen Heizöfen, von denen je zwei in gemauerten Heizkammern installiert wurden, deren jede mit einem Schornstein und einer Zufuhrkammer für kalte Luft verbunden war. Zwei dieser Heizkammern lagen zu beiden Seiten unterhalb der Bühne und dienten lediglich der Erwärmung des Bühnenraumes; die anderen befanden sich beiderseits unter dem Logenhaus und lieferten die notwendige Wärme für den Zuschauerraum und die Korridore. Diese angeblich befriedigend arbeitende Anlage wurde mit Holz betrieben. Als jedoch zu Beginn der vierziger Jahre des 19. Jahrhunderts der Holzpreis empfindlich stieg, entschloß man sich, auf die billigere Steinkohle umzusteigen und entsprechend neue »Apparate für Steinkohlenbrand« anzuschaffen. Bereits im Jahre 1865 waren diese Öfen jedoch derart ausgebrannt, daß man sie durch neue ersetzen mußte; diesmal entschied man sich für neu konstruierte Öfen mit verbesserter Leistung. Bei allem war man sich bewußt, daß die Öfen in den beengten Heizkammern, die keine Erweiterung zuließen, von Zeit zu Zeit erneuert werden mußten, da eine ausreichende Erwärmung des Theaters nur durch ständiges Überheizen der Öfen zu erreichen war. – Was nun aber die für das neue Opernhaus projektierte Heizanlage anbelangt, so konnte man hier auf reiche Erfahrungen an anderen Bühnen zurückgreifen. Als Vorbild bot sich vor allem die Heizanlage der Wiener Hofoper an. Für das gleiche System entschied man sich schließlich auch in Frankfurt. Es handelte sich dabei um eine »Dampf-Luftheizung«, die ihren Dampf aus der im benachbarten Kulissenhaus eingerichteten Kesselanlage bezog. Durch einen begehbaren Tunnel führten die Dampfrohre in die Verteilungsräume und Heizkammern unter dem Treppenhaus bzw. Zuschauerraum. Wie in Wien schuf man auch in Frankfurt ein Dreikammer-System, zuunterst der Kaltluftraum, in der Mitte die Heizkammer und darüber die Mischkammer. Unter dem Vestibül befand sich das Frischluft-Reservoir, aus welchem – mittels eines unter dem Treppenhaus installierten Ventilators – Luft angesaugt und an die einzelnen Kammern weitergeleitet wurde. Für eine ausreichende Frischluftzufuhr sorgten sogenannte Luftbrunnen, die man an der Seite des Opernhauses pavillonartig zwischen kleinen Grünanlagen untergebracht hatte. Schon damals war man besorgt, bei zu starker Luftverschmutzung oder zu großer Hitze keine ausreichend gute Luft zur Verfügung zu haben. Daher beschaffte man sich notwendigenfalls die Ventilationsluft aus Schächten, die zu den Seitendächern führten und bessere Luft aus größerer Höhe bezogen. Wenn gekühlte Luft in den Zuschauerraum geleitet werden sollte, so preßte man die angesaugte Luft durch eine mit Kaltwasser betriebene Sprühanlage, ein Verfahren, das sich bis zur Zerstörung

Aufbau des Kulissenhauses auf der Ostseite des Opernplatzes.

bzw. Abzugklappen bedient werden, um die Temperatur zu regulieren. Dies galt jedoch nur für den Zuschauerraum, da die Bühne und alle vom Theaterpersonal benutzten Räume durch eine eigene Dampfheizung versorgt wurden. Bleibt noch zu erwähnen, daß von der Dampfkesselanlage besondere Steigeröhren zu den Gasfackeln der auf dem Oberbau der Außenfassade aufgestellten Kandelaberfiguren führten, um dort Rauch vorzutäuschen.
Auch die Wasserversorgung machte umfangreiche Installationen notwendig. Es sei nur auf die beiden großen Wasser-Reservoirs von je 20 cbm hingewiesen, die über dem Schnürboden unter der Dachfläche angebracht waren, und zwar quer über dem darunterliegenden Regensystem. Nebenbei sei erwähnt, daß das eingebaute Regensystem am 10. Februar 1881 bei einem Dekorationsbrand während einer Vorstellung von Meyerbeers »Jüdin« seine erste Bewährungsprobe zu bestehen hatte. Es gelang damals binnen kürzester Frist, das Feuer unter Kontrolle zu bringen. Gute Dienste leistete dabei auch der sogleich herabgelassene eiserne Vorhang, wodurch dem bereits in Panik geratenen Publikum der Anblick der brennenden Prospekte erspart wurde. Glücklicherweise konnte nach kurzer Zeit die Vorstellung fortgesetzt werden, was auch für späterhin das Vertrauen des Publikums in die Sicherheit des Hauses bestärkte. Für Feuerlöschzwecke standen 83 Hydranten zur Verfügung. Durch besondere technische Maßnahmen konnte bei den obersten Hydranten der Druck derart gesteigert werden, daß der Wasserstrahl bei einem Brand noch zehn Meter über den Dachfirst geschleudert werden konnte. Der Leser mag hieraus ersehen, welch vielfältiger Vorkehrungen es bedarf, um einigermaßen die Sicherheit der Theaterbesucher zu garantieren. Zum Bereich der Nutzwasserleitungen gehörte auch die Versorgung von 50 Waschtoiletten im Opernhaus. Ferner bedurfte es noch eines zusätzlichen Rohrnetzes, um das zu Trinkzwecken erforderliche Quellwasser heranzuführen, sowie paralleler Dampfröhren zur Sicherung gegen Einfrieren.
Ein weitverzweigtes Rohrnetz erforderte auch die Verlegung der Gasleitungen, welche bis

Modell zur Gestaltung der Fassade im Maßstab 1:1.

des Opernhauses im Jahre 1944 bestens bewährte. Beim Absaugen der verbrauchten Luft im Zuschauerraum wurde entsprechend verfahren. Die Luft wurde durch die unter den Decken rsp. in diesen selbst angebrachten Kanäle senkrecht in einen sogenannten Kronenschlot über dem Kronleuchter geführt und ins Freie befördert. Zu diesem Zweck hatte man einen Exhaustor mit einem Durchmesser von 3,5 Meter installiert, über welchen sich die Dachkuppel erhob. Ohne auf diese außerordentlich wirkungsvolle Einrichtung näher einzugehen, sei lediglich noch erwähnt, daß die Heizanlage von einem Kontrollzimmer aus überwacht wurde, wo Thermo-Indikatoren von 16 verschiedenen Stellen des Zuschauerraums aus die jeweils herrschende Temperatur anzeigten.
Von hier aus konnten auch mehrere Kaltluft-

zu 7000 Flammen zu versorgen hatten. Die Rohrleitungen mußten so disponiert werden, daß sich die Brenner bei Störungen getrennt abschalten ließen, damit nicht die gesamte Beleuchtung erlosch. Es versteht sich, daß wegen der Gasbeleuchtung auf der Bühne zusätzliche Sicherheitsmaßnahmen notwendig waren, wie z. B. die Einrichtung von Unterbrecherkontakten, die beim Platzen von Gasschläuchen hilfreich sein konnten. Schließlich mußte im ganzen Haus eine spezielle Notbeleuchtungsanlage installiert werden, die in der Lage war, im Fall der Gefahr eine Anzahl sogenannter »Orientierungsflammen« zu speisen. Zu den vorhandenen Apparaturen gehörten ferner elektrische Anlagen, die mittels elektrischer Funken die Gas-Beleuchtungskörper entzündeten. Hierzu zählte auch der mächtige Kronleuchter mit seinen 300 Flammen, der an eine Tauchbatterie mit sechs Zellen zu je zwei Kupfer-Zinkplatten angeschlossen war. Eine Verstärkung des Stromes wurde durch einen großen Induktor erreicht. Zur Erzeugung von elektrischem Licht für Bühnenzwecke verfügte man über eigene Batterien. Zusätzliche Verwendung fand die Elektrizität bei den technischen Sicherheitsvorrichtungen, die über das ganze Gebäude verteilt waren und beispielsweise eine übermäßige Steigerung der Temperatur anzuzeigen vermochten.

Hiermit wollen wir unsere Ausführungen über die technischen Einrichtungen des Theaters, die Bühne ausgenommen, beenden. Es konnte nur auf das Notwendigste hingewiesen werden, und auch dies nur soweit es im Rahmen allgemeinen Interesses lag.

Während der Bauarbeiten im Jahre 1874 wurde noch vor Eintritt der Kälteperiode eine Gebäudehöhe bis zu den Kapitälen des Unterbaues erreicht. Nebenbei hatte man im Herbst Werkstätten für die Bildhauer geschaffen, die Anfang des Jahres 1876 mit der Anfertigung ihrer Modelle für die Skulpturen der Außenfassaden beginnen sollten. Im Frühjahr 1876 ging man dann an das Aufschlagen des Gerüsts für den Oberbau, das auf der vorletzten Balkenlage des Unterbaus errichtet wurde. Im März war man dann so weit, daß die Maurerarbeiten für den Oberbau aufgenommen werden konnten. Die Witterung erlaubte eine zügige Hochführung der Scheide- und Ringmauern des Oberhauses und die Einwölbung der Bühnenöffnung. Gleichzeitig begann die Firma Holzmann mit der Erdaushebung für das am Rande des Opernplatzes vorgesehene Dekorationsmagazin sowie mit den Vorbereitungen für die Errichtung eines Verbindungstunnels von dort zum Theater. Inzwischen war es an der Zeit, die Eisenarbeiten an die Maschinenbau A.G. Humboldt in Kalk bei Köln zu vergeben. Bemerkenswert ist, daß man – entgegen der ursprünglichen Absicht – den Dachstuhl des Oberbaues nicht aus Eisen, sondern aus Holz konstruierte. Die neunzehn Dachbinder mit ihrer Spannweite von 23 Meter wurden deshalb in ihren Gurtungen und Streben aus Holz hergestellt. Eisen wurde nur insoweit verwendet, als es aus Konstruktionsgründen unumgänglich war. Der Zusammenbau der Binder im großen Oberbau wurde an Ort und Stelle mit Hilfe eines Mittelgerüsts vorgenommen; dabei wurde die Decke des Zuschauerraumes und der Bühne mit ihren maschinellen Apparaten an den verschieden stark konstruierten Bindern aufgehängt. Fachleute meldeten schon damals wegen der Holzkonstruktion Bedenken an, wenngleich nicht bestritten werden konnte, daß die gestellten Anforderungen der Sicherheitsbehörden grundsätzlich erfüllt wurden. Man wies vor allem auf die »Unbeständigkeit, leichte Zerstörbarkeit und Vergänglichkeit« des Materials hin. Auch äußerte man Vorbehalte gegenüber der verwendeten ortsüblichen Holzgattung, da bezweifelt wurde, daß der gebräuchliche Festigkeitskoeffizient erreicht würde. Inwieweit die damals geäußerten Bedenken als berechtigt angesehen werden können, vermag der Verfasser ebensowenig zu entscheiden, wie er in der Lage ist, die seinerseits vertretene Auffassung zu beurteilen, daß bei einem Gebäude, bei dem stets die Gefahr eines Brandes vom Inneren ausgeht, ein eiserner Dachstuhl gegenüber einem hölzernen keinen Vorteil biete. Immerhin bestrich man damals das gesamte Holzwerk im Hause zwei- bis dreimal mit Kali-Wasserglas, wobei man die als Bindemittel notwendige Schlemmkreide einfärbte, und zwar für die Fußböden mit gelber, für die übrigen Holzteile mit grauer Farbe.

Nachdem die Dachbinder am Oberhaus aufgestellt waren, war es endlich so weit, daß das »Dach des neuen Theaters gerichtet« werden konnte. Dies geschah am 28. August 1876, dem Geburtstag Johann Wolfgang von Goethes. Trotz der Bedeutung des Neubaues verzichtete man damals auf ein öffentliches Richtfest und begnügte sich damit einen kleinen Kreis von Persönlichkeiten zur Besichtigung einzuladen. Neben Oberbürgermeister von Mumm erschienen einige Stadtverordnete sowie die Mitglieder der Baukommission und des Theaterausschusses. Professor Lucae und Baumeister Becker erklärten den »Versammelten den Bau in allen seinen Teilen«, wobei die Anwesenden sogar die »höchsten Teile des Gerüstes« besteigen mußten. Auch nahm man die »teilweise fertigen, teilweise noch in Arbeit befindlichen Statuen und Gruppen in Augenschein«. Nachdem sich alle Teilnehmer von dem erfreulichen Fortgang des Baues überzeugt hatten, traf man sich zu einem gemeinsamen Mahl im Palmengarten.

Die Bildhauerarbeiten schritten jedoch nur sehr langsam voran, da die Beschaffung der Steinblöcke mit großen Umständen und viel Zeitverlust verbunden war. Später ergaben sich dann noch Probleme im Zusammenhang mit der Frage, wie die fertigen Figurenblöcke und Giebeldreiecke auf ihre vorgesehenen Plätze versetzt werden könnten, da die zur Verfügung stehenden Lafettenkräne lediglich eine Tragfähigkeit bis zu sechzig Zentnern aufwiesen. Es blieb nichts anderes übrig, als jeweils zwei solcher Kräne zu verwenden, die mit Hilfe eines in der Mitte tragenden Balanciers gemeinsam die Last hochzogen. Die Figurenblöcke hatten zum Teil ein Gewicht von mehr als hundert Zentnern und mußten bis zu 34 Meter über den Boden gehoben und versetzt werden. Am 21. Dezember 1876 mittags um zwölf Uhr war es schließlich so weit. Bei herrlichem Wetter wurde der höchste Stein des Theaters, der Oberkörper der aus drei Stücken bestehenden Gruppe, an seinen Bestimmungsort auf dem Giebel der Rückseite gebracht. Der vorausgegangene Herbst mit seinem schönen Wetter hatte ermöglicht, daß Gesimse und Balustraden versetzt und das Ausfugen am Oberbau sowie die Reinigungsarbeiten aufgenommen werden konnten. Nach Vollendung der Sgraffito-Malereien am Oberbau konnte die Eindeckung des Daches von der Mitte bis zu den beiden Giebeln in Angriff genommen werden. Zu Anfang des Jahres 1877 wurde im Innern mit der Montage der eisernen Rangkonstruktionen begonnen, die bereits im Juli abgeschlossen werden konnte. Zuvor hatte man bereits den Oberbau abgerüstet und die Eindeckung des Unterbaues veranlaßt. Nach Vollendung der Sgraffito-Malereien und der Bildhauer-Ornamente am Unterbau konnten auch dort die Gerüste niedergelegt

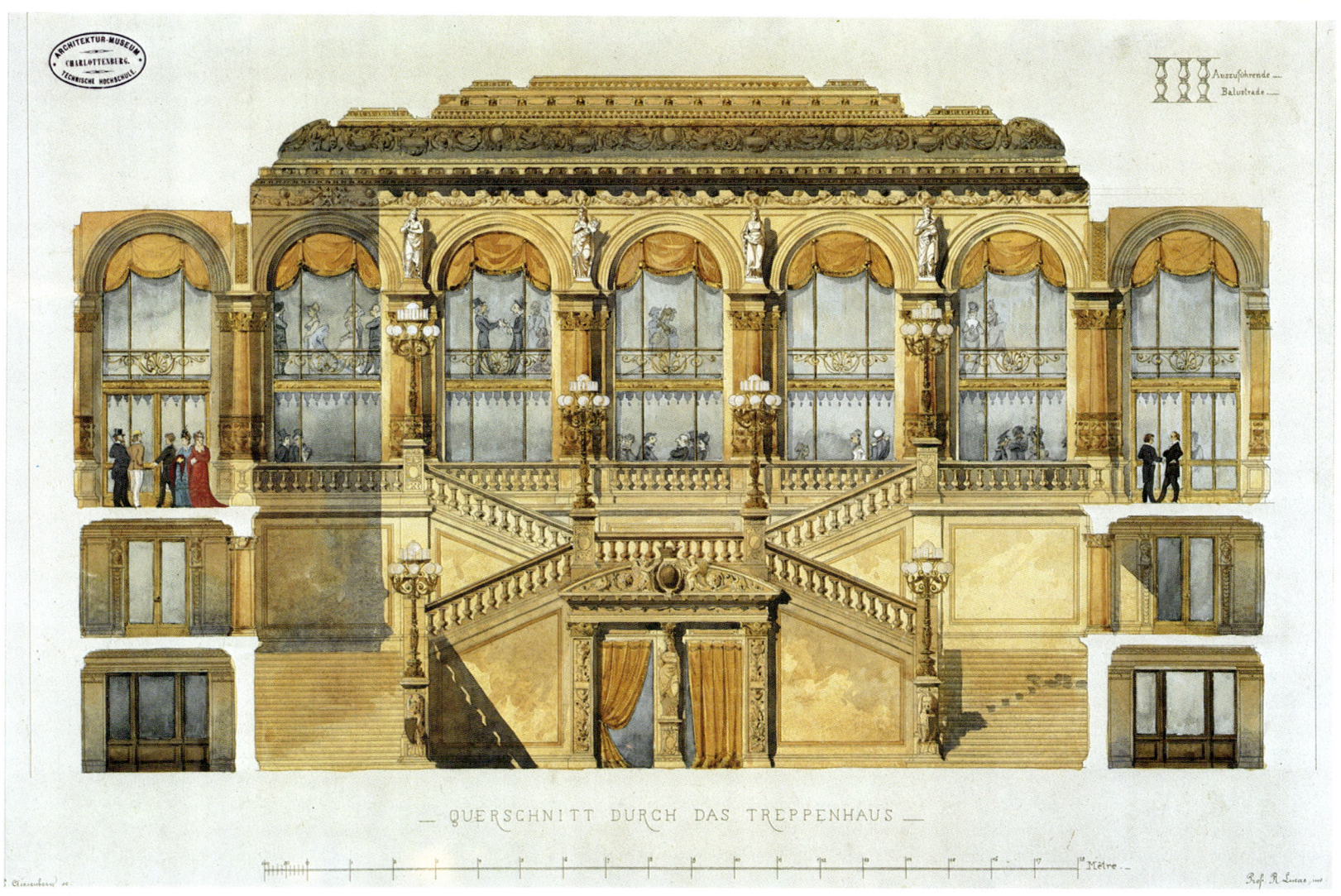

Entwurf für die Gestaltung des Haupttreppenhauses (zu Seite 34).

Bauarbeiten an der Rückfront des Opernhauses.

werden. Schließlich hatten auch die Arbeiten im Innenbau, vornehmlich im Haupttreppenhaus, inzwischen große Fortschritte gemacht. Unglücklicherweise wollte es das Schicksal, daß Architekt Professor Lucae Ende Oktober 1877 erkrankte, nachdem er nur wenige Wochen zuvor den Behörden die definitiven Kostenvoranschläge für den Theaterbau und dessen Ausstattung hatte zukommen lassen. Einen Schock löste kurz darauf sein unerwarteter Tod am 26. November 1877 aus. Daraufhin entschlossen sich die verantwortlichen Cremien, zur Bewältigung der verbleibenden Aufgaben eine Arbeitsteilung vorzunehmen. Baumeister Johann Albrecht Becker, der vom ersten Spatenstich an den Neubau begleitet hatte, wurde beauftragt mit der Beaufsichtigung der baulichen Gestaltung samt Heizungs- und Ventilations-Anlagen. Architekt Eduard Giesenberg, der gleichfalls vom Beginn an in Lucaes Atelier am Frankfurter Projekt mitgearbeitet hatte, wurde die Verantwortung für den dekorativen Teil, vornehmlich im Inneren des Opernhauses, übertragen. In diesem Zusammenhang bleibt anzumerken, daß die entsprechenden Pläne »erst in allgemeinen Zügen festgestellt waren«, so daß Giesenberg die verantwortungsvolle Aufgabe zukam, die anfallenden Arbeiten im Sinne des Meisters zu vollenden. Die veränderte Situation war zugleich Anlaß, zum 1. April 1878 eine Abrechnung über die bisherigen Kosten des Theaterbaus zu fordern, die wiederum eine Vorlage zur Reduzierung des Kostenvoranschlags für das weitere Vorhaben nach sich zog. Im Mai des gleichen Jahres begann man mit dem Aufschlagen der Gerüste im Zuschauerraum sowie dem Einbau der Holzkonstruktion für die Decke. Die Arbeiten in den Innenräumen und im Haupttreppenhaus, auf die hier nicht näher eingegangen werden soll, machten im Jahre 1878 große Fortschritte. So konnte auch der große Malersaal bereits zu einem frühen Zeitpunkt für die Belattung der neu hergestellten Dekorationen freigegeben werden.

Im Frühjahr 1879 meldete die Bauleitung den Abschluß der Verputzarbeiten und die Vergabe von Aufträgen an die Kunstmaler für die Deckengemälde sowie den Vorhang des Zuschauerraumes. Noch vor Entfernung der schweren Gerüste im Zuschauerraum und der Anbringung eines Hängegerüsts für die Ausmalung der Decke wurde auf dem Oberdach ein Notschuppen für die Montage der erheblich aus dem Gebäude herausragenden Ventilationskuppel errichtet. Das auch im Winter 1879/80 unausgesetzte Fortschreiten der Arbeiten im Innern des Hauses gab berechtigten Anlaß zur Hoffnung, daß im Herbst 1880 die letzten Arbeiten am Gebäude vollendet sein würden.

Das Opernhaus in seiner äußeren Gestalt

Der Anblick der Außenfassaden führte schon vor der Eröffnung des Opernhauses zu der allgemeinen Überzeugung, daß man mit der Wahl des Savonnières-Steines eine gute Entscheidung getroffen hatte. Mit Ausnahme jener Wandflächen, welche Sgraffito-Malereien aufzunehmen hatten, wurden die gesamten Fassaden mit dem französischen Stein ausgestattet. Der Unterbau des Gebäudes wurde gequadert angelegt und von rundbogigen Türen an der Hauptfassadenfront unterbrochen. Über diesen Unterbau mit seinen Eingängen zum Haupt-

Bleistiftskizze für die Gestaltung der Apollo-Gruppe zur »Bekrönung des Giebels der Hauptfassade«.

Entwurfsskizze zur »Bekrönung des Giebels« an der Hauptfassade mit dem ursprünglichen Weihespruch.

treppenhaus erstreckte sich das durch Säulen und Pilasterstellungen aufgegliederte Hauptgeschoß. Die Rundbogenarchitektur war bestens geeignet, figürlichen Schmuck aufzunehmen. Bemerkenswert ist, daß die beiden Skulpturen von Goethe (Bildhauer G. Herold) und Mozart (Bildhauer E. Hundrieser) erst nach Eröffnung des Opernhauses als Geschenk des Generalkonsuls Hermann Mumm von Schwarzenstein eingebracht wurden. Über besagten Rundbogen befinden sich Reliefporträts in ziemlich flach gehaltenen Schilden, die von verschiedenen Künstlern konzipiert wurden und – auf die gesamte Fassade verteilt – Ansichten von 24 Dichtern und Komponisten zeigen. Auf der Vorderseite des Gebäudes sind zu sehen (von links nach rechts): Shakespeare, Schiller, Beethoven, Weber und Lessing; es folgen dann in Richtung Ostfassade der Reihe nach die Porträts von Gluck, Meyerbeer, Wagner, Cherubini, Spontini, Rossini, Aeschylos, Sophokles, Euripides, Calderon, Lope de Vega, Auber, Boieuldieu, Méhul, Racine, Mollière, Corneille, Grillparzer und Kleist. – Für das Giebelfeld des Vorderbaues der Hauptfassade hatte der oben bereits erwähnte Emil Hundrieser ein bewußt stark aus der Grundfläche heraustretendes Relief geschaffen mit den allegorischen Figuren Rhein und Main. Es darf als wohlüberlegt gelten, daß man einen so begabten und aufstrebenden Künstler mit der Gestaltung dieses wichtigen Reliefs beauftragte. Immerhin ging Hundrieser als einer der erfolgreichsten Denkmalplastiker der Wilhelminischen Ära in die Kunstgeschichte ein. Zu seinen reifsten Werken zählen die Reiterdenkmäler Kaiser Wilhelms I. auf dem Kyffhäuser und am Deutschen Eck bei Koblenz. Unterhalb des von Hundrieser gestalteten Reliefs hatte man den Sinnspruch eingemeiselt »Dem Wahren Schönen Guten«. Hierbei dürfte von Interesse sein zu erfahren, daß ursprünglich ein lateinischer Spruch – wie damals allgemein üblich – vorgesehen war. Wie anders läßt es sich erklären, daß die frühesten Fassadenentwürfe des Opernhauses den Spruch trugen: APPOLINI ET MUSIS DEDICATUM OPUS ANNO MDCCCLXXI. Dieser Sinnspruch hätte auch Bezug gehabt zu der auf dem Vordergiebel stehenden Gruppe mit dem Schutzherrn der Muse, dem »mangelhaft bekleideten« Apollo, auf einem Wagen stehend, der von zwei geflügelten Greifen gezogen wurde. Hierbei handelte es sich um eine Arbeit des Berliner Bildhauers Erdmann Encke, der als einer der bedeutendsten Porträt- und Denkmalplastiker seiner Zeit gilt. Aus Enckes Atelier stammen beispielsweise die Denkmäler des Turnvater Jahn und der Königin Louise in Berlin sowie die Sakrophag-Denkmäler für Kaiser Wilhelm I. und Kaiserin Auguste. Leider ging die aus Surrogat Zink gestanzte Frankfurter Apollogruppe durch Kriegseinwirkung verloren. Ersatzweise brachte man später, jedoch noch vor Wiedereröffnung der Alten Oper, die auf dem ehemaligen Schauspielhaus befindliche Quadriga zur Aufstellung. Diese ist ein Werk des Frankfurter Bildhauers Franz Krüger und zeigt Erato, die Muse der Liebesdichtung. Auf den Eckpostamenten der Balustraten links und rechts des Unterbaugiebels stellte man jeweils eine Skulptur der Recha aus Lessings »Nathan der Weise« und der Isabella aus Schillers »Braut von Messina« auf. Diese Figuren stammten aus der Hand des damals in Frankfurt ansässigen Bildhauers Gustav Herold, auf den u. a. auch die Atlasgruppe auf der Hauptfassade des Frankfurter Hauptbahnhofs zurückgeht. Nicht zu vergessen ist die von ihm geschaffene Francofortia, welche einst die Spitze des zerstörten Schauspielhauses krönte. In Verbindung mit den beiden von Herold geschaffenen Freiskulpturen muß ergänzend darauf hingewiesen werden, daß ursprünglich vierzig solcher Figuren rund um das Haus vorgesehen waren. Aus Ersparnisgründen verzichtete man später jedoch auf eine Ausführung, wovon heute noch die schmucklosen Postamente künden.

Richten wir unseren Blick auf die Vorderfassade des zurückliegenden Oberbaues, so finden wir in den dazugehörigen Nischen figürlichen Schmuck, der gleichfalls auf den Bildhauer Herold zurückgeht. Von links nach rechts zeigen die Darstellungen: »Poesie«, »Tanz«, »Komödie« und »Tragödie«. Auf gleicher Höhe um die Fassaden herum sind noch weitere Nischenfiguren angeordnet, die jedoch auf verschiedene andere Künstler zurückgehen. Mit der Gestaltung der beiden Figuren »Geschichte« und »Sage« hatte man den gebürtigen Frankfurter Heinrich Petry beauftragt, an den noch folgende Arbeiten in seiner Heimatstadt erinnern: die Denkmäler für Anton Kirchner, Clemens und Bettina Brentano, Sebastian Rinz und Samuel Thomas von Sömmering. Die personifizierte Darstellung des »Volksliedes« geht zurück auf Georg Wilhelm Schwindt, einen Schüler Gustav Kauperts aus der Städelschule. An ihn erinnern ferner noch der figürliche Schmuck an der Frankfurter Börse sowie zahlreiche zu den verschiedensten Ausstellungen gefertigte künstlerische Plaketten. Dem gleichfalls in Frankfurt geborenen Friedrich R. Schierholz

Skulptur »Die Poesie« vom Bildhauer Gustav Herold.

verdanken wir die Wiedergabe des »Märchens«. Mit seinem Namen verbunden ist auch die Gestaltung des Schopenhauer- und Stoltze-Denkmal sowie – von seiner Mitarbeit beim figürlichen Schmuck im Dom abgesehen – des noch erhalten gebliebenen Giebelfeldes der alten Stadtbibliothek. Zum Kreis der Dannecker- und Thorwaldsen-Schüler zählt Rudolf Eckhardt, dem der Auftrag zukam, Kalliope, die neunte und älteste Muse, als Patronin der epischen Dichtung darzustellen. Der mit ersten Preisen aus zahlreichen Wettbewerben hervorgegangene Künstler war Schöpfer des einst vor dem Zoologischen Garten aufgestellten Schützenbrunnens und des im Krieg zerstörten Kriegerdenkmals auf der Rückseite der St. Peterskirche. Der Reihe nach folgen nunmehr die Skulpturen mit der Darstellung der Terpsichore als Muse des Tanzes (Bildhauer Schwind), der »Musik« (Bildhauer Eckhardt), der »Rache« (Bildhauer Schwind), der »Ehre«, des »Frohsinns«, der »Eitelkeit« (Bildhauer Petry) und letztlich der »Wahrheit« (Bildhauer Herold). Nicht vergessen die Sgraffito-Malereien auf den seitlichen Außenfassaden, die ein Werk des Berliner Malers Estdorff sind. Hier wußte man vor allem die »edle Zeichnung und gute Massenverteilung der Ornamente in einer auf beschränkte Mittel angewiesenen Darstellungsart« sehr wohl zu schätzen.

Einen bemerkenswert schönen Schmuck bildet das Hochrelief am Oberbau der Hauptfassade, das auf Professor Gustav Kaupert zurückgeht. Mit Kauperts Namen verbindet sich eine langjährige Tätigkeit als Lehrer der Bildhauerkunst am Städelschen Institut. Seine Arbeiten brachten ihm zahlreiche hohe Ehrungen ein, verbunden mit einer entsprechenden Fülle von Aufträgen. Im Frankfurter Raum schuf er u. a. noch die Kolossalfiguren von Ludwig Börne und Lessing, die Darstellungen von »Tag« und »Nacht« in der Empfangshalle des Hauptbahnhofs, zahlreiche Porträtreliefs und Grabdenkmäler namhafter Frankfurter sowie für die Börse die Gruppen »Krieg«, »Frieden«, »Heiterkeit« und »Schmerz«. Von seinen auswärtigen Arbeiten seien noch jene Figuren erwähnt, die er für das amerikanische Unabhängigkeitsdenkmal in Washington schuf, sowie die Kolossalfigur der Columbia nebst einem Relief für das dortige Kapitol. Im Giebelrelief des Frankfurter Opernhauses hat Kaupert in der Mitte die Grazien Euphrosyne (Frohsinn), Aglaia (Glanz) und Thalia (Glück) in »lieblicher Nacktheit« zur Darstellung gebracht, umschlungen von einem Kranz üppiger Rosen. Links davon finden sich – als Symbol für die Komödie – zwei Amoretten, die den widerstrebenden Panther zu Bacchus führen, welcher im Begriff ist, seinem Lieblingstier eine Trinkschale zu reichen. Hinzu gesellt sich Jocus als Vertreter des Scherzes. Die linke Ecke ist ausgefüllt mit Tymbalen und Thyrsusstäben, den Geräten des Bacchus-Kultes. Auf der rechten Seite des Giebelfeldes stößt man auf eine Darstellung der Tragödie, versinn-

Bleistiftskizze zur Gestaltung des Giebelfeldes der Rückfassade.

Das Giebelrelief der rückwärtigen Fassade von Karl Rumpf.

bildlicht durch den Genius des Todes mit gesenkter Fackel, zu Füßen eine tragische Maske. Daneben befindet sich eine bedrückt wirkende Frauengestalt, Symbol der Schuld, in deren Schoß sich eine junge Frau geworfen hat, auf die eine Furie lauert. Den seitlichen Abschluß bildet ein Sphinx, Sinnbild des Rätselhaften. Das ausgewogen wirkende Kunstwerk ist für jeden aufmerksamen Betrachter der Opernhausfassade ein besonderer Blickfang.

Den krönenden Abschluß des Hauptgiebels bildet eine Darstellung des aus der griechischen Mythologie stammenden Flügelrosses Pegasus, welches auch als Musen- oder Dichterroß bezeichnet wird. Mit dieser Aufgabe war der Berliner Bildhauer Ludwig Brunow betraut worden, der sich als Denkmalsplastiker bereits einen Namen gemacht hatte. Zu seinen Hauptwerken zählen u. a. die für die Ruhmeshalle im Berliner Zeughaus geschaffenen Bronzestatuen Friedrichs I. und Wilhelms II. Auch das Standbild Gustav Adolfs in Lützen, wo der schwedische König sein Leben lassen mußte, sowie das Reiterstandbild Kaiser Wilhelms I. in Erfurt haben bis heute den Namen Brunows in der Kunstgeschichte lebendig erhalten. Unglücklicherweise ging der Frankfurter Pegasus während des Krieges verloren, ohne daß sich bis zum heutigen Tage von diesem Kunstwerk ein Entwurf finden ließ. Das gleiche Schicksal ereilte auch die auf Emil Hundrieser zurückgehenden acht Kandelaberfiguren auf den Seitenfronten des Opernhauses, welche tanzende Genien darstellten. Als es einst darum ging Einsparungen zu erzielen, sollten diese aus Zink geplanten Gruppen dem Rotstift zum Opfer fallen. Der Magistrat entschloß sich auf Ersuchen der Baukommission später dennoch zu einer Genehmigung, weil man diesen Schmuck auf dem Oberbau des Theaters im Interesse der architektonischen Gesamtwirkung für unverzichtbar erachtete. Aus der gleichen Erkenntnis heraus werden diese Kandelaberfiguren – um dies vorwegzunehmen – zum derzeitigen Wiederaufbau des Gebäudes rekonstruiert, um das ursprüngliche Erscheinungsbild zu gewährleisten. Dabei braucht nicht betont zu werden, daß man auf die einst an den Kandelabergruppen angebrachten Gas-Fackelbrenner verzichten wird, welche seinerzeit bei festlichen Anlässen angezündet wurden und deren Wirkung man durch Zuführung von Wasserdampf aus dem Kesselhaus noch zu erhöhen suchte.

Nunmehr wenden wir uns einer Betrachtung der rückwärtigen Fassade des Opernhauses zu, in deren Giebelfeld sich ein beachtenswertes Relief des Bildhauers Karl Rumpf befindet. Der gebürtige Frankfurter, zeitweise Vorsitzender der Frankfurter Künstlergesellschaft, hinterließ mehrere lebensgroße Sandsteinfiguren am Turm des Domes sowie zwei Statuen von Karl dem Großen und der Francofurtia am Rathaus; hinzu kommen Figuren auf dem Börsengebäude (»Handel und Industrie«) und schließlich das Philipp-Reis-Denkmal in der Eschenheimer Anlage. Das von ihm gestaltete Giebelwerk am Opernhaus zeigt in der Mitte die drei römischen Schicksalsgöttinnen Lachesis, Klotho und Atropo mit der entsprechenden Kennzeichnung des heiteren und ernsten Lebens. Überaus eindrucksvoll wurden von ihm weiterhin die verschiedenen Lebensalter charakterisiert (von links nach rechts): die Liebe durch Amor und Psyche, die Kindheit, das Jünglingsalter, das Mannesalter und schließlich der Abschied vom Leben durch den Tod. Dieses Relief muß zu den Hauptwerken des Bildhauers gezählt werden; es verleiht der Rückfassade einen starken künstlerischen Akzent. Für die Gestaltung der Krönungsfigur des Giebels hatte man Friedrich R. Schierholz bestellt, der als Sinnbild der Poesie eine aus Stein gemeißelte sitzende Frauenfigur schuf, welche einen Genius unterrichtet. Damit wurde der Rückfassade des Opernhauses ein harmonischer Abschluß zuteil.

Der Leser möge verzeihen, wenn die Ausführungen über die künstlerische Ausschmückung der Opernhaus-Fassade etwas detaillierter ausgefallen sind. Der Verfasser glaubt jedoch, die Gelegenheit nicht versäumen zu dürfen, die zusammengetragenen Unterlagen möglichst vollständig zu erfassen. Hiermit sei zugleich auch dankbar all der Bemühungen unserer Vorfahren gedacht, die darauf abzielten, das neue Theater – entsprechend dem Geschmack der damaligen Zeit – unter Heranziehung der namhaftesten Bildhauer zu einem würdigen Tempel der Kunst zu machen. Vielleicht wird der eine oder andere Theaterfreund, der bisher unzählige Male mit flüchtigem Blick am Opernhaus vorübergegangen ist, aufgrund obiger Ausführungen nunmehr Gelegenheit nehmen, den bald in neuem Glanz erstrahlenden Fassaden des ehrwürdigen Gebäudes größere Aufmerksamkeit zu schenken.

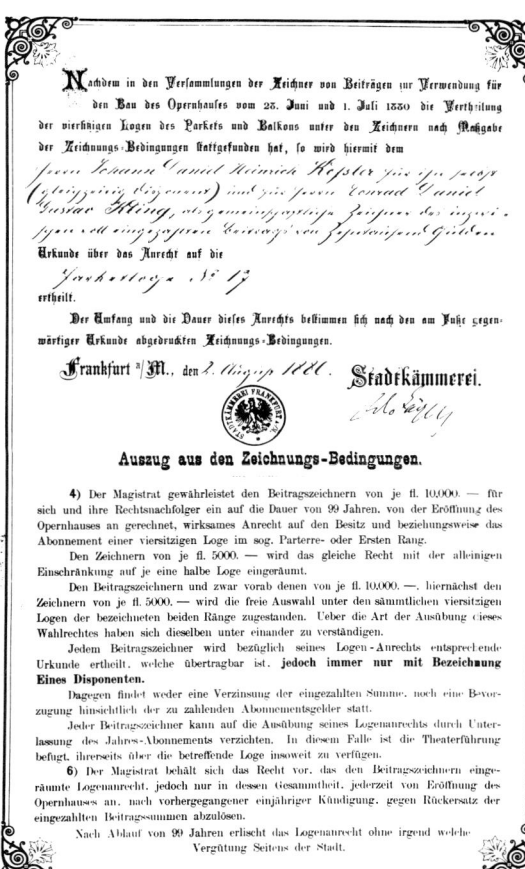

Spenden-Zertifikat zugunsten des Opernhaus-Aufbaus mit Logenanrecht.

Abbildung einer erhalten gebliebenen Aktie der Frankfurter Theater-Aktien-Gesellschaft.

Das prunkvoll ausgestattete Haupttreppenhaus als Übergang vom Alltag in die Welt der dramatischen Kunst

Der pompöse Bau des Opernhauses weckte beim Anblick seiner äußeren Erscheinung in den Besuchern seit jeher die Erwartung eines großartigen Erlebnisses. Nach kurzer Verschnaufpause gelangte man nach Durchschreiten der hohen rundbogigen Türen des Haupteinganges durch einen Windfang in ein Vestibül, das eine Breite von 19 Meter, eine Tiefe von 8 Meter und eine Höhe von 6,5 Meter aufwies. Dieser durch Wandarme erleuchtete Raum, in dem sich auch die Kasse befand, war architektonisch von durchgehenden Pilastern bestimmt, welche das Gebälk und die Kassettendecke trugen. Der Fußboden war wie überall im Theater mit Mettlacher Platten der Firma Villeroy und Boch ausgelegt; die Wände zeigten einen Anstrich in roter und grauer Farbe. Über wenige Treppenstufen gelangte man dann durch mehrere Flügeltüren in das Haupttreppenhaus, das von faszinierender Schönheit war und zu kurzem Verweilen einlud. Mit einer Tiefe von 18 Meter, einer Breite von 28 Meter und einer Höhe von 16,5 Meter ergab sich ein Raum von imponierender Größe, dessen Decke bis zur Höhe des zweiten Ranges (später ersten Ranges) reichte und von Gaskandelabern aus blanker Bronze erleuchtet war. Der Fußboden zeigte in seinem Mittelfeld eine teppichartige Mosaikdarstellung, die auch nach dem Theaterbrand größtenteils unter dem Bauschutt erhalten blieb. Zur Erinnerung an das Treppenhaus soll dieses Mosaikfeld, das mühsam und zeitaufwendig abgehoben wurde, wieder in den Neubau einbezogen werden. Bedauerlicherweise handelt es sich hierbei um das letzte und einzige Erinnerungsstück des ursprünglichen Treppenhauses. Die einst doppelarmige Treppe von je 3,50 Meter Breite war ebenso wie die Geländer, Brüstungen, Säulen und Pilaster aus gelblichem Marmor gefertigt, während die Wände aus dunkelrotem Stuckmarmor errichtet waren. Über 22 bzw. 43 Stufen erreichte man die Höhe des Parketts bzw. des ersten Ranges. Die Besucher von Parterre und Sperrsitz waren nicht auf die Treppen angewiesen, sondern konnten zu ebener Erde durch ein Portal unter dem Mittelpodest der Treppe zu ihren Plätzen gelangen. Auf beiden Seiten des Treppenhauses erstreckten sich in der Höhe des Parketts und des ersten Ranges offene Säulenhallen – die untere als toter Gang, die darüberliegende als Übergang zum Foyer.

In diesem Zusammenhang muß noch einer falschen Behauptung aus jüngster Zeit entgegengetreten werden, derzufolge das Publikum im Frankfurter Opernhaus durch die Treppenführung rangmäßig streng voneinander geschieden worden sei, wodurch man es den Besuchern des zweiten, dritten und vierten Ranges verwehrt habe, die »repräsentativen Zentren des Opernhauses, Foyer und Haupttreppenhaus« zu betreten. Aus dieser absolut unzutreffenden Behauptung zog man den Schluß, der Besuch des Opernhau-

Entwurf des Haupttreppenhauses von Richard Lucae.

Das Haupttreppenhaus.

ses sei ein »Ritual« gewesen, das »der Abgrenzung der Reichen und Gebildeten von dem Volke diente«, da der »Aufenthalt in den prächtigen Räumen nur einem innersten Zirkel der Ranghöchsten vorbehalten« geblieben sei. Es überrascht infolgedessen nicht, wenn aufgrund solcher irriger Meinungen dem Frankfurter Opernhaus »bemerkenswert undemokratische Züge« unterschoben wurden, und dies auch noch im Gegensatz zu den »wirklichen Hoftheatern« in Paris und Wien. Die Pflicht zu historischer Wahrheit verlangt, daß solche Unterstellungen nicht weiter kolportiert werden, und zwingt zu dem Hinweis, daß von sämtlichen Rängen aus Treppen zu den oberen Säulenhallen führten, also unmittelbar zum Haupttreppenhaus und dem angrenzenden Foyer. Somit konnten sämtliche Besucher des Hauses, unabhängig von der Höhe des entrichteten Eintrittsgeldes, sich ungehindert im Haupttreppenhaus und im Foyer bewegen. Man kann sich auch heute noch durch Einsichtnahme in die Baupläne auf Foyer-Ebene oder durch Studium des im Jahre 1880 erschienenen Opernführers unschwer von dem wirklichen Sachverhalt überzeugen.

Wie sehr man immer wieder das allen Bevölkerungsschichten zugängliche Haus zu schätzen wußte, bestätigt nicht zuletzt ein Artikel zum 25jährigen Jubiläum des Opernhauses aus dem Frankfurter Generalanzeiger (1905): »Ins Opernhaus gehen, das war für den Bürgersmann immer so recht etwas Distingiertes und Vornehmes. Und trotzdem hatte es nichts Exklusives; im Gegenteil, es war sehr rasch populär in allen Schichten der Bevölkerung, die sich zwanglos und im besten Einvernehmen dort vermischten. Dazu trug wohl ein guter Teil jener schöne demokratische Zug des Institutes bei, welches sein Foyer und die Wandelgänge jedem Besucher ohne Ansehen seines Platzes offenhielt. Der Mann von der Gallerie so gut wie die Herrschaft aus der Fremdenloge können im Zwischenakt das Foyer besuchen und man hat auch hier bisher noch nichts davon gehört, daß eine vornehme Dame im Seidenkleid sich dadurch von einem Vorstadtmädchen im chemisch gereinigten Crêmekleid-

Bleistiftzeichnung von Eduard von Steinle für die malerische Ausgestaltung des Treppenhauses.

Entwurf von Eduard von Steinle zur malerischen Ausgestaltung des Opernhauses.

chen etwa den Keuchhusten oder sonst was geholt hätte.« Auch dieser Auszug aus der Presse zeigt, daß die unrichtige Darstellung im Jubiläumsbuch des Frankfurter Instituts mehr als nur eine peinliche Entgleisung ist.

Nach diesem Exkurs richten wir unsere Aufmerksamkeit wieder auf das Haupttreppenhaus, dessen Stirnseiten von Fensteröffnungen durchbrochen waren, so daß die Besucher des ersten und zweiten Ranges sowie auch die des Foyers Einblick in das Treppenhaus nehmen konnten. Besonders festliches Gepräge zeigte neben der Decke auch die Stuckvoute, die eine Verbindung herstellte zwischen Gesims und der eigentlichen Decke. Die Decke selbst war durch Fries, Konsolgesims, Kassetten und ein Mittelfeld reich in sich gegliedert. Von dem in Deckenmitte placierten Gemälde, welches auf einen Entwurf des Malers Eduard von Steinle zurückging, ist eine Bleistiftskizze erhalten geblieben. Als gebürtiger Wiener nahm Steinle mit 33 Jahren seinen Wohnsitz in Frankfurt, wo er als Professor für Historienmalerei am Städelschen Kunstinstitut tätig war. In Frankfurt fand er auch seine letzte Ruhestätte. Ihm wurde zu Lebzeiten u. a. die Ausmalung des Domes angetragen, nachdem er zuvor bereits für die Ausgestaltung des Kaisersaals im Römer einige Gemälde beigesteuert hatte. Für das Deckengemälde im Treppenhaus der Oper wählte er eine Darstellung der personifizierten Poesie, über der ein glorifizierter Himmel mit einem Regenbogen prangt. Schwebend ist sie von vier Genien umgeben, deren eine die »Begeisterung« mit einer brennenden Fackel verkörpert, eine andere wiederum versinnbildlicht die »Wahrheit« mit einem Spiegel in der Hand, die nächste mit einer Leier kennzeichnet die »Harmonie« und die vierte schließlich, mit einem Globus ausgestattet, charakterisiert die »Wissenschaft«. Zur Vervollständigung des Bildes fügte Steinle seinem Entwurf links und rechts noch Gruppendarstellungen bei, welche an häufig gewählte Motive aus der Bühnenliteratur erinnerten. Auf der rechten Seite zeigte sich die menschliche »Liebe«, auf der gegenüberliegenden Seite und in striktem Gegensatz dazu der »Haß«, bildlich dargestellt durch zwei Mägeren mit Dolch und Schlange. Für das Fries, welches das große Mittelfeld umgab, entwarf Steinle auf schwarzem Grund allegorische Figuren zu Architektur, Plastik, Musik und Malerei sowie Rhetorik, Schauspiel, Philosophie, Geometrie, Geschichte und Astronomie. Die malerische Ausführung überließ man einem seiner Schüler, Leopold Bode, der später mit dem Großhessischen Professorentitel ausgezeichnet wurde. Für die Bildhauerarbeiten wurden gleichfalls bevorzugt Frankfurter Künstler herangezogen. Zu ihnen gehörten die bereits genannten Bildhauer Schierholz, Petry und Herold. Auch auf Josef Keller ist in diesem Zusammenhang zu verweisen, der die Bildhauerabteilung bei der Firma Ph. Holzmann & Co. leitete und an den noch so mancher figürliche Schmuck an repräsentativen Frankfurter Gebäuden erinnert. Die vier vorbenannten Bildhauer schufen die allegorischen Gestalten auf der Vorder- und Rückseite des Treppenhauses, die gute und schlechte Eigenschaften der Menschen darstellten wie z. B. Klugheit, Stärke, Mäßigkeit, Gerechtigkeit, Trug, Zorn, Feigheit und Hinterlist. Zum dekorativen Schmuck im Treppenhaus gehörten weiterhin Porträts in den Lunetten der Säulenhallen, so von Homer, Aeschylos, Sophokles, Euripides, Aristophanes, Virgil, Horaz, Dante, Corneille, Racine, Molière, Shakespeare, Goethe und Schiller. Hinzu kamen farbige Kompositionen in den Gewölben, auf die in diesem Rahmen nicht näher eingegangen werden braucht. Die dekorativen Malereien gingen zum großen Teil zurück auf Entwürfe der Professoren Friedrich von Thiersch und Matthäus Keuffel. Der erstgenannte zeichnete sich auch als Baumeister aus; sein Name ist beispielsweise eng verbunden mit der Errichtung der Frankfurter Festhalle. Doch auch als erster Preisträger bei der Erbauung des deutschen Reichstagsgebäudes in Berlin

Skulptur von Franz Krüger »Dichtung und Wahrheit« in der Säulengalerie zum großen Foyer (Geschenk von Leopold Sonnemann).

hat er sich unvergessen gemacht. Keuffel war ein weiterer Steinleschüler aus dem Städelschen Kunstinstitut, der u. a. das kräftig rote Fries mit goldenen Girlanden um das Deckengemälde im Haupttreppenhaus gestaltete. Die erzgegossenen Figuren »Deklamation« und »Gesang« am Mitteleingang zum Sperrsitz waren eine Schöpfung des bereits erwähnten Professor Kaupert. Die Marmorgruppen in den Säulenhallen »Dichtung und Wahrheit« sowie »Kunst und Natur« schuf der Frankfurter Bildhauer Franz Krüger im Auftrag von Leopold Sonnemann, dem Begründer der »Frankfurter Zeitung«, der diese überlebensgroßen Figuren nach Eröffnung des Opernhauses der Stadt zum Geschenk machte. Bedauerlicherweise sind beide Gruppen entweder durch Kriegseinwirkung zerstört oder – wie so vieles aus dem Haus – nach dem Krieg entwendet worden. An den Bildhauer Krüger erinnern heute noch die überlebensgroßen Figuren an der Nordseite der Peterskirche. Gleichfalls als verschollen gelten die wappenhaltenden Greife aus Bronze vor den Anfangspostamenten der Treppen, die auf den beigegebenen Fotos deutlich zu erkennen sind. Diese waren ein Werk Friedrich August von Nordheims, von dem u. a. eine bekannte Senckenberg-Büste, zahlreiche Figuren am Dom und am Städelschen Kunstinstitut erhalten geblieben sind.

Damit wollen wir die Würdigung des ehemaligen Haupttreppenhauses der Frankfurter Oper abschließen. Es mußte hierbei etwas weiter ausgeholt werden, um auch die letzten Erinnerungen an die zerstörten Innenräume festzuhalten und jener Künstler zu gedenken, die ihre Arbeit und ihr Können in den Dienst der Sache stellten. Es ist immerhin bemerkenswert, daß man sich damals zu einem solchen Prunk und hohen finanziellen Aufwand bereitfand. Als das Treppenhaus schließlich noch mit echten Teppichen aus Smyrna-Velours ausgelegt werden sollte, erhoben die Stadtväter jedoch massiven Einspruch. Es darf nicht verschwiegen werden, daß die Üppigkeit des mit einem so großen Kostenaufwand verbundenen festlichen Schmuckes auch bei der Bevölkerung keine einhellige Zustimmung fand, was jedoch weniger schwer in die Waagschale fiel als die Freude, die den Theaterbesuchern über Jahrzehnte hin beim Anblick des Treppenhauses zuteil wurde.

Das große Foyer, ein repräsentativer Treffpunkt für alle Theaterbesucher

Nach der Würdigung des Treppenhauses wollen wir uns nunmehr dem großen Foyer zuwenden, das über zwei seitliche auf der Höhe des ersten Ranges (Balkon- und Fremdenlogen) verlaufende Säulengalerien erreicht werden konnte. Bevor man die eigentliche Foyerhalle betrat, mußte man gewisse Eckrundbauten passieren, die architektonisch wie das Foyer gestaltet waren und einen kleinen Restaurationsbetrieb ermöglichten. Als malerische Ausschmükkung dienten über den Eingängen Darstellungen aus Shakespeares Lustspiel »Was ihr wollt« (rechte Seite) sowie eine Szene aus Shakespeares Trauerspiel »König Lear« (linke Seite). Die Wände des Foyers waren entlang den beiden Längsseiten, d. h. mit Blick zum Treppenhaus bzw. zum Balkon, zu Bündelpfeilern aus gelbem Stuckmarmor aufgelöst, die wiederum auf imitierten dunklen Marmorbrüstungen ruhten. Die Pfeiler zeigten goldene Ornamentfüllungen auf dunkelblauem Grund, wovon sich die reich vergoldeten Basen und Kapitäle deutlich abhoben. Darüber erstreckte sich – vielfältig differenziert – eine sogenannte Stichkappendecke, Die Stichkappen zeigten auf blauem Grund grau in grau gemalte Ornamente, welche von einer reich verzierten Bordüre umgeben waren. Die Vouten hingegen waren sechseckig gestaltet und umfaßten auf rotfarbigem Grund Ton in Ton gemalte Darstellungen, so den Apoll als Gott der Dichtung und Musik sowie die neun Musen: Klio (Geschichte), Kalliope (erzählende Dichtung), Melpomene (Tragödie), Thalia (Lustspiel), Urania (Sternkunde), Terpsichore (Tanz), Erato (Liebesdichtung), Euterpe (Tonkunst) und Polyhymnia (Gesang). Mit der Ausführung dieser Gemälde hatte man Eugen Klimsch beauftragt, der zeitweilig am Städelschen Kunstinstitut lehrte. Besondere Anerkennung fand der spätere Kgl.-Preußische Professor auf der Weltausstellung in Chicago, wo man ihm die goldene Medaille zuerkannte.

Das große Foyer vor der Fertigstellung.

Bleistiftzeichnung von Eduard von Steinle für eine Lunette im großen Foyer mit einer Szene aus Mozarts »Figaros Hochzeit.«

Entwurf für eine Lunette im großen Foyer von Eduard von Steinle mit einer Szene aus Mozarts »Zauberflöte«.

Das große Foyer nach seiner Einrichtung.

Unvergessen sind auch seine Ausmalungen mehrerer, wenngleich längst verschrotteter Schiffe der Norddeutschen-Lloyd-Schiffahrtsgesellschaft sowie das Deckengemälde im früheren Frankfurter Palmengartensaal. Typische Eigenarten seines Schaffens lassen sich heute noch an seinen Illustrationen zu Klassikerausgaben erkennen, so z. B. bei Goethes »Dichtung und Wahrheit«. Um die von ihm ausgemalten Vouten im Foyer herum hat man auch die Zwickel derart verziert, indem man dort auf goldenem Grund Musikembleme anbrachte.

Die mit reichen Stuckornamenten geschmückte Decke zeigte in vier sternförmigen Bildern Darstellungen von Ur-Instrumenten auf dunkelblauem Grund: den Meeresdämon Triton mit Fischunterleib und Muschel, weiterhin den durch Hörner und ein halbtierisches Gesicht gekennzeichneten Pan als Erfinder des Syrinx (Panflöte), sodann die Jungfrau mit der Lyra und schließlich den Hirtenknaben mit der Schalmei. Diese Gemälde gingen zurück auf Entwürfe von Steinle, wurden jedoch von dem Frankfurter Maler Otto Philipp Donner von Richter ausgeführt. In Donners Nachlaß ließen sich u. a. sehr ansprechende Entwürfe zur Tannhäuser-Sage finden, die aller Wahrscheinlichkeit nach für die malerische Ausgestaltung des Frankfurter Opernhauses bestimmt waren. Hervorzuheben sind ferner die vier Lünetten an den beiden Stirnseiten des Foyers, versehen mit szenischen Darstellungen aus Mozart-Opern, so aus »Figaros Hochzeit«, der »Entführung aus dem Serail«, der »Zauberflöte« sowie aus »Don Juan«. Zur weiteren Verschönerung des Raumes brachte man vor den großen rundbogigen Fensteröffnungen dunkelrote Vorhänge aus Seidenvelours an. Es bestand die Möglichkeit, durch zwei Türen über eine offene Loggia auf den Balkon zu gelangen, der über der Wagenunterfahrt errichtet worden war.

Glücklicherweise überstanden Wände und Decke des Foyers den Brand des Hauses im Jahre 1944 wenigstens insoweit, daß man – trotz schwerer Schäden an der künstlerischen Ausstattung – darangehen konnte, diesen Raum zu restaurieren. Dies war ein höchst erfreuliches Unterfangen, geeignet die Erinnerung an die einst so prunkvollen Innenräume des Theaters wachzuhalten. Ein großer Teil der künstlerischen Ausstattung, wie etwa in den Eckrundbauten zum Foyer und in den zuführenden Säulenhallen, ging jedoch verloren, so beispielsweise die Porträtdarstellungen in den Vouten und Lünetten. Hierbei handelte es sich um bronzefarbene Reliefs verschiedener Komponisten bzw. um Embleme bedeutender Architekten und Maler. Zu diesen gehörten: Klenze (Hoftheater München), Schinkel (Schauspielhaus Berlin), Semper (Hoftheater Dresden), Lucae (Opernhaus Frankfurt), die Bildhauer Rauch und Rietschel sowie die Maler Cornelius und Schwind. Die Entwürfe dazu stammten von dem Maler und Baumeister Friedrich von Thiersch, der sich – wie bereits erwähnt – als Erbauer der Frankfurter Festhalle einen Namen gemacht hat.

Der festlich gestaltete Zuschauerraum als Forum für ein gemeinsames Theatererlebnis

Entwurf von Richard Lucae zur Gestaltung des Zuschauerraumes.

Der Zuschauerraum zeigte in den Brüstungslinien als Grundform ein langgezogenes Hufeisen, wobei die Dimensionen innerhalb der Logenwände eine Länge von 27 Meter und eine Breite von 19 Meter aufwiesen. An das Parkett schlossen sich die Parterre-Plätze an; dahinter war das sogenannte Stehparterre eingerichtet. Als wenig vorteilhaft erwies es sich, daß über dem niedrigen Stehparterre der weit vorgezogene erste Rang (später als Fremden- und Balkonlogen bezeichnet) gebaut war. Der Grund für diese bauliche Lösung lag in der Notwendigkeit, eine bestimmte Anzahl von Logen zu gewährleisten, wie sie von den Spendenzeichnern gefordert wurden. Der erste Rang zeigte in der Mitte bei den besten Plätzen eine geräumige Fremdenloge, die bei hohem Besuch, wie beispielsweise anläßlich der Einweihungsfeierlichkeiten, durch provisorische Dekoration repräsentativ ausgestattet werden konnte. Lucaes Nachlaß enthält zwar einen Entwurf für eine Fürstenloge, doch konnte bislang kein Nachweis erbracht werden, daß es sich dabei um eine Vorlage für das Frankfurter Opernhaus — wie jüngst behauptet wurde — handelt; ebenso ungewiß ist, ob der Entwurf für eine ständige Einrichtung oder ein Provisorium gedacht war. Den zweiten Rang hatte Lucae balkonartig gestaltet, während die Sitzplätze der beiden darüberliegenden Ränge amphitheatralisch angeordnet waren. Bemerkenswert ist, daß über dem obersten Rang eine Arkadenreihe verlief, die auf Vouten und Stichkappen die hohe Decke trug. Dadurch wurde die Galerie im Frankfurter Opernhaus architektonisch aufgewertet, und zwar im Gegensatz zu vielen anderen Theatern der damaligen Zeit, bei denen der oberste Rang meist nur recht kümmerlich in Erscheinung trat.
Leider ist uns nur die Fotografie eines Entwurfs von Lucae zur Gestaltung des Zuschauerraumes erhalten, der in diesem Buch erstmals zur Veröffentlichung gelangt. Es handelt sich um einen frühen Entwurf aus dem Jahre 1872,

Der Zuschauerraum des Opernhauses.

der zwar grundsätzlich der baulichen Ausführung entspricht, jedoch später bei der Ausführung manche Änderungen erfahren hat. Aus der »perspektivischen Ansicht des Logensaales« läßt sich recht deutlich erkennen, wie sich Lucae die Anknüpfung des Zuschauerraumes an die Proszeniumsöffnung vorgestellt hat. Mit der Einschiebung einer breiten, durch Pilaster gegliederten Architektur, die in ihrer Wölbung dem großen Proszeniumsbogen folgt, erreichte er eine imponierende Rahmenwirkung, an die sich die Ränge organisch anschlossen.

Das Proszenium selbst zeigte mit seiner außergewöhnlichen Tiefe von mehr als 8 m beiderseits auf der Höhe aller Ränge drei Logen, wovon die mittlere eine Doppelloge war. Überaus dekorativ wirkten die vom ersten Rang an aufgestellten Postamente mit ihren Säulen aus gelbem Stuckmarmor, deren Schaft senkrecht gerillt war und das Gebälk zu tragen hatte. An jener Stelle, wo die »korbbogenförmige« Proszeniumsdecke aufsetzte, waren musizierende Genien angebracht, die in den Raum hineinragten. In der Mitte der Proszeniumsdecke waren drei große Felder für malerische Ausgestaltung abgesteckt sowie auf beiden Seiten kleinere Felder einbezogen, die zur Charakterisierung der vier Tages- und Jahreszeiten farbige Masken auf goldenem Grund zeigten. Das dominierende Mittelfeld blieb allegorischen Darstellungen vorbehalten, welche die Vereinigung von Rhein- und Maingau durch die Macht der Musik versinnbildlichen sollten. Zur verbindenden Kraft war die sagenhafte Loreley bestimmt, die singend auf dem Felsen saß, zu ihren Füßen der Vater Rhein. Von ihrem Gesang angelockt, näherten sich schwimmend einige Gestalten, ausgestattet mit verschiedenen Emblemen, die mit den Nebenflüssen des Mains und Mittelrheins in Verbindung stehen.

Auf der gesamten Bildfläche waren die Flüsse als Symbol der einzelnen Landschaften malerisch ausgewertet. Auf der linken Seite begann man mit drei kleinen Flüßchen, die zwischen Neckar und Nahe in den Rhein fließen: die Eis, Weschnitz und Selz. Der Neckar wurde versinnbildlicht durch einen Heidelbeerstrauß mit Zerevis, einem silber- und goldbestickten Käppchen der Verbindungsstudenten. Ein Weinstock und der Schmuck von Oberstein waren der Nahe zugedacht. Flößerhaken und ein mit Forellen gefülltes Netz wählte man als Symbol für die aus dem Frankenwald kommende Rodach. Die einem engen Felsental der Fränkischen Alb entspringende Pegnitz wurde mit Spielzeug aus Nürnberg in Verbindung gebracht. Sträuße von Kornblumen und Früchten glaubte man der Regnitz zuordnen zu können, während die nördlich von Bamberg in den Main fließende Itz an das dortige Hopfen-Anbaugebiet erinnerte. Zum Rhein gesellte sich die Loreley, die durch Heines Gedicht in der Vertonung von Silcher weiterlebt. Die beiden Quellflüsse des Mains, der aus dem Fichtelgebirge kommende Weiße Main und der in der Fränkischen Alb entspringende Rote Main, wurden ebenso wenig vergessen wie die Tauber und die Fränkische Saale, die beide ein großes Weingebiet durchfließen. Der Nidda teilte man »Bubenschenkel im Körbchen« als Symbol zu, dessen Sinn der Verfasser nicht zu deuten vermag. Die gleichfalls in den Main fließende Sinna trägt eine Harfe als Wahrzeichen. Ihr folgt die bei Aschaffenburg einmündende Gersprenz. Die stattliche Kinzig, welche gleichfalls bei Aschaffenburg den Main erreicht, versah man in der Erinnerung an die Barbarossa-Sage mit einer von Efeu durchwirkten Kaiserkrone. Schließlich bleibt die im Odenwald entspringende Mümling zu nennen, die bei Obernburg in den Main mündet und mit einer Hirtenschalmei in Verbindung gebracht wurde. Sämtliche Entwürfe für die Ausmalung des Proszeniumsbogens gingen auf Steinle zurück und waren von dem bereits genannten Maler Otto Philipp Donner von Richter farblich sehr ansprechend ausgeführt. Der Leser wird sich möglicherweise

Blick auf das Proszenium des Zuschauerraumes.

fragen, warum der Verfasser auf das Thema der Proszeniumsausmalung so umfassend eingegangen ist. Dies geschah nicht allein, um die Motive der verloren gegangenen Ausmalung in Erinnerung zu behalten, sondern vor allem um einen Eindruck vom Geschmacksgefühl der damaligen Zeit zu vermitteln. Es wird später davon die Rede sein, daß an der Ausmalung schon zu einem sehr frühen Zeitpunkt Anstoß genommen wurde. Der Vollständigkeit halber sei hingewiesen auf die beiden an der Steinwand des Proszeniums angebrachten Reliefs in Medaillenform, die auf Professor Kaupert zurückgingen. Das eine zeigt die Figur des Prometheus, der dem Menschengeschlecht Feuer und Kultur brachte, das andere stellt Dionysos dar, den Sohn des Zeus und Gott der Fruchtbarkeit und des Weines.

Für den Leser des Buches dürfte es noch von besonderem Interesse sein zu erfahren, daß der gesamte Zuschauerraum vermittels einer eisernen Hilfskonstruktion völlig mit Holz verkleidet wurde. Wie eine Schachtel setzte man dieses System vor die tragenden Umfassungsmauern, wodurch nicht nur eine bessere Akustik gewährleistet war, sondern auch die Ventilations- und Heizungsschlote unsichtbar geführt werden konnten. Dadurch war den Wänden so viel an Körper gegeben, daß die Logentüren bei geöffnetem Zustand in die Leibungen zu liegen kamen. In diesem Zusammenhang ist erwähnenswert, daß sich durch die Angleichung der gerundeten Form des Zuschauerraumes an die rechtwinkligen Korridore unregelmäßige Zwickel ergaben, die als Kleiderablage für die Logen dienten. Die Logenwände waren ebenso wie die Polsterung der Sitze und die Drapierungen ganz in purpurrot gehalten, was wesentlich zum Glanz der goldgeprägten Ausstattung des Zuschauerraumes beitrug.
Bei Erwähnung der Holzverschalung des Zuschauerraumes wird sich mancher Leser gefragt haben, ob dies aus Sicherheitsgründen überhaupt vertretbar war. Dazu muß gesagt werden, daß man trotz der damals schon weitgehend vervollkommneten Eisentechnik — wie schon früher angedeutet — im Frankfurter Opernhaus

Blick auf die Ränge des Zuschauerraumes.

weit mehr als erforderlich von Holzkonstruktionen Gebrauch machte, – und dies nicht nur aus akustischen Gründen. Man fertigte vielmehr alle Decken und Dächer aus Holz und nutzte dieses Material sogar für die großen Trägersysteme des Treppenhauses und die Überspannungen des Hauptdaches über Zuschauerraum und Bühne. Dabei ging man von der Annahme aus, daß es mit Hilfe der rund um die Uhr anwesenden Feuerwehr gelingen werde, ein evtl. entstehendes Feuer rasch im Keim zu ersticken, bevor es in Dekorationen, Requisiten usw. Nahrung findet. Die Verantwortlichen beriefen sich dabei auf die übersichtliche und wenig ausgedehnte Disposition des Geländes, die eine leichte Überwachung ermögliche. Auch wurde hervorgehoben, daß man den Sicherheitsmaßnahmen Vertrauen schenken könne. Nicht nur in dem Proszeniumsvorhang aus Eisenblech erkannte man einen Sicherheitsfaktor, sondern auch in der Berieselungsanlage der Bühne mit ihren zahlreichen Wasserbehältern. Schließlich sah man das Publikum auch insofern als nicht gefährdet an, da dank der zahlreichen Ausgänge die Voraussetzungen für ein »schnelles und geordnetes Abströmen der Menge« durchaus gegeben waren. Im Gegensatz zum Opernhaus fertigte man das am Rand des Opernplatzes errichtete Kulissenhaus wegen der dort weit eher bestehenden Gefahr einer Feuersbrunst vorwiegend aus feuerfestem Material.
Von ausnehmender Schönheit war der mächtige Kronleuchter im Zuschauerraum, der mit seinen 300 Leuchten festliche Stimmung ausströmte. Er ging auf einen Entwurf des Architekten Eduard Giesenberg zurück, den Lucae – wie bereits berichtet – seit Baubeginn zur Mitarbeit herangezogen hatte und der vornehmlich für die Innenausstattung des Hauses zuständig war. Von Giesenberg stammen auch die Entwürfe der vielfältigen Beleuchtungskörper im Inneren und an der Außenfassade des Theaters. Um die Kronleuchteröffnung herum waren kreisförmig 18 Sonnenbrenner angebracht, die das große Deckengemälde zusätzlich erhellten. Im Gegensatz zu den in anderen Theatern meist dargestellten neun Musen entwarf Steinle hierfür ein sogenanntes »himmlisches Doppelquartett«

mit musizierenden Engeln und einem Dirigenten, gleichfalls in Engelgestalt. Die erhalten gebliebenen Bleistiftskizzen erlauben in etwa eine Vorstellung von der Gestaltung des Deckengemäldes, dessen Ausführung in den Händen des Malers J. Welsch lag. Vor allem die Besucher auf den terrassenförmig angeordneten Rängen hatten gute Gelegenheit, den Kronleuchter und das Deckengemälde von ihren Plätzen aus zu bewundern, da die Brüstungen – je mehr zur Mitte hin – hintereinander zurücktraten. Es würde zu weit führen, detailliert auf die Vielfalt des dekorativen Schmuckes im Zuschauerraum einzugehen, in dem die Farben rot, weiß und gold dominierten. Nur so viel sei gesagt: auch die Wände und übrigen Decken waren reich mit gemalten bzw. plastischen Ornamenten, Genien, Musikemblemen, Engelsköpfen usw. ausgestattet.

Neben dem Kronleuchter und den Sonnenbrennern mit ihrem gedämpften Licht an den Säulen des Proszeniums waren weiterhin acht kunstvoll gestaltete sechsflammige Wandarme installiert, die das Proszenium in gleißendem Gold erscheinen ließen. Von den Lampen an den Rückwänden der Logen abgesehen, befanden sich noch 17 Ampeln mit insgesamt 34 Flammen im Säulenumgang des obersten Ranges.

Noch vieles wäre über die festliche Gestaltung des Zuschauerraumes zu berichten, der mit Recht zu den schönsten Theaterräumen Europas, ja der Welt, gezählt wurde. Diese Feststellung hat nichts zu tun mit Lokalpatriotismus oder mit einer in Verzückung geratenen Bewunderung. Sie beruht vielmehr auf weitreichender Erfahrung – kennt doch der Verfasser alle bedeutenden Opernhäuser der Welt aus eigener Anschauung.

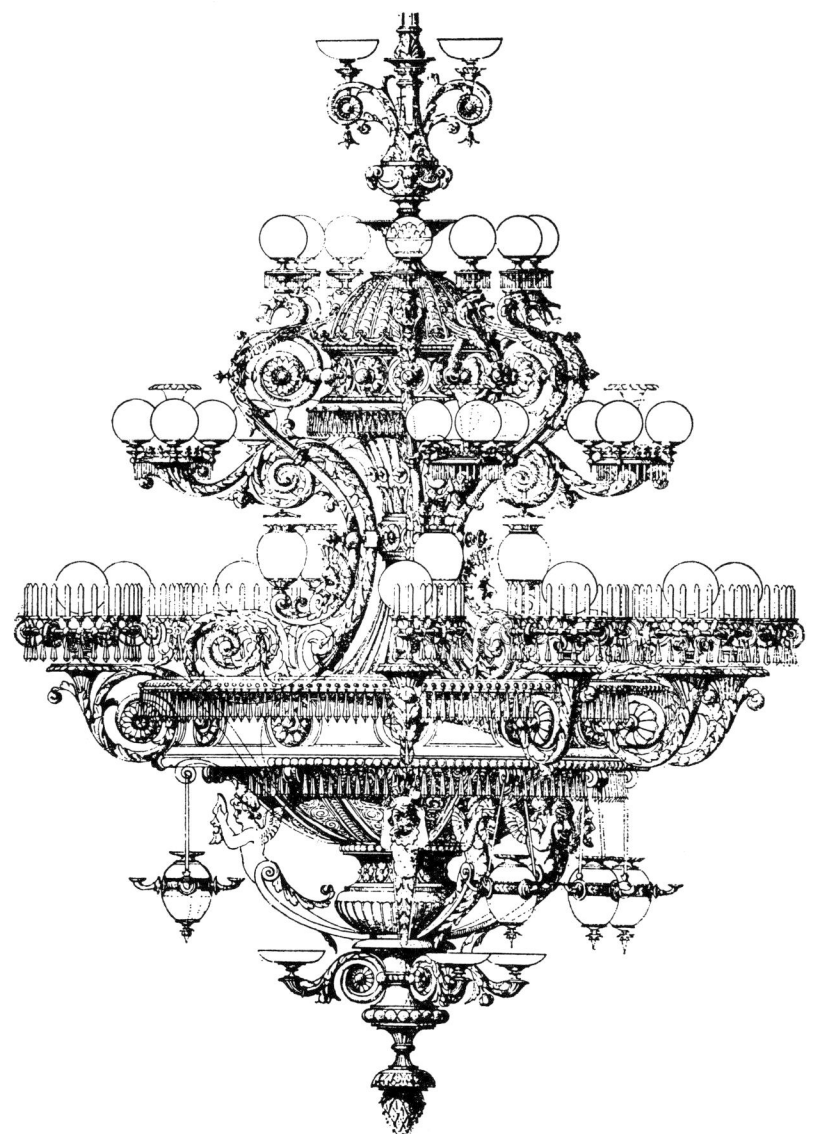

Entwurf für den großen Kronleuchter im Zuschauerraum.

45

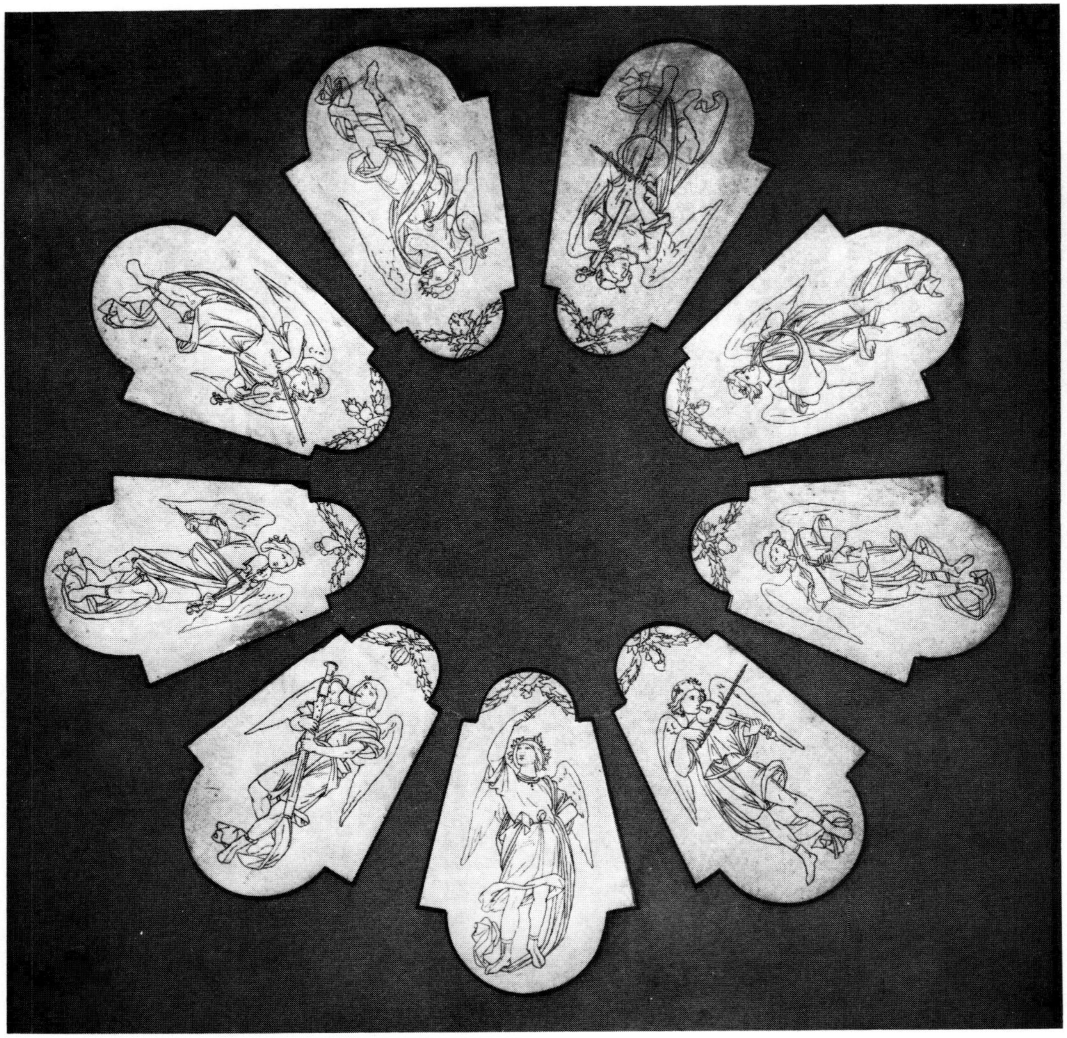

Bleistiftzeichnung von Eduard von Steinle für die malerische Ausgestaltung der Decke des Zuschauerraumes.

Entwurf von Eduard von Steinle für das »Engelskonzert« an der Decke des Zuschauerraumes.

Bleistiftentwurf von Eduard von Steinle für das »Engelkonzert« an der Decke des Zuschauerraumes.

Das Antlitz der Bühne

Die großartige Konzeption des neuen Theaters in seiner äußeren Erscheinung und der Prunk der Innenräume ließen nicht daran zweifeln, daß Architekt Lucae auch der Bühne ein höchstes Maß an Perfektion würde zukommen lassen. So war es sein Wunsch, das Bühnenportal durch eine großzügige Ausstattung zu einem besonderen Blickfang für die Besucher zu machen. Man hielt es für besonders glücklich, die Bühnenöffnung mit einem goldenen ornamentreichen Kranz zu umgeben, der – nach Art eines Bilderrahmens – das Bühnengeschehen in sich schloß. Der untere horizontale Teil des Rahmens hatte immerhin den praktischen Vorzug, daß dahinter – für das Publikum unsichtbar – die Bühnenbeleuchtung installiert und der Souffleurkasten in der Mitte unter einer künstlerisch gestalteten Kartusche untergebracht werden konnte. Die in der Mitte angebrachte Agraffe zeigte ein Wappenschild mit Maske und verschiedenen Musikinstrumenten, dekoriert von anmutigen Putten. Der überaus festlich gestaltete Bühnenrahmen in goldfarbenem Stuck war ein Werk des Frankfurter Malers und Bildrestaurateurs Karl Julius Grätz, der als Schüler Steinles auch zur malerischen Ausgestaltung des Frankfurter Domes herangezogen worden war. Für die Gestaltung des Hauptbühnenvorhangs hinter der etwa 13 m breiten Bühnenöffnung bediente man sich eines Entwurfs von Eduard von Steinle. Dieser hatte als Grundlage für seine Skizze ein Motiv aus dem Vorspiel von Goethes »Faust« gewählt. Wie aus der erhalten gebliebenen Bleistiftzeichnung ersichtlich ist, zeigte der Vorhang auf der linken Seite den Theaterdirektor, den Dichter, den Narren und den Souffleur. Weiterhin sind auf dem Entwurf die in Vorbereitungsarbeiten begriffenen Musiker und ein Teil des Publikums zu erkennen. Die übrigen Figuren sollten die verschiedenen Fächer eines Bühnenensembles charakterisieren, beispielsweise den Liebhaber, den Helden, die Soubrette, die Mutter usw.

Es versteht sich, daß Architekt Lucae alles daransetzte, die Bühne mit ihrer Breite von 28 m, einer Höhe von total 35 m und der Tiefe von ca. 28 m nach den modernsten Gesichtspunkten auszustatten. Mit dieser Größenordnung war der Bühnenraum damals einer der geräumigsten in Deutschland. Zu den Neuerungen gehörte auch eine Maschinerie, mit deren Hilfe man den mittleren Bühnenboden in seiner Gesamtheit oder einzelne Sektoren desselben auseinanderfahren konnte. So ließen sich eindrucksvolle Bewegungen vollziehen, wie z. B. das Hochfahren von Szenenaufbauten, die unter dem Bühnenboden vorbereitet worden waren, oder das Absenken von kompletten Bühnenaufbauten bzw. einzelner Teile derselben. Gerne machte man von diesen Möglichkeiten Gebrauch, da auf diese Weise ein schnellerer

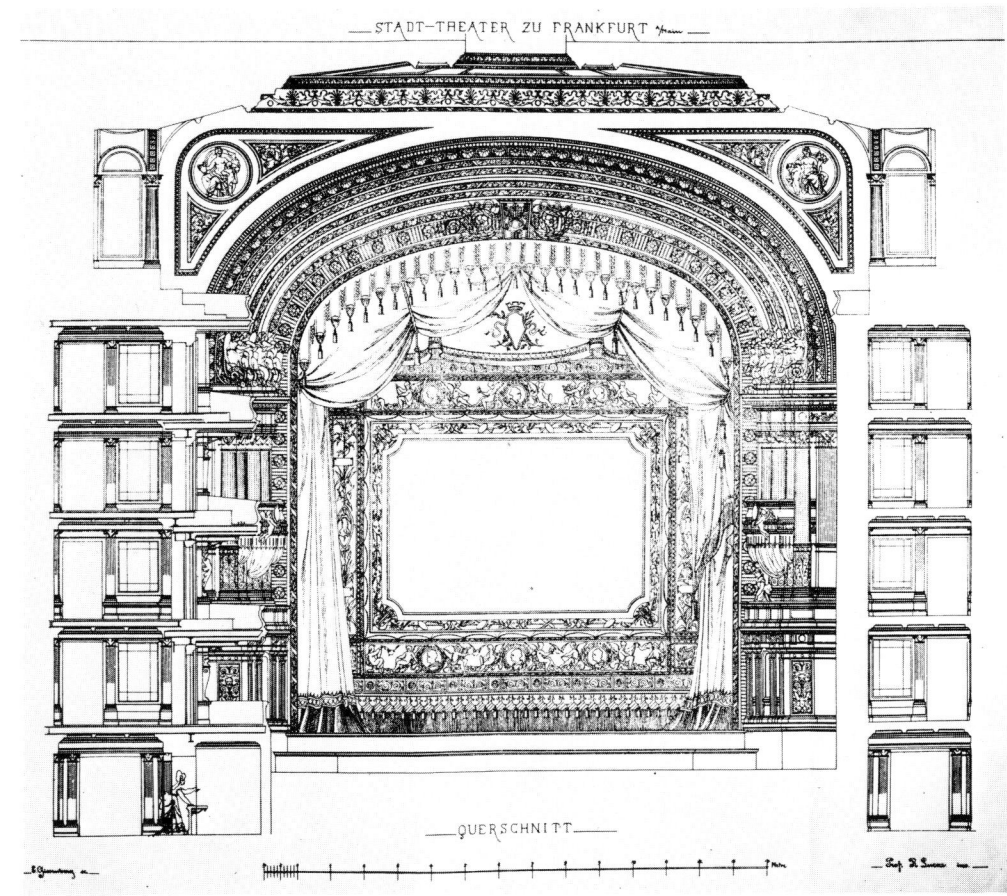

Bühnenquerschnitt nach einem Entwurf von Richard Lucae.

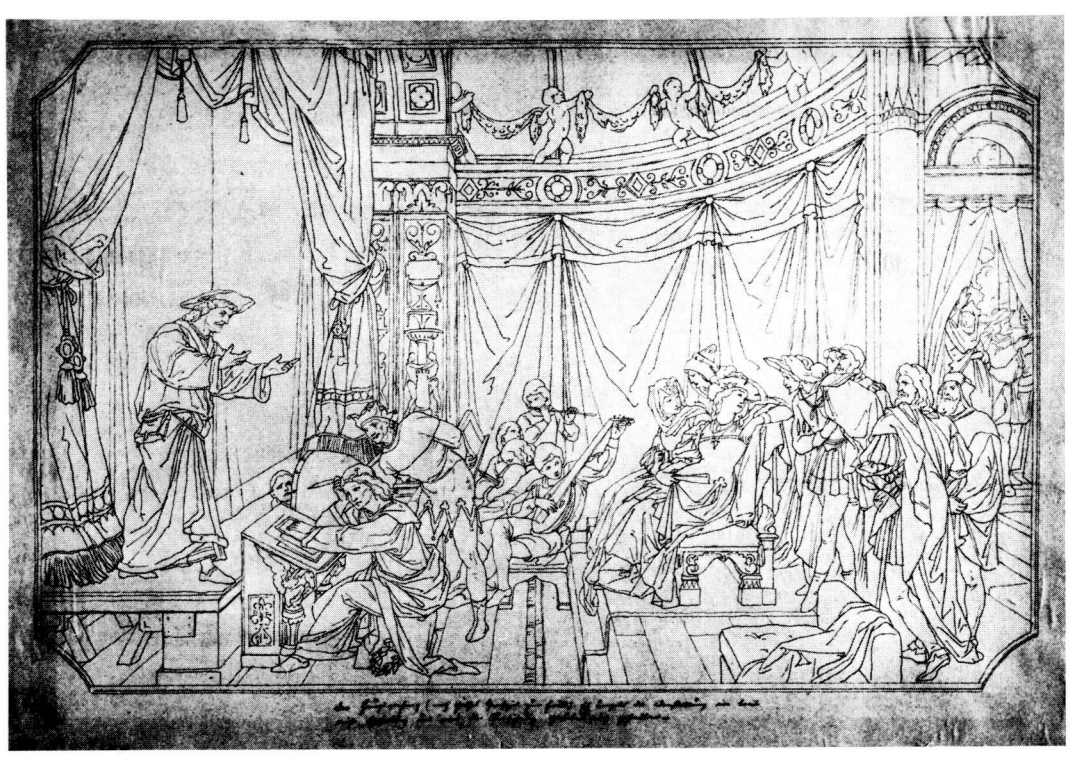

Entwurf für die Gestaltung des Bühnenvorhangs von Eduard von Steinle mit einer Szene zu Goethes »Faust«.

Szenenwechsel ermöglicht wurde, sei es bei offenem oder geschlossenem Vorhang. Daneben standen flache, fahrbare Kulissenwagen zur Verfügung, die auf der nicht versenkbaren Hinterbühne mit Dekorationen vorbereitet und bei Bedarf über den Bühnenboden ins Blickfeld der Zuschauer gerückt wurden. In den Bühnenboden waren auch herunterfallende Kassettenklappen eingebaut, um Requisiten bzw. kleinere Dekorationsstücke mit oder ohne Darsteller abzusenken oder zu heben. Selbstverständlich war die Bühne darüber hinaus mit technischen Einrichtungen versehen, die schwebende oder fliegende Darstellungen ermöglichten. Zur Ausstattung der Bühne gehörten ferner vier schmale Aufzüge, mit denen man rasch die seitlichen Galerien und den Schnürboden erreichen konnte. Die Beleuchtungsanlage bestand aus vierzehn Gas-Oberlichtreihen mit jeweils 120 Flammen, die elektrisch gezündet wurden. Diese Lichtquellen konnten nach Bedarf durch rote bzw. blaugrüne Schirme farblich ausgerichtet werden, was auch bei der Kulissen- und Rampenbeleuchtung der Fall war. Weiterhin bediente man sich auf der Bühne einer elektrischen Lichtsignalanlage, mit deren Hilfe der Dirigent von seinem Pult aus musikalische Einsätze oder auch den Takt an Sänger bzw. an den hinter den Kulissen aufgestellten Chor übermitteln konnte. Auf gleiche Weise wurde der Organist an seinem in der Seitenbühne stehenden Instrument durch entsprechende Lichtzeichen verständigt. Darüber hinaus waren im Bühnenraum Apparate montiert, mit denen man Geräusche (Wind, Regen, Donner, Blitzeinschläge usw.) erzeugen konnte. Eine wesentliche Beschleunigung im Ablauf des Bühnengeschehens wurde dadurch erreicht, daß man Vorrichtungen anbrachte, an denen über die ganze Bühnenbreite hinweg ein Großteil der Dekorationen aufgehängt werden konnte. Dadurch erübrigte es sich weitgehend, auf herkömmliche Verfahrensweisen zurückzugreifen, z. B. die Dekorationswände jeweils einzeln aufrechtstehend zu montieren. Die Einrichtung der Obermaschinerie gestattete es, bis zu 52 Prospekte, Soffitten usw. aufzunehmen, die an achtzehn Meter langen Vorrichtungen befestigt wurden. Ohne großen Aufwand konnten die Dekorationsstücke je nach Bedarf einzeln oder gekoppelt heruntergelassen bzw. hochgezogen werden. All dies trug wesentlich dazu bei, daß die dekorative Ausstattung in weit größerem Umfang, als es früher möglich war, vorbereitet werden konnte, was wiederum zu einer wesentlichen Verkürzung der Pausen und damit auch der Vorstellungsdauer führte. – Was die im neuen Opernhaus benötigten Dekorationen anbelangt, so kam man nicht umhin, einen völlig neuen Fundus aufzubauen, da die im alten Stadttheater verfügbaren Ausstattungsstücke wegen der gänzlich anderen Größenverhältnisse der Bühne nicht oder kaum zu gebrauchen waren. Bei der Neuanfertigung der Dekorationen war man sich von vornherein bewußt, daß der Sache nicht gedient war, wenn man nur mit einigen wenigen, dafür aber prachtvoll ausgestatteten Werken debütierte, da dies eine allzu häufige Wiederholung zur Folge gehabt hätte. Um einen abwechslungsreichen Spielplan zu bieten, war es daher unerläßlich, bei Berücksichtigung der neuen Bühnenverhältnisse eine größere Anzahl von Dekorationen vorzubereiten. In diesem Zusammenhang muß angemerkt werden, daß es seinerzeit keineswegs üblich war, für jedes neu in den Spielplan aufgenommene Stück spezielle Dekorationen anzufertigen. Man griff vielmehr zurück auf den in einem eigens zu diesem Zweck eingerichteten Depot vorhandenen Dekorationsvorrat. Lediglich fehlende Dekorationen wurden – neben mehr oder weniger geeigneten Ausstattungsstücken früherer Aufführungen – neu hergestellt. Für den Neubau mußten nunmehr Vorbereitungen wegen des neu einzurichtenden Dekorationsfundus getroffen werden, wobei sich zeigte, daß die eigenen Werkstätten außerstande waren, Dekorationen in der benötigten Anzahl und Vielfalt herzustellen. Man nahm

Ansicht des Chorprobensaales, der auch für Veranstaltungen vorgesehen war.

deshalb Verbindung auf mit den damals in Blüte stehenden »Dekorationsfabriken« und Ateliers, um farbige Skizzen mit den dazugehörigen Kostenvoranschlägen einzuholen. Mit der gleichen Bitte wandte man sich auch an den berühmten Münchner Bühnenbildner Quaglio. Die Anforderung von Offerten machte es jedoch notwendig, zunächst den Umfang der benötigten Dekorationen festzustellen und jene Werke auszuwählen, die in dem künftigen Spielplan Aufnahme finden sollten. Interessant ist zu erfahren, welche Dekorationen man als Grundstock für notwendig erachtete, um den Bedarf eines möglichst umfangreichen Spielplans damit abzudecken. Man dachte hierbei vor allem an ägyptische, indische, altjüdische, griechische, römische, byzantinische, gotische und Renaissance-Tempel resp. Kirchen mit den zur Ausstattung gehörenden Altären und Statuen. Weiterhin waren Saaldekorationen verschiedener Zeitalter mit »Thronen, Buffets und Schränken« erforderlich. Auch komplette Einrichtungen vom modernen Zimmer bis zum fürstlichen Salon, mußten beschafft werden, ergänzt durch gemalte Fußteppiche, Paravants, Buffets, Schränke usw. Nicht fehlen durften römische, gotische und Renaissance-Zimmer mit den dazugehörigen Treppen und Galerien. Unerläßlich waren ferner Straßendekorationen für Städte aus verschiedenen Zeitaltern mit praktikablen Häusern, Brunnen, Statuen und Jahrmarktbuden, ebenso Darstellungen von Gegenden mit Blick auf Wald, Berge und Wasser sowie Wald-Dekorationen mit verschiedenen Baumarten (Eichenwald, Buchenwald, Tannenwald, gemischter Wald), wozu oft Felsengrotten, Kreuze, Bildstöcke usw. hinzukamen. Schließlich bestand Bedarf an Darstellungen von Bauernhöfen aus verschiedenen Ländern nebst Bäumen, Scheunen, Brunnen und Stallungen. Auch Kerker-Dekorationen und solche von Kellergewölben waren ebenso unentbehrlich wie Garten-Dekorationen mit Lauben, Blumenbeeten, Statuen, Fontänen, Rosenbänken sowie Laubhänger für »durchbrechenden Mondschein«. Einige Aufführungen erforderten Prospekte mit Häfen und praktikablen Schiffen. Ferner waren gelegentlich Zelte

Ansicht des Ballettsaales, der eine gleichgroße Bodenabsenkung vorsah wie auf der Hauptbühne.

mit Trophäen und Kriegswagen vorgeschrieben. Auch Klosterkreuzwege, Festungs- und Gefängnishöfe gehörten zu den unentbehrlichen Dekorationen. In welchem Umfang damals solche Standard-Dekorationen im Fundus benötigt wurden, darüber gibt uns eine erhalten gebliebene Aufstellung Auskunft. So mußten beispielsweise für Mozarts Oper »Don Juan« mit ihren zahlreichen Szenenwechsel zusätzliche Spezialdekorationen für den Ballsaal, den Garten, den Saal für das Sextett, den Kirchhof und für die »Schlußszene mit Schloßeinsturz« angefertigt werden. Demgegenüber waren für Mozarts »Figaros Hochzeit« nahezu alle Dekorationen im Depot verfügbar, ausgenommen jene für die Gartenszene mit Laube und Pavillon. Erheblichen Aufwand an Sonderanfertigungen erforderte Mozarts »Zauberflöte«, da keine einzige der im Fundus befindlichen Dekorationen geeignet erschien. Carl Maria von Webers »Freischütz« wiederum konnte – mit Ausnahme der Walddekorationen – fast völlig aus den Dekorationsvorräten versorgt werden. Ohne zusätzliche Mehrausgaben für dekorative Ausstattung konnten die Wagner-Opern »Tannhäuser«, »Der fliegende Holländer« und »Lohengrin« aus dem Fundus bestückt werden, was auch bei zahlreichen italienischen Opern der Fall war.

Die inzwischen eingegangenen Offerten der verschiedensten Dekorationsinstitute aus Berlin, Coburg, Hannover, Karlsruhe, München und Wien fielen hinsichtlich der entstehenden Kosten derart unterschiedlich aus, daß man eine Durchschnittsberechnung für angebracht hielt. Die Theaterbau-Kommission nahm daraufhin Gelegenheit, sich mit einem Antrag an die Stadtverwaltung zu wenden und einen Betrag von 350.000,- Mark für den Erwerb der Dekorationen zu fordern. Die Höhe der Kosten war für die Mitglieder der Stadtverordnetenversammlung jedoch derart schockierend, daß man sich vor einer Entscheidung an den angesehenen Intendanten der Weimarer Hofoper, von Loen, sowie an den berühmten Münchener Hofschauspieler und Regisseur Ernst Ritter von Poßart wandte mit der Bitte, ein Gutachten zu erstellen. Die beiden erfahrenen Künstler erklärten in einem umfangreichen Schriftsatz, datiert vom 17. Juni 1876, daß sie eine Gesamtsumme von 275.000,- Mark für ausreichend hielten, um damit 60 bis 70 Opern dekorativ auszustatten. Beide Gutachter unterzogen sich sogar der Mühe, einen Betriebsplan aufzustellen, der eine Reduzierung der vorgesehenen Werke und eine Verringerung der Dekorationen vorsah. Eine weitere Drosselung des finanziellen Aufwands um 25.000,- Mark glaubte man erreichen zu können, wenn man die Aufführung der Spielopern weiterhin im alten Stadttheater beließ, wo die dafür notwendigen Dekorationen vorrätig waren. Es kam dann schließlich zum Beschluß der Stadtverordneten, einen Betrag von insgesamt 250.000,- Mark für die Anschaffung von Dekorationen zu bewilligen. Damit war der Weg frei für die Einrichtung eines neuen Dekorationsfundus, mittels dessen man glaubte, dem Bühnengeschehen im neuen Haus besonderen Glanz verleihen zu können.
Für die Ausführung der bei der Dekorationsherstellung anfallenden Arbeiten fand sich kein Platz im Bühnenhaus selbst, so daß man sich gezwungen sah, über dem Haupttreppenhaus einen Malersaal einzurichten. Auch für die Aufbewahrung der zu den jeweiligen Vorstellungen zusätzlich benötigten Dekorationen gab es nur wenig Raum auf der Hinter- oder Seitenbühne. Oft war es sogar notwendig, einzelne Dekorationsstücke noch während der Vorstellung aus dem nahegelegenen Kulissenhaus herbeizu-

schaffen. Die beengten Verhältnisse im Bühnenhaus standen somit in krassem Gegensatz zu der großräumigen Gestaltung des Vorderhauses mit seinem prachtvollen Treppenaufgang und dem schmucken Foyer. Um den Bühnenraum gruppiert waren in den verschiedenen Etagen die Garderoben für das Solopersonal, die Ankleideräume für Chor, Ballett, Statisterie usw. Besonders luxuriös waren die Probesäle für Chor und Ballett eingerichtet, da man diese Räume ursprünglich auch für Veranstaltungen mit Publikum vorgesehen hatte. Imitierte Marmorbrüstungen, Pilaster mit bronzierten Füßen und Kapitälen, Lünettenmalerei, reich gegliederte Lünettendecken, Parkettfußboden usw. gehörten zur Ausstattung dieser Räume. Ein erhalten gebliebenes Foto vom Ballettsaal läßt nicht nur die Üppigkeit der Ausstattung erkennen, sondern auch die Gestaltung des Fußbodens, dessen Neigung der des Bühnenbodens entsprach. Nicht weniger imponierend war der Chorsaal ausgestattet, dessen Benutzung zu öffentlichen Veranstaltungen sich nicht einmal nachweisen ließ. Zu den Räumen des Bühnenhauses gehörten ferner die Stimmzimmer sowie die Aufenthaltsräume für Orchestermitglieder und das technische Personal. Neben kleineren Werkstätten befanden sich die Büros der künstlerischen Verwaltung und Sprechzimmer für die Intendanz. Der Kostümfundus konnte nur teilweise im Opernhaus untergebracht werden, so daß hierfür Ausweichräume notwendig waren. Dies galt auch für die Intendanz, die sich anderweitig etablieren mußte. Die aus heutiger Sicht unzulänglichen Raumverhältnisse im Bühnenhaus trugen nach der Zerstörung des Theaters mit dazu bei, daß man von der Möglichkeit einer ausschließlichen Nutzung des Gebäudes als Musiktheater Abstand nahm.

Tischlerprofil zur Ausgestaltung des Chorprobensaales.

Das Opernhaus im Spiegel der Kritik

Schon geraume Zeit vor der offiziellen Eröffnung des Frankfurter Opernhauses meldeten sich die Kritiker und – wie könnte es anders sein – auch die notorischen Widersacher zu Wort. Obwohl manche der vorgebrachten Einwände einer gewissen Berechtigung nicht entbehren, müssen dennoch zahlreiche der geäußerten Vorbehalte als unsachlich und bewußt tendenziös bezeichnet werden.

Gegenstand der Kritik nach Vollendung der baulichen Struktur des Gebäudes war vornehmlich die »kreidige Farbe« des benutzten Savonnières-Steines, die – wie es heißt – das »Frankfurter Auge« unsympathisch berühre. Für diese Kritik läßt sich insofern gewisses Verständnis aufbringen, als man damals in Deutschland mehr die kräftigen Farben des heimischen Sandsteinmaterials gewöhnt war. Die Entscheidung für den französischen Stein erwies sich indessen als vorteilhafter, da sich dieses Material leicht bearbeiten ließ und nach einigen Jahren einen feinen Elfenbeinton annahm. Dementsprechend erscheinen alle Gliederungen und Gesimse – jener Bauteil, den man als Fassadenrelief zu bezeichnen pflegt – in etwas reservierter Haltung, d. h. weniger energisch profiliert, als man es von deutschen Sandstein-Architekturen her kannte.

Auch zeigten sich gewisse Kreise nicht ganz einverstanden mit dem schmückenden Weihespruch auf dem Fries »Dem Wahren Schönen Guten«. Verschiedentlich wurde die Auffassung vertreten, mit der bewußten Wahl einer deutschen Inschrift – im Gegensatz zu den üblichen, nicht allen zugänglichen lateinischen Sinnsprüchen – sei auch das Anrecht verbunden, über die Bedeutung des Spruches Betrachtungen anzustellen. Fühlte man sich mit dem »Schönen und Guten« gerade noch einverstanden, so glaubte man indes mit dem »Wahren« insofern nicht ganz einig gehen zu können, als das Theater letztlich dem »Kultus der schönen Täuschung« gewidmet sei.

Einer der vielen Schlußsteine an der Fassade des Opernhauses.

Die örtliche Lage des Opernhauses hingegen fand durchweg ein positives Echo. Man erachtete es sogar für besonders reizvoll, daß das Gebäude dem Beschauer nicht in gerader Frontansicht und als Schlußpunkt eines Straßendurchblicks entgegentrat, sondern als »perspektivisch verschobenes Bild«. Leider ließ es sich nicht verhindern, daß die vom Oberbau des Seitenflügels abfallenden Zinkdächer mit ihren steilen Winkeln und »häßlichem Blaugrün« als störend empfunden und als architektonisch mißglückt betrachtet wurden. Die Notwendigkeit der diesbezüglich getroffenen Maßnahmen begründeten die Verantwortlichen mit dem Hinweis, daß unter den Schrägdächern die Windkanäle der Ventilation untergebracht werden mußten. Als einen peinlichen Schönheitsfehler empfand man weiterhin die nachträglich auf dem Dachfirst angebrachte Kuppel, die zwar mit dem Absaugen verbrauchter Luft eine wichtige Aufgabe zu erfüllen hatte, sich aber »störend für den Fluß der Linien« erwies. Die Frage, warum man diese durch die Ventilation bedingte Anlage nicht in die Architektur mit einbezogen hatte, so daß sie nicht wie ein »notwendiges Übel« nunmehr hingenommen werden mußte, blieb unbeantwortet. Dessenungeachtet wußte man es durchaus zu schätzen, daß die »Gruppierung der äußeren Baumassen die Disposition des Inneren« veranschaulichte. So ließ der vordere vorspringende Teil des Gebäudes die Tiefe des Haupttreppenhauses mit den umgebenden Treppen unschwer erkennen; im zurückspringenden Teil der Seitenfront zeichnete sich die Ausdehnung des Zuschauerraumes ab, während der hintere Baukörper größenmäßig der Bühne samt der umgebenden Räume entsprach.

Lautstarke Angriffe richteten sich auch gegen die plastische Ausstattung der Außenfassade und die malerische Gestaltung der Innenräume. Hinsichtlich der Bildhauerarbeiten an den Fassaden sprach man offen von einem »fürchterlichen mythologisch-allegorischen Skulpturensalat«, dem weder eine Idee noch ein Programm zugrundeliege. Man fragte nach den Verantwortlichen, die den »unklassischen Hexensabbat von Dichtungsarten, Halbgöttinnen, Tugenden, Lastern und ähnlichen Gelichtern« heraufbeschworen haben. Besonders hart ging man mit dem aus Zink gegossenen plastischen Schmuck ins Gericht, so mit der Apollogruppe über dem Tympanon des Portalbaues, dem Pegasus auf der Giebelspitze und den acht Kandelabern mit den tanzenden Knaben auf den Ecken der Dachbekrönung. Man bemängelte an diesen Zinkarbeiten die »scharfen Linien,

Skulptur »Die Tragödie« des Bildhauers Gustav Herold vom Oberbau der Hauptfassade.

Skulptur »Die Komödie« des Bildhauers Gustav Herold vom Oberbau der Hauptfassade.

den harten Ton und ihre unnatürliche Glätte« sowie die »unkünstlerische Ausführung«, wodurch man das genaue Gegenteil von dem erzielt habe, was eigentlich hätte erreicht werden sollen. Insbesondere vertrat man die Ansicht, diese Metallplastiken könnten – selbst wenn man sie aus echter Bronze anstatt aus dem Surrogat Zink gefertigt hätte – auf dem hellen Stein der Fassaden keinesfalls als Krönung empfunden werden. Diese Meinung sollte jedoch nicht als ein generelles Verdammungsurteil gegenüber Metallplastiken mißverstanden werden. Man glaubte vielmehr diese nur in dem Fall als gerechtfertigt anerkennen zu können, wenn die Fassaden – wie z. B. vom Kgl. Schauspielhaus in Berlin – einen betonten Abschluß durch solche Plastiken gefordert hätten. Im Falle des Frankfurter Opernhauses wurde dies jedoch als ein peinlicher Mißgriff angesehen, der zudem noch eine »künstlerische Überladung« bewirkt habe. Als weitere Entgleisung empfand man die Bekrönungsplastik der Hauptfassade, jenes »Flügelroß«, bei dem man nicht so recht wußte, ob »der Vorderfuß zum Schritte erhoben ist oder nur zum ungeduldigen Scharren auf luftigem Wolkenpflaster«. Allein das »seltsame Gebahren des Wunderthiers« hielt man für ausreichend, um die Disharmonie dieser Plastik zu begründen. Zum Vergleich verwies man auf die Giebelwand der Rückseite des Opernhauses mit ihrem steinernen Standbild, die »harmonischer, ruhiger und majestätischer« erscheine. Als noch störender empfand man in der Gesamtkonzeption die Apollogruppe auf der Höhe der Vorderfassade, da diese nicht nur »dem Grundgesetz der Plastik widerstreite«, sondern auch einen unauslöschlichen »Eindruck der Unruhe« hervorrufe. Hierbei vertrat man die Ansicht, daß das Tympanon des Portalbaues eine derartige »prätentiöse Gruppe« nicht tragen könne, da der künstlerische Zweck eines Giebelfeldes allein in dem harmonischen Abschluß als solchem bestehe und somit keinen Träger für eine solche plastische Gruppe abzugeben imstande sei. In der Beurteilung der Apollo-Gruppe ging man sogar so weit, von einem »widerwärtigen Eindruck« der Plastik zu sprechen. Dabei bezog man sich u. a. auf die beiden Greife, die den »Wagen der Sonnengottheit ziehen und mit ihren vier zum Sprunge in die Luft erhobenen Vorderpranken« eine Haltung einnehmen, als ob sie »sich zum Vortrage eines vierhändischen Klavierstücks anschicken«. Wenig respektvoll urteilte auch der Frankfurter Mundartdichter Friedrich Stoltze, der diese Gruppenplastik schlicht als »Apollo in der Badebütt« bezeichnete. Wenig erträglich fand man ferner die »tanzenden Knaben«, jene acht Kandelaberfiguren auf den Dachbegrenzungen. Hier wurde vor allem die »unnatürliche und erzwungene Haltung der einzelnen Figuren« beanstandet, da diese nicht den notwendigen Ruhepunkt in der Abschlußlinie gewährleisten, sondern vielmehr wie eine »disharmonische Silhouette gegen den Horizont« wirken. Die Meinung der Kritiker gipfelte in der Behauptung, die Vorderfassade in ihrer Gesamtheit mache den Eindruck des »Gekünstelten und Überladenen«, da man zwei ornamentierte Giebelfelder sich erheben sehe und auch der Mittelkörper doppelt flankiert sei. Weiterhin erachtete man es als stilwidrig, daß die von der Seite heranziehende Balustrade sich in einer Attika fortsetzte, die eine Plattform zu tragen hatte, auf der sich »gegen das Gesetz überkommener Form und einfacher Schönheit« an Stelle des Akroterions ein Gruppenbild erhob. Ferner hielt man die doppelte Verschiebung der Anfahrt und des Portalbaues für störend und nahm außerdem Anstoß an der »kleinlichen und genrehaften Abrundung« der Verbindungsglieder zwischen Portalbau und Giebelwand. Lieber hätte man gesehen, wenn diesbezüglich Lucaes Plan in seiner ursprünglichen Form zur Ausführung gekommen wäre. Zwar wäre dann das neue Haus weniger prunkvoll ausgefallen, es hätte aber eine »harmonischere und edlere Gestalt« angenommen. Zudem wären »auch alle jene unschönen Conflicte erspart« geblieben, die damals jeden Frankfurter »mit einem gewissen Mißmuth« erfüllten. Neben jenen zuweilen mit beißender Ironie vorgetragenen Äußerungen der Kritiker, welche nicht immer ihre tendenziöse Absicht zu verhelen vermochten, gab es durchaus auch Meinungen, die zu sachlicher Diskussion anregten.

Grund zur Beanstandung waren auch die 16 Skulpturen in den Nischen des Oberbaues. Man sprach von einer »bunt zusammengewürfelten Gesellschaft dekorativer Frauengestalten« – ein Einwand, dem man auch aus heutiger Sicht seine Berechtigung nicht ganz abzusprechen vermag. Den Sgrafitto-Malereien auf den Außenfronten konnte man eine gewisse künstlerische Aussagekraft zwar nicht aberkennen, doch fragte man sich, ob diese dem Putzbau zuzurechnende Dekorationsmethode dem monumentalen Charakter des Hauses entsprach. Auch hinsichtlich der malerischen Innenausstattung des Opernhauses meldeten sich noch vor Eröffnung des Theaters beredte Widersacher, die ihre Angriffe vornehmlich gegen den Maler Eduard von Steinle richteten. Wie bereits erwähnt, war dieser mit der Anfertigung der Skizzen beauftragt worden, jedoch unter der Bedingung, daß die Ausführung der Arbeiten wiederum anderen Malern zufallen solle. Noch vor Auftragsvergabe »loderte« – wie es heißt – »ein Zwist zwischen Steinleanern und Anti-Steinleanern«. Wie offen ausgesprochen wurde, geriet Architekt Lucae selbst in den Verdacht, die »Lunde angezündet« und die »Mine zur Explosion« gebracht zu haben. Wie dem auch sei, der Haupteinwand gegen Steinles Entwürfe lag begründet in der Konzeption der Motive des bei seinen Gegnern als »moderner Madonnenmaler« abgestempelten Künstlers. Man wollte nicht hinnehmen, daß in den Entwürfen Steinles nur »sein eigenes literarisches Glaubensbekennt-

Dirigierender Engel aus dem »Engelkonzert« an der Decke des Zuschauerraumes (Entwurf: E. v. Steinle).

nis« einen Niederschlag fand. Auch warf man ihm vor, daß nach seinem Kunstverständnis der Kulminationspunkt in der dramatischen Produktion bei Goethe und auf dem musikalischen Sektor bei Beethoven und Mozart liege. Man sagte Steinle nach, Goethe werde von ihm mit »Ostentation gefeiert, apotheosiert«, Schiller hingegen bei der Ausschmückung der Innenräume mit »Ostentation außer Acht gelassen«. Auch verschwieg man nicht die Meinung, daß in der »Steinleschen Privat-Litanei musikalischer Heiliger« offenkundig kein Platz für die Komponisten C. M. v. Weber und Richard Wagner sei und diese – im Gegensatz zu Steinles erkorenen Lieblingen – deshalb bei der Ausmalung der Innenräume keine ausreichende Berücksichtigung gefunden haben. Es würde zu weit führen, wollte man zur Abrundung der Situation sämtliche von Steinle realisierten Motive benennen, die im Zuschauerraum auf sein Geheiß und ohne Bezugnahme auf die eigentliche Zweckbestimmung des Hauses zur Ausführung kamen. Erwähnt sei nur nochmals die Einbeziehung der Loreley-Sage, deren malerische Wiedergabe sogar so manches Bonmot auslöste. So z. B. das erfundene »Erlebnis« des wachhabenden Feuerwehrmannes, der »in stiller Mitternacht aus dem gespenstig dunklen Raume ein wehmütiges Singen und die klagenden Worte« vernahm: »Ich weiß nicht, was soll es bedeuten, Daß alles mich Armer verlacht, Ach hätte doch Steinle bei Zeiten, An die bösen Lacher gedacht.« Es ist hier nicht der Platz, auf die weiteren mit heiterer Ironie gewürzten Vorwürfe einzugehen, lediglich sei noch erwähnt, daß man bereits vor Ausführung der Steinleschen Entwürfe unter Hinweis auf dessen einseitige literarisch- und musikalisch-ästhetische Auffassung davor warnte, seine Arbeiten in der vorliegenden Art zu empfehlen. In Verbindung mit der Ausführung der Malerarbeiten ließ sich leider nicht klären, ob die einfachen, uns erhalten gebliebenen Entwürfe Steinles als bloße Anregung zu verstehen waren, die den ausführenden Malern »in jeder Hinsicht freien Spielraum« für die Ausgestaltung ließen oder ob sie als bindende Vorschrift zu gelten hatten, von der »in Linienführung und Anordnung nicht abgegangen werden« durfte. Obwohl der »mystische Nebel« – von dem man diesbezüglich damals sprach – sich bis heute nicht völlig hat lichten lassen, ist dennoch anzunehmen, daß die erhalten gebliebenen Bleistiftskizzen von Steinles Malerkollegen als Vorlage benutzt wurden. Die farbige Ausgestaltung erfolgte jedoch nach dem Ausdrucksvermögen der jeweils damit beauftragten Künstler. All dies konnte jedoch den Vorwurf nicht entkräften, daß die Vergabe des Arbeitsauftrags an Steinle schon vor Eröffnung des Opernhauses als »ein bedenklicher Schritt auf falscher Bahn« bezeichnet wurde. Man machte hierfür diejenigen verantwortlich, die »mit souveräner Verachtung der öffentlichen Meinung« Steinle zu einem Werk drängten, das »völlig außerhalb der Sphäre lag, in welcher sein künstlerisches

Wesen sich bemühte«. Hätte es sich um eine Ausschmückung eines Domes gehandelt, so wäre – nach Meinung der Zeitgenossen – gewiß keiner berufener gewesen als der »poesievolle Madonnenmaler« und »verehrungswürdige Meister« Eduard von Steinle. Als die Malerarbeiten in den Innenräumen des Opernhauses abgeschlossen waren, gaben sich die Kontrahenten »schweigend« der Resignation hin. Man konnte jedoch nur schwer vergessen, daß im großen Treppenhaus und im Foyer, dem gelungensten Teil des ganzen Baues, die von Architekt Giesenberg meisterlich geschaffene dekorative Architektur durch die Ausführung der Skizzen eines »der letzten fernstehenden Künstler«, wie des Malers Professor Steinle, eine Beeinträchtigung erfahren hat. In der vortrefflich intendierten und einheitlich dekorativen Architektur fand man Bilder hineinkomponiert, die durch ihr »planloses Programm« und durch die »hinlänglich bekannte Eigenart« Steinles der Gesamtwirkung abträglich waren. Mochte es auch schwierig gewesen sein, für die Unzahl von Decken- und Wandgemälden, Lünetten usw. ein einheitliches Programm aufzustellen, so wurde damals dennoch die Auffassung vertreten, daß – eine Zusammenarbeit mit Kunstgelehrten vorausgesetzt – sich ein Weg finden lassen müsse.

Die Vorgänge um die innere und äußere Gestaltung des Opernhauses wurden etwas ausführlicher dargestellt, da sich hier immerhin interessante Aspekte eröffnen, die in Anbetracht des Wiederaufbaus bzw. der Restaurierung des Vestibüls und des Foyers möglicherweise an Aktualität gewinnen.

Eine der ausdrucksvollen Skulpturen auf der Fassade des Opernhauses.

»Vater Rhein« vom Giebelfeld des Vorbaues der Hauptfassade

Vorbereitende Maßnahmen zur Eröffnung des Opernhauses

Das Bewußtsein, daß mit Eröffnung des bald fertiggestellten Hauses eine neue Epoche des Frankfurter Theaterlebens anhebt, regte schon bald dazu an, nach einer tatkräftigen Persönlichkeit Ausschau zu halten, die die notwendigen Voraussetzungen für eine zielbewußte Leitung des Theaters mitbrachte. Nach umfangreichen Verhandlungen entschloß man sich für den Oberregisseur des Schauspiels am Mannheimer Hoftheater Otto Devrient, einen Sproß der berühmten Theaterfamilie gleichen Namens. Leider fehlten ihm – wie sich schon bald herausstellte –, die wesentlichen Voraussetzungen für eine solche Position. Die mehr und mehr sich steigernden Schwierigkeiten führten dann sogar zur fristlosen Entlassung und einem damit verbundenen gerichtlichen Nachspiel. Es war nunmehr keine Zeit zu verlieren einen geeigneten Theaterleiter ausfindig zu machen, der sich kurzfristig zur Übernahme einer solchen Aufgabe bereitfand. Dabei ergab sich die bemerkenswerte Situation, daß selbst erfahrene Theaterleiter großer Bühnen Interesse an der Frankfurter Position bekundeten, so z. B. der berühmte Franz Dingelstedt, einst Intendant des Münchener und Weimarer Hoftheaters und amtierender Direktor des Wiener Burgtheaters sowie der einstige Burgtheaterdirektor und Schriftsteller Heinrich Laube, zwei erprobte Persönlichkeiten, wenngleich schon in den sechziger Jahren. Gegen diese Konkurrenz stellte sich der weit jüngere Emil Claar, der als Leiter des Berliner Residenztheaters beachtliche künstlerische Erfolge aufzuweisen hatte. Wie Claar selbst berichtet, hatte ihn schon früh »der Theaterdämon heftig am Kragen« gepackt, was den gebürtigen Lemberger schließlich dazu veranlaßte, sein Medizinstudium aufzugeben und ein Engagement als Anfänger am Burgtheater in Wien anzunehmen. Weitere Stationen waren dann die Theater in Graz, Linz, Innsbruck und im besonderen Leipzig, wo er von dem berühmten Intendanten Heinrich

Emil Claar, erster Intendant des Opernhauses.

Laube nicht nur als Schauspieler sondern auch als Regisseur und Dramaturg eingesetzt wurde. Anschließend finden wir Claar als Schauspieler und Oberregisseur in Weimar, von wo aus sein Weg über Prag nach Berlin führte. Bevor die Stadtverwaltung Frankfurt mit Claar Fühlung nahm, ließ Oberbürgermeister Dr. Mumm von Schwarzenstein verschiedene Gutachten einholen, die durchweg empfehlenswert ausfielen. Nunmehr war der Weg frei, um Claar im Juli 1878 als Intendant nach Frankfurt zu holen. Für ihn war dies ein ideales Wirkungsfeld, da er sich ohne materielle Sorgen ausschließlich künstlerischen Aufgaben widmen konnte. Große Verantwortung kam in sofern auf ihn zu, da nach dem Rücktritt des bisherigen musikalischen Oberleiters ein neuer Musikchef zu bestellen war und weiterhin das Solo-, Chor- und Orchesterpersonal entsprechend den Forderungen des neuen Hauses noch der Ergänzung bedurfte.

Für die vakante Position eines musikalischen Oberleiters bot sich die Möglichkeit an, F. Otto Dessoff zu engagieren, dem ein bedeutender Ruf vorausging. Nach seiner Ausbildung am Leipziger Konservatorium war er als Theaterkapellmeister in Altenburg, Düsseldorf, Aachen und Magdeburg tätig, worauf im Jahre 1860 seine Berufung als Hofopernkapellmeister nach Wien erfolgte. Zu seinem Aufgabenkreis gehörte damals auch die Leitung der Philharmonischen Konzerte. Im Jahre 1875 nahm er ein Vertragsangebot an, das ihn als Musikchef an das Hoftheater in Karlsruhe verpflichtete und ihm reiche Entfaltungsmöglichkeiten versprach. Mit seiner Verpflichtung ab Spielzeit 1880/81 nach Frankfurt kam er gerade noch zur rechten Zeit, um gemeinsam mit Intendant Claar die letzten Vorbereitungen für die Eröffnung des Opernhauses zu treffen.

Eine bedeutsame personelle Veränderung ergab sich weiterhin im Stadtparlament, als am 28. Februar 1880 für Oberbürgermeister Dr. Daniel Heinrich Mumm von Schwarzenstein der Zeitpunkt gekommen war, von seinem Amt – nach Ablauf der Wahlperiode – Abschied zu nehmen. Über zwölf Jahre hatte er die Geschicke der Stadt geleitet und in einer ebenso ereignisreichen wie wechselvollen Periode große Schwierigkeiten zu überwinden gehabt. Unter seiner Leitung vollzog sich beispielsweise die Einverleibung der Freien Reichsstadt Frankfurt am Main in den preußischen Staat (1866). Bei seinem Abschied ließ man es daher nicht daran fehlen, seine langjährigen Verdienste entsprechend zu würdigen. Wie bereits erwähnt, war er zugleich ein warmherziger Mensch und tatkräftiger Förderer des Frankfurter Theaters. Es entbehrt deshalb nicht einer gewissen Tragik, daß es ihm persönlich nicht mehr vergönnt war, als Stadtoberhaupt die Einweihung des neuen Opernhauses vornehmen zu können. Zu seinem Nachfolger wurde »nach Maßgabe der Präsentation der Stadtverordnetenversammlung« Dr. Johannes von Miquel bestimmt, der bis 1890 im Amt blieb und danach von Kaiser Wilhelm II. als preußischer Finanzminister nach Berlin berufen wurde.

Die sich lange hinziehende Ungewißheit, ob das Opernhaus im Oktober 1880 eröffnet werden könne, fand erst mit dem Bericht vom 9. September gleichen Jahres ihr Ende, als die Baudeputation von der Fertigstellung des Gebäudes zum 17. Oktober Kenntnis gab. Baumeister Becker machte diese Zusage allerdings von der Voraussetzung abhängig, daß sich nun keine irgendwie gearteten Störungen mehr einstellen dürften. Die Bauarbeiten konnte man im wesentlichen als beendet ansehen, lediglich im Zuschauerraum waren noch die letzten Deckengemälde »einzukleben« und der Kronleuchter aufzuhängen. Erst danach konnte mit der Entfernung der »letzten Rüstung« gerechnet werden. Der eiserne Vorhang hatte sich inzwischen als funktionsfähig erwiesen, und die Montage der noch fehlenden Rampenbeleuchtung sollte gleichfalls in Kürze zum Abschluß gebracht werden. Somit glaubte man versprechen zu können, daß die Bühne vom 1. Oktober 1880 an für Probenarbeiten uneingeschränkt zur Verfügung stehen werde. Es steht außer Frage, daß die überaus kurze Zeitspanne bis zum Eröffnungstag schwerlich ausreiche, um die Vielzahl der für den laufenden Spielplan vorgesehenen Werke gründlich – künstlerisch wie technisch – vorzubereiten. Auch waren noch Maler- und Tapeziererarbeiten durchzuführen, mit deren Beendigung erst knapp vor der Einweihung des Hauses gerechnet werden konnte; dies sollte sich jedoch nicht störend auf die Vorbereitung der Opernaufführungen auswirken.

Als Eröffnungsoper hatte sich die Intendanz bereits vor geraumer Zeit für Mozarts »Don Juan« entschieden. Dies geschah nicht zuletzt im Hinblick auf die besondere Pflege, die den Werken des Salzburger Meisters bisher in Frankfurt zuteil geworden war. Außerdem

Otto Dessoff, der erste leitende Kapellmeister des Opernhauses.

hoffte man, mit der Wahl eines Mozartschen Werkes den schon gegen Ende des 18. Jahrhunderts geltenden Ruf der Mainmetropole als deutsche Mozartstadt neu zu beflügeln. Für die musikalische Leitung der Festvorstellung war erwartungsgemäß der neue Musikchef Otto Dessoff ausersehen, der – wie schon berichtet – als ehemaliger »tonangebender Dirigent der kaiserlichen Hofoper in Wien« und späterer Hofkapellmeister in Karlsruhe reiche Erfahrungen hatte sammeln können und demzufolge ein gutes Renommee mitbrachte. Am 13. Oktober 1880, also etwa acht Tage vor Eröffnung des Opernhauses, hatte er sich im alten Frankfurter Stadttheater mit der Leitung von Beethovens »Fidelio« erfolgreich eingeführt. Über diese Aufführung wußte man folgendes zu berichten: »Herr Dessoff entwickelte bei dieser Gelegenheit alle die Eigenschaften, welche ihm den berechtigten Ruf eines der tüchtigsten, gewandtesten, künstlerisch durch und durch gebildeten Kapellmeisters gemacht haben. Die Herrschaft über die ihm untergeordneten Geister ist eine um so absolutere, als er sein Herrscheramt mit Ruhe, Würde und sicherer Festigkeit ausübt.« Für die Regie des »Don Juan« zeichnete der von Intendant Claar neu engagierte Friedrich Schwemer verantwortlich, dessen Wirken in Frankfurt bei Publikum und Presse über lange Zeit hinweg stets große Anerkennung fand.

Der Magistrat der Stadt Frankfurt hielt die Eröffnung des prächtigen Theaters für bedeutungsvoll genug, um S. Majestät, Kaiser und König Wilhelm I., zu diesem weit über die Mainstadt ausstrahlenden Ereignis einzuladen. Gemäß der Beschlußfassung vom 14. September 1880 erging unverzüglich folgendes Einladungsschreiben an den Monarchen:

Allerdurchlauchtigster Großmächtiger Kaiser und König, Allergnädigster Kaiser, König und Herr!

Das von der Stadt und Bürgerschaft erbaute neue Opernhaus ist nunmehr vollendet und besteht vorläufig die Absicht, dasselbe am 19. October dieses Jahres zu eröffnen. Wie das Gebäude unserer Stadt zur hohen Zierde gereicht, so werden wir, und die mit der Leitung des Theaters befaßte Gesellschaft keine Anstrengung scheuen, um dasselbe zu einem wahren Tempel der Kunst zu gestalten, in welchem der Sinn für alles Gute und Schöne gepflegt, die Liebe und das Verständnis für die Musik und die dramatische Kunst geweckt und vermehrt und eine edle und feinere Gesittung gefördert wird.

Die Bürgerschaft unserer Stadt würde für dieses Bestreben eine Hohe Ermuthigung finden wenn Ew. Kaiserliche und Königliche Majestät huldreichst geruhen wollten, die Eröffnungsfeier durch Allerhöchstderen Gegenwart zu verherrlichen.

Die vielfachen Beweise huldvollster und gnädiger Gesinnungen, welche Ew. Kaiserliche Majestät unserer Stadt zu geben geruht haben, ermuthigen uns an Ew. Kaiserliche und Königliche Majestät die unterthänigste Bitte zu richten, Allerhöchst dieselben wollender Festvorstellung am 19. October d. J. oder an einem andern von Ew.

Majestät zu bestimmenden späteren Tage in Allerhöchst eigener Person beiwohnen und dadurch unserer Stadt und Bürgerschaft ein neues Zeichen landesväterlichen Wohlwollens und Königlicher Huld zu geben geruhen.

In dieser Hoffnung verbleiben

Ew. Kaiserlichen und Königlichen Majestät unterthänigster und treugehorsamster Magistrat

Frankfurt a. M. 14. September 1880
gez. Unterschrift

Bereits am 21. September 1880 traf vom »Königlichen Hofmarschall-Amt«, Berlin, die Nachricht ein, daß der Kaiser der Festvorstellung zur Eröffnung des neuen Opernhauses beizuwohnen beabsichtige. Angeschlossen war die Bitte, die Eröffnungsvorstellung auf den 20. Oktober 1880 zu verschieben.
Die Zusage des Kaisers wurde mit großer Anteilnahme aufgenommen und als erneutes Zeichen seines Wohlwollens gegenüber der Stadt Frankfurt gewertet. Dabei erinnerte man sich gerne an den Besuch des Kaisers vom 15. August 1867, als er beim Anblick des durch Brand zerstörten Domes sich für die Dauer von 10 Jahren zu einer jährlichen Zuwendung von 20.000 Gulden für den Wiederaufbau des Gotteshauses verpflichtete. Auch blieb unvergessen, daß Kaiser Wilhelm durch Bereitstellung erbeuteter französischer Geschütze den Guß von acht Domglocken ermöglichte, die am Palmsonntag des Jahres 1878 erstmals erklangen.
Nach Erhalt der Zusage des Kaisers, bei den Einweihungsfeierlichkeiten des Opernhauses anwesend zu sein, erfolgte eine Einladung an das Kronprinzenpaar von seiten des Oberbürgermeisters Dr. Miquel, der erst wenige Monate vorher sein neues Amt angetreten hatte. Bald darauf gab das Hofmarschallamt jedoch bekannt, daß vorerst nur Kronprinz Friedrich Wilhelm geneigt sei, zu dem festlichen Anlaß nach Frankfurt zu kommen, während sich die Kronprinzessin ihre Entscheidung über eine Teilnahme an den Feierlichkeiten noch vorbehalten wolle. Auf die an den badischen Großherzog gerichtete Einladung erfolgte eine höfliche Absage.
Nunmehr war es an der Zeit, mit den Vorbereitungen für den Kaiserempfang und die Eröffnungsfeierlichkeiten zu beginnen. Der Oberbürgermeister berief hierfür eigens einen Festausschuß, der alle Entscheidungen »bezüglich der Errichtung der Kaiserloge, der Ausschmückung des Theaters und Opernplatzes, der Beleuchtung der vom Kaiser passierenden Straßen, wie der Einnahme des Thees in dem Foyer des Opernhauses« treffen sollte. Da man bei der Durchführung des Vorhabens mit erheblichen finanziellen Aufwendungen zu rechnen hatte, hielt man eine Spendenwerbung für angebracht, an der sich die wohlhabenden Frankfurter Familien Metzler, Rothschild, Dr. Lucius, Meister, von Erlanger, de Neufville, Dr. Brüning, Manskopf und die Gebr. von Bethmann mit einem Gesamtbetrag von 9.600,– Mark beteiligten. Als besonders dringlich wurde die sofortige Aufnahme der Vorarbeiten für die festliche Ausgestaltung der Straßen und Plätze angesehen. So beauftragte man die Firma Philipp Holzmann mit der Errichtung eines Triumphbogens an der Bockenheimer-Gasse. Dabei sah man sich vor erheblichen Problemen gestellt wegen der Unkosten für Material und Arbeitslohn, da der Entwurf einen massiven Aufbau erforderte, der zum Zwecke der Anbringung und Bedienung von Gasbeleuchtungskörper usw. mit stabilen Laufgerüsten ausgestattet sein mußte. Eigens in Berlin bestellte man etwa 100 Gasbrenner in Sternform, dazu Fackeln und Laternen gegen Miete und Frachtkosten »inclusiv Fußlohn von und zur Bahn«. Wie aus einer erhalten gebliebenen Rechnung über den Gasverbrauch hervorgeht, wurden allein für den Triumphbogen eine Fülle von Illuminationskörper geliefert, die in etwa erkennen lassen, welchen Lichterglanz der Triumphbogen zu verbreiten vermochte: 122 Brenner in roten und weißen Glocken, eine große Sonne und eine kleine Sonne, zwei Sterne mit je 33 Phantasiebrennern, vier kleine Sterne à 130 Brennöffnungen vor den vier Reichsadlern und zwei Kugeln mit je 288 Löchern. In diesem Zusammenhang sei auch auf die umfangreiche Verlegung der Gasrohre hingewiesen sowie auf die damit verbundenen Pflasterarbeiten. Die Kunst- und Handelsgärtnerei Carl Ibach erhielt den Auftrag, für den Triumphbogen 60 m Girlanden zu liefern und darüber hinaus für 54 Fahnenmasten solche von je acht Meter anzufertigen. Weiterhin wurden 140 m Grüngirlanden für die Schutzperrons auf dem Roßmarkt benötigt. Dem Tapezierer Adam Capitain wurde angetragen, zu gegebener Zeit den Triumphbogen mit 42 m grünem Stoff zu bespannen sowie 40 Fahnen und 16 Schleifen anzubringen. Ihm oblag auch die Aufgabe, 120 Fahnen aus dem Römer zu holen, zu reparieren, zu bügeln und an den vorbestimmten Stellen aufzuhängen. Mit der Illuminierung des Schillerplatzes wurde die Firma Oskar Behrend beauftragt, welche 16 Kilo »farbiges Licht«, mehrere Anfeuerungssätze, 6 m Lunte und drei Mann zur Bedienung zur Verfügung zu stellen hatte. Von der Firma Schmidt-Rumpf wurden vier große Opferpfannen, 32 Zinkkugeln für die Girlandenposten, 32 weitere Zinkschalen und eine große Anzahl von Lampions zur Lieferung bereitgestellt. Von der Cartonnagenfabrik Ph. Sennelaub erwarb man 100 Ballons mit Stäben. 200 gezogene Fackeln wurden bei der Firma Jacob Reutlinger gekauft und circa 500 Petroleumfackeln von der Firma Friedrich Metz zur Verfügung gestellt. Zu den weiteren Lieferanten gehörte der Frankfurter Lebensmittelverein, der eine Vielzahl von Stearinkerzen für Lampions und annähernd 100 Liter Petroleum zum Füllen der Fackeln anzuliefern hatte. Einige der namentlich angeführten Lieferfirmen bestehen noch heute. Eine erhebliche Arbeitsleistung erforderte neben der Erstellung einer Vielzahl von Fahnenmasten an all jenen Plätzen, an denen der Kaiser mit Gefolge vorbeizog, der Transport und die Errichtung von Schutzperrons, die dekoriert und mit »Flammen« versehen werden mußten. Obige Angaben mögen genügen, um sich in etwa ein Bild zu machen vom Umfang der Vorbereitungsarbeiten für die festliche Ausschmückung der Stadt.

Mit besonderer Sorgfalt widmete man sich der Ausschmückung der Opernhausfassade und des Opernplatzes. So wurden die steinernen Schutzperrons vor dem Theater zusätzlich mit Beleuchtungskörpern versehen und auch an den dekorierten Absperrperrons Eisenbrenner für die Illuminationskörper installiert. Die Tapezierfirma Schmidt-Rumpf wurde beauftragt, eine 18 m lange Fahne in den Reichsfarben Schwarz/Weiß/Rot zu nähen sowie eine 27 m lange Fahne in den Landesfarben Schwarz/Weiß und eine weitere in gleicher Größe in den Stadtfarben Rot/Weiß herzustellen. Der Firma Holzmann fiel die Aufgabe zu, die Fahnen anzubringen und die Kandelaberfackeln zu befestigen. Zur Verschönerung des Gesamtbildes stellte der Frankfurter Oberförster 110 Fichtenbäumchen kostenlos zur Verfügung. Ferner wurde veranlaßt, daß die Firma Georg Clauer für den Ausgang der seitlichen Proszeniumstreppen provisorische Wetterdächer mit Franzen lieferte.

Außerordentlichen Aufwand erforderte die Herrichtung der Kaiserloge. So bestellte man bei der Darmstädter Hofmöbelfabrik auf Mietbasis repräsentative Thronsessel, die jedoch noch vor der Lieferung von dem Hofvergolder ausgebessert werden mußten. Für den Transport der Möbel war der Großherzogliche Hauswärter verantwortlich, der 30,— Mark für Reisespesen, Unterhalt und Diäten beanspruchen konnte. Alle zusätzlichen Goldarbeiten übernahm der Frankfurter Dekorationsmaler J. M. Keuffel, der sich u. a. auch der Krone über der Kaiserloge annahm und den Teppich vor der Brüstung malte. Wie prunkvoll die Kaiserloge ausgestattet wurde, veranschaulichen die Angaben auf der Rechnung des schon benannten Tapezierers Clauer, der u. a. 110 m roten Seidenplüsch, 80 m baumwollene Croisé, 40 m cremefarbene Satinella, 25 m Molton und 19 m dicke rote Kordel verarbeitet hatte. Hinzu kam die Polsterung der Brüstung sowie die Montage des gemalten Gobelins.

Eine Fülle von Vorbereitungen erforderte auch der geplante Tee-Empfang, der in der Pause der Festvorstellung im Foyer stattfinden sollte. Die Damen der Frankfurter Gesellschaft, die

Entwurf für die Ausschmückung eines Kandelabers anläßlich der Eröffnung des Opernhauses.

sich hierfür freiwillig zur Verfügung stellten, gaben als erstes bei der Papier- und Bureau-Requisiten-Firma Wilhelm Büttel die Einladungskarten für den Empfang zum Druck. Die Anfertigung von Blumen-Arrangements übertrug man der Kunst- und Handelsgärtnerei Fleisch-Daum, die auch für die Tellerkränze und die Obstaufsätze zu sorgen hatte. Der namhafte Konditor F. R. Bütschli wurde zur Lieferung von Sandschnitten, Zimtwaffeln, Vanillebrezeln, Makronenblätter, Fondants, Kirschen und trockenen Früchten aufgefordert. Fällt der Name Bütschli, so denkt man sofort an die von Wolfgang Klötzer herausgegebenen Erinnerungen an diese Familie Bütschli und deren Nachkommen. Dort haben auch die zwischen dieser Familie und Frankfurter Bühnenkünstlern bestehenden mannigfachen Beziehungen ihren Niederschlag gefunden. Weitere Zutaten für den kaiserlichen Tee-Empfang hatte die Firma W. Martin zu liefern: zwei Savarin, vier Pfund kristallisierter Zucker, ein Pfund gestoßener Zucker, eine Kanne Schlagsahne, zwei Flaschen Mandelmilch, zwei Flaschen Limonade, Hippchen, Bisquit, Patisserie sowie Eis für den kaiserlich-königlichen Tisch. Zu den Lieferanten gehörte weiterhin die Firma Bing, die eine aus Meissner Porzellan gefertigte Fruchtschale für den kaiserlichen Tisch überließ. Schließlich sei noch darauf hingewiesen, daß die Familie des Barons von Bethmann sich bereit erklärte, ein schweres silbernes Teeservice für den geplanten Empfang zur Verfügung zu stellen. Es würde zu weit führen, wollte man in diesem Rahmen noch ausführlicher auf die Vorbereitungsarbeiten zum Tee-Empfang eingehen. Immerhin schien es angezeigt, die Lieferfirmen zu benennen, da diese bei alten Frankfurtern in guter Erinnerung geblieben sind und zum Teil noch heute unter gleichem Namen existieren.

Inzwischen waren sämtliche Einladungen zur feierlichen Eröffnung des Opernhauses am 20. Oktober ergangen. Glücklicherweise ist die Namensliste all jener Persönlichkeiten erhalten geblieben, die eine Zusage gegeben haben. In der ersten Rubrik der Aufstellung wurden die hohen Generäle und Offiziere erfaßt, achtzehn an der Zahl; es schlossen sich an die Namen der auswärtigen Regierungsbeamten, unter ihnen der Kgl. Hofmarschall von Westerweller und der Berliner Polizeipräsident von Madai, von dem verschiedentlich noch die Rede sein wird. Es folgte unter der Rubrik »Auswärtige Herren« der Name von Prof. Richard Lucae (Marburg), der als Bruder des verstorbenen Baumeisters der Frankfurter Oper zu den Einweihungsfeierlichkeiten geladen worden war. Fortgesetzt wurde die Liste mit dem Namen der anreisenden Intendanten, von denen stellvertretend einige namentlich genannt seien: von Hülsen (Hoftheater Berlin), von Perfall (Hoftheater München), Graf Platen (Hoftheater Dresden) und — last not least — der angesehene Schriftsteller und Intendant von Meiningen, F. von Bodenstedt. Der Vollständigkeit halber seien noch die Namen jener Bühnen verzeichnet, von denen Vertreter erschienen waren: Braunschweig, Darmstadt, Oldenburg, Sigmaringen, Straßburg, Wien

Das festlich geschmückte Opernhaus.

und Wiesbaden. Nicht zu vergessen die Vertreter des Preisrichterkollegiums für den Wettbewerb um die neue Oper, zu denen u. a. der gebürtige Frankfurter Ferdinand Hiller gehörte, der als Pianist, Dirigent und Lehrer sich internationaler Anerkennung erfreuen konnte. Zum Kreis der geladenen Gäste zählten weiterhin 25 Persönlichkeiten aus dem Frankfurter Kultur- und Geschäftsleben, zusätzlich die Berichterstatter von 11 Frankfurter Tageszeitungen bzw. Wochenzeitschriften sowie 42 Vertreter der auswärtigen Presse. Angesichts der Vielzahl der von auswärts angereisten Gäste konnte es nicht ausbleiben, daß die Hotels »voll bis an's Dach« besetzt waren. Neben der bereits erwähnten Liste geladener Festgäste blieb noch eine spezielle Namensaufstellung all jener Persönlichkeiten erhalten, die während der Vorstellungspause beim Tee-Empfang des Kaisers erscheinen durften und eine entsprechende Zusage gegeben hatten. Es waren dies allen voran die Spender für den Aufbaufonds des Theaters mit 38 Namen, gefolgt von zehn Vertretern des Verwaltungsrats der Oper. Der Magistrat hatte sich mit elf Mitgliedern angesagt, unter ihnen Oberbürgermeister Dr. Johannes Miquel und Senator Dr. von Mumm. Von seiten der Stadtverordnetenversammlung hatten vier Mitglieder ihre Teilnahme am Empfang zugesagt. Einschließlich der fünf Damen des Festkomitees und der jeweiligen Begleitung der oben erwähnten Persönlichkeiten umfaßte die Festversammlung 154 Personen ohne Einbeziehung des Kaisers und seines Gefolges.

Mit Herannahen des Eröffnungstermins wuchs verständlicherweise auch die Nervösität unter den Beteiligten, da sich – wie sollte es auch anders sein – eine zunehmend spürbar werdende Zeitnot einstellte. Auch in der Bevölkerung stieg die Spannung, denn neben der Einweihung des Theaters galt es, sich auf das Erlebnis des Kaiserbesuchs vorzubereiten. So entwickelte sich ein lebhaftes Treiben, namentlich auf jenen Straßen und Plätzen, die der Monarch mit seinem Gefolge zu passieren beabsichtigte. Obwohl der Stadtverwaltung seinerseits auch der Vorwurf gemacht wurde, sie habe sich bei der Ausschmückung zu viel Zurückhaltung auferlegt, konnte man lobend auf die Anlieger hinweisen, die eifrig bemüht gewesen waren, ihre Häuser mit Hilfe von Illuminationsvorrichtungen, Girlanden und Fahnen zu verschönern. Besonders aus den Außenbezirken der Stadt pilgerten zahllose Neugierige zum Stadtkern, um den Fortgang der Vorbereitungsarbeiten zu verfolgen. So war stets viel Betrieb auf dem Roßmarkt, wo man die Gaskandelaber mit »Kränzen von Flambeaus« versehen hatte. Oft bildete sich sogar Gedränge in der Bockenheimer-Gasse, da man dort den Aufbau des monumentalen Triumphbogens aus »solidem gelb gestrichenen Zimmerwerk« verfolgen konnte. Selbstverständlich bezog man bei jedem Rundgang auch den Opernplatz mit ein, wo zahlreiche Hände sich rührten und es u. a. darum ging, die vier großen Steinkandelaber vor dem Theater mit improvisierten Blumenbeeten zu umgeben. Zusätzlich wurden bis zur Spitze der Kandelaber mit ihren »Gasflambeaus« üppige Girlanden und Kränze mit Lampions in den Stadtfarben Rot und Weiß angebracht. Zur abendlichen Probebeleuchtung am Opernplatz und in der Innenstadt fand sich eine Vielzahl von Schaulustigen ein. Wahres Entzücken löste die Illumination jener Plastiken aus, die auf den Ecken der Opernhausfassade aufgestellt waren, da aus den dort angebrachten Kandelabern Gasflammen herausschlugen und so der Eindruck erweckt wurde, als ob die »Knaben einen Fackeltanz« aufführten.

Ein malerisches Bild vermittelte auch der inzwischen fertiggestellte Triumphbogen an der Bockenheimer-Gasse, der durch die »Lichteffekte zwischen den weißen und roten Lampions, dem strahlenden Lichte der Gas-Sterne und -Sonnen und bei dem abgetönten Licht des oberen Bogens« eine grandiöse Wirkung besaß, welche »durch die dunklen Linien der grünen Tannengewinde« noch erhöht wurde. Umfangreiche Vorbereitungen mußten auch die Polizeikräfte treffen, denen die Sicherung der Straßenzüge oblag und die für einen reibungslosen Zugang der vielen Gäste zur Eröffnungsvorstellung zu sorgen hatten. Um kein Risiko einzugehen, erließ die Polizei hierzu eigens eine Fahrordnung für die zu erwartenden Equipagen und Droschken. Die Vorsorge reichte sogar so weit, daß man zwei Tage vor dem Eröffnungstermin – und zwar am frühen Morgen – die Kutscher und Diener zu einer Probefahrt beorderte. Dabei ergab sich für die zu Hunderten erschienenen Fahrzeughalter insofern ein erstes Problem, als jeweils nur zwei Wagen verdeckt vor dem Haupteingang des Theaters vorfahren konnten. Der nachfolgende Wagen war dann wegen der Schräge der Rampe nicht in der Lage, auf halber Höhe zu halten und gefährdete durch Zurückrollen die dahinter stehenden Fahrzeuge. Diese Situation bedingte sowohl ein zeitraubendes Einschleusen des anfahrenden Publikums als auch eine nicht weniger langwierige Abfahrt der Theaterbesucher nach Abschluß der Vorstellung.

Wie so oft bei bedeutsamen Anlässen wurde auch in Frankfurt schon mehrere Tage vor Eröffnungstermin ein schwunghafter Handel mit Eintrittskarten für die Premiere betrieben. Preise von 80 bis 100 Mark wurden von den Schwarzhändlern gefordert, während bei sonst üblichen Festspielaufführungen für die höchste Platzkategorie nur 7.70 Mark zu entrichten waren. Sogar numerierte Galerieplätze, die bei solchen Veranstaltungen für 1.40 Mark zu bekommen waren, wurden mit 70 Mark offeriert und ohne Schwierigkeiten an den Mann gebracht.

Richten wir unser Interesse nunmehr auf das rege Innenleben des Opernhauses, in dem zwei Tage vor der offiziellen Eröffnung die Generalprobe stattfand. Da zahlreiche Interessenten für die Premiere keine Eintrittskarte mehr erhalten konnten, entschloß sich die Theaterleitung kurzerhand zur Generalprobe ausschließlich unnumerierte Freikarten auszugeben, wobei die »Bauhandwerker des Hauses in der ausgiebigsten Weise« berücksichtigt wurden. Viele jener Glücklichen, die eine Eintrittskarte erhalten hatten, fanden sich bereits um 16 Uhr, also annähernd zwei Stunden vor Beginn der Hauptprobe, im Opernhaus ein, um sich einen guten Sitzplatz freier Wahl zu sichern. So konnte gar mancher, dem »sonst nur der hl. Nikolaus Aehnliches zu bescheren pflegt«, durch frühzeitiges Erscheinen sogar einen Platz in einer Loge oder im Sperrsitz ergattern. Trotz langer Wartezeiten bis zum Beginn der Hauptprobe beklagte sich niemand über Langeweile, da der Zuschauerraum in seiner prachtvollen Ausstattung dem Auge reiche Abwechslung bot. Im Bestreben, die Wartezeit zu überbrücken, nahm man häufig auch Gelegenheit, mit seinem Nachbarn ins Gespräch zu kommen, dem man ansonsten wohl nur wenig Beachtung geschenkt hätte. Alles in allem machten die Besucher, die meist in Alltagskleidern erschienen waren, einen recht zusammengewürfelten Eindruck, der dem festlichen Glanz des Zuschauerraumes wenig angemessen war. Wer wollte, konnte sich sogar bis unmittelbar vor Beginn der Generalprobe noch einen Bummel durch die offenstehenden Räume des Theaters samt Bühne gestatten. Aus Angst um den Verlust des reservierten Platzes machten jedoch nur wenige von dieser Möglichkeit Gebrauch.

Als es schließlich so weit war und man sich anschickte, mit der Generalprobe zu beginnen, war das Haus bereits voll besetzt und mancher sah sich genötigt, eine Werkzeugkiste oder ähnliches zu organisieren, um sich damit in den Gängen des Zuschauerraumes zu postieren. Selbst rechtmäßigen Besitzern von Eintrittskarten blieb mitunter nichts anderes übrig, als sich damit abzufinden, die ganze Probe stehend miterleben zu müssen. Das Theater war so beängstigend überfüllt, daß die Polizei sich zu guter Letzt gezwungen sah, das Haus nach außen abzuriegeln. Für diese Misere glaubte man die Theaterleitung verantwortlich machen zu müssen, da diese – wie es den Anschein hatte – mehr Karten als zulässig verausgabte. Andererseits faßte man jedoch auch die Möglichkeit ins Auge, daß sich einige Besucher auf Schleichwegen Einlaß ins Theater verschafft hatten. Die wirklichen Ursachen und Zusammenhänge konnten auch später nicht eindeutig geklärt werden. Nachzuweisen war lediglich, daß »raffinierte Schwindler« vor dem Theater Eintrittskarten für die Hauptprobe zu fünf und sechs Mark anboten. Eine peinliche Situation ergab sich für einige verspätet eingetroffene Presseleute, denen seitens der Polizei kategorisch der Zutritt zum Theater verwehrt wurde mit dem Hinweis, das Haus sei »buchstäblich überfüllt« und es gehe darum ein Unglück zu verhüten. Den Zeitungsvertretern blieb folglich nichts anderes übrig, als sich unter Protest, soweit dieser »einem Unterthanen im Preußenlande erlaubt« war, zurückzuziehen und statt der Generalprobe einen »herrlichen Herbstabend mit erquickender Luft zu genießen«.

Etwa gegen 18.30 Uhr nahmen die Orchestermusiker ihre Plätze ein und stimmten geräuschvoll ihre Instrumente. Dies war zugleich das Signal für die noch immer eifrig tätigen Handwerker, ihr Hämmern, Klopfen und Nageln einzustellen, während die Tapezierer in der Kaiserloge sich nicht daran hindern ließen, ihre Arbeiten noch über längere Zeit fortzusetzen. Als dann im Hause endlich Ruhe eingetreten war, betrat der bewährte Kapellmeister Georg Goltermann das Dirigentenpult und intonierte die von ihm komponierte Fest-Ouvertüre, die bei den Zuhörern reichlichen Beifall fand. Anschließend übernahm der »Musik-Generalgewaltige« des Hauses, Otto Dessoff, für die nunmehr beginnende Opernaufführung von Mozarts »Don Juan« die Leitung des Ensembles, wobei er »wie ein Feldherr wirkte, der einem Heer von Tönen gebietet und des Sieges sich gewiß ist«. Die hier zitierte Beurteilung bringt so recht die Souveränität dieses begabten Musikers zum Ausdruck, der nicht nur die Oper auswendig dirigierte, sondern überhaupt eine vollendete Leistung bot. Nach der Ouvertüre erhob sich die »Gardine«, eine Art Zwischenvorhang, da der Hauptvorhang offenbar noch nicht zur Verfügung stand. »Die Darsteller sangen wie üblich, theilweise mit weit gedämpften Stimmen« und waren »auch nicht voll geschminkt«. Besonderes Entzücken lösten die schönen Dekorationen aus, die sich – wie ausdrücklich betont wurde – mit der großartigen Ausstattung des Wiener Opernhauses durchaus messen konnten. »Donnernden Beifall lohnte am Ende alle Mitwirkende für ihre Leistungen, die in der That vorzüglich« waren. Hinsichtlich der Akustik zeigte man sich zufrieden, da die Musik überall »klar und ungebrochen, voll und kräftig« zu hören war. Auch lobte man die Ventilation, die nach modernsten Gesichtspunkten konstruiert war und trotz des überfüllten Theaters keine belästigende Hitze aufkommen ließ. So empfand man den Zuschauerraum nicht nur als prächtig, sondern gleichermaßen als behaglich. Dennoch blieb es nicht aus, daß sich auch kritische Stimmen – mehr oder weniger berechtigt – zu Wort meldeten. Zwar mußte man zugestehen, daß die Stimmen der Sänger, wenn sie nicht zu tief in der Szene beschäftigt waren, mächtiger an das Ohr drangen als im bisherigen Stadttheater, doch konstatierte man bezüglich der orchestralen Wirkung fürs erste eine gewisse Unausgeglichenheit zwischen den einzelnen Instrumentengruppen. Bei der Ventilation empfand man das »fortwährende Brummen der aus- und einströmenden Luft« als störend, wie auch einen empfindlichen Zug, der »leicht zu Erkältungen Anlaß« geben konnte. All dies wurde jedoch später behoben. Berechtigte Klagen wiesen auf die »allzu enge Arrangements der Sitze« hin, welche es im Parkett und Parterre – auch bei aufgeklappten Sitzen – nahezu unmöglich machten, an »einigermaßen korpulenten Personen« vorbeizukommen, zumal das Platznehmen »ohnehin ohne Stöße an Leib und Füßen« nicht abging. Dies war ein Mißstand, den man über lange Zeit beklagte. Außerdem wurde damals schon beanstandet, daß die Besucher vom Stehparterre in einem etwa sechs Meter langen Raum mit einer Höhe von knapp 2,50 m ausharren mußten, der keine Steigung des Bodens aufwies und somit von den meisten der hundert Stehplätze nur eine behinderte Sicht gestattete. Als vorübergehender Mangel erwies sich die noch fehlende, vielleicht auch vergessene Klingelanlage, mit welcher man nach Abschluß der Pause die Besucher des Foyers und der Wandelgänge zeitig genug in den Zuschauerraum zurückrufen konnte. Vorerst mußte man sich mit Händeklatschen der Aufsichtspersonen abfinden, wobei es sich mitunter nicht verhindern ließ, daß einige Besucher erst bei geöffnetem Vorhang ihre Sitzplätze wieder einnahmen, was nicht ohne Störung ablief. Es würde zu weit führen, wollte man sämtliche damals angesprochenen Mängel vermerken, die sich bei der Generalprobe offenbarten; meist Mängel waren es, die aus dem noch nicht so recht funktionierenden Betrieb und der gleichfalls völlig unzureichenden Beherrschung der technischen Einrichtungen resultierten. Es sei auch nicht verschwiegen, daß während der Generalprobe die »Kirchhofsscene und die Schlußscene mit dem Comthur« völlig verunglückte, so daß diese Szenen am darauffolgenden Tag nochmals gründlich probiert werden mußten.

Entwurf zu einem der vielen künstlerisch gestalteten Bronzegitter im Opernhaus.

Das Opernhaus unter der Leitung von Intendant Emil Claar 1880–1900

Die Einweihung des Opernhauses mit Mozarts »Don Juan« – ein Ereignis im Frankfurter Theaterleben

Mit dem 20. Oktober 1880 war nunmehr der lang ersehnte Tag der feierlichen Eröffnung des Opernhauses gekommen. Eigens zu diesem Festtag hatte man die Theaterzettel in größerem Format hergestellt und mit goldenen Lettern versehen. Für die Ehrengäste wurden sogar Theaterzettel aus Seide angefertigt. Voller Spannung erwartete die Bevölkerung das Eintreffen des Kaisers mit seinem Gefolge. Bereits gegen 14 Uhr versammelten sich die Generalität und die Spitzen der Staatlichen und Städtischen Behörden auf dem Bahnhof der Main-Neckar-Eisenbahn, unter ihnen der Oberpräsident von Hessen-Nassau von Ende, Prinz Bernhard von Weimar, der Frankfurter Oberbürgermeister sowie der Polizeipräsident und der Stadtkommandant. Gegen 15 Uhr traf dann endlich der Hofzug ein, dessen Lokomotive nicht – wie erwartet – geschmückt war. Jeder merkte jedoch allein schon an den in voller Montur auftretenden Bahnbeamten, daß hier »etwas Außergewöhnliches« vor sich ging. Der Kaiser, der als erster dem Zug entstieg, trug einen Infanteriehelm und die sogenannte kleine Uniform mit einem darüber geworfenen schweren Reitermantel, der ihn seit Jahren auf allen Feldzügen begleitete. Mit der ihm eigenen Freundlichkeit – gemessen dahinschreitend – begrüßte er die Anwesenden meist mit Handschlag. Nach diesem Zeremoniell wandte sich der Kaiser in einem kurzen Gespräch an die Kronprinzessin, die unter ihrem Samtmantel mit Pelzbesatz ein dunkelblaues Seidenkleid trug und sich mit ihren Töchtern zwecks Weiterreise nach Wiesbaden verabschiedete. Unter lautem Jubel der Bevölkerung schritt nunmehr der Monarch nebst Gefolge auf die bereitstehende Wagenkolonne zu. Eine Ehrenkompanie war nicht aufmarschiert. Der 83jährige Kaiser

Theaterzettel zur Eröffnungsvorstellung des Opernhauses.

und sein Kronprinz nahmen in einer zweispännigen offenen Hofequipage Platz, die von den Wagen des Stadtkommandanten, des Polizeipräsidenten, des Regierungspräsidenten und des Oberbürgermeisters angeführt wurde. Hinter der Equipage des Kaisers folgte der Wagen des Oberpräsidenten sowie des Berliner Polizeipräsidenten von Madai. Danach schloß sich der Wagen des in schmucker Marineuniform gekleideten Prinzen Heinrich an, eskortiert von Corvettenkapitän von Seckendorf. In den übrigen Fahrzeugen waren die Mitglieder des kaiserlichen Gefolges untergebracht, unter ihnen auch der Generalstabsarzt Lauen, der von vielen – wie so oft – für Moltke gehalten wurde. Den Abschluß bildeten die Fahrzeuge weiterer zum Empfang erschienener Honoratioren. Die Wagenkolonne nahm ihren Weg durch die Taunusanlage und Guiolettstraße in Richtung auf das Panorama-Gebäude auf dem Beethoven-Platz. Sämtliche Straßen waren gesäumt von einer dichten Menschenmenge, unter ihnen eine Vielzahl von Schülern der Wöhlerschule, die mit Fahnen und Hochrufen ihren Landesvater begrüßten. Offensichtlich mit großer Spannung betrat der Kaiser das von einem belgischen Unternehmer errichtete Panorama, das im kreisrunden Innenraum einen Durchmesser von 40 m aufwies. Dort war ein 1800 qm großes Rundgemälde aufgestellt, das die denkwürdige Schlacht bei Sedan historisch getreu veranschaulichte. Man wußte zu berichten, jenes von dem Münchener Professor Louis Braun und seinen Mitarbeitern hergestellte Bild sei derart naturgetreu gemalt gewesen, daß das vor den Besuchern aufgeschüttete Erdreich mit seinen Bäumen und Sträuchern keinen Übergang von der Natur zum Gemälde erkennen ließ. Der Kaiser erinnerte sich beim Anblick dieses Panoramas sofort an die Szenerie des Schlachtfeldes und sprach mit größter Bewunderung von dem genauen Abbild, welches die Erinnerung wachhalten möge »an die schweren Stunden des heiligen Krieges und an alle diejenigen, die auf jenen Gefilden für Deutschlands Ruhm und Ehre ihr Blut vergossen haben«. Von dort aus nahm die kaiserliche Wagenkolonne ihren Weg zum Palmengarten, auf dem – über die ganze Länge der Beethovenstraße hin – die Kriegervereine von Frankfurt und Umgebung mit einer Stärke von 1000 Mann in »wohlgeordneter Front in zwei Gliedern« und mit Musik Aufstellung genommen hatten. Der Kaiser war sichtlich erfreut über den Anblick der Zivilgarden und verkündete die Verleihung einer Fahne, deren Übergabe er von Berlin aus zu veranlassen versprach. Am Palmengarten angekommen, bewunderte der Monarch inmitten einer unübersehbaren Menschenmenge das nach einem Brand neu errichtete Gesellschaftshaus, das »dank der Hilfe der Bürgerschaft und der Unterstützung der Behörden schöner als bisher wiedererstanden« war. Sodann nahm der Kaiser seinen Weg durch das mittlere Portal in den großen Saal, wo er von der Hauskapelle mit »Heil Dir im Siegerkranz« begrüßt wurde. Inmitten einer tropischen Pflanzengruppe hatte man eine Kaiserbüste aufgestellt, unter welcher der kaiserliche Namenszug in Kornblumenschrift auf grünem Grunde in weißer Umrahmung prangte. Nach ausgiebiger Besichtigung des Gebäudes und der Grünanlagen erschien der Kaiser mit seinem Gefolge auf dem Balkon des Restaurationsgebäudes, wo »das nach tausenden zählende Publikum in stürmischsten Hochs ausbrach, die der Kaiser mit Händewinken nach allen Seiten erwiderte«. Nach Entgegennahme eines prachtvollen Blumenstraußes mit schwarz-weiß-roter Schleife verabschiedete sich der Kaiser von seinen Gastgebern. Nunmehr ging die Fahrt weiter durch die Bockenheimer Chaussée in die Innenstadt, wo die Equipage des Kaisers von der jubelnden Menschenmenge so stark bedrängt wurde, daß nur ein langsames Vorwärtskommen möglich war. Kurz vor dem Eintreffen auf dem Opernplatz wichen die Fahrzeuge von der vorgesehenen Route ab und »fuhren um den Monstrebau« des zur Einweihung anstehenden Opernhauses, um den Gästen Gelegenheit zu geben, das Gebäude bei Tageslicht zu bewundern. Von dort nahm die Wagenkolonne dann ihren Weg vorbei an dem schon zu früher Stunde erleuchteten Triumphbogen in Richtung Zeil, wo S. Majestät die Wohngemächer in dem kaiserlichen Oberpostgebäude bezog. Dort hatte man nicht nur das Gebäude feierlich mit Girlanden und der Kaiserstandarte geschmückt, sondern auch den Posthof durch Aufstellung »reicher Pflanzengruppen zu einem freundlichen Garten umgewandelt«. Gegen 17 Uhr gab der Kaiser in den festlichen Räumen seines Quartiers für 32 Personen ein Diner, zu dem der Frankfurter Oberbürgermeister, der örtliche Polizeipräsident Hergenhahn, dessen Berliner Kollege von Madai, Oberlandespräsident von Wurm und weitere hochgestellte Persönlichkeiten geladen waren.
In der Zwischenzeit rührten sich auf der Bühne des Opernhauses noch zahlreich die Hände, denn es galt, die letzten Vorbereitungen für die Eröffnungsvorstellung zu treffen. Wie allabendlich bezog die Feuerwehr zeitig ihre Wache. Es waren fünf Mann der Berufsfeuerwehr, zehn Mann und ein Führer der freiwilligen Feuerwehr und 16 Mitglieder der Theaterfeuerwehr. Im Bedarfsfall standen ihnen 83 Hydranten mit Löschwasser zur Verfügung, was für ein Theater der damaligen Zeit ungewöhnlich hoch war. Früher als üblich hatte sich das künstlerische Personal mit ihren Helfern in den Garderoben eingefunden, denn im Gegensatz zum sonstigen Theater-Alltag stand diesmal alles unter der spannungsvollen Erwartung eines bevorstehenden großen Ereignisses.
Um 17.30 Uhr wurde für die Besucher der Eintritt zum Opernhaus freigegeben, das nach eingetretener Dunkelheit einen »feenhaften Eindruck« erweckte. »Strahlendes Licht ergoß sich aus den zahllosen Gasflammen und Lampions über den reich mit Blumen, Guirlanden und Lorbeerbäumen geschmückten Opernplatz.« Von der Mainzer- und Bockenheimer Chaussée drängte mehr und mehr eine schier endlose Reihe von Equipagen zum Opernplatz neben unzähligen Besuchern, die zu Fuß dem Theater zustrebten. Behelmte Schutzleute hatten zeitig genug den Opernplatz rundum abgesperrt und ließen nur solche Personen passieren, die eine Eintrittskarte vorweisen konnten. Fast alle männlichen Besucher der Festvorstellung zeigten sich in schwarzem Frack mit weißer Binde, vielfach dazu mit Zylinder, wobei

Entwurf zur Gestaltung des großen Foyers (zu Seite 38).

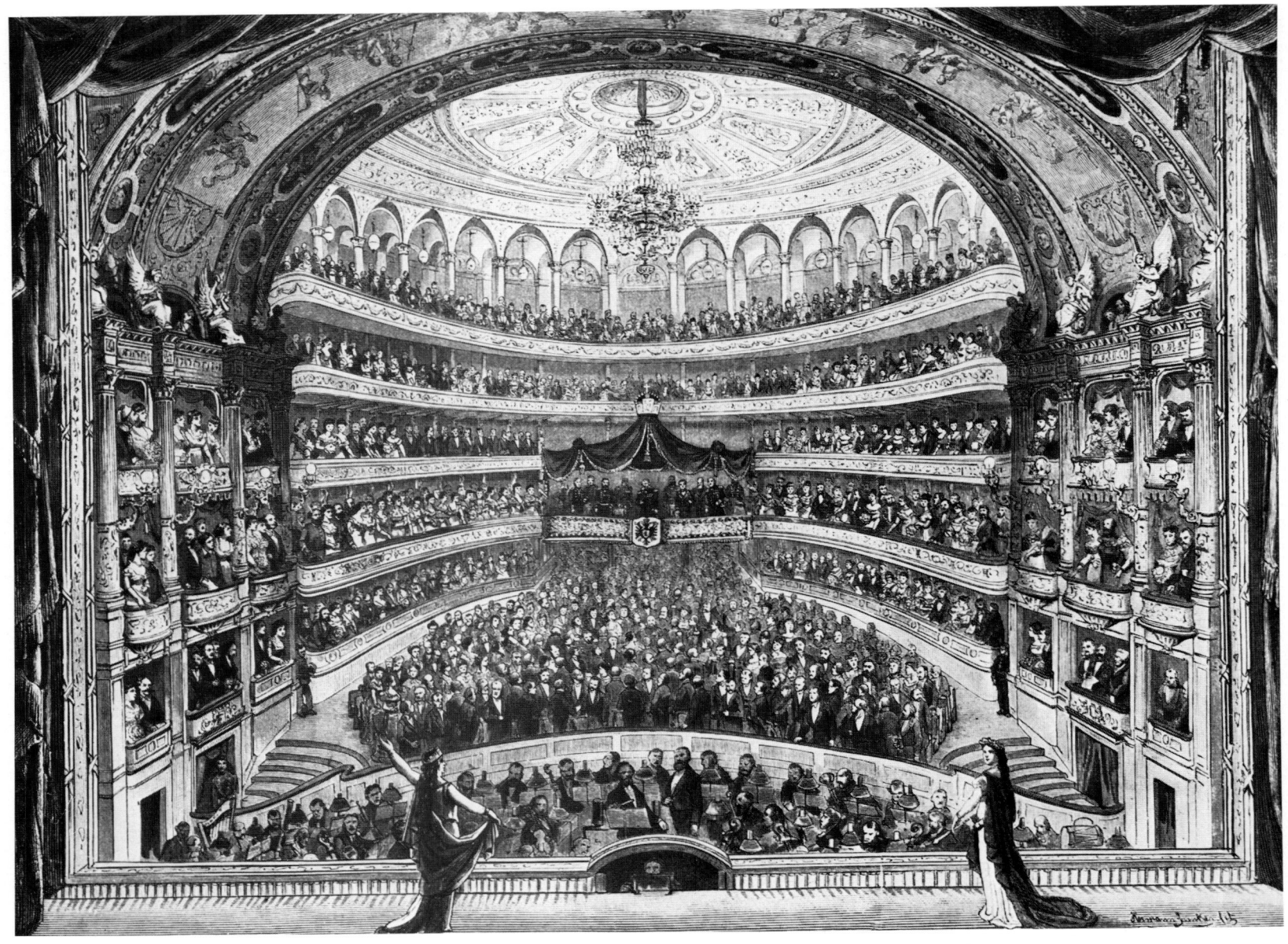

Erinnerungsbild von Hermann Junker zur Eröffnungsvorstellung des Opernhauses während des Prologs.

jedoch heftig beklagt wurde, daß die »chapeaux claques – als das schrecklichste Möbel, das unsere Zeit erfunden hat –« wegen der spontan einsetzenden Nachfrage beträchtlich im Preis gestiegen waren. Die Damen traten fast durchweg in »reichster Balltoilette decolletirt courfähig« in Erscheinung und präsentierten sich wahrhaft als das »schöne Geschlecht«. Alles in allem war es »ein Bild, wie es in Deutschland an Gediegenheit des Geschmacks nur die eine Stadt Frankfurt bieten kann«.

Überwältigt von dem strahlenden Glanz des pompösen Treppenhauses strebten die Besucher über die mit schweren türkischen Teppichen ausgelegten Marmortreppen – vorbei an exotischen Pflanzenarrangements – dem Zuschauerraum zu, wo vor sämtlichen Eingängen »gepuderte Diener« postiert waren. Eine »festliche Stimmung war jedem Antlitz aufgeprägt, die Diamanten flimmerten wie Thauperlen in dem Kopfputz oder auf Arm und Hals der

Bühnenbildentwurf von Waldemar Knoll zu Mozarts »Don Juan«.

Damen und bei aller Pracht machte das Ganze doch einen anheimelnden, behaglichen Eindruck«. Gegen 18.30 Uhr wurde das Treppenhaus für das Publikum gesperrt und blieb nur noch den zum Empfang des Kaisers bestimmten Persönlichkeiten zugänglich.
Dem im voll besetzten Haus versammelten Auditorium blieb bis zum Eintreffen des Kaisers und seines Gefolges noch etwas Zeit, den herrlichen Zuschauerraum zu bestaunen. Allgemein war man beeindruckt von den gewaltigen Dimensionen des Hauses und der festlich gestalteten Proszeniumswölbung, die einen »interessanten Schirm« über eine dreifache, durch drei Stockwerke sich erstreckende Logenstruktur spannte. Imponierend empfand man auch den von Architekt Giesenberg entworfenen Kronleuchter, der aus vergoldeter Bronze gefertigt war und mit seinen 200 »Flammen« festliche Pracht ausstrahlte. Man konnte bei dieser Gelegenheit zugleich die elektrische Zündung der Gaslampen bewundern, die in wenigen Sekunden die Beleuchtungskörper zum Entflammen brachten. Keine allseitige Wertschätzung hingegen fand der neue Hauptvorhang, der – wie bereits erwähnt – das »Vorspiel auf dem Theater« aus Goethes »Faust« zum Motiv hatte. Die künstlerische Ausführung des von Steinle entworfenen Vorhangs lag in Händen des Malers W. A. Beer, der sich – wie es hieß – in »märzlicher Romantik« erging und dem Bild einen Schein von »mittelalterlich düsterem Dämmer« gab. Man empfand dies als »seltsamen Contrast« zu der damals gepflegten Kunstrichtung. Leider ist hiervon nur eine unkolorierte Bleistiftzeichnung erhalten, so daß zu den zeitgenössischen Urteilen, die oft tendenziös und widersprüchlich waren, nicht Stellung genommen werden kann. Wie dem auch sei, das Publikum der Eröffnungsvorstellung stand jedenfalls unter einer solchen Fülle von Eindrücken, daß kaum Zeit blieb zu einer persönlichen Urteilsbildung. Viele mögen sich aber die Frage gestellt haben: Wann wird einem schon Gelegenheit geboten, eine solch erlauchte Gesellschaft von Fürsten und hochgestellten Persönlichkeiten aus nächster Nähe in Augenschein zu nehmen? Wann wird sich wieder einmal Gelegenheit finden, das von so vielen schönen Frauen »entfaltete Wunder einer in allen Nuancen bis zu den undenkbarsten fleisch- und therosenenfarbenen Toilettenkunst« zu bestaunen? Wann wird sich wieder einmal ein Anlaß ergeben, dem greisen Kaiser aus nächster Nähe huldigen zu können und sich an dem Anblick der Gala-Uniformen zu begeistern, die »mit ihren Decorationen und Ordensbändern, bunter als die bunteste Malerpalette« waren? Geraume Zeit vor Beginn der Eröffnungsvorstellung hatte sich eine unübersehbare Menschenmenge zwischen dem kaiserlichen Domizil auf der Zeil und dem Opernplatz angesammelt, da bekanntlich um 18.30 Uhr die Anfahrt des Kaisers mit Gefolge, welches zum Teil im Russischen Hof untergebracht war, vonstatten gehen sollte. Kurz zuvor ertönten jedoch Feuersignale und es zeigte sich »eine am Himmel sichtbare Lohe«, da in Sachsenhausen – in der Nähe des Wendelsweges – ein Schweizerhaus in Brand geraten war. Das Publikum ließ sich davon jedoch nicht im geringsten irritieren, sondern harrte aus auf den zum Teil schwer erkämpften Stehplätzen. Auch der zunehmend sich verdüsternde Himmel konnte die Menschen nicht verscheuchen, die wenig später einen Dauerregen über sich ergehen lassen mußten. Unmittelbar vor Beginn des »unkaiserlichen Wetters« erreichte der Monarch mit seinem zwanzig Personen umfassenden Gefolge unter strengen Absperrmaßnahmen der Polizei unbehindert das Opernhaus, vorbei an dem Lichterglanz flimmernder Straßenzüge und unter den Hochrufen der Bevölkerung. Nachdem Seine Majestät

Bühnenbildentwurf von Waldemar Knoll zu Mozarts »Don Juan«.

den mit kostbaren Kübelpflanzen flankierten Haupteingang des Opernhauses durchschritten hatte, wurde er von Oberbürgermeister Dr. Miquel, dem Präsidenten des Verwaltungsrates der Theateraktiengesellschaft, Dr. Hamburger, und dem Hausherrn, Intendant Claar, im Vestibül begrüßt und sodann in das festliche Treppenhaus geleitet. Dort hatte man nicht nur die Büsten des Kaisers und des Kronprinzen aufgestellt, sondern zusätzlich »gepuderte Diener mit heraldischen Ketten am Hals« am Treppenhaus postiert. Sichtlich ergriffen von dem pompösen Eindruck des Treppenhauses, bekannte der Kaiser gegenüber Intendant Claar: »Das könnte ich mir in Berlin nicht erlauben.« Nunmehr wurden die Vertreter des Magistrats, der Stadtverordnetenversammlung, des Aufsichtsrats, der Logenbesitzer usw. dem Kaiser vorgestellt, der sich anschließend in schlichten Worten für den Empfang bedankte. Danach schritten die Festgäste vorbei an den glänzenden Marmorwandungen in Richtung Zuschauerraum. Dort hatte es sich schnell herumgesprochen, daß der Kaiser mit Gefolge inzwischen eingetroffen war. Dies war für die Zuschauer Anlaß, ihre Blicke auf die Loge mit dem Purpurbaldachin und der Kaiserkrone zu richten. Als schließlich der Kaiser, angeführt von Oberbürgermeister Dr. Miquel, für das Publikum sichtbar wurde, forderte Bankier Carl Metzler im Auftrage des Aufsichtsrats vom Parkett aus alle Anwesenden auf zu einem dreifachen Hoch auf S. Majestät, die sich in Begleitung des Kronprinzen Friedrich Wilhelm und des Prinzen Heinrich befand. »Der Kaiser verbeugte sich dankend nach allen Seiten und blieb dann lange im Anblick des prächtigen Hauses versunken, ehe er sich niederließ.« Unmittelbar danach ertönte die Fest-Ouvertüre unter der Leitung des Komponisten Georg Goltermann, der seit 1853 dem Frankfurter Theaterensemble als Kapellmeister, zeitweise auch als musikalischer Oberleiter, angehörte. Die Presse bemerkte dazu, das Werk habe einen »in Erfindung frischen« Eindruck hinterlassen und sei als eine »höchst gediegene« Arbeit anzusehen. Nach verdientem Beifall erhob sich der Vorhang zu einem Festspiel, dessen Verfasser, Wilhelm Jordan, im denkwürdigen Jahr 1848 als jüngster Abgeordneter der Nationalversammlung in der Paulskirche angehört hatte. Die erste Szene seiner Dichtung führt inmitten »wogender Wolkenschleier auf die Spitze des Feldbergs. Es ist dunkle Nacht, und auf dem Brünhildisfelsen stehen Germania und die Muse. Letztere beklagt sich, daß man in unserer Zeit ihrer nicht gedenke. Germania zeigt der Muse, um sie vom Gegenteil zu überzeugen, nacheinander drei Bilder, welche aus den sich zertheilenden Wolken hervor erscheinen. Zuerst das Denkmal aus dem Niederwalde, dann den Kölner Dom, und schließlich, als die Muse sich noch immer nicht davon befriedigt zeigt, erscheint unser Opernhaus.« Während der Erscheinung der »schwertschwingenden Kolosalstatue der Germania« – in Erinnerung an die 70er Kriegsjahre – ertönte eine Strophe der »Wacht am Rhein« und bei der Darstellung des erst vor kurzem vollendeten Kölner Doms intonierte das Orchester den Choral »Nun danket alle Gott!«. Als schließlich das »hell erleuchtete Bild des Frankfurter Opernhauses« auf der Bühne erschien, eingeleitet durch einen Wortdialog, ließ man Beethovens »Weihe des Hauses« erklingen. Geblendet von dem imponierenden Eindruck des Prachtbaues, verherrlichte die Muse diese Errungenschaft mit folgenden Worten:

»Das ist ein Augenlustakkord von marmorhellem Steine!
von Attikas, vom Sonnenlicht umstrahlten, meerumblauten
Gestaden spiegelst du hieher was einst Hellenen bauten.
Dem Parthenon vergleich' ich fast den Giebel voll Figuren.
Doch nein – an Michel Angelo gemahnen die Contouren.

Maria Wilt (Donna Anna). Joseph Beck (Don Juan).

Sieh! deutsche Worte leuchten jetzt in dunkelrothen Gluthen.
Als Inschrift deutlich lesbar auf: »Dem Schönen, Wahren, Guten«.

Germania pries nunmehr die Stadt Frankfurt als Goethes Vaterstadt, wobei – aus einem dichten Wolkengebilde heraus – »in wirklich überraschend schöner Weise, sich unsre Vaterstadt photographisch treu aus den Versenkungen« erhob. Die Muse erschien darauf erneut auf der Szene, geschmückt mit dem Wappen der Stadt Frankfurt, und verherrlichte das Bild der Stadt. Sodann trat sie dicht an die Rampe der Bühne und überbrachte »in wahrhaft ergreifender Weise den Dank der Stadt an den erhabenen Herrscher«. Als der Kaiser daraufhin an die Brüstung seiner Loge trat, forderte die Muse sämtliche Anwesenden auf, sich zu erheben und den »Siegesgesang aus vollen Kehlen« erklingen zu lassen – woraufhin das ganze Auditorium stehend die deutsche Nationalhymne anstimmte. Da der Kaiser im Anschluß daran nicht wieder Platz nahm und das Publikum in der mit Blick auf den Herrscher eingenommene Stellung verharrte, blieb den Zuschauern nolens volens nichts anderes übrig, als die sich anschließende Lobpreisung der Muse an die Bürgerschaft mit dem Rücken zur Bühne anzuhören. Der Kaiser ließ nach Abschluß des Festspieles den Autor in seine Loge bitten, um ihm seinen Dank für das Lobgedicht auszusprechen. Erwähnt sei in diesem Zusammenhang noch, daß die musikalische Untermalung des Vorspiels in den Händen von Kapellmeister Hermann Zumpe lag, der auf Empfehlung Richard Wagners kurz zuvor nach Frankfurt verpflichtet worden war.

Die Pause bis zum Beginn der Oper nutzte der Kaiser, um den Landgraf von Hessen und dessen Gemahlin in ihrer Proszeniumsloge zu begrüßen.

Mit Spannung erwartete die Festgemeinde nunmehr die Aufführung von Mozarts Oper »Don Juan« unter der musikalischen Leitung von Otto Dessoff und der Regie von Friedrich Schwemer. Was die Wahl des Werkes anbelangt, so sah man – wie bereits früher schon erwähnt – die Entscheidung für eine Oper Mozarts insofern als gerechtfertigt an, als Mozarts Schaffen seit jeher in Frankfurt besondere Pflege zuteil wurde. Es erhoben sich indessen auch Stimmen, die in Anbetracht der Größe des Bühnenraumes eher ein Werk mit »Massenwirkungen und scenischen Effecten« für angebrachter hielten. Diesen Wunsch suchte man mit dem Hinweis zu untermauern, daß in einem so geräumigen Theater die Parlando-Rezitative wie auch die komischen Pointen, an denen Mozarts »Don Juan« so reich ist, nicht zu voller Geltung gelangen könnten. Immerhin hatte man schon bei der Generalprobe in vollbesetztem Haus die gute Akustik zu loben gewußt, wobei sich der Klang der Singstimmen als »voll und edel« erwies. Als weniger zufriedenstellend empfand man den Orchesterklang, da man sich eine »größere Fülle und Sättigung des Klangs« und eine »intensivere Kraft der Fortestellen« gewünscht hatte. Jedenfalls meinte man, ein »Orchester von der numerischen Stärke, wie das hiesige, welches über 6 Contrabässe und Celli verfüge, bei den höchsten Stärkegraden doch mit anderer Vehemenz« zum Erklingen bringen zu können. Gelegentlich wurden die Bläserstimmen als zu vordergründig, die gedämpften Töne und Pianissimo-Stellen für kaum vernehmbar erklärt. Schon damals scheint man erkannt zu haben, daß im Hause verschiedenartige akustische Verhältnisse vorlagen, wofür nicht allein der tiefe Orchestergraben nach Bayreuther Vorbild verantwortlich gemacht werden konnte. Schließlich galt es noch, die Sitzordnung der verschiedenen Instrumentalgruppe zu erproben, um je nach Notwendigkeit ein möglichst ausgewogenes Klangbild zu erreichen. Es dürfte außer Frage stehen, daß Kapellmeister Dessoff im Laufe der Zeit darum bemüht war, dem orchestralen

Bühnenbildentwurf von Carlo Brioschi zu Mozarts »Don Juan«.

Klangkörper im neuen Haus eine ausgeglichenere Gewichtsverteilung zu geben. Dies nicht zuletzt, weil ihm bereits vor Antritt seines Frankfurter Engagements der Ruf vorauseilte, ein Meister orchestraler Klangausgewogenheit und ein besonders anpassungsfähiger Begleiter von Singstimmen zu sein.

Aus der Reihe der mitwirkenden Sänger ragten bei der Eröffnungsvorstellung insbesondere die weiblichen Stimmen hervor. Die anerkennenswerteste Leistung bot wohl die K. K. Kammersängerin Marie Wilt, ehemals Mitglied der Wiener Hofoper, die gastspielweise die Partie der Donna Anna übernommen hatte und damit schon in der vorausgegangenen Spielzeit im alten Frankfurter Stadttheater in Erscheinung getreten war. Nicht weniger verdienstvoll zeichnete sich die Darstellerin der Donna Elvira, Fanny Moran-Olden, aus, die als ständiges Mitglied des Frankfurter Ensembles sich »in dramatisch belebter Weise und mit großer Verve« ihrer Aufgabe entledigte. Es scheint sich hier um eine noch junge Künstlerin gehandelt zu haben, da bei ihrem Debüt als »Fidelio«-Leonore (Sept.1878) davon die Rede war, daß sie erst kurz zuvor am Dresdner Hoftheater ihre Laufbahn begonnen habe. An Ernestine Epstein, die – vom Stadttheater in Hamburg kommend – zur gleichen Zeit ihr Engagement in Frankfurt aufnahm, schätzte man als Darstellerin des Bauernmädchens Zerline vor allem wegen ihres schönen Stimmtimbres und ihrer so unbeschwerten Höhe. Dies war mit ein Grund, weshalb man der schnell beliebt gewordenen Künstlerin ihren Fauxpas nicht nachtrug, ihr Engagement in Frankfurt unter Vertragsbruch angetreten zu haben. Das dadurch bewirkte Auftrittsverbot an der Frankfurter Bühne wurde erst nach einem Vergleich aufgehoben, welcher der Künstlerin eine hohe Strafe auferlegte.

Da das Frankfurter Theater sehr an einer Zusam-

Bühnenbildentwurf von Waldemar Knoll zu Mozarts »Don Juan«.

Fanny Moran – Olden (Donna Elvira).

Siegmund König (Don Ottavio).

Georg Brandes (Masetto).

menarbeit mit der Sängerin interessiert war, streckte man ihr das Geld für die Bereinigung des Rechtsstreites sogar vor. Zu den weiteren Mitwirkenden der Eröffnungsvorstellung zählte der Titelträger Joseph Beck, der als früheres Mitglied am Berliner Hoftheater mit Beginn der Spielzeit 1878/79 in das Frankfurter Ensemble Aufnahme gefunden hatte. Er scheint bei der Premiere jedoch »nicht so glücklich« angekommen zu sein, wie man es von früher her gewöhnt war. Anerkanntermaßen war seine Stimme wohllautend, doch schien er sich infolge einer Indisposition an manchen Stellen eher zu schonen, so daß der Ton öfter »zu wenig wuchtig im Volumen« war. Demgegenüber klang die Stimme des Oktavio-Darstellers, Siegmund König, durchaus »edel, voll und im Forte markig«, wenngleich kaum zu überhören war, daß dieser beim mezza voce und im piano nur schwer über die Rampe kam. Man war bei der Beurteilung jedoch gerecht genug, dies der noch mangelnden Eingewöhnung im neuen Haus zuzuschreiben. Carl Baumann als Leporello konnte für sich in Anspruch nehmen, daß seine Stimme »klangreich und ausgiebig genug für das Haus« war. Hinzu kam noch seine bewundernswerte darstellerische Begabung. Baumann war ehemals Mitglied des Theaters zu Leipzig, von wo aus er im September 1878 nach Frankfurt überwechselte. Von größerer Überzeugungskraft als bisher zeigte sich Josepf Niering in der Partie des Gouverneurs Don Pedro, wofür ihm eine kräftige und volle Stimme zur Verfügung stand. Der Künstler war mit Beginn der Spielzeit 1878/79 vom Stadttheater in Bremen nach Frankfurt übergesiedelt. In diesem Zusammenhang muß erwähnt werden, daß Niering bei der Bayreuther Erstaufführung der »Walküre« als Hunding herausgestellt wurde (1876), wodurch seinem Namen besonderer Glanz anhaftete. Weniger glücklich indessen scheint bei der Eröffnungsvorstellung die Besetzung der Partie des Bauernburschen Masetto mit Georg Brandes gewesen zu sein, dessen eigentliche Stärken in einem anderen Rollenfach wohl besser zum Tragen gekommen wären. Trotz dieses Vorbehalts erwies sich Brandes, der am Ende seiner Sängerlaufbahn stand, den damaligen Berichten zufolge als durchaus anpassungsfähig. Besonderes Lob erntete der Chor für seinen brillanten stimmlichen Glanz. Von der dekorativen Ausgestaltung der Eröffnungsvorstellung hatte man im allgemeinen einen guten Eindruck, wobei das erste und zweite Finale am meisten überzeugten. Weniger gefiel einem der Rezensenten die erste Vorhalle, da das »dekorative Verhältnis zu den handelnden Personen von zu weitgehenden Dimensionen« gewesen sei; dasselbe »genirte« auch bei dem Kirchenprospekt. Wie dem Theaterzettel entnommen werden konnte, stammten die Dekorationen von den Herren Kautzky, Brioschi, Burghart, Knoll und Grunert; es fehlen indessen Angaben darüber, wem von den Benannten die einzelnen Dekorationen zuzurechnen sind. Mit Ausnahme von Grunert, über den nichts Näheres zu erfahren war, handelt es sich bei allen beteiligten Bühnenbildnern um bedeutende Theatermaler, die wegen ihres hohen Ansehens in die Theatergeschichte eingegangen sind. Mit dem Namen Johann Kautzky verbindet sich der Ruf eines befähigten K. K. Hofmalers in Wien, der mit seinen Söhnen ein berühmt gewordenes Maleratelier gründete. Der Name Kautzky läßt sich mit nahezu allen deutschen Hoftheatern in Verbindung bringen wie auch mit den Bühnen in Brüssel, Zürich, London, New York, Chicago usw. Eine Sonderstellung scheint der in Mailand geborene Carlo Brioschi eingenommen zu haben, der lange als Vorstand des Malerateliers der Wiener Hofoper tätig war und den hohen Ruf der damaligen Dekorationsmalerei begründete. Glücklicherweise blieb uns eine große Anzahl seiner farbigen Entwürfe erhalten. Es war jedoch nicht immer auszumachen bei welchen Theatern diese jeweils Verwendung fanden. Erwiesen ist indessen, daß diese Entwürfe für Aufführungen an verschiedenen Bühnen – wenn auch gelegentlich mit kleinen Abänderungen – benutzt wurden. Was der Einsatz der auswärtigen Bühnenbildner in Frankfurt anbetrifft, sind wir nur durch gelegentliche Hinweise auf den Theaterzetteln über ihren Einsatz orientiert. Nicht immer ließ es sich jedoch feststellen, welche Szenen sie speziell ausgestattet haben, da öfter mehrere Bühnenbildner für das gleiche Stück herangezogen wurden. Immerhin ist es schon ein großes Geschenk – in Anbetracht des allgemeinen Mangels an erhalten gebliebenen Bühnenbildentwürfen – eine so beträchtliche Anzahl von Entwürfen zu Mozarts »Don Juan« u. a. von Brioschi erhalten zu wissen. Mit seinem Namen verbindet sich auch der seines Malerkollegen Hermann Burghart, mit dem er gemeinsam ein Atelier in Wien unterhielt. Beide Künstler zeichneten beispielsweise verantwortlich für die festlichen Dekorationen bei den Vorstellungen für König Ludwig II. von Bayern. Nicht zuletzt bleibt auf den Bühnenmaler Waldemar Knoll hinzuweisen, der ursprünglich als Dekorationsmaler in Berlin arbeitete und wegen seiner Begabung anschließend längere Zeit am kaiserlichen Hof in Tiflis in gleicher Eigenschaft tätig war. Von dort aus folgte er einem Ruf als Leiter für Ausstattungswesen an das Hoftheater in Dresden.

Im Jahre 1878 siedelte er dann nach Frankfurt über, wo er sich bis zum Jahre 1899 außergewöhnliche Verdienste am Theater erwarb. Leider ließen sich nur wenige seiner Entwürfe ausfindig machen, was wohl darauf zurückzuführen ist, daß nach seinem Ableben sein künstlerischer Nachlaß in München zur Versteigerung kam. Die Vielzahl der Mitarbeiter an der dekorativen Ausgestaltung von Mozarts »Don Juan« bei der Eröffnungsvorstellung legt die Vermutung nahe, daß die Bühnenbildner in Stil und Farbe wohl keine Einheitlichkeit in Anspruch nehmen konnten. Leider ließen sich keine Belege dafür finden, inwieweit neben den Arbeiten der bezeichneten Maler auch noch Dekorationen aus dem allgemeinen Fundus mitbenutzt wurden. Ungeklärt blieb auch die Frage, welchen Wortlaut die an die auswärtigen Bühnenmaler gerichteten Aufträge hatten, abgesehen von den notwendigen Mitteilungen über Grundriß und Größenordnung. Abschließend seien noch einige Stellen zu diesem Thema aus einem der wenigen zeitgenössischen Berichte zitiert, die – wenn auch aus subjektiver Sicht – einen kleinen Einblick gewähren: »Die neuen Decorationen waren theilweise sehr schön; in erster Linie können wir hier den Ballsaal des Don Juan und auch das Schloß des Don Pedro (Anfang des ersten Akts) hervorheben. Hinter unseren Erwartungen weit zurück blieb hingegen der Kirchhof mit dem Grabmal des Commandeurs, welchen wir an anderen Bühnen schon weitaus effectvoller gesehen haben. Man hatte wohl um Zeit zu gewinnen, mehrere Szenen auf einen Schauplatz verlegt, häufig sehr zum Nutzen des Ganzen. Nur, daß die sogenannte Brief-Arie jetzt an dem Grab des Don Pedro gesungen wird, ist uns als eine wohl etwas gar zu kühne Neuerung erschienen. Daß die maschinelle Vorrichtungen zum Theil und zwar mehreremale versagten, ist zwar recht zu bedauern, aber mit der Neuheit der Sache zu entschuldigen. So wollte gleich beim ersten Scenenwechsel der Zwischenvorhang nicht herunter, während in der letzten Scene des letzten Aktes die Wolkengardine nicht mehr weiter in die Höhe ging; auch konnten die Säulen zu verschiedenen Malen nicht die senkrechte Richtung finden. Doch sind das, wie gesagt, nur Zufälligkeiten, die mit der Neuheit der Sache zu entschuldigen sind«.

Alles in allem kann konstatiert werden, daß die Eröffnungsvorstellung mit Mozarts »Don Juan« – den Kritiken nach zu urteilen – als geglückt bezeichnet werden muß, wenn sich auch auf der Bühne bzw. im Orchester einige Schönheitsfehler einstellten, wie zum Beispiel die »heterogenen rhythmischen Begegnungen, verunglückten Flötentöne und Coloraturen«. Es ließ sich sogar eine Pressestimme finden, die der ersten Vorstellung im neuen Opernhaus den »höchsten Preis in der Kunst« zuerkennen wollte und dies unter Hinweis darauf, daß der »Frankfurter Bühne kaum in Deutschland eine ebenbürtige vielweng bessere zur Seite zu setzen« sei. Ein sachgerechtes Urteil wird auch berücksichtigen müssen, daß man Intendant Claar nur kurze Zeit vor Eröffnung des Opernhauses die Geschicke des Theaters überantwortet hatte, weshalb er seine künstlerische Zielsetzung, vornehmlich hinsichtlich der Qualität des künstlerischen Personals, nur bedingt verwirklichen konnte.

Als der Vorhang nach der ersten Vorstellung im Opernhaus fiel, konnten sich der Intendant und seine Mitarbeiter trotz mancher Unzulänglichkeiten in hohem Maße beglückt fühlen, da ihnen reicher Beifall zuteil wurde. Dem Erfolg tat es auch keinerlei Abbruch, daß die Theaterleitung darauf bestand, daß keinem der mitwirkenden Sänger »Kränze zugeworfen« werden, da man den Erfolg als Gemeinschaftsleistung gewertet wissen wollte. Doch wenige Tage vor der Eröffnungsvorstellung wurde durch eine Indiskretion der Blumenhandlung und Theaterkarten-Verkaufsstelle Lina Schott, die den älteren Theaterbesuchern noch bekannt sein dürfte, das »kleine Coulissengeheimniß« gelüftet, daß mehrere Frankfurter Familien einen Riesenlorbeerkranz für den Intendanten gestiftet hatten. Daß dem so war, erfuhr Intendant Claar erst am Schluß der Vorstellung, als man ihm unter frenetischem Beifall des Publikums einen solchen Kranz mit Atlasschleife in den Stadtfarben überreichte. Auf der roten Bandschleife prangte der Stadtadler neben den

Bühnenbildentwurf von Waldemar Knoll zu Mozarts »Don Juan«.

Worten »Stark im Recht« während die weiße Schleife die Aufschrift trug: »Unserem hochgeschätzten Intendanten das dankbare Frankfurt. 20. October 1880.«

In Verbindung mit der Würdigung der Eröffnungsvorstellung sei noch einmal daran erinnert, daß während der großen Pause im Foyer des Opernhauses ein Tee-Empfang mit dem Kaiser, den anwesenden Fürstlichkeiten und einem ausgewählten Kreis von Damen und Herren der Hautevolee stattfand. Der sogenannte »Kaiserliche Cercle« war von einigen Frauen der Frankfurter Gesellschaft vorbereitet worden, zu denen die Damen Miquel, Loucadou, Hergenhahn, Gontard, A. Metzler und E. Grunelius gehörten. Frau Baronin Moritz von Bethmann, die eine »Toilette aus schwarzem Samt mit blauem Aufputz« trug, hatte gegenüber dem Kaiser das Vorstellen einer gewissen Anzahl von Persönlichkeiten übernommen. Dabei fiel auf, daß sich die Majestät besonders lang mit der Gattin des Intendanten, der Schauspielerin Claar-Delia, unterhielt, die durch ihr »überreich mit farbigen Perlen verziertes Costüm in Bordeausammet und schwerem Goldbrocat« von »besonders anziehender Erscheinung« war. Nach Abschluß des Tee-Empfangs führte der Kaiser die Landgräfin von Hessen in ihre Loge zurück. Auch sie stellte eine wahre Augenweide dar; sie trug ein Kleid aus »weißem Atlas-Brocat mit Damassée-Frack«, dazu »eine selten schöne Perlenschnur und Brillantschmuck mit Schlußsteinen in der Größe von Haselnüssen«.

Der Kaiser, der bis zum Ende der Vorstellung im Opernhaus geblieben war, gab beim Abschied gegenüber dem Oberbürgermeister Dr. Miquel zu verstehen, er sei freudig bewegt über das prachtvolle Opernhaus und die zunehmende Schönheit der Stadt. Als äußeres Zeichen seiner Bewunderung verlieh er dem Oberbürgermeister die Insignien des Roten Adlerordens und dekorierte außerdem den Präsidenten des Verwaltungsrats der Theatergesellschaft, Dr. Hamburger, sowie den Baumeister Becker. Intendant Claar erhielt als Abschiedsgeschenk eine goldene Dose.

Zeitig vor Abschluß der Festvorstellung hatten sich die Feuerwehren aus Frankfurt und Umgebung sowie die Kriegskameradschaften am Falkenspeicher (in der Weißfrauenstraße) versammelt, wo die Fackeln für das kaiserliche Spalier verteilt wurden. Man hob in diesem Zusammenhang rühmend hervor, daß zu diesem Anlaß erstmals Petroleumsfackeln benutzt wurden, die aufgrund einer neuen Konstruktion nicht nur schönes Licht garantierten, sondern auch nicht rußten. Mit ca. 1100 Beleuchtungskörper bildete man dann ein Spalier, das vom Opernhaus bis zum Quartier des Kaisers im Postgebäude auf der Zeil reichte. Zum Abschluß des ereignisreichen Tages durchfuhr die kaiserliche Wagenkolonne das Spalier unter dem Jubel sehr diszipliniert auftretender Menschenmassen. Trotz des Regens ließ man es sich nicht nehmen, noch einen Fackelzug zu formieren, dem der Kaiser vom Fenster seiner Wohnräume freudig bewegt zusah.

In der Zwischenzeit war auch die Abfahrt der übrigen Gäste vom Opernhaus in vollem Gange. Von den 376 am Hauptportal vorgefahrenen Equipagen und Droschken verließ erst kurz nach 24 Uhr das letzte Fahrzeug mit seinen Gästen den Opernplatz. Unberücksichtigt sind hierbei die zahlreichen Pferdekutschen, die zwischen Opernhaus und Kulissentrakt ihre Herrschaften zur Heimfahrt aufnahmen.

Etwa zweihundert Personen waren nach der Festvorstellung noch zu einem Bankett im Frankfurter Hof geladen, das vom Aufsichtsrat und der Intendanz des Theaters veranstaltet wurde. Den Vorsitz führte Dr. Hamburger, an dessen Seite Oberbürgermeister Dr. Miquel

und Architekt Giesenberg Platz genommen hatten; ihnen gegenüber saß Intendant Emil Claar, der von dem Berliner Hoftheaterintendanten von Hülsen und Intendant von Loen aus Weimar flankiert war. Unter den Anwesenden befanden sich des weiteren Intendanten und Direktoren zahlreicher anderer Hof- und Stadttheater, von denen nur noch der Schriftsteller und bewährte Meininger Intendant Friedrich von Bodenstedt hervorgehoben sei. Nach dem zweiten Gang erhob sich der Aufsichtsratsvorsitzende Dr. Hamburger, um ein Hoch auf den Kaiser auszubringen und in einem Trinkspruch der Verdienste all jener zu gedenken, die an der Vollendung des Opernhauses mitgewirkt haben. Anschließend leerte Oberbürgermeister Dr. Miquel sein Glas zu Ehren des Intendanten Claar, der begeistert gefeiert wurde. Der frühere Oberbürgermeister Dr. Mumm von Schwarzenstein würdigte die Verdienste des geistigen Schöpfers des neuen Gebäudes, Richard Lucae, der diesen Ehrentag nicht mehr miterleben konnte. Dr Mumm wußte davon zu berichten, daß Lucae vor etwa zwei Jahren auf die Frage des Kaisers, wann das Frankfurter Opernhaus vollendet sein werde, geantwortet hatte, S. Majestät könne in zwei Jahren der Einweihung desselben beiwohnen. »Wer weiß, ob ich dann noch lebe«, habe der Kaiser geantwortet. Acht Tage später starb Lucae, dessen Werk dann von seinen Schülern J. A. Becker und E. Giesenberg vollendet wurde. Von den anschließenden Trinksprüchen sei nur noch der Toast auf die in hoher Zahl erschienenen örtlichen und auswärtigen Pressevertreter erwähnt. Hierbei wußte man das vorzügliche Menu des Festbanketts, das folgendermaßen zusammengestellt war, sehr zu schätzen:
Truite au bleu, sauce hollandaise (1874 Geisenheimer). Selle de veau à la Cardinal (1870 Chât. Margaux). Foie gras sauté aux truffes. Faisans rôtis (G. H. Mumm). Salade et Compôte. Glaces variées. Fruits et Desserts. Wie aus den Presseberichten hervorgeht, löste sich die Tischrunde erst in den frühen Morgenstunden nach »angenehmer Geselligkeit und zwangloser Conversation bei Kaffee und Cigarren« auf. – Die Presse vergaß bei ihren Berichten auch alle jene nicht, die während der Bauzeit des Opernhauses in »hergebrachter Weise« die heftigsten Widersacher waren, doch bei Eröffnung des Theaters spontan nicht nur zu enthusiastischen Lobrednern wurden, sondern sich sogar unter Lorbeeren zu sonnen verstanden. Böse Zungen prophezeien schon heute, daß es zur Neueinweihung des Opernhauses zu Goethes Geburtstag am 28. August 1981, wohl zu den gleichen Erscheinungen kommen werde wie vor etwa hundert Jahren.

Der Kaiser ließ sich nach verbrachter Nacht im Hauptpostgebäude über die Eschenheimer-Gasse und die Promenade zum Ostbahnhof bringen, um nach Schloß Philippsruhe zu reisen, einer landgräflichen Besitzung. Zu seiner Abfahrt von Frankfurt bildeten Schüler und Lehrpersonal der Musterschule ein Spalier vor der Fichtestraße. Auch die Schüler der Uhland- und Ostendschule ließen auf der Hanauer Landstraße bei Vorbeifahrt des Kaisers »laute Hochs erschallen«. Kronprinz Friedrich Wilhelm, der später als »Kaiser der 99 Tage« in die Geschichte einging, nahm hingegen seinen Weg mit dem Prinzen Heinrich nach Wiesbaden, wo sie sich mit der übrigen Familie wieder zusammenfanden.
Bei all dem Trubel und der Nervösität, die nun einmal eine Theatereröffnung begleiten, konnte es verständlicherweise nicht ausbleiben, daß sich auch einige Schwierigkeiten einstellten, die zu einem Nachspiel führten. So wurde in einem offenen Brief in der Presse die Behauptung aufgestellt, Magistrat und Oberbürgermeister hätten beschlossen, den sogenannten »kaiserlichen Cercle« beim Empfang im Foyer des Theaters so exclusiv wie möglich zu halten, um vor allem keine Juden und Journalisten zulassen zu müssen. Für nahezu selbstverständlich sah man den Ausschluß der Presse an. Als Begründung für den Ausschluß der Juden scheute man sich nicht, das Gerücht auszustreuen, der Kaiser liebe die Juden nicht und man müsse ihm daher »den Anblick derselben ersparen«. Da es jedoch unumgänglich war, auch jüdische Mitbürger zum Cercle einzuladen, ließ man an diese zwar Einladungen ergehen, beschloß angeblich jedoch, dieselben dem Kaiser nicht vorzustellen. Dabei konnte man schon allein den Intendanten Claar nicht übergehen. Dieser schickte seine Einladungskarte indessen mit dem Hinweis zurück, er als Hausherr behalte sich jederzeit freien Zurtritt zu allen Räumen des Opernhauses vor. Nachdem sich die geladenen Gäste während der Pause der Festvorstellung im Foyer des Theaters eingefunden hatten, ließ sich der Kaiser die anwesenden »Patrizier und Patrizierinnen« vorstellen. Als der Kaiser unter den ihm nicht vorgestellten Gästen die Baronin von Rothschild entdeckte, zog er sie ins Gespräch mit der Bemerkung, er freue sich sehr, sie bei dieser Gelegenheit zu treffen. In ziemliche Verlegenheit versetzte der Kaiser die Veranstalter jedoch mit seinem Wunsch, den Baumeister kennenzulernen, dessen Einladung man »vergessen hatte oder vergessen wollte«. Wie bereits erwähnt, hatte man absichtlich keine Pressevertreter zu dem Empfang geladen. Zwei Berliner Presseleuten gelang es dennoch durch Vermittlung des Berliner Polizeipräsidenten von Madai, sich Zutritt zum Empfang zu verschaffen. Madai, der früher in Frankfurt tätig gewesen war und wegen seiner gewählten Umgangsformen das persönliche Wohlwollen des Kaisers genoß, gab hierbei zu verstehen, daß der Frankfurter Oberbürgermeister wohl »glaube, er sei noch in Osnabrück«. Es ist anzunehmen, daß die angedeuteten Erschwernisse später noch Anlaß waren für weitere Auseinandersetzungen, da in einem offenen Brief »diejenigen Persönlichkeiten, denen die gemachten Taktlosigkeiten, die wirklichen oder die angeblichen, zur Last gelegt werden« aufgefordert wurden, »sich zu rechtfertigen oder die umlaufenden Erzählungen durch ein authentisches Dementi zu entkräftigen«.
Die Eröffnung des Opernhauses hatte insofern aber auch ihre lustigen Seiten, als das »satyrisch humoristische, kritisch raisonnierende Wochenblatt«, die »Frankfurter Latern«, den Herrn Hampelmann über die Festlichkeiten berichten ließ. So war Hampelmann zur Eröffnungsvorstellung im »schwarzen Frack un gehle Glacé nach Vorschrift« erschienen, angetan mit

Josef Niering (Don Pedro).

Ernestine Epstein (Zerline).

»e weiß Stadtkrawatt nach Jwerzeugung«. Er gab zu verstehen, daß eine solche Stadtkrawatte sehr praktisch sei, denn »merr kann se uf bääde Seite trage: bei feierliche Gelegenheite wendt merr des Weiße eraus und bei Wahle des Rothe«. Besonders beeindruckt war Hampelmann von »Francforts holdem Damenflor im Ausschnitt«, denn »for des Wenige, was se aahatte, warn se alle sehr schee«. Des weiteren beglückwünschte Hampelmann den Intendanten dafür, daß er vom Kaiser »e goldern Dos krieht hat«. Gerade als Theaterleiter braucht er sogar »e groß goldern Dosis von Geduld«, denn er muß sich »mit junge un alte Schachtele erumzanke, hat Helde zu bekämpfe, Intrigante zu iwerliste, Mütter vor Liebhawerine zu warne und Liebhawer vor komische Alte zu schitze«. Nicht vorenthalten sei den Lesern das gleichfalls in der »Frankfurter Latern« erschienene köstliche Gedicht »Der Frömmling«:

Karl Baumann (Leporello).

Gar zwei Theater! Herr verlaß mich nicht!
Stets wußte ich das eine Haus zu meiden.
Jetzt aber hab' ich eine größ're Pflicht,
Jetzt droht die Versuchung schrecklich von den Beiden.

Auch Adolf Stoltze junior gab eigens zur Eröffnung des Opernhauses die »Frankfurter Eröffnungsblätter« heraus, die für 20 Pf käuflich zu erwerben waren und eine Fülle von humorvollen Geschäftsempfehlungen enthielten. Dazu gehörte das Angebot einer »Ovations-Anstalt«, die sich beifallsbedürftigen Künstlern gerne mit dem Einsatz der »Claque Compagnie« zur Verfügung stellte. Es kostete beispielsweise eine »einfache Salve« 10 Mark, ein Hervorrufen ohne Kranz 25 Mark, ein »lautes Ah« jedoch nur 50 Pf und ein »Tränenguß« 2 Mark. Demgegenüber waren für ein Schluchzen 7.50 Mark zu entrichten. Die höchste Stufe einer Ovation, ein »vollständiger Beifalls-Orkan mit Anwendung der Kranzdampfschleudervorrichtung«, hingegen kostete 50 Mark, wobei es jedoch berücksichtigt werden müßte, daß für jeden nicht zurückgegebenen Kranz zusätzliche 3 Mark zu entrichten waren. Auch Ohnmachten im Publikum konnten bestellt werden, wobei die engagierten Damen gehalten waren, mindestens 10 Minuten im Zustand glaubhafter Ohnmacht zu verharren. Eine andere Firma bot in dem Annoncenteil »unverwelkliche Bouquets« an, die sehr »vorteilhaft zum Zuwerfen zu gebrauchen sind und mehrmals benützt« werden können. Aus der Fülle der Angebote sei abschließend noch auf einen tauben Dienstmann verwiesen, der jederzeit bereit war den Herren Zeitungsrezensenten als Stellvertreter zur Verfügung zu stehen, wenn gleichzeitig im alten Stadttheater und im Opernhaus Vorstellungen zur Besprechung anfallen sollten. Mag auch der Inhalt mancher Inserate dem Bereich der Erfindung zuzurechnen sein, so bleibt doch ein gewisser Prozentsatz an innerem Wahrheitsgehalt, der seit jeher das Theaterleben begleitet.
Gut eine Woche nach Eröffnung des Opernhauses, – als sich die Wogen der Begeisterung auch bei der Bevölkerung allmählich wieder zu glätten begannen –, kam es noch zu einer

Humoristische Festzeitung zur Eröffnung des Opernhauses von Adolf Stoltze jun.

Nachfeier, die der ehemalige Oberbürgermeister Dr. Mumm von Schwarzenstein »in aller Stille« bei einem kleinen Empfang in seinem Hause gab. Zu den geladenen Gästen zählten neben dem Polizeipräsidenten Hergenhahn und den Herren vom Aufsichtsrat der Theater AG, der Intendant Emil Claar, Baumeister Becker und Architekt Giesenberg. Senator von Mumm konnte bei dieser Gelegenheit mit Genugtuung darauf verweisen, daß er etwa zehn Jahre lang als amtierender Oberbürgermeister mitverantwortlich war für das Zustandekommen des großen Werkes und deshalb so manche sorgenvolle Stunde hat hinnehmen müssen. Um so erfreulicher habe sich die Eröffnung des Opernhauses vollzogen, da das Theater nunmehr mit Ehre vor ganz Deutschland bestehen könne. Als Dank für die erfolgreiche Zusammenarbeit hatte sich Senator von Mumm eine besondere Ehrung ausgedacht. So brachten Diener des Festgebers auf Blumenkissen jedem der Herren Claar, Becker und Giesenberg einen silbernen Lorbeerkranz als bleibende Erinnerung an den 20. Oktober 1880.

Vor Abschluß des Kapitels sei noch ein kurzer Überblick über die endgültigen Baukosten des Opernhauses gegeben. Wie erinnerlich, hatten die Stadtväter im Jahre 1871 einen Kostenansatz von 700.000 Gulden (circa 1,2 Millionen Mk.) für den Neubau als ausreichend angesehen. Auf diese Größenordnung haben alle angesprochenen Architekten in etwa ihre Kostenvoranschläge ausgerichtet. Im Mai 1872 erachtete man in der Stadtverordnetenversammlung jedoch bereits eine Summe von 1.196.250 Gulden (= 2.057.142 Mk. 85 Pf.) für die Errichtung des Gebäudes als notwendig. Da die Frankfurter Bürgerschaft einen Betrag von insgesamt 500.000 Gulden (= 857.142 Mk. 51 Pf.) aus Spendenmitteln bereithielt, standen damals schon 41,7% der veranschlagten Baukosten zur Verfügung. Die verzögerte Aufnahme der Bauarbeiten wie auch die langwierigen Verhandlungen über das Ausmaß der inneren und äußeren Ausstattung des Gebäudes brachten jedoch die ursprünglichen Kostenansätze wieder ins Wanken. Empfindlich wirkte sich im Laufe der Jahre vor allem auch die Steigerung der Löhne und der Kosten für Baumaterialien aus. Als der Magistrat nach Architekt Lucaes Ableben im Jahre 1878 eine Übersicht über die bisherigen Baukosten einschließlich aller geforderten Bewilligungen zum Januar 1878 anforderte, hatten die Aufwendungen bereits einen Betrag von 5.632.100 Mk. 19 Pf. erreicht. Bis zur endgültigen Fertigstellung des Gebäudes mußten – laut Vorlage des Magistrats an die Stadtverordnetenversammlung vom 27. November 1882 – jedoch 6.810.423 Mk. 92 Pf. aufgebracht

Bühnenbildentwurf von Carlo Brioschi zu Meyerbeers Oper »Die Hugenotten«.

werden. In diesem Zusammenhang ist darauf hinzuweisen, daß in dem genannten Betrag die Aufwendungen für die Herrichtung der Straßen und Promenaden rund um das Opernhaus in einer Höhe von 189.261 Mk. 86 Pf. enthalten waren. Bringt man die Spendensumme der Logenzeichner von 857.142. Mk. 51 Pf. und den Verkauf städtischer Grundstücke am Opernplatz und an der Hochstraße mit einem Betrag von 518.246 Mk. zum Abzug, also zusammen 1.375.388 Mk. 51 Pf., so ergibt sich ein Gesamtunkostenbetrag von 5.435.035 Mk. 41 Pf. Welche Endsumme man auch immer beim Vergleich mit früheren Kostenvoranschlägen heranzieht, sei es jene von rd. 6,8 Mill. Mk. oder die von ca. 5,4 Mill. Mk. – beide Fälle lassen erkennen, daß der Lucaesche Kostenentwurf von rd. 2,05 Mill. Mk. um einen erheblichen Betrag überzogen werden mußte. Hiermit wollen wir unsere Erinnerungen an den Aufbau des Opernhauses und die Einweihung des herrlichen Gebäudes abschließen. Eine neue Epoche der Frankfurter Theatergeschichte nahm nunmehr ihren Anfang.

Wenn der ersten Spielzeit des neueröffneten Opernhauses ein etwas umfangreicheres Kapitel gewidmet wird, so geschieht dies in erster Linie, um dem Leser einen Überblick zu vermitteln über den damals gepflegten Spielplan. Neben den Erstaufführungen, die besonders herausgestellt werden sollen, gilt es vor allem, die vom alten Stadttheater übernommenen Werke zu erfassen, die über Jahre hinaus das Grundgerüst für das Repertoire im neuen Opernhaus bildeten. Dabei sieht sich der Verfasser zu einem kleinen Exkurs veranlaßt, da er dem Leser bei dieser Gelegenheit auch die Verdienste früherer Generationen um das zeitgenössische Schaffen näherzubringen beabsichtigt, welche richtungsweisend wurden für die Spielplangestaltung im neuerbauten Opernhaus.
Nach der Eröffnungsvorstellung mit einem Werk Mozarts entschied sich die Intendanz für die Aufführung von Giacomo Meyerbeers Oper

»Die Hugenotten«

in einer Neuinszenierung (23. Okt. 1880). In seinen Frühwerken hatte sich Meyerbeer den aufstrebenden Rossini zum Vorbild genommen, während er später kompositorisch mehr im Fahrwasser der großen französischen Oper steuerte, womit er letztlich auch seinen Weltruhm begründete. Als im Jahre 1832 sein Bühnenwerk »Robert der Teufel« in einer konzertanten Aufführung in Frankfurt dargeboten wurde – etwa ein Jahr nach der Pariser Uraufführung –, konnte man sein Streben nach Bühneneffekten und Publikumswirksamkeit bereits ahnen. In weit höherem Maße wurde diese Intention in seiner späteren Oper »Die Hugenotten« spürbar, die gleichfalls ein Jahr nach ihrer Uraufführung erstmals auf dem Frankfurter Spielplan erschien (1837). Der sich damals abzeichnende Erfolg führte denn auch dazu, daß diese Oper zu einem Standardwerk des Spielplans wurde und dies über Jahrzehnte hinweg auch blieb. Dazu gesellte sich im Frankfurter Raum anno 1850 die Erfolgsoper »Der Prophet«, ein Werk, das in noch weit stärkerem Maße Möglichkeiten zu ausladendem Gehabe und pompöser Ausstattung in sich barg. Als Meyerbeers wohl bedeutendstes Werk muß die Oper »Die Afrikanerin« angesehen werden, deren Uraufführung (1865) der Komponist jedoch nicht mehr erleben konnte. Ein Jahr später war es den Frankfurter Theaterfreunden vergönnt, dieses Werk kennenzulernen, das neben den bereits angeführten Opern jahrzehntelang zum bleibenden Bestand des Repertoirs im neuen Opernhaus gehörte. – Es versteht sich, daß Intendant Emil Claar bei der Neuinszenierung der »Hugenotten« sein ganzes Bemühen daransetzte, großes Theatergeschehen auf der geräumigen Bühne zu verwirklichen. Deshalb ließ er eigens zu diesem Zwecke die Dekorationen von dem renommierten Wiener Dekorationsinstitut Kautzky-Brioschi-Burghart herstellen, um neben der überaus effektvollen Musik und der profilierten Handlung mit ihren Massenszenen den ganzen Glanz einer französischen Oper zu entfalten. Damit entsprach der Intendant zugleich den Erwartungen so mancher Theaterbesucher, die sich bereits zur Eröffnung des Opernhauses ein bühnenwirksameres Stück als den »Don Juan« gewünscht hatten. Anläßlich der Premiere hob die Presse mit Nachdruck hervor, daß die Kostüme »fast durchgängig treu historisch hergestellt« worden seien, was in damaliger Zeit keineswegs selbstverständlich war. Unter den mitwirkenden Künstlern ragte aufgrund besonderer Leistung die als Gast engagierte Marie Wilt hervor, der man als Valentine höchste Anerkennung zollte. Weniger eindrucksvoll zeigte sich der Darsteller des Raoul, William Candidus, der vom Kgl. Theater in London gekommen war und mit der laufenden Spielzeit als fest engagiertes Mitglied in das Frankfurter Ensemble Aufnahme fand. Ihm soll für die anspruchsvolle Partie noch die »Breite des Tones« gefehlt haben. Eine bedeutsame Leistung wurde dem Orchester unter Otto Dessoff zugesprochen, das sich – wie es hieß – mit »feinster Nuancierung« seiner Aufgabe meisterte. Hierbei dürfte sich auch die Vergrößerung des Orchesterapparates günstig ausgewirkt haben, die mit dem Umzug in das weit größere neue Haus notwendig geworden war. Im Gegensatz zur Orchesterstärke von 51 Mann im alten Stadttheater saßen nunmehr 70 Musiker im Orchestergraben. Leider wurde bei besagter Vorstellung, die im übrigen nicht ausverkauft war, manchem Theaterbesucher »die gute Laune erheblich« gemindert durch die langen Pausen zwischen den einzelnen Akten. Diese Mängel lagen vermutlich in der noch nicht voll erreichten Beherrschung des technischen Apparates begründet. Unter Berücksichtigung der heute wesentlich verbesserten technischen Bühnenverhältnisse muß es als außergewöhnliche Leistung anerkannt werden, daß im neuen Opernhaus bereits während der ersten Monate eine Vielzahl von Opern zur Aufführung gebracht werden konnte.

Als dritte Vorstellung wurde für den 24. Oktober 1880 Schillers »Wilhelm Tell« angesagt. Wie bereits erwähnt, hatte man geplant, auch dem klassischen Schauspiel im neuen Haus eine Heimstätte zu schaffen, was – um dies vorwegzunehmen – auf Jahrzehnte hinaus – wenn auch nur gelegentlich – beibehalten wurde. Die Aufführung des »Tells« war – entgegen allen Erwartungen – auch schlecht besucht und wurde allgemein als nicht besonders gelungen empfunden. Die Darsteller hatten es schwer, sich in der neuen Umgebung zurechtzufinden und glaubten ein übriges tun zu müssen, um von allen Zuhörern verstanden zu werden. Der vergleichsweise hohe Stärkeaufwand der Stimme ließ meistens keine Ausdruckssteigerung mehr zu, so daß die Vorstellung zur Eintönigkeit verurteilt war. Hinzu kam, daß die Bühnenmaschinen nicht immer »ihre volle Schuldigkeit« taten und öfters durch ihr »Ächzen« den Gesamteindruck empfindlich störten. Ungeteiltes Lob zollte man indessen den Dekorationen, die von Prof. Max Brückner und Friedrich Lütkemeyer, zwei anerkannten Bühnenbildnern aus Coburg, sowie teilweise von dem in Frankfurt engagierten Waldemar Knoll erstellt worden waren. Leider ist nur ein einziger Entwurf, und zwar ein solcher von W. Knoll erhalten geblieben, der auch bei der späteren Aufführung von Rossinis Oper »Tell« Verwendung fand. Der Verfasser sieht es nicht als seine Aufgabe an, detailliert auf die einzelnen Schauspielaufführungen im Opernhaus einzugehen; es seien aber wenigstens die Titel jener Werke benannt, die in der ersten Spielzeit 1880/81 im Frankfurter Opernhaus dargeboten wurden: Shakespeares »König Richard III.«, Goethes »Egmont«, Schillers »Räuber« sowie »Wallensteins Tod«, Shakespeares »König Lear« und »Sommernachtstraum« (mit der Musik von Mendelssohn), Schillers »Kabale und Liebe« und P. A. Wolffs »Preziosa« (mit der Musik von C. M. von Weber). Ungeachtet dessen stand das bisherige Stadttheater nach Eröffnung des Opernhauses weiterhin vorwiegend für Schauspielaufführungen zur Verfügung, was auch an der neuen Bezeichnung »Schauspielhaus« auf den Theaterzetteln deutlich erkennbar war. Dennoch lassen sich im alten Stadttheater, dem im übrigen weiterhin die Pflege der leichten Operette oblag, auch gelegentlich Opernaufführungen – vornehmlich Spielopern – nachweisen.

Verständlicherweise war man bestrebt neben den italienischen und französischen Opern, die den Spielplan der deutschen Bühnen weitgehend beherrschten, auch deutsche Komponisten gebührend zu berücksichtigen. So kam am 7. November 1880 Carl Maria von Weber mit seiner in Wien uraufgeführten Oper »Euryanthe« (mit Marie Wilt in der Titelrolle) zu Gehör. Man erinnerte sich dabei, daß dieses Werk, nach dem so glänzend aufgenommenen »Freischütz«, also zu einer Zeit, da Weber im Zenit seines Ruhmes stand, bei seiner Uraufführung in Wien (1823) auf wenig Gegenliebe gestoßen war. Obwohl man mit Henriette Sonntag eine der berühmtesten Sängerinnen jener Epoche mit der Titelpartie betraut hatte, war es nicht möglich, das Werk auf die Dauer im Repertoire zu halten. In den letzten Dezennien des 19. Jahrhunderts erfuhr diese Oper jedoch eine Wiedergeburt und wurde an vielen Bühnen heimisch. Dies ist ein deutlicher Beweis für den Umschwung, den der musikalische Geschmack im Laufe der Zeit genommen hatte. Man »erlabte sich nunmehr an den reizvollen Melodien, bewunderte die dramatische Wucht der Rezitative« und bestaunte nicht zuletzt »die Kunst der Weber'schen Orchestrierung«. Ganz in diesem Sinne wurde auch die »Euryanthe«, die im Jahr 1824 ihre Frankfurter Erstaufführung erlebt hatte, bei der ersten Aufführung im neuen Opernhaus (25. Oktober 1889) wieder ins Repertoire aufgenommen. Weber hat unter dem anfänglichen Mißerfolg seiner »Euryanthe« sehr gelitten. Allein der Auftrag, eine Oper über den »Oberon«-Stoff zu komponieren, dürfte ihm etwas über die Misere hinweggeholfen haben. Das Schicksal hat es insofern dann doch noch gut mit Weber gemeint, als dem »Oberon« bei seiner Uraufführung in London (1826) ein beachtlicher Erfolg beschieden war. Schon ein Jahr später läßt sich das

Bühnenbildentwurf von Waldemar Knoll zu Mozarts »Don Juan« (zu Seite 63).

Bühnenbildentwurf von Carlo Brioschi zu Meyerbeers Oper »Die Hugenotten«.

Werk als Erstaufführung in Frankfurt nachweisen. Bemerkenswert ist des weiteren, daß die Oper »Silvana«, eines der frühen Werke Webers, im Jahre 1810 in Frankfurt ihre Uraufführung erlebte, und zwar im Beisein des Komponisten. Schließlich bleibt noch zu erwähnen, daß Weber im Jahre 1826, als er sich auf dem Weg nach London befand, nochmals in Frankfurt Station machte. Es war dies wenige Monate vor seinem Tod. Weber wurde nur 39 Jahre alt. Über seinen frühen Tod hinweg trösten uns einzig seine Meisterwerke, insbesondere »Der Freischütz«, von dem später noch die Rede sein wird.

Für den 27. Oktober 1880 kündigte der Spielplan eine Aufführung von Beethovens Oper »Fidelio« an, die gleichfalls vom alten Stadttheater übernommen und von Musikchef Otto Dessoff geleitet wurde. Es war dies eine jener Vorstellungen, wie sie seit der Frankfurter Erstaufführung im Jahre 1814 in hoher Zahl dargeboten worden waren. Wie ersichtlich, wurde die erste Vorstellung im neuen Opernhaus mit Mitgliedern des eigenen Ensembles bestritten. Florestan: Siegmund König, Leonore: Fanny Moran-Olden, Rocco: Carl Baumann und Pizarro: Joseph Beck. Auch bei dieser Wiederaufnahme begnügte man sich nicht mit Dekorationen aus dem Fundus, sondern zog für die Neuausstattung einen gewissen Grunert aus Hamburg heran, über den sich nichts näheres ermitteln ließ. Eine Belebung des Spielplans brachte am 1. November 1880 die Wiederaufnahme der für Paris komponierten Oper »Die Regimentstochter« von Gaetano Donizetti. Es war die erste Vorstellung des nunmehr eröffneten Abonnements. Der Name des Komponisten hatte schon seit 1836 einen guten Klang, als man die komische Oper »Der Liebestrank« in Frankfurt erstmals zur Aufführung brachte. Das dadurch ausgelöste breite Interesse für die weiteren inzwischen uraufgeführten Werke führte im Jahre 1840 zur Erstaufführung der Oper »Lucia von Lammermoor« und ein Jahr später zur Aufnahme von drei weiteren Neuschöpfungen des Komponisten in den Frankfurter Spielplan: »Die Märtyrer«, »Lucrezia Borgia« und die »Favoritin«. Im Gegensatz zu diesen drei Werken, die nur noch gelegentlich dargeboten werden, hat die zeitlose Buffo-Oper »Don Pasquale« bis heute ihre Lebenskraft behalten. Bedeutungsvoll ist die Tatsache, daß die Frankfurter Bühne dieses Werk erstmals in deutscher Sprache zur Aufführung brachte (1858). Im Gegensatz zu diesem Werk, das in die Zeit der Hochblüte der italienischen Musik fällt, huldigte Donizetti mit seiner in aller Welt aufgeführten »Regimentstochter«, die während seines Pariser Aufenthaltes entstand, weit mehr dem französischen Geschmack. Die Beschwingtheit seiner Musik begünstigte wohl auch die frühe Aufnahme dieses Werkes in den Spielplan der Frankfurter Oper (1. November 1880). Man war gespannt, wie sich diese Spieloper in den Räumen des neuen Opernhauses ausnehmen würde. Erfreulicherweise konnte man feststellen, daß auch diese Gattung dramatischer Werke akustisch gut ankommt, wenn sich das Orchester mit entsprechender Mäßigung den Singstimmen unterordnet. Der Dialog wurde von allen Darstellern mit Leichtigkeit gehandhabt, und auch die komischen Pointen verloren nicht an Geltung. Bald danach, am 9. Januar 1881, folgte eine Wiederaufnahme von Donizettis »Lucrezia Borgia« und am 24. Januar desselben Jahres die »Lucia von Lammermoor« mit Marie Schroeder-Hanfstaengl vom Stuttgarter Hoftheater in der Titelrolle.

Als erstes Werk Richard Wagners wurde für den 3. November 1880 der »Tannhäuser« mit den Dekorationen von Prof. Max Brückner aus Coburg angekündigt. Für das Frankfurter Theater war dies keine Novität, da diese Oper bereits im Jahre 1853 – als erstes Werk des Komponisten überhaupt – in Frankfurt auf

Marie Schröder – Hanfstaengl als Elisabeth in Richard Wagners »Tannhäuser«.
Die in Breslau geborene Sängerin erhielt ihre Ausbildung bei dem berühmten Garcia in Paris, wo die lyrisch/jugendliche Sängerin anschließend drei Jahre Mitglied des Kaiserl. Théâtre Lyrique war und sich der besonderen Förderung der Komponisten Rossini und Gounod erfreuen konnte. Während ihres nachfolgenden Engagements am Hoftheater in Stuttgart wurde sie mit dem Titel einer Kammersängerin ausgezeichnet. Große Wertschätzung erfuhr die Sängerin auch während ihres Engagements in Frankfurt (1882 bis 1897), wo sie als Pamina (»Die Zauberflöte«), Gräfin (»Figaros Hochzeit«), Elsa (»Lohengrin«), aber auch als Senta (»Der fliegende Holländer«) sehr gefeiert wurde. Die Künstlerin verbrachte ihren Lebensabend in Frankfurt.

die Bühne gebracht worden war. Es war dies jedoch acht Jahre nach der Uraufführung des »Tannhäuser« in Dresden. Die Erstaufführung des »Tannhäuser« in Frankfurt löste einen derart enthusiastischen Erfolg aus, daß die Intendanz den Solisten nach der Premiere »geschmackvolle Geschenke« zukommen ließ und die Mitglieder des Chores zu einem »splendiden Soupé bei perlendem Champagner« einlud. Im Jahre 1854 folgte eine Frankfurter Erstaufführung der romantischen Oper »Lohengrin«, die im Jahre 1850 von Franz Liszt in Weimar aus der Taufe gehoben worden war. In diesem Zusammenhang darf nicht vergessen werden, daß Richard Wagner dieses Werk sowohl am 12. als auch am 17. September 1862 im Frankfurter Stadttheater dirigierte und zwar – im Gegensatz zu den vorausgegangenen Aufführungen – »fast ohne Kürzungen«. Als nächstes Bühnenwerk wurde im Jahre 1854 (als zweite Oper Wagners im gleichen Jahr!) der »Fliegende Holländer« ins Repertoire des Frankfurter Stadttheaters aufgenommen – alles Werke, die nach der Einweihung des neuen Opernhauses bald wieder auf dem Spielplan in Erscheinung traten. Mit dem »Tannhäuser« machte man einen erfolgreichen Anfang. Die Titelpartie wurde von dem vortrefflichen Tenor Siegmund König gesungen, von dem man sich nach einer gewissen Zeit der Eingewöhnung eine ausgiebigere Behandlung der leidenschaftlichen Akzente und etwas mehr an »hinreißender Verve des Vortrages« erhoffte. Die Partie der Elisabeth übernahm die geschätzte Virginia Naumann-Gung'l, die es verstand, »ihre Rolle mit poetischem Duft wiederzugeben«. In der gleichen Rolle nahm die Künstlerin am Ende der Spielzeit 1880/81 Abschied vom Frankfurter Theater. Als nicht weniger beachtlich wurden die Leistungen von Joseph Beck als Wolfram und Sophie Ruzicka als Venus angesehen. Joseph Niering als Landgraf vervollständigte das Ensemble, das den Frankfurter Bühnen zu Ehre und Anerkennung verhalf.

In dem Bestreben eine möglichst große Vielfalt im Spielplan zu erreichen, kündigte man für den 10. November 1880 eine Wiederaufnahme von Boieldieus unvergeßlichem Meisterwerk »Die weiße Dame« an. Es steht außer Zweifel, daß die Theaterbesucher dies sehr zu schätzen wußten, zumal der französische Komponist als Hauptvertreter der opera comique in die Theatergeschichte eingegangen ist. Schon knapp ein Jahr nach der Pariser Uraufführung läßt sich diese romantische Oper (Text von Eugène Scribe) auf dem Spielplan des Frankfurter Stadttheaters nachweisen (1826). Dies ist insofern von besonderer Bedeutung, als sich die Theaterstadt Frankfurt in den ersten Jahrzehnten des 19. Jahrhunderts gerade dadurch auszeichnete, daß sie schon sehr früh zahlreiche Neuerscheinungen des Komponisten als zukunftsträchtig erkannte und aufführte.
Am 13. November 1880 stand erstmals ein Werk von Lortzing auf dem Spielplan, und zwar die komische Oper »Der Waffenschmied«.

Virginia Naumann Gungl als Gräfin in Mozarts »Figaros Hochzeit«.
Die in New York geborene Sängerin fand nach ihrem Studium die besondere Förderung des berühmten Wagnerdirigenten von Bülow. Nach Engagements in Köln und Schwerin kam die jugendliche Sängerin im Jahre 1876 nach Frankfurt, wo sie über fünf Jahre ein geschätztes Mitglied des Ensembles war. Im Anschluß hieran läßt sie sich als Mitglied an den Hoftheatern in Kassel und Weimar nachweisen.

Bühnenbildentwurf von Waldemar Knoll zu Richard Wagners »Lohengrin«.

Da die Frankfurter Bühne seit jeher den Werken Lortzings besonderes Interesse entgegenbrachte, empfand man die Wiederaufnahme dieser volkstümlich gewordenen Oper als willkommene Abwechslung. Ein Rückblick in die Frankfurter Theatergeschichte zeigt, daß bereits im Jahre 1840 neben der Erstaufführung der Spieloper »Die beiden Schützen« eine Premiere der Oper »Zar und Zimmermann« stattgefunden hatte. Weiterhin ist bedeutungsvoll, daß Lortzing am 20. Juli 1844 in Frankfurt persönlich seine komische Oper »Der Wildschütz« dirigierte, nachdem das Werk wenige Monate zuvor erstmals den Theaterbesuchern vorgestellt worden war. Wie die oben angeführten Werke Lortzings wurden auch der unverwüstliche »Waffenschmied« und die Zauberoper »Undine« schon bald nach ihrer Uraufführung (beide im Jahre 1846) in Frankfurt dargeboten. Die Lebenskraft beider Werke hat sich bis zum heutigen Tage als ungebrochen erwiesen.

Von geringer Anziehungskraft war damals die Wiederaufnahme von Rossinis Oper »Der Barbier von Sevilla« am 15. November 1880, die nur einen sehr mäßigen Besuch zu verzeichnen hatte. Die Vorstellung scheint gewisse Mängel gehabt zu haben, denn man beklagte sich u. a. darüber, die Darsteller des Basilio und Bartolo hätten »sich in schlechten Witzen überboten« und selbst die Basilio-Arie sei durch Extempores des Bartolo unterbrochen worden. Man wies darauf hin, daß »im Laufe der Zeit die eingeschlichenen Zusätze überall als fast berechtigt anerkannt« worden seien, solche Gepflogenheiten jedoch in krassem Widerspruch stünden zu den »stolzen Worten an der Front« des neuen Theaters: »Dem Wahren Schönen Guten«. Weiterhin wurde beanstandet, daß die von Rossini für einen

Bühnenbildentwurf von Robert Kautzky zu Richard Wagners »Lohengrin«.

Bühnenbildentwurf von Hermann Burghart zu Verdis »Aida«.

Mezzo-Sopran geschriebene Partie der Rosine bei besagter Vorstellung von der Sopranistin Pauline L'Allemand gesungen wurde, die in der vergangenen Spielzeit vom Stadttheater Königsberg nach Frankfurt gekommen war und nur »Glanz in der höchsten Höhe des Soprans« zu vergeben hatte. Man glaubte daher, »viele Stellen ihrem Stimmumfang passend machen zu müssen«. Als ausgesprochen gute Leistung wurde die von Georg Brandes als Figaro bezeichnet. Mit der Partie des Grafen Almaviva betraute man den hierzu besonders geeigneten S. Matthias, der zuvor am Stadttheater Hamburg engagiert war und seit der Spielzeit 1878/79 dem Frankfurter Ensemble angehörte. Bei allen Vorbehalten, die man der damaligen Vorstellung gegenüber äußerte, konnten die Schönheitsfehler, an er die damalige Vorstellung krankte, die Lebenskraft des Werkes nicht schmälern, das im Jahre 1821, also fünf Jahre nach seiner Uraufführung in Rom, erstmals auf dem Frankfurter Spielplan erschien. Kaum einem anderen Komponisten — Mozart ausgenommen — ist man in Frankfurt schon zu Lebzeiten mit so viel Sympathie entgegengetreten wie dem italienischen Meister Rossini. So wurden in den Jahren von 1817 bis 1833 allein fünfzehn seiner Bühnenwerke in der Mainstadt zur Erstaufführung gebracht. Dies ist ohne Zweifel als eine beachtliche Leistung des Frankfurter Theaters anzuerkennen. Als erste Oper Rossinis wurde der »Tancred« (1817) in Frankfurt dargeboten, ein Werk, mit dem der Komponist seinen bedeutenden Ruf in Italien und im Ausland begründete. Es folgten sodann: »Die Italienerin in Algier« (1819), »Othello« (1820), »Der Barbier von Sevilla« (1821), »Die diebische Elster« (1821) und »Wilhelm Tell« (1830). Auch das letztgenannte Werk fand nach Eröffnung des Opernhauses Aufnahme in den Spielplan (26. Dezember 1880), und zwar nur kurze Zeit nach der erwähnten Aufführung von Schillers gleichnamigem Schauspiel und unter Verwendung derselben Dekorationen.

Es konnte nicht überraschen, daß die Intendanz des Opernhauses schon bald nach der Einweihung des Theaters eine repräsentative Erstaufführung eingeplant hatte. Man entschied sich für Verdis große Oper

»Aida«,

die ursprünglich zur Eröffnung des Suezkanals erstmals hätte erklingen sollen, jedoch erst zwei Jahre später in Kairo ihre glanzvolle Uraufführung erlebte (1871). Der Siegeszug, den dieses Werk von dort aus antrat, führte über die namhaftesten Bühnen und bot Gewähr, daß auch die Frankfurter Erstaufführung (17. November 1880) zu einem großen Erfolg werden würde. Der Name Verdi war bei den Frankfurter Theaterfreunden seit langem ein Begriff, da mehrere seiner Werke bereits im alten Stadttheater auf dem Spielplan gestanden hatten. Erstmals erschien sein Name im Jahre 1847 auf dem Theaterzettel, und zwar mit der lyrischen Tragödie »Nebukadnezar«, einem Werk, das in Frankfurt »aufgeführt und sofort abgelehnt« wurde. Erst nach den erfolgreichen Uraufführungen des »Rigoletto« (Venedig 1851) und des »Troubadour« (Rom 1853) erinnerte man sich in Frankfurt des italienischen Komponisten und brachte die letztgenannte Oper im Jahre 1858 zur Erstaufführung. Bedauerlicherweise erlitt das Ansehen des Komponisten durch die spätere Frankfurter Erstaufführung der »Traviata« (1861) einen empfindlichen Rückschlag. Die Annalen berichten hierüber nur folgendes: »Die Oper, die übrigens nicht gefiel, ward nur einmal am 15. Juli wiederholt«. Erst nach vielen Jahren wagte man sich in Frankfurt an die Erstaufführung des »Maskenball« (1872), eine Oper, die bei ihrer Uraufführung im Jahre 1859 dem Komponisten viel Ehre eingebracht hatte. Als es im Jahre 1880 darum ging, die »Aida« in das Repertoire aufzunehmen, wurde die Öffentlichkeit zuvor ausgiebig informiert über die Erfolge der Oper auf anderen deutschen Bühnen, so daß man mit hohen Erwartungen der Erstaufführung entgegen sah. Die enthusiastische Aufnahme der Premiere bestätigte denn auch, daß Verdi über diese Oper ein »Füllhorn bestrickender Melodien

Bühnenbildentwurf von Carlo Brioschi zu Verdis »Aida«.

ausgegossen« und »kaum je innigere Töne anzuschlagen« verstanden hatte. Auch die glänzende Instrumentierung – besonders bei den leidenschaftlichen Stellen – wußte man zu rühmen. Trotz all dieser »blendenden musikalischen Vorzüge« glaubte ein Presserezensent, dieser Oper keinen »erhebenden Eindruck« zubilligen zu können, da das Textbuch »zu ernst gehalten sei, um zu fesseln«. Fehlende Kontraste und Lichtblicke wurden dafür verantwortlich gemacht, daß das Werk »nur grau in grau« in Erscheinung trat und folglich »keinen erquicklichen Eindruck« hinterließ. Im Grunde hätte dieser Kritiker schon an dem beachtlichen Schlußbeifall erkennen müssen, daß an dem weiteren Bestand des Werkes nicht zu zweifeln war. Wir haben hier erneut ein Beispiel dafür, daß lebensträchtige Opern bei ihrer Premiere häufig – und nicht nur von Laien – verkannt werden, und zwar ganz im Gegensatz zu unbedeutenden Bühnenwerken, die zunächst als Offenbarung herausgestellt werden, dann aber bald der Vergessenheit anheimfallen. Wesentlichen Anteil am Erfolg der »Aida« in Frankfut wurde den darstellenden Künstlern zugeschrieben. So soll Marie Wilt in der Titelrolle mit dem berauschenden Klang ihrer Stimme einen überwältigenden Eindruck hinterlassen haben. Als Radames wurde William Candidus herausgestellt, der seine Aufgabe »auf das Befriedigendste« gelöst haben soll. Daneben zollte man Fanny Moran-Olden als Amneris uneingeschränktes Lob, wie auch der sehr geschätzte Bariton Joseph Beck als Amonasro den Ansprüchen vollauf genügte. Für das Bühnengeschehen war Oberregisseur Friedrich Schwemer verantwortlich, der auf Jahre hinaus alle bedeutsamen Erstaufführungen betreute und – laut Urteil der Presse – für diese Aufgabe besonderes Geschick mitbrachte. Auch der dekorativen Ausstattung wurde höchstes Lob zuteil, da man hier mit großer Sorgfalt und Umsicht waltete und ein Glanz entfaltet wurde, wie er »hierorts wohl noch nie gesehen wurde«. Dies war vornehmlich das Verdienst der berühmten Wiener Bühnenbildner Carlo Brioschi und Johann Kautzky, denen man die Herstellung eines großen Teiles der Dekorationen übertragen hatte. Die stilistische Prägnanz und farbige Ausgewogenheit ihrer Entwürfe dürften – wie aus den erhalten gebliebenen Vorlagen ersichtlich – einen berauschend schönen Rahmen geboten haben. Besonders beeindruckt war das Publikum von dem Triumphzug, der durch die hohe Zahl der Mitwirkenden, die Pracht der Kostüme, den Einsatz von zahlreichen Musikern mit »langgedehnten Kriegstrompeten altägyptischer Art« sowie dank des Einsatzes des Balletts zu einer wahren Augenweide wurde. Auch Musikchef Otto Dessoff wurde stürmisch gefeiert, da dank seiner guten Einstudierung die sonst üblichen »Zufälligkeiten« vermieden werden konnten. Die Erstaufführung der »Aida« kann somit im Frankfurter Theaterleben als ein künstlerisches Ereignis hohen Ranges angesehen werden.

In die Reihe heute vergessener Komponisten gehört der Österreicher Ignaz Brühl, der mit seinen gefälligen Bühnenwerken seinerseits beim Publikum große Erfolge verbuchen konnte. So fand seine bekannteste Oper »Das goldene Kreuz« nach ihrer Erstaufführung (1877) auch bei der Wiederaufnahme am 18. November 1880 viele dankbare Hörer. – An den Komponisten Edmund Kretzschmar, der am 20. November 1880 mit einer Erstaufführung seiner Oper »Die Folkunger« herausgestellt wurde, erinnert heute nur noch sein Königsmarsch, den man gelegentlich von Kurkapellen zu hören bekommt.

Es war damals eine Gepflogenheit, anläßlich bestimmter Gedenktage von Komponisten wenigstens eines ihrer Bühnenwerke zur Aufführung zu bringen. Einen solchen Anlaß bot der 100. Geburtstag von Konradin Kreutzer, der mit einer Wiederaufnahme seines erfolgreichsten Werkes »Das Nachtlager von Granada« (24. Nov. 1880) geehrt wurde. – Ein heute kaum noch in Erscheinung tretender Komponist war Fromental Halévy, der zu seinen Lebzeiten

William Candidus, der vom Kgl. Theater in London nach Frankfurt gekommen war, sang bei der Erstaufführung von Verdis »Aida« den Radames.

durch zahlreiche Uraufführungen an der Opéra Comique und an der Grand Opéra in Paris zu großem Ansehen gelangte. Von seinen Bühnenwerken, die einst in Frankfurt zur Erstaufführung kamen, begegnet man heute nur noch vereinzelt der romantischen Oper »Die Jüdin«, die sich bereits ein Jahr nach ihrer Uraufführung auf dem Frankfurter Spielplan (1836) nachweisen läßt. Von da an war dieses Werk immer wieder im Frankfurter Repertoire zu finden, und dies bis etwa in die zwanziger Jahre unseres Jahrhunderts hinein. In diesem Zusammenhang sei eingeflochten, daß die Frankfurter Oper im Jahre 1974 dem Werk verdienstvollerweise zwei konzertante Aufführungen zukommen ließ, die davon überzeugen konnten, welch starke Lebenskraft noch in diesem Werk steckt. Ähnlich wie bei Meyerbeer, dessen Werke seinen Zeitgenossen Halévy in den Schatten stellten, waren es vornehmlich die dankbaren Gesangspartien, die renommierte Sänger stets zu Gastspielen anregten. Dies zeigte sich auch bei der Wiederaufführung des Werkes in Frankfurt am 1. Dezember 1880. Der erste Interpret der glanzvollen Partie des Juwelier Eleazar war Albert Stritt, ein Gast vom Großherzoglichen Hoftheater in Karlsruhe, der am 2. Februar 1881 als Faust in Gounods »Margarethe« sein Engagement an der Frankfurter Oper antrat. Bei einer späteren Aufführung der »Jüdin« (10. Febr. 1881) brach während des 3. Aktes auf der Bühne ein Feuer aus, das zwar schnell gelöscht werden konnte, jedoch Veranlassung gab, die Sicherungsmaßnahmen erneut zu überprüfen.

Beim Studium des Spielplans stoßen wir neben Wagners »Lohengrin« (5. Dez. 1880), Verdis »Troubadour« (9. Dez. 1880) und der Mozart-Oper »Figaros Hochzeit« (13. Dez. 1880) auch auf die tragische Oper »Norma« von Vincenzo Bellini (15. Dez. 1880), der man heute nahezu ausschließlich nur noch an italienischen Bühnen begegnet. Im Gegensatz zu seinen Zeitgenossen Donizetti und Rossini, die auf Virtuosität abzielten, sind die Werke Bellinis mehr von einer verinnerlichten und lyrischen Tonsprache bestimmt. Bei seinen melodischen Ausdrucksformen fühlt man sich oft an Verdi erinnert, obgleich er nie dessen dramatische Ausdruckskraft erreicht hat. Dessen ungeachtet vermag dieses Werk, das im Jahre 1834 seine Frankfurter Erstaufführung erlebte und am Ende des Jahres 1880 erneut in den Spielplan aufgenommen wurde, uns auch heute noch anzusprechen; dies wurde bestätigt durch eine konzertante Aufführung in der Frankfurter Oper im Jahre 1976.

In den Bereich leicht erfaßbarer Musik führt der gebürtige Mecklenburger Friedrich von Flotow, dessen beide Hauptwerke »Alessandro Stradella« (Erstaufführung 1845) und »Martha« (Erstaufführung 1848) kurz nach Eröffnung des Opernhauses in den Spielplan aufgenommen wurden (20. bzw. 22. Dez. 1880). Insbesondere die romantisch-komische Oper »Martha« war es, die später – maßgeblich durch den Einsatz Enrico Carusos als Lyonel – zum Welterfolg wurde. Doch auch heute noch begegnet man dieser gefälligen Oper gelegentlich auf deutschsprachigen Bühnen.

Nach der Wiederaufnahme von Rossinis »Wilhelm Tell« in den Spielplan des Opernhauses (26.

Albert Stritt als Träger der Titelrolle in Auberts »Fra Diavolo«.
Der Künstler war ursprünglich ein angesehener Schauspieler an den Hoftheatern in Weimar und Wien. Nach seiner Bewährung als Opernsänger am Hoftheater in Stuttgart nahm er im Jahre 1881 ein Engagementsangebot nach Frankfurt an, wo er bis zum Jahre 1885 als jugendlicher Tenor verblieb. Später war er am Metropolitan Opera House in New York und an den Theatern in Hamburg und Dresden unter Vertrag. Im Anschluß hieran konnte er es sich leisten, kein Festengagement mehr anzunehmen und nur noch als Gast aufzutreten.

Bühnenbildentwurf von Waldemar Knoll zu Rossinis »Wilhelm Tell«.

Dez. 1880) kündigte man für den 30. Dezember 1880 eine Neueinstudierung von Meyerbeers »Prophet« an. Auf dem Programmzettel wurden die Theaterbesucher ausdrücklich darauf hingewiesen, daß ein Teil der Dekorationen von dem Hamburger Grunert, ein weiterer Teil von dem hauseigenen Bühnenbildner Waldemar Knoll stammte, während »die Kirche nach der Skizze und dem Modell des Herrn Knoll von den Herren Kautzky und Brioschi in Wien« angefertigt worden war. Auf diese Weise erfuhr man, daß in diesem Fall das Zulieferungsinstitut für Dekorationen an Vorlagen gebunden war, wogegen andererseits anzunehmen ist, daß die renommierten auswärtigen Bühnenbildner ihre Dekorationen in entsprechendem Maßstab nach eigenen Vorstellungen anfertigten. Dies läßt sich auch insofern erklären, als in der ersten Spielzeit nach Eröffnung des Hauses der Frankfurter Bühnenbildner und seine Werkstätten überhaupt nicht in der Lage gewesen wären, die anfallenden Arbeiten für immerhin rund vierzig zur Aufführung angesetzte Werke zu bewältigen.

Nunmehr gilt es, sich dem französischen Komponisten Daniel François Auber zuzuwenden, der am 6. Januar 1881 erstmals mit seiner Spieloper »Der schwarze Domino« auf dem Spielplan des neuen Opernhauses erschien. Dieses Werk hatte erst kurz zuvor im alten Stadttheater seine Premiere erlebt (8. Dez. 1880). Die Beliebtheit der Auberschen Werke war seinerzeit so groß, daß man kurz darauf eine Neueinstudierung des »Fra Diavolo« (13. Febr. 1881) und bereits am 10. April 1881 eine Neuinszenierung seiner Erfolgsoper »Die Stumme von Portici« folgen ließ. Insbesondere mit der letztgenannten Oper war damals viel Staat zu machen, da sie als grundlegendes Werk der französischen Großen Oper in vollem Maße den Geschmack des Publikums traf.

Die leidenschaftlich geballte Musik vermochte das Publikum mitzureißen, vor allem dann, wenn der Komponist seine Marsch-Rhythmen als überwältigendes Mittel für dramatische Effekte einsetzte. Aber auch seine der heiteren Muse verpflichteten Werke, denen er sich in einem späteren Lebensabschnitt zuwandte, waren von so starker Publikumswirkung, daß es schwer zu erklären ist, weshalb Auber mit seinen Bühnenwerken heute kaum noch in Erscheinung tritt. Anders verhielt es sich in Frankfurt während der zehn Jahre zwischen 1829 bis 1839, denn allein in dieser Zeitspanne wurden neun seiner Werke als Erstaufführungen in den Spielplan aufgenommen. Darunter befand sich auch die komische Oper »Fra Diavolo« (Frankfurter Erstaufführung 1830). Lediglich dieses Werk wird heute noch gelegentlich gespielt und kündet von der Schöpferkraft Aubers. Es bleibt zu wünschen, daß auch der »Schwarze Domino« bald wieder zu anhaltendem Leben erweckt wird.

Wenn es um eine Einschätzung der kompositorischen Bedeutung Charles Gounods geht, erinnert man sich wohl in erster Linie an seine Oper »Margarethe«. Nicht nur in Frankreich, wo seinerzeit Meyerbeer uneingeschränkt und unumstritten die Bühne beherrschte, sondern auch in Deutschland fand Gounods Faust-Oper schnell den Weg zum Erfolg und führte letztlich auch den Namen des Komponisten zu Weltruhm. Obwohl manche das Libretto beim Vergleich mit dem Goetheschen Vorbild für entwürdigend hielten, war es vor allem die blühende Melodik, der sich niemand zu entziehen vermochte. Etwa vier Jahre nach dem Uraufführungserfolg in Paris (1859) gelangte das Werk zur Frankfurter Erstaufführung (1863), gefolgt von zahlreichen Wiederholungen bis hin zur Wiederaufnahme am 16. Januar 1881 im neuen Opernhaus. Als die französische Kritik im Jahre 1867 Gounods uraufgeführtes Werk »Romeo und Julia« über seine »Margarethe« stellte, glaubte man kein Risiko einzugehen, wenn man auch dieses Werk als Erstaufführung in das Repertoire des Frankfurter Opernhauses aufnahm (30. Januar 1881). Indessen, die Enttäuschung war groß, da man erkennen mußte, daß dieses neue

Opernwerk nicht im geringsten die Anziehungskraft der »Margarethe« besaß. Man erwartete Bedeutenderes von Gounods späteren Werken, sah sich jedoch vor die Tatsache gestellt, daß die »überweichliche Stimmung«, die »Gefühlsseligkeit«, dargeboten ohne »Unterbrechung durch kräftige Accente«, beim Publikum nur den Eindruck von Eintönigkeit bzw. Ermüdungserscheinungen hervorrief. Daran vermochten auch der Reichtum an »einschmeichelndsten Melodien« und die pikante und sachgemäße Instrumentation nichts zu ändern. Der Intendanz gegenüber wurde mit Vorwürfen nicht gespart, sondern erklärt, daß es zahlreiche andere Opern gebe, die noch auf ihre Erstaufführung warteten und sich »für die Kasse gewiß als ein stärkerer Magnet erwiesen hätten«. Bei dieser Gelegenheit verwies man insbesondere auf die in Frankfurt noch unbekannten Werke Wagners, wie etwa die »Meistersinger« und die Nibelungen-Tetralogie. Für die schlechte Resonanz beim Publikum machte man letztlich auch die ungeeignete Besetzung der Titelpartien mit William Candidus und Ernestine Epstein sowie die Streichung von Personen und einiger Szenen verantwortlich, welche die Verständlichkeit des Inhalts stark beeinträchtigten. In diesem Zusammenhang muß daran erinnert werden, daß das Frankfurter Opernhaus – im Vergleich zu heute – damals nur über ein sehr kleines Solopersonal verfügte, so daß es bei einem derart anspruchsvollen Spielplan zwangsläufig zu Fehlbesetzungen kommen mußte. Sänger unserer Tage würden es als eine Zumutung empfinden, sich in Opern einsetzen zu lassen, die nicht in ihr eigentliches Fachgebiet gehören. Es wird daher den weniger theaterkundigen Leser gewiß erstaunen zu erfahren, wie vielfältig seinerzeit die fachlichen Einsatzmöglichkeiten bei den Sängern und wie breit die Palette ihrer Einsätze waren, zu denen sie herangezogen werden konnten. Zwar wurden vereinzelt auch Gastsänger, meist von Nachbarbühnen, zur Aushilfe eingesetzt, doch war dies aufgrund der Selbstfinanzierung des Theaterbetriebes und der kaum ins Gewicht fallenden städtischen Zuschüsse nur in begrenztem Rahmen finanziell realisierbar.

Theodor Wachtel als Chapelou in Adams Oper »Der Postillon von Lonjoumeau«.
Der Künstler, der als singender Kutscher wegen seiner phänomenalen Stimme von einem Kunstmäzen große Förderung erfuhr, wurde schon bald zu einem der meist begehrten Tenöre an den renommierten Theatern. Mit seinen mehr als fünfzig Partien des lyrischen und jugendlichen Heldentenorfaches war der preußische Kammersänger neben den Bühnen in Paris, London und sonstigen Spitzentheatern auch ein gern gesehener Gast in Frankfurt.
Mit dem Ruf, ein »König der Tenöre« gewesen zu sein, fand er in Frankfurt seine letzte Ruhestätte.

Nach der Wiederaufnahme von Mozarts komischer Oper »Die Entführung aus dem Serail« (26. Januar 1881) und Verdis »Rigoletto« (31. Januar 1881) ließ man Otto Nicolais komisch-phantastische Oper »Die lustigen Weiber von Windsor« als Neueinstudierung folgen (20. Februar 1881). Hier haben wir es mit einem Werk zu tun, dem der Erfolg seit seiner Uraufführung in Berlin (1849) bis zum heutigen Tag unverändert treu geblieben ist. Es ist von besonderer Tragik, daß der Komponist, der wenige Monate nach der Uraufführung als 39jähriger einer Hirnblutung erlag, sich nicht mehr am Siegeszug seines Meisterwerks erfreuen konnte. Auch das Frankfurter Theater nahm sich sehr früh dieses Werkes an (1850) und verhalf in jener Zeit der Hochblüte der französischen und italienischen Oper diesem bewußt als deutsche Oper geschaffenen Werk zu einer würdigen Erstaufführung.
Im Anschluß an die bereits besprochene Wiederaufnahme von Webers »Euryanthe« sei nunmehr auf die Neueinstudierung seiner romantischen Oper »Der Freischütz« hingewiesen (24. Februar 1881), die seit 1822 ununterbrochen auf dem Spielplan des Frankfurter Theaters zu finden war. Bereits im Jahre 1872 konnte die 250. Vorstellung angekündigt werden – ein überzeugender Beweis für die Beliebtheit dieses Werkes. Es ist also kein Wunder, daß die Wiederaufnahme dieser Oper beim Publikum auf starke Resonanz stieß, zumal eine vorzügliche Besetzung zur Verfügung stand. Mit Albert Stritt als Max, Fanny Moran-Olden als Agathe, Ernestine Epstein als Ännchen und Joseph Niering als Kaspar kamen erprobte Künstler mit beachtlich schönen Stimmen zum Einsatz. In der gleichen Besetzung wurde am 2. April 1881 die 300. Frankfurter Aufführung des »Freischütz« durchgeführt, die für die Besucher zu einem echten Erlebnis wurde.
Im Gegensatz zu den bereits erwähnten Opern Meyerbeers, die im Frankfurter Spielplan der damaligen Zeit so großen Raum einnahmen, war seiner »Dinorah« nach ihrer Frankfurter Erstaufführung am 5. März 1881 nur wenig Lebenskraft vergönnt. Völlig anders verhielt es sich dagegen mit der Wiederaufnahme der überaus reizvollen Spieloper »Der Postillon von Lonjumeau« (7. März 1881), die ihren Schöpfer Adolphe Adam unsterblich gemacht hat. Wer kennt nicht das berühmte Postillonlied, dessen gefürchtetes hohes »D« in unseren Ohren klingt? Es versteht sich, daß für diese Partie nur wenig Sänger prädestiniert waren. Ein berühmter Vertreter der Rolle des Chapelou war damals Theodor Wachtel, der auch bei der Wiederaufnahme des Werkes im neuen

Opernhaus zu glänzen wußte. Es soll nicht unerwähnt bleiben, daß Wachtel im 3. Akt dieser Vorstellung eine Gesangseinlage gab mit dem bekannten Lied »Gute Nacht, du mein herziges Kind« von Franz Abt, was auch auf dem Theaterzettel vorangekündigt worden war. Seit der Spielzeit 1862/63 war dieser Sänger ein gern gesehener Gast in Frankfurt, wo er als Arnold in Rossinis »Tell«, als Raoul in den »Hugenotten«, als George Brown in Boieldieus »Weiße Dame« (u. a. am 9. März 1881) sowie als Manrico im »Troubadour« (12. März 1881) ein dankbares Publikum fand. Etwa in die gleiche Zeit fielen die Informationsgastspiele des Herzogl. Sächsischen Kammersängers Eduard Feßler als »Troubadour«-Luna, Figaro-»Barbier«, Hans Heiling und als Tell, die letztlich zum festen Engagement des Künstlers an die Frankfurter Oper führten.

Ein zunehmend in Vergessenheit geratener Komponist ist Heinrich Marschner, dem zu Lebzeiten zahlreiche Ehrungen zuteil wurden. Es gilt daher, die Erinnerung an diesen Vorkämpfer für die deutsche Oper zu erneuern, dessen kompositorisches Schaffen zwischen C. M. von Weber und Wagner einzuordnen ist. Weber war es auch, der Marschners erste Oper in Dresden zur Uraufführung brachte. Während seiner Anstellung am Leipziger Stadttheater entstand die Erfolgsoper »Der Templer und die Jüdin«, die im Jahre 1831 ihre Frankfurter Erstaufführung erlebte und später von Hans Pfitzner neu bearbeitet wurde. Nicht nur dieses Werk, sondern auch seine Oper »Der Vampyr« (EA Ffm. 1832) gehörten einst zum festen Repertoire-Bestand aller größeren Bühnen. Eines seiner Werke, das noch einigermaßen in unserer Erinnerung lebt, trägt den Titel »Hans Heiling«. Es wurde anno 1837 in Frankfurt zur Erstaufführung gebracht, ohne jedoch begeisterte Aufnahme zu finden. Vermutlich folgte man einem Bedürfnis des Publikums, als man dieses Werk am 17. März 1881 erneut in den Spielplan aufnahm. Leider findet das Werk auf den deutschen Bühnen nicht mehr die geringste Beachtung. Es ist deshalb anerkennenswert, daß die Frankfurter Oper sich im März 1976 dazu bereit fand, wenigstens durch 3 konzertante Aufführungen die Erinnerung an diese Oper aufzufrischen.

Zu einem denkwürdigen Tag versprach der 24. März 1881 zu werden, für den Georges Bizets Oper

»Carmen«

als Erstaufführung in Frankfurt angesagt wurde. Dies geschah sechs Jahre nach der mißglückten Uraufführung in Paris (1875), die Bizet nur noch drei Monate überlebte. Als erste deutschsprachige Bühne brachte die Wiener Hofbühne noch im gleichen Jahr dieses Werk heraus, diesmal jedoch mit beachtlichem Erfolg. Dennoch fand das in spanisches Kolorit getauchte Werk nur langsam den Weg über Berlin, Hamburg usw. nach Frankfurt, wo man berechtigtermaßen an einen ebenso großen Erfolg glaubte. Trotz aller musikalischen Vorzüge nahm die Frankfurter Presse, ähnlich wie seinerzeit in Paris, Anstoß am Text, da die beiden Librettisten Meilhac und Halévy sich zahlreiche Frivolitäten erlaubt hatten. Wenngleich kaum bestritten werden kann, daß es sich um eine durchaus effektvolle Textvorlage handelt, befürchtete man damals, daß das »ästhetische Gefühl vielfach auf die unangenehmste Weise verletzt wird«. Mit keiner Person – Micaela ausgenommen – glaubte man »sympathisieren« zu können, da es nur um »Frivolität, Verrath, Treubruch, Diebstahl, Schmuggel, Mord und Kampf« gehe. Auch nahm man Anstoß an der »armseligen Charakteristik der einzelnen Personen«, wie z. B. an der Figur des Don José, bei dem man nicht wußte, ob man diesen »Einfaltspinsel« bedauern soll, da er »von einer herzlosen Coquette in solcher Weise düpirt wird, oder ob man seine Dummheit belächeln soll, daß er trotz aller widerfahrenen Mißhandlungen nicht von Carmen lassen kann«. Hinsichtlich der Vertonung glaubte man, an Bizets volkstümlichen Gesängen »eine etwas bedenkliche Hinneigung zum Banalen« feststellen zu können, bei aller Anerkennung zur »Frische und Ungesuchtheit der Melodik«. Man vergaß jedoch nicht, seine »kühnen Modulationen und Harmonisierungen« zu bewundern, »welche häufig noch über die in diesen Dingen immer etwas stark experimentierenden französischen Componisten hinausreichen«. Insbesondere die ernsten Momente der Oper wußte man zu schätzen, wie auch die leidenschaftlich erregten Stellen, denen Originalität und geniale Erfindungskraft zugesprochen wurde. Obwohl man glaubte, daß die Grenze zwischen Oper und Operette nicht immer gewahrt blieb, bestätigte man der Musik letztlich doch, daß sie »von würdiger Grazie, leicht ansprechend und stets pikant« sei. Auch wußte man die geistvolle Behandlung des Orchesters als besonderen Vorzug zu würdigen. Trotz aller Sorgfalt, die Regisseur Friedrich Schwemer und Kapellmeister Otto Dessoff der Erstaufführung angedeihen ließen, trübten einige Schönheitsfehler bei der Premiere den Gesamteindruck. So wurde z. B. die Titelpartie, die für einen geschmeidigen Mezzosopran geschrieben ist, der mehr zum dramatischen Fach neigenden Fanny Moran-Olden übertragen, die auch vom Naturell her für diese Rolle wenig geeignet war. Infolgedessen konnte es nicht erstaunen, daß man ihr aufgrund dieser Umstände »das Graziöse und die Leichtfertigkeit der kecken Carmen« absprach. Auch hinsichtlich ihrer stimmlichen Eignung vermißte man bei den »koquett angehauchten Gesängen« die erwünschte Leichtigkeit; dagegen kamen die leidenschaftlichen Momente weit überzeugender zur Geltung. Vortrefflich trat Albert Stritt als Don José in Erscheinung. Ebenso entsprach die Soubrette Ernestine Epstein als Micaela ganz der Wunschvorstellung, da sie eine entsprechend schöne Stimme und eine geeignete äußere Erscheinung mitbrachte. Bitter sollte hingegen der Bassist Carl Baumann enttäuschen, den man mit der Bariton-Partie des Escamillo betraut hatte. Er konnte den stimmlichen Anforderungen, die mit dieser Rolle verbunden waren, in keiner Weise entsprechen. Auch in darstellerischer Hinsicht scheint er fehlbesetzt gewesen zu sein. So vermochte er als »Stierfechter« nicht, diesen prahlerischen, ungestümen Gesellen auch nur einigermaßen sympathisch erscheinen zu lassen. Der Sänger gefiel sich vielmehr darin, durch gespreiztes Wesen den hohlen Bramarbas gänzlich zu einer Carrikatur herabzuziehen, wozu auch die geschmacklose Costümie-

Ernestine Epstein als Micaele in Bizets »Carmen«.
Bereits als junge Sängerin wurde sie in Frankfurt sehr geschätzt. Zu ihren hervorragenden Leistungen gehörte das Blondchen (»Die Entführung aus dem Serail«), die Jungfer Anna (»Die lustigen Weiber von Windsor«) und nicht zuletzt das Ännchen (»Freischütz«). Im Mai 1883 nahm die beliebte Sängerin in Maillarts Oper »Das Glöckchen des Eremiten« als Rose Friquet Abschied vom Frankfurter Opernhaus.

rung noch ein gutes Theil beitrug«. Allen Vorbehalten zum Trotz spendete das Publikum bei jedem Aktschluß lebhaften Beifall, zugleich ein Dank für die glanzvolle Ausstattung, »die man den neuen Opern hier stets zuwendet«. Abschließend sei darauf hingewiesen, daß man – aufgrund der Fehlbesetzung der Titelpartie mit Fanny Moran-Olden – von der übernächsten Vorstellung an (30. März 1881) der Sängerin Pauline L'Allemand die Rolle übertrug, da sie günstigere Voraussetzungen mitbrachte und durch ihren Einsatz den großen Erfolg der »Carmen« an der Frankfurter Bühne auch für die Folgezeit sichern half.

Im Verlauf der weiteren Spielzeit erschien – wie bereits angedeutet – am 10. April 1881 eine Neuinszenierung von Aubers Oper »Die Stumme von Portici«, womit sich der wohl erfolgreichste Librettist der damaligen Zeit, Eugène Scribe, von dem bisher gepflegten Libretto für komische Opern einen neuen Weg bahnte zu Texten für die effektvollen großen historischen Opernwerke. Auch Meyerbeers »Robert der Teufel« wurde neu inszeniert (16. April 1881), ein Werk, das durch die Einführung der Orgel und der damit geschaffenen, später oft nachgeahmten Kirchenszene beispielgebend war für die Große Oper mit ihren Massenszenen und sonstigen dramatischen Effekten. Nicht zuletzt übte auch die Verwandlungsszene, wo die sündhaft verstorbenen Nonnen sich verführerisch in bacchantischer Ausgelassenheit auf der Erde tummeln, stets eine besondere Anziehungskraft aus. In der Partie der Isabella vermochte Sophie Ruzicka sich überzeugend zu bewähren. Am 24. April 1881 folgte eine Neuinszenierung von Mozarts »Zauberflöte«. In diesem Bereich fühlte sich vor allem Kapellmeister Georg Goltermann zu Hause, den man als erfahrenen Musiker wie auch als vorzüglichen Interpreten Mozartschen Schaffens zu schätzen wußte. In der Rolle der Pamina bewährte sich die vielseitig einsetzbare Virginia Naumann-Gungl neben William Candidus als Tamino, der mit dieser Partie nicht überfordert war. Joseph Niering mit seiner sonoren Baßstimme dürfte einen würdigen Sarastro abgegeben haben. Für die Besetzung der Königin der Nacht war man bei der Premiere – in Ermangelung einer eigenen Kraft – auf eine Koloratursängerin von der Darmstädter Hofbühne angewiesen. Ansonsten betraute man mit dieser Partie die vielseitig verwendbare Marie Wilt. Nicht zu vergessen bei der Aufzählung weiterer Wiederaufnahmen im Spielplan ist die damals überaus beliebte Oper »Der Rattenfänger von Hameln« (13. Mai 1881) des einst populären Komponisten Victor Neßler. An ihn erinnert heute nur noch das bekannte Lied »Behüt' dich Gott, es wär' so schön gewesen« aus der Oper »Der Trompeter von Säckingen«.

Erst nach langem Zögern faßte man in Frankfurt den Entschluß, das Publikum mit einer neuen Oper Richard Wagners bekannt zu machen. Eigentlich hatte man eine Erstaufführung der »Meistersinger von Nürnberg« erwartet, wie sie bereits von dem früheren Intendanten Otto Devrient versprochen worden war. Man griff jedoch zunächst auf ein Frühwerk zurück:

»Rienzi«

Es handelt sich hierbei um jene Oper, die bei der Uraufführung am Hoftheater in Dresden (1842) einen derart beachtlichen Erfolg erzielte, daß man den Komponisten dort als Kapellmeister

Sophie Ruzicka als Trägerin der Titelrolle in Gounods »Margarethe«.
Die in Prag geborene Sängerin nahm ihre Theaterlaufbahn als Jugendlich-Dramatische in Ollmütz auf und kam im Jahre 1872 über Köln nach Frankfurt. Die vielseitige Künstlerin ging in die Frankfurter Theatergeschichte ein als erste Darstellerin der Mignon in der gleichnamigen Oper von A. Thomas, (1875) sowie als Irene in Richard Wagners »Rienzi« (1881). Nach Abgang von der Bühne (1891) betätigte sie sich als Gesangslehrerin in Frankfurt, wo sie auch verstarb.

William Candidus als Chapelou in Adams Oper »Der Postillon von Lonjumeau«.
Nicht nur als erster Darsteller des Radames in Verdis »Aida« sondern auch als Romeo in Gounods »Romeo und Julia« (1881) hat er sich unvergessen gemacht. In späteren Jahren finden wir ihn auf dem Frankfurter Spielplan u. a. als Arnold in Rossinis »Wilhelm Tell«, in seiner Glanzrolle als Edgar in Donizettis »Lucia von Lammermoor« und als Florestan in Beethovens »Fidelio«.

Erscheinen an dem mit einer prächtigen Blumen-Lyra geschmückten Pult wurde er mit einem dreifachen Tusch des Orchesters geehrt. Schon nach der Ouvertüre brach stürmischer Beifall aus, der sich von Akt zu Akt steigerte. Die Presse würdigte die »melodischen Gedanken« des Komponisten als »stets leicht faßlich, eingänglich, manchmal von großer Schönheit, aber auch nicht selten für gewöhnlich«. Großen Eindruck machten die Masseneffekte und die farbenprächtige Instrumentation, dies insbesondere bei den mächtigen Schlußszenen der einzelnen Akte. Das größte Verdienst an dieser erfolgreichen Vorstellung sprach man Otto Dessoff zu, der für die musikalische Einstudierung verantwortlich zeichnete und die Premiere »vollständig frei von Zufälligkeiten« ablaufen ließ. Doch auch Spielleiter Friedrich Schwemer wurde verdientermaßen in den

Fanny Moran – Olden als »Fidelio« – Leonore.
Die Künstlerin, die kurz nach ihrem Debut an der Dresdener Staatsoper nach Frankfurt engagiert wurde, wechselte im Jahre 1884 an das renommierte Theater in Leipzig, das zur Wiege ihres späteren Ruhmes werden sollte. Ihre künstlerischen Erfolge brachten ihr bald ein Engagement an der Münchner Hofoper ein sowie viele Gastspiele im europäischen Ausland und in Amerika. Das prachtvolle Stimmaterial und die gute technische Führung gestatteten ihr auch den Einsatz in Koloraturpartien wie der Norma, aber auch in großen dramatischen Partien, wie der Isolde.

Maria Wilt als Königin der Nacht in Mozarts »Zauberflöte«.

anstellte. Ziemlich rasch machte dieses Werk anschließend die Runde über viele deutsche Bühnen, zu denen Frankfurt jedoch nicht gehörte. Erst am 31. Mai 1881, also annähernd vierzig Jahre später, erinnerte man sich in Frankfurt dieser Oper. Die erste Aufführung erhielt insofern zusätzlich einen festlichen Anstrich, als sie zum Benefiz des Kapellmeisters Otto Dessoff durchgeführt wurde. Bei seinem

Beifall einbezogen wie auch Waldemar Knoll, der für eine ansprechende dekorative Ausstattung gesorgt hatte. Für die »siegreiche Bewältigung« der Aufführung kam dem Träger der Titelrolle Albert Stritt besonderes Lob zu. Man verglich seine Leistung mit den berühmten Wagner-Interpreten Josef Aloys Tichatscheck, Ludwig Schnorr von Carolsfeld und Albert Niemann – alles Sänger, die in ihrer Zeit zur Spitzenklasse zählten. Verdienstvolle Leistungen bei der Premiere wurden ferner Fanny Moran-Olden als Adriano und Sophie Ruzicka als Darstellerin der Irene bescheinigt.

Désirée Artôt als Rosine in Rossinis »Barbier von Sevilla«. Die gebürtige Französin, die oft in Frankfurt zu Gast war, erfreute sich des besonderen Wohlwollens des Komponisten Meyerbeer, der Veranlassung zum Engagement der Mezzosopranistin an die Große Oper in Paris gab. Ihre künstlerische Laufbahn führte sie an alle großen Bühnen in Europa, so u. a. auch nach Rußland, wo sie sich mit dem Komponisten Peter Tschaikowsky verlobte, ohne daß es jedoch später zu einer Ehe kam. Als eine der gefeiertsten Primadonnen ihrer Zeit erhielt sie beispielsweise am Hoftheater in Wien eine Monatsgage, die das 30fache des Direktorengehalts ausmachte.

Unter den neu in den Spielplan aufgenommenen Werken befand sich auch Verdis Oper »Hernani«, die für den 2. Juni 1881 angekündigt wurde. Obwohl dieses Werk heute völlig aus dem Blickfeld verschwunden ist, läßt sich doch der ursprüngliche Erfolg dieser Oper, durch den sich das damals bereits hohe Ansehen Verdis als Komponist noch mehr festigte, nicht leugnen.
Am 16. Juni 1881 wurde das Opern-Ensemble in den wohlverdienten Sommerurlaub (bis 13. Juli) geschickt. Seit Eröffnung des Opernhauses bis zu diesem Termin hatte man 43 verschiedene Werke neu ins Repertoire aufgenommen – eine außergewöhnliche Leistung! – Nur Fachleute können ermessen, welche immense Probenarbeit auf künstlerischem wie technischem Gebiet notwendig war, um die zum Teil höchst anspruchsvollen Opern vertretbar darzubieten. All dies erforderte von seiten der Intendanz eine durchgefeilte Vorplanung, ohne die ein so großes Pensum nicht hätte bewältigt werden können. Von sämtlichen Mitarbeitern wurde das Letzte an Arbeitskraft gefordert, was in Anbetracht des verhältnismäßig kleinen Ensembles und des umfangreichen Opernbetriebs auf andere Weise nicht zu bewerkstelligen gewesen wäre.
Nur wenige Monate nach Eröffnung des Opernhauses schuf Intendant Claar eine Einrichtung, die es sich zum Ziel gesetzt hatte, die Frankfurter Theaterfreunde in mehr oder weniger großen Zeitabständen mit Sängern von internationalem Rang und Namen bekannt zu machen. So kündete der Spielplan beispielsweise für den Monat Februar 1881 eine Gastspielserie einer der berühmtesten Sängerinnen jener Zeit an: Desirée Artôt. Die gebürtige Französin genoß einst die besondere Wertschätzung von Giacomo Meyerbeer, der sie an die Große Oper in Paris empfahl. Dies war der Anfang einer bemerkenswerten Karriere, welche die Sängerin an sämtliche großen Bühnen Europas führte. In Frankfurt trat sie fünfmal hintereinander auf, und zwar als Amneris (»Aida«), Angela (»Der schwarze Domino«) sowie als Rosine (»Der Barbier von Sevilla«). Diese Gastspielserie wie auch die im Anschluß daran ergehenden Einladungen an andere renommierte Sänger bedeuteten für das Frankfurter Theater sowohl eine rufmäßige Aufwertung als auch eine gute Einnahmequelle aufgrund der für diese Darbietungen geforderten höheren Eintrittspreise. Auf diese Weise konnten des öfteren auch Werke wieder in den Spielplan aufgenommen werden, die bereits die Abonnements durchlaufen hatten und keinen guten Besuch mehr erwarten ließen. Es war für den Verfasser erfreulich, bei dieser Gelegenheit einige der erhaltengebliebenen Fotos jener berühmten Sänger wiedergeben zu können, da deren Darstellung in Kostüm und Maske als charakteristisch für die damalige Zeit gelten kann und sich auf diese Weise zugleich etwas von dem festlichen Glanz einfangen läßt, der die Theaterbesucher von einst umgeben hat.
Nach den Sommerferien 1881 wurde das Opernhaus mit einer Neueinstudierung von Richard Wagners romantischer Oper »Der fliegende Holländer« (16. Juli 1881) eröffnet, worauf bald als Neuinszenierung das Meyerbeersche Bühnenwerk »Die Afrikanerin« folgte (31. Juli 1881). In diesem Zusammenhang sei der Tatsache gedacht, daß die Frankfurter Oper dem letztgenannten Werk im Oktober 1976 eine konzertante Aufführung widmete, die vielen älteren Theaterfreunden zur willkommenen Erinnerung wurde. Mit der neuen Saison 1881/82 ergaben sich auch verschiedene personelle Veränderungen, dazu gehörte u. a.

Maria Wilt als Darstellerin in »Lucretia Borgia« von Donizetti. Die allseits geschätzte Künstlerin sollte leider später wegen einer unglücklichen Liebe zu einem weit jüngeren Mann durch Selbstmord enden.

der Abschied von Virginia Naumann-Gungl als »Tannhäuser«-Elisabeth (14. August 1881). Neu verpflichtet war der Herzoglich-Sächsische Kammersänger Eduard Feßler, der mit der Titelpartie von Verdis »Rigoletto« (29. August 1881) sein Engagement antrat. Kurz darauf stellte sich die Sopranistin Minna Walter als neues Mitglied in Mozarts »Zauberflöte« (Pamina) vor (31. August 1881). Als große Stütze blieb die bewährte Marie Wilt auch weiterhin als Gast dem Ensemble erhalten; sie stand nunmehr vor ihrer letzten Gastspielserie. Mit ihrem Namen verbindet sich u. a. die Darstellung der pompösen Rolle der Sulamith bei der Erstaufführung von Karl Goldmarks Oper

»Die Königin von Saba«

am 9. Oktober 1881. Den Namen des Komponisten findet man heute nur noch selten auf dem Spielplan, zuletzt beispielsweise im Sommer 1979, als in Wien die erwähnte Oper in Konzertform zur Aufführung gebracht wurde. Man entledigte sich auf diese Weise einer Ehrenpflicht gegenüber einem österreichischen Komponisten, dessen Oper in Wien aus der Wiege gehoben worden war (1875) und von dort aus den Weg an zahlreiche namhafte Bühnen fand. Doch nicht nur aus diesem Grund verdient das Werk gewürdigt zu werden, sondern auch, weil Goldmark als einer der wenigen Komponisten seiner Zeit dem immer stärker werdenden Einfluß Wagnerschen Schaffens widerstand und sich als Verfechter des bislang in reichem Maße gepflegten Prunkstils der großen französischen Oper profilierte. Hervorzuheben bleibt ferner, daß Goldmark ein für die damalige Zeit wirkungsvoller Text zur Verfügung stand, dessen interessantes Milieu beim Publikum keine Ermüdung aufkommen ließ. Dennoch ließ sich die Intendanz in Frankfurt Zeit mit der Aufnahme dieser Oper in den Spielplan; man griff erst zu, als andere deutsche Bühnen wie Hamburg und Dresden einen Erfolg zu verzeichnen hatten. Bei der Frankfurter Premiere wußte man vor allem den Farbenglanz der Vertonung zu schätzen, übersah indes nicht die etwas eigentümliche Melodik, die sich fern der üblich gewordenen Leitmotive bewegte.

Gustav Walter als Romeo in Gounods »Romeo und Julia«.
Der Königl. Kaiserl. Kammersänger, der vor seinem Engagement an der Wiener Hofoper als Ingenieur in einer böhmischen Zuckerfabrik arbeitete, gehörte für Jahrzehnte dem Wiener Hofoper-Ensembles als erster lyrisch-jugendlicher Tenor an, der mit seinen unverwüstlichen Stimmitteln zu einem der begehrtesten Gastsänger an großen Bühnen in Europa wurde. Auch in Frankfurt ließ er sich oft hören, so als Faust in Gounods »Margarethe«, als Raoul in Meyerbeers »Hugenotten« und als Titelträger in Wagners »Lohengrin«.

Bei Goldmark vermißte man die breite Melodieführung und bemängelte die kleinen Phrasen, die er künstlich und manchmal erzwungen wirkend zu einem musikalischen Gedanken vereinigte. Unvoreingenommen sprach man von einer »gespreizten Melodik und einem Mangel an natürlicher Erfindungsgabe«, die dazu angetan seien, dem Werk »etwas von dem äußeren Erfolg zu rauben«. Das Publikum belohnte bei der Frankfurter Premiere die »durch und durch moderne Musik« stets dann mit anhaltendem Beifall, wenn schöne Klangwirkungen und wohlempfundene Stimmungen das Ohr erfreuten. Man glaubte, der Aufführung in ihrer Gesamtheit insofern die Anerkennung nicht versagen zu dürfen, als die musikalische Einstudierung sowie die Haltung von Orchester und Chor sich durch eine beachtenswerte Akkuratesse auszeichneten. Besonderes Lob erhielten die glänzenden Dekorationen, wenngleich man einige Ausleuchtungsfehler nicht übersehen wollte.

Wenn im folgenden mit Karl Reinthaler ein weiterer Komponist, den nur noch wenige dem Namen nach kennen, gewürdigt wird, so ist dies dadurch bedingt, daß seine Oper

»Das Käthchen von Heilbronn«

(Uraufführung 8. Dezember 1881) bei einem vom Frankfurter Theater veranstalteten Wettbewerb mit dem ersten Preis ausgezeichnet wurde. Hinter allem stand das ernsthafte Bemühen des Intendanten Emil Claar, zeitgenössische Komponisten wie auch Schriftsteller zu Neuproduktionen anzuregen. Aus diesem Grund setzte man damals vier Preise aus, jeweils einen für ein Trauerspiel, eine Oper, ein Schauspiel und ein Lustspiel, wobei die Preisträger eine für die damalige Zeit bescheidene Vergütung von je 1.500 Mark erhalten sollten. Als Ausgleich versprach man ihnen jedoch zusäzlich eine hohe Tantieme von 15% der Bruttoeinnahmen bei Übernahme der Werke in den Spielplan. Im Bereich der Oper entschied sich das Preisrichterkollegium mit Ferdinand Hiller, Otto Dessoff und Georg Goltermann für das Werk des damals hoch angesehenen Komponisten Karl Reinthaler, der u. a. in Köln als Musikdirektor, Dom-Organist und Leiter des Domchores wirkte; nicht zu vergessen sein Einsatz für das Schaffen von Brahms, dessen »Deutsches Requiem« er für den dirigierenden Komponisten einst vorbereitete. Reinthaler bediente sich bei seiner preisgekrönten Oper eines Textes, der – frei nach Kleists gleichnamigem Schauspiel – auf eine Vorlage von Heinrich Bulthaupt zurückging, einem damals recht bekannten Verfasser zahlreicher Opern- und Oratorientexte. Die Uraufführung des Werkes – es war die

Bühnenskizze zur Ausstattung der Erstaufführung von Richard Wagners »Rheingold«.

erste im neuerbauten Opernhaus – brachte dem Komponisten lediglich einen Achtungserfolg für eine »im großen und ganzen recht angemessene Musik«. Wie sich den vorhandenen Rezensionen entnehmen läßt, lehnte sich Reinthaler mit seinem Musikstil an die Meister der älteren Schule an. Zwar vermochte der Komponist »ergreifende Töne« anzuschlagen, doch gab man ihm zu verstehen, daß er sich in »altväterlicher Behäbigkeit ohne Schlaglichter und moderner Pikanterie« ergangen habe. Die Theaterbesucher nahmen das gefällige Werk mit gebührendem Beifall auf und ehrten auf diese Weise den anwesenden Komponisten und Textdichter. Aus der Reihe der Mitwirkenden wurden neben dem Dirigenten Georg Goltermann noch Ernestine Epstein (Käthchen), Sophie Ruzicka (Kunigunde) und Albert Stritt (Graf) hervorgehoben. Wie bei nahezu allen Neuaufführungen der damaligen Zeit wurde auch bei dieser Premiere die dekorative Ausstattung lobend erwähnt, wobei vor allem Brand und Einsturz der Burg als ein »pompöser Effect« in guter Erinnerung blieb.

Weniger glücklich verlief die Erstaufführung der Oper »Raimondin« von Carl Perfall, dem damals hochangesehenen Königlich-Bayrischen Generalintendanten in München (5. März 1882). Der mäßige Erfolg des Werkes ließ eindeutig erkennen, daß es sich um eine Gefälligkeitspremiere handelte. Das Publikum nahm die Novität eher zurückhaltend auf und verzichtete sogar darauf, den anwesenden Komponisten an die Rampe zu rufen. Die Presse konnte sich im Zusammenhang damit die Randbemerkung nicht versagen, das Werk des kunstliebenden Intendanten werde nichtsdestoweniger auch auf anderen Bühnen erscheinen, da bekanntlich auch in der Kunst eine Hand die andere wäscht.

Nach den beiden weniger glücklichen Erstaufführungen im Opernhaus richten wir unser Augenmerk nunmehr auf ein Ereignis, das mit der Erstaufführung der beiden ersten Teile von Richard Wagners »Ring des Nibelungen«

»Rheingold« (15. April 1882)
und »Walküre« (16. April 1882)

verbunden ist. Ein langgehegter Wunsch vieler Opernfreunde ging hiermit endlich in Erfüllung. Beide Werke hatten in den Jahren 1869 bzw. 1870 ihre Uraufführung erlebt. Es versteht sich, daß das Haus bei der Aufführung zweier so bedeutsamer Werke ausverkauft war und alle Anwesenden, zu denen viele auswärtige Musiker zählten, mit gespanntem Interesse den Vorstellungen entgegensahen. Intendant Claar war sich der Bedeutung dieser Aufführungen vollauf bewußt und ließ es deshalb an nichts fehlen, um im Rahmen seiner Möglichkeiten ein Gelingen zu sichern. Für die dekorative Ausstattung sämtlicher Werke des »Ringes« verpflichtete er den hierfür besonders geeigneten Fritz Lütkemeyer, dessen Entwürfe Claar persönlich dem Komponisten in Bayreuth zur Begutachtung vorlegte. Bedauerlicherweise waren außer einer Skizze weder sonstige Entwürfe noch Fotos von diesen Aufführungen ausfindig zu machen. Auch den Veröffentlichungen in der Presse ließen sich keinerlei Angaben entnehmen, die wenigstens annähernd einen Einblick in die bühnenbildnerische Ausstattung hätten geben können.

Die »Rheingold«-Aufführung wurde schon beim ersten Aktschluß mit stürmischem Beifall bedacht, der sich zunehmend steigerte und am Schluß zur Ovation wurde. Dies war nicht allein ein Bekenntnis zum Schaffen Richard Wagners, sondern auch eine Anerkennung der vorzüglichen Leistungen des Ensembles unter der musikalischen Leitung von Otto Dessoff. Aus der Reihe der mitwirkenden Solisten wurde vor allem der Darsteller des Alberich, Eduard Feßler, herausgestellt, der nach dem Fluch auf offener Szene anhaltenden Beifall erhielt. Seine Leistung wurde mit jener Carl Hills bei den Bayreuther Festspielen verglichen und als gleichwertig anerkannt. Hohes Lob zollte man Fanny Moran-Olden für die Verkörperung der Fricka. Auch Carl Baumann als Wotan soll »seiner Aufgabe eine sorgsame Aufmerksamkeit gewidmet« haben.

Der nachfolgenden Erstaufführung von Wagners »Walküre«, der gleichfalls eine lange Vorbereitungszeit vorausging, sah man mit noch größerer Spannung entgegen. Dabei mag die Überlegung eine Rolle gespielt haben, daß die »Walküre« sowohl im rein musikalischen als auch in bezug auf den dramatischen Effekt mehr zu

Theaterzettel zur Frankfurter Erstaufführung von Richard Wagners »Rheingold«.

Eduard Feßler, herzoglich-sächsischer Kammersänger, war von 1881 bis 1883 Mitglied des Frankfurter Ensembles. Zu seinen in Frankfurt gesungenen Partien gehörten der Luna (»Troubadour«), Figaro (»Barbier von Sevilla«), vor allem jedoch die Titelpartie zu Verdis »Rigoletto«. Zu seinen Glanzpartien gehörte u. a. auch der Alberich, den er bei der Frankfurter Erstaufführung (1882) so vollendet gesungen haben soll, daß man seine Leistung über die des Bayreuther Vertreters stellte.

bieten hatte als »Rheingold«. Es kam denn auch so, daß man die musikalische Erfindung des Komponisten in der »Walküre« als üppiger empfand und die seltene Größe der zum Ausdruck gebrachten leidenschaftlichen Gefühle zu erkennen glaubte. Der erste Akt fand beim Publikum – wie der Presse zu entnehmen ist – glänzende Aufnahme, während die beiden anderen keinen durchschlagenden Erfolg erzielten. Dessen ungeachtet wurde der glückliche Verlauf der Erstaufführung als besondere Leistung herausgestellt. Albert Stritt als Siegmund bescheinigte man eine geistig belebte Auffassung, treffliche Deklamation und edle Darstellung. Für die Wiedergabe der Partie der Brünhilde setzte Fanny Moran-Olden ihr mächtiges Organ und die leidenschaftliche Wucht ihrer darstellerischen Begabung ein. Der Göttervater Wotan wurde von dem erprobten Carl Baumann verkörpert, Hunding von dem nicht weniger erfahrenen Joseph Niering. Rechnen wir noch die treffliche Besetzung der Walküren hinzu mit so bewährten Gesangskräften wie u. a. Sophie Ruzicka und Ernestine Epstein, so muß man der Intendanz zugestehen, alles darangesetzt zu haben, um der Aufführung zum Erfolg zu verhelfen. Bei allen Aktschlüssen wurde Kapellmeister Otto Dessoff vor den Vorhang gerufen, denn der musikalische Erfolg der »Walküren«-Premiere war hauptsächlich ihm zu verdanken. Die Regie lag in den Händen von Friedrich Schwemer, über dessen Leistung keine nähere Aussage gemacht werden kann, da hierzu keine Beurteilungen vorliegen. – Nach Ablauf der beiden ersten Spielzeiten 1880/81 und 1881/82 nahm die für die Leitung des Theaters zuständige Theater AG Gelegenheit zu einer Übersicht über ihre finanzielle Situation. Demnach war der ersten Saison ein guter Erfolg beschieden gewesen, da der Reiz der Neuheit des Theaters noch große Anziehungskraft ausübte. Leider jedoch fand die darauffolgende Spielzeit beim Publikum keine vergleichbare Resonanz mehr, wobei jedoch erschwerend ins Gewicht fiel, daß man im letzten Betriebsjahr die Abonnements um einen Tag in der Woche hatte kürzen müssen. Auch die Notwendigkeit, das technische Personal zu vergrößern, brachte zusätzliche Belastungen mit sich. Zwar konnte die Theater AG in der ersten Spielzeit einen Überschuß von etwa 19.000,– Mark erwirtschaften, doch für die darauffolgende Saison mußte ein Defizit von circa 83.000,– Mark angemeldet werden. Da auch für die nachfolgenden Betriebsjahre mit einem ähnlich hohen Verlust gerechnet werden mußte, wandte sich die Theater AG erstmals an die Stadtverwaltung mit der Bitte um eine jährliche Subvention von 80.000,– Mark. Der Magistrat kam nicht umhin, die Notwendigkeit einer Beihilfe in Erwägung zu ziehen, dies allein schon in Würdigung der hohen Leistungen des Theaters wie auch der unabwendbaren Sonderausgaben. Nach erfolgter Genehmigung durch die Stadtverordnetenversammlung konnte die Theater AG vorerst einige Jahre lang mit der gewünschten Subvention der städtischen Behörden rechnen, wobei sich der Fiskus durchaus bewußt war, daß andere Städte weit höhere Belastungen dieser Art auf sich nehmen mußten.

Es wurde bereits darauf hingewiesen, daß der Aufruf zu einem Preisausschreiben für eine neue Oper zu den ersten Amtshandlungen des Intendanten Emil Claar gehörte. Bekanntlich ging der Komponist Reinthaler mit seinem »Käthchen von Heilbronn« aus diesem Wettbewerb als Sieger hervor. Trotz der von vielen Kennern für dürftig erachteten Musik fand das Werk – wohl auch aus Mangel an zeitgenössischen deutschen Opern – Aufnahme an zahlreichen anderen Theatern, die sich mehr oder weniger erfolgreich dieses Werkes annahmen. Neben dieser Oper hatte die Wettbewerb-Jury seinerzeit auch die romantische Oper »Alona« des in Frankfurt ansässigen Wilhelm Hill in die engere Wahl gezogen, ihr aber letztlich nur den zweiten Preis zuerkannt. Mit dieser Auszeichnung verband man die Empfehlung, das Werk gelegentlich zur Aufführung zu bringen. Bereits am 28. November 1882 brachte das Frankfurter Ensemble die Oper »Alona« zur Uraufführung. Bei allem Lokalpatriotismus billigte man dieser Neuschöpfung jedoch nur das Lob einer achtbaren Komposition zu, der man – trotz ihrer leichten Zugänglichkeit – indessen keine Hoffnung auf Zukunftsträchtigkeit zu machen wagte.

Um die Jahreswende 1882/83 wurde das Spielplan-Repertoire um eine Neueinstudierung von Donizettis Oper »Don Sebastian« erweitert. Wiederaufnahmen von Verdis »Rigoletto« und Donizettis »Lucia von Lammermoor« schlossen sich an.

Eine Premiere besonderer Bedeutung versprach die Erstaufführung von Richard Wagners

»Siegfried«

am 25. Januar 1883. Zur Darbietung des dritten Werkes der viergegliederten Nibelungen-Tetralogie wurde deutlich herausgestellt, daß dieser Teil von der musikalischen Seite her keineswegs geringer einzuschätzen ist als die vorausgegangenen Werke »Rheingold« und »Walküre«, daß aber die vielen Längen in Musik und Text das Werk weniger bühnenwirksam machen. Es wurde in diesem Zusammenhang der Wunsch ausgesprochen, den Rotstift entsprechend gründlich walten zu lassen, da man sich allein hiervon nachhaltigeren Eindruck versprach. Der Musik bescheinigte man hinreißende Züge und herzerfrischende Melodik, doch glaubte man nicht überhören zu können, daß einiges – ohne innere Notwendigkeit – geradezu unschön und hart an die Ohren drang. Nicht völlig zur Zufriedenheit konnte offenbar in der Szene mit dem grauenerregenden, grimmigen Fafner das Bühnenproblem gelöst werden, da diese Szene beim Publikum allgemeine Heiterkeit auslöste. Kein Einverständnis konnte erzielt werden bei der Beurteilung der Besetzung verschiedener Partien. Eine völlige Fehlbesetzung ergab sich offenbar in der wichtigen Rolle des Alberich, wobei man sich fragte, warum nicht eines der beiden vorzüglichen Mitglieder Beck bzw. Feßler eingesetzt wurde. Dem Darsteller der Titelrolle, Albert Stritt, bescheinigte man zwar Persönlichkeit und treffliche Darstellung, doch für das Schmiede-Lied hätte man sich eine kraftvollere Stimme

Josef Niering als Hunding in Richard Wagners »Walküre«. Mit diesem Sänger, der bei der Uraufführung der »Walküre« in Bayreuth (1876) die gleiche Rolle sang, besaß das Frankfurter Ensemble einen erprobten und renommierten Sänger, der reiche Erfahrungen aus seinen früheren Engagements in Rotterdam, Köln, Bremen und am Hoftheater in Darmstadt mitbrachte. Im November 1885 konnte er in Frankfurt sein 25jähriges Jubiläum feiern.

Eine Karikatur, die so recht verständlich macht, daß die Theater AG sich zukünftig nicht mehr ohne städtischen Zuschuß aus ihrem Defizit zu retten vermochte (1882).

gewünscht. Mit manchem versöhnte Fanny Moran-Olden, die für die Brünnhilde ein kräftiges Organ und packende Leidenschaft mitbrachte. Eine beachtenswerte Leistung erbrachte der neu engagierte José Lederer, der zuvor am Hoftheater in Wiesbaden tätig war und sich für die Partie des Mime als besonders geeignet erwies. Ergänzend bleibt zu erwähnen, daß der Künstler früher am Großherzoglichen Theater in Darmstadt und an der Deutschen Oper in Rotterdam ein hochgeschätzter Vertreter erster Tenorpartien war, in Frankfurt jedoch nur noch in Charakter- und Spielpartien bzw. als Operettenregisseur zum Einsatz kam. Trotz einiger Schönheitsfehler in der Besetzung der abendlichen Vorstellung ließ es sich das Publikum nicht nehmen, die Mitwirkenden zu wiederholten Malen an die Rampe zu rufen, wobei man Kapellmeister Otto Dessoff besondere Herzlichkeit entgegenbrachte. Mit der beabsichtigten Aufnahme sämtlicher Werke des »Ring des Nibelungen« in den Frankfurter Spielplan wurde den Theaterbesuchern in Aussicht gestellt, in absehbarer Zeit den einen oder anderen Sänger der Bayreuther Festspiele als Gast kennenzulernen. Den Anfang machte die K. K. Kammersängerin Amalia Friedrich-Materna, seinerzeit die erste Brünnhilde der Bayreuther Festspiele (1876). In ihrer Frankfurter Gastspielserie vom April 1883 trat sie u. a. in einer »Walküre«-Vorstellung als Brünnhilde auf, was die Wagnerfreunde zu einem regen Besuch dieser Aufführung veranlaßte; doch auch als Aida oder als Valentine in den »Hugenotten« sowie als »Fidelio«-Leonore vermochte sie zu überzeugen.

Intendant Emil Claar war unterdessen eifrig bemüht, rasch die Voraussetzungen zu schaffen für eine geschlossene Aufführung des gesamten »Ring des Nibelungen«. Doch vorerst mußte noch der letzte Teil der Tetralogie erarbeitet und aus der Taufe gehoben werden. Am 10. Mai 1883 war es dann soweit, daß der Spielplan die Erstaufführung von Richard Wagners

»Götterdämmerung«

ankündigte. Nur wenige Theater konnten sich damals rühmen, die gesamte Nibelungen-Tetralogie im Repertoire zu haben. Der Frankfurter Oper gebührt das besondere Lob, neben den sonst verpflichtenden Aufgaben in relativ kurzer Zeit das Riesenwerk gemeistert zu haben. Der Ehrgeiz, dieses Ziel überhaupt zu erreichen, wurde dabei verständlicherweise höher veranschlagt als die Möglichkeit, für sämtliche Partien ausreichend geeignete Sänger im Ensemble zu haben. Dennoch war der Stolz durchaus berechtigt, diese überaus anspruchsvolle Aufgabe ausschließlich mit eigenen Ensemblemitgliedern bewältigt zu haben. Die »Götterdämmerung« als letzter Teil des Bühnenfestspiels galt damals als das wirksamste Werk der Tetralogie. Die im Gegensatz zu »Rheingold« und »Siegfried« stets mächtig fortschreitende Handlung und die Eindringlichkeit des musikalischen Gewandes schlossen sich zusammen zu einem eindrucksvollen Ganzen, wie man es nur bei wenigen anderen Bühnenwerken wiederfindet. Auch die Begegnung mit Leitmotiven, die die Erinnerung an frühere Musikdramen wachriefen, wie überhaupt die erzeugte Spannung und Erregung im musikalischen Bereich verhalfen der »Götterdämmerung«-Aufführung zu einem überwältigenden Erfolg. In diesem Geschehen bewährten sich maßgeblich auch die Solisten des Ensembles. So wußte man die männlich schöne Gestalt von Albert Stritt als Siegfried rühmend zu

José Lederer als Siegfried in Richard Wagners gleichnamiger Oper.
Der Sänger, der zur Spielzeit 1882/83 vom Kgl. Hoftheater in Wiesbaden nach Frankfurt wechselte, war früher ein hochgeschätzter Vertreter erster Tenorpartien (Raoul, Vasco, Lohengrin usw.). In Frankfurt kam er jedoch nur noch in Tenorbuffopartien und später als Operettenregisseur zum Einsatz. Zu seinen bemerkenswerten Einsätzen gehört die erste Darstellung als Mime in Richard Wagners »Siegfried« (1883) und sein Einsatz als Beckmesser in der Frankfurter Erstaufführung von Richard Wagners »Meistersinger von Nürnberg« (1884).

Albert Stritt als Titelträger in Richard Wagners »Tristan und Isolde«.
Nach seinem Abschied von Frankfurt (1885) war er längere Zeit Mitglied des Ensembles der Metropolitan Opera in New York. Zu seinen Glanzpartien gehörte u. a. auch der Lohengrin, der Tannhäuser und Walther von Stolzing (»Die Meistersinger von Nürnberg«), womit er an allen namhaften Bühnen wie z. B. auch an der Covent Garden Opera in London, zu großem Erfolg kam.

»Ring des Nibelungen«

erstmals in rascher Folge vollständig zur Aufführung. Diese Daten kennzeichnen somit ein denkwürdiges Ereignis der Frankfurter Theatergeschichte.

Die Bemühungen der Intendanz um Ergänzung und Erweiterung des Spielplans wurden fortgesetzt, obwohl das Repertoire längst mit einer ungewöhnlich hohen Zahl von Opern bestückt war. Es würde zu weit führen, in diesem Zusammenhang alle betreffenden Werke benennen zu wollen oder auch nur jene Opern anzuführen, die heute noch zum gängigen Repertoire eines Musiktheaters gehören. Von den inzwischen in Vergessenheit geratenen Opern sollen nur jene gelegentlich erwähnt werden, die zu ihrer Zeit beim Publikum besonderes Interesse gefunden haben. Hierzu gehörten: »Das Glöckchen des Eremiten« von Maillart (11. Mai 1882), »Die Favoritin« von Donizetti (30. Sep-

erwähnen wie auch seine beliebte Darstellungskunst und seinen ansprechenden Gesang.
Recht am Platz war auch Fanny Moran-Olden als Brünnhilde, da sie die Wucht ihrer Stimme mit einem leidenschaftlichen Affekt des Ausdrucks glücklich zu vereinen wußte. Desgleichen wurden die Vertreter der übrigen Partien gebührend herausgestellt, als da waren Minna Walter (Gutrune), Joseph Beck (Gunther) und Joseph Niering (Hagen). Besonders anerkennend vermerkte man die geniale Werkauffassung von Kapellmeister Otto Dessoff und dessen Rücksichtnahme auf die Sänger angesichts der massigen Instrumentation des Orchesters. Mit hohem Lob bedachte man ferner die Leistungen von Regisseur Friedrich Schwemer und Bühnenbildner Friedrich Lütkemeyer. Auf diese Weise setzte die Frankfurter Oper ein sichtbares Zeichen für ihre Leistungskraft. Nunmehr galt es lediglich noch, die notwendigen Vorbereitungen zu treffen für die ersten geschlossenen Aufführungen des gesamten »Ringes« in zyklischer Form. Am 21., 22., 24. und 28. Juli 1883 kam dann der

Fanny Moran-Olden als Ortrud in Richard Wagners »Lohengrin«.

Amalie Friedrich – Materna als Kundry in Richard Wagners »Parsifal«.
Viele Jahre war die gebürtige Österreicherin als Primadonna an der Wiener Hofoper engagiert. In Anbetracht ihrer auffallend schönen Sopranstimme und ihrer darstellerischen Begabung wurde sie für die ersten Bayreuther Festspiele (1876) als Brünnhilde engagiert; auch als erste Kundry in Wagners »Parsifal« (1882) ging sie in die Theatergeschichte ein. Bei ihren zahlreichen Gastspielen in Frankfurt konnte man sie auch als Titelträgerin in Verdis »Aida«, als Valentine in Meyerbeers »Afrikanerin« und u. a. als Leonore in Beethovens »Fidelio« bewundern.

tember 1882), »Die Nachtwandlerin« von Bellini (22. Januar 1883), »Maurer und Schlosser« von Auber (14. April 1883), »Alessandro Stradella« von Flotow (21. April 1883), »Der Wasserträger« von Cherubini (22. November 1883) u. a. m. Von besonderer Anziehungskraft erwies sich die Neueinstudierung von C. M. von Webers romantischer Oper »Oberon, König der Elfen« (9. September 1883), ein Werk, das heute nur selten den Spielplan ziert. Diese Oper wurde seinerzeit mit völlig neuen Dekorationen ausgestattet, wovon sich glücklicherweise ein Entwurf des hierfür verantwortlichen Bühnenbildners Waldemar Knoll erhalten hat.
Verzeichnet sei auch jene mit großem gesellschaftlichem Pomp durchgeführte Festvorstellung (27. September 1883), die aus Anlaß der Anwesenheit Kaiser Wilhelm I. und des Kronprinzen Friedrich Wilhelm im Opernhaus gegeben wurde. Als die Anreise des Kaisers bekannt wurde, unterbreitete die Intendanz dem Hofmarschallamt in Berlin einen Programmvorschlag, der einen Akt aus »Aida«, einem Orchesterstück und zwei Akte aus Lortzings »Undine« umfaßte. Nicht wenig überrascht war man in Frankfurt, als Seine Majestät eine Abänderung des Programms wünschte, und zwar dergestalt, daß neben dem 2. Akt der »Aida« und dem 3. Akt der »Undine« ein Lustspiel (keine Posse) unter Mitwirkung der Schauspielerin Hermine Claar-Delia, der Gattin des Intendanten, aufgeführt werden solle. Intendant Claar, der kurz darauf in Berlin zu tun hatte, sprach deshalb beim Hofmarschallamt vor, wo man ihn jedoch bat, die Wünsche des Herrschers berücksichtigen zu wollen. Bei dieser Gelegenheit erfuhr Claar, daß der Kaiser zuweilen unter Hörbeschwerden litt und deshalb die Mitwirkung von Frau Claar-Delia wünschte, die er beim Besuch einer Vorstellung im Berliner Residenztheater wegen ihrer ausgezeichneten Sprechweise so gut verstanden hatte. Der Frankfurter Intendant blieb nunmehr nichts weiter übrig, als die Vorbereitungen im Sinne der Wünsche des Kaisers zu treffen. Bevor der Monarch an dem betreffenden Tag zum Opernhaus fuhr, besuchte er noch den Palmengarten. Von dort aus fuhr er zum Theater, umjubelt von einer Tausende zählenden Menschenmenge. Auf dem Weg dorthin hatte man Hornisten der Feuerwehr in größeren Abständen postiert, die Achtungssignale bliesen, um die Passanten auf die Durchfahrt der Majestät aufmerksam zu machen. Unerklärlicherweise hatte man im Theater nicht auf den verspätet eingetroffenen Kaiser und sein Gefolge gewartet, sondern bereits mit der Aufführung der »Aida« begonnen. Mit Erscheinen des Kaisers wurde die Vorstellung jedoch sofort unterbrochen, der Schlußteil von Webers Jubelouvertüre intoniert und die Nationalhymne angestimmt. Im Anschluß an diese »ergreifende Huldigung« wurde der Opernakt der »Aida« fortgesetzt, wobei auch der König von Sachsen und der englische Thronfolger, Prinz von Wales, anwesend waren. Wunschgemäß folgte sodann das Lustspiel »Die Schauspielerin« unter Mitwirkung von Frau Delia-Claar, dem der Hochzeitsmarsch aus dem »Sommernachtstraum« von Mendelssohn vorausging. Noch vor Beginn des Finales aus »Undine« verließ der Kaiser nebst Gefolge das Haus, um sich nach Wiesbaden zu begeben. Auf dem Weg zum Bahnhof hatte man mittels zahlreicher Illuminationen die Nacht zum hellen Tag verwandelt. Laut Zeitungsbericht waren die Straßen und Anlagen in »blendendes Licht von bengalischen Flammen« getaucht und mit vielen »W«-Emblemen unter einer Krone geschmückt. Die Stadt Frankfurt hatte es sich nicht nehmen lassen, erneut ihre Sympathie gegenüber dem Kaiser zu bekunden.
Zur Reihe der Aufführungen von theatergeschichtlicher Bedeutung muß die erste Darbietung der Oper

»Die Makkabäer«

von Anton Rubinstein gezählt werden, die am 27. Oktober 1883 unter der musikalischen Leitung des Komponisten den Frankfurter Theaterfreunden geboten wurde. Erwartungsgemäß sah man mit Spannung der Erstaufführung entgegen, denn der russische Komponist war allen Kunstkennern als einer der brillantesten Pianisten seiner Zeit bekannt. Auch die Tatsache, daß sein Bühnenwerk »Die Makkabäer« seit seiner Uraufführung in Berlin (1875) laufend auf dem Spielplan der dortigen Königlichen Hofbühne stand, ließ in der Mainstadt auf einen ähnlichen Erfolg hoffen. Nur wenigen dürfte indes bekannt gewesen sein, daß die in musikalischen Dingen oft ausschlaggebende Wiener Hofbühne das nämliche Werk schon nach wenigen Aufführungen wieder aus dem Spielplan genommen hatte. Nach der Frankfurter Aufführung wußte man zwar Rubinsteins ungewöhnliches Talent und seltene Begabung zu rühmen, aber die Tatsache, daß das Werk

Bühnenbildentwurf von Waldemar Knoll zu C. M. von Webers »Oberon«.

gegen Ende hin immer schwächer wurde, was man übrigens auch Rubinsteins anderen Arbeiten nachsagt, blieb den Kennern nicht verborgen. Im Laufe des Premierenabends gab es während der Akte kaum ein Zeichen des Beifalls, desto lebhafter jedoch war die Zustimmung, als der letzte Vorhang fiel. Das mehrmalige Hervorrufen Rubinsteins galt weniger dem Komponisten als dem berühmten Pianisten, den das Orchester bei gleichem Anlaß mit einem Tusch ehrte.
Erinnert sei ferner an jene denkwürdige Vorstellung vom 3. Dezember 1883 mit der exotischen Oper

»Lakmé«

des französischen Komponisten Léo Delibes. Nach dem Uraufführungserfolg vom gleichen Jahr an der Opera Comique in Paris bemühten sich viele Theater um eine rasche Übernahme dieses Werkes. Das Opernhaus Frankfurt kann jedoch für sich den Ruhm in Anspruch nehmen, nach der Erfolgsmeldung aus der Seinestadt als erste deutsche Bühne dieses Werk angekündigt zu haben. Delibes war in Frankfurt kein Unbekannter mehr, da man dort zu einem früheren Zeitpunkt bereits seine graziöse Oper »Der König hat's gesagt« aufgeführt hatte. Sein bekannteres Werk »Lakmé« fand bei der Frankfurter Premiere sympathische Aufnahme, wobei jedoch angemerkt werden muß, daß ein Erfolg dieser Oper maßgeblich von der Besetzung der Titelpartie abhängig ist. Das Ensemble hatte in Marie Schröder-Hanfstängl, die am 1. September 1882 vom Hoftheater Stuttgart nach Frankfurt übergewechselt war, eine besonders geeignete Darstellerin. Entsprechend stürmisch war der Beifall, den man ihr entgegenbrachte. Die Oper konnte sich im Laufe der nächsten Jahrzehnte jedoch nicht auf den deutschen Bühnen behaupten. Demgegenüber beweist Delibes' Ballett »Coppélia« bis zum heutigen Tag seine Lebenskraft.
Am 8. März 1884 ging endlich ein langgehegter Wunsch der Frankfurter Opernfreunde in Erfüllung: Richard Wagners dreiaktige Oper

»Die Meistersinger von Nürnberg«

erschien erstmals auf der Frankfurter Bühne. Seit der Uraufführung in München (1868) waren viele Jahre verflossen, bis man endlich diese Ehrenschuld beglich. Mit überschwenglichen Worten berichtete die Presse von der klaren Illustration des auf der Bühne sich abspielenden Geschehens. Auch die Ensemblesätze mit ihrer mächtigen Wirkung wurden herausgestellt und die so typische Charakterisierung der auftretenden Figuren als eine Meisterleistung von unbestreitbarer Überzeugungskraft gewertet. Unmißverständlich tat man kund, daß die »Meistersinger«-Oper, die vor der Nibelungen-Tetralogie geschaffen war, hinsichtlich der »musikalischen Behandlung« vor jener Schöpfung rangiere. Ohne den »Ring des Nibelungen« in seiner Konzeption grundsätzlich schmälern zu wollen, bemängelte man an dem auf vier Abende konzipierten Bühnenfestspiel das »fortwährende Alternieren der Mitwirkenden, welche sich nicht einmal zu einem Zwiegesang vereinigen, die absolute Verneinung jeder Massenwirkung auf der Bühne und die Versinnbildlichung jedes einzelnen Gefühlsausdruckes, eines jeden Wechsels in der Handlung nur durch ein Orchester, was auf die Dauer nichts weniger wie anregend wirkt und sicher mit dazu beiträgt, daß jenen Schöpfungen (vielleicht mit Ausnahme der Walküre) nicht jene lange Lebensdauer innewohnt, welche ihnen sonst zukäme«. Im Gegensatz hierzu, so betonte der Rezensent, sei die »Meistersinger«-Aufführung in allen Teilen von den Sympathien der Zuhörer getragen gewesen und habe der »imposante Effekt« der Oper rasch den Weg zu den Herzen der Anwesenden gefunden. Auch das Textbuch, das einzige von allen Wagnerschen, welches »von Übersinnlichem vollständig freigehalten sei«, leistete einen wesentlichen Beitrag zu dem unbestrittenen Erfolg. Letztlich war es aber auch die gelungene Wiedergabe durch

Bühnenbildentwurf von Carlo Brioschi zur Oper »Die Meistersinger von Nürnberg« von Richard Wagner.

das Frankfurter Ensemble, welches das Werk zu seiner ganzen Bedeutung erhob. Albert Stritt trat als Walther von Stolzing in bester stimmlicher Verfassung auf, wobei seine treffliche Darstellungsgabe im Verein mit seiner glänzenden äußeren Erscheinung in hohem Maße überzeugte. Die Besetzung mit Minna Walter als Evchen wurde gleichfalls als glücklich bezeichnet. Nicht weniger lobend sprach man sich über den Darsteller des Hans Sachs, Joseph Beck, aus, welcher der Partie dank seiner ausgeprägten künstlerischen Individualität starke Impulse gab. Nicht ganz auf der Linie der Wagnerschen Konzeption lag wohl der Darsteller des Schreibers Sixtus Beckmesser, José Lederer (Tenor), da man die Ansicht vertrat, daß ein Bariton mit kräftigerem Toncharakter, wie gemeinhin üblich, der Sache eher gerecht geworden wäre. Offenbar tendierte Lederer ein wenig zum Possenhaften, was man für ebenso unangebracht hielt wie die unartikulierten Laute überflüssiger Selbstgespräche. Der Hinweis, daß die Rolle jedenfalls mehr gesungen werden müsse, wenn auch mit scharfem Akzent, läßt vermuten, daß sich der betreffende Darsteller wohl mehr im Sprechgesang erging. Für die dekorative Ausgestaltung der Erstaufführung sorgten die Bühnenbildner Carlo Brioschi, Hermann Burghart, Johann Kautzky und Waldemar Knoll. Die Namen sprechen dafür, daß auch die dekorative Ausstattung ihren Teil zum Erfolg der »Meistersinger«-Aufführung beigetragen hat, einem Werk, das mit seiner ungebrochenen Lebenskraft auch noch künftige Generationen beglücken wird.
Die von Intendant Claar forcierte Pflege Wagnerscher Opern brachte schon bald nach der geschlossenen Darbietung des »Ringes« die Erstaufführung von

Bühnenbildentwurf von Robert Kautzky zu Richard Wagners Oper »Die Meistersinger von Nürnberg«.

Minna Walter in unbekannter Rolle.
Mit nur wenig Bühnenerfahrung kam diese Sängerin von Graz aus nach Frankfurt, wo sie jedoch gleich wegen ihrer auffallend schönen Stimme besondere Beachtung fand, so u. a. als Pamina in Mozarts »Zauberflöte«. Bei den Frankfurter Erstaufführungen von Richard Wagners »Rheingold« (1882) sang sie die Freya und in der »Götterdämmerung« (1883) die Gutrune. Auch als erstes Evchen in Richard Wagner Oper »Die Meistersinger von Nürnberg« (1884) hat sie sich unvergessen gemacht. Bereits von Fankfurt aus sang sie gastspielweise an der Wiener Hofoper, der sie später als Mitglied angehörte.

Mathilde Mallinger als Elsa in Wagners »Lohengrin«.
Die Königl. Kammersängerin war längere Zeit Mitglied der Münchener Hofoper und der Königl. Oper in Berlin. Als eine Sängerin von bestechend schöner Stimme wurde sie bei der Uraufführung von Richard Wagners Oper »Die Meistersinger von Nürnberg« (München 1868) als Evchen eingesetzt. Die Frankfurter Theaterfreunde hatten öfter Gelegenheit, diese Sängerin im eigenen Hause zu hören, so u. a. als Frau Fluth (»Die lustigen Weiber von Windsor«), »Lohengrin« – Elsa, »Tannhäuser« – Elisabeth und in ihrer Paraderolle als Evchen.

Therese Vogl als Isolde in Richard Wagners »Tristan und Isolde«.
Die hochdramatische Sängerin galt als eine der besten Wagner-Interpretinnen ihrer Zeit. Über viele Jahre hinweg hat sie mit ihrem Gatten, dem Heldentenor Heinrich Vogl, laufend in Frankfurt gastiert. Sie war u. a. die erste Darstellerin der Isolde bei der Frankfurter Erstaufführung (1884).

»Tristan und Isolde«

(25. Oktober 1884). Das Werk hat in dem langen Zeitraum seit seiner Uraufführung (München 1865) bis zur ersten Frankfurter Aufführung nur vereinzelt Bühnen zur Darbietung angeregt. Die Ursache hierfür suchte man in dem elegischen Zug, der das ganze Werk durchzieht, und der daraus resultierenden Monotonie. Im Vergleich zu »Lohengrin« glaubte man bei »Tristan und Isolde« ein Weniger an Frische der Empfindung zu erkennen; gegenüber der »Walküre« kritisierte man die fehlende Unmittelbarkeit der Wirkung. All dies vermochte jedoch nicht die unbestreitbaren Vorzüge des Werkes zu überdecken, das zuweilen eine Höhe an Ausdruckskraft verspüren läßt, die Wagner in anderen Werken nur selten erreicht hat. Im Bewußtsein der hohen Anforderungen, die an die Darsteller der beiden Titelfiguren gestellt werden mußten, erleichterte man sich die Besetzung insofern, als man das an der Münchener Hofoper engagierte Ehepaar Heinrich und Therese Vogl mit dieser Aufgabe betraute. Damit hatte man zwei Wagner-Sänger von großem Format gewonnen, die mit dem Werk bestens vertraut waren. Heinrich Vogl war zeitweilig sogar der einzige anerkannte Vertreter für diese Partie. Sein Name hatte in Frankfurt damals schon einen guten Klang, stand doch der Sänger seit 1877 wiederholt als Gast auf dem Spielplan. Es folgten weitere Einsätze bis hin zur Jahrhundertwende. Als Tristan vermochte er geradezu erschütternde Wirkungen hervorzurufen, da er seine Aufgabe lebensnah und packend zu gestalten wußte.

Heinrich Vogl als Tristan in Richard Wagners »Tristan und Isolde«.
Ein immer wieder gern gesehener Gast in Frankfurt war über viele Jahre der bayrische Kammersänger Heinrich Vogl, ein gebürtiger Münchener. Er war einer der bedeutendsten und stimmgewaltigsten Sänger des 19. Jahrhunderts und nach dem Tod des berühmten Schnorr von Carolsfeld lange Zeit der einzige gültige Darsteller des Tristan, eine Rolle, die er auch bei der Frankfurter Erstaufführung sang (1884). Mehr als 30 Jahre gehörte er der Münchener Hofoper an, von wo aus er auch oft bei den Bayreuther Festspielen in Erscheinung trat. In Frankfurt wurde er u. a. als Lohengrin, Tannhäuser und als Siegfried im »Ring des Nibelungen« stürmisch gefeiert.

Emil Scaria als Gurnemanz in Richard Wagners »Parsifal«.
Der gebürtige Österreicher war in der Spielzeit 1861/62 Mitglied des Frankfurter Opernensembles, wo er als Eremit (»Freischütz«), Tobias (»Undine«), Basilio (»Der Barbier von Sevilla«) u. a. auftrat, ohne sonderlich in Erscheinung zu treten. Erst durch erneutes Gesangsstudium sollte das Stimmphänomen mehr und mehr in das Blickfeld der Öffentlichkeit rücken. Über die Theater in Dessau, Leipzig und Dresden kam er 1872 nach Wien an die Hofoper, wo er sich den Ruf eines der bedeutendsten Wagner-Sänger seiner Zeit erwarb. Bei den Bayreuther Festspielen trat er u. a. als erster Gurnemanz bei der Uraufführung des »Parsifal« in Erscheinung. In den Jahren 1882 bis 1885 trat er in einer Vielzahl von Vorstellungen in Frankfurt auf, so als Sarastro (»Die Zauberflöte«), als Fliegender Holländer und als ein unvergleichlicher Darsteller des Falstaff in Nicolais »Die Lustigen Weiber von Windsor«. Leider endete sein Leben in geistiger Verwirrung. Scaria fand seine letzte Ruhestätte in der Familiengruft in Frankfurt.

Theodor Reichmann als Wolfram in Richard Wagners »Tannhäuser«.
Der berühmte Bariton, der lange Zeit als Mitglied den Bühnen in Hamburg, München und Wien angehörte, ist als erster Darsteller des Amfortas bei der Uraufführung von Richard Wagners »Parsifal« im Bayreuther Festspielhaus (1882) in Erinnerung geblieben. Seine Beziehungen zu Bayreuth waren zeitweise gestört, jedoch nach 1902 läßt er sich dort u. a. als Wotan (»Ring des Nibelungen«), Fliegender Holländer und als Hans Sachs (»Die Meistersinger von Nürnberg«) wieder nachweisen. In Frankfurt ließ er sich in den Jahren 1882 bis 1885 oft als Gast hören.

Franz Nachbauer als Walter von Stolzing in Richard Wagners Oper »Die Meistersinger von Nürnberg«.
Der Kgl. Kammersänger der Münchner Hofoper war in der Spielzeit 1885/86 für mehrere Monate ständiger Gast des Frankfurter Opernhauses, wo er alle anfallenden Heldentenor-Partien wahrnahm. Besonders gerne gesehen war er als Stolzing, da ihm diese Rolle auch bei der Uraufführung in München (1868) angetragen war. Nachbauer konnte sich rühmen, von Ludwig II. eine silberne »Lohengrin«-Rüstung als Geschenk erhalten zu haben, was seiner an sich schon guten Erscheinung den Ruf einbrachte, Deutschlands schönster Tenor zu sein.

Therese Malten als Elisabeth in Richard Wagners »Tannhäuser«.
Die in Ostpreußen geborene Sängerin debütierte im Jahre 1873 am Königl. Opernhaus in Dresden, mit dem sie bis 1903 als Mitglied verbunden blieb. Ihre darstellerische Begabung und auffallend schöne Stimme führte sie auch zu den Bayreuther Festspielen, wo sie u. a. eine der ersten Darstellerinnen der Kundry in Richard Wagners »Parsifal« war. Als eine der bedeutendsten Wagnersängerinnen ihrer Zeit fand sie auch bei den zahlreichen Gastspielen in Frankfurt reichen Beifall, so als Elsa (»Lohengrin«), Evchen (»Die Meistersinger von Nürnberg«), aber auch als Brünnhilde im »Ring des Nibelungen«.

Heinrich Gudehus als Titelheld in Richard Wagners »Parsifal«.
Der Sänger konnte den Ruf beanspruchen, einer der bedeutendsten Heldentenöre seiner Zeit zu sein. Richard Wagner hat nach Bekanntschaft mit dem Sänger während seines Engagements an der Dresdner Hofoper diesem die Uraufführung der Titelrolle des »Parsifal« in Bayreuth angetragen (1882). Als Kgl. Sächsischer Kammersänger läßt er sich an fast allen großen Bühnen als Gastsänger nachweisen, wie auch in Frankfurt, wo er während der Spielzeit 1885/86 eine ganze Gastspielserie absolvierte, so als Lohengrin, Tannhäuser, Hüon (»Oberon«), Walther von Stolzing (»Die Meistersinger von Nürnberg«), als Rienzi sowie als Siegmund in Richard Wagners »Ring des Nibelungen«.

Therese Vogl stand etwas in seinem Schatten, zumal ihre Stimme – verglichen mit jener ihres Gatten – nicht so kraftvoll und von so edlem Klang erfüllt war. Beide Künstler wie auch die Darsteller des Frankfurter Ensembles wurden bei der Erstaufführung jeweils nach den Aktschlüssen nochmals vor die Rampe gerufen. Besondere Anerkennung zollte man dem Orchester unter Kapellmeister Otto Dessoff für dessen meisterliche Leistung. Wie es bei vielen zukunftsträchtigen Werken der Fall war, entschloß sich das Frankfurter Theater auch diesmal erst nach der Erprobung dieser Oper auf anderen Bühnen zu einer Erstaufführung. Der Frankfurter »Tristan«-Premiere gingen Aufführungen in München (1865), Weimar (1874), Berlin (1876), Königsberg (1881), Leipzig (1882), London – Deutsche Oper (1882), Hannover (1882), Wien (1883), Bremen (1883), Dresden (1884) voraus – Frankfurt war demnach erst das elfte Theater, das sich des »Tristan« annahm, gefolgt von dem Hoftheater in Karlsruhe (1884).

Neben der Pflege der großen Oper versäumte es die Intendanz nicht, auch den Freunden der Spieloper entgegenzukommen. Der Intendant entschied sich hierbei u. a. für Viktor L. Neßlers Oper »Der Trompeter von Säckingen« (8. November 1884), ein Werk, von dem schon früher die Rede war. Für die Frankfurter Theaterbesucher war der Komponist infolge der vorausgegangenen Neueinstudierung seines Werkes »Der Rattenfänger von Hameln« kein Unbekannter mehr. Man war gewissermaßen schon vertraut mit seiner bühnenwirksamen Schreibweise. In gänzlich andere Gefilde führte die Neueinstudierung der romantischen Oper »Der Vampyr« von Heinrich August Marschner (21. Februar 1885), die heute völlig in Vergessenheit geraten ist. Willkommene Abwechslung boten auch die Gastspiele des K. K. Kammersängers Theodor Reichmann, der als erster Darsteller des Amfortas in Richard Wagners »Parsifal« in die Theatergeschichte einging. Eine vollendete Leistung bot er in Frankfurt als Ruthwen in Marschners »Vampyr« (31. März 1885) und als Hans Sachs in Richard Wagners »Meistersinger« (2. April 1885). Nicht minder erfolgreich war

der K. K. Kammersänger Emil Scaria, der in der Spielzeit 1861/62 ohne großen Eindruck zu hinterlassen, dem Frankfurter Ensemble angehört hatte und später an der Wiener Hofoper zu großen Ehren kam. Von seinen verschiedenen Einsätzen seien neben den Gastabenden im Jahre 1882 sein Auftritt als Titelheld in Wagners »Fliegendem Holländer« (21. April 1885) und als Sarastro in Mozarts »Zauberflöte« (2. Mai 1885) erwähnt. Inzwischen hatte der Spielplan mit der Neueinstudierung von Etienne Nicolas Méhuls Musikdrama »Joseph von Egypten« (11. April 1885) eine willkommene Erweiterung erfahren, woran sich am 25. Mai 1885 eine Erstaufführung der Oper »Herodias« von Jules Massenet, einem Vertreter der französischen sentimental-lyrischen Oper, anschloß.

Nicht vergessen sei auch die Pflege der Operette in Frankfurt, wobei erwähnt werden muß, daß diese Spielgattung weiterhin hauptsächlich im alten Stadttheater dargeboten wurde. Nach und nach ging man jedoch dazu über, gelegentlich auch bereits laufende Operetten von dort ins Opernhaus zu übernehmen, wie z. B. Offenbachs »Madame Favart«, J. Strauß' »Fledermaus«, Suppés »Boccaccio« u. a. m. Am 3. August 1885 erschien dann die Erstaufführung von Millöckers »Gasparone« auf dem Spielplan des Opernhauses.

In der Spielzeit 1885/86 mußte für einige Aufführungen personell neu disponiert werden, da die beiden ersten Tenöre Albert Stritt und William Candidus für längere Zeit Verpflichtungen in Amerika eingegangen waren. An ihre Stelle traten während der Winterspielzeit zunächst Aushilfskräfte, so u. a. der Kgl. Bayr. Kammersänger Franz Nachbauer vom Münchner Hoftheater, der durch zahlreiche Einsätze den Spielplan für geraume Zeit sicherte.

Ein denkwürdiger Tag verbindet sich mit dem Datum vom 21. Oktober 1885, an dem Mozarts »Don Juan« seine 400. Aufführung in Frankfurt erlebte. Dabei wurde die Erinnerung an die Frankfurter Erstaufführung vom 3. Mai 1789 geweckt, die zu einer der frühesten Darbietungen dieser Oper in deutscher Sprache gehörte. Von großer Anziehungskraft waren die Doppel-

gastspiele der damals an der Dresdner Hofoper engagierten Bravoursänger Therese Malten und Heinrich Gudehus (Dezember 1885). Die dramatische Sopranistin Malten war eine bedeutende Wagnersängerin, die sich bei den Bayreuther Festspielen als eine der ersten Darstellerinnen der Kundry in »Parsifal« profiliert hatte. Gudehus sang als erster in Bayreuth die Titelpartie des »Parsifal«, was ihm großes Ansehen einbrachte nebst zahlreichen Einladungen zu Gastspielen im In- und Ausland. Von ihren gastspielweisen Einsätzen in Frankfurt sollen nur die Doppelgastspiele in »Lohengrin« (Elsa und Lohengrin), »Tannhäuser« (Elisabeth und Tannhäuser), »Meistersinger« (Evchen und Walther von Stolzing), »Oberon« (Rezia und Hüon) und »Walküre« (Brünnhilde und Siegmund) genannt sein.

Das Jahr 1886 brachte als erste Festvorstellung Verdis »Aida«, und zwar anläßlich des 25jährigen Regierungsjubiläums Kaiser Wilhelms I. als preußischer König (3. Jan.). Bei dieser Aufführung sang der Tenor Julius Perotti vom Nationaltheater Budapest, der bereits von zahlreichen Gastspielen her bekannt war, die Partie des Radames.

Erfreuliche Abwechslung brachte der Spielplan am 4. März 1886 mit der Erstaufführung von Jacques Offenbachs

»Hoffmanns Erzählungen«

Immer wieder wird diese phantastische Oper als die Krönung seiner etwa hundert Bühnenwerke bezeichnet, die der in Köln geborene Komponist der Nachwelt hinterlassen hat. Noch im Uraufführungsjahr (1881) kam diese Schöpfung im Ringtheater in Wien zur deutschsprachigen Erstaufführung. Leider wurde dort die erfolgreiche Vorstellungsreihe insofern jäh unterbrochen, als während einer Wiederholungsvorstellung ein Brand ausbrach, der das Theater völlig zerstörte und vielen Menschen das Leben kostete. An der Frankfurter Erstaufführung bleibt bemerkenswert, daß am Text kein gutes Haar gelassen wurde. Man beurteilte das Libretto als kindisch, öfters abstoßend und hielt es im großen und ganzen für unzumutbar. Demgegenüber wußte man jedoch das Talent

Bühnenbildentwurf von Robert Kautzky zu Meyerbeers Oper »Die Hugenotten« (zu Seite 77).

des Komponisten zu schätzen, der es verstanden habe, den überaus spröden Stoff erfolgreich zu vertonen. Weiter hieß es, die heiteren Momente seien gegenüber den tragischen besser gelungen und die kräftigen Akzente strahlten im Vergleich zu den sentimentalen Phrasen eine stärkere Wirkung aus. Bei allem wünschte sich der Rezensent, daß bei der Frankfurter Aufführung – neben der Streichung eines ganzen Aktes – noch stärker vom Rotstift Gebrauch gemacht worden wäre. Den lebhaften Beifall des Publikums bei der Premiere mochte man nicht dem Komponisten zusprechen, sondern wollte ihn lediglich als Kundgebung für die mitwirkenden Künstler gelten lassen. Die Titelrolle hatte man dem Tenor José Lederer übertragen, die Rolle der drei Bösewichte übernahm der Bassist Carl Baumann. Letzterem kreidete man sein outriertes Gehabe an, wodurch die Partien noch unsympathischer erschienen seien als vom Dichter beabsichtigt. Die Pressebesprechung endet mit den Worten: »Nach Seite des Musikalischen hin verlief die Oper, welcher an unserer Bühne ein langes Leben kaum beschieden sein wird, recht glatt.« Daß es sich hierbei um ein krasses Fehlurteil handelte, bezeugt die weltweite Anerkennung, die dem Werk bis zum heutigen Tag zuteil wurde.

Einer Gepflogenheit gemäß überließ man während der Sommerferien das Theater auswärtigen Bühnen zu Gastspielen. Im Juli 1886 folgte das Theater an der Wien unter Leitung von Franz Jauner, ehemals Direktor des Kaiserlich-Königlichen Hofoperntheaters, einer Einladung nach Frankfurt. Zu dieser Vorstellungsserie gehörten u. a. eine erstmalige Aufführung der Operette »Der Zigeunerbaron« von Johann Strauß (1. Juli 1886) sowie vom gleichen Komponisten als Novität »Eine Nacht in Venedig« (12. Juli 1886).

Gegen Ende der Spielzeit 1885/86 wurde die Öffentlichkeit darüber informiert, daß die Theater AG, welche die beiden Frankfurter Bühnen leitend betreute, in finanzielle Schwierigkeiten geraten war. Zwar wurde seit 1883 von der Stadt eine jährliche Subvention von 80.000,– Mark bewilligt, doch stellte sich

Angelina Luger, verehelichte Gräfin Totto, als Fides in Meyerbeers Oper »Der Prophet«.
Mit den Erfahrungen aus ihren Engagements an der Kgl. Oper in Berlin und in Leipzig kam die dramatische Sängerin im Jahre 1884 nach Frankfurt, wo sie für acht Jahre dem Ensemble angehörte. Während ihrer Frankfurter Tätigkeit trat sie beispielgebend hervor als Titelträgerin in Thomas' Oper »Mignon«, als Selica in Meyerbeers »Afrikanerin«, als »Fidelio«-Leonore, und nicht zuletzt als Brangäne, die sie bei der Frankfurter Erstaufführung von Richard Wagners »Tristan und Isolde« (1884) zur Darstellung brachte.

heraus, daß trotz der angesammelten Reserven das Defizit von circa 160.000,– M nicht ohne zusätzliche Zuwendungen getilgt werden konnte. Somit war es nicht zu umgehen, mit der Stadt einen neuen Vertrag auszuhandeln, der eine höhere Subvention garantierte. Die neue Situation regte die Stadtväter zu einer gründlichen Überprüfung der gesamten Theatersituation an, wobei letzlich eine Entscheidung zwischen folgenden drei Möglichkeiten getroffen werden mußte: Überlassung der Theaterleitung – wie bisher – in den Händen der Theater AG, Verwaltung des Theaters in städtischer Regie oder Verpachtung der Bühnen an eine finanzstarke Persönlichkeit. Da sich niemand für eine Übernahme der Theater durch die Stadt aussprach, orientierte man sich bei zwei Pachtinteressenten, dem Hamburger Theaterdirektor B. Pollini und dem bekannten Schauspieler Ludwig Barnay, über deren Vorhaben. Beide verlangten eine Subvention von jährlich 100.000,– M, während die Theater AG auf der Grundlage eines Fünfjahresvertrags eine jährliche Subvention von 150.000,– M forderte. Nach gründlichem Abwägen der Vor- und Nachteile stimmte die Stadtverordnetenversammlung den Wünschen der Theater AG zu, und zwar über eine Vertragsdauer bis zum 31. Oktober 1892.

Die ersten Monate der Spielzeit 1886/87 brachten keine nennenswerten Neuigkeiten. Immerhin sei auf den

»Carl Maria von Weber-Zyklus«

im Dezember hingewiesen, den man aus Anlaß des 100. Geburtstages des Komponisten (18. Dezember 1886) veranstaltete. Mit verständlichem Stolz brachte man folgende Werke zur Aufführung: »Euryanthe«, »Silvana«, »Abu Hassan«, das Schauspiel »Preziosa« mit der Musik von C. M. v. Weber, »Oberon, König der Elfen« und – zum Geburtstag – eine Neuinszenierung des »Freischütz« mit einem vorangestellten Prolog des Frankfurter Heimatdichters Friedrich Stoltze.

Für den 22. Januar 1887 sah der Spielplan die Erstaufführung von Bizets Oper »Die Perlenfischer« vor, ein Werk, dessen Entstehung zeitlich vor der »Carmen« liegt. Die Annahme des Werkes schrieb man dem geschäftstüchtigen Verleger der »Carmen« zu, der bei Überlassung des letztgenannten Werkes darauf bestanden hatte, daß auch die weniger anspruchsvolle Oper »Die Perlenfischer« zur Aufführung übernommen wurde. Diesem Werk wurde allgemein nur geringe Lebenskraft zugeschrieben, da es selbst dem hochbegabten Bizet nicht gelungen sei, zu einem so schwachen Text eine lebensvolle Musik zu komponieren. Die

Frankfurter Aufführung wurde von den Besuchern zwar freundlich aufgenommen, es kam jedoch zu keinen Beifallsstürmen. Allein hierin sah man ohnehin keinen Maßstab für den inneren Wert und die Zugkraft dieser Novität.
Der Ehrgeiz der Frankfurter Oper, sich als erste deutsche Bühne des Schaffens ausländischer Komponisten anzunehmen, fand erneut seine Bestätigung in der ersten deutschsprachigen Aufführung der Oper

»Heinrich der Achte«

von Camille Saint-Saëns (17. Febr. 1887). Man erinnerte sich hierbei an die Förderung, die Franz Liszt dem französischen Komponisten zuteil werden ließ. Liszt war es auch, der die Uraufführung von Saint-Saëns bekanntester Oper »Samson und Dalila« in Weimar (1877) veranlaßte. Ansonsten fanden dessen Werke im deutschen Sprachraum keine besondere Aufnahme, während Saint-Saëns andererseits durch Konzertreisen als beachtenswerter Pianist und Dirigent seinen Namen erfolgreich in die große Öffentlichkeit trug. Über die Frankfurter Aufführung seiner Oper »Heinrich der Achte« sei nur soviel gesagt, daß sie beim Publikum beifällige Aufnahme fand, wenngleich von einem durchschlagenden Erfolg nicht die Rede sein konnte.

Willkommene Abwechslung im Spielplan brachten die erneuten Gastspiele der berühmten Marcella Sembrich als Trägerin der Titelrolle in Verdis »Violetta« (Traviata) am 23. Mai 1887 und als Rosine in Rossinis »Barbier von Sevilla« am 26. Mai 1887. Neben ihr trat in »Violetta« der damals hochgeschätzte Tenor Paul Kalisch von der Berliner Hofoper als Alfred auf; er war der Gatte der einst weltberühmten Sopranistin Lilli Lehmann. Auch in späteren Jahren ließ sich Marcella Sembrich, gebürtige Polin, des öfteren in Frankfurt umjubeln, so als Susanne in Mozarts »Figaros Hochzeit«, als Norina in Donizettis »Don Pasquale«, als Amina in Bellinis »Nachtwandlerin«, als Margarethe in Gounods gleichnamiger Oper wie auch als Marketenderin Marie in Donizettis »Regimentstochter«. Den Höhepunkt ihrer Laufbahn erreichte sie in der nachfolgenden

Marcella Sembrich als Lakmé in der gleichnamigen Oper von Léo Delibes.
Die gebürtige Polin, die später die amerikanische Staatsbürgerschaft annahm, war Mitglied der Dresdener Hofoper (ab 1878) und anschließend für fünf Jahre in London als Opernsängerin tätig. Den Höhepunkt ihrer Laufbahn erreichte sie um die Jahrhundertwende an der Metropolitan Opera in New York. Die Frankfurter Theaterbesucher hatten in den Jahren 1887 bis 1891 alljährlich die Möglichkeit, diese phänomenale Sängerin bei Gastspielen zu hören. Zu ihren in Frankfurt gesungenen Partien gehörten die Rosine (»Barbier von Sevilla«), Norina (»Don Pasquale«), Frau Fluth (»Die lustigen Weiber von Windsor«), Traviata und die Marie (»Die Regimentstochter«).

Zeit als Mitglied der Metropolitan Opera in New York.
Zum 1. Oktober 1887 wurde die Theateröffentlichkeit auf die deutsche Erstaufführung von Jules Massenets neuem Werk

»Der Cid«

hingewiesen. Die Premiere brachte dem anwesenden Komponisten einen erfreulichen Erfolg, der durch wiederholten Applaus auf offener Szene und an den Aktschlüssen bestätigt wurde. Das frisch pulsierende Leben, welches das ganze Werk durchzieht, die pikante Harmonisierung sowie die oft ergreifende dramatische Wirkung wiesen sich als Vorzüge aus, die den Ruf Massenets als einer der populärsten Komponisten des damaligen Frankreich durchaus rechtfertigten. Das Frankfurter Ensemble zeigte große Einsatzfreude bei der Einstudierung dieser Oper.

Paul Kalisch als Othello in Verdis gleichnamiger Oper.
Der angesehene Tenor, Mitglied der Berliner Hofoper, fand immer wieder in Frankfurt (u. a. 1886/87) begeisterte Zuhörer, so als Alfred Germont (»Traviata«), Raoul (»Hugenotten«) und u. a. als George Brown in Boieuldieus »Weiße Damen«. Später läßt sich der Sänger an der Metropolitan Opera in New York nachweisen, wo er die berühmte Wagner- und spätere Mozart-Interpretin Lilli Lehmann heiratete.

Das Ableben Kaiser Wilhelms I. war auch in Frankfurt Anlaß, die Bühnen vom 9. bis 16. März 1888 geschlossen zu halten. Zum Gedenken an den Monarchen setzte man für den 22. März Beethovens Oper »Fidelio« an, eingeleitet durch eine Darbietung von Beethovens Coriolan-Ouvertüre, des Trauermarsches aus Wagners »Götterdämmerung« sowie der Darstellung einer Apotheose.
Nachdem es Intendant Claar im Laufe der Jahre gelungen war, neben einem umfangreichen Spielplan geläufiger Werke den »Ring des Nibelungen« aufzubauen und zusätzlich einen Zyklus von Opern Carl Maria von Webers zu erarbeiten, schien im Mai 1888 der Zeitpunkt gekommen, ebenso Zeugnis abzulegen von der systematischen Pflege Mozartscher Bühnenwerke. In Frankfurt war man sich dieser Verpflichtung insofern besonders bewußt, als das Frankfurter Theater schon zu Lebzeiten Mozarts sich intensiv der Bühnenwerke dieses Komponisten angenommen hatte. Unvergessen war und ist die Tatsache, daß die Oper »Figaros Hochzeit« im Jahre 1788 in Frankfurt ihre erste öffentliche Aufführung in deutscher Sprache erlebte, gefolgt von »Don Juan«, dessen Darbietung in der Mainstadt als eine der frühesten deutschsprachigen Aufführungen in die Geschichte einging. Von noch größerer Bedeutung schließlich war, daß die Oper »Cosi fan tutte« (unter dem Titel »Liebe und Versuchung«) in Frankfurt ihre früheste deutschsprachige Aufführung erlebte (1791). Unvergessen bleibt des weiteren die denkwürdige Erstaufführung der »Zauberflöte« (1793), die seinerzeit Frau Rath Goethe stark beeindruckt hatte, sowie die glanzvolle »Titus«-Darbietung in den prunkvollen Dekorationen von Giorgio Fuentes. Es gelang Intendant Claar, alle diese Werke, einschließlich des »Idomeneo« und der »Entführung aus dem Serail« zu einem festlichen

»Mozart-Zyklus«

von sieben Werken zusammenzufassen. Damit erwies er dem Ansehen des Frankfurter Opernhauses zweifellos einen großen Dienst.
Ein Komponist, der heute vergleichsweise wenig Beachtung findet, ist der Italiener Amilcare

Marie Schröder-Hanfstaengl als Norma in Bellinis gleichnamiger Oper.
Die bereits bei früherer Gelegenheit gewürdigte Sängerin mit ihrem prächtigen ausgeglichenen Stimmaterial hat ursprünglich meist nur Partien des Koloraturfaches gesungen, jedoch während ihrer langen Frankfurter Engagements (1882 bis 1897) später auch die »Troubadour«-Leonore und Partien wie die Aida, die Donna Anna (»Don Juan«) beispielhaft zu verkörpern verstanden.

Ponchielli, der mit der Oper »La Gioconda« sein wohl bekanntestes Bühnenwerk vorgelegt hat. Als er am 6. März 1888 zur Premiere in Frankfurt eingeladen wurde, konnte man sich auf erfolgreiche Aufführungen dieser Oper u. a. in Wien und Wiesbaden berufen. Das Libretto besitzt den Vorzug einer spannenden Handlung, die von Grausamkeiten jedoch geradezu strotzt. Mord und Totschlag, Feuer und Wasser, Gift und Dolch bestimmen das Milieu, wozu Ponchielli jedoch eine weitaus weniger furchterregende Musik liefert. Oft spürt man etwas von der charakteristischen italienischen Leichtigkeit, getragen von pikanter Orchestrierung. Musikalische Gedanken von bestrickender Schönheit durchsetzen sein Bühnenwerk, wenngleich die Handlung nur wenig Raum bietet zur Entfaltung der ansprechenden Motive. Effektvolle Volksszenen und warmblütige Chöre wurden als weitere Vorzüge dieser Oper herausgestellt. Der Ballett-Einlage »Die Stunden des Tages und der Nacht« sprach man sogar das Lob zu, eine der erfolgreichsten Szenen des ganzen Werkes zu sein. Die Titelpartie hatte man der in Frankfurt hochgeschätzten Marie Schröder-Hanfstaengl anvertraut, die in der erschütternden Solo-Szene im Schlußakt »Suicido« das Publikum in ganz besonderer Weise ansprach. Leider erinnern nur noch gelegentliche Wiedergaben der Arie des Enzo »Himmel und Erde« an das Werk Ponchiellis, des ehemaligen Kompositionslehrers von Puccini und Mascagni.
Erstaunlich rasch entschloß sich die Frankfurter Oper zur Wiedergabe von Verdis

»Othello«

(29. September 1888). Dieses Werk hatte erst vor rund einem Jahr in Mailand seine Uraufführung erlebt. Schon bei der ersten Aufführung in Hamburg wurde deutlich, daß sich der Komponist in seinem Spätwerk von den Nummernopern älteren Stils völlig freigemacht hatte und nunmehr die durchkomponierte Oper in idealer Form verwirklichte. Bei Erscheinen des »Othello« wurde verschiedentlich die Auffassung vertreten, der 74jährige Komponist habe nunmehr den Höhepunkt seines Schaffens erreicht. Eine noch größere Wirkung zu erzielen, erachtete man für unmöglich. Bei der Frankfurter Erstaufführung beeindruckten insbesondere die Gewitter- und Trinkchöre des ersten Aktes mit ihrer faszinierenden kompositorischen Überzeugungskraft. Wärmste Beifallskundgebungen zollte das Publikum auch der Szene zwischen Othello und Jago am Schluß des zweiten Aktes. Den letzten Akt empfand man als den einheitlichsten der ganzen Oper. Wie wenig man damals Verdis Meisterwerk als Gesamtschöpfung anzuerkennen bereit und imstande war,

spricht aus der verschiedentlich geäußerten Meinung, der Komponist habe in seinem »Othello« spekulativ und nach berühmten Vorbildern gearbeitet, so daß vieles darin von seinem eigenen Ruhme zehre. Gegenüber früheren Werken glaubte man, weniger hinreißenden Schwung der Leidenschaft und warmblütig pulsierendes Leben zu verspüren. Zwar wurde Verdi reiche Erfindungsgabe zugestanden, doch glaubten damalige Kritiker, in vielem erste Anzeichen dafür erkennen zu können, daß der Quell der Melodik des Komponisten versiege. Wie überrascht mochten die Zeitgenossen gewesen sein, als Verdi nach seinem »Othello« der Nachwelt noch den meisterhaften »Falstaff« als Epilog seines Schaffens hinterließ. Bezeichnend für die Beurteilung in den Jahren der Frankfurter Erstaufführung des »Othello« war auch der durch den Wagner-Kult ausgelöste Vergleich mit dem »Bayreuther Muster«, dem Verdi angeblich »nur in bezug auf die Form des Ganzen und auf die sachgemäße Deklamation« gefolgt sei. Zu einem Glanzpunkt bei der Frankfurter Erstaufführung wurde der polnische Heldentenor Alexander von Bandrowski, der sich bereits einen Namen als Wagnersänger und als Darsteller von Rollen in Meyerbeers Opern gemacht hatte. Als Desdemona stand ihm Anna Jäger zur Seite, die zuvor in Nürnberg engagiert gewesen war und in Frankfurt wegen ihrer sympathischen Ausstrahlung und ihrer wohlklingenden Stimme sehr geschätzt wurde.

Aus der Reihe wichtiger Gastspiele auswärtiger Künstler sei noch auf die Begegnung mit der Wiener Primadonna Pauline Lucca hingewiesen. Zu ihrem festen Repertoire zählten die Despina in Mozarts »Cosi fan tutte«, die Titelpartie aus »Mignon« von Thomas sowie aus Gounods »Margarethe«, die »Troubadour«-Leonore ebenso wie die Donna Anna aus Mozarts »Don Juan«. In Frankfurt ließ sie sich als Frau Fluth in Nicolais »Lustigen Weibern von Windsor« und in ihrer Paraderolle als Carmen hören. Weiterhin trat sie als Antonie Lange in Mozarts einaktiger Oper »Der Schauspieldirektor« auf, wobei sie am gleichen Abend zusätzlich noch einige Lieder vortrug (Oktober 1888).

Alexander von Bandrowski als Raoul in Meyerbeers »Hugenotten«.
Der polnische Opernsänger war von 1889 bis 1901 als Heldentenor in Opern von Richard Wagner und Meyerbeer ein sehr geschätztes Mitglied des Frankfurter Ensembles. In diesem Zusammenhang gilt es noch zu erwähnen, daß sich Bandrowski auch als Übersetzer von Wagner-Opern in die polnische Sprache große Verdienste erworben hat.

Auch im darauffolgenden Jahr (März 1889) absolvierte sie einige Gastspiele in der Mainstadt, die ihr einen nicht minder großen Erfolg brachten.

Die Bedeutung des Frankfurter Opernhauses als Kunstinstitut war – in Verbindung mit dem Schauspielhaus – dank der zielbewußten Aufbauarbeit des Intendanten Claar und seiner Mitarbeiter im Laufe der vergangenen Jahre derart gestiegen, daß die Frankfurter Bühnen schließlich in dem Ruf standen, zu den Spitzentheatern auf deutschem Boden zu gehören. Dies wird bestätigt durch die Tatsache, daß das Frankfurter Theater im Deutschen Bühnenverein rangmäßig den großen Hofbühnen wie Berlin, Dresden und München gleichgestellt und mit demselben Anspruch von sechs Stimmen eingruppiert war. Demgegenüber mußten sich die Hoftheater in Darmstadt, Braunschweig und Stuttgart sowie die Stadttheater in Hamburg und Leipzig mit jeweils fünf Stimmen zufrieden geben.

Anna Jäger als Sieglinde in Richard Wagners »Walküre«.
Sie stellte sich im Mai 1885 so vorteilhaft als Valentine in Meyerbeers »Hugenotten« und als Elsa in Richard Wagners »Lohengrin« vor, daß man sie unverzüglich an die Frankfurter Oper verpflichtete. Ihr ist auch die Darstellung der Desdemona bei der Erstaufführung von Verdis »Othello« zu verdanken (1889). Weiterhin trat sie als Nedda bei der Frankfurter Erstaufführung von Leoncavallos »Bajazzo« (1893) hervor. Eine großartige Leistung bot sie in der Erstaufführung von Smetanas komischer Oper »Die Verkaufte Braut« als Marie (1893), wie auch ihr denkwürdiger Auftritt als erster Hänsel in Humperdincks »Hänsel und Gretel« (1893) unvergessen bleiben wird. Von ihren denkwürdigen Einsätzen sei nur noch die Übernahme der Lotte bei der ersten Frankfurter Aufführung von Massenets lyrischem Drama »Werther« (1895) erwähnt.

Pauline Lucca
hat als eine der Starsängerinnen ihrer Zeit auch öfter am Frankfurter Opernhaus gastiert. In der Spielzeit 1888/89 lernte man sie als eine glänzende Darstellerin der Carmen kennen, was ihr den Ruf einer »dämonischen Wildkatze« einbrachte. Die Lucca war keine ausgesprochene Schönsängerin, jedoch eine faszinierende Darstellerin. Bereits mit 20 Jahren wurde sie mit einem lebenslänglichen Vertrag an die Berliner Hofoper verpflichtet, den sie jedoch nach elfjähriger Tätigkeit unter Vertragsbruch aufgab, um sich auf Gastspielreise nach Frankreich, England, Rußland und Amerika zu begeben. Später war die gebürtige Österreicherin ein angesehenes Mitglied der Wiener Hofoper, deren Ehrenmitglied sie wurde.

Zu den neuen Errungenschaften des Jahres 1888 gehörte die Einführung der elektrischen Beleuchtung im Frankfurter Theater. Neben Bayreuth waren es noch die Bühnen in Berlin, Hamburg, Mannheim, München, Köln und Wien, die sich von der Gasbeleuchtung getrennt hatten, um sich fortan der Vorzüge des elektrischen Stromes zu bedienen.
Die Bühnenwerke des französischen Komponisten Ambroise Thomas, denen man eine Verwandtschaft mit Gounods Schaffen nachsagt, fanden erst sehr spät den Weg nach Deutschland. Auch in seiner Heimat hatte der Komponist nur wechselhaftes Glück mit seinen Opern, wenngleich es ihm dank seiner Berufung zum Nachfolger Spontinis in die Académie des Beaux Arts und zum Direktor des Conservatoire nicht an äußeren Ehren fehlte. Eine Oper, die sich in Paris besonderer Wertschätzung erfreuen konnte, war »Hamlet«, ein Werk, das erst zwanzig Jahre nach seiner Uraufführung den Weg nach Frankfurt fand (15. Dezember 1888). Aus der Figur des Shakespeareschen Hamlet war hier ein Opernheld geworden, der – über einen spröden Text hinweg – sich bei weitem nicht so überzeugend gestalten ließ, wie es etwa bei »Mignon«, einem Werk des gleichen Komponisten, der Fall war. Somit war der »Hamlet«-Oper von Beginn an weit weniger Anteilnahme vergönnt als der vom Welterfolg getragenen »Mignon«. Als Träger der Titelrolle hatte man bei der Frankfurter Erstaufführung Eduard Nawiasky eingesetzt, der seit der Spielzeit 1885/86 (als früheres Mitglied des Stuttgarter Hoftheaters) dem Ensemble angehörte. Für die Verkörperung der Ophelia brachte die bewährte und vielseitige Marie Schröder-Hanfstängl die besten Voraussetzungen mit.
Als erste Premiere des Jahres 1889 wurde eine Aufführung der Straußschen Operette der »Zigeunerbaron« angesetzt (16. Januar), ein Werk, das den Theaterbesuchern bereits seit längerer Zeit durch eine Gastspielaufführung bekannt war.
Besonders zu vermerken gilt es, daß am 19., 21. und 23. Februar 1889 der polnische Tenor Alexander von Bandrowski als Faust in Gounods »Margarethe« und als Titelheld in Wagners »Tannhäuser« und »Lohengrin« auf Engagement sang und anschließend mit einem Vertrag auf zwei Jahre an Frankfurt gebunden wurde. Mit seinem Debüt am 2. Juni 1889 in »Margarethe« begann Kapellmeister Felix von Weingartner vom Hamburger Stadttheater – stellvertretend für den beurlaubten Otto Dessoff – mit einer mehrere Monate andauernden Gastspielserie in Frankfurt. Bei der Person Weingartners handelte es sich um den in späteren Jahren zu großem Ansehen gelangten Dirigenten des Berliner Hoftheaters und Nachfolger von Gustav Mahler in Wien. Unter seiner Leitung kam in Frankfurt auch der »Ring des Nibelungen« in geschlossener Form zur Aufführung (August 1889). Dabei wurde das ehemalige Mitglied des Frankfurter Ensembles, Albert Stritt, inzwischen an das Hamburger Stadttheater übergewechselt, als Siegfried eingesetzt. Weiterhin trat hierbei erstmals der vom Hoftheater in Kassel kommende neu engagierte Bassist Paul Greeff anstelle des pensionierten Niering als Hagen in der »Götterdämmerung« auf. Hinzu

Eduard Nawiasky,
der in Kowno geborene Sänger debütierte an der Hofoper in Wien als Heerrufer in Richard Wagners »Lohengrin« (1876). Ab 1882 läßt er sich als Mitglied des Grazer Theaters und darauf folgend am Hoftheater in Stuttgart nachweisen. Während seines anschließenden Engagements in Frankfurt (1885 bis 1902) war er ein sehr geschätzter Sänger und Darsteller, so als Titelträger im »Fliegenden Holländer«, »Rigoletto« und u. a. im »Wilhelm Tell«. In die Frankfurter Theatergeschichte ging er ein als erster Hamlet in der gleichnamigen Oper von A. Thomas (1888) sowie als erster Alfio in Mascagnis »Cavalleria rusticana« (1891). In späteren Jahren kam er wegen seiner so klangvollen und umfangreichen Stimme auch als Telramund (»Lohengrin«) zum erfolgreichen Einsatz.

Bühnenbildentwurf von Waldemar Knoll zur Oper »Hamlet« von Ambroise Thomas.

kamen weitere Einsätze, so als Mephistopheles in Gounods »Margarethe« und als König Heinrich in Wagners »Lohengrin«. Einen großen Gewinn für das Ensemble bedeutete ferner das Engagement des lyrischen Tenors Franz Naval, der sich am 21. Februar 1888 als Lyonel in Flotows »Martha« und am 1. März als Arnold in Rossinis »Tell« so vorteilhaft präsentiert hatte, daß man ihn ab kommender Spielzeit an die Frankfurter Oper verpflichtete. Er wurde u. a. bei der Erstaufführung von Gounods Oper »Philemon und Baucis« (24. Oktober 1889) mit der Partie des Philemon herausgestellt. Die Theaterbesucher zeigten sich vereinzelt enttäuscht darüber, daß es dem renommierten Komponisten des weltweit bekannten Bühnenwerks »Margarethe« nicht gelungen war, mit seiner jüngeren Oper etwas zu schaffen, das auch nur annähernd an jenes frühere Werk heranreichte. Vorteilhaft für das Frankfurter Ensemble war weiterhin das Engagement von Hedwig Schacko, die vom Stadttheater Danzig kam und sich im April/Mai 1890 überzeugend als Oskar in Verdis »Maskenball«, als Gilda in Verdis »Rigoletto« und als Friquet in Maillarts »Das Glöckchen des Eremiten« vorstellte. Am 2. Oktober 1890 trat diese Künstlerin, die später zu den beliebtesten Mitgliedern des Ensembles zählte, ihr Engagement an, und zwar als Undine in Lortzings gleichnamiger Oper. Bereits am 7. Juni 1890 hatte sich der Tenor Max Pichler zur Aufnahme seines Engagements in Frankfurt eingefunden und mit seiner Antrittsrolle als Chapelou-Saint Phar in Adams »Der Postillon von Lonjumeau« einen ebenso guten Eindruck hinterlassen wie bei seinem Informationsgastspiel in der vergangenen Spielzeit als Don José in Bizets »Carmen«. Mit den oben verzeichneten neuen Engagements bewies Intendant Claar eine glückliche Hand, denn alle Künstler verfügten über gute stimmliche und darstellerische Eigenschaften.

Zu einem denkwürdigen Tag wurde der 6. Januar 1891, da man zu diesem Termin die hundertste Aufführung von Richard Wagners »Lohengrin« in Frankfurt ankündigen konnte. Es war eine willkommene Gelegenheit, so beachtenswerte Sänger wie Alexander von Bandrowski (Titelrolle), Marie Schröder-Hanfstängl (Elsa) und den Bassisten Paul Greeff (König Heinrich) herauszustellen, die zu den Spitzenkräften des damaligen Ensembles zählten.
Zu einem großartigen Erlebnis wurden immer wieder die Gastspiele des portugiesischen Sängers Francesco d'Andrade. Als anerkannt bester Darsteller des Figaro in Rossinis »Barbier von Sevilla« stellte er sich am 13. April 1891 dem Frankfurter Publikum vor. Dabei brillierte er nicht nur mit seiner schönen Stimme, sondern präsentierte sich zugleich als äußerst geschickter Darsteller. Die Gewandtheit, mit der dieser Künstler den Ton zu behandeln verstand, sowie die Leichtigkeit und Prägnanz seiner Aussprache, selbst bei schnellen Zeitmaßen, brachten einen ungewöhnlichen und verblüffenden Effekt, zumal er schnellere Tempi verlangte, als es damals in Deutschland üblich war. Staunend registrierte das Publikum, daß er sich als übermütiger Figaro so manchen derben Spaß erlaubte, den man zwar gewohnt war, der aber einem Künstler seines Formats weniger gut anstand. Trotz dieser Zutaten war ihm stets überschwenglicher Beifall sicher. Ähnlich großen Erfolg brachte ihm auch die Titelpartie in Mozarts »Don Juan« (15. April 1891). Die Beliebtheit dieses Künstlers kommt überzeugend darin zum Ausdruck, daß er bis zum Jahr 1910, also über zwei Jahrzehnte, vorwiegend in den beiden oben genannten Partien an der Frankfurter Oper immer wieder ein gern gesehener Gast war.
Ein Werk, das wir heute fast nur noch in Frankreich zu hören bekommen, ist die Oper von Jules Massenet

»Manon«

(18. April 1891). Der Komponist, ein Vertreter der französischen sentimental-lyrischen Operngattung, hatte mit diesem, seinem wohl berühmtesten Werk nicht nur bei der Uraufführung (1884),

Franz Naval als Romeo in Gounods »Romeo und Julia«.
Der in Laibach geborene Sänger debütierte im Jahre 1888 als lyrischer Tenor in Frankfurt, wo er bis 1895 verblieb. Aufgrund seiner hervorragenden künstlerischen Voraussetzungen gelang ihm von der Mainstadt aus der Sprung an die Hofoper nach Berlin, wo er des öfteren der Partner der berühmten Geraldine Farrar war. Nach dreijähriger erfolgreicher Tätigkeit daselbst folgte er einem Ruf an die Wiener Hofoper, wo er gleichfalls stürmisch gefeiert wurde. Zu seinen hervorragenden Rollen gehörten der Tamino (»Die Zauberflöte«), der Lyonel (»Martha«) und der Turiddu (»Cavalleria rusticana«). Während seines Frankfurter Engagements war er auch als Don José (»Carmen«) und als Lohengrin zu hören.

Alexander von Bandrowski als Lohengrin in Richard Wagners gleichnamiger Oper.

»Cavalleria rusticana«

des kompositorischen Naturtalents Pietro Mascagni zur Erstaufführung brachte. Es war gerade ein Jahr verflossen seit der erfolgreichen Uraufführung in Rom, und nur wenige Monate trennten die Frankfurter Erstaufführung von der ersten deutschsprachigen Aufführung in Hamburg. Nur selten gelang es bisher einem völlig unbekannten Komponisten, mit einem Erstlingswerk so überwältigenden Erfolg zu erringen, wie es Mascagni vergönnt war. Schon bei der Wahl des Librettos, einer Art Bauerntragödie, bewies er insofern eine glückliche Hand,

Francesco d'Andrade als Figaro in Rossinis Oper »Der Barbier von Sevilla«.
Der portugiesische Sänger war ein gern gesehener Gast in allen Opernhäusern. Er galt in seiner Zeit als einer der besten Darsteller von Mozarts »Don Juan«, woran auch das Gemälde von M. Slevogt erinnert. Ab 1890 läßt sich der Sänger fast über zwei Jahrzehnte im Frankfurter Spielplan verfolgen, wo er immer wieder in seinen Paraderollen als »Barbier«-Figaro und als Don Juan gefeiert wurde. Neben seinem quellend schönen Stimmaterial brachte er eine seltene Gewandtheit in der Darstellung mit.

sondern auch in Berlin und Wien einen achtbaren Erfolg zu verzeichnen. Massenet verschmähte bei seiner Schöpfung weder die süßliche Melodik noch die von Meyerbeer vorgezeichnete theatralische Wirkung, wobei ihm sein meisterliches handwerkliches Können sehr zustatten kam.
In Frankfurt nahm man bei der Erstaufführung massiv Anstoß am Libretto, das häufig in die »Gesellschaft von Gesindel« führt, »dessen Gebahren uns peinlich berührt und das man, hierorts wenigstens, nur in festverschlossenen Wagen zu den Sitzungen des Gerichts fährt«. Kritische Stimmen gaben unverblümt zu verstehen, daß die öffentliche Schaubühne von solchen Auswüchsen verschont bleiben müsse. Auch der Musik verweigerte man vollgültige Anerkennung, und zwar mit der Begründung, die Orchestration sei zu aufgetragen gewesen und habe allein darauf abgezielt, Effekt zu machen. Der Beifall des Publikums nach den Aktschlüssen wurde lediglich durch einen einzigen, etwas gezwungen anmutenden Hervorruf unterbrochen, obwohl »wie gewöhnlich bei Premieren die Claque mit Hochdruck arbeitete«.
Zu einem denkwürdigen Tag in der Frankfurter Theatergeschichte wurde der 16. Mai 1891, an dem man das Melodram

Blick vom Stehparterre zur Bühne während der Aufführung von Mascagnis »Cavalleria rusticana«.

als die Handlung außerordentlich spannend ist und in ihrer drastischen Kürze vom Anfang bis zum Schluß die volle Aufmerksamkeit der Zuhörer beansprucht. An jenen Stellen, wo sich der Konflikt stärker zuspitzt, geht Mascagni bewußt zu einer skizzenhaften Zeichnung über, während er bei den Chören eine breite und ausladende Gestaltung für angebracht hielt. Zwar warfen Rezensenten die Frage auf, ob es nicht angezeigt gewesen wäre, den elementaren, leidenschaftlichen Ausdruck der Musik etwas mehr zu bändigen. Auch blieb die Frage unbeantwortet, ob der gewaltige musikalische Aufwand in einem rechten Verhältnis zur Handlung stehe, da diese schließlich keine weltbewegenden historischen Ereignisse, sondern lediglich die Eifersucht zwischen zwei Menschen zur Darstellung bringt. Bei der Frankfurter Erstaufführung zeigte sich das Publikum frei von Vorbehalten und überließ sich völlig dem Enthusiasmus, der nicht zuletzt auch auf die vorzüglichen Leistungen des Ensembles zurückging (Santuzza: Marie Schröder-Hanfstängl, Lola: Jenny Fischer, Lucia: Clara Weber, Turiddu: Max Pichler und Alfio: Eduard Nawiasky). Selten errang eine Oper in Frankfurt einen ähnlich großen Erfolg. Am 20. Juli 1892 konnte man die 50. Aufführung, am 24. August 1894 bereits die 100. Vorstellung verzeichnen.

Seit jeher gehörte es zu den Gepflogenheiten des Frankfurter Theaters, die Gedenktage bedeutender Komponisten gebührend zu feiern. Hierzu bot auch der

100. Geburtstag von Jakob Meyerbeer

berechtigten Anlaß (5. September 1891). Noch zu Lebzeiten des Meisters, der im Jahre 1864 verstarb, hielt man diesen für den größten dramatischen Komponisten des Jahrhunderts. Der Überschätzung von damals folgte jedoch eine Zeit, in der sein Andenken stark verblaßte – vornehmlich bei den verzückten Anhängern Richard Wagners –, wenngleich wiederum gegen Ende des 19. Jahrhunderts eine gewisse Renaissance Meyerbeerscher Werke nicht übersehen werden kann. Es war ein gütiges Geschick, das für ihn so vorzügliche Lehrer wie Zeller, Abbé Vogler und C. M. v. Weber bereitstellte, die den hochbegabten Schüler mit dem nötigen Rüstzeug ausstatteten. Es verging jedoch noch geraume Zeit, bis er als Vierzigjähriger den Weg zum Weltruhm fand. Bedauerlicherweise finden seine Bühnenwerke heute kaum noch Anklang; dennoch ist es nicht gerechtfertigt, ihn als bloßen Macher hinzustellen, dessen Ruhm lediglich auf äußerlichem Effekt beruhe. Zu seinen Vorzügen gehörte, daß er als großer Kenner der menschlichen Stimme Gesangspartien schrieb, die für jeden Sänger auch heute noch eine dankbare Aufgabe darstellen. In diesem Zusammenhang ist – neben der »Afrikanerin« – insbesondere an die Opern »Die Hugenotten« und »Der Prophet« zu denken, die am 5. und 6. September 1891 zu Ehren Meyerbeers aufgeführt wurden. – Mit Beginn der Saison 1891/92 wurde im Opernhaus eine neue Einrichtung ins Leben gerufen. Man führte Abonnementskonzerte ein, die unabhängig von der Mitwirkung des Opernorchesters im Rahmen der Veranstaltungen der Museumsgesellschaft und des Cäcilien- und Rühlschen Gesangvereins stattfanden. Eigens für die Durchführung dieser Konzerte richtete Bühnenbildner Waldemar Knoll einen »eleganten Saal« auf der Bühne ein. Für das erste Jahr waren vier Veranstaltungen vorgesehen, und zwar unter der Leitung von Otto Dessoff mit Heranziehung namhafter Solisten und Verstärkungskräfte für das Orchester. Für den Theaterbetrieb war bei Spielzeitwechsel außerdem die Tatsache von Bedeutung, daß die Theater AG als Träger der Bühnen noch vor Ablauf ihres Vertrags neue Vereinbarungen mit der Stadt treffen konnte. Der neue Vertrag hatte eine Laufzeit von zehn Jahren und sah eine jährliche Subvention von 200.000,– Mark vor.

Jenny Fischer als Maria in Neßlers Oper »Der Trompeter von Säckingen«.
Die sehr verwendungsfähige Sängerin war u. a. die erste Darstellerin der Lola in Mascagnis »Cavalleria rusticana«.

Zum

100. Todestag von Wolfgang Amadeus Mozart

(5. Dezember 1891) wurde ein Opernzyklus mit fünf Werken des Meisters dargeboten: »Die Entführung aus dem Serail«, »Die Zauberflöte«, »Die Hochzeit des Figaro«, »So machen's Alle«, (»Così fan tutte«) und »Don Juan«.
Im übrigen blieb man bemüht, den Spielplan durch Wiederaufnahmen, sei es als Neueinstudierungen oder Neuinszenierungen, möglichst abwechslungsreich zu gestalten, damit der Theaterbesuch nicht in Gefahr geriet zu stagnieren. In diesem Zusammenhang seien nur die Opern »Das goldene Kreuz« von Ignaz Brüll – des Komponisten beliebtestes Werk –, »Johann von Paris« von F. A. Boieldieu sowie »Der Maurer und der Schlosser« von D. F. Auber erwähnt.
Selbstverständlich nahm man auch zum

100. Geburtstag von G. Rossini

(19. Februar 1892) Gelegenheit, den überaus beliebten Komponisten durch eine Festaufführung zu ehren. Zu Beginn der Veranstaltung spielte man die Ouvertüre zu seiner oft aufgeführten Oper »Wilhelm Tell«, woran sich eine Darbietung des »Barbier von Sevilla« anschloß. Zwischen die Akte fügte man eine Wiedergabe der Ouvertüre zu seiner Oper »Die diebische Elster«.
Eine traurige Nachricht erreichte zum Jahresende 1891 die Frankfurter Theaterfreunde. Die beliebte Kammersängerin Marie Wilt, die über Jahre hin eine wesentliche Stütze im Ensemble bildete, hatte ihrem Leben durch Selbstmord ein Ende gesetzt. Motiv zu dieser Tat war eine unglückliche Liebe zu einem weit jüngeren Mann, der sie abgewiesen hatte. Sie verfiel daraufhin in Schwermut und nahm sich in völliger Verwirrung das Leben.

Mit verständlichem Interesse sah man der Ankündigung einer neuen Oper des rasch zu Weltruhm gelangten Pietro Mascagni entgegen: »Freund Fritz« (12. März 1892). Obwohl dieses Werk in Italien keinen nachhaltigen Erfolg erzielt hatte und nach nur wenigen Aufführungen wieder von der Bühne verschwunden war, beeilte man sich in Frankfurt, dem Berliner Hoftheater den Rang abzulaufen, indem man als erste deutsche Bühne diese Oper zur Aufführung zu bringen trachtete, was schließlich auch gelang. Ohne auf das völlig vergessene Werk näher einzugehen, muß jedoch konstatiert werden, daß die Frankfurter Erstaufführung mit Max Pichler in der Titelpartie stürmischen Beifall und wiederholte Hervorrufe auslöste.
Die Frankfurter Musikbühne, die seit Eröffnung des neuen Opernhauses mit so viel Intensität und Erfolg in Erscheinung getreten war und weit über die Stadtgrenzen hinaus geschätzt wurde, mußte durch das unerwartete Ableben ihres musikalischen Oberleiters Otto Dessoff einen schweren Schicksalsschlag hinnehmen. Nur wenige Tage nach der »Othello«-Aufführung, die seine letzte Amtshandlung war, starb er nach kurzer Krankheit am 28. Oktober 1892. Zwölf Jahre lang hatte er als einer der genialsten und tatkräftigsten Kapellmeister in Deutschland die Geschicke der Frankfurter Oper mitverantwortlich geleitet und dem Institut zu hohem Ansehen verholfen. Unter der Stabführung des ehemaligen Hofkapellmeisters von Hannover und späteren Direktors des Hochschen Konservatoriums, Bernhard Scholz, wurde das Abonnementskonzert am 9. November 1892 als Gedächtnisveranstaltung für den Verstorbenen ausgerichtet, bei der unter anderem W. A. Mozarts maurische Trauermusik dargeboten wurde.
Im Januar 1893 brachte der Spielplan eine Wiederbegegnung mit Mozarts Singspiel »Bastien und Bastienne« (18. Januar 1893) mit neuem Text und Dialog von Max Kalbeck, der nicht nur als großer Gegner Richard Wagners bekannt war, sondern auch als Übersetzer einer Vielzahl von Opern – u. a. von Gluck, Mozart, Verdi und Smetana – sich einen Namen gemacht hatte. Die Partie des Bastien sang der lyrische Tenor Franz Naval, dem wegen seiner schönen Stimme eine große Karriere vorausgesagt wurde. Mit der Rolle der Bastienne wurde Hedwig Schacko betraut, die – wie bereits erwähnt – aufgrund ihrer guten stimmlichen Mittel und ihrer Spielgewandtheit im Laufe der Zeit immer wieder gerne von anderen Bühnen zu Gastspielen herangezogen wurde.
Am 7. Februar 1893 konnte die Frankfurter Oper wieder einmal mit einer denkwürdigen Erstaufführung aufwarten, und zwar mit dem Drama in zwei Akten

»Der Bajazzo«

von Ruggiero Leoncavallo. Diesmal hatte die Intendanz schneller als gewohnt reagiert, denn schon gut ein Jahr nach der Mailänder Uraufführung bzw. zwei Monate nach der Berliner Erstaufführung konnte sie das Werk den Frankfurter Theaterfreunden präsentieren. Nach der erfolgreichen »Cavalleria rusticana« von Mascagni wurde nunmehr auch der »Bajaz-

Hedwig Schacko als Papagena in Mozarts »Zauberflöte«.
Die junge Künstlerin, die bereits mit sieben Jahren in Kinderrollen an der Dresdner Staatsoper herausgestellt wurde, fand als 18jährige dort bereits einen erfolgreichen Einsatz als Page in Meyerbeers »Hugenotten« und Marie in Lortzings »Zar und Zimmermann«. Dies war der Anfang ihrer Karriere, die sie über die Krollsche Oper in Berlin und dem Stadttheater in Danzig an das Frankfurter Opernhaus führte, wo sie unter schmeichelhaften Bedingungen im Jahre 1890 als Koloratursoubrette engagiert wurde.

Max Pichler als Siegmund in Richard Wagners »Ring des Nibelungen«.
Mit dem Titel eines Kammersängers kam er im Jahre 1890 vom Hoftheater in Braunschweig an das Frankfurter Opernhaus. Der geborene Frankfurter war ein eminent musikalischer Sänger, der mit viel Geschmack zu singen wußte und wegen der lyrischen Weichheit sowie dramatischen Kraft seine Stimme immer wieder von anderen Theatern sehr umworben wurde. In die Frankfurter Theatergeschichte ist er als erster Darsteller des Turiddu in Mascagnis »Cavalleria rusticana« und als erster Canio in Leoncavallos »Bajazzo« (1893) eingegangen. Auch ist Max Pichler als erster Titelträger von Pfitzners Oper »Der arme Heinrich« (1897) unvergessen geblieben.

Eduard Nawiasky als Don Juan in Mozarts gleichnamiger Oper.

zo« ein Glückskind zeitgenössischen italienischen Schaffens. Beide Werke sind inhaltlich verwandt, beide Male steht eine Liebes- und Eifersuchtstragödie im Mittelpunkt. Weiterhin gleichen sich der eng gespannte Handlungsablauf wie auch der Apparat, der zur Aufführung mit Soli und Chor benötigt wird. Die szenischen Vorgänge werden im »Bajazzo« durch das Theater im Theater zusätzlich belebt. Leoncavallo, der zugleich sein eigener Librettist war, hat es in diesem Werk gut verstanden, verschiedene Stilelemente maßvoll zusammenzufassen, jedoch dergestalt, daß man durchaus von einem Eigencharakter seiner Musik sprechen kann. Bei der Frankfurter Erstaufführung bemerkte man neben den Einflüssen Richard Wagners, wie etwa die Verwendung von Leitmotiven, auch die offenkundige Nähe zur Tradition der italienischen Oper sowie der französischen opéra comique. Schon der Prolog mit seiner effektvollen Orchestrierung zog das Publikum in seinen Bann. Die von dem Werk ausgehende Faszination hielt an bis zum Schluß der Aufführung. Vor allem beeindruckte die Arie des Canio am Ende des ersten Aktes, die von Max Pichler derart wirkungsvoll vorgetragen wurde, daß er vielfach vor die Rampe treten mußte. Weniger Zustimmung beim Publikum fand offenbar das Vogellied der Nedda, da diese Partie, besetzt mit der sonst so verdienstvollen Anna Jäger, der Stimmlage der Sängerin wenig entsprach. Wie dem auch sei, der Erfolg der Premiere im ausverkauften Haus war überzeugend. Mancher, der zuvor noch geglaubt hatte, Verdi sei die allein übrig gebliebene Begabung der mehr und mehr einschlummernden italienischen Opernkomponisten, wurde durch diesen Erfolg eines Besseren belehrt. Auch die uneingelöste Erwartung, daß dank der großen Erfolge Richard Wagners nunmehr jene von der romanischen Oper ausgehende Fremdherrschaft überwunden werde, bedeutete für die Freunde Bayreuths eine bittere Enttäuschung. Die Frankfurter Erstaufführung des »Bajazzo« ließ zweifellos erkennen, daß das Werk zu einem Welterfolg würde. Zeuge der ausverkauften Vorstellung war ein distinguiertes Publikum, darunter das junge hessische Fürstenpaar, das erstmals offiziell das Opernhaus besuchte.

Die Bemühungen des Intendanten Emil Claar, Richard Wagners Werke in den Frankfurter Spielplan zu integrieren, führten dazu, daß die Theaterfreunde im Mai/Juni 1893 zu einem

Wagner-Zyklus

mit zehn Werken des Komponisten eingeladen werden konnten. Es handelte sich hierbei um folgende Opern: »Rienzi«, »Der fliegende Holländer«, »Tannhäuser«, »Lohengrin«, »Tristan und Isolde«, »Die Meistersinger von Nürnberg« sowie die vier Werke des »Ring des Nibelungen«. Nach Ableben des Musikchefs Otto Dessoff ergab sich die schwer zu lösende Aufgabe, einen kongenialen Nachfolger ausfindig zu machen. Dabei ist es interessant zu wissen, daß der Komponist Richard Strauss als ein damals schon bewährter Dirigent großes Interesse zeigte, eine solche Position zu übernehmen, wie sich seiner Korrespondenz mit Engelbert Humperdinck entnehmen läßt. Strauss' Erwartungen hinsichtlich einer Zusammenarbeit mit Frankfurt gingen jedoch nicht in Erfüllung, da man sich für den 29jährigen Dr. Ludwig Rottenberg aus Brünn entschied, und zwar auf Empfehlung des Komponisten Johannes Brahms und des Dirigenten Hans von Bülow,

Dr. Ludwig Rottenberg,
der von 1893 bis 1926 dem Frankfurter Ensemble als Kapellmeister angehörte und davon bis 1924 als musikalischer Oberleiter.

der als Dirigent der Uraufführungen von R. Wagners »Tristan und Isolde« und der »Meistersinger von Nürnberg« großes Ansehen genoß. Am 15. Februar 1893 stellte sich Rottenberg in einem Opern-Konzert, drei Tage später als Dirigent von R. Wagners »Tannhäuser« vor. Sein Engagement nahm er mit Beginn der Spielzeit 1893/94 auf. Es sei vorweggenommen, daß er dem Verband der Frankfurter Oper bis zum Jahre 1926 angehörte. Wenige Monate zuvor hatte Kapellmeister Georg Goltermann das seltene Jubiläum einer vierzigjährigen ununterbrochenen Tätigkeit am Frankfurter Theater feiern können. 1874 war er zum leitenden Kapellmeister des Opernbetriebs avanciert. Goltermann galt als vorbildlicher Interpret Mozartscher Werke und der Spieloper, die er auch unter der Ära von Otto Dessoff bevorzugt betreute. Nach Rottenbergs Amtsantritt als erster Kapellmeister verabschiedete sich Goltermann am 24. September 1893, und zwar als Dirigent der Neueinstudierung von Marschners romantischer Oper »Hans Heiling«.

Die Frankfurter Opernleitung hatte es mit der Aufnahme neuer Werke in den Spielplan meist nicht allzu eilig und nahm sich oft erst dann der Novitäten an, wenn diese bereits an anderen Bühnen zur Aufführung gekommen waren. Darunter befand sich auch so manches Werk, dem keine große Zukunft vergönnt war. Von einer Benennung solcher Werke hat der Verfasser in der Regel abgesehen, es sei denn, diese hätten wenigstens in theatergeschichtlicher Hinsicht Bedeutung erlangt. Das verständliche Bestreben der Intendanz, auch mit deutschen Erstaufführungen hoffnungsvoller Werke zu glänzen, war bislang ohne sonderlichen Erfolg geblieben. Es läßt sich darüber streiten, ob man deshalb bei der im Frankfurter Spielplan getroffenen Auswahl von mangelndem Verständnis, lobenswerter Einsatzfreude oder aber von einer klugen Voraussicht sprechen soll, welche gebot, erst dann ein neues Werk anzunehmen, wenn dieses sich andernorts bereits bewährt hatte. Obwohl die Pflicht, auch moderne Werke zur Diskussion zu stellen, seit eh und je zu den unabdingbaren Voraussetzungen unserer Theater gehört, wird ein hohes Maß an Einsatz für zeitgenössisches Schaffen wohl stets zu einem großen Teil vergebliche Liebesmüh bleiben. Es soll jedoch nicht verschwiegen werden, daß sich auch genügend Werke benennen lassen, die bei ihrer ersten Begegnung mit dem Publikum wenig Eindruck hinterließen und von der Presse als totgeborenes Kind bezeichnet wurden, bald darauf jedoch einen glanzvollen Weg in die Zukunft nahmen. Wie willkürlich das Schicksal mitunter mit musikalischen Schöpfungen umgeht, beweist Friedrich Smetanas komische Oper

»Die verkaufte Braut«

die erst dreißig Jahre nach ihrer Uraufführung in Prag auf der Frankfurter Bühne dargeboten wurde (7. Oktober 1893). Dies war annähernd

Heinrich Bötel als Titelheld in Neßlers Oper »Der Postillon von Lonjumeau«.
Der zeitlebens mit dem Hamburger Theater verbundene Sänger war wegen seines strahlenden Tenormaterials auf vielen anderen Bühnen ein gern gesehener Gast, so auch in Frankfurt, wo er u. a. als Postillon auftrat und wegen seiner Fertigkeit im Peitschenknallen stets Sonderbeifall erhielt.

zehn Jahre nach dem tragischen Tod des Meisters, der zeitlebens nur wenig Anerkennung fand und seinen Lebensabend in geistiger Umnachtung verbrachte. Erst spät wurde ihm als dem Begründer der tschechischen Nationalmusik verdiente Wertschätzung zuteil. Bei der Frankfurter Erstaufführung seines wohl populärsten Bühnenwerkes, der »Verkauften Braut«, sprach man sich lobend aus über den hochtalentierten und feinsinnigen Musiker, dessen Oper mit ihrer blühenden, leicht beschwingten Melodik und ihrem echten Lustspielton stark beeindruckte. Nichts war zu spüren von den »Kraftmitteln Mascagnis«, von »donnerndem Eingreifen des Orchesterungeheuers von Posaunen und Tuben«, nichts von falscher Sentimentalität. Die Ursprünglichkeit seiner melodischen Gedanken und das ansprechende stimmliche und instrumentale Ausdrucksvermögen waren die glücklichen Voraussetzungen, die dem Werk zu seinem Welterfolg verhalfen. Nicht so leicht anfreunden konnte man sich bei der Frankfurter Erstaufführung mit den eingebrachten Rezitativen, an deren Stelle man im Interesse des Werkes lieber einen »flotten Dialog« gesehen hätte. Der Frankfurter Erstaufführung wurde ein hohes Maß an Qualität zugesprochen, was letztlich auf den Einsatz erster Gesangskräfte zurückzuführen war. So übernahm Anna Jäger, die u. a. bereits als Desdemona in Verdis »Othello« erfolgreich gewesen war, die Partie der Marie und Franz Naval, der bald darauf nach Wien überwechselte, den Hans. Etwas »aus der Rolle gefallen« war der Darsteller des Heiratsvermittlers Kezal, Carl Baumann, der mit unangebrachten »Trillern und sonstigen Verzierungen« zu glänzen suchte. Dem Regisseur Edmund Kreibig, der zuvor in gleicher Eigenschaft am Stadttheater in Hamburg tätig war, wurde eine sorgfältige Vorbereitung und ein »lebendiges Treiben auf der Bühne« attestiert. Die musikalische Leitung lag in den bewährten Händen von Dr. Rottenberg.

Schwere Vorwürfe mußte die Theaterleitung dafür hinnehmen, daß sie Puccinis Frühwerk »Die Willis« in den Spielplan (19. November 1893) aufgenommen hatte, obwohl bekannt war, daß diese Oper seit ihrem ersten Erscheinen ohne durchschlagenden Erfolg geblieben war. Der Beifall bei der Premiere galt denn auch in erster Linie der gelungenen Wiedergabe durch das Ensemble sowie der splendiden Ausstattung und den Beleuchtungseffekten, die beim Publikum große Bewunderung hervorriefen.

Eine besondere Attraktion stellte die Erstaufführung von Engelbert Humperdincks

»Hänsel und Gretel«

dar, eine Märchenoper, die in Weimar unter der musikalischen Leitung von Richard Strauss

Erinnerungsbild an die Erstaufführung von Humperdincks Märchenoper »Hänsel und Gretel« (1894) mit Anna Jäger (Hänsel) und Hedwig Schacko (Gretel).

Szenendarstellung zur Erstaufführung von Humperdincks »Hänsel und Gretel« aus der »Kleinen Presse«.

aus der Taufe gehoben worden war und erst nach den Aufführungen in Karlsruhe und München den Weg in die Mainstadt fand (11. März 1894). Das Werk steht insofern in enger Verbindung zu Frankfurt, als der Komponist in der Zeit seines Aufenthalts in der Mainstadt intensiv an der Entstehung dieses gelungenen Opernwerks arbeitete. Die ungewöhnliche Beliebtheit dieser Oper beruht neben dem poetischen Libretto auf einer selten geglückten Vertonung, die ebenso eingängig ist wie der zugrundeliegende Text. Die eingeflochtenen volkstümlichen Elemente wie die melodische Erfindungsgabe des Komponisten überhaupt trugen mit dazu bei, daß diese Schöpfung zu einem Welterfolg wurde. Die unverkennbare Nähe zum Schaffen Richard Wagners, besonders hinsichtlich der orchestralen Mittel, war wiederum nicht so augenfällig, daß sie die Eigenständigkeit dieses Werkes hätte in Frage stellen können. Natürlichkeit und Lauterkeit im musikalischen Ausdruck verleihen diesem Werk bis zum heutigen Tag eine bewundernswerte Lebenskraft. Neben Humperdinck verstand es nur noch Weber in seinem »Freischütz«, den Zauber des Waldes und des Märchens ähnlich überzeugend darzubieten. Die Frankfurter Erstaufführung war für den anwesenden Komponisten ein verdienter, von starkem Beifall gekrönter Erfolg, an dem auch das Gesangsensemble einen guten Anteil hatte. Anna Jäger als Hänsel und Hedwig Schacko als Gretel genügten in gesanglicher wie auch in darstellerischer Hinsicht allen Ansprüchen.
Leoncavallos Oper

»Die Medici«

(3. Mai 1894), die geraume Zeit vor seinem »Bajazzo« erschienen war, fand damals die volle Bewunderung des Frankfurter Publikums. Der durchschlagende Erfolg war jedoch keinesfalls dem selbstverfaßten Textbuch zuzuschreiben, da von einem dramatischen Aufbau der Handlung kaum die Rede sein kann. Leoncavallo hatte seinen Text mit dem Untertitel versehen: »Historische Handlung in vier Akten.« Das einzig Historische indessen lag in der Einbeziehung des Papstes in die Handlung, der sich des Herzogtums Florenz bemächtigen und deshalb den liebesdurstigen Herzog verdrängen wollte. Im wesentlichen ging es um die Liebe zweier Frauen zu einem Mann, wobei Leidenschaft und Intrige nebst Dolch und Blut die Szene beherrschten. Der Erfolg dieses Werkes in Frankfurt ging auf die berauschende Schönheit der Melodien zurück, wie überhaupt auf den typisch italienischen Kompositionsstil, bei dem vor allem die elementare Betonung des dramatischen Effekts den Ausschlag gibt. Auch die darstellenden Künstler der Hauptpartien wie Anna Jäger (Simonetta) und Max Pichler (Herzog Giulano) dürften an diesem erneuten Siegeszug einer italienischen Oper ihren Anteil gehabt haben.

Der 400. Geburtstag von Hans Sachs war Anlaß für eine Festvorstellung (5. November 1894), die mit Richard Wagners Ouvertüre zu den »Meistersingern von Nürnberg« eröffnet wurde. Im Anschluß daran trug ein »Ehrenhold« Goethes Gedicht über Hans Sachs und dessen poetische Sendung vor. Es folgten zwei Fastnachtsspiele auf einer Stegreifbühne inmitten eines Marktplatzes, der von Giebelhäusern umgeben war und durch Zuschauer belebt wurde. Den Abschluß der Feier bildete der dritte Akt der »Meistersinger von Nürnberg« mit Dr. Rudolf Pröll vom Hoftheater Stuttgart als Hans Sachs, Max Pichler als Walther von Stolzing und Franz Naval als David.

Dem Komponisten Christoph Willibald Gluck gegenüber empfand man es als eine Ehrenpflicht, seine in Vergessenheit geratene Oper »Armida« (6. Dezember 1894) wiederaufzuführen. Der Intendant dürfte sich bewußt gewesen sein, daß mit der Aufnahme dieses Werkes in den Spielplan weder ein großer Kassenerfolg noch eine oftmalige Wiederholung zu erwarten war. Vielleicht erinnerte man sich an Glucks Äußerung anläßlich der Aufführung seiner »Alceste«, wo er erklärte, es gehe ihm bei seinen Werken darum, ein Gegengewicht zu schaffen zu den italienischen Komponisten mit ihrer allzu gefälligen Musik, um auf diese Weise zugleich der damit verbundenen Eitelkeit der Sänger vorzubeugen. Immerhin fand die Aufführung der »Armida« in Frankfurt ein dankbares Publikum, und zwar im Gegensatz zu der kühlen Aufnahme bei der Uraufführung in Paris. Hervorgehoben wurde die Leistung der Trägerin der Titelrolle, Pelagie Ende-Andriessen, die »prächtig spielte und die dramatischen Akzente mit leidenschaftlicher Empfindung zum Ausdruck brachte«.

Am 10. Januar 1895 machte Jules Massenet mit der Oper »Werther« seine erste Aufwartung in Frankfurt, nachdem die Hoftheater in Wien und Weimar mit Aufführungen vorangeschritten waren. Nach den erfolgreichen Frankfurter Aufführungen seines »Herodias« und des »Cid« war dem »Werther« nicht das erhoffte Interesse beschieden. Die Figur des Werther empfand man als zu wenig anregend, um sie für ein Musikdrama verwerten zu können. Im Gegensatz zu den früheren Werken, in denen es Massenet verstanden hatte, Akzente zu setzen, sagte man seinem »Werther« kein langes künstlerisches Leben voraus. Einer der Rezensenten äußerte damals unverblümt die Meinung, daß – auch wenn man Massenet heiße – Kunstgeschick und Gewandtheit allein nicht ausreichten, um Bühnenwirksamkeit zu erzielen.

Ein Werk, von dem man im Grunde hätte erwarten können, daß es die Herzen der Frankfurter Theaterfreunde anspricht, war Peter Cornelius' komische Oper »Der Barbier von Bagdad« (Erstaufführung am 28. Februar 1895). Dennoch überrascht es nicht, daß dieses auch heute noch gern gesehene Werk – trotz der Protektion durch Franz Liszt bei der Weimarer Uraufführung (1858) – damals wenig Wohlwollen fand und erst nach Jahren bei einer Wiederbegegnung in München, und zwar unter der Mitwirkung des berühmten Bayreuther Sängers Eugen Gura als Abul Hassan, zu neuem Leben erweckt wurde. Die Tatsache, daß auch die Frankfurter Erstaufführung ohne stürmische Begeisterung vonstatten ging, begründete man damit, daß die äußeren Effekte – wie sie für die italienischen Opern charakteristisch sind – vermißt wurden, und die »vielen intimen Schönheiten, von denen es geradezu wimmelt, eben nicht jedermanns Sache« seien. Man bedauerte, daß die »gemüthvolle, mit sarkastischem Humor

Bühnenbildentwurf von Hermann Burghart zu Verdis »Aida« (zu Seite 83).

Dr. Rudolf Pröll als Titelheld in Mozarts »Don Juan«.
Der in Budapest geborene Sänger hat erst im 30. Lebensjahr nach Absolvierung eines Jurastudiums sich zur Bühnenlaufbahn entschlossen. Nach seinem Gesangsstudium bei dem berühmten Garcia in Mailand wurde er gut vorgebildet an das Hamburger Theater verpflichtet. Von dort aus folgte er Angeboten in erster Fachstellung nach Würzburg, Magdeburg und an das Hoftheater in Suttgart. Im Jahre 1895 trat er als Wilhelm Tell in Rossinis gleichnamiger Oper sein Engagement in Frankfurt an, wo er wegen seiner unverwüstlichen Stimme und seiner stilisierten Darstellung hochgeschätzt war. Zu seinen Bravourpartien gehörte neben dem Don Juan, der Alfio (»Cavalleria rusticana«), der Wotan (»Ring des Nibelungen«) und der Hans Sachs (»Die Meistersinger von Nürnberg«). Der Komponist Humperdinck stellte Rudolf Pröll bezüglich seines dramatischen Vortrages über den international bekannten Baritonkollegen Francesco d'Andrade.

Franz Naval als Genero in Donizettis »Lucrezia Borgia«.

Pélagie Ende – Andriessen (spätere Greeff – Andriessen) als Brünnhilde in Richard Wagners »Ring des Nibelungen«. Die gebürtige Wienerin nahm ihr erstes Engagement am Hoftheater in Berlin an, wo sie jedoch bald als talentlos entlassen wurde. Nach einem erneuten Studium fand sie ein Engagement an dem damals renommierten Stadttheater in Leipzig, wo sie mit der Darstellung als Aida aufhorchen ließ. Schon bald wurde sie zu Gastspielen in Wien und in Berlin eingeladen. Ein Triumph für sie war ihr Einsatz als Brangäne in Richard Wagners »Parsifal« bei den Bayreuther Festspielen (1886). Nach zweijähriger Tätigkeit am Theater in Köln nahm sie im Jahre 1890 ein Engagement als erste dramatische Sängerin in Frankfurt an. Zu ihren Bravourrollen gehörte die Santuzza in Mascagnis »Cavalleria rusticana«, die Isolde in Richard Wagners »Tristan und Isolde« und die Brünnhilde im »Ring des Nibelungen«. Auch als Norma in Bellinis gleichnamiger Oper, als Valentine in Meyerbeers »Hugenotten« sowie als Selica in Meyerbeers »Die Afrikanerin« zeigte sie sich als eine großformatige Künstlerin. Von Frankfurt aus hatte die Sängerin reiche Möglichkeiten an Spitzentheatern wie in München, London usw. zu gastieren.

ausgestattete herrliche Musik« beim Frankfurter Publikum auf so wenig Verständnis stieß und die Theaterbesucher sich immer erst dann angesprochen fühlten, wenn die »Erregung eines starken Effektes« gegeben war. Inwieweit die offenbar nicht ganz glückliche Besetzung der teilweise recht anspruchsvollen Partien an der reservierten Aufnahme durch das Publikum schuld war, läßt sich heute nicht mehr feststellen.

Nach dem unbestrittenen Erfolg von Smetanas »Verkaufter Braut« war es verständlich, daß die Frankfurter Theaterleitung es sich angelegen sein ließ, weitere Bühnenwerke des Komponisten in den Spielplan aufzunehmen. So folgte am 21. Mai 1895 die Erstaufführung der Oper »Dalibor«, der im November 1894 die erste deutschsprachige Aufführung in München vorausgegangen war. Im Gegensatz zur »Verkauften Braut« handelt es sich hierbei um eine Tonschöpfung ernsten Charakters, welche die Begabung des Komponisten von einer ganz anderen Seite erkennen läßt. Bei der Uraufführung, die unter der Leitung des Komponisten im tschechischen Nationaltheater in Prag 1868 stattfand, hatte das Werk bei dem durch italienische Opern verwöhnten Publikum nicht den erhofften Erfolg. Smetana blieb auch bei dieser Schöpfung dem slawischen Wesen treu, ging jedoch im Vergleich zur »Verkauften Braut« als vorwärtsstrebender Geist in eine neue Richtung. So finden wir den Komponisten bei seiner Oper »Dalibor« mit ihren durchkomponierten Szenen und den zahlreichen Leitmotiven auf den Spuren Richard Wagners wandeln. Die ungezwungene volkstümliche Musik, die wirksame Steigerung der Empfindung und die prächtige Instrumentation gaben bei der Frankfurter Erstaufführung vielfach Anlaß zu rauschendem Beifall, zu dem auch die treffliche Leistung des Hauptdarstellers, Alexander von Bandrowski, wesentlich beitrug. Zweifellos ein Werk, das es nicht verdient hat, der Vergessenheit anheimzufallen.

Als ein besonderes Ereignis empfand man es, Pietro Mascagni, den Schöpfer des Melodrams »Cavalleria rusticana«, in Frankfurt als Dirigent erleben zu können. Man sprach von ihm als einem »Wundermann«, der »als unbekannter, armer Mann aufstand und sich als berühmter Komponist zu Bette legte«. Immerhin steht fest, daß es bis heute noch keinem anderen Komponisten gelungen ist, sich mit einem Erstlingswerk so schnell den Weg zu einer beispiellosen Karriere zu ebnen. Nicht einmal Carl Maria von Weber mit seinem »Freischütz« oder Meyerbeer mit seinem Welterfolg »Die Hugenotten« brachten es fertig, mit ihren Schöpfungen in solch kurzer Frist allgemeine

Paul Greeff als Hagen in Richard Wagners »Götterdämmerung«.
Der gebürtige Kölner begann seine Bühnenlaufbahn am Hoftheater in Dresden, wo er sich jedoch nicht genügend gefördert fühlte und sich an das Theater nach Nürnberg veränderte. Über Engagements in Köln und am Hoftheater in Kassel kam er im Jahre 1888 nach Frankfurt, wo er bis 1914 im Vertrag blieb. Er beherrschte alle großen seriösen Baßpartien wie auch die Spielbaß- und Baßbuffopartien. Seine metallreiche Stimme hatte den außergewöhnlichen Umfang vom Kontra-C bis zum hohen G. Im Jahre 1897 sang er bei den Bayreuther Festspielen, was seinem hohen Ansehen noch weiteren Auftrieb verlieh.

Anerkennung zu finden. Wie rasch man andererseits im Schatten seines eigenen Ruhmes stehen kann, bewiesen Mascagnis spätere Werke, die künstlerisch stark abfielen. Die Aufführung seiner Opern »Silvano« (13. Oktober 1895) und »Festa a Marina« (13. Oktober 1895) in Frankfurt ließen keine Zweifel daran aufkommen, daß alles, was der Feder des Komponisten nach der »Cavalleria« entfloß, mehr und mehr an Kraft und Erfindungsgabe verloren hatte. Zwar vermochten das italienische Kolorit, die belebten Tempi und das zündende Spiel der italienischen Sänger noch immer das Publikum zu entzücken, doch konnte man letztlich nicht von einem künstlerischen Erfolg sprechen, auch nicht bei den großen Chören, die noch als das Beste an diesen Opern galten. Ruhiger und überzeugender erschien als nächste Erstaufführung

»Der Evangelimann«

des Österreichers Wilhelm Kienzl (3. November 1895). Es war wenige Monate nach der Uraufführung in Berlin, wo sich diese Volksoper mit ihrer gefälligen Melodik vielversprechend angelassen hatte. Obwohl der Komponist manches Richard Wagner und dem italienischen Verismus abgelauscht hatte, gelang es Kienzl dennoch in diesem seinem ersten Bühnenwerk, alles zu einem persönlichen Stil zu verschmelzen. Mochte auch vieles rührselig angemutet haben, so muß sein Werk doch als ein glücklicher Wurf angesehen werden, worauf allein schon die vielen Aufführungen in der Folgezeit hindeuten.
Zu einem denkwürdigen Tag in der Frankfurter Theatergeschichte wurde der 12. Januar 1896, an dem Verdis lyrische Komödie

»Falstaff«

zur Erstaufführung gebracht wurde. Dies geschah etwa ein Jahr nach der Mailänder Uraufführung bzw. fünf Monate nach der ersten deutschsprachigen Aufführung in Stuttgart. Das Werk des nahezu achtzigjährigen Komponisten, das zum Epilog eines begnadeten Lebens werden sollte, war erstaunlicherweise eine heitere Oper. Nur noch einmal in seiner Laufbahn – und zwar gut fünfzig Jahre zuvor – hatte Verdi mit »König für einen Tag« eine Buffo-Oper geschrieben, die jedoch als ein mißlungener Versuch angesehen werden muß. Bei seinem »Falstaff« hatte er sich jedoch eines Stoffes angenommen, den bereits im Jahre 1849 Otto Nicolai seiner Oper »Die lustigen Weiber von Windsor« zugrundegelegt hatte. So konnte es natürlich nicht ausbleiben, daß das Publikum anläßlich der Aufführung des Verdischen »Falstaff« Vergleiche anstellte. Man empfand die Nicolaische Fassung keineswegs als schwächer, sondern glaubte vielmehr, der deutschen Spieloper in mehrfacher Beziehung den Vorzug geben zu müssen. Zwar zollte man Verdi die Anerkennung, ein Meisterstück ersten Ranges geschaffen zu haben, doch konnte man sich des Eindrucks nicht erwehren, daß vieles in seiner Oper »mehr erdacht als erfunden und die Motive oft von Greisenhaftigkeit des Inhalts« seien. Mochten die Besucher des »Falstaff« seinerzeit an die Nicolaische Vertonung erinnert worden sein, so befremdet es doch, daß die Arbeit des italienischen Meisters »eigentlich als etwas überflüssig« angesehen wurde. Offen wurde erklärt, man habe von der »Falstaff«-Oper nicht den gleichen anregenden Eindruck wie von den zahlreichen anderen Werken des Komponisten. So konnte es auch nicht überraschen, daß der Beifall bei der Frankfurter Erstaufführung, die unter der musikalischen Leitung von Dr. Ludwig Rottenberg stand, »nicht von jener Vehemenz getragen« war, wie man es von früher her kannte. Es sollte jedoch nicht mehr lange dauern, bis dem »Falstaff« die verdiente Wertschätzung entgegengebracht wurde und dieses Werk zu einem der wertvollsten der Operngeschichte aufrückte. – Zu den Mitwirkenden bei der Frankfurter Erstaufführung des »Falstaff« gehörte Dr. Rudolf Pröll als Titelheld, dem der Ruf vorauseilte, eine unverwüstliche Stimme zu besitzen und ein faszinierender Darsteller zu sein. Der Komponist Engelbert Humperdinck hielt ihn für einen der überzeugendsten deutschen Darsteller und stellte ihn sogar über den berühmten d'Andrade. Mit ihm stand damals die gleichfalls überdurchschnittlich begabte Hedwig Schacko als Ännchen auf der Bühne, die bereits mit sieben Jahren an der Dresdner Hofoper in Kinderrollen herausgestellt worden war und später daselbst als 18jährige mit der Pagen-Rolle aus den »Hugenotten« ihre glanzvolle Opernlaufbahn begann. Nach ihrem Einsatz an der Krollschen Oper in Berlin und am Stadttheater in Danzig kam sie – wie bereits früher erwähnt – im Jahre 1890 nach Frankfurt, wo man ihr einen außergewöhnlichen Vertrag bot. Abschließend zum Thema »Falstaff« kann

Hedwig Schacko als Titelträgerin in der Erstaufführung von Goldmarks Oper »Das Heimchen am Herd«.

nicht unerwähnt bleiben, daß das Werk in der damals laufenden Spielzeit insgesamt nur drei Aufführungen erlebt hat. Hierdurch wird die Tatsache bestätigt, daß man dem Werk keine sonderliche Anteilnahme entgegenbrachte.

Wie schon bei früherer Gelegenheit herausgestellt, besaß das Frankfurter Ensemble in dem Bassisten Paul Greeff eine vielseitige Kraft; ihm kamen auch die Erfahrungen aus seiner vorausgegangenen Tätigkeit in Nürnberg, Köln und am Hoftheater in Kassel zustatten. So vermochte er neben den großen seriösen Partien auch Rollen des Spiel- und Baßbuffofaches mit Bravour zu bewältigen. Man bewunderte an ihm auch seinen großen Stimmumfang vom Contra-C bis zum hohen F. Im Jahre 1897 holte man ihn wegen seiner hervorragenden künstlerischen Voraussetzungen sogar nach Bayreuth, wo er sich als Hagen in Richard Wagners »Ring des Nibelungen« auszeichnete.

Neben dem »Falstaff« bescherte der Spielplan im Kalenderjahr 1896 eine Reihe weiterer Erstaufführungen, die jedoch keiner eingehenden Darstellung bedürfen. Hierzu gehörte u. a. die Oper »Der Geigenmacher von Cremona« des Ungarn Jenö Hubay (9. Februar 1896), der sich als Konzertgeiger internationalen Ruf erwarb. Völlig in Vergessenheit geraten ist der Komponist E. Meyer-Helmut, dessen Oper »Trischka« für den 5. April 1896 in einer Erstaufführung angekündigt wurde. Auch der Name Otto Urbach, Schöpfer der Oper »Der Müller von Sanssouci« (23. April 1896), ist in keinem modernen Lexikon mehr vertreten. Im Gegensatz dazu wurden die Bühnenwerke des Österreichers Karl Goldmark in Frankfurt seinerzeit sehr geschätzt, wobei erwähnt sein muß, daß der Name dieses Komponisten auch heute noch gelegentlich auf der Bühne oder im Konzertsaal auftaucht. Seine Oper

»Das Heimchen am Herd«

konnte sich bei ihrer Frankfurter Erstaufführung (1. Oktober 1896) einer überaus freundlichen Aufnahme erfreuen. Wenngleich Kritik laut wurde, daß in seinem Werk das melodische Element zugunsten des besinnlichen zu stark zurückgedrängt werde, wußte man doch die Geschicklichkeit der musikalischen Eingebung als Vorzug anzuerkennen, was letztlich auch dem Werk seine sympathische Ausstrahlung verlieh. Wesentlichen Anteil am Erfolg schrieb man der Trägerin der Titelrolle, Hedwig Schacko, zu, die sich aufgrund ihrer darstellerischen Gewandtheit und ihrer schönen Stimme wahrer Beifallsstürme erfreuen konnte.

Nun ist es an der Zeit, kurz auf den Besuch des Kaisers anläßlich der 25-Jahr-Feier nach dem Friedensschluß einzugehen, da hier ein enger Zusammenhang mit dem Frankfurter Theaterleben besteht (10. Mai 1896). Für

Ellen Gulbranson als Brünnhilde in Richard Wagners »Götterdämmerung«.
Die schwedische Sängerin, die ununterbrochen von 1896 bis 1914 dem Ensemble der Bayreuther Festspiele angehörte, ließ sich auch am Frankfurter Opernhaus bei ihren Gastspielen umjubeln (1896).

Alexander van Bandrowski als Titelträger in Richard Wagners »Tannhäuser«.

Anna Jäger als Evchen in Richard Wagners Oper »Die Meistersinger von Nürnberg«.

Frankfurt war es ein Ereignis, das mit seinen Begleiterscheinungen heute für viele kaum noch vorstellbar ist. Alles, was Rang und Namen hatte, u. a. auch Oberbürgermeister Franz Adickes, fand sich am Bahnhof ein zum Empfang des Kaisers und seines Gefolges. Seine Majestät trug die Uniform des ersten Garderegiments und war geschmückt mit dem Großen Band des Schwarzen Adlerordens. Die Kaiserin erschien in einem Kleid aus lindgrüner Seide, gleichfarbigem Cape und einem »Kapotthütchen mit Theerosen«. Zunächst fuhr das kaiserliche Paar zum Festgottesdienst in die Katharinenkirche, wo in der Predigt an das Friedensfest erinnert und darauf hingewiesen wurde, daß der »erkämpfte Frieden seinen wahren Segen nur darin findet, wenn dabei die Rüstung zum Kriege gegen die Feinde im eigenen Herzen und im Volksleben gehandhabt und die Sünde überwunden werde«. Nach diesem eindrucksvollen Gottesdienst begab sich das kaiserliche Gefolge zur Enthüllung des Denkmals Kaiser Wilhelms I. zum Opernplatz, wo vor einem mit Gobelins ausgeschlagenen Zelt »vier Hatschiere in rothweißer Altfrankfurter Tracht« Wache hielten. Selbstverständlich fehlten auch nicht die obligatorischen Militärformationen, die am Ende der Feier »mit aufgepflanztem Seitengewehr und in guter Haltung« im Paradeschritt vor Seiner Majestät defilierten. Anschließend begab sich der Kaiser zum Forsthaus, um die Rennbahn zu besichtigen. Auf der Hinfahrt feierte ihn die Rudergesellschaft »Germania« mit stürmischen Ovationen. Als ihn der Heimweg über die Alte Brücke führte, erblickte der Kaiser am Denkmal Karls des Großen ein Plakat, das er sich von einem dort postierten Schutzmann vorlesen ließ. Es hatte folgenden Wortlaut: »Da niemand an Dich denkt / Du edler deutscher Kaiser / So schmücken Dich allhier / Die biedern Sachsenhäuser.« Der Abend blieb dem Besuch einer Festvorstellung im Opernhaus vorbehalten. Man hatte die

Selma Kurz als Elisabeth in Richard Wagners »Tannhäuser«. Mit dieser schwierigen Partie trat die spätere Starsängerin des Wiener Hoftheaters ihre Bühnenlaufbahn in Frankfurt an. Schon bald wurde allseits die seltene Begabung erkannt, so daß es nicht ausbleiben konnte, daß man sie nach dreijährigem erfolgreichen Einsatz an ein größeres Theater, nunmehr an die Wiener Hofoper, abgeben mußte, – wo sie von Gustav Mahler ohne Engagementsgastspiel unter Vertrag genommen wurde. Zu den in Frankfurt gesungenen Partien gehörten u. a. die Carmen in Bizets gleichnamiger Oper, die »Walküren«-Sigrune, die Servilia in Mozarts »Titus«, die Astaroth in Goldmarks »Die Königin von Saba« und nicht zuletzt die »Fledermaus«-Rosalinde, wofür sie eine glänzende äußere Erscheinung und überdurchschnittliche Spielgewandtheit mitbrachte.

Selma Kurz als Carmen in Bizets gleichnamiger Oper. Diese großartige Sängein, die als Koloratursopran an der Wiener Hofoper Weltruhm erlangte, ließ sich nur noch im Jahre 1904 als Gastsängerin an der Frankfurter Oper nachweisen, so als Mignon in der gleichnamigen Oper von Thomas, als Gilda in Verdis »Rigoletto« und als Olympia in Offenbachs Oper »Hoffmanns Erzählungen«.

Abschluß dieser Serie bildete eine Wiedergabe des neuen Kaiserdenkmals, das unter dem Schutz der Germania mit dem Rhein-Mosel-Motiv des Niederwalddenkmals erschien. Nunmehr folgte der Kriegsmarsch der Priester aus Mendelssohns »Athalia« und zum Abschluß die letzte Verwandlung aus Richard Wagners »Meistersinger von Nürnberg« in völlig neuer Ausstattung. Die Darsteller Dr. Rudolf Pröll als Hans Sachs, Alexander von Bandrowski als Walther von Stolzing und Anna Jäger als Evchen erzielten mit ihren herrlichen Stimmen unter der Leitung von Dr. Ludwig Rottenberg einen überwältigenden Erfolg. Nach der Abreise des Kaisers durch das abendliche, reich illuminierte Frankfurt und dem Verladen der kaiserlichen Equipage mit den mehr als zwanzig Rappen in fünf Waggons kehrte wieder der Alltag in die Mainstadt zurück.

Zu Beginn der Spielzeit 1896/97 wurde das Opernhaus-Ensemble durch das Engagement der Sopran-Anfängerin Selma Kurz um eine wertvolle Kraft bereichert. Schon in ihrer Kindheit erkannte man ihre besonders schöne Stimme, die mit Hilfe eines Stipendiums des kunstsinnigen Fürsten Nikolaus Esterhazy in Wien ausgebildet wurde. Bald erregte die junge Sängerin in der Öffentlichkeit Interesse, was schließlich zu ihrem Engagement an das Theater in Hamburg führte. Ungeachtet ihrer vertraglichen Bindung nahm sie jedoch ein Angebot an die Frankfurter Oper an, wo sie am 19. September 1896 – ohne je zuvor auf der Bühne gestanden zu haben – die schwierige Partie der Elisabeth in Wagners »Tannhäuser« mit solch großem Erfolg absolvierte, daß man ihr kurze Zeit später erneut Gelegenheit gab, sich auch als Carmen zu präsentieren (24. September 1896). Der Eindruck war derart grandios, daß man Selma Kurz sofort an das Frankfurter Opernhaus verpflichtete. Für heutige Verhältnisse ist ein solcher Vorgang völlig undenkbar; denn kein Intendant würde es wagen, eine echte Anfängerin mit solchen schwierigen Aufgaben zu beauftragen. In der nächsten Zeit setzte man die vielversprechende Sängerin in mehreren kleineren Rollen ein, so z. B. als Taumännchen in Humperdincks »Hänsel

Loge des hohen Gastes mit einem von einer Kaiserkrone geschmückten Baldachin ausgestattet. Nach einem Hoch auf den Kaiser, der mit adlergeschmücktem Helm erschienen war, und dem Absingen der Nationalhymne begann der eigentliche Festakt mit der Ouvertüre zu Webers »Euryanthe«. Der Vorhang hob sich, und die Bühne zeigte einen altgermanischen Eichenwald mit den davorstehenden neun Musen. Als die von Intendant Emil Claar verfaßte Friedenshymne vorgetragen war, folgten »Lebende Bilder aus Deutschlands Geschichte«. Den

Siegrid Arnoldson als Titelträgerin der »Traviata« von Verdi.
In den Jahren 1896 und 1897 läßt sich die schwedische Sängerin, die inzwischen eine Weltberühmtheit geworden war, in zahlreichen Gastspielen, so u. a. als Traviata, Mignon und Carmen nachweisen. Die Kunstwelt betrachtete sie als die legitime Nachfolgerin der »Schwedischen Nachtigall« Jenny Lind. Mit ihrem Namen verbinden sich auch viele Einsätze an der Metropolitan Opera in New York und an der Dresdner Hofoper, der sie zeitweise als Mitglied angehörte.

und Gretel« und als Siebel in Gounods »Margarethe«. Zu einem weiteren Höhepunkt in ihrer Laufbahn führte ihr Einsatz als Rosalinde in der »Fledermaus« (4. Dezember 1896), da hierbei neben ihrer schönen Stimme auch ihr Bühnentalent voll zur Geltung kam, gepaart mit einer vorzüglichen äußeren Erscheinung. Als Cherubin in der Mozart-Oper »Figaros Hochzeit« zeigte sie sich von betörender Anmut, und in Halévys »Jüdin« vermochte sie als Recha einen weiteren Beweis ihres enormen Leistungsvermögens zu erbringen. Die zunehmende Reife und stetig wachsende Vervollkommnung ließen voraussahnen, daß Selma Kurz vor einer großen Karriere stand. Ohne überrascht zu sein, ließ man sie nach Wien kommen, wo sie von Gustav Mahler, ohne ein Informationsgastspiel absolvieren zu müssen, an die dortige Hofoper (spätere Staatsoper) verpflichtet wurde. Ihr dortiges Debüt als Mignon verlief geradezu sensationell, und ihr Einsatz als Königin der Nacht in Mozarts »Zauberflöte« wurde zum Ausgangspunkt ihrer Erfolgsserie als führender Koloratursopran am dortigen Haus. Es würde zu weit führen, alle jene Aufgaben aufzuzählen, die sie im weiteren Verlauf ihres Engagements in Wien wahrnahm, oder aber all jene Bühnen zu benennen, an denen sie als Star von internationalem Rang gefeiert wurde. Wie aus den Annalen hervorgeht, kam sie nur noch im Jahre 1904 zu Gastspielen nach Frankfurt, wo sie – mit dem Titel einer K. K. Kammersängerin ausgezeichnet – als Mignon, als Gilda in »Rigoletto« und in allen drei Partien in »Hoffmanns Erzählungen« auftrat.

In der Zwischenzeit hatte man ein Werk des Franzosen Charles Lecocq vorbereitet. Es trug den Titel »Giroflé – Girofla« und wurde für den 28. Mai 1896 als Erstaufführung angekündigt. Obgleich Lecocq vierzig Opern geschrieben hatte, die ihn zeit seines Lebens zu einem der beliebtesten Komponisten in Frankreich machten, erinnert heute fast nur noch der »Galopp« aus besagter Oper an seinen Namen.

Nahezu völlig in Vergessenheit geraten ist Bizets Oper »Djamileh«, die am 20. Dezember 1896 ihre Frankfurter Erstaufführung erlebte. Dieses unmittelbar vor »Carmen« entstandene Werk blieb nach seiner Uraufführung in Paris unbeachtet und verschwand stillschweigend vom Spielplan. Erst nachdem die Oper »Carmen« ihren Siegeszug durch die Welt angetreten hatte, holte man auch Bizets andere Werke wieder aus den Archiven, darunter die einaktige »Djamileh«. Wenngleich diese Oper nicht dasselbe Maß an Vollendung aufweist wie »Carmen«, so läßt Bizet doch immerhin durch seine originelle Melodik und frische Inspiration aufhorchen. Dessen ungeachtet konnte sich diese Oper in Frankfurt nicht eines bleibenden Erfolges erfreuen, was u. a. auf die mißglückte Besetzung der Titelpartie zurückzuführen war. Demgegenüber erfuhren der Tenor Alexander von Bandrowski als Harun und der Tenorbuffo Alfred Hauck als Splendiano dank ihres erfolgreichen Einsatzes entsprechende Anerkennung. Hauck gehörte mehr als zwei Jahrzehnte dem Frankfurter Ensemble an, dem er insofern eine große Stütze war, als er unzählige kleine Rollen mit echtem Komödiantentum zu erfüllen vermochte. Erwähnt sei auch, daß er in späteren Jahren seines Engagements und nach seiner Pensionierung einen Zigarrenladen in der

Der Frankfurter Spieltenor Alfred Hauck, der nebenbei ein Zigarrengeschäft unterhielt.

Schillerstraße betrieb, dem reicher Zuspruch vergönnt war.

Zu einem bedeutungsvollen Tag in der Frankfurter Theatergeschichte sollte die erste Aufführung einer Oper von Hans Pfitzner werden. Man schrieb den 7. Januar 1897, als sein Musikdrama

»Der arme Heinrich«

in Frankfurt zur Erstaufführung kam. Pfitzner, in Moskau geboren, verbrachte einen Großteil seiner Jugend in Frankfurt, wo er Schüler und später Lehrer am Hochschen Konservatorium war. Während seiner Tätigkeit als Kapellmeister am Stadttheater in Mainz erlebte er die Uraufführung seines oben genannten Erstlingswerkes (1895). Trotz der starken Einwirkung Wagnerscher Musik auf sein Schaffen spürte man bei ihm weit mehr an Eigenständigkeit als bei seinem Zeitgenossen Richard Strauss, der sich in seinem ersten Bühnenwerk, dem »Guntram«, erheblich abhängiger erwies. Doch entbehrt Pfitzners Leben nicht auch einer gewissen Tragik, da er sich stets als im Schatten von Richard Strauss stehend fühlte. Als sich Pfitzner noch um einen unabhängigen, persönlichen, verinnerlichten Stil bemühte, trat Richard Strauss bereits eine Laufbahn an, die ihn schließlich zu weltweiter Anerkennung führte. Ungeachtet, daß sich Pfitzner zeit seines Lebens nur auf eine kleinere Schar von Anhängern berufen konnte, verdient er, daß sein Schaffen, das sämtliche Musikgattungen umfaßt und ihm den Ruf als »letzter Romantiker« einbrachte, auch weiterhin lebendig bleibt. Schon bei der Frankfurter Erstaufführung seines »Armen Heinrich« attestierte man dem anwesenden Komponisten ein vielversprechendes Talent, welches für noch größere Leistungen prädestiniert schien. Jedenfalls war deutlich geworden, daß es ihm weniger um theatralische Wirkung als um die Erfassung innerer Vorgänge zu tun war, wobei er so manches Mal gegen den zur Monotonie neigenden Text angehen mußte. Nach jedem Aktschluß wurden der Komponist und die darstellenden Künstler an die Rampe gerufen – ein unverkennbarer Beweis für die sympathische Aufnahme des Werkes durch das Publikum. Maßgeblichen Anteil am Erfolg hatten die Solisten, die ein

Hedwig Schacko als Gänsemagd in dem Melodrama »Die Königskinder« von Humperdinck.
Auch mit dieser Rolle machte sich die begabte Sängerin erneut zu einem der beliebtesten Mitglieder des Frankfurter Opernensembles.

geradezu ideales Ensemble bildeten. Es waren dies: Hedwig Schacko (Agnes), Anna Jäger (Hilde), Max Pichler (Heinrich), Eduard Nawiasky (Dietrich) und Paul Greeff (Mönch). Auch Dr. Ludwig Rottenberg als Kapellmeister und Georg Brandes als Regisseur wurde reiche Anerkennung zuteil. Trotz des äußeren Erfolges kamen leise Zweifel auf, ob sich das Werk auf Dauer auf dem Frankfurter oder überhaupt auf dem deutschen Spielplan werde halten können.

Am 14. März 1897 gelangte die jüngste Schöpfung des in der Wagner-Nachfolge stehenden Engelbert Humperdinck

»Die Königskinder«

erstmals – in der ursprünglichen Fassung als Melodram – auf die Bretter der Frankfurter Bühne. Nach dem durchschlagenden Erfolg mit der Märchenoper »Hänsel und Gretel« mußte es dem Werk schwerfallen, den Weg zu breiter Anerkennung zu finden. Der vergleichsweise wenig ursprüngliche Text mag hierzu ein übriges getan haben. Dennoch kann konstatiert werden, daß die Darbietung dieses gleichfalls märchenhaften Stoffes oft von einer beachtlichen poetischen Stimmung getragen war, die von Humperdinck in eine blühende Melodik umgesetzt wurde. So paßt sich beispielsweise die orchestrale Einkleidung wirkungsvoll den dramatischen Situationen an und erweist sich als anregend in der musikalischen Detailmalerei. Dennoch fand das Werk über Deutschland hinaus wenig Anklang, wenn man von der Uraufführung der späteren Opernfassung in New York (1910) absieht. Bei der Frankfurter Erstaufführung des Melodrams wurde das Werk nicht nur als eine Frucht ernsten Strebens und tüchtigen Könnens gepriesen, sondern ebenso als eine Bühnenschöpfung von erhabener Schönheit. Der anwesende Komponist konnte mit dem ausführenden Ensemble unter der musikalischen Leitung von Dr. Ludwig Rottenberg sehr zufrieden sein. Herausgestellt wurde vor allem Hedwig Schacko als Gänsemagd, die in allen Phasen und Nuancen ihrer Rolle, vom höchsten Liebesglück bis zu tiefstem Liebesleid, dank ihrer natürlichen Anmut und darstellerischen Begabung durch eine meisterhafte Charakterisierung zu überzeugen vermochte.

Auffallend eilig hatte es die Frankfurter Theaterleitung mit der Aufnahme von Giacomo Puccinis jüngster Oper

»La Bohème«

in den örtlichen Spielplan (11. November 1897). So konnten die Theaterbesucher knapp anderthalb Jahre nach der Turiner Uraufführung bzw. fünf Monate nach der ersten deutschsprachigen Darbietung in Berlin eine Oper kennenlernen, die zu einem Welterfolg werden sollte. Es

Alois Burgstaller als Siegfried in Richard Wagners »Götterdämmerung«.
Der begnadete Künstler gehörte zu den wenigen Sängern, die zeitlebens nicht auf Festengagement an einem Theater angewiesen waren und nur gastspielweise auftraten. Nach der Entdeckung seiner schönen Stimme durch Cosima Wagner und seiner gesanglichen Ausbildung bei dem Frankfurter Gesanglehrer Bellwidt fand er ab 1894 Einsätze in kleinen Rollen bei den Bayreuther Festspielen. Nach seinem Erfolg als Siegfried im Jahre 1897 gehörte er zu den tragenden Gesangskräften in Bayreuth. Als er jedoch trotz ausdrücklichem Verbot von Bayreuth die Titelpartie des Parsifal in New York sang, fiel er im Hause Wagner in Ungnade. Erst nach Beilegung der Differenzen im Jahre 1903 trat er dort wieder auf. In Frankfurt war Burgstalller in den Jahren 1897 bis 1901 oft zu Gast, wobei er bevorzugt in Wagnerrollen, so als Siegfried und Siegmund, aber auch als »Freischütz«-Max auftrat.

ist indessen geradezu haarsträubend, wie man seinerzeit diese Novität fehlinterpretierte. Ein maßgeblicher Frankfurter Kritiker gab beispielsweise zu verstehen, die Aufführung habe gezeigt, daß die italienische Oper in ein Stadium der Entwicklung getreten sei, welches »einen vollkommenen Bruch mit der Vergangenheit bedeutet und heute schon an einem Punkte angelangt« sei, der »jenseits der Grenzen des Musikalisch-Schönen und Musikalisch-Zulässigen« liege. Als Puccini sich vor einigen Jahren mit einem älteren Werk in Frankfurt vorgestellt habe, sei noch ein gewisses romantisches Kunstgefühl erkennbar gewesen, da er noch »an das Evangelium des Schönen und an den verführerischen Klangreiz des Tones« geglaubt habe. Nunmehr aber bringe er es »bei einer noch so hochentwickelten Technik allenfalls zu einem Nacheinander musikalischer Geräusche«, nicht jedoch »zu einem geschlossenen, harmonisch gegliederten Kunstwerk«. Der Rezensent fährt fort: »Das gellende Tohuwabohu der Straße ist ebenso ungeeignet zur musikalischen Nachgestaltung wie die behende Junggesellenconversation mit flüchtigem Witz, aber ohne jeden Ruhepunkt des Empfindens. Ein Künstler wie Puccini wird freilich aus so musikalischen Verhältnissen heraus dem Musiker noch mancherlei interessante Dinge zu sagen haben; aber was scheert sich das Publikum um die ihm unverständlichen bonmots der Leute vom Fach, was sind ihm die feinsten Untermalungen der Scene durch das Orchester, wenn das Herz leer ausgeht und ihm so gut wie nichts von Musik im Ohr haften bleibt. Nein – bei aller Hochachtung vor der geistreichen Mache: Freude, ehrliches Gefallen haben wir der ›Bohème‹ nicht abzugewinnen vermocht. Sie bedeutet einen weiteren Schritt zur Auflösung der musikalischen Formen in ein geräuschvolles Stück, dessen lose miteinander verbundenen Theile nur vereinzelte Schönheitsgebilde durchleuchten.« Auch das Libretto der Oper blieb nicht ungeschoren, da dort »mit kühner Hand die Welt des Leichtsinns erschlossen wird« und der mit »feinen und intimen Reizen« ausgestattete Text nicht die »grelle Beleuchtung der Theaterlampe« vertrage. Ein anderer Kritiker vertrat sogar die Meinung, das Sujet sei manchmal sogar »recht anwidernd«. Puccini wird der Vorwurf gemacht, mit »geradezu gesuchter Originalität, mit absichtlich herbeigeführten Dissonanzen« und durch «fortgesetzt nervöses Modulieren« einen »lärmenden Wirrwarr« erzeugt zu haben, innerhalb dessen sich nur gelegentlich »eine Oase« finden lasse. Um dieses Thema abzuschließen, sei noch ergänzend hinzugefügt, daß wir es hier mit einem typischen Fall zu tun haben, der zeigt, wie wenig Verständnis man solchen Werken bisweilen entgegenzubringen imstande war, die später zu einem festen Bestandteil des internationalen Spielplans wurden. Was die Frankfurter Erstaufführung betrifft, so schenkte man wenigstens dem Ensemble ein gutes

Karl Scheidemantel als Wolfram in Richard Wagners »Tannhäuser«.
Der in Bayreuth bewährte Bariton gastierte öfter in Frankfurt nicht nur als Wolfram, sondern auch als René in Verdis »Maskenball« (1898). Nach 25jähriger Zugehörigkeit zur Dresdner Oper war er einige Jahre sogar Direktor des dortigen Theaters.

Gemma Bellincioni als Carmen in Bizets gleichnamiger Oper.
Als eine der gefeiertsten Primadonnen Italiens ging sie in die Theatergeschichte ein, zumal sie bei der Uraufführung von Mascagnis »Cavalleria rusticana« die Santuzza sang. In den Jahren 1893 bis 1898 läßt sie sich als Gast auf dem Frankfurter Spielplan nachweisen. Neben der Santuzza und der Carmen trat sie als Titelträgerin der »Mignon« von Thomas und als Traviata in der gleichnamigen Oper von Verdi auf.

Wort. Man attestierte den Darstellern der Mimi (Anna Jäger), dem Rudolf (Max Gießwein), der Musette (Jenny Fischer) und dem Marcell (Dr. Rudolf Pröll) überzeugenden Einsatz und bestätigte Dr. Ludwig Rottenberg eine wohlvorbereitete Orchesterarbeit.
Zu den zahlreichen Neuerscheinungen auf dem Frankfurter Spielplan jener Zeit, denen man keine sonderliche Aufmerksamkeit zu schenken braucht, zählt auch die Oper »Ingo« des Frankfurter Komponisten Bernhard Scholz (27. Februar 1898). Die Musik verriet zwar die Arbeit eines kundigen und gediegenen Komponisten, doch sie schleppte sich von Akt zu Akt dahin und entbehrte eines zündenden Funkens. Der Beifall galt wohl weniger dem Komponisten und mehr dem Ansehen, das sich Scholz als Direktor des Hochschen Konservatoriums erworben hatte.
Stärker ins Blickfeld rückte das musikalische Lustspiel »Die Abreise« von Eugen d'Albert (20. Oktober 1898), der zeitweilig in Frankfurt lebte und bevorzugt als Pianist von internationalem Format bekannt war. Man schätzte es, daß sich der Komponist einer Lustspieldichtung als Sujet bediente und nicht – wie viele seiner Kollegen – den breitgetretenen Pfad der herrschenden Mode eingeschlagen hatte, wonach die »Vertreter größerer Partien durch Pulver, Dolch, Schwindsucht oder Gift mit vielem Spektakel in ein musikalisches Jenseits« befördert werden. Weiterhin schätzte man an ihm, daß er – fern jeder überladenen Instrumentation – den Lustspielton treulich zu wahren suchte und durch lebendiges Empfinden und Originalität die Hörer ansprach. Entsprechend herzlich war der Applaus bei der Erstaufführung, den der Komponist gemeinsam mit den Darstellern entgegennehmen konnte. Mit d'Alberts »Abreise« bahnte sich ein neuartiger Stil der musikalischen Komödie an, den er jedoch nicht weiter verfolgte, da er sich in das Fahrwasser des Verismus begab.
Kurz vor der Jahrhundertwende kündigte die Theaterleitung ihren Besuchern mit Mascagnis neuer Oper »Iris« einen weiteren «Leckerbissen« an (26. September 1899). Nach den Mißerfolgen, die der Schöpfer der von packender Dramatik erfüllten »Cavalleria rusticana« mit seinen nachfolgenden Werken hat hinnehmen müssen, kam unerwartet aus Italien die Kunde, sein jüngstes Bühnenwerk werde alles überbieten, was bisher aus seiner Feder geflossen sei.
Als außerdem bekannt wurde, daß die Uraufführung in Rom und die anschließenden Aufführungen in Mailand und Neapel beachtliche Erfolge gebracht hatten, bemühte sich Intendant Claar, die deutsche Erstaufführung für Frankfurt zu gewinnen, was ihm schließlich auch gelang.
Das Stück selbst spielt im Schatten des schneeglänzenden stolzen Gipfels des Fudschijama. Im Mittelpunkt der Handlung steht die kindliche Iris mit ihrer Puppe, die in die Gewalt eines Wüstlings gerät. Die Fremdheit des Milieus, das mystisch-symbolische Beiwerk, vor allem das »Widerwärtige des ganzen Motivs« stießen erwartungsgemäß auf Vorbehalte, nachdem

Ludwig Mantler als Dr. Bartolo in Rossinis »Der Barbier von Sevilla«.
Der in Prag geborene Sänger war ein Schüler des einst in Frankfurt hochgeschätzten Gesangslehrers Julius Stockhausen. Als früheres Mitglied des Straßburger Theaters debütierte er in Frankfurt als Beckmesser in Richard Wagners »Meistersinger von Nürnberg« (1899). Ab Spielzeit 1902/1903 war er abwechselnd Mitglied der Wiener und Berliner Hofoper, wo er einen durchschlagenden Erfolg als Figaro (»Figaros Hochzeit«), van Bett (»Zar und Zimmermann«), Baculus (»Der Wildschütz«) hatte. Aber auch als Mephisto (»Margarethe«), Alberich (»Rheingold«) und Beckmesser (»Die Meistersinger von Nürnberg«) wurde er sehr geschätzt.

zuvor schon manche anderen Sujets verworfen worden waren. Ungeachtet dessen ließen die instrumental mächtig aufgebaute Introduktion der Oper, der Hymnus an die Sonne und der vielfältige chorische Einsatz im ersten Akt aufhorchen und vermuten, daß die folgenden Seiten der Partitur wenigstens Gleichwertiges zu bieten haben würden. Leider jedoch verflachten die musikalischen Gedanken von Akt zu Akt bis hin zu erkennbarer Farblosigkeit. Hedwig Schacko in der Titelrolle ließ dennoch nichts unversucht, um ihrer Aufgabe die besten Seiten in musikalischer wie darstellerischer Hinsicht abzugewinnen. Die Überraschung des Abends war jedoch der neu engagierte Ludwig Mantler als Kyoto, der seiner Rolle darstellerisch und gesanglich überzeugend gerecht wurde. Wenn dem Werk trotz mancher Vorbehalte ein Achtungserfolg beschieden war, so war dies nicht zuletzt auf die bewundernswerten Dekorationen zurückzuführen, die von dem hauseigenen Bühnenbildner Max Walther und dem Wiener Hofmaler Hermann Burghart hergestellt worden waren. Der wiederholt in Verbindung mit Frankfurt erwähnte Burghart gehörte damals zu den namhaftesten Bühnenbildnern Europas. Auf ihn gingen auch die feenhaften Dekorationen für die Privatbühne König Ludwigs von Bayern zurück. Ein Jahr nach der Frankfurter Premiere der Mascagni-Oper »Iris« erreichte die Theateröffentlichkeit die Mitteilung, daß Burghart, dem Frankfurt zahlreiche Dekorationsausstattungen zu verdanken hatte und der während seines Lebens mehr als 1500 Theaterdekorationen anfertigte, wegen nervlicher Zerrüttung unter Kuratel gestellt worden war.

Von den zahlreichen Erstaufführungen, die im ersten Jahr des 20. Jahrhunderts stattfanden, sei vorerst die dreiaktige Oper »Die Mainacht« des bedeutenden russischen Komponisten Nikolaj Rimskij-Korsakow genannt (3. Mai 1900). Er hatte sich in Frankfurt längst einen Namen gemacht, nachdem dort schon so manches seiner konzertanten Werke erklungen

Karikatur von Intendant Emil Claar, der es verstand seine Mitglieder »wie am Schnürchen« zu führen.

war. Die »Mainacht«, im Jahre 1881 am Kaiserlichen Theater in Petersburg aus der Taufe gehoben, ging textlich auf Gogol zurück, den Verfasser der Komödie »Der Revisor«. Die musikalische Vertonung ließ erkennen, daß Rimskij-Korsakow zum Lyriker viel, zum Dramatiker jedoch wenig mitbrachte. Man sah auch hierin den Grund, weshalb er mit keinem seiner zahlreichen Werke an deutschen Theatern fest Fuß fassen konnte. Zwar wußte man seinen ausgeprägten Sinn für prächtige Klangkompositionen wie auch seine originelle Instrumentation zu schätzen, doch konnte das Fehlen des dramatischen Elements dadurch nicht ersetzt werden. Trotz großer Bemühungen seitens aller Mitwirkenden, der erstmaligen Aufführung der »Mainacht« in Deutschland zum Erfolg zu verhelfen, blieb die Resonanz ausgesprochen matt. Am meisten gefielen noch die volkstümlich nachempfundenen Szenen, die als beste Seite des Librettos und der Musik angesehen wurden. Anna Jäger als Hanne, Max Pichler als trefflicher Lewko und Ludwig Mantler als imponierender Dorfältester suchten ihren Partien das Beste abzugewinnen. Ein Frankfurter Rezensent schloß seine Kritik mit den Worten: »Zwangsvolle Plage, Müh' ohne Zweck.«

Erwähnenswert ist weiterhin die erstmalige szenische Darstellung des Oratoriums »Die Legende von der heiligen Elisabeth« aus der Hand von Franz Liszt (31. Mai 1900). Bei dieser Gelegenheit weckte die Sopranistin Pelagie Greeff-Andriessen als Elisabeth große Hoffnungen in bezug auf ihre zukünftige Frankfurter Tätigkeit.

Von einschneidender Bedeutung für den Frankfurter Opernbetrieb war eine Mitteilung an die Öffentlichkeit, in welcher angekündigt wurde, daß Intendant Emil Claar mit Ende der Spielzeit 1899/1900 die Leitung der Oper abgeben werde, um sich völlig dem Schauspiel und der Vorbereitungsarbeit für das vor der Eröffnung stehende neue Schauspielhaus zu widmen. Zu seinem Nachfolger wurde der 49jährige Paul Jensen ernannt, der Ende September 1900 bei einer Feierstunde vom Aufsichtsrat der Theatergesellschaft in sein Amt eingeführt wurde. Hierbei erfuhr man, daß der gebürtige Königsberger nach beendeter Buchhändler-Ausbildung zunächst als Schauspieler zur Bühne überwechselte und später als Opernsänger seine Chancen wahrnahm. Anschließend wurde er in Dresden als Opernregisseur eingesetzt und fand ab 1897 Verwendung als Direktionsrat; in dieser Eigenschaft hatte er Aufgaben der künstlerischen Betriebsführung und die technische Verwaltung wahrzunehmen.

Das Opernhaus unter der Leitung von Intendant Paul Jensen 1900–1911

Als erste Novität brachte das Opernhaus in der Spielzeit 1900/1901 die Erstaufführung der Oper

»Der Bärenhäuter«

von Siegfried Wagner (30. Oktober 1900). Als Sohn eines berühmten Vaters konnte nicht ausbleiben, daß Siegfried Wagner überall zusätzliche Förderung zuteil wurde. Dennoch gelang es ihm zeit seines Lebens nicht, trotz anerkannter Begabung aus dem Schatten seines übermächtigen Vaters herauszutreten. Seine jüngste Oper, deren Text er selbst verfaßt hatte, führte in die Wunderwelt des deutschen Märchens, was insofern wenig erstaunte, als Siegfried Wagner zum Schülerkreis Engelbert Humperdincks zählte. Schon bei der Münchener Uraufführung wurde deutlich, daß der »Bärenhäuter« als ein gelungener Versuch seines kompositorischen Schaffens angesehen werden mußte, so daß man seiner Weiterentwicklung zuversichtlich entgegensehen konnte. Allgemein hielt man sich jedoch mit Zukunftsprognosen zurück, da man es für übereilt hielt, ihn bereits als eigenständige Komponistenpersönlichkeit anzusehen. Bei der Frankfurter Erstaufführung holte ihn das Publikum nach jedem Aktschluß an die Rampe, wo ihm Beifall zuteil wurde, wie man ihn sonst in Frankfurt nur selten zu hören bekam. Viele der Anwesenden mögen sich gedacht haben: »Man muß ein Wagnersohn aus dem Hause Wahnfried sein!« In den Beifall einbezogen wurden auch die Darsteller, so der prächtig singende Max Pichler als Hans Kraft, die stets hervorragend interpretierende Hedwig Schacko als Luise und nicht zuletzt Carl Baumann als Meister Satanas, der das Spiel zur grotesk-heiteren Seite hin belebte. Dr. Ludwig Rottenberg als Dirigent und Christian Krähmer als Regisseur waren gleichfalls verdienstvolle Helfer. Abschließend sei hinzugefügt, daß man den »Bärenhäuter« im Frühjahr 1917 erneut in den Spielplan aufnahm. In den dazwischenliegenden Jahren wurden den Werken

Intendant Paul Jensen.

Siegfried Wagners nur wenig Lorbeeren zuteil.

Willkommene Aufnahme fand die Erstaufführung der dreiaktigen Märchenoper »Rothkäppchen« von François Adrien Boieldieu (27. November 1900), der im Jahre 1834 gestorben und als Meister der französischen Spieloper in die Geschichte eingegangen war. Allgemein wurde es als wohltuend empfunden, daß die Intendanz neben einem regen Einsatz für das zeitgenössische Schaffen, ihr Augenmerk auch auf die alten Schätze legte. Die Wiederaufnahme der Oper »Rothkäppchen« brachte in Erinnerung, daß dieses Werk nach seiner Pariser Uraufführung in der Opéra Comique (1818) einen Siegeszug über die Bühnen angetreten und jahrzehntelang einen sicheren Platz im Repertoire der Opernbühnen eingenommen hatte. Die Verwertung des volkstümlichen Textes vollzog Boieldieu unter Verwendung eines leichten französischen Konversationstones, fern von dramatischen Steigerungen, graziös in den gut klingenden Arien und in den ansprechenden Chören. Hedwig Schacko in der Titelrolle war wiederum von starker Überzeugungskraft, und auch Max Pichler als Baron Lewko konnte sich erneut Sympathien beim Publikum sichern.

Freundliche Aufnahme fand die Wiederbegegnung mit Lortzings letzter Oper »Die Opernprobe« am ersten Weihnachtsfeiertag des Jahres 1900. Dabei erinnerte man sich an die Uraufführung dieses Werkes vom 20. Januar 1851 in Frankfurt am Main, am Vorabend von Lortzings Abschied von der Welt. Die Nachricht vom Erfolg der liebenswürdigen Schöpfung konnte ihn somit nicht mehr erreichen. Diese Freude, die ihm in seiner damals so unglücklichen und materiell bitteren Situation etwas Ermutigung hätte bringen können, blieb ihm versagt. Bei der Frankfurter Wiederaufnahme trat der geschätzte Bassist Ludwig Mantler mit seiner ursprünglichen Komik erneut erquickend in Erscheinung, wie auch Alfred Hauck mit Temperament und Humor alles daransetzte, um seiner Rolle als dumm-pfiffiger Diener Johann zum Erfolg zu verhelfen. Als Kammermädchen Hannchen hatte man die bewährte Jenny Fischer eingesetzt und als Gräfin die erprobte Clara Weber. Schließlich bleibt noch der Tenor Heinrich Hensel als junger Baron Rheinthal zu erwähnen, der nach dreijähriger Tätigkeit in Freiburg nach Frankfurt wechselte und dank seiner schönen Stimme vor einer hoffnungsvollen Karriere stand.

Als erste Premiere des Jahres 1901 wurde die Oper »Benvenuto Cellini« von Hector

Berlioz angekündigt (20. Januar 1901). Wir kennen den Komponisten als Verehrer Beethovens und als Freund von Richard Wagner und Franz Liszt. Während seiner Konzertreisen durch Deutschland führte ihn sein Weg unter anderem auch nach Frankfurt (1854), von wo er jedoch unverrichteterdinge wieder abreisen mußte. Die Absage seiner Konzerte hatte ihn nicht zeitig genug erreicht. Das Leben des Komponisten entbehrt insofern nicht einer gewissen Tragik, als sich Berlioz auf sinfonischem Gebiet zwar Anerkennung verschaffen konnte – und dies sogar als Wegbereiter –, in Frankreich indessen mit seinen Opern wenig Glück hatte.

Emmy Destinn als Carmen in der gleichnamigen Oper von Bizet.
Als Sängerin großen Formates wurde sie bei ihren Gastspielen in Frankfurt (1901–1906) u. a. als Carmen, »Tannhäuser«-Elisabeth und als Santuzza in Mascagnis »Cavalleria rusticana« sehr gefeiert. Als Mitglied der Berliner Hofoper kreierte sie die Titelpartie von Richard Strauss' »Salome«. Bereits als 23jährige wurde sie bei den Bayreuther Festspielen als Senta im »Fliegenden Holländer« eingesetzt. Besonders zu erwähnen gilt ihr Einsatz als Minnie bei der Uraufführung von Puccinis »Mädchen aus dem goldenen Westen« im Metropolitan Opera House in New York (1910), der sie viele Jahre als Gesangsstar angehörte.

Clara Weber als Adriano in Richard Wagners »Rienzi«.

Im Gegensatz zu seinem Zeitgenossen Meyerbeer, der von Triumph zu Triumph eilte, blieb es Berlioz versagt, auch nur eines seiner Werke in der Großen Oper in Paris zur Aufführung zu bringen. Schon mit seinem ersten Bühnenwerk, der komischen Oper »Benvenuto Cellini«, die eine Verbundenheit mit dem Schaffen Aubers verrät, konnte er zeit seines Lebens ebensowenig Anerkennung finden wie mit der in Baden-Baden uraufgeführten Oper »Beatrice und Benedict«. Selbst sein bedeutendstes Werk »Die Trojaner«, das erstmals im Jahre 1890 in Karlsruhe zur vollständigen Aufführung kam (und im Jahre 1979 durch Generalmusikdirektor Michael Gielen in Frankfurt konzertant dargeboten wurde), konnte sich trotz mancher Schönheiten keinen festen Platz im Repertoire der Opernbühnen sichern. Was die bühnenmäßige Wiedergabe der Oper »Benvenuto Cellini« im Jahre 1901 anbelangt, so wurde auch damals der Erfolg allein durch den Darsteller des Florentiner Goldschmieds Cellini bestimmt. In Max Pichler besaß man im Ensemble einen hochbegabten Künstler, der mit seinem blendenden Stimmaterial und seiner feinfühligen Gestaltungsgabe sich selbst

Pelagie Greeff-Andriessen als Isolde in Richard Wagners »Tristan und Isolde«.
Die über viele Jahre hinweg in Frankfurt tätig gewesene Sängerin, die eine allererste Stellung im Ensemble einnahm, vermochte auch bei ihren zahlreichen Gastspielen an Spitzentheatern durch einen in der Höhe selten zu findenden lieblichen Wohllaut wie auch durch imponierendes dramatisches Ausdrucksvermögen nachhaltigen Eindruck zu hinterlassen.

Hermann Schramm als Veit in Lortzings Zauberoper »Undine«.
Als im Frühjahr 1899 der junge Schramm als Mitglied des Theaters in Köln sich als David in Richard Wagners Oper »Die Meistersinger von Nürnberg« vorstellte, erkannte man in ihm einen zukunftsträchtigen Künstler, der neben einer strahlenden Stimme auch über eine überdurchschnittliche darstellerische Begabung verfügte. Wie zu erwarten war, nahm er eine stürmische Entwicklung, die ihm später den Ruf einbrachte, einer der besten Vertreter des Tenorbuffofaches zu sein. Im Jahre 1899 kam bereits die Ehre auf ihn zu, als David alle anfallenden »Meistersinger«-Vorstellungen bei den Bayreuther Festspielen singen zu dürfen.

übertroffen haben soll. Doch auch die temperamentvolle Pelagie Greeff-Andriessen als Ascanio trat nicht weniger wirkungsvoll in Erscheinung. Auch muß Hedwig Schacko als Teresa erwähnt werden, die in der ihr anvertrauten Rolle voll zur Geltung kam. Nicht zu vergessen der unentwegt einsatzbereite Hermann Schramm, der als Buffo einen köstlichen Fieramosca verkörperte und sich anschickte, zu einem der wertvollsten und verwendungsfähigsten Mitglieder des Frankfurter Ensembles zu werden. Auch mit dem inzwischen engagierten Rudolf Brinkmann als Pompeo war Staat zu machen, da er sich sehr publikumssicher auf der Bühne zu bewegen verstand. Dr. Ludwig Rottenberg war wie stets ein zuverlässiger Sachwalter des musikalischen Geschehens.

Als am 27. Februar 1901 Peter Tschaikowskys einaktige Oper »Jolanthe« in Frankfurt zur Erstaufführung kam, war nicht unbekannt geblieben, daß es sich hierbei nicht um das beste Werk des Komponisten handelte. Indessen nahm man gerne eine Wiedergabe als »Abschlagszahlung« in Kauf, da das Antrittsprogramm des neuen Intendanten eine Aufführung des »Onegin« versprach, ein Werk, das in Rußland als Nationaloper in so hohem Rang stand wie bei uns etwa der »Freischütz«. Bei seinem lyrischen Einakter »Jolanthe« griff Tschaikowsky das erste und einzige Mal auf einen ausländischen Stoff als Vorlage zurück. Weder die Handlung, die in der Provence spielt, noch die Oper als Musikwerk weisen dramatische Steigerungen auf. Sie lassen nur wenig verspüren von einer prägnanten künstlerischen Individualität. Zwar zeigt sich das Orchester in der Tschaikowsky eigenen Farbenpracht, im übrigen aber verläuft das Werk in den gewohnten italienischen Kantilenen und in breiter lyrischer Melodik. Dieser Einakter brachte weder Neuartiges noch Aufregendes, wenngleich sich manche geistreichen Einzelheiten und das zarte Kolorit dem Zuhörer einprägten. Die Rolle des blinden Königskindes wurde von Hedwig Schacko mit rührender Herzlichkeit interpretiert, während Ludwig Mantler als Arzt und Dr. Rudolf Pröll als König ihre schönen Stimmen gleichfalls in den Dienst dankbarer Aufgaben stellten. Des weiteren lassen sich im damaligen Spielplan drei Erstaufführungen von Henry Berény, Gustav Lazerus und Karl von Kaskel ausmachen. Die Namen dieser Komponisten sagen uns heute nichts mehr. Erwähnenswert ist allein die Ankündigung des Opernfragments »Die drei Pintos« von Carl Maria von Weber in der musikalischen Bearbeitung und Ergänzung von Gustav Mahler (6. Oktober 1901). Interessanterweise hatten sich schon vor längerer Zeit Meyerbeer, Marschner und auch Lachner mit der Absicht getragen, das flüchtig skizzierte Werk bühnenfähig zu machen. Nach Revision des Textes versuchte nun Gustav Mahler, das Werk im Geiste Webers zu ergänzen. In dieser Form waren »Die drei Pintos« noch vor der Frankfurter Aufführung in Leipzig und Dresden gebracht worden. Da dem Verfasser ein Klavierauszug dieser Neubearbeitung nicht zur Verfügung stand, konnte er hierzu leider keine Stellung nehmen. Es kann lediglich angemerkt werden, daß solche Unternehmungen erfahrungsgemäß nur selten von künstlerischem Geschmack und Glück begleitet sind und

Rudolf Brinkmann als Graf in Mozarts »Figaros Hochzeit«.
Der ab 1897 in Frankfurt engagierte Spiel- und lyrische Bariton sollte durch einen vielseitigen und gepflegten Einsatz bald zu einem unentbehrlichen Mitglied des Opernhauses werden, dem er mehr als zwanzig Jahre treue Dienste erwies.

Paul Greeff in einer unbekannten Rolle.
Der in Frankfurt sehr geschätzte Bassist, der in den späteren Jahren seines Frankfurter Engagements (1888–1914) seinen Einsatz mehr nach dem Baßbuffo hin verlagerte, gehörte zu den ausgesprochenen Lieblingen des Theaterpublikums. Auch sein Einsatz bei den Bayreuther Festspielen wie die Vielzahl von Gastspielen an anderen Bühnen hat ihm verdientermaßen diesen Ruf eingebracht.

Ernst Kraus als Walther von Stolzing in Richard Wagners »Meistersinger von Nürnberg«.
Der gelernte Bierbrauer begann erst mit 30 Jahren seine Sängerlaufbahn am Theater in Mannheim, von wo aus er im Jahre 1898 als erster Fachsänger an die Berliner Hofoper engagiert wurde. Als einer der bedeutendsten Wagnersänger der Jahrhundertwende sang er von 1899 bis 1909 bei den Bayreuther Festspielen. Während dieser Zeit gastierte er des öfteren auch in Frankfurt u. a. als Lohengrin, Siegfried und Siegmund im »Ring des Nibelungen« (1901/1902).

So verhielt es sich beispielsweise mit der Oper »Der polnische Jude« des tschechischen Komponisten Karl Weis. Dieses Werk gelangte nach mehreren Aufführungen in Prag, Dresden, Köln und Zürich auch auf die Frankfurter Bühne (10. November 1901). Der Name des Komponisten wird in den Lexika unserer Tage zwar noch immer geführt, und man bescheinigt seinen Werken effektvolle Wirkungen, doch muß ihm letztlich eine persönliche Profilierung abgesprochen werden. Weis' Schöpfertat bestand im wesentlichen darin, aus verschiedenen erprobten Stilen – mehr oder weniger geschickt – Passendes herauszusuchen und nebeneinander zu stellen. Das Werk zerfällt trotz mancher ansprechender Details in eine Vielzahl von Episoden und bricht nach vielen Längen kraftlos und kurzatmig zusammen. Solche Merkmale lassen sich, wenngleich mit unterschiedlichen

sich der Aufwand meist nicht lohnt, solchen Fragmenten Lebenskraft einzuhauchen.

Wie bereits angedeutet, war der Spielplan jener Zeit nicht gerade glücklich zu nennen hinsichtlich der Darbietung zeitgenössischer Werke. Es ist erwiesen, daß sich der Komponistennachwuchs seinerzeit auf öden Pfaden bewegte und daß man, da Abwechslung und Neues im Spielplan geboten werden mußten, aus dem zur Verfügung stehenden Material eine Auswahl zu treffen hatte. Es blieb also nichts anderes übrig, als aus dem Angebot das qualitativ Beste und Gangbare herauszusuchen. Die Theaterleiter hofften, auf diese Weise wenigstens ihre Pflicht zu erfüllen.
Es verhielt sich keineswegs so, daß etwa nicht genug geschrieben worden wäre bzw. es nicht genügend gekränkte Komponisten gegeben hätte, die sich übergangen fühlten, aber allein das, was produziert wurde, war oft nicht wert, dargeboten zu werden oder kam nicht über ein paar Aufführungen hinaus. Hatte eine neue Oper irgendwo ein wenig Erfolg, so wurde sie sogleich überall aufgeführt, verschwand jedoch meist kurz darauf wieder vom Spielplan.

Dr. Rudolf Pröll als Hans Mathis in der Oper »Der Polnische Jude« von Karl Weis.
Der bereits gewürdigte Sänger hat sich neben der Beherrschung von ca. achtzig Opern auch als Konzertsänger bewährt.

Bühnenbildentwurf von F. A. Rottonara zur Oper »Romeo und Julia« von Gounod.

Vorzeichen, auch an anderen zeitgenössischen Produktionen nachweisen. Gelegentlich vermag eine gute Premierenbesetzung noch einiges zu retten, wie beispielsweise in vorliegendem Falle, doch auf Dauer lassen sich solche Werke nicht am Leben erhalten.

Nicht nur die oben beschriebenen, in der Regel mißglückten Erstaufführungen zeitgenössischer Opern waren schuld, daß man nach nur einjähriger Tätigkeit des Intendanten Jensen massive Angriffe gegen diesen startete. In einer 28seitigen Druckschrift warf man der Theater AG vor, in dem berufenen Intendanten einen unfähigen »homo ignotus« aus der Versenkung geholt zu haben, den man alsdann – im Einvernehmen mit Magistrat und Stadtverordnetenversammlung – durch einen unkündbaren Vertrag für sieben Jahre(!) an Frankfurt gebunden hatte. Auch ließ man seinem Unmut darüber freien Lauf, daß Jensen die Komponisten des alten bewährten Repertoires unberücksichtigt lasse, so u. a. Mozart, der für ihn offensichtlich nicht zu existieren scheine. Ein schlechtes Bild der Frankfurter Oper sah man auch in dem Versuch, das Theaterpublikum mit dem »Ring des Nibelungen« tot zu füttern und daneben den »Zigeunerbaron« dreimal wöchentlich anzusetzen. Man verlangte nach einem Ensemble ausgereifter Sänger, damit die Frankfurter Oper nicht noch weiter zu einem »Versuchstheater dilettantischer Anfänger« absinke.

Auch gab man zu verstehen, daß für wichtige Fächer in ausreichendem Maße alternierende Kräfte verfügbar sein müßten, um der »unheilvollen Gastspielwirtschaft« zu begegnen. Bemängelt wurde ferner, daß im Frankfurter Ensemble keine geeigneten Vertreter für Partien wie die des Lohengrin, Tannhäuser oder Max sowie keine ausreichenden Fachkräfte für die Carmen, Nedda, Santuzza usw. zur Verfügung ständen. Auch wurde Intendant Jensen jegliches Geschick im Umgang mit Künstlern abgesprochen und vorgeworfen, seither wie ein »Kampfhahn alle Gebote der Diplomatie und Klugheit außer acht« gelassen zu haben. Hiermit erklärte man auch die Verärgerung, die im Zusammenhang mit dem Engagement des Heldentenors Alexander von Bandrowski, der sich durch eine ungewöhnlich schöne Stimme auszeichnete, und des Tenors Max Pichler zum Schaden der Frankfurter Bühne entstanden war. Peinlich war, daß sich Intendant Jensen bei seiner ersten Inszenierung offenkundig auch Anachronismen zuschulden kommen ließ, die nach den Worten des Verfassers der Streitschrift »allenfalls nur einem Schmierendirektor, aber auf keinen Fall dem Leiter einer der ersten deutschen Opernbühnen« unterlaufen dürften. Wenn auch nicht ergründet werden konnte, wie Intendant Jensen die einseitig gesteuerte Schmähschrift aufnahm und welche Konsequenzen er hieraus zog, so war es ihm doch immerhin vergönnt, derselben mit Richard Strauss' zweiter Oper

»Feuersnot«

eine selten glückliche Erstaufführung entgegenzusetzen (3. Dezember 1901). Es gelang ihm sogar, das Werk nach dessen Uraufführung (21. November 1901) in Frankfurt als zweiter deutschen Bühne herauszubringen. Im Gegensatz zu Richard Strauss' erster Oper »Guntram« zeigte sich der Komponist in seiner jüngeren Bühnenschöpfung bei weitem nicht mehr so abhängig vom Schaffen Richard Wagners; vielmehr erscheint er schon als Komponist eigener Prägung. Wenn das Werk heute nur noch auf wenig Interesse stößt, so liegt dies vornehmlich an dem Textbuch Ernst von Wolzogens, in dem die Verhältnisse in München des Jahres 1865 beleuchtet werden. Die zum Teil köstlichen Anspielungen bleiben heute meist unverstanden. Als ausgesprochen kühn müssen die im Text enthaltenen Zeitglossen bezeichnet werden, die sich der Bajuware Strauss jedoch unbedenklich leisten konnte. Mag auch manche Wendung in der gewählten altertümlichen Münchener Sprache als störend empfunden worden sein, Strauss stellte dem eine Fülle kompositorischer Schönheiten entgegen, denen sich niemand verschließen konnte.

Richard Strauss
läßt sich im Laufe seines Lebens oft als Dirigent seiner Werke im Frankfurter Opernhaus nachweisen. Im Jahre 1910 war Frankfurt die einzige Stadt, die seine seitherigen Werke (»Guntram«, »Feuersnot«, »Salome« u. »Elektra«) auf dem Spielplan hatte. Auch seine späteren Werke fanden bald Aufnahme in den Frankfurter Spielplan, wobei an die vielen Dirigentengastspiele des Komponisten erinnert sei, insbesondere während der Clemens-Krauß-Ära mit dem »Richard Strauss-Zyklus« von sechs Bühnenwerken (1927).

Die Frankfurter Aufführung wurde zu einem künstlerischen Ereignis, das dadurch noch an Bedeutung gewann, daß der Komponist persönlich das Werk dirigierte. Richard Strauss dürfte mit der Besetzung zufrieden gewesen sein, denn die schönsten Stimmen des Hauses kamen bei dieser Aufführung zum Einsatz. So war vorauszusehen, daß das prächtige »Meistersinger«-Evchen Elsa Hensel-Schweitzer eine famose Interpretin der Diemut sein würde, da die stimmlichen Qualitäten und der darstellerische Liebreiz der Sängerin dieser Rolle sehr entgegenkamen. Eine weitere tüchtige Kraft trat mit Rudolf Brinkmann als Kunrad der Ebner in Erscheinung. Dank seiner jugendfrischen Stimme kamen die markanten Momente des Helden zur schönsten Entfaltung. Gut nachgezeichnet wurde ferner die Rolle des Bürgermeisters durch Alfred Hauck, wie auch Hermann Schramm als Schäfflermeister mit beispielhafter Ausdruckskraft in Erscheinung trat. Sonderlob verdienten sich der Dirigent Carl Wolfram und Oberregisseur Christian Krähmer, der als Nachfolger von Friedrich Schwemer nach erschöpfender Vorarbeit eine solch glanzvolle Aufführung erst ermöglicht hatte. Die interessante Premiere erhielt überschwenglichen Beifall, der alle Mitwirkenden einbezog.
Kaum war der Erfolg der Oper »Feuersnot« von Richard Strauss verklungen, konnte Intendant Jensen mit einer neuen Überraschung aufwarten. Hierbei handelte es sich um die Erstaufführung von Gustav Charpentiers Musikroman

»Louise«

am 31. März 1902. Dieses typisch französische Bühnenwerk, ganz im Stil des Verismus gehalten, war im Februar 1900 in der opéra comique in Paris mit großem Erfolg aus der Taufe gehoben worden und hatte bis zu seiner Frankfurter Erstaufführung mehr als 250 Vorstellungen erlebt. Auch die vorausgegangenen Aufführungen in Elberfeld, Hamburg, Leipzig, Köln usw. fanden beim Publikum begeisterte Aufnahme, so daß man auch in der Mainstadt von diesem Zugstück überzeugt war. Charpentier, der einst an der Spitze der »école progressiste« gestanden hatte, fing mit seiner »Louise« das pulsierende Leben und Treiben der Seinestadt ein, in der nicht nur alltägliche Gestalten und die bekannten »chris de Paris« in Erscheinung treten, sondern ebenso das liebesbedürftige Mädchen und die Bohèmiens. Das vom Komponisten selbst gefertigte Textbuch bot reichlich Gelegenheit zu musikalischer Detailschilderung. Jede auch noch so unscheinbare Geste wurde von ihm zu musikalischer Kleinmalerei genutzt. Charpentier hat hier eine Hymne auf Paris geschaffen, die auch aus kulturhistorischer Sicht als außerordentlich anregend bezeichnet werden muß. Bedauerlicherweise erscheint dieses ansprechende Werk in Deutschland nur noch selten auf dem Spielplan, während

Theodor Bertram als Wotan in Richard Wagners »Walküre«. Der berühmte Sänger, der zeitweise Mitglied der Münchener Hofoper und des Metropolitan Opera Houses von New York war, hat in den Jahren 1901 bis 1906 eine Vielzahl von Gastspielen in Frankfurt absolviert. Als Baßbariton verfügte er über ein großes Repertoire, wozu die Wagner-Partien wie der Wotan, Fliegende Holländer und u. a. der »Tannhäuser«-Wolfram gehörten. In Anbetracht seiner darstellerischen Begabung vermochte er auch einen glänzenden Don Juan in Mozarts gleichnamiger Oper und einen überzeugenden van Bett in Lortzings »Zar und Zimmermann« darzustellen. Viele Jahre gehörte Bertram zum Ensemble der Bayreuther Festspiele. Nach dem Tod seiner Frau, der in Frankfurt tätig gewesenen Sängerin Fanny Moran-Olden, verfiel er der Trunksucht und endete in Bayreuth durch Selbstmord.

Elsa Hensel-Schweitzer als Louise in der gleichnamigen Oper von G. Charpentier.
Die gebürtige Frankfurterin war einst Schülerin von Pélagie Greeff-Andriessen und dem gleichzeitig in Frankfurt engagierten Ludwig Mantler. Bevor sie in Frankfurt (1901) engagiert wurde, hatte sie sich bereits in Leipzig und am Hoftheater in Dessau ihre ersten Sporen verdient. Ihre ausgeglichene Stimme und der überzeugende Vortrag sicherten ihr in Frankfurt ein hohes Ansehen.

es in Frankreich heute noch in die Reihe beliebter Repertoire-Opern gehört. Bei der Frankfurter Erstaufführung vermochte Else Hensel-Schweitzer sich als eine vorzügliche Darstellerin der Titelpartie auszuzeichnen. Die Künstlerin war eine gebürtige Frankfurterin und hatte ihre Ausbildung bei Pelagie Greeff-Andriessen und Ludwig Mantler erhalten. Ihre Laufbahn begann sie am renommierten Stadttheater in Leipzig, von wo sie – über Dessau als Zwischenstation – im Jahre 1901 in ihre Heimatstadt zurückkehrte. In Anbetracht ihrer außergewöhnlich schönen Stimme und ihres guten Vortrags wurde sie bald zu einem der beliebtesten Mitglieder im Frankfurter Ensemble. Wenngleich sie im Grunde in das Fach einer jugendlich-dramatischen Sängerin gehörte, war sie doch zugleich eine vollwertige Darstellerin der Pamina in Mozarts »Zauberflöte« und später auch eine überzeugende Senta in Wagners »Fliegendem Holländer«.

Die Glückssträhne erfolgreicher Erstaufführungen setzte sich am 28. September 1902 mit der erstmaligen Wiedergabe der Oper

»Samson und Dalila«

des französischen Komponisten Camille Saint-Saëns fort. Seit der Uraufführung in Weimar (1877) benötigte dieses Werk annähernd dreizehn Jahre, um auf französischem Boden heimisch zu werden (Rouen 1890). Weitere drei Jahre vergingen, ehe diese Schöpfung in Paris Einzug halten konnte. Zahlreiche andere französische Städte waren mit Aufführungen vorangegangen. Dieser Vorgang ist ein erneuter Beweis dafür, daß nationale Bühnenschöpfungen oft auch anderen Städten als der großen Theaterzentrale Paris ihren Aufstieg zu verdanken hatten. Andererseits wiederum gibt es Opern, die in Paris zur ersten Aufführung gelangten, aus Mangel an Erfolg rasch jedoch wieder vom Spielplan verschwanden und nach langer Zeit schließlich als preisgekrönte Werke in die Metropole zurückkehrten – man denke nur an Gounods »Faust« oder Bizets »Carmen«. Wie bereits erwähnt, fand die Oper »Samson und Dalila« erst von Deutschland aus ihren Weg in die Heimat des Komponisten. Ähnlich verhielt es sich auch – wie bekannt – mit einigen Werken von H. Berlioz. Saint-Saëns hat bedauerlicherweise den Einsatz deutscher Bühnen für sein Schaffen nicht gebührend anerkannt und statt dessen in seinen Essays und Büchern mit abgeschmackten Phrasen pauschale Angriffe auf die deutsche Kunst gestartet. Ungeachtet dessen muß seiner Oper »Samson und Dalila« eine Fülle an musikalischen Schönheiten zuerkannt werden. Die blühende und warm empfundene Melodik zeigt niemals schwülstige Phrasen, wie auch das Orchester vor jeder Überladung bewahrt bleibt. Zwar ergeht sich die Schöpfung des öfteren in epischer Breite und läßt es an dramatischem Fluß fehlen, doch dafür entschädigt in hohem Maße der rein musikalische Gehalt. Gebührende Beachtung und eine würdige Aufführung hatte das Werk jedenfalls verdient. Die Frankfurter Oper setzte alles daran, um auch dieser Erstaufführung festlichen Glanz zu verleihen. Unter den Mitwirkenden trat besonders der Heldentenor Ejnar Forchhammer hervor, der sich bereits im »Ring des Nibelungen« als vorzüglicher Froh ausgezeichnet hatte. Als Samson konnte er, insbesondere an den dramatischen Stellen, den vollen Glanz seiner kraftvollen Stimme entfalten. Die Partie der Dalila, die einem hohen Mezzosopran zugedacht ist, wurde von Pelagie Greeff-Andriessen meisterlich gestaltet, indem sie in lebendigem Auftreten und Gesang das

Pelagie Greeff-Andriessen als Titelheldin der Oper »Die Königin von Saba« von Goldmark.
Die bereits gewürdigte Sängerin ließ sich auch nach ihrem Ausscheiden aus dem Frankfurter Ensemble immer wieder als Gastsängerin bis zum Jahre 1922 im Spielplan nachweisen.

Hermann Steffens als Kühleborn in Lortzings »Undine«.
Der stimmlich und darstellerisch begabte Sänger vermochte während seines zehnjährigen Engagements in Frankfurt durch seinen erfolgreichen Einsatz in vielen Spielbaß- und Baßbuffopartien viele Freunde zu gewinnen. In die Frankfurter Theatergeschichte ist er als erster Darsteller des Ochs von Lerchenau im »Rosenkavalier« von Richard Strauss (1911) eingegangen.

Doppelspiel von Haß und Liebe ausdrucksvoll verkörperte. Die Rolle des Oberpriesters kam dem voluminösen Baßbariton Richard Breitenfeld zu, der sich mit stimmlicher Frische und lobenswerter Energie der Partie annahm und wegen seiner großen Einsatzmöglichkeiten über Jahrzehnte hinweg dem Frankfurter Opernensemble verbunden blieb. Auch Carl Reich als Abumelech ließ aufhorchen. Neben Kapellmeister Dr. Ernst Kunwald, dem man zum ersten Mal eine Neuinszenierung angetragen hatte, erfüllte auch Oberregisseur Christian Krähmer voll die gestellten Erwartungen. Die wirkungsvollen Dekorationen gingen auf Max Walther zurück. Alles in allem – eine glänzende Aufführung!
Eine Premiere, die nicht unerwähnt bleiben darf, verbindet sich mit der Aufführung von Donizettis »Don Pasquale« in der textlichen Neufassung von Otto Julius Bierbaum (14. Oktober 1902). Im Jahre 1897, als es galt, den 100. Geburtstag des Komponisten zu feiern, hatte man sich bemüht, das eine oder andere Werk aus dem Schatz der siebzig hinterlassenen Opern in den Spielplan deutscher Theater aufzunehmen, um so das Repertoire zu erweitern. Es blieb jedoch wieder bei »Lucia von Lammermoor«, der »Regimentstochter« und »Don Pasquale«. Den Grund dafür sah man in der Schwierigkeit der stimmlichen Ausführung, nämlich in dem Problem, dem geforderten Ziergesang gerecht zu werden. Man bemängelte, daß es den deutschen Sängern nicht gegeben sei, die Rezitative lebendiger zu singen und manche Arie in flotterem Tempo darzubieten. Dennoch konnte Hedwig Schacko als Norina bescheinigt werden, daß sie ihre Aufgabe mit Bravour löste. Für den stimmschönen Hermann Steffens schien die Partie des Pasquale etwas zu tief gelegen zu haben, auch wenn er darstellerisch gut zur Geltung kam. Rudolf Brinkmann bestätigte man als Malatesta eine gute stimmliche Leistung, obwohl sein Vortrag nicht gerade an die Blütezeit des italienischen Ziergesanges zu erinnern vermochte. Als Ernesto stand der Tenor Heinrich Hensel auf der Bühne, der bereits ahnen ließ, daß er im Laufe der Entwicklung schon bald auch Partien des schweren Tenorfaches zu bewältigen vermag. Trotz kleiner Schönheitsfehler fand die Aufführung aufmerksame und dankbare Zuhörer.
In die Reihe der erfolgreichen Frankfurter Erstaufführungen gehört auch das Bühnenwerk

»Eugen Onegin«

von Peter Tschaikowsky (23. Oktober 1902). Intendant Jensen gab mit der Aufnahme dieser Oper in den Spielplan zu verstehen, daß es zu den künstlerischen Aufgaben eines Theaters gehört, auch weniger bekannte, doch musikalisch interessante Werke auf die Bühne zu bringen, auch wenn mit einem ausgesprochenen Kassenerfolg nicht gerechnet werden kann. Der Name Tschaikowsky war den Frankfurtern durch die Aufführung der Oper »Jolanthe« und seiner großangelegten Orchesterkompositionen wohlbekannt, zumal diese hier mehr als in anderen Städten gepflegt wurden. Die Oper »Eugen Onegin« trägt den Untertitel »Lyrische Szenen«, womit der Komponist wohl zum Ausdruck bringen wollte, daß es ihm weniger um dramatische Vorgänge als um die Erfassung innerer Werte zu tun war. So hat Tschaikowsky generell sein Bühnenschaffen charakterisiert, da er sich als Lyriker und nicht als Bühnendramatiker verstanden wissen wollte. Es fehlt beispielsweise

Beatrix Kernic als Tatjana in Tschaikowskys »Eugen Onegin«.
Die in Wien ausgebildete Sängerin begann ihre Laufbahn am Theater in Breslau und folgte dann einem Engagementangebot an das renommierte Leipziger Theater. Im Jahre 1897 folgte sie einer Berufung an die Münchener Hofoper, von wo aus sie bei den Bayreuther Festspielen 1899 das Evchen in den »Meistersinger von Nürnberg« sang. Sie galt damals als die beste Vertreterin dieser Rolle in Deutschland. Ausgestattet mit diesen Vorzügen gastierte sie in der Spielzeit 1901/02 in Frankfurt und wurde daraufhin engagiert. Zu ihrem ersten durchschlagenden Erfolg wurde ihr Einsatz als Tatjana bei der Frankfurter Erstaufführung von Tschaikowskys »Eugen Onegin« (1902).

Heinrich Hensel als Lohengrin in Richard Wagners gleichnamiger Oper.
Der gebürtige Pfälzer absolvierte anfangs eine Kaufmannslehre und folgte erst später einem Gesangsstudium bei dem in Frankfurt durch seine Gastspiele bekannten Ks. Gustav Walter aus Wien. Nach dreijähriger Erprobung am Stadttheater in Freiburg folgte der hoffnungsvolle Tenor einer Berufung nach Frankfurt (1900), wo er sein Engagement mit dem Lyonel in Flotows Oper »Martha« antrat. Zu seinen bemerkenswerten Einsätzen gehörten der Tamino (»Zauberflöte«), Postillon von Lonjoumeau, die Titelpartie von Flotows »Alessandro Stradella« und u. a. der Turiddu in Mascagnis »Cavalleria rusticana«.

Annäherungen an die französische Romantik und italienische Melodik, wenngleich sich letztlich die heimatliche Verbundenheit mit unverbrauchter Kraft präsentierte. Der Erfolg der Frankfurter Aufführung, die unter der musikalischen Leitung von Dr. Ernst Kunwald stand, ging vor allem auf die vorzügliche Leistung des Ensembles zurück. An der Spitze ist die Darstellerin der Tatjana, Beatrix Kernic, zu nennen, die bei allen zu durchlebenden Phasen ihres Daseins, so als liebendes Mädchen oder in ihrer Unschlüssigkeit, ihrem Seelenschmerz, ihrem Kampf zwischen Liebe und Pflicht oder aber im Jubel der Verzückung, durch ihre überzeugende Art der Darbietung wahre Beifallsstürme auslöste. In der Rolle des Onegin bewährte sich Dr. Rudolf Pröll, den man sich gelegentlich etwas weniger heldenhaft gewünscht hätte. Sehr ansprechend zeichnete der Tenor Heinrich Hensel als Lensky den »Göttinger Burschen mit dem Poetengemüt«, so vor allem bei der sentimentalen Arie »Wohin seid ihr entschwunden«. Die manchem Leser bekannte Arie des Fürsten Gremin »Jeder kennt die Lieb' auf Erden« wurde von dem Bassisten Carl Reich stimmschön vorgetragen. Überaus wirkungsvoll waren die Dekorationen, ohne daß sich jedoch – wie so oft – auf dem Theaterzettel oder in der Presse ein Hinweis auf den Namen des Bühnenbildners finden ließ. Alles in allem – eine erfolgreiche Premiere!
Als bekannt wurde, daß Humperdinck erneut an der Vertonung eines Märchenstoffes

»Dornröschen«

arbeitete, bemühte sich die Intendanz der Frankfurter Oper um die Uraufführung. Dies lag insofern nahe, als mannigfache Beziehungen bestanden zwischen dem Komponisten und der Stadt Frankfurt, wo er so lange tätig war. Schließlich gelang es denn auch, die Uraufführung des Werkes für Frankfurt zu gewinnen (12. November 1902). Humperdinck selbst bezeichnete sein jüngstes Bühnenwerk als »Ausstattungsstück mit allerhand Musik«. Dem Sprachgebrauch nach hatte man ein Stück erwartet, das durch Pomp und Pracht, vielleicht auch durch Massenwirkungen in Erscheinung tritt. Der Text indessen vermochte solche Erwartungen kaum zu erfüllen, vielmehr ließ er es hinsichtlich der Form und Entwicklung oft an lebendigem Fluß fehlen. Mit seiner Vertonung erreichte der Komponist bei weitem

auch im »Onegin« eine rasche und bühnenwirksame Fortführung der Handlung. Dafür bergen die einzelnen Szenen eine Vielzahl musikalischer Schönheiten und eine Fülle fast intim zu nennender Stimmungsmalereien, die vorwiegend im orchestralen Teil zu finden sind. Was das Werk so überaus interessant macht, sind die

Hedwig Schacko in der Titelpartie von Humperdincks »Dornröschen«.
Die Sängerin war bis 1912 festes Mitglied des Frankfurter Opernensembles, gastierte jedoch noch gelegentlich bis zum Jahre 1916. Bei ihrem Abschied baute man auf der Bühne eine Rosenlaube auf und ließ Rosenblätter vom Schnürboden regnen. Auf ihrer Heimfahrt vom Abschiedsabend spannten begeisterte Theaterbesucher die Pferde aus und zogen die Kutsche zu ihrem Domizil.

Elsa Hensel-Schweitzer als Elisabeth in Richard Wagners »Tannhäuser«.
Die jugendlich-dramatische Sängerin war von 1901 bis 1911 eine der bewährtesten Mitglieder des Frankfurter Opernhaus-Ensembles. Mit ihrer vorzüglichen äußeren Erscheinung und ihrem blühenden Stimmaterial hat sie in Frankfurt viel Beifall als Elsa (»Lohengrin«), Evchen (»Die Meistersinger von Nürnberg«), Sieglinde (»Walküre«) u. a. m. gefunden.

nicht die Originalität von »Hänsel und Gretel«. Außerdem zahlte sich die melodramatische Behandlung – wie schon bei den »Königskindern« – hinsichtlich der künstlerischen Wirkung nicht aus. Die Presse reagierte auf diese Gegebenheiten mit wenig Zurückhaltung. Sie stellte Humperdinck mit jenen Komponisten in eine Reihe, die beim ersten Mal das Beste geben (»Hänsel und Gretel«!), deren spätere Produktionen aber meist von minderem Rang sind und unter dem Schutz und Schirm eines gut eingeführten und klingenden Namens »Erfolg« verbürgen sollen. Die Frankfurter Oper unternahm alles mögliche, um der Aufführung ein würdiges Gepräge zu geben. Vorweg sei Hedwig Schacko genannt, die zum dritten Mal bei einer Oper Humperdincks in Frankfurt mitwirkte und stets guten Erfolg verbuchen konnte. Ihre zierliche Gestalt, ihr anmutiges Wesen und die vollendete künstlerische Ausstrahlung gaben dem eben der Kindheit entwachsenen Dornröschen eine geradezu ideale Verkörperung. Pelagie Greeff-Andriessen als Dämonia, Heinrich Hensel als Prinz Reinhold, Alfred Hauck als Kellermeister und Hermann Schramm als quecksilbriger Tellermeister trugen als erste Fachkräfte gleichfalls ihr Bestes zum Erfolg bei. Daneben waren aber auch die kleineren Rollen erstklassig besetzt, beispielsweise spielte die in großen Fachpartien erprobte Beatrix Kernic die Rolle der Patin. Besonders eindrucksvoll müssen Max Walthers Dekorationen gewesen sein, da man – was selten geschah – in der Presse auf die Ausstattung der Oper ausführlich einging. So erfuhr man auch, daß der damals bekannte Bühnenbildner Prof. Max Brückner, Coburg, durch die auf ihn zurückgehende Herstellung des »Sternhimmel-Prospektes« gleichfalls Anteil am Erfolg hatte. Wie sich der Presse weiterhin entnehmen läßt, gab es während des Premierenabends viel Beifall, der sich am Schluß der Aufführung, als der Komponist persönlich erschien, noch lebhaft steigerte.
Bereits im Jahre 1881 hatte man eine Oper des österreichischen Komponisten Karl Goldmark, »Die Königin von Saba«, mit viel Pomp und Erfolg in Frankfurt aufgeführt. Dies war Anlaß, sich auch weiterhin des Schaffens dieses Komponisten anzunehmen. Sein späteres Werk

»Götz von Berlichingen«

sollte ursprünglich an der Wiener Hofoper aus der Taufe gehoben werden. Dieser Plan scheiterte jedoch an dem Veto des dortigen Direktors Gustav Mahler. Goldmark, Sohn eines armen Kantors, in einem kleinen Ort des ungarischen Plattensees aufgewachsen, vergab daraufhin die Uraufführung an das Kgl. Theater in Budapest (Dezember 1902), wozu das Werk eigens ins Ungarische übersetzt wurde. Mit einem geradezu sensationellen Erfolg ausgezeichnet, gelangte die Oper am 1. Februar 1903 in Frankfurt am Main zur deutschen Erstaufführung. Aufmerksam wurde registriert, daß der Komponist, der sich bereits bei seiner Oper »Die Königin von Saba« bewußt

Richard Mayr als Marke in Richard Wagners »Tristan und Isolde«.
Der gebürtige Salzburger, Sohn des Bitzers vom Gablerbräu, studierte erst Medizin bis er sich durch die Förderung von Cosima Wagner zum Sängerberuf entschloß. Schon mit jungen Jahren wurde er bei den Bayreuther Festspielen als Hagen (»Götterdämmerung«) herausgestellt (1902) und im gleichen Jahr als Bassist von Gustav Mahler an die Wiener Hofoper verpflichtet. Im Jahre 1905 lernten auch die Frankfurter Theaterfreunde den großartigen Sänger als Hagen (»Die Götterdämmerung«) kennen, der in Abständen bis in die 20er Jahre immer wieder auf dem Spielplan erschien, so u. a. als Sarastro (»Zauberflöte«) und in seiner Paraderolle als »Rosenkavalier«-Ochs (1924).

Heinrich Hensel als Tannhäuser in Richard Wagners gleichnamiger Oper.
Der während seines Frankfurter Engagements immer mehr ins Blickfeld der Theateröffentlichkeit rückende Sänger nahm eine sehr schnelle Entwicklung in das Heldenfach. Nach sechsjähriger erfolgreicher Tätigkeit in der Mainmetropole ging er für einige Spielzeiten an das Hoftheater in Wiesbaden und anschließend an die angesehene Hamburger Oper. Besonders hervorzuheben ist sein Einsatz bei den Bayreuther Festspielen als Loge (»Rheingold«) und als Parsifal. Hensel war auch der erste Darsteller des Parsifal in Brüssel (in französischer Sprache) und an der Covent Garden Opera in London. Seine Bedeutung als Sänger bestätigen auch seine Gastspiele an dem Metropolitan Opera House in New York.

außerhalb der Einflußsphäre Richard Wagners gehalten hatte, nunmehr auf einen historischen Stoff zurückgriff, und zwar im Gegensatz zu den mehr oder weniger blutrünstigen Textentwürfen der damals in Mode stehenden veristischen Opern. Es stellt sich natürlich die Frage, wie Goldmarks Textdichter mit dem Goetheschen Original zurechtkam. Nun, er »verging« sich nicht mehr und nicht weniger gegen den Geist der Dichtung als Gounod mit seinem »Faust«, Thomas mit »Wilhelm Meister« oder etwa Massenet mit dem »Werther«. Es bleibt jedoch anzumerken, daß Goldmarks Titelheld nicht so sehr als rauher Ritter in Erscheinung tritt wie in Goethes Dichtung; er ist bei Goldmark stärker von volksfreundlichen Charakterzügen geprägt. Der Komponist vermied bewußt die Bezeichnung »Oper« und gab seiner Schöpfung statt dessen den ungewohnten Titel »Szenen« aus dem »Götz von Berlichingen«. Damit sollte vermutlich zum Ausdruck gebracht werden, daß er nur das Wesentliche der in Musik umzusetzenden Handlung verwenden konnte, allein schon um dem häufigen Szenenwechsel der Goetheschen Fassung zu entgehen. Wie dem auch sei, Goldmark hat es jedenfalls verstanden, der Partitur das Beste seines ausgereiften Könnens mitzugeben und durch eine ansprechende Stimmungsmalerei dem Ohr der Zuhörer zu schmeicheln. Ergreifende lyrische Szenen wußte er zu gestalten, doch auch an dramatischem Ausdrucksvermögen fehlte es der Musik keineswegs, die durch glühende Farbigkeit und imposante Steigerungen stark beeindruckte. Die reiche Erfindungsgabe und der durchdachte dramatische Aufbau des Werkes bewirkten denn auch, daß sich der Beifall während der Frankfurter Premiere zusehends steigerte und am Schluß zur Ovation wurde. Dr. Rudolf Pröll als Titelheld fand in Gesang und Spiel den richtigen Ausdruck, wobei die biedere Gutherzigkeit des Götz ebenso überzeugend in Erscheinung trat wie die energische Tatkraft des Ritters. Als berauschend schöne Verführerin zeigte sich die hochbegabte Pelagie Greeff-Andriessen in der Rolle der Adelheid von Walldorf. Sie war nicht nur eine vollendete Sängerin, sondern zugleich eine denkende Schauspielerin. Vortrefflich disponiert zeigten sich des weiteren der Tenor Heinrich Hensel als Franz wie auch Richard Breitenfeld, dem die Rolle des Weislingen zugefallen war. Der anwesende Komponist konnte jedenfalls mit der gelungenen Aufführung sehr zufrieden sein.

Nur wenige Wochen nach der Aufführung von Goldmarks Oper »Götz von Berlichingen«, die anschließend auch in Köln und Darmstadt gegeben wurde, kündigte die Spielplan-Vorschau mit Felix Weingartners musikalischem Triptychon »Orestes« eine weitere Novität an (19. April 1903). Die Öffentlichkeit dürfte überrascht gewesen sein, den bedeutenden Dirigenten, der später die Nachfolge Gustav Mahlers an der Wiener Hofoper antrat, nunmehr auch als Opernkomponist kennenzulernen. Sein Schaffensdrang fand einen Stoff in der allhellenischen Dichtung – hier von Aischylos –, die im Laufe der Zeit so manchem Komponisten als reizvolle Aufgabe erschienen war. Viel Tinte wurde bei derartigen Unternehmungen schon verschrieben, denn es ist nun einmal schwierig, solche Texte mit Musik zu einer

Richard Breitenfeld als Canio in Leoncavallos »Bajazzo«.

Bühnenbildentwurf für das Frankfurter Opernhaus von F. A. Rottonara zu einem unbekannten Stück.

Einheit zu verschmelzen. Bei allem Ernst und Geschick, mit dem Weingartner seinen Plan zu verwirklichen suchte, waren doch empfindliche Angriffspunkte für die Kritik nicht völlig zu vermeiden. Es fehlte nun einmal an Kraft der Erfindung, dem packenden Einfall. Immer dann, wenn er in das Fahrwasser einer Opernstimmung geriet, fühlte sich Weingartner in seinem Element. Trotz persönlichen Einsatzes als musikalischer Leiter bei der Premiere, also gewissermaßen als sein eigener Interpret, erreichte er nur einen Achtungserfolg, der darüber hinaus mehr dem Dirigenten galt als dem Komponisten.

Nur wenig läßt sich über die Erstaufführung von Eugen d'Alberts musikalischer Tragödie »Kain« vom 21. Mai 1903 berichten. Der Komponist dürfte damals den Theaterfreunden noch durch die vorausgegangene Aufführung der Oper »Die Abreise« in Erinnerung gewesen sein. Bei allem Interesse, das d'Albert an dem Textbuch des renommierten Schriftstellers Heinrich Bulthaupt haben mochte, er bot demgegenüber nur Ungleichwertiges. Man schätzte daher den genial interpretierenden Pianisten ungleich höher ein als den Komponisten so zahlreicher Werke. Die Musik zu »Kain« stand stark unter dem Einfluß Richard Wagners, ohne jedoch – trotz der eingesetzten Klangmassen – ausreichende Durchschlagskraft zu besitzen. Auch ist es schwierig zu entscheiden, ob es sich bei diesem Werk um ein Oratorium oder ein Musikdrama handelt, da eine Einstufung als Oper im üblichen Sinne nicht gegeben ist. Als weitaus lebensnäher und bühnenpraktischer erwies sich die lyrische Episode »Das Mädchen von Navarra« aus der Feder des erprobten Jules Massenet (gleichfalls am 21. Mai 1903). Dieses etwa neun Jahre zuvor auf der Bühne vom Londoner Covent-Garden uraufgeführte Werkchen zeigt Stimmungsgehalt und richtig gesetzte dramatische Akzente.

Massenet schrieb nicht nur wirksam für das Orchester, sondern auch für die Sänger, die stets wußten, was sie vorzustellen und zu tun hatten – dies im Gegensatz zu d'Alberts Bühnenwerk »Kain«, wo die Darsteller nur selten richtiges Leben atmen konnten.

Die Jahre 1904 und 1905 brachten – trotz einer Vielzahl von Erstaufführungen – nur wenige Höhepunkte, was in einem recht betrüblichen Verhältnis stand zu den vom Ensemble erbrachten Leistungen. Auf Goldmarks Oper »Merlin« (14. Februar 1904) braucht nicht näher eingegangen zu werden, auch wenn es sich um eine Neufassung des sechs Jahre zuvor in Wien uraufgeführten Werkes handelte. Mit der Oper »Antonius und Kleopatra« des Italieners Ferdinando Paër (2. März 1904) griff man zurück auf einen Komponisten, dessen Werke Ende des 18. Jahrhunderts recht zahlreich in Frankfurt aufgeführt worden waren. Nur wenig sagen uns heute noch die Bühnenwerke des Waldemar von Bauszener, der zeitweilig Direktor des Frankfurter Hochschen Konservatoriums war und mit der Oper »Der Bundschuh« herausgestellt wurde (27. Mai 1904). Von Camille Saint-Saëns, dem Schöpfer der bereits besprochenen Oper »Samson und Dalila«, brachte man als Erstaufführung die Oper »Helena« (14. Januar 1905), die in Monte Carlo uraufgeführt worden war. Bald danach folgte vom gleichen Komponisten die ebenso vergessene Oper »Die Zauberglocke« (21. Februar 1905). Beide Werke kamen nicht über wenige Darbietungen hinaus. Aufhorchen ließ dann wieder die Ankündigung der komischen Oper

»Die neugierigen Frauen«

(nach einer Komödie von Goldoni), ein Werk des bislang auf der Frankfurter Bühne noch unbekannten Deutsch-Italieners Ermanno Wolf-Ferrari (1. Oktober 1905). Aus München, wo diese Oper im Jahre 1903 erstmals dargeboten worden war, kam seinerzeit die Kunde, daß endlich wieder einmal ein neues Talent die Opernbühne beflügele. Eben zu einer Zeit, da die Wagner-Epigonen sich in einen Zustand der Erstarrung gedrängt fühlten, empfand man

25 Jahre Frankfurter Opernhaus (1905)

Erwartungsgemäß ließ man es nicht daran fehlen, in Erinnerung an die feierliche Eröffnung des Opernhauses am 20. Oktober 1880 eine Festvorstellung einzuplanen. Man entschied sich hierbei für eine Aufführung der Wagner-Oper »Die Meistersinger von Nürnberg«. Dieser Darbietung ging ein »Szenischer Prolog« voraus, verfaßt von dem Schriftsteller Rudolf Presber, einem gebürtigen Frankfurter. Unter immer stärker werdenden Fanfarenstößen hob sich der Vorhang, und auf der Szene erschien das Bild einer Mainlandschaft mit der im Herbstnebel liegenden Stadt Frankfurt. Ein ritterlicher fahrender Sänger (Forchhammer) und zwei in der Tracht der Biedermeierzeit auftretende Bürger (Steffens und Brinkmann) trugen einen Hymnus vor zu Ehren der Stadt Frankfurt, der Kunst sowie der darstellenden Künstler. Während der letzten Worte des Zwiegesprächs zeigte man zum Auftakt der Opernvorstellung auf einem Prospekt den stolzen Bau des Opernhauses. Mit den erprobten Sängern wie Beatrix Kernic (Evchen), Josef Tijssen (Walther von Stolzing), Carl Lejdström (Hans Sachs) und Richard Breitenfeld (Kothner) war eine gute Vorstellung garantiert. Als Neuling trat Josef Gareis in der Rolle des Beckmesser in Erscheinung. Er blieb über Jahrzehnte hinweg mit dem Frankfurter Ensemble verbunden. Trotz seiner jugendlichen Erscheinung verstand er es, das Gallige und Giftige der Rolle gut zu charakterisieren. Die musikalische Leitung lag in den Händen von Kapellmeister Hugo Reichenberger.

Etwas Abwechslung in den Spielplan brachte die Aufnahme von Christoph Willibald Glucks Oper »Iphigenie auf Tauris« in der Bearbeitung von Richard Strauss (12. November 1906). Das Werk des bedeutenden Reformators brachte dem 65jährigen Komponisten bei seiner Uraufführung in Paris einen der größten Erfolge seines Lebens ein. Hiermit verbindet sich die Erinnerung an den vom Direktor der Pariser Oper angezettelten Wettstreit zwischen Gluck und dem Italiener Piccini, der den Auftrag erhalten hatte, über den gleichen Stoff eine Oper zu schreiben. Gluck ging dabei uneingeschränkt als Sieger hervor. Obwohl die »Iphigenie auf Tauris« als letztes Werk des Meisters zu den erhabensten Schöpfungen des klassisch-musikalischen Theaters zählt, läßt sich den Kritiken der damaligen Aufführung in Frankfurt lediglich entnehmen, daß die Vorstellung von Beifall begleitet war, der eigentlich mehr den Darstellern als dem Werk zu gelten schien. Aus der Reihe der Solisten sei die Trägerin der Titelrolle, Pelagie Greeff-Andriessen, hervorgehoben, die sich durch stilgerechtes, lebendig-dramatisches Spiel auszeichnete. Erwähnt sei weiterhin der Tenor Karl Gentner als Pylades, der sich im weiteren Verlauf seines Frankfurter Engagements große Verdienste erwarb. Dr. Ludwig es als wohltuend, daß ein Komponist auftrat, der der italienischen Tradition huldigte und der Buffo-Oper neues Leben einhauchte. Der Rückgriff auf die Comedia dell'arte, das Dahinschweben im leichten Parlando, gepaart mit einer bemerkenswerten Gesangsvirtuosität, sicherte dem Komponisten, von dem später noch ausführlicher die Rede sein wird, eine Kette von Erfolgen. Dabei soll nicht verschwiegen werden, daß einige seiner Werke über den ersten Erfolg nicht hinauskamen und bald wieder in Vergessenheit gerieten.

Hedwig Schacko als Trägerin der Titelrolle in der Oper »Lakmé« von Delibes.

Hermann Schramm als David in Richard Wagners Oper »Die Meistersinger von Nürnberg«.

Josef Gareis als Beckmesser in Richard Wagners Oper »Die Meistersinger von Nürnberg«.

Alfred Hauck als Bergdirektor Zwack in Zellers Operette »Der Obersteiger«.
Der bereits gewürdigte Sänger wurde später für seine jahrzehntelange Zugehörigkeit zum Frankfurter Ensemble zum Ehrenmitglied des Theaters ernannt.

Karl Gentner als Prinz Ferdinand in der Oper »Flauto Solo« von Eugen d'Albert.
Der hoffnungsvolle Künstler, der seit 1903 dem Frankfurter Opernensemble angehörte, bewährte sich anfangs in mehr lyrischen Partien – so als Belmonte (»Entführung aus dem Serail«) und Tamino (»Zauberflöte«) –, wuchs jedoch schnell in das leicht italienische Fach hinein und bewältigte später mit Bravour sogar Partien wie den Walther von Stolzing (»Die Meistersinger von Nürnberg«), den Max (»Freischütz«) und den Lohengrin. Seine Befähigung als Sänger brachte ihm auch Einsätze bei den Bayreuther Festspielen ein, so als David (»Die Meistersinger von Nürnberg«) und als Loge (»Das Rheingold«).

und des aus Eigenem schöpfenden Meisters hielten sich nicht die Waage. Der Text zum »Flauto Solo« stammte von keinem Geringeren als Hans von Wolzogen und führt in das Milieu altpreußischen Hoflebens, wobei man unter den handelnden Personen unschwer Friedrich den Großen erkennen konnte. Der Hinweis, daß mit d'Alberts Werk die Zuhörer endlich wieder einmal ein gelungenes musikalisches Lustspiel zu erwarten hätten, hat sich nur

Rottenberg war – wie so oft – ein stilsicherer Dirigent bei dieser alles in allem gut vorbereiteten und ausgewogenen Vorstellung.
Ungeachtet des unterschiedlichen Eindrucks, den die Werke Eugen d'Alberts in Frankfurt hinterließen, faßte man den Mut, ein weiteres Opus aus der Reihe der sieben von ihm inzwischen komponierten Bühnenwerke in den Spielplan aufzunehmen. Für den 18. März 1906 wurde die Erstaufführung seines musikalischen Lustspiels »Flauto Solo« angekündigt, ein Werk, das erst vor knapp einem halben Jahr in Prag uraufgeführt worden war, gefolgt von weiteren Aufführungen in Stuttgart und Mühlhausen. Angesichts der damals schon vorliegenden Bühnenwerke von d'Albert wurde bald deutlich, daß diese qualitativ nicht immer auf gleicher Höhe standen. Die genialen Gaben des reproduzierenden Künstlers – er war einer der bedeutendsten Pianisten seiner Zeit –

insoweit bestätigt, als es sich um ein gefälliges Singspiel mit ansprechenden Einfällen, alten Märschen, Weisen und Tänzen handelte sowie um ein Werk feiner Charakterisierungskunst und reizvoller Instrumentierung. Alles in allem bot die Premiere eine angenehme Abwechslung in dem ansonsten mit Wagnerschen Werken stark angefüllten Spielplan. Oberregisseur Christian Krähmer, der fast sämtliche Neuerscheinungen betreute, wie auch Kapellmeister Dr. Ludwig Rottenberg waren Garanten für eine saubere Vorbereitungsarbeit. Aus der Reihe der Darsteller muß die vielseitig einsetzbare Beatrix Kernic als Signora Peppina genannt werden, daneben Richard Brinkmann als Pepusch, Karl Gentner als Prinz Ferdinand sowie Herrmann Steffens als Fürst Eberhard. Das Publikum zeigte sich dem Ensemble und dem anwesenden

143

Komponisten gegenüber von großer Dankbarkeit.
Ohne auf die deutsche Erstaufführung der Oper »Die Fischer von St. Jean« aus der Hand des französischen Komponisten Charles Marie Widor, dem Orgellehrer Albert Schweitzers, näher einzugehen, gilt es nunmehr, auf die bedeutsame Frankfurter Erstaufführung von Eugen d'Alberts Oper

»Tiefland«

zu verweisen (25. Mai 1906). Damit war dem Komponisten ein Werk gelungen, das seinen Namen rund um die Welt trug. Frankfurt entschloß sich erst drei Jahre nach der Prager Uraufführung bzw. zwei Jahre nach der Aufführung der endgültigen Fassung in Magdeburg – nebst anschließenden Darbietungen auf anderen deutschen Bühnen – zu einer Aufnahme in den Spielplan. Man ging nicht fehl in der Meinung, daß dieses Musikdrama eine Rückkehr zum Naturalismus eines Mascagni und Leoncavallo bedeutete. Unwillkürlich fühlt man sich an die Worte aus dem Prolog von Leoncavallos »Bajazzo« erinnert, die in gewisser Hinsicht auch auf »Tiefland« zutreffen; denn in dessen Libretto tritt uns gleichfalls eine »kühn aus dem wirklichen Leben schaurige Wahrheit« entgegen. D'Albert hat das bühnenwirksame Libretto mit erstaunlichem Geschick – wenngleich auch mit Elementen Wagnerschen Schaffens und des italienischen Verismus – zu einer Gebrauchsoper vertont, der eine starke Lebenskraft innewohnt. Das Vorspiel mit der poetischen Naturschilderung, die so lebensnah uns entgegentretenden Szenen aus der Bergwelt, die heiteren, mit gefälligen Tanzrhythmen angereicherten Szenen u. a. m. zeigen hinlänglich, wie es um die Vielfalt von d'Alberts Schöpferkraft bestellt war. Für einen Erfolg der Oper war es jedoch unabdingbar, für die Rolle des Pedro eine geeignete Besetzung verfügbar zu haben. Das Frankfurter Ensemble konnte sich glücklich schätzen, mit Ejnar Forchhammer einen Darsteller zu haben, der diesbezüglich allen Ansprüchen gerecht zu werden vermochte. Es konnte nur ein Sänger in Frage kommen, der dem Wagner- und Mascagni-Stil gewachsen war. Forchhammer verstand es denn auch, seine Rolle echt und lebensnah zu charakterisieren und bot eine selten abgerundete Leistung. Für die gleichfalls stimmlich recht hoch liegende Partie der Martha stand Elsa Hensel-Schweitzer zur Verfügung, eine Rolle, die wegen ihres larmoyanten Gepräges etwas stärker in den Hintergrund tritt. Dennoch verstand es die Künstlerin, ihrer Aufgabe lebendiges Interesse abzugewinnen. Richard Breitenfeld stattete den Bösewicht Sebastiano in erwünschter Realistik mit niedrigen, grausamen Zügen aus. Von erstaunlich kindlicher Natürlichkeit zeigte sich Hedwig Schacko, die vielseitig verwendungsfähige Sängerin, in der Rolle der Nuri, wie auch die Mägde, so u. a. Else Gentner-Fischer (Antonia) und Lisbeth Sellin (Pepa), sich beachtenswert gut einpaßten. Oberregisseur Krähmer und Dr. Rottenberg als Kapellmeister trugen mit bewährtem künstlerischem Geschmack das Ihrige zum Gelingen der Premiere bei. Als besonders eindrucksvoll wurde die bühnenbildnerische Gestaltung der Berglandschaft beschrieben, ohne daß jedoch der Name des Verantwortlichen auf dem Spielplan oder in der Presse zu finden war.

Zu einem denkwürdigen Ereignis wurde die Erstaufführung des musikalischen Dramas von Richard Strauss

»Salome«

(6. Februar 1907). Der Komponist, der sich eines Textes von Oscar Wilde bediente, hielt sich ziemlich eng an die Vorlage, verzichtete auf Nebensächliches und konzentrierte sich mit viel Geschick auf das Wesentliche. Die Art, wie Strauss den Stoff verwertete, kündet von einer seltenen Genialität, nicht allein von der Erfindung her, sondern auch hinsichtlich der Architektonik seines Musikdramas. Er schuf ein Tongemälde, dessen nahezu unbegrenztes Kombinations- und Instrumentationsvermögen eine seltene Kraft des Ausdrucks verrät. Es war nicht zu vermeiden, daß damals ein Teil der Zuhörer der Art, wie Strauss beispielsweise im Orchester von den Greueln des Herodias berichtet, noch schockiert gegenüberstand. Doch auch die Szene, als Salome in die Zisterne hinabsieht, aus deren Tiefe die röchelnden Seufzer des gemordeten Propheten hervordringen, dürfte damals manchen Besucher vielleicht sogar abgestoßen haben. Es mußte nun einmal erst eine gewisse Zeit vergehen, bis man sich die Überzeugung zu eigen gemacht hatte, daß das »Häßliche«, ja selbst das »Widerwärtige«, in der Kunst eine Daseinsberechtigung in der Form der ästhetischen Gesetze besitzt. Aufgeschlossene Zuhörer erkannten, daß die musikalisch dekorative Einkleidung der Gedanken und seelischen Regungen von Strauss in einer verblüffend neuen Farbensprache charakterisiert wurden, die höchste Ausdruckskraft gewährleistete. Gerade in Frankfurt, wo Strauss' symphonisches Schaffen im Laufe der vergangenen Jahre intensiv gepflegt worden war, konnte mit einer größeren Aufgeschlossenheit gerechnet werden als in vielen anderen Städten, die dem Komponisten auf seinen kühnen neuen Wegen nur zögernd folgten. Sicherlich erwies es sich bei der Frankfurter Erstaufführung der »Salome«, die vor gut einem Jahr in Dresden aus der Taufe gehoben worden war, als besonders vorteilhaft, daß das Opernhaus- und Museumsorchester bereits auf Strauss eingespielt war und auch mit dem zusätzlich vom Komponisten angeforderten Instrumentalapparat umzugehen wußte. Außerdem hatte die Frankfurter Oper damals das seltene Glück, in Beatrix Kernic eine prädestinierte Vertreterin für die Titelpartie zur Verfügung zu haben. Mit frischer, gut disponierter Stimme und darstellerischer Gewandtheit vermochte sie imponierend die Entwicklung von der lüsternen Herodiastochter zu verkörpern, die ihre Liebe anbietet, bis hin zu jener Stelle, wo das »Ungeheuer« den Kopf des Jochanaan verlangt. Richard Breitenfeld als Jochanaan hatte seinen Höhepunkt in der Verfluchung Salomes, und der geniale Darsteller Ejnar Forchhammer als Herodes zeigte ein Spiel von beispielhafter Realistik. Die Tenor-Rolle des Naraboth lag bei Karl Gentner in besten Händen. Seine Frau, Else Gentner-Fischer, bewährte sich als Page erwartungsgemäß. Oberregisseur Christian Krähmer kam das Verdienst zu, das schwierige Werk einer guten Lösung zugeführt zu haben. Leider

Bühnenbildentwurf von Johann Kautzky zu Richard Wagners »Lohengrin« (zu Seite 85).

Else Hensel-Schweitzer als Martha bei der Erstaufführung von Eugen d'Alberts »Tiefland«.

Steigerungen ansetzt, war geradezu prädestiniert, dem Komponisten als Grundlage für ein Werk zu dienen, das sich nicht auf den üblichen Pfaden der »Oper« bewegt. Anstelle eines pulsierenden Geschehens rückt die Stimmungszeichnung ins Blickfeld, und dies im Gegensatz zum Stil Wagners, der die leidenschaftlich geoffenbarten Gefühle mit symphonischer Entfaltung zu gestalten pflegte. Damit stellte sich Debussy bewußt gegen Richard Wagner, blieb keiner der Entwürfe zu den Dekorationen von Max Walther erhalten, die offenbar besonderes Gefallen bei den Zuschauern fanden. Als musikalischer Leiter kam Hugo Reichenberger zum Einsatz. Den Berichten zufolge bedankten sich die Zuschauer mit lebhaftem Beifall für die gelungene Aufführung.

Mit dem Musikdrama

»Pelleas und Melisande«

schuf der französische Komponist Claude Debussy ein Werk, das in seiner musikalischen Gestaltung als einzigartig gelten kann. Wenngleich man dem musikalischen Impressionismus nur eine lose Bindung zum dramatischen Ausdrucksverlangen des Theaters nachsagt, so wies uns der Komponist doch einen Weg, der nur dem Genie eines Debussy entsprungen sein konnte. Das Libretto, das sich ganz im Lyrischen ergeht und nur selten zu dramatischen

Ejnar Forchhammer als Pedro in Eugen d'Alberts »Tiefland«. Der in Kopenhagen geborene Heldentenor debütierte am Stadttheater in Lübeck als Lohengrin, was ihm bereits eine Woche später einen Fünfjahresvertrag am Hoftheater in Dresden einbrachte. Mit der gleichen Rolle trat er sein Engagement in Dresden an (1896), wo er der einzige Darsteller des Radames (»Aida«), des Rienzi und des Tristan war. Mit dem Titel eines Kgl. Sächsischen Kammersängers läßt er sich bereits ab dem Jahre 1900 laufend in Frankfurt als Gast nachweisen, so in den Opern »Margarethe«, »Carmen«, Lohengrin«, »Meistersinger von Nürnberg« usw. Von 1902 bis 1912 gehörte er mit einem Festvertrag dem Frankfurter Opernensemble an.

Lisbeth Sellin als Peppa bei der Erstaufführung von Eugen d'Alberts »Tiefland«.
Die vorzügliche lyrische Sängerin, die im Jahre 1906 vom Stadttheater in Rostock nach Frankfurt gekommen war und bis 1915 dem Ensemble angehörte, hat durch ihre künstlerische Ausstrahlung sehr zum Ansehen der Frankfurter Oper beigetragen.

dem er in einer unpathetischen und gedämpften Farbigkeit, wenngleich schillernd und rhythmisch fein abgestuft, entgegentritt. Der Leser wird sich fragen, wie eine solche Musik bei der Frankfurter Erstaufführung am 19. April 1907 (und bei ihrer Wiederaufnahme im Jahre 1912) wohl aufgenommen worden sein mochte. Soweit die Unterlagen hierüber etwas aussagen, läßt sich feststellen, daß die Kunstfreunde in verschiedene Lager geteilt waren. Der größere Teil der Zuhörer vermochte angeblich nicht das mindeste Verständnis für das Stück aufzubringen, da es weder melodisch noch originell sei, weder ein aus den Gesetzen der Logik aufgebautes Kunstwerk darstelle, noch das

Bühnenbildentwurf von Robert Kautzky zu Goldmarks Oper »Die Königin von Saba« (zu Seite 92).

Szenenbild zur Aufführung von Mozarts »Così fan tutte« (1906) mit Elsa Hensel-Schweitzer als Fiordiligi und Josef Gareis als Don Alfonso.

Innere zu ergreifen imstande sei. Das harte Urteil auf die Frage, was dann wohl eigentlich übrig bleibe, lautete schlicht: »So gut wie nichts!« All jene, die von zeitgenössischer Musik etwas zu verstehen glaubten, formulierten ihren Eindruck dahingehend, daß auch sie gewiß keine »Tränen vergießen würden«, sollte das Werk wieder vom Spielplan verschwinden. Obgleich die Musik nicht die Herzen aller Zuhörer zu erwärmen vermochte, glaubte man doch, der Theaterleitung nicht das Verdienst absprechen zu können, sich verpflichtend für ein neues Werk eingesetzt und dieses der Öffentlichkeit vorgelegt zu haben. Hohe Wertschätzung wurde diesmal Max Walthers herrlichen Dekorationen zuteil, von denen sich indessen kein einziger Entwurf ausfindig machen ließ. Anerkennung zollte man auch dem jungen Nachwuchs des Ensembles, den man mit tragenden Partien betraut hatte, allen voran Lisbeth Sellin als Melisande, die durch stimmliche Frische und »wirkungsvolle Poetik« angenehm auffiel. Erik Wirl als Pelleas wußte man als einen Künstler zu schätzen, der sich um gute gesangliche Gestaltung und sinngemäße Charakterisierung bemüht zeigte. Beide Sänger entwickelten sich im Laufe der Jahre mehr und mehr zu beachtlichen Kräften des Hauses, denen man bedeutsamere Aufgaben im Spielplan durchaus zutraute. Richard Breitenfeld als Golo konnte der vom Textdichter gegensätzlich angelegten Rolle aufgrund seiner natürlichen Spielbegabung viel an Profil abgewinnen. Kapellmeister Ludwig Rottenberg und Spielleiter Christian Krähmer erwiesen sich wiederum als Meister ihres Faches. Die deutsche Erstaufführung von Debussys »Pelleas und Melisande«, die auch von zahlreichen Vertretern auswärtiger Bühnen besucht wurde, brachte dem Frankfurter Opernhaus später große Ehren ein, dank seiner Einsatzfreudigkeit für das zeitgenössische Opernschaffen.

Der Name des russischen Komponisten Anton Rubinstein, der sich bereits vor einigen Jahren mit seiner Oper »Die Maccabäer« in Frankfurt vorgestellt hatte, erschien am 20. August 1907 erneut auf dem Spielplan, und zwar mit dem Bühnenwerk »Der Daimon«. Obwohl man sich auf Aufführungen an zahlreichen Bühnen, wie z. B. in London und Hamburg, berufen konnte, stellte sich bei der Frankfurter Erstaufführung kein rechter Erfolg ein. Die Titelpartie, interpretiert von Richard Breitenfeld, soll in ihrer Konzeption nicht mehr gewesen sein als die eines schwächlichen »Fliegenden Holländers«; und in der Rolle der Fürstin Tamara, besetzt mit Elsa Hensel-Schweitzer, glaubte man eine russische »Tiefland«-Martha wiederzuerkennen. Wie dem auch sei, neben dem nationalen Kolorit und einigen ansprechenden Szenen besaß das Werk nicht allzu viele Reize. Die Aufführung (in der Regie von Intendant Jensen und unter der musikalischen Leitung

Erik Wirl als Pelleas und Lisbeth Sellin als Melisande bei der Frankfurter Erstaufführung der Oper »Pelleas und Melisande« von Delibes.

Richard Breitenfeld als Titelheld in von Mozarts »Don Juan«.
Mit dem Engagement des Künstlers im Jahre 1902 wurde die Frankfurter Oper um einen Sänger bereichert, der über Jahrzehnte zu den stärksten Persönlichkeiten des Ensembles gehörte. Das schön beseelte Organ, seine starke Ausstrahlung und die stets treffende Charakterisierung seiner Rollen brachten ihm immer wieder Reengagements bis zum Jahre 1932 ein. Zu seinen stärksten Leistungen gehörte der Rigoletto, der Tonio (»Bajazzo«) und die lyrisch-pathetischen Rollen in Wagner-Opern.

ersetzt, der meist einfarbig, jedenfalls aber ohne Malerei und in Form einer faltigen oder glatten Stoffgardine gehalten war. Diese Vorhänge boten die Möglichkeit der Teilung in der Mitte bei gleichzeitigem Hochziehen beider Hälften und besaßen somit den Vorzug einer schnellen Enthüllung der Szene sowie einer ebenso raschen Absenkung bei Aktschlüssen. Es ist anzunehmen, daß der gemalte Vorhang – in Frankfurt wie auch anderwärts – wegen seiner oftmaligen Beziehungslosigkeit zu den Inhalten der einzelnen Bühnenwerke Anlaß zur Kritik gab. Darüber hinaus wurde er im Laufe der Zeit durch Verblassen und Abbröckeln

Fritz Feinhals als Wotan in Richard Wagners »Walküre«.
Ab Spielzeit 1906/07 bis in das Jahr 1911 läßt sich der bedeutende Heldenbariton als Gast in Frankfurt nachweisen. Während seines annähernd dreißigjährigen Engagements an der Münchner Oper sang er als Gast an allen großen Opernhäusern in Europa und an der Metropolitan Opera in New York. Unvergessen bleibt er auch als erster Darsteller der Titelpartie von Pfitzners »Palestrina« (München, 1917).

von Dr. Rottenberg) wurde dennoch »im Sinne der künstlerischen Ehrenpflichten eines Theaters« als begrüßenswert angesehen.
Im folgenden wollen wir uns einen kleinen Exkurs gestatten und uns der Betrachtung des alten Bühnenvorhangs zuwenden, der eine Darstellung des «Faust«-Vorspiels zeigte. Wie in vielen anderen Städten wurde dieser Vorhang auch in Frankfurt nach einer gewisser Zeit durch einen sogenannten Wagner-Vorhang

Beatrix Kernic als Marie in Smetanas Oper »Die verkaufte Braut«.
Die lyrisch/jugendliche Sängerin, die stets durch imponierende Leistungen hervortrat, ist in die Frankfurter Theatergeschichte als erste Darstellerin der Salome in der gleichnamigen Oper von Richard Strauss (1907) eingegangen.

der Farben unansehnlich. In Frankfurt bewahrte man den ausgedienten Vorhang noch über einen längeren Zeitraum hinter dem Bühnenportal auf, hochgezogen bis zum Bühnendach. Es ließ sich aber nicht mehr feststellen, ob er vereinzelt noch – eventuell bei Jubiläen – Verwendung fand oder wann er entfernt wurde. Bei allem Verständnis für die Gründe, mit denen man die Abschaffung gemalter Vorhänge rechtfertigte, ist es doch bedauerlich, daß auf diese Weise zugleich ein ganzer Kunstzweig zum Aussterben verurteilt wurde; in den meisten Fällen blieben nicht einmal bildliche Vorlagen oder Beschreibungen erhalten.

Am 26. Oktober 1907 kam es in Frankfurt zur Uraufführung eines Werkes, das einen Richter in Zivilsachen zum Komponisten hatte: »Die rote Gred« von Julius Bittner. Aus den Annalen geht hervor, daß kein Geringerer als Gustav Mahler den österreichischen Komponisten förderte und daß dessen Werk nach der Frankfurter Aufführung u. a. auch in Wien und Darmstadt auf dem Spielplan erschien. Die Kritiker jener Zeit berichteten, Richard Wagner habe mit den »Meistersingern« und Richard Strauss mit seiner »Feuersnot« bei dieser Oper Pate gestanden. Dennoch habe die Kraft des Komponisten oft versagt; neben einigen wenigen Glanzlichtern sei vieles matt und dürftig ausgefallen. Als begeisterter Fürsprecher für die Aufnahme der »Roten Gred« trat seinerzeit Kapellmeister Dr. Rottenberg

Ejnar Forchhammer als Tannhäuser in Richard Wagners gleichnamiger Oper.
Der Künstler, der im Jahre 1912 von Frankfurt aus an das Hoftheater in Wiesbaden wechselte, hat bis hin zu den zwanziger Jahren mit dem Titel eines Herzogl. Sächs. Kammersängers immer wieder in Frankfurt gastiert, u. a. als Parsifal, »Götterdämmerungs«-Siegfried und Tristan.

in Erscheinung. Mit sichtlichem Eifer und sorgfältiger Vorbereitung war er – wenngleich vergeblich – bemüht, der ersten Aufführung dieser Oper zu einem Erfolg zu verhelfen. Der anwesende Dichter-Komponist, der später mit weiteren Bühnenwerken an die Öffentlichkeit trat, mußte ohne Lorbeeren von Frankfurt scheiden.

Die musikalische Tragödie

»Madame Butterfly«

von Giacomo Puccini, die heute vom Spielplan nicht mehr wegzudenken ist, fand bei ihrer Uraufführung in Mailand (1904) keine ungetrübte Aufnahme. Ohne zu zögern entschlossen sich daraufhin Komponist und Verleger, das Werk unter Zahlung einer Konventionalstrafe zurückzuziehen, und sagten auch die geplanten Aufführungen in Turin und Rom ab. Nach einer Überarbeitung der Oper unternahm man einen zweiten Startversuch in Brescia, der dann zum Ausgangspunkt eines Siegeszuges um die ganze Welt wurde. Nach London und Paris kam das Werk im September 1907 in Berlin zur ersten deutschsprachigen Aufführung. Am 23. Januar 1908 war es dann soweit, daß die »Butterfly« auch in Frankfurt angekündigt werden konnte. Im ausverkauften Haus sah man mit hochgespannten Erwartungen der Novität entgegen. Das Publikum zeigte sich anfangs erstaunt, einen völlig neuen Puccini

Anton van Rooy als Titelheld in Richard Wagners Oper »Der fliegende Holländer«.
Bereits seit 1899 läßt sich dieser berühmte niederländische Baßbariton als Gast in Frankfurt (bis 1911) nachweisen. Seine urkräftige männliche Stimme brachte ihm bereits als 27jährigem sein erstes Auftreten als Wotan bei den Bayreuther Festspielen ein (1897). Seit dieser Zeit war er Gast an allen großen Bühnen der Welt.

Karl Gentner als Linkerton und Lisbeth Sellin als Cho-Cho-San bei der Erstaufführung von Puccinis »Madame Butterfly«.

Erik Schmedes als Siegfried in Richard Wagners gleichnamiger Oper.
Der dänische Heldentenor hat von seinem ersten Engagement am Hoftheater in Wiesbaden nicht lange gebraucht, um nach kurzen Verpflichtungen in Nürnberg und Dresden von Gustav Mahler mit einem zehnjährigen Vertrag an die Wiener Hofoper verpflichtet zu werden. Mit dem Ruf, auch in Bayreuth stürmisch als Siegfried und Parsifal gefeiert worden zu sein, stellte er sich mehrmals als Gast in Frankfurt vor.

Aufgaben als aufstrebendes Talent erwies. Mit ihrem erfolgreichen Einsatz als Cho-Cho-San konnte sie sich ihre Karriere beträchtlich erleichtern. Den Linkerton verkörperte Karl Gentner, der mit schön timbrierter Stimme und jugendlicher Erscheinung sich gleichfalls um das Werk sehr verdient machte. Neben Emmy Schröder als treuer Dienerin Suzuki und Richard Breitenfeld

Erik Wirl als Leutnant Niki im »Walzertraum« von Oscar Strauß.
Der gebürtige Österreicher debütierte im Jahre 1906 bei den Bayreuther Festspielen als junger Seemann in »Tristan und Isolde« und als Knappe im »Parsifal«. Von 1906 bis 1922 war er als lyrischer Tenor am Frankfurter Opernhaus tätig. Während dieser Zeit sang er u. a. den Pelleas in der deutschen Erstaufführung von Debussys »Pelleas und Melisande« (1907), bei der Uraufführung von Schrekers Oper »Der ferne Klang« den Chevalier (1912) und in der Uraufführung des »Schatzgräbers« (1920) des gleichen Komponisten den Narren. In den zwanziger Jahren widmete er sich vorwiegend der Operette, so als Partner von Fritzi Massary in Berlin und im Tonfilm. In den Jahren 1928 bis 1933 war er Mitglied der Berliner Staatsoper.

Lina Doninger als Colombine in Leoncavallos »Bajazzo«.
Die stimmschöne Sängerin für Oper und Operette fand in Frankfurt willkommenen Einsatz als Soubrette. Zu ihren Aufgaben gehörten u. a. der Cherubin (»Figaros Hochzeit«) und viele Aufgaben in der klassischen Operette.

kennenzulernen, doch das japanische Milieu, die Durchflechtung der Musik mit Anklängen ostasiatischer Melodik, die zarten Stimmungsbilder, die dramatischen Steigerungen, die exotisch anmutende Instrumentation usw. sprachen dann doch das Ohr der Zuhörer an. Zwar empfand man, daß der letzte Akt etwas abfiel, doch konnte dies den positiven Gesamteindruck nicht schmälern. Für die Titelrolle hatte man ursprünglich Beatrix Kernic vorgesehen, die jedoch wegen Krankheit absagen mußte. Ihre Partie wurde von Lisbeth Sellin übernommen, die sich vorher bereits in anderen

als Konsul Sharpless war es insbesondere Hermann Schramm, der in der kleinen Rolle des listig-verschlagenen Kupplers und Horchers Goro die Aufmerksamkeit des Publikums auf sich lenkte. Die Dekorationen gingen auf Carl Rudolph zurück, der auch die Verantwortung für die Bühnenmaschinerie trug. Einen nennenswerten Anteil an der lebendigen Wiedergabe des Werkes hatten ferner Kapellmeister Hugo Reichenberger und der unermüdliche Regisseur Christian Krähmer, der sich über viele Jahre hin – mit zunehmendem Erfolg – um eine überzeugende Darstellung auf der Bühne bemühte.

Das Kalenderjahr 1908 brachte auf dem Opernsektor keine erwähnenswerte Erstaufführung, doch wurden verschiedene Operetten erstmals dargeboten, so z. B. »Ein Walzertraum« von Oskar Strauß (5. Februar 1908), »Der fidele Bauer« von Leo Fall (17. Mai 1908) und »Der Mann mit den drei Frauen« von Franz Lehár (27. September 1908). Alle diese Werke wurden in der Hauptsache von Mitgliedern der Oper getragen, da man damals noch nicht über ein spezielles Operettenensemble verfügte. Vor allem ist auf Lina Doninger hinzuweisen, die sich als Sopranistin – auch wegen ihrer guten äußeren Erscheinung – anfänglich dominierend der Operette verschrieben hatte. Für die musikalische Leitung der Operettenaufführungen zeichnete Kapellmeister Franz Neumann verantwortlich, der auch als Komponist im Frankfurter Spielplan in Erscheinung trat und sich später als Direktor des tschechischen Theaters in Brünn einen Namen machte. Die Regie der Operetten oblag Richard Korschén, der gelegentlich auch Opern inszenierte.

Die Einsatzfreude Intendant Jensens für das Opernschaffen von Richard Strauss fand erneut Bestätigung in der Erstaufführung der musikalischen Tragödie

»Elektra«

am 6. Februar 1909. Frankfurt konnte sich rühmen, nur vierzehn Tage nach der Uraufführung in Dresden, und zwar noch vor Berlin, Hamburg und Wien, sich dieses Werkes angenommen zu haben. Bedeutungsvoll wurde diese jüngste Bühnenschöpfung des Komponisten auch insofern, als sich hierbei zum erstenmal die Zusammenarbeit mit dem namhaften Dichter Hugo von Hofmannsthal bewährte. Wie die Oper »Salome« bedarf auch die einaktige »Elektra« eines Orchesterapparates von außergewöhnlichem Umfang (ca. 115 Musiker). Der Komponist vertonte den herben und düsteren Stoff in einer Art und Weise, die es nicht gestattet, den inneren motivischen Verbindungen zu folgen, da deren Überschneidungen, die differenzierte Rhythmik wie auch die wild erregenden Akzente den Zuhörer einfach überwältigen. Er verzichtet weitgehend auf lyrische Kantilenen; andererseits schreckt Richard Strauss nicht vor Dissonanzen zurück, wenn es ihm um eine charakteristische Vertonung der Textvorlage geht. Nicht völlig zu Unrecht äußerte sich ein Dresdner Rezensent launig wie folgt: »Nur wer das Fürchten nicht kennt, der gehe in die ›Elektra‹.« Soweit die vorhandenen Quellen einen Einblick ermöglichen, fand diese Oper in Frankfurt kein sonderliches Wohlwollen. Man sah in dem Werk keinen Fortschritt, sondern kritisierte den Mut, mit dem sich Strauss »über alle Grenzen künstlerischer Schönheit hinweggesetzt« habe. Die fortwährend angetriebenen Steigerungen,

Emmy Fischer als Carmen in der gleichnamigen Oper von Bizets.
Der Sängerin kommt der Ruf zu, eine sehr gute Darstellerin der Dalila in Saint-Saëns »Samson und Dalila« und Herodias in der »Salome« von Richard Strauss gewesen zu sein. Auch als Partnerin von Caruso bei seinem »Carmen«-Gastspiel (1909) konnte sie sehr wohl bestehen. Durch ihr frühes Ableben fand ihre bevorstehende Karriere ein jähes Ende.

die so getreuliche Illustration der Wort-»Brutalitäten« und das zu großer Schärfe neigende Ausdrucksvermögen wurden von einem Teil der Presse als »Unmusik« bzw. als »lärmendes und abstoßendes Spektakel« abqualifiziert. Man hielt Strauss das Goethewort aus den »Propyläen« entgegen: »Der echt gesetzgebende Künstler strebt nach Kunstwahrheit, der gesetzlose, der einem blinden Triebe folgt, nach Naturwirklichkeit. Durch jenen wird die Kunst zum höchsten Gipfel, durch diesen auf ihre niedrigste Stufe gebracht.« Das Publikum zeigte sich während der Frankfurter Aufführung der »Elektra« zurückhaltender als bei früheren Strauss-Premieren. Als der letzte Vorhang gefallen war – wenn auch »entsetzt über all die niederträchtige, so oft mißtönende und langstielige Leidenschaft

Edyth Walker als Brünnhilde in Richard Wagners »Ring des Nibelungen«.
Zwischen den Jahren 1907 bis 1912 läßt sich die gebürtige Amerikanerin des öfteren in hochdramatischen Partien auf dem Spielplan der Frankfurter Oper finden. Sie galt als eine der vollendetsten Wagnersängerinnen ihrer Zeit, die jeweils einige Spielzeiten an den Opernhäusern in Berlin, Wien, New York und München engagiert war.

Paula Doenges als Brünnhilde in Richard Wagners »Ring des Nibelungen«.
Bereits während ihres mehrjährigen Engagements am Leipziger Stadttheater ließ sie sich als Kammersängerin mit der Isolde in Frankfurt (1906) hören. Mit einer Stimme von kraftvoller Frische hat sie als späteres Mitglied der Frankfurter Oper und Partnerin von Ejnar Forchhammer alle großen Wagner-Partien gesungen. Besonders zu erwähnen ist ihr Einsatz als Elektra bei der Erstaufführung der gleichnamigen Oper von Richard Strauss (1909).

Zur »unsympathischsten Dame der Gesellschaft« erklärte man die Klytämnestra, die von Leonore Sengern gestaltet wurde, welche früher in Leipzig tätig gewesen war und sich u. a. in Paris als Herodias und sogar als Salome vorzüglich bewährt hatte. Nicht zu vergessen Dr. Ludwig Rottenberg, der vom Dirigentenpult aus das Ensemble vorbildlich leitete, sowie der auf der Szene umsichtig agierende Spielleiter Christian Krähmer.
Ein durchschlagender Erfolg wurde die Erstaufführung von Puccinis Oper

»Tosca«

(16. Mai 1909), nachdem kurz zuvor die komische Oper »Versiegelt« des späteren Generalmusikdirektors der Kgl. Oper Berlin, Leo Blech, nur einen Achtungsbeifall erringen konnte.
Der Name Puccini war nach seinen beiden

Karl Gentner, der erste Darsteller des Cavaradossi in Puccinis »Tosca«.

und so viel Blut« –, vergaß man dennoch nicht, sich bei den Darstellern zu bedanken, die in monatelanger Vorbereitungszeit alles darangesetzt hatten, um eine würdige Aufführung zustande zu bringen. Der Frankfurter Premiere wurde sogar das Lob zuteil, künstlerisch besser als die Dresdner Uraufführung gewesen zu sein. Eine dominierende Leistung erbrachte Paula Doenges als Titelheldin, deren Rolle man »ohne alle Umschweife direkt als pathologisch zu nennenden Stimmenmord« bezeichnete, während man die Partien der Brünnhilde und Isolde mit den dazwischenliegenden Ruhepausen nur für einen »Kinderreigen« hielt. Höchst eindrucksvoll war auch die Leistung von Elsa Hensel-Schweitzer als Chrysothemis.

Elsa Hensel–Schweitzer als Tosca in Puccinis gleichnamiger Oper zur Frankfurter Erstaufführung (1909).

wohlgelungenen Werken »Madame Butterfly« und »Bohème« in aller Mund, so daß man mit großem Interesse seiner »Tosca« entgegensah. Die belesenen Theaterbesucher erinnerten sich damals gewiß des gleichnamigen Boulevardstücks von Sardou, das einst die »göttliche Sarah« in Wien zu einem Triumph geführt hatte. Mit der Wahl dieses Textes hatte Puccini einen guten Griff getan, was mit dazu beitrug, dem Werk nach seiner Uraufführung in Rom (1900) den Weg über Land und Meer zu ebnen. Auch die Besucher der Frankfurter Erstaufführung mögen verspürt haben, daß Puccini mit seiner »Tosca« in neue Gefilde vorgestoßen war, da er sich vom bislang eher Lyrischen in Richtung Musiktragödie bewegte und erstmals sogar dämonische Züge, wie beispielsweise in der Figur des Gewaltmenschen Scarpia, in die Handlung einbezog. Festzustellen bleibt jedoch, daß Puccini manches gegenüber der Textvorlage milderte. Es erübrigt sich, in diesem Zusammenhang eigens auf die vielen Schönheiten dieser Oper näher einzugehen, da das Werk den meisten Lesern bekannt sein dürfte. Dr. Rottenberg hatte nach sorgfältigem Vorstudium die lyrischen Seiten der Oper ebenso überzeugend ausgearbeitet wie die dramatischen Steigerungen. Nicht minder effektvoll soll die Inszenierung von Oberregisseur Christian Krähmer gewesen sein. Als Darstellerin der Titelfigur trat Elsa Hensel-Schweitzer sehr überzeugend in Erscheinung. Sie zeigte sich in den lyrischen Szenen sehr geschmeidig, doch bewältigte sie auch die leidenschaftlichen Affekte mit Bravour. Karl Gentner als ihr Partner Cavaradossi bürgte durch lebendiges Spiel und nuancierungsreichen Gesang für eine makellose Leistung. Richard Breitenfeld war ein scharf konturierter Scarpia, besonders in den ausladenden Stellen mit abstoßendem Realismus gezeichnet. Auch Josef Gareis machte als Messner eine gute Figur, da er sich vor jeder Übertreibung hütete. Der Beifall der Zuhörer steigerte sich von Akt zu Akt, bis sich nach der letzten Szene die Hauptdarsteller, die auf der Bühne längst das Zeitliche gesegnet hatten, schließlich mehrfach dem Publikum zeigen mußten.

Völlig in Vergessenheit geraten ist die Oper »Izeyl« von Eugen d'Albert, so daß auf eine nähere Beschreibung der Aufführung vom 12. Dezember 1909 verzichtet werden kann. Ebenso bedeutungslos ist das am 30. Januar 1910 aufgeführte Bühnenspiel »Lobetanz« von Ludwig Thuille geworden, der ein Freund von Richard Strauss war und mehrere von dessen symphonischen Werken für Klavier arrangierte. Die Oper »Lobetanz« war für das Frankfurter Publikum damals keine Novität mehr, denn das Stuttgarter Hoftheater-Ensemble, das nach dem Theaterbrand auf Gastspielreise ging, hatte bereits im Jahre 1902 das Werk in der Mainstadt dargeboten. Seinerzeit stand die Aufführung unter der musikalischen Leitung von Hugo Reichenberger, der später an der Wiener Hofoper und nachfolgend – wie schon bekannt – in Frankfurt in gleicher Eigenschaft tätig war.

Mit Verwunderung dürfte es das Theaterpublikum aufgenommen haben, als die Frankfurter Oper sich anschickte, das Jugendwerk von Richard Strauss

»Guntram«

für den 13. März 1910 vorzubereiten, nachdem bereits spätere Werke des Komponisten zur Darstellung gekommen waren. In »Guntram« erweist sich Strauss noch als unter dem Einfluß des Bayreuther Meisters stehend. Damit stellte er sich – nach dem Erfolg von Wagners »Parsifal« – in die Reihe der Epigonen dieses Erlösungsdramas, also neben d'Albert, Weingartner, Pfitzner u. a. Wenngleich ein Nachempfinden im Geiste Wagners unverkennbar war, entfaltete der junge Strauss doch schon ein blühendes

Ernestine Schumann – Heink als Waltraute in Richard Wagners »Götterdämmerung«.
Die Sängerin ging als bedeutendste Altistin ihrer Epoche in die Geschichte ein. Ihrem Einsatz bei den Bayreuther Festspielen (1896 bis 1914) ging ihre Mitwirkung beim »Ring«-Zyklus in Wien unter der Leitung Gustav Mahler voraus. Über drei Jahrzehnte hinweg war sie auch eine umjubelte Gastsängerin an der Metropolitan Opera in New York. Unvergessen bleibt auch ihre Mitwirkung bei der Uraufführung der »Elektra« von Richard Strauss (Dresden 1909) als Klytämnestra. In der Spielzeit 1910/1911 hatten die Frankfurter Theaterfreunde Gelegenheit diese Starsängerin erstmals u. a. als Azucena in Verdis »Troubadour« kennen zu lernen.

Lisbeth Sellin als Colombine in Leoncavallos »Bajazzo«.

Kolorit für ein polyphon entwickeltes Orchester. Daneben deutet mancher Effekt in der Instrumentation bereits auf seine späteren Schöpfungen hin. Vieles erschöpft sich noch in theatralischer Äußerlichkeit, und auch undramatische Dehnungen und hilflos wirkende Stockungen sind nicht zu übersehen. All dies mag mit dazu beigetragen haben, daß dem Werk kein längeres Leben beschieden war. Interessant ist dabei,

Erich Forchhammer als Tristan in Richard Wagners »Tristan und Isolde«.
Wenn der Künstler in den letzten Jahren vor seinem Abschied von Frankfurt (1912) nicht mehr so stimmfrisch in Erscheinung trat, imponierte er immer noch durch seine Überzeugungskraft in der Darstellung, wofür er eine heldenhafte nordische Erscheinung mitbrachte.

»Graf von Luxemburg« eine willkommene Erstaufführung (3. Juni 1910) geboten. Kapellmeister Franz Neumann und Regisseur Richard Korschén sorgten mit Eifer für einen flotten Ablauf der Handlung. Bewährte Opernkräfte wie Else Gentner-Fischer als Angèle Didier und Erik Wirl als Graf – wie auch Lina Doninger als Juliette – waren Garanten einer guten Aufführung. Besonderes Lob verdienten sich wiederum der quirlige Hermann Schramm als Brissard und Marie Wellig-Bertram als Gräfin Kokozow.

Else Gentner-Fischer als Angèle Didier in Lehars »Graf von Luxemburg«.
Mit der Verpflichtung der seither am Hoftheater in Mannheim engagierten Sängerin (1907) wurde das Frankfurter Ensemble um ein Mitglied bereichert, das über Jahrzehnte hinweg zu einer tragenden Kraft im Opernhaus wurde. Die großartigen stimmlichen Voraussetzungen und das auffallende Spieltalent haben ihr unter den Theaterbesuchern im Laufe der Jahre eine seltene Anhängerschaft gesichert. Als die Sängerin im Juni 1935 in Frankfurt Abschied von der Bühne nahm, vollendete sich ein Sängerleben, das sich vom leichten Sopranfach bis hin zu hochdramatischen Partien entwickelte, wobei sie jeweils Leistungen bot, die aufhorchen ließen.

Lisbeth Sellin als Octavian in der Erstaufführung des »Rosenkavalier« von Richard Strauss.

daß mit der Aufführung des »Guntram« nunmehr sämtliche bis zu diesem Zeitpunkt erschienenen Werke des Komponisten auf dem Spielplan der Frankfurter Bühne standen. Wie sich einem Brief von Strauss an Intendant Jensen entnehmen läßt, war Frankfurt damals sogar die einzige Stadt, die alle Bühnenwerke des Meisters zur Darstellung gebracht hatte. Bei der Erstaufführung des »Guntram« wurde die Titelpartie von Ejnar Forchhammer gesungen, der mit seiner künstlerischen Intelligenz und Darstellungsgabe zu imponieren vermochte. Doch auch Paula Doenges als Freihild wurde für ihre Leistung mit starkem Beifall belohnt.

Gegen Ende der Spielzeit 1909/1910 wurde den Freunden der Operette mit Franz Lehárs

Als nette Abwechslung im Spielplan empfand man Ermanno Wolf-Ferraris Einakter

»Susannens Geheimnis«

der am 12. November 1910 in Frankfurt erstaufgeführt wurde. Das Intermezzo wird heute noch wegen seiner prickelnden Ouvertüre und der Folge leichtflüssiger, eingängiger Melodien gelegentlich gespielt, auch wenn der Text etwas albern anmutet. Die Besetzung mit Rudolf Brinkmann als Graf Gil, Anita Franz als Susanne und Alfred Hauck als stummer Diener erinnerte – wie die Anlage des Werkes überhaupt – an frühere Vorbilder, wie etwa an Pergolesis »La serva padrona«.

Bühnenbildentwurf von Alfred Roller für den »Rosenkavalier« von Richard Strauss.

Die intensive Pflege Strauss'scher Werke in Frankfurt führte bereits wenige Wochen nach der Dresdener Uraufführung des

»Rosenkavalier«

zur Aufnahme dieser Komödie in den örtlichen Spielplan (1. März 1911). Die Theater in Nürnberg, München, Mainz, Hamburg und Bremen waren mit Erstaufführungen vorausgegangen, da in Frankfurt – wie die örtliche Presse schreibt – die Erstaufführung »durch widrige Umstände aufgehalten« wurde. Dies dürfte mit der notwendig gewordenen Umbesetzung der Rolle des Ochs von Lerchenau in Zusammenhang gestanden haben. Ohne näher auf das weithin bekannte Werk einzugehen, ist es immerhin interessant zu wissen, wie die volkstümlichste der Strauss-Opern in Frankfurt aufgenommen wurde. Für geradezu genial erachtete man den ersten Akt mit seiner Vielfalt an Stimmungsreizen, wobei man den von feiner Resignation beseelten Wahnmonolog der von der Jugend Abschied nehmenden Feldmarschallin als »kostbare reine Perle der Partitur« würdigte. Auch vertrat man die Auffassung, keinen anderen zeitgenössischen Komponisten zu kennen, der auch nur annähernd in der Lage wäre, eine Liebesszene zu schreiben, wie sie Richard Strauss zu komponieren vermochte. Als beschämend indessen erscheint es uns heute, daß ein namhafter Rezensent damals glaubte feststellen zu müssen, der zweite und dritte Akt sei – trotz vereinzelter Schönheiten – die »notwendigen Kosten der Erwerbung und Ausstattung, das Lahmlegen und Aufhalten des sonstigen Repertoires sowie die unglaubliche Mühe der Einstudierung wirklich nicht wert«. Besagter Rezensent nahm u. a. auch Anstoß am Auftreten des Ochs von Lerchenau, mit dem »bis auf wenige Momente alle guten Geister des feineren Geschmacks und des Stils eines musikalischen Lustspiels« verlorengegangen seien. Dennoch habe es Strauss – wie stets – verstanden, »nach all dem Durcheinander« einen gelungenen Schluß zu formen, der »weniger durch seine Erfindung oder tiefen Gehalt, als durch den gegebenen Kontrast des oft mehr vulgär Einfachen besticht«. In den nachfolgenden Jahrzehnten wurde die von strahlender Heiterkeit erfüllte

Bühnenbildentwurf von Alfred Roller für den »Rosenkavalier« von Richard Strauss.

ZWEITES KOSTÜM
ZWEITER AUFZUG

gefärbten Stimme für die Partie der Sophie nicht so geeignet war. Dieser Auffassung kann beigepflichtet werden, da von einem eher schwerblütigen Organ keine leichtbeschwingte Höhe zu erwarten war, wie es nun einmal die Rolle verlangt. Bestens disponiert schien Elsa Hensel-Schweitzer als Feldmarschallin, die »von einem vornehmen Zug und einem feinen Hauch der resignierten Sentimentalität« getragen war. Die Rolle des Ochs von Lerchenau hatte Hermann Steffens binnen kürzester Frist übernehmen müssen. Es wurde jedoch berichtet, es sei aus dieser Partie nicht mehr zu machen gewesen als das, was der benannte Künstler unter Vermeidung von Übertreibungen in der Rolle gestaltete. Vortrefflich in Maske und Spiel waren Erik Wirl als Valzacchi sowie Bella Halbaerth, die sich als Annina bestens einführte. Hermann Schramm trat auf als famoser italienischer Tenor, und Richard Breitenfeld wirkte in der Rolle des Faninal sicher und lebendig wie stets. Die unermüdliche Vorarbeit von Kapellmeister Dr. Ludwig Rottenberg hatte sich wiederum bewährt. In Christian Krähmer als Spielleiter fand er einen adäquaten Mitarbeiter. Die als prachtvoll bezeichneten Dekorationen gingen – wie schon bei der Dresdner Uraufführung – auf Entwürfe von Professor Alfred Roller zurück und wurden in Wien hergestellt. Nach dem ersten Akt war der Beifall der Besucher besonders herzlich, während nach dem zweiten eine gewisse Zurückhaltung beim Publikum konstatiert werden mußte. Zum Schluß, nach »der kreuzfidelen Musik, die so schön ist«, gab es mehrere Herausrufe für das singende Ensemble. Dieser Dank schloß aber auch die künstlerischen Vorstände mit ein.

Eine willkommene Abwechslung im Spielplan brachte die Erstaufführung des Bühnenwerks

»Die Königskinder«

von Engelbert Humperdinck (16. April 1911), der das einstige Melodram inzwischen zu einer Märchenoper umgestaltet hatte. Auf diese Weise dürfte gut die Hälfte der Partitur eine neue musikalische Fassung erhalten haben.

Komödie jedoch zu einem Standardwerk des Opernspielplans. Der Erfolg dieses Werkes hängt jedoch maßgeblich ab von der Qualität der Besetzung, die gelegentlich zum Problem wird. Bei der Frankfurter Aufführung scheint die Darstellerin des Oktavian, Lisbeth Sellin, mit dem ihr eigenen jugendlichen Charme besonders gefallen zu haben. Weniger glücklich eingesetzt hatte man die an sich hochbegabte Else Gentner-Fischer, die mit ihrer dunkel

Frieda Hempel als Valentine in Meyerbeers Oper »Die Hugenotten«.
Die gebürtige Leipzigerin gehörte ab 1912 als Koloratursopran der Hofoper in Berlin an mit gleichzeitigem gastspielweisen Einsatz an der Metropolitan Opera in New York (bis 1920). In Frankfurt war sie in den Jahren 1907 bis 1914 des öfteren zu hören, so u. a. als Rosine in Rossinis »Barbier von Sevilla«, als Frau Fluth in Nicolais Oper »Die lustigen Weiber von Windsor« und als »Fledermaus«-Rosalinde.

Der Anstoß zur Neugestaltung resultierte aus verschiedenen Widersprüchen gegenüber dem Melodram, so u. a. wegen der Anbindung des gesprochenen Wortes an den Rhythmus der musikalischen Untermalung, die manchen Darsteller vor schier unüberwindliche Schwierigkeiten gestellt hatte. Zu einer wirkungsvollen, unbeschwerten Wiedergabe waren entweder Opernsänger notwendig, die gut sprechen konnten, oder aber Schauspieler von besonderer Musikalität. Durch die Neufassung als Märchenoper hatte das Werk sehr an Wirkung gewonnen, wie sich bereits bei der Uraufführung an der Metropolitan Opera in New York (1910) mit der berühmten Geraldine Farrar und dem international bekannten Tenor Hermann Jadlowker herausstellte. Bei der Frankfurter Erstaufführung wirkte Intendant Jensen als Regisseur; Kapellmeister Dr. Rottenberg stand ihm unterstützend zur Seite. Mit Lisbeth Sellin, die man inzwischen

Enrico Caruso, der weltbeste Tenor seiner Zeit, mit seinem Impresario (links) vor dem Frankfurter Opernhaus. Caruso, der in den Jahren 1908 bis 1911 alljährlich zu Gastspielen nach Frankfurt kam, feierte Triumphe als Herzog (»Rigoletto«), Cavaradossi (»Tosca«), Don José (»Carmen«), Tonio (»Bajazzo«) und als Radames (»Aida«).

reengagiert hatte, als Gänsemagd kam eine vorzügliche Sängerin zum Einsatz, die sich mit überzeugendem Märchenzauber zu umgeben wußte. Ein vortrefflicher Partner war Karl Gentner, der in den Lyrismen der Liebesidylle der Gestalt des weltfremden Königssohnes jede gewünschte Wirkung gab. Den treuen Spielmann verkörperte stimmfrisch Richard Breitenfeld, und als nicht weniger spielbegabt erwies sich Bella Halbaerth als Hexe. Das Premierenpublikum feierte begeistert den anwesenden Komponisten und dankte allen Mitwirkenden für den schönen Abend, der zwar keinen sensationellen, so doch immerhin einen herzlichen Erfolg gebracht hatte.

Fällt der Name des französischen Komponisten Adolphe Adam, so erinnern sich die meisten gewiß nur noch an seinen »Postillon von Lonjumeau«. Ein Werk, das einst auf den deutschen Bühnen heimisch war, finden wir in der Oper »König für einen Tag«. Es ist anzunehmen, daß die Wiederaufnahme dieses Werkes in Berlin (1908) auch für die Frankfurter Oper Anlaß war, das Bühnenwerk auf den Spielplan zu setzen (12. September 1911). Da die Musik gut ins Ohr geht und die Szene wirkungsvoll belebt ist, konnte der Erfolg nicht ausbleiben; dies um so mehr, als zwei neu engagierte Kräfte von Format zum Einsatz kamen. Es handelte sich hierbei um Robert Hutt, der als Zeporis eine gute Figur machte, sowie um Melitta Heim, die die keineswegs leichte Partie der Neméa durch ihren feingeschliffenen Ziergesang zum Erlebnis werden ließ. Das Ensemble wurde u. a. durch Hedwig Schacko ergänzt, die als Zelide mit ihren Koloraturkadenzen beeindruckte, und Hermann Schramm als famoser Piféar. Das Publikum geizte nicht mit Beifall.

Mit dem Ausscheiden von Intendant Paul Jensen am 1. November 1911 stand die Frankfurter Oper bis zum Neuengagement eines Theaterleiters vor einer Interimszeit, die fürs erste jedoch durch den erfahrenen Emil Claar überbrückt werden konnte, der seit dem Jahre 1900 sich nur noch mit dem Sprechtheater und später mit der Leitung des neu erbauten Schauspielhauses befaßte.

Als gewagt wurde es empfunden, als sich die Intendanz dem Bühnenschaffen des österreichischen Komponisten Franz Schreker zuwandte, der sich als Opernkomponist erst noch bewähren mußte. Mit der Uraufführung seiner Oper

»Der ferne Klang«

am 18. August 1912 stellte er sich erstmals mit einem Bühnenwerk in Frankfurt vor. Dabei ließ sich unschwer eine Anlehnung an die

Szenenbild zur Uraufführung der Oper »Der ferne Klang« von Franz Schreker.

Karl Gentner als Fritz und Lisbeth Sellin als Grete in Schrekers Oper »Der ferne Klang«.

junge französische Schule der Impressionisten feststellen, an Debussy und Dukas wie auch an die Wiener Richtung (Mahler!). Man ordnete Schreker den sogenannten Stimmungskünstlern zu, da er mit eigenwilligen Klangmischungen, gelegentlich gepaart mit harmonischen Härten, den von ihm selbst gestalteten Stoff vertonte. Mochte auch manches krampfhaft gedehnt erschienen und der Wunsch nach neuen Ausdrucksmitteln allzu spürbar gewesen sein, so konnte Schreker doch in Anspruch nehmen, sich in Instrumentation und Orchestertechnik bereits als vortrefflicher Könner erwiesen zu haben. Immerhin tritt bei ihm eine erstaunliche Einheit von Dichtung und Musik in Erscheinung, und auch in der Behandlung des Dialogs zeigt er schon besonderes Geschick. Wenn ihm beispielsweise bedeutsame Stellen rezitativisch nicht genügend ergiebig schienen, schaltete er einfach auf das gesprochene Wort um. Auf diese Weise gelang es ihm, die Übergänge zur Musik so geschmeidig zu gestalten, daß keine Veranlassung zu irgendwelchen Einwänden gegeben war. Im Gegensatz hierzu trat jedoch die melodische Erfindungsgabe Schrekers stark zurück. Immerhin zeigten einzelne Szenen ein stimmungsvolles Ergehen und erwärmende Herztöne, die an eine Mission Schrekers als Opernkomponist glauben ließen. Somit blieb als Ergebnis der ersten Aufführung eines seiner Werke wenigstens die Hoffnung, daß mit Schreker dem Theater ein vielversprechendes Talent zuwachsen werde, dem die Frankfurter Oper den Weg geebnet hatte. Mit großem Eifer hatte Dr. Ludwig Rottenberg das Werk musikalisch vorbereitet und in sichere Bahnen gelenkt. Dabei fand er tatkräftige Unterstützung bei dem erfahrenen und anerkannten Regisseur Christian Krähmer. Die neue dekorative Ausstattung ging im Entwurf zurück auf Prof. Alfred Roller, Wien. Entscheidend beteiligt am Erfolg der Opernaufführung waren in den Hauptpartien Lisbeth Sellin als Grete und Karl Gentner als Fritz – zwei Künstler, denen die Frankfurter Oper zu jener Zeit viel an Ansehen zu verdanken hatte. Der Komponist – sichtlich beglückt – konnte am Schluß der Premiere reichen Beifall entgegennehmen.

Bella Fortner-Halbaerth als Amneris in Verdis gleichnamiger Oper.
Die vielseitige Altistin fand in Frankfurt ihren Einsatz im Spielfach wie auch in dramatischen Partien. Dabei kam ihr ihre imponierende Spielbegabung sehr zustatten, wie auch die stimmliche Durchschlagskraft in Partien wie der Ortrud aus Richard Wagners »Lohengrin« oder z. B. der Ulrica aus Verdis »Maskenball«.

Maria Gutheil–Schoder als Carmen in Bizets gleichnamiger Oper.
Bereits während ihres Erstengagements in Weimar wurde die intelligente Sängerin zu Gastspielen nach Leipzig, Berlin und Wien herangezogen, was bald zu einer langjährigen Bindung an die Wiener Hofoper führte. Wenngleich sie auch nicht über phänomenale Stimmittel verfügte, vermochte sie sich durch faszinierenden und fesselnden Vortrag zu einer Starsängerin zu entwickeln, die sich erfolgreich u. a. in den Frauenrollen Strauss'scher Opern und der Werke von Schönberg einsetzte. In Frankfurt ließ sie sich mehrfach u. a. als Carmen hören (1908–1910), eine Rolle, die sie über ihre gesamte Laufbahn begleitet hat.

Rudolf Brinkmann als Figaro in Rossinis Oper »Der Barbier von Sevilla«.

Bühnenbildentwurf von Waldemar Knoll zur Oper »Hamlet« von A. Thomas (zu Seite 110).

Irma Tervani als Carmen in Bizets gleichnamiger Oper. Die gebürtige Finnin gehörte etwa 25 Jahre als erste Altistin dem Ensemble der Dresdener Hofoper, der späteren Staatsoper, an, von wo aus sie an allen namhaften Bühnen gastierte. In Frankfurt trat sie in den Jahren 1910/1911 mehrmals mit Caruso als Carmen auf, wie auch noch später in gleicher Rolle.

Aini Ackté als Tosca in Puccinis gleichnamiger Oper. Als gebürtige Finnin debutierte sie als Margarethe in Gounods »Faust« an der Grand Opéra in Paris, wo sie mehr und mehr zu einer Starsängerin wurde. Neben Gastspielen an allen großen Bühnen Europas war sie längere Zeit Mitglied der Metropolitan Opera in New York. In den Jahren 1910 bis 1912 kam die Sängerin öfter zu Gastspielen nach Frankfurt, wo sie mit ihren Glanzpartien als Tosca und Salome auftrat.

Enrico Caruso mit Mitgliedern des Frankfurter Opernhauses (1911).
Hintere Reihe (v. lks.): Frieda Gollmer, Emmy Schröder, Enrico Caruso, Elsa Hensel-Schweitzer, Lisbeth Sellin und Impressario Lederer. Vordere Reihe (v. lks): Walter Schneider, Erik Wirl und Hermann Schramm.

Kostümentwurf von Ottomar Starke zu Glucks »Orpheus und Eurydike« (zu Seite 165).

Lilly Hafgren-Waag (bzw. Hafgren-Dinkela) als Freya in Richard Wagners »Rheingold«.
Die gebürtige Schwedin erhielt ihre Gesangsausbildung auf dem Raffschen Konservatorium in Frankfurt. Ihre großartigen Stimmittel befähigten sie nach ihrem Studienabschluß bereits als Freya in Richard Wagners »Rheingold« bei den Bayreuther Festspielen zu debutieren (1908). Die Tatsache, daß die Sängerin bis zum Jahre 1924 mit Bayreuth als Sängerin verbunden blieb, ist Beweis genug für ihre außergewöhnliche Begabung. Auch am Frankfurter Opernhaus war sie ein gern gesehener Gast, so bei den Mai-Festspielen des Jahres 1912, wo sie als Eva in Richard Wagners »Meistersinger von Nürnberg« auftrat.

Otfried Hagen als Pedro in Eugen d'Albers »Tiefland«.
Der Künstler studierte am Hochschen Konservatorium in Frankfurt, debutierte am Stadttheater in Heidelberg und kam über Engagements in Stettin und Magdeburg als jugendlicher Heldentenor an das Hoftheater Mannheim. Während seines Frankfurter Engagements zählten der Lohengrin, der Tannhäuser und der Florestan (»Fidelio«) zu seinen Glanzrollen.

Anna von Bahr-Mildenburg als Brünnhilde in Richard Wagners »Ring des Nibelungen«.
Schon früh wurde die Sängerin als eine hoffnungsvolle Kraft erkannt und an das Theater nach Hamburg verpflichtet. Bereits zwei Jahre danach stand sie als Kundry in Richard Wagners »Parsifal« auf der Bühne in Bayreuth. Längere Zeit war sie später als Mitglied mit der Wiener Hofoper verbunden. Auch an ausländischen Bühnen wurde sie als eine faszinierende Sängerin und Darstellerin gefeiert. Oft hatten die Frankfurter Theaterfreunde Gelegenheit, diese Künstlerin u. a. als Elektra in Richard Strauss' gleichnamiger Oper, als Ortrud (»Lohengrin«) und als Isolde zu umjubeln. Die Sängerin war mit dem Schriftsteller Hermann Bahr verheiratet.

Bühnenbildentwurf von Ottomar Starke zu Glucks »Orpheus und Eurydike«.

Bühnenbildentwurf von Ottomar Starke zu Glucks »Orpheus und Eurydike«.

Das Opernhaus unter der Leitung von Intendant Robert Volkner 1912–1917

Mit Beginn der Spielzeit 1912/1913 übernahm der frühere Direktor der vereinigten Stadttheater in Leipzig die Leitung der Frankfurter Oper, wovon man sich eine straffe Führung des Opernbetriebs erhoffte. Als erste bedeutsame Novität der Ära Volkner wurde für den 23. November 1912 das musikalische Lustspiel

»Der Kuhreigen«

von Wilhelm Kienzl angekündigt. Man versprach sich davon einen Erfolg, da die Volksoper »Der Evangelimann« seit ihrem ersten Erscheinen auf dem Frankfurter Spielplan (1895) zum festen Bestandteil des Repertoires geworden war. Auch diesmal war es vor allem wieder die gefällige Musik, die, ohne alle leidenschaftlichen Momente des Librettos auszunutzen, in unaufdringlicher Weise Herz und Gemüt anzusprechen wußte. Zwar ist in dieser Oper vieles musikalisch gut illustriert, doch schon damals wurde bezweifelt, daß sich das im Vergleich zum »Evangelimann« weniger originelle Werk lange auf der Bühne würde behaupten können. Immerhin bot der Frankfurter Premieren-Abend dem aufnahmefreudigen Publikum reichlich Gelegenheit zum Beifall, an dem auch der persönlich anwesende Komponist Anteil hatte. Aus der Gruppe des singenden Personals, dem es Kienzl nicht sonderlich schwer machte, ragte die Darstellerin der Blanchefleure, Charlotte Uhr, heraus, die mit ihrem ausgereiften Können eine spätere große Karriere ahnen ließ. Als musikalischer Leiter der Erstaufführung trat erstmals der begabte Egon Pollak in Erscheinung, der von 1912 bis 1917 der Frankfurter Oper verbunden blieb und von dort aus als Generalmusikdirektor nach Hamburg berufen wurde.

Die Intendanz der Frankfurter Oper hatte sich in den zurückliegenden Jahren hinsichtlich der Aufführung von Novitäten recht aktiv gezeigt und durch Erwerb von Bühnenwerken zur Uraufführung einen anerkennenswerten Eifer bei der Förderung zeitgenössischer Talente

Intendant Robert Volkner.

entwickelt. Nicht immer jedoch war die Auswahl neuer Werke vom Glück begünstigt, allein schon deshalb, weil sich der künstlerische Wert eines Stückes nur selten mit dem Geschmack des Publikums deckt. So war beispielsweise der deutschen Erstaufführung der Oper »Ariane und Blaubart« des beachtenswerten französischen Komponisten Paul Dukas (26. Dezember 1911) kein Erfolg beschieden, obwohl die Kraft seiner melodischen Erfindung und die klangschöne Orchestergestaltung aufhorchen ließen. Im Gegensatz hierzu brachte die Uraufführung der Oper »Oberst Chabert« von Hermann Waltershausen (18. Januar 1912), dem späteren Münchener Akademiedirektor, insofern einen achtbaren Erfolg, als die in spätromantischem Stil geprägte Oper von Frankfurt aus den Weg an viele deutsche Bühnen fand. Kaum mehr als von örtlichem Interesse war die Erstaufführung der Oper »Dunja« des in Frankfurt lebenden Komponisten Iwan Knorr nach Gogols gleichnamiger russischer Dorfkomödie (14. April 1912). Knorr, der seit 1883 auf Brahms' Empfehlung als Lehrer dem Hochschen Konservatorium angehörte und später als Nachfolger von Bernhard Scholz sogar die Leitung des Instituts übernahm (1904), erwies sich mit diesem Werk als ein Vertreter der Brahmsschen Stilrichtung von ansprechender musikalischer Eingebung und sauberem formalem Können.

Charlotte Uhr als Blanchefleure in der Oper »Der Kuhreigen« von Wilhelm Kienzl.
Die repräsentative Erscheinung der Sängerin, die von 1912 bis 1915 dem Frankfurter Ensemble angehörte, wie auch der Wohlklang ihrer Stimme machten sie zu einem wertvollen Mitglied der Oper. Bei der Festvorstellung zu Richard Wagners 100jährigem Geburtstag wurde sie als Evchen in den »Meistersingern von Nürnberg« herausgestellt.

Rudolf Brinkmann als Advokat Derville in der Uraufführung der Oper »Oberst Chabert« von Hermann Waltershausen.

Fritz Odemar, Vater des gleichnamigen Filmschauspielers. Im Mittelpunkt der Oper stand Charlotte Uhr als Ariadne, die mit dem Glanz ihrer Stimme, ihrem geschmackvollen Vortrag und ihrer schönen äußeren Erscheinung starke Beachtung fand. Als ihr Partner Bacchus sekundierte der stimmgewaltige Robert Hutt. Nicht weniger Ausstrahlung ging aus von Melitta Heim als Zerbinetta, die sich »in dem gesanglichen Feuerwerk der hochliegenden Koloraturen« mit spielerischer Grazie bewegte, so daß die Vermutung aufkam, es werde wohl nicht mehr lange dauern, bis eine der ganz großen Bühnen sie von Frankfurt wegholen würde. Auf den munteren Ton eingestimmt waren auch die

Für den 14. Januar 1913 kündigte der Spielplan das jüngste Werk von Richard Strauss an, die einaktige Oper

»Ariadne auf Naxos«

nebst einem Vorspiel von Molières Lustspiel »Bürger als Edelmann« mit seiner Begleitmusik. Diesmal hinkte Frankfurt mit seiner Erstaufführung nach, denn im Anschluß an die Uraufführung in Stuttgart (1912) hatten sich einige Provinzbühnen rasch des Werkes angenommen. Die ursprüngliche Fassung, wie sie auch in Frankfurt aufgeführt wurde, war so angelegt, daß den Abschluß der Molièreschen Komödie eine kleine Oper bildet, die der protzige Parvenue Jourdain von einer Theatertruppe als besondere Ehrung für einen geladenen Freundeskreis in seinem Haus vorführen läßt. Die Rolle des Jourdain spielte damals der Schauspieler

Charlotte Uhr als Ariadne bei der Erstaufführung der »Ariadne auf Naxos« von Richard Strauss.
Die Sängerin, die sich Ende der Spielzeit 1914/1915 als Titelheldin in Massenets gleichnamiger Oper verabschiedete, läßt sich später als Mitglied des Hoftheaters in Dresden nachweisen.

Melitta Heim als Zerbinetta bei der Erstaufführung der »Ariadne auf Naxos« von Richard Strauss.
Die Sängerin, die nach einem erfolgreichen Gastspiel als »Traviata« im Jahre 1911 vom Stadttheater in Graz nach Frankfurt wechselte, konnte sich schon bald großer Wertschätzung erfreuen. Zu ihren erfolgreichen Rollen gehörten die Gilda (»Rigoletto«), die Konstanze (»Die Entführung aus dem Serail«), die Sulamith (aus Goldmarks »Königin von Saba«), die Ines (aus Meyerbeers »Afrikanerin«), aber auch Partien wie die »Fledermaus«-Rosalinde, für welche sie nicht nur eine vorteilhafte Bühnenerscheinung, sondern auch Gewandtheit in der Darstellung mitbrachte.
Ab 1917 gehörte sie der Wiener Hofoper als gefeiertes Mitglied an.

übrigen durchweg hochqualifizierten Sänger, wie z. B. Rudolf Brinkmann (Harlekin), Erik Wirl (Scaramuccio), Walter Schneider (Truffaldin) und Hermann Schramm (Brighella). Hinzu kam das beachtliche Damen-Trio Lucy Boennekken (Najade), Bella Fortner-Halbaerth (Dryade) und Marcia van Dresser (Echo). Ein bemerkenswertes Ensemble von Großstadtformat! Nicht zu vergessen Kapellmeister Egon Pollak, der mit Feinsinn und Geschmack den musikalischen Ablauf steuerte. In diesem Zusammenhang

Kostümentwurf von Ernst Stern für die Titelträgerin der »Ariadne auf Naxos« von Richard Strauss.

sei noch erwähnt, daß Richard Strauss diesmal – anders als früher – mit den bescheidensten Mitteln im Orchester arbeitete, so mit nur 36 Instrumentalisten. Damit erbrachte er den Beweis, daß er auch ohne komplizierten Orchesterapparat gutklingende Musik zu schreiben imstande war. Die Tatsache, daß der Komponist auf die verpönte Koloraturmanier zurückgriff, ließ damals sogar die Meinung aufkommen, Strauss habe sich zu einer Umkehr bzw. Annäherung an die alte Oper entschlossen. Wie dem auch sei, in seiner »Ariadne« illustriert er in geradezu verschwenderischer Fülle das Geschehen, so daß auch bei der Frankfurter Erstaufführung ein Erfolg nicht ausbleiben konnte. Der lebhafte Beifall und die zahlreichen Vorhänge legten davon eindrucksvoll Zeugnis ab.

Der gute Eindruck, den Franz Schreker bei der Uraufführung seiner Oper »Der ferne Klang« hinterlassen hatte, war verständlicherweise Anlaß, auch seinen weiteren Produktionen mit Interesse entgegenzusehen. Für den 15. März 1913 konnte – zur gleichen Zeit wie in Wien – die Uraufführung seines dramatischen Märchens

»Das Spielwerk und die Prinzessin«

angekündigt werden. Die Frankfurter Oper hatte mit ihren Vorbereitungen zeitig begonnen, mußte jedoch aufgrund einer vom Verlag gestellten Bedingung warten, bis die Arbeit auch in Wien so weit gediehen war. Die Wiener Oper drohte sogar mit einem Absetzen des Werkes, wenn Frankfurt sich zu einer früheren Aufführung entschließen sollte. So bestand bis zum Tage vor der Frankfurter Uraufführung Unklarheit, ob der angesetzte Termin überhaupt eingehalten werden konnte. Man schien damals nicht einsehen zu wollen, daß ein Wettbewerb verschiedener Bühnen nur dann sinnvoll sein kann, wenn er sich auch auf die Qualität der Aufführung erstreckt, wobei es im Grunde

Bühnenbildentwurf von Ernst Stern zur Erstaufführung der »Ariadne auf Naxos« von Richard Strauss.

Robert Hutt als Lohengrin in Richard Wagners gleichnamiger Oper.
Der von 1910 bis 1917 in Frankfurt engagierte Heldentenor hatte schon vor seinem Engagementsantritt als Mitglied des Düsseldorfer Theaters als Erik (»Der fliegende Holländer«), als Faust (»Margarethe«) und als Walther von Stolzing (»Die Meistersinger von Nürnberg«) wegen seiner schönen Stimme aufhorchen lassen. Als erster Darsteller des Don Carlos in Verdis gleichnamiger Oper (1913) und als erster Vertreter des Bacchus in der »Ariadne auf Naxos« von Richard Strauss (1913) bleibt er in Frankfurt unvergessen. Als Radames (»Aida«), Walther von Stolzing (»Die Meistersinger von Nürnberg«) und zahlreichen weiteren Einsätzen bestätigte er immer wieder aufs neue, daß ihm ein Aufstieg an ein Spitzentheater sicher sein dürfte. Im Jahre 1917 folgte dann auch seine Berufung an das Hoftheater in Berlin, dessen Mitglied er bis 1927 blieb.

gleichgültig ist, ob ein Werk da oder dort einige Tage früher oder später herauskommt. Für die nunmehr zur Uraufführung anstehende Oper hatte Schreker eine wenig bühnenwirksame Handlung erfunden, die das Publikum nur schwer in ihren Bann zu ziehen vermochte. Man scheint dies zeitig erkannt zu haben, denn kurz vor der Wiener Aufführung brachte man noch schnell eine erklärende Textveröffentlichung heraus. Diese »Gebrauchsanweisung« verwirrte den Leser jedoch eher, als ihn aufzuklären. Wie schon bei der Oper »Der ferne Klang« erwies sich die melodische Erfindungsgabe Schrekers nicht als stärkste Seite seines Könnens. Doch auch diesmal setzte sich die Auffassung durch, daß der Komponist eine phantasievolle Begabung sei, der mit der Eigenart seiner Instrumentierung oft bestrickenden Reiz ausübt und trotz mancher Reminiszenzen an Richard Wagner, Debussy und Puccini eine Ausdruckswelt geschaffen hat, die große Erwartungen rechtfertigt. Wenn das Gesangsensemble im »Spielwerk und die Prinzessin« sich nur schwer gegen den großen Orchesterapparat in seiner kunstvollen Farbigkeit und komplizierten Verstrickung behaupten konnte, so war dies damals kein Grund, Schrekers ursprüngliche Begabung auch nur im geringsten in Zweifel zu ziehen. Die Frankfurter Aufführung wurde von Dr. Ludwig Rottenberg musikalisch sorgsam vorbereitet und von Regisseur Christian Krähmer den Zuhörern wirkungsvoll nahegebracht. Die Dekorationen Ottomar Starkes, von dem später noch die Rede sein wird, fanden offenbar keine allseitige Anerkennung, da man sich das Königsschloß, die Hügellandschaft, aber auch den Untergang des in Flammen aufgehenden Häuschens stimmungsvoller gewünscht hatte. Dagegen soll die solistische Besetzung der Oper in jeder Hinsicht den Ansprüchen voll genügt haben. Lisbeth Sellin als Prinzessin war ebenso wie Karl Gentner als wandernder Bursche mit dem Stil Schrekers schon bestens vertraut, so daß beide wirkungsvoll in Erscheinung

Bühnenbildentwurf von Ernst Stern für die Erstaufführung der »Ariadne auf Naxos« von Richard Strauss.

Komponisten – auf der Bühne längere Zeit halten konnte. Es erübrigt sich daher, hierauf näher einzugehen. Als eine Novität von außerordentlicher Lebenskraft erwies sich die Operette »Wiener Blut« von Johann Strauß, die am 26. Juni 1913 zur Erstaufführung kam. Nur wenigen ist bekannt, daß es sich hierbei nicht um eine Originalkomposition von Johann Strauß handelt, sondern um eine geschickte Bearbeitung verschiedener Kompositionen über einen wenig poesievollen, aber von theatralischer Wirksamkeit getragenen Text. Der Erfolg des Werkes war gesichert durch eine ausgezeichnete Besetzung mit Else Gentner-Fischer als Gräfin, Erik Wirl als flotter Kavalier, Hermann Schramm als Kammerdiener, Lina

Walter Schneider als Leporello in Mozarts »Don Juan«. Der Sänger gehörte seit 1905 – nach seiner Erprobung an den Theatern in Köln und Aachen – dem Frankfurter Ensemble als Bassist an. In mehr als 200 Partien ist er bis zu seiner Pensionierung (1934) in Frankfurt aufgetreten. Zu seinen über 4000 gesungenen Vorstellungen gehören viele Partien des seriösen- und des Baßbuffo-Faches.

traten. Die Leistung Richard Breitenfelds als Meister Florian wurde gleichermaßen anerkennend gewürdigt wie die Robert von Scheidts als Wolf, Walter Schneiders als Kastellan und Bella Fortner-Halbaerths als Graben-Liese. Ungeachtet der künstlerischen Leistungen fand die Premiere – im Gegensatz zu einer kleinen Zuhörerschaft, die beharrlich applaudierte – bei einem Großteil des Publikums nur wenig Anerkennung.
Wie bisher wurden auch weiterhin in der Frankfurter Oper Werke der Gattung »Operette« zur Aufführung gebracht, von denen sich jedoch nur ein kleiner Teil – meist von namhaften

Georg Baklanoff als Träger der Titelrolle in Verdis »Rigoletto«. Der weltberühmte russische Bariton, dem wegen seiner herrlichen Stimme sensationelle Erfolge beschieden waren, war oft am Frankfurter Opernhaus zu Gast. Genannt seien nur seine Gastspiele als Rigoletto, Escamillo (»Carmen«) im Jahre 1912 und sein Einsatz als Scarpia (»Tosca«) und Boris Godunow im Jahre 1921.

Robert vom Scheidt als Biterolf in Richard Wagners »Tannhäuser« in Bayreuth.
Als der Sänger, der ursprünglich zum Koch bestimmt war, sein Engagement in Frankfurt antrat (1912), hatte er sich bereits als jugendlicher Komiker in Essen und bald darauf auch als Opernsänger in Köln und Hamburg bewährt. Zudem konnte er sich darauf berufen, bei den Bayreuther Festspielen zum Einsatz gekommen zu sein (1906), so als Biterolf (»Tannhäuser«), Donner (»Der Ring des Nibelungen«) und als Klingsor (»Parsifal«). Mit seinem Namen verband sich eine der schönsten Baritonstimmen des schweren Faches, was oft dazu führte, daß ihm von größten Bühnen verlockende Vertragsangebote gemacht wurden. Seiner Treue zu Frankfurt allein ist es zu verdanken, daß er bis zu seiner Pensionierung der Mainstadt verbunden blieb.

Doninger als fesche Probiermamsell sowie Alfred Hauck als Fürst.
Mit der Ankündigung der Erstaufführung von Verdis

»Don Carlos«

(9. Oktober 1913) wurde der Spielplan um ein wertvolles Werk bereichert. Diese zu Verdis bedeutendsten Werken zählende Oper

vermag in der Charakterisierung der handelnden Personen und in der Ensemblekunst einen Kraftstrom an Empfindungen zu vermitteln, der bis zum heutigen Tag an Intensität nichts verloren hat. Die packende Wirkung, ausgelöst durch die zarten Idylle, die leidenschaftlichen Akzente, die prunkvollen Gesangsnummern usw., erwies sich damals als Vorzeichen von Verdis Vollendung. Der Frankfurter Erstaufführung kam zugute, daß ein nahezu ideales Ensemble zur Verfügung stand. An der Spitze Robert Hutt in der Titelrolle, der mit der Schönheit und Kraft seiner Stimme allen Schattierungen der dankbaren Aufgabe gerecht wurde und die großen Steigerungen ins hellste Licht zu setzen wußte. Auch der Darsteller des Posa, Richard Breitenfeld, bot neben einer effektvollen

Marcia van Dresser als Elsa in Richard Wagners »Lohengrin«.

Robert vom Scheidt als Escamillo in Bizets »Carmen«.

Verkörperung der Rolle so viel an innigen Gefühlstönen, daß man geneigt war, ihm den künstlerischen Höhepunkt der Premiere zuzusprechen. Für die Partie des König Philipp fand man eine glückliche Besetzung in Johannes Fönß, der mit prächtigen stimmlichen Mitteln und wirkungsvoller Erscheinung sich allen Anforderungen gewachsen zeigte. Als Elisabeth wurde Marcia van Dresser herausgestellt, die sich nach dem leidenschaftlichen Duett mit Don Carlos immer mehr zu steigern wußte und besonders in den lyrischen Szenen zu höchster Entfaltung kam. Mit Eva Clairmont hatte man einer besonders repräsentativen Frau die Rolle der Eboli zugeteilt, die sie trotz einer Fußverletzung mit dramatischer Energie und makellosem Gesang zu meistern verstand. Die Regie lag in den Händen von Karlheinz Martin, die musikalische Leitung hatte der verdienstvolle Dr. Rottenberg übernommen, dem während der vielen Jahre seines Wirkens in Frankfurt eine Reihe künstlerisch hochwertiger Neueinstudierungen zu verdanken war. Das vollbesetzte Haus belohnte alle Mitwirkenden mit langanhaltendem Beifall und zahlreichen Vorhängen.

Als eine künstlerische Tat hohen Ranges muß die Erstaufführung von Richard Wagners letztem Bühnenwerk

»Parsifal«

(2. Januar 1914) angesehen werden. Die große Zeitspanne, die zwischen der Uraufführung im Jahre 1882 im Bayreuther Festspielhaus und der Frankfurter Erstaufführung lag, erklärt sich aus dem künstlerischen Reservatrecht, das – nach dem Willen des Meisters – der Stadt Bayreuth zukam. Erst nach Ablauf der Schutzfrist im Jahre 1913 konnte das Bühnenweihfestspiel auch an anderen Theatern dargeboten werden. Verständlicherweise hatte sich aus der Tradition heraus ein besonderer »Parsifal«-Stil entwickelt, dem zahlreiche Bühnen bei ihren

Robert Hutt als Träger der Titelrolle in Richard Wagners »Parsifal« anläßlich der Frankfurter Erstaufführung.

Szenenbild zur Erstaufführung von Richard Wagners »Parsifal«.

Szenenbild zur zweiten Aufführung des »Parsifal« mit Karl Gentner in der Titelrolle.

Aufführungen – so auch die Frankfurter Oper – lange Zeit treu blieben. Dem Frankfurter Theater gereichte es zur Ehre, daß es im Gegensatz zu vielen anderen Bühnen die Erstaufführung mit eigenem Personal durchzuführen imstande war. Noch weit bedeutungsvoller ist das Urteil zu werten, welches besagte, das Frankfurter Orchester und Solistenensemble seien damals von solcher Qualität gewesen, daß sie dem Bayreuther Vorbild in nichts nachgestanden hätten. Das künstlerische Hauptverdienst wurde Kapellmeister Dr. Ludwig Rottenberg zugeschrieben, der im Verein mit Regisseur Christian Krähmer sich der erhabenen Eigenart des Werkes mit aller erdenklichen Mühewaltung angenommen hatte. Beide gewährleisteten eine originalgetreue Aufführung im Bayreuther Stil. Die Titelrolle hatte man Robert Hutt angetragen, der aufgrund seiner vorteilhaften Bühnenerscheinung und seiner frischen Stimme sich der schwierigen Aufgabe voll und ganz gewachsen zeigte, so daß die Vermutung geäußert wurde, der Sänger werde – insbesondere als Parsifal – noch von sich reden machen. Etwas in Verlegenheit geriet die Intendanz bei der Besetzung der Kundry, da nach dem Abgang von Paula Doenges eine hochdramatische Sängerin von der Qualität einer Pelagie Greeff-Andriessen nicht mehr zur Verfügung stand, so daß nur ein Rückgriff auf die Sängerinnen Eva Clairmont oder Berte Schelper in Frage kommen konnte. Auf Wunsch der Intendanz wurde die Rolle der Kundry bei der Premiere mit Berte Schelper besetzt, die in den verhaltenen Szenen am überzeugendsten war, während sie in der Verführungsszene die erwünschte sinnliche und dämonische Glut vermissen ließ. Die volle Größe leidenschaftlichen Empfindungsausdrucks zeigte indessen Richard Breitenfeld als Amfortas. Bei ihm war alles durchdacht, und er entfaltete sich stimmlich wohlproportioniert. Wie im Falle von Robert Hutt, war man auch bei dem universalen Künstler Johannes Fönß als Gurnemanz fest überzeugt, daß er bald auch auf internationalem Theaterboden erfolgreich in Erscheinung treten würde. Seine vorzügliche Erscheinung, die schöne Stimme und würdevolle Ausstrahlung in der ihm zuge-

Berte Schelper als Isolde in Richard Wagners »Tristan und Isolde«.
Bereits vor ihrem Engagement nach Frankfurt gastierte die Sängerin von Aachen aus (1912/13) als »Fidelio«-Leonore, »Tannhäuser«-Venus und u. a. als »Walküren«-Brünnhilde. In die Frankfurter Theatergeschichte ist sie als erste Darstellerin der Kundry im »Parsifal« eingegangen. Auch später noch läßt sich die Sängerin öfter von Darmstadt und Dessau aus als Gast in Frankfurt nachweisen

Johannes Foenss als Daland in Richard Wagners Oper »Der Fliegende Holländer«.
Der angesehene Bassist, seitheriges Mitglied des Royal Opera Houses Covent Garden London, war für das Frankfurter Theater ein großer Gewinn, da er ein »schwarzer Baß« war und eine stattliche nordische Erscheinung mitbrachte. Er blieb in guter Erinnerung als ein prachtvoller Gestalter des Königs Philipp in Verdis »Don Carlos«, als ein ebenso überzeugender Landgraf (»Tannhäuser«) wie auch als prädestinierter Darsteller des Gurnemanz bei der Frankfurter Erstaufführung von Richard Wagners »Parsifal«.

Karl Gentner als Darsteller des Parsifal in Richard Wagners gleichnamiger Oper.

dachten Rolle ließ angeblich den berühmten Scaria, der einst Mitglied in Frankfurt gewesen war und später in Wien zu großem Ruhm gelangte, in Vergessenheit geraten. Herbert Stock, dem sich gleichfalls der Weg an die Spitzentheater öffnete, bot als Klingsor mit scharfer Artikulation und kraftvoller stimmlicher Höhe eine überzeugende Leistung. Nicht zu vergessen Fritz Meurs, der als Titurel beim Publikum bestens ankam. Als außerordentlich gelungen empfand man die Blumenmädchenszene im Zaubergarten, bei der folgende Darsteller mitwirkten: Melitta Heim, Lucy Boennecken, Charlotte Uhr, Else Gentner-Fischer, Lisbeth Sellin und Marcia van Dresser. Auch der Chor unter der Leitung von Anton Silha fand gebührende Anerkennung. Die Premierenbesucher verließen seinerzeit tief beeindruckt und unter Verzicht auf Beifallskundgebung das Theater, jedoch in dem Bewußtsein, daß es Richard Wagner in seinem »Parsifal« gelungen war, mit einfachsten Mitteln eine denkbar tiefe Wirkung zu erreichen, wenngleich man ansatzweise zu spüren glaubte, daß die Kraft der musikalischen Inspiration nicht mehr so blühend wie ehemals in Erscheinung trat. Nicht unerwähnt möge bleiben, daß bei der zweiten Aufführung des »Parsifal« – gleichwertig mit der Premierenbesetzung – Karl Gentner die Titelpartie sang und Eva Clairmont sich als Kundry bewähren konnte.
Bei dem Namen Hugo Wolf denkt man wohl in erster Linie an den Meister des deutschen

Herbert Stock als Ochs von Lerchenau im »Rosenkavalier« von Richard Strauss.
In diesem Sänger besaß die Frankfurter Oper ein überaus verwendungsfähiges Mitglied, das zwar die Partien des seriösen Faches zu beherrschen verstand, dessen Domäne jedoch mehr das Spiel- und Baßbuffo-Fach war. Seine überdurchschnittliche Spielbegabung und sein natürlicher Humor deuteten schon früh darauf hin, daß ihm eine Karriere bevorstand.

Liedes, ohne zu wissen, daß dieser sich auch als Opernkomponist versucht hat. Die Oper in vier Akten

»Der Corregidor«

blieb das einzige vollendete dramatische Werk aus seiner Feder. Es wurde erst annähernd achtzehn Jahre nach der Mannheimer Uraufführung in den Frankfurter Spielplan aufgenommen (26. Februar 1914). Hugo Wolf fehlte – ähnlich wie Schubert und Schumann – das Theaterblut und der Bühnenblick, so daß dem »Corregidor« trotz wertvoller Details der Weg zum Erfolg verschlossen blieb. Es muß der Frankfurter Theaterleitung, und insbesondere Kapellmeister Egon Pollak, hoch angerechnet werden, sich dieses Schmerzenskindes der Opernliteratur angenommen zu haben, da das Werk keine alltägliche Marktware repräsentiert, sondern ein von künstlerischer Verantwortung getragenes Bühnenstück ist. Wenngleich die Oper unverkennbare Schwächen aufweist, verdient sie es dennoch nicht, in Vergessenheit zu geraten. Eine Vielzahl ansprechender musikalischer Gedanken eines feinsinnigen Lyrikers begegnet uns in den Sologesängen, Ensembles und im Orchester und läßt deren Erwähnung gerechtfertigt erscheinen. Wenn in einer Biographie über Wolf der »Corregidor« als »vielseitiges Lied mit Orchester und Szene« bezeichnet wird, so mag dieser Hinweis dem Werk des theaterunkundigen Komponisten am ehesten gerecht werden. Wolf bekannte selbst, ohne die »Meistersinger« wäre der »Corregidor« niemals komponiert worden und es bereite ihm Schwierigkeiten, einen geeigneten Darsteller für diese Rolle zu finden, da »ein solcher erst noch geboren werden« müsse. In Frankfurt besaß man jedoch in Hermann Schramm einen überaus geeigneten Vertreter für diese

Emmy Bettendorf als Eva in Richard Wagners Oper »Die Meistersinger von Nürnberg«.
Ihre auffallend schöne Stimme versprach bereits während ihres Anfänger-Engagements in Frankfurt (1914) eine besondere Entwicklung. Schon bald läßt sie sich als Mitglied an der Berliner Staatsoper nachweisen. In den 30er Jahren erwarb sie sich große Popularität als Schallplatten-Sängerin.

Partie, der von der Stimme her imstande war, in raschem Wechsel sowohl als Helden-, als lyrischer wie auch als Spieltenor aufzutreten. Aber auch Robert vom Scheidt als Tio Lucas verhalf seiner Rolle zu anregender Wirkung. Charlotte Uhr war eine reizende Frasquita und Else Gentner-Fischer eine Donna Mercedes von gemessener Würde. Egon Pollak setzte alles daran, das Werk in vorteilhaftem Licht erscheinen zu lassen, doch konnte er nicht verhindern, daß der achtungsvolle Beifall allein den Mitwirkenden galt, dem Werk gegenüber aber Mißfallensäußerungen vernehmbar wurden.

Der Komponist Ermanno Wolf-Ferrari, in Venedig geboren und in München ausgebildet, war in Frankfurt durch die Aufführungen seiner Opern »Die neugierigen Frauen« und »Susannens Geheimnis« in guter Erinnerung geblieben. Auch bei der nunmehr folgenden Erstaufführung seines zweiaktigen musikalischen Lustspiels

»Der Liebhaber als Arzt«

(12. April 1914), das ein halbes Jahr zuvor in Dresden uraufgeführt worden war, gab sich der Komponist als feinsiniger Musiker mit originellen Einfällen zu erkennen. Die blühende Melodik und vortreffliche Instrumentation schätzte man diesmal sogar höher ein als in den früheren Werken. Von sprühender Lebendigkeit und klangschön im Vortrag zeigte sich Charlotte Uhr als Zerbinetta-Lisetta. Auch Lucy Boennecken als Lucinde und der spielbegabte Karl Gentner als Clitandro gaben köstliche Proben ihres Könnens. Herbert Stock vermochte als geprellter Vater Arnolfo seine buffoneske Begabung gut anzubringen. Die sich anschließende einaktige Oper »Sulamith« des dänischen Komponisten Paul von Klenau (12. April 1914) konnte sich im Gegensatz dazu nur schwer behaupten.

Bevor die Spielzeit 1913/14 zu Ende ging, bescherte man den Frankfurter Theaterfreunden noch die Operette »Endlich allein« von Franz Lehár (2. April 1914). Bereits die Uraufführung am Theater an der Wien, etwa ein halbes Jahr zuvor, hatte Kunde gebracht von einem erneuten Erfolgsstück, wobei betont wurde,

Herbert Stock als Figaro in Rossinis »Barbier von Sevilla«. Im August 1917 nahm er als Ochs von Lerchenau im »Rosenkavalier« von Richard Strauss seinen Abschied von Frankfurt, um an die Berliner Hofoper überzuwechseln.

Abenteuer« (22. November 1914), einem Werk, das erst kurz zuvor in Leipzig auf der Bühne erschienen war. Der Komponist, der als ehemaliger Direktor des Salzburger Mozarteums einen guten Namen mitbrachte, war bisher in Frankfurt ausschließlich mit Kammermusikwerken in Erscheinung getreten. Graener war ein kultivierter Musiker, der eine saubere Satztechnik entwickelt hatte, ohne jedoch neue Wege aufzuzeigen. Im Gegensatz zu anderen Aufführungsorten konnte er mit seinem ersten Bühnenwerk in Frankfurt nur einen Achtungserfolg erringen, da man die gegen Schluß hinzunehmenden undramatischen Stellen als störend empfand. Charlotte Uhr als jugendschöne Cornelia bot mit prächtiger Stimme und bemerkenswertem Empfindungsreichtum eine künstlerisch fesselnde Leistung, woran der anwesende Komponist gewiß große Freude hatte.

Nach Ausbruch des Weltkriegs im Jahre 1914 zeigte sich die Intendanz der Frankfurter Oper in bezug auf Neuerscheinungen sehr zurückhaltend. Man versuchte statt dessen, dem Spielplan durch Aufnahme älterer Werke eine gewisse Anziehungskraft zu verleihen. In die Reihe dieser Wiederaufnahmen gehörte u. a. Karl Goldmarks Opernwerk »Die Königin von Saba« (Dezember 1914), eine Bühnenschöpfung,

Melitta Heim als Astaroth in Goldmarks Oper »Die Königin von Saba«.

der Komponist bewege sich nicht auf dem Weg der in letzter Zeit mit Recht in Mißkredit geratenen »Wiener Opernmache«, vielmehr ergehe er sich gelegentlich in blühender Opernmelodik und berücksichtige daneben auch die Seite des Volkstümlichen. Die Frankfurter Premiere erhielt ihr besonderes Gesicht dadurch, daß Lehár selbst die musikalische Leitung übernahm. Man schätzte in ihm den trefflichen Musiker, der trotz Ruhm und weltweiter Anerkennung, die ihm die »Lustige Witwe« (1905) eingebracht hatte, seine natürliche und sympathische Art behalten hat. Schon nach dem ersten Akt wurde Lehár vor die Rampe gerufen und mit Kränzen und Blumengebinden überschüttet. Noch stürmischer war der Beifall am Schluß der Premiere, an dem auch die vielseitige Else Gentner-Fischer als Dolly, Lina Doninger als tänzerisch wie stimmlich gleichermaßen begabte Tilly nebst Partner Hermann Schramm als Graf Splenninger wesentlichen Anteil hatten.

Eilig hatte es die Intendanz mit der Aufnahme von Paul Graeners Oper »Don Juans letztes

Karl Gentner als Träger der Titelrolle in Richard Wagners »Lohengrin« und Else Gentner-Fischer als Elsa.

die Anfang der achtziger Jahre zu einem Opernereignis ersten Ranges geworden war. Nach den inzwischen vergangenen Jahrzehnten konnte man zwar noch Goldmarks kompositorische Meisterschaft bewundern, doch stellte sich heraus, daß die mit exotischem Klangzauber gesättigte Musik sich auf wenig fortschrittlichen Bahnen bewegte. Goldmarks Wunsch, die Meyerbeersche »Große Oper« nachzuempfinden, wurde nunmehr nur noch als »hohler Theaterdonner« gedeutet, so daß man sich berechtigt die Frage stellte, ob es jemals wieder gelingen werde, dieser Oper neues Leben einzuhauchen. Dennoch muß man eingestehen, daß alle Opernfreunde, die aus Liebe zu Farbe, Pracht und glanzvollen Gesangspartien das Theater

Melitta Heim als Lakmé in der gleichnamigen Oper von Delibes.
Die während ihres Engagements in Frankfurt (1911–1917) hochgeschätzte Koloratursängerin fand während dieser Zeit Gelegenheit zu stets weiterer Vervollkommnung, was ihr schließlich den Weg an die Hofoper in Wien eröffnete. Ihre vorteilhafte Bühnenerscheinung und die vollendete Beherrschung des Ziergesanges waren die Voraussetzungen ihrer Gesangskarriere.

aufzunehmen (April 1915). Zwar hatte sich der Komponist in bezug auf die Entwicklung der Opernkunst große Verdienste erworben, doch zeigte es sich nunmehr, daß er in einer Zeit, da Wagner und Rossini nach reinen künstlerischen Zielen strebten, weniger um Wahrheit und Reinheit des Ausdrucks bemüht war, statt dessen mehr den publikumssicheren Effekt suchte. Es soll hiermit keineswegs der geniale Musiker Meyerbeer verkannt werden, der so vollendet den Publikumsgeschmack traf, sondern vor allem der Komponist gewürdigt werden, der überaus wirkungsvolle Gesangspartien zu schaffen verstand. Im Falle einer Wiederaufnahme der Oper in Frankfurt mußte also gewährleistet sein, daß Sänger zur Verfügung standen, die den Meyerbeerschen Anforderungen gesangstechnisch gewachsen waren. Otto Fanger, dem man die Titelpartie angetragen

Bella Fortner-Halbaerth als Amneris in Verdis »Aida«.
Die einst in Frankfurt geschätzte Altistin, welche zu Beginn der Saison 1910/1911 als Herodias in der »Salome« von Richard Strauss durch ihre schöne Stimme auffiel, war in Frankfurt die erste Darstellerin der Annina in der Strauss'schen Oper »Der Rosenkavalier« (1911). Auch bei der Erstaufführung von Humperdincks »Königskinder« (1911) erwies sie sich als Hexe von großer darstellerischer Gewandtheit.

besuchen, hier jederzeit auf ihre Rechnung kommen.
Ein Werk, das hin und wieder vom verflossenen Ruhm eines Komponisten kündete, war die Oper »Norma« von Vincenzo Bellini (Januar 1915), die einst das weltweite Ansehen der italienischen Oper mitbegründet hatte. Stets von neuem beeindrucken die blühenden Einfälle, doch bedarf es zur Wiedergabe des Werkes geeigneter Sänger, die vor allen Dingen den Belcanto-Stil vollendet beherrschen. Die Wiederaufnahme zu jener Zeit scheiterte jedoch an der Besetzung, da die im Grunde vielseitig begabte Else Gentner-Fischer die Bellinischen Koloraturen nicht zu beherrschen vermochte.
Ein gewagtes Unternehmen war es auch, Meyerbeers erste große Oper »Robert der Teufel« nach langer Pause wieder in den Spielplan

hatte, zeigte sich als bürgerlich-solider Tenorheld, dem jedoch der flotte Zug und somit das Wesentliche fehlte. In Charlotte Uhr hatte man jedoch eine vortreffliche Alice und in Melitta Heim, die sich inzwischen bereits als »Hugenotten«-Königin bewährt hatte, eine ansprechende Interpretin der Isabella.

Im Zuge der Neubelebung älterer Bühnenwerke hielt man es für angezeigt, für den Monat Mai 1915 eine Neueinstudierung von Carl Maria von Webers Jugendwerk »Silvana« anzukündigen. Nach der Frankfurter Uraufführung vom Jahre 1810 erschien das Werk in großen Zeitabständen auf dem Frankfurter Spielplan, ohne sich jedoch – trotz mehrfacher Neubearbeitung – längere Zeit auf der Bühne halten zu können. Bei der erneuten Wiederaufnahme hatte man die Titelpartie Lucy Boennecken zugeteilt, die sich stimmlich wie darstellerisch zu Recht großen Beifall verdiente. Erik Wirl als Graf Gerold, Bella Fortner-Halbaerth als Dryade, Robert vom Scheidt als Ratto und Johannes Fönß als Graf Sternberg vervollständigten das stimmschöne Ensemble.
Aus dem Schatz älterer bewährter Bühnenwerke holte man Richard Wagners »Rienzi« wieder hervor (Mai 1915), eine tragische Oper, die im Jahre 1842 aus der Taufe gehoben worden war. Der spärliche Besuch bei der Premiere dürfte hinlänglich bewiesen haben, daß das Publikum sich von dem Werk kaum angesprochen fühlte, obwohl der neue Tenor Otto Fanger sich als Bereicherung des Ensembles erwies, und zwar sowohl vom Stimmtimbre her als auch aufgrund seiner deutlichen Aussprache und seines lebendigen Spiels. Else Gentner-Fischer als Irene und Eva Clairmont als Adriano bewährten sich gleichfalls in ihren Aufgaben.
Gewiß entsprach es auch einem Wunsch des Publikums, als während der Kriegszeit vor allem Werke ernsteren Charakters in den Spielplan aufgenommen wurden. Dabei kam es auch zu einer Wiederbegegnung mit Hans Pfitzners Musikdrama »Der arme Heinrich« (Sept. 1915). Man erinnerte sich, daß die erste Frankfurter Aufführung seinerzeit lediglich einen aus Wohlwollen und aufrichtigem künstleri-

Bühnenbildentwurf von Ludwig Sievert zu Stephans Oper »Die ersten Menschen« (zu Seite 198).

Eva Clairmont als Brangäne in Richard Wagners »Tristan und Isolde«.
Die Sängerin, die eine gute äußere Erscheinung und Ausstrahlungskraft mitbrachte, war vor ihrem Frankfurter Engagement Mitglied der Hofoper in München gewesen. In Frankfurt trat sie u. a. als erste Darstellerin der Eboli in Verdis »Don Carlos« hervor und im alternierendem Einsatz als Kundry im »Parsifal« von Richard Wagner. Auch als Carmen und als Dalila in Saint-Saëns »Samson und Dalila« bot sie imponierende Leistungen.

auch dem beachtlichen Bassisten Johannes Fönß die Rolle des Mönchs allein schon von der stattlichen äußeren Erscheinung her gut anstand. Auch Else Gentner-Fischer als Hilde und Richard Breitenfeld als Dietrich verdienen herausgestellt zu werden. Der stimmschöne Heldenbariton machte die große Erzählung im ersten Akt zu einem Glanzstück des Werkes. Die Inszenierung lag in den bewährten Händen von Intendant Robert Volkner, dem Dr. Ludwig Rottenberg als Kapellmeister eine große Stütze war.
Bevor wir unsere Übersicht über das Jahr 1915 abschließen, sei noch auf die Erstaufführung des Märchens »Peterchens Mondfahrt« hingewie-

Hermann Jadlowker als Tannhäuser in der gleichnamigen Oper von Richard Wagner.
Der russische Tenor ließ sich von 1907 bis 1917 sehr oft als Gast in Frankfurt hören. Zu seinen Lieblingspartien zählte der Eleazar in Halévys Oper »Die Jüdin«, wobei er sich immer wieder als ein großartiger Sänger und Darsteller erwies. Jadlowker war über mehrere Spielzeiten Mitglied an der Berliner- und Wiener Hofoper und oft zu Gast an der Metropolitan Opera in New York. Nicht zu vergessen sein Einsatz als Bacchus bei der Uraufführung der Strauss'schen »Ariadne auf Naxos« (Stuttgart 1912). Nach Abschluß seiner Opernlaufbahn betätigte er sich als Kantor in Riga, von wo aus er später nach Israel übersiedelte.

Robert vom Scheidt als Telramund in Richard Wagners »Lohengrin«.

schem Interesse gemischten, vorübergehenden Erfolg zu verzeichnen hatte. Ein später unternommener Versuch verlief weniger glücklich, so daß man gespannt war, wie das vor Jahrzehnten entstandene Werk sich nunmehr anließe. Die Zeiten hatten sich geändert, und man erwartete, daß der nach hohen Zielen strebende Komponist nun mehr Anerkennung finden würde. Diesmal wußte man die Pfitznersche Instrumentationskunst, seine einnehmenden Lyrismen und das kühne Unternehmen des damals noch sehr jungen Komponisten besser als bisher ins rechte Licht zu rücken. Sehr gut kam Otto Fanger mit der nicht allzu dankbaren Rolle des Ritters Heinrich zurecht, wie

sen (8. Dezember 1915), das zwei Jahre zuvor seine Uraufführung in Leipzig erlebt hatte. Das von Gerdt von Bassewitz geformte Märchenspiel mit der musikalischen Untermalung von Clemens Schmalstich gehört zu den wenigen wirklich wertvollen Stücken, die bis heute lebendig geblieben sind. Mancher Leser wird sich an seine Jugendzeit erinnert fühlen, als ihm der Besuch dieses Märchenspiels zum Erlebnis wurde. Es ist erfüllt von echtem Märchengeist, nicht sentimental, stets lauter und kindhaft. Eine solch köstliche Gabe vermochte selbst Erwachsene immer wieder anzusprechen. Die Erstaufführung wurde von zwei echten Komödiantenkindern getragen, von Flory Jacobi

Bühnenbildentwurf von Ludwig Sievert zu Korngolds Oper »Die tote Stadt« (zu Seite 202).

Richard Breitenfeld als Francesco in der Oper »Mona Lisa« von Max von Schillings.

August Gesser als Giovanni de Salvati in Schillings »Mona Lisa«.

Lisa, deren geheimnisvolles Lächeln Leonardo da Vinci in seinem berühmten Gemälde verewigte, gelang ihm der Durchbruch zum Erfolg. Max von Schillings verstand es, zu einem dramatisch akzentuierten Text eine leidenschaftlich aufwühlende Musik zu schreiben, die das ganze Werk hindurch das Interesse der Zuhörer in ihren Bann zieht. Hier zeigt sich der Komponist nicht als Neutöner, wenngleich die Nähe zu Richard Strauss gelegentlich durchdringt. Es ging ihm im wesentlichen um Wohlklang, treffliche Stimmungsmalerei und pflegliche Behandlung des gesanglichen Teils. In Emma Holl hatte das Frankfurter

(Peterchen) und Niddy Impekoven (Anneliese), der Tochter des großartigen Frankfurter Schauspielers Toni Impekoven. Hermann Schramm verkörperte einen Maikäfer von wundervoller Natürlichkeit und auch Josef Gareis als Sandmännchen traf den richtigen Märchenton und eroberte sich so die Herzen der Kinder.

Am ersten Weihnachtsfeiertag 1915 wurde dem Frankfurter Theaterpublikum insofern eine Überraschung beschert, als der Komponist Max von Schillings sich mit der kurz zuvor in Stuttgart uraufgeführten Oper

»Mona Lisa«

vorstellte. Sein Name als Generalmusikdirektor des Stuttgarter Theaters hatte damals bereits einen guten Klang, wobei auch seine persönliche Beziehung zu Richard Strauss sowie der Einsatz für seinen Schüler Wilhelm Furtwängler nicht unerwähnt bleiben sollen. Zwar waren seit 1894 schon mehrere Werke des Komponisten auf die Bühne gekommen, doch erst mit der Oper über die schöne Florentinerin Mona

Emma Holl als Trägerin der Titelrolle bei der Erstaufführung der »Mona Lisa« von Max von Schillings.
Schon bei ihrem Informationsgastspiel als Elsa (»Lohengrin«), das die Sängerin seinerseits als Mitglied der Münchener Hofoper in Frankfurt absolvierte und was gleich zu einem Engagement nach Frankfurt führte, erwies sich, daß sie eine faszinierende Künstlerin war, wie man sie sich für interessante Aufgaben in Frankfurt wünschte.

Ensemble ein Mitglied, das in Kostüm und Maske als Mona Fiordalisa dem bekannten Vorbild täuschend ähnelte. Obwohl die Sängerin in der Höhe zu etwas harter Tongebung neigte, interpretierte sie die anspruchsvolle Rolle zur Zufriedenheit aller. Gesanglich war bei der Premiere Richard Breitenfeld in der Partie als Ehemann Francesco der Glanzpunkt des Abends. Auch Lucy Boennecken vermochte sich mit dem Reiz ihres schönen, geschmeidigen Soprans in der Episodenrolle der Ginevra, einer etwas heiklen Bühnenfigur, gut zu präsentieren. Demgegenüber sagte man Erik Wirl als Arrigo eine etwas zu operettenhafte Zeichnung seiner Rolle nach, während Walter Schneider dem weltlichen Freuden wenig abgeneigten Kardinal eine einprägsame Erscheinung verlieh. Schließlich bleibt Dr. Ludwig Rottenberg zu nennen, dem man zu verdanken hatte, daß das Werk zu voller Geltung kam, unterstützt durch die lebendige Regie Christian Krähmers. Der anwesende Komponist konnte mit der

Else Gentner-Fischer als Violante in Korngolds gleichnamiger Oper.

Herbert Stock als Daland in Richard Wagners Oper »Der Fliegende Holländer«.

Robert Hutt als Radames in Verdis »Aida«.
Im August 1917 nahm der »Frankfurter Caruso«, wie man ihn nannte, als Manrico in Verdis »Troubadour« Abschied von der Mainstadt. Mit außergewöhnlichen Ovationen verabschiedeten sich die Theaterfreunde von dem seit sechs Jahren in Frankfurt engagierten Künstler, der nunmehr sein Engagement an der Hofoper in Berlin antrat. 1923 absolvierte er eine Gastspiel-Tournee durch Amerika mit der German-Opera-Compagny.

ihre Uraufführung erlebt. Schon als Elfjähriger erregte der frühreife Komponist das Interesse der Öffentlichkeit, aber es war selbst nach vielen Jahren nicht abzusehen, ob seine wagemutige Jugend von so viel Kraft und Glück beseelt sein würde, um den rechten Weg zum Erfolg zu beschreiten. Seine beiden jüngsten Werke wirkten unfertig und ohne persönliche Eigenart. Die freie Willkür im Satzbau, der Hang zu schroffen Dissonanzen im Dienste der Charakterisierung, der schwerflüssige Orchesterpart usw. ließen noch keine endgültigen Prognosen zu, selbst wenn eine starke formale Begabung erkennbar war. Der »Ring des Polykrates«, das zeitlich ältere Werk, war bestimmt von einem bescheidenen orchestralen Aufwand

Premiere seines Werkes mehr als zufrieden sein. Die Zustimmung des Publikums war so überzeugend, daß man berechtigterweise annehmen durfte, es werde dieser Oper auf dem Frankfurter Spielplan ein langes Leben beschieden sein.
Die mit dem sich in die Länge ziehenden Krieg verbundenen Belastungen waren für die Intendanz Anlaß, den Spielplan möglichst unproblematisch auszurichten. Dies kam der Operette zugute. So folgten nacheinander – jeweils als Erstaufführungen – die »Dorothea« von J. Offenbach (19. Januar 1916), die »Kaiserin« von Leo Fall (2. April 1916), die »Ideale Gattin« von Franz Lehár (29. Juni 1916) und das «Dreimäderlhaus« von Franz Schubert (16. September 1916). Auf dem Opernsektor wurden für den 15. Oktober 1916 zwei Einakter des neunzehnjährigen österreichischen Komponisten Erich Wolfgang Korngold angekündigt: »Violanta« und »Der Ring des Polykrates«. Beide Werke hatten wenige Monate zuvor in München

und hinterließ einen reifen Eindruck. Es wäre ungerecht, wollte man verkennen, daß sich manches im Verlauf der Darbietung als zukunftsträchtig herausstellte, besonders auf der gesanglichen Seite. Auch schien der Komponist ein Gespür für szenisch-musikalische Wirkung zu entwickeln, was sich später als ein Vorzug besonderer Art erwies. Else Gentner-Fischer als Violante setzte ihr ganzes Können ein, und auch Robert Hutt als Alfonso trat eindrucksvoll in Erscheinung. Robert vom Scheidt mit seiner wuchtigen Stimme war geradezu prädestiniert für die Rolle des düsteren Simone Trovai. Im »Ring des Polykrates« fielen Erik Wirl als Wilhelm Arndt und Lucy Boennekken als Laura Arndt die Hauptaufgaben zu. Beide wurden den gestellten Anforderungen voll und ganz gerecht. Das vollbesetzte Theater beklatschte warmherzig den jungen Komponisten samt Ensemble sowie Kapellmeister Dr. Rottenberg und den unermüdlichen Regisseur Christian Krähmer.
Völlig aus dem Blickfeld geraten ist der Komponist Otto Taubmann, der sich am 14. November 1916 mit der Uraufführung seiner »Porzia« präsentierte, einer Oper nach dem Shakespeare-

Melitta Heim als Margarete von Valois in Meyerbeers Oper »Die Hugenotten«.

es nicht zu einer solchen Kontroverse kommen, da der Komponist das Werk in liebenswürdigen Bahnen vorüberziehen ließ; seine Musik drang geschmackvoll und gefällig ans Ohr des Publikums. Den Singstimmen überließ er die Melodie, dem Orchester die figurierte Begleitung in harmonischem Gewand. Die Besucher verließen mit frohem Behagen das Theater. Lucy Boennekken als vielumworbene Witwe und selbstbewußte Dorfschöne gab sich sehr ansprechend. Erik Wirl war ein überzeugender Kavalier der Landstraße, und Robert vom Scheidt ließ sich mit Humor und Würde als Bürgermeister feiern.

Drama »Der Kaufmann von Venedig«. Sämtliche Mitwirkenden, allen voran die Trägerin der Titelrolle, Beatrice Lauer-Kottlar, mit guter Erscheinung und gepflegter Stimme, gaben sich jede erdenkliche Mühe, um das Werk im Beisein des Komponisten einigermaßen über die Bühne zu bringen. Viel Aufwand – doch der Erfolg blieb aus!
Als der Name des holländischen Komponisten Jan Brandts-Buys in Verbindung mit der Erstaufführung seiner Oper »Die Schneider von Schönau« (26. Dez. 1916) im Spielplan auftauchte, dürften sich einige daran erinnert haben, daß Brandts-Buys einstmals zu den Schülern des Frankfurter Raffschen Konservatoriums zählte. Die Kenner im Bereich der zeitgenössischen Musik wußten insofern mehr, als das vorausgegangene Bühnenwerk »Das Veilchenfest« an der Berliner Komischen Oper Anlaß zu einem handfesten Meinungsstreit gegeben hatte, wobei sich zwei mit Klatschen und Zischen einander bekämpfende Gruppen gegenüberstanden, die jedoch zu guter Letzt einsahen, daß sich die Auseinandersetzung wegen einer so unerheblichen Sache nicht lohnt. Bei der Frankfurter Erstaufführung der Oper »Die Schneider von Schönau« konnte

Lucy Boennecken in der Oper von Brandts-Buys' »Die Schneider von Schönau«.
Die Sopranistin, einst Mitglied des Kgl. Deutschen Landestheaters in Prag trat in Frankfurt neben kleineren Aufgaben wie die Najade (»Ariadne auf Naxos«), Blumenmädchen (»Parsifal«) recht erfolgreich als Trägerin der Titelpartie in C. M. v. Webers »Silvana« auf, einer Oper, die einst in Frankfurt uraufgeführt wurde.

Emma Holl als Myrtocle in Eugen d'Alberts Oper »Die toten Augen«.

Nachdem das in bezug auf Erstaufführungen wenig ersprießliche Jahr 1916 verflossen war, bedeutete der 4. Februar 1917 mit einer Aufführung von Eugen d'Alberts Musikdrama

»Die toten Augen«

wieder eine echte Bereicherung des Spielplans. Die hübsche, doch blinde Myrtocle zeigte sich erfüllt von der Sehnsucht nach Licht, das ihr dank der Gnade Christi in Jerusalem geschenkt wird. Nach allem Schrecklichen, das sie daraufhin erleben muß, läßt sie sich von der Sonne blenden, um wieder in der Nacht in Zufriedenheit weiterleben zu können. Trotz der Unwirklichkeit der Geschehnisse hat uns der Komponist mit diesem Drama ein Werk von großer Bühnenwirksamkeit geschenkt. Zwar sagte man d'Albert nach, er habe – als gründlicher Kenner des schöpferischen Musiklebens – Anleihen bei Goldmark, Richard Wagner, Puccini und Richard Strauss gemacht und sein Bühnenwerk entbehre infolgedessen individueller Züge und sei ohne Eigenart. Jedoch muß es dem Komponisten nicht viel höher angerechnet werden, daß es ihm gelang, das Geschehen mit packend sinnlichem Reiz zu gestalten? So zeigte er sich beispielsweise neben tonmalerisch berückend zarten Seiten glutvoll in den Steigerungen und äußerte sich bei den Höhepunkten mit einnehmender musikalischer Überzeugungskraft. Schon ein Jahr zuvor bei der Dresdner Uraufführung hatte das Werk nachhaltigen Eindruck hinterlassen, was sich bei der Frankfurter Erstaufführung wiederholte. Die Aufführung wurde aufgrund des außergewöhnlichen Spieltalents von Emma Holl als Myrtocle zu einem faszinierenden Erlebnis. Mochte diese Sängerin auch nicht über eine verführerisch schöne Stimme verfügt haben, so verdiente sie sich allein durch ihr Gestaltungsvermögen und ihre menschliche Ausstrahlungskraft allseitige Anerkennung. Richard Breitenfeld brachte als Arcesius nicht nur rührende Fürsorge zum Ausdruck, sondern zeigte auch in den Eifersuchtsszenen eine dämonische Kraftentfaltung von überzeugender Prägung. Erik Wirl imponierte als Hauptmann Galba nicht allein durch seine blendende äußere Erscheinung, er war zugleich ein glänzender Darsteller und guter Sänger. Angesichts dieser optimalen Besetzung konnte es nicht ausbleiben, daß es zu lebhaften Huldigungen kam, die sowohl dem Ensemble, dem Dirigenten Dr. Ludwig Rottenberg, dem Spielleiter Christian Krähmer und nicht zuletzt dem anwesenden Komponisten galten.

Als letzte Novität der Spielzeit 1916/17 wurde die romantische Oper »Aebelö« (26. April 1917) des böhmischen Komponisten Joseph

Barbara Kemp als Trägerin der Titelrolle in »Salome« von Richard Strauss.
Die dramatische Sängerin hatte sich als Mitglied der Hof- und späteren Staatsoper Berlin einen Namen gemacht und durch ihre Gastspiele an der Metropolitan Opera in New York sowie im Rahmen der Bayreuther Festspiele internationale Anerkennung gefunden. Neben der »Salome«, die sie u. a. in Frankfurt gesungen hat, war sie eine überzeugende Carmen, Mona Lisa, Kundry (»Parsifal«) und Senta (»Der Fliegende Holländer«).

Gustav Mraczek angekündigt. Die Vorstellung, die als Uraufführung einer Neufassung deklariert wurde, brachte dem anwesenden Komponisten wenig Ruhm, da seine musikalischen Einfälle nicht ausreichten, um eine ganze Oper zu tragen. Man sprach offen von einem »Stimmungsbrei, von lyrischen Ergüssen, von Steigerungen mit Kampfgetöse« und bedauerte das Ensemble, das trotz vollen Einsatzes bei dieser keineswegs leichten Aufgabe ohne Erfolg blieb.
Für den 23. September 1917 kündigte die Frankfurter Theaterleitung die Uraufführung eines Werkes von Erich Anders an mit dem Titel »Venezia«, ein Erstlingswerk des bis dahin unbekannten Komponisten. Zwar bot das Opus den Sängern Möglichkeiten zu stimmlicher Entfaltung, wobei sie von einem gut klingenden Orchester begleitet wurden, doch ein andauernder Erfolg war Anders – dies gilt auch für seine übrigen Bühnenwerke – nicht beschieden. Heute ist er uns als Musikkritiker und Bühnenagent unter dem angestammten Namen Freiherr Wolff von Gudenberg gerade noch in Erinnerung.
Mehr Glück hatte man in Frankfurt mit der Erstaufführung von Operetten, so beispielsweise mit Leo Falls »Rose von Stambul« (7. Oktober 1917). Die Tatsache, daß in Wien bereits über hundert Aufführungen über die Bühne gegangen waren und eine Fritzi Massary auch am Berliner Metropoltheater diesem Werk besonderen Glanz verliehen hatte, ließ ahnen, daß man mit der Annahme der Operette eine gute Entscheidung getroffen hatte.

Fritz Massary als Adele in der »Fledermaus« von Johann Strauß.
Die gebürtige Österreicherin amerikanischer Staatsangehörigkeit war eine der gefeiertsten Operettendivas ihrer Zeit. Entsprechend ihrem Ruf wurde sie in Frankfurt (1917) sehr gefeiert.

Das Opernhaus unter der Leitung von Generalintendant Dr. Karl Zeiß 1917–1920

Bereits im Frühjahr 1916 hatte die Frankfurter Theaterdeputation den Entschluß gefaßt, ab 1. November 1917 Oper und Schauspiel wiederum unter eine einheitliche Führung zu stellen. Im Gegensatz zum Aufsichtsrat der Theater AG, der eine getrennte Theaterführung lieber gesehen hätte, beharrte die Stadt auf ihrem Standpunkt, so daß Intendant Volkner seinen Abschied nehmen mußte. Die Theater AG sah sich dadurch in eine mißliche Lage gedrängt, da sich die Oper in der Zeit seines Wirkens den Ruf als eine der ersten Bühnen Deutschlands erworben hatte. Die Theater AG fühlte sich deshalb gegenüber Volkner zu einer Ehrenerklärung verpflichtet. Man wies nachdrücklich daraufhin, daß die Frankfurter Oper während seiner Intendantenzeit viele wertvolle Neuerscheinungen gebracht habe und es ihm auch gelungen sei, die großen Schwierigkeiten nach Ausbruch des Krieges zu meistern.

Zum neuen Generalintendanten berief man Dr. Karl Zeiß, der zuvor Leiter des Kgl. Hofschauspiels in Dresden war. Sein Name hatte damals bereits einen guten Klang. Wie glücklich seine Wahl war, zeigt die Tatsache, daß man ihn später, im Anschluß an seine Frankfurter Tätigkeit, für befähigt hielt, Generalintendant der Bayrischen Staatstheater in München zu werden.

Als Generalintendant Dr. Zeiß seine Tätigkeit in Frankfurt aufnahm, fand zugleich ein tiefgreifender Wechsel im singenden Ensemble statt, wobei jedoch erwähnt sein muß, daß einige der neuen Sänger bereits in der vorangegangenen Spielzeit zum Einsatz gekommen waren. Zu den neu ins Opernensemble aufgenommenen Künstlern zählten: John Gläser, jugendlicher Heldentenor (vom Stadttheater Breslau), Karl Ziegler, lyrisch-jugendlicher Tenor (vom Stadttheater Hamburg), Richard von Schenck, Baßbuffo (vom Kgl. Hoftheater Wiesbaden), Marianne Alfermann, Sopran (von der Kgl. Hofoper Berlin), Magda Spiegel, Altistin (vom Stadttheater Düsseldorf), Lily Beraneck, Sopran (vom Stadttheater Straßburg), Maria Uersfeld, Spielaltistin (vom Kgl. Hoftheater München), Elisabeth Kandt, Sopran (vom Stadttheater Düsseldorf) und Fritzi Jokl aus Wien. Unter diesen Künstlern befand sich eine Reihe sehr schöner Stimmen, die später maßgeblich zum Ansehen der Frankfurter Oper beigetragen haben; von Ihnen wird später noch die Rede sein.

Die Leser werden sich daran erinnern, daß der Frankfurter Spielplan im Januar 1913 die erste Aufführung der Oper »Ariadne auf Naxos« von Richard Strauss brachte, und zwar im Zusammenhang mit der Molièreschen Komödie »Der Bürger als Edelmann«. Dabei stellte sich heraus, daß diese Verbindung hinsichtlich der Publikumswirkung wenig vorteilhaft war, so daß sich der Komponist und der Dichter Hofmannsthal kurzerhand für eine Korrektur entschieden. Am 25. Dezember 1917 war es dann so weit, daß das Frankfurter Theaterpublikum die Neufassung der

»Ariadne auf Naxos«

kennenlernen konnte. Man hatte die Molièresche Komödie gestrichen und ließ als Ersatz der Oper ein Vorspiel vorausgehen. Dieses zu einer gewissen Einheit verschmolzene Werk wurde zwar nicht als der Weisheit letzter Schluß angesehen, doch war durch das neugeschaffene Vorspiel der Blick sinnvoll auf die eigentliche Oper ausgerichtet, was sich positiv auswirkte. Man kann diese Oper als eine der schönsten Eingebungen des Meisters bezeich-

Intendant Dr. Karl Zeiß.

Karl Ziegler als Pedro in Eugen d'Alberts »Tiefland«.

Beatrice Lauer (Sutter-) Kottlar als Isolde in Richard Wagners Oper »Tristan und Isolde«.

verfügte, nach bestem Vermögen den gestellten Ansprüchen zu genügen. John Gläser hatte die Aufgabe, den strahlenden Gott Bacchus zu verkörpern. Auf ihn setzte man bereits damals große Hoffnungen, da er Voraussetzungen mitbrachte, die ihn bei günstiger Weiterentwicklung zu einem der besten deutschen Tenöre machen konnten. Mit Erfolg bewährte sich Erik Wirl als Tanzmeister und als Scaramuccio.

Lilly Beraneck als Komponist in der Neufassung der »Ariadne auf Naxos« von Richard Strauss.

nen, da sie so recht den inneren Reichtum verspüren läßt, aus dem Strauss schöpfen konnte. In geradezu vollendeter Weise gelang es ihm, mit wenig viel zu sagen und ein Kunstwerk zu schaffen, das in seiner Art einmalig ist. Das verjüngte Orchester, die zu selbständigem Leben erblühenden Singstimmen, der Verzicht auf jedes aufdringliche Motiv sind nur einige der Vorzüge dieses Werkes, das einem wahren Klangwunder gleicht. Beatrice Lauer-Kottlar als Ariadne bot stimmlich eine großartige Leistung. Darstellerisch als launenhafte Primadonna war sie weniger überzeugend, jedoch desto glaubwürdiger in den Szenen menschlicher Reife und Abgeklärtheit. Uneingeschränktes Lob zollte man der Darstellerin der Zerbinetta, Marianne Alfermann, da sie die Koloraturen mit makelloser Technik beherrschte. In der Rolle als Komponist vermochte Lilly Beraneck, die einst vom Stadttheater in Straßburg gekommen war und über eine vorzügliche Erscheinung

Marianne Alfermann als Traviata in Verdis gleichnamiger Oper.
Die Sängerin, die vor ihrem Frankfurter Engagement an der Hofoper in Berlin tätig gewesen war, fand in Frankfurt bevorzugt Einsatz in der Operette, wofür sie Charme und darstellerisches Geschick mitbrachte. Zu erwähnen ist ferner, daß sie bei der Erstaufführung der Neufassung der »Ariadne auf Naxos« als Zerbinetta gut ankam.

Die Rolle des Brighella war Hermann Schramm geradezu auf den Leib geschrieben, und auch Rudolf Brinkmann gefiel in der Rolle des Harlekin. Spielleiter Alois Hofmann folgte gewandt den maßgeblichen Vorbildern, wobei ihm Gustav Brecher als klug disponierender Kapellmeister zuverlässig und stilsicher zur Seite stand. Die Dekorationen für einige Szenen gingen zurück auf Entwürfe von Prof. Altenkirch und Linnebach, Dresden. – Eine Erinnerung an den damaligen Kriegszustand bietet eine Anmerkung auf dem Erstaufführungs-Theaterzettel zur »Ariadne«, die hiermit wiedergegeben sei: »Fliegeralarm wird von der Bühne bekannt gegeben. In diesem Fall wird das Publikum

Leo Slezak als Träger der Titelrolle in Verdis »Aida«. Der berühmte österreichische Heldentenor, der als langjähriges Mitglied der Wiener Hofoper auf allen großen Bühnen der Welt gefeiert wurde, war auch öfter im Frankfurter Opernhaus zu hören. Von seinen Einsätzen seien nur erwähnt: der Johannes von Leyden in Meyerbeers »Prophet«, der Eleazar in Halévys »Jüdin« (1912), der Assad in Goldmarks »Königin von Saba« und der Raoul in Meyerbeers »Hugenotten« (1917).

gebeten, sich durch den nächstliegenden Ausgang in die unteren Umgänge des Treppenhauses zu begeben. Jede Unruhe ist zu vermeiden. Die abgelegten Kleidungsstücke verbleiben in den Kleiderablagen.«

Zu den in Vergessenheit geratenen Werken gehört das für den 31. Januar 1918 als Erstaufführung vorangekündigte musikalische Lustspiel »Frauenlist« von Hugo Röhr, der uns heute nur noch als ehemaliger Hofkapellmeister von Mannheim und München bekannt ist und dem wir beachtliche Bearbeitungen von Werken Rossinis zu verdanken haben. Zu einer Wiederbegegnung mit dem österreichischen Komponisten Julius Bittner kam es anläßlich der Uraufführung seiner Oper »Das höllisch Gold« am 3. März 1918. Auch diesem Werk konnte man keinen gehobenen künstlerischen Wert zubilligen. Demgegenüber ließ die Uraufführung von Franz Schrekers Oper

»Die Gezeichneten«

am 25. April 1918 aufhorchen. Der Komponist hatte eine Handlung mit einem psychologisch stark belasteten Thema gewählt und damit ein Problem erfaßt, das völlig vom Alltäglichen abwich und daher besonderes Interesse erwarten ließ. Schreker verstand es meisterhaft, die seelischen Vorgänge des heiklen Stoffes musikalisch zu gestalten. Von einprägsamem Reiz sind die wundervollen Lyrismen in Nachzeichnung der seelischen Struktur wie auch die kräftigeren Klangwirkungen mit ihren Steigerungen, die der Verdeutlichung der Vorgänge dienen. Der Komponist ließ mit seinem jüngsten Werk erkennen, daß er über seinen früheren Schaffensstil hinausgewachsen war und dem Höhepunkt seines Wirkens zustrebte. Mit den Bühnenbildentwürfen von F. K. Delavilla wurde die Premiere für den anwesenden Komponisten zu einem der ganz großen Erfolge mit stürmischen Beifallskundgebungen. Hervorzuheben sind auch die auf hohem Niveau stehenden Einzelleistungen der mitwirkenden Künstler. Karl Ziegler erfüllte mit seiner edlen Tenorstimme die Absichten des Dichterkomponisten durch innerlich bewegtes Spiel. Mit seltener Prägnanz gelang ihm die gesangliche Ausdeutung des von tiefem Seelenschmerz gepeinigten Alviano. Else Gentner-Fischer als Carlotta war ihm eine ebenbürtige Partnerin, wie auch Robert vom Scheidt als Graf Tamare, der mit seinen prächtigen stimmlichen Mitteln das Trio der Hauptdarsteller vervollständigte. Dem musikalischen Leiter Dr. Ludwig Rottenberg gestand man zu, daß sich seine Interpretation nicht überbieten lasse. Die Spielleitung lag in Händen von Christian Krähmer, der auch diesmal seine reiche Erfahrung in den Dienst der Aufgabe stellte. – Als ein besonderes Verdienst ist es anzusehen, daß die Frankfurter Oper sich im Jahre 1979 dazu entschloß, Schrekers Oper »Die Gezeichneten« unter der musikalischen Leitung von Michael Gielen erneut in den Spielplan aufzunehmen.

Für die Freunde der Operette bot das Frankfurter Opernhaus mit der »Niobe« von Oskar Strauß (19. Mai 1918) eine erfolgreiche Erstaufführung. Die Darstellung der thebanischen Königin durch Marianne Alfermann war so vorzüglich, daß man sich veranlaßt sah, von einer außergewöhnlichen Leistung zu sprechen.

Bei Abschluß der Spielzeit 1917/18 konnte sich Generalintendant Dr. Zeiß darauf berufen, während seines ersten Amtsjahres den Spielplan weitgehendst – entsprechend seinem ursprünglichen Vorschlag – eingehalten zu haben. Wenn einige Stücke jedoch ausfallen mußten, wurde dies durch die Kriegsverhältnisse und Erkrankungen im Personal verursacht. Einen besonderen Erfolg konnte er mit der Aufführung von Schrekers Oper »Die Gezeichneten« verbuchen. Auch die Pflege des Mozartschen Bühnenschaffens

Else Gentner-Fischer als Carlotta in der Oper »Die Gezeichneten« von Franz Schreker.

gehörte zu den Anliegen von Zeiß, der die Spielzeit mit einem Mozart-Zyklus mit fünf seiner Werke beschließen konnte.
Zu Beginn der Spielzeit 1918/1919 konnte der erste Kapellmeister Dr. Ludwig Rottenberg auf eine 25jährige ununterbrochene Tätigkeit am Frankfurter Opernhaus zurückblicken. Auf Grund der gewichtigen Empfehlungen von Brahms und Bülow wurde er seinerzeit zu Otto Dessoffs Nachfolger ernannt. Rottenberg gelang es, das von seinem Vorgänger geschaffene hohe Leistungsmaß nicht nur zu erhalten, sondern sogar noch zu steigern. Als am Tag von Rottenbergs Jubiläum insbesondere herausgestellt wurde, daß die Frankfurter Oper hinsichtlich der Förderung zeitgenössischen Schaffens mit an der Spitze der deutschen Bühnen rangiere, so war dies zu wesentlichen Teilen sein Verdienst. Vor allem hatte er mitgeholfen, dem aufsehenerregenden Talent eines Schreker den Weg in die Öffentlichkeit zu bahnen. Nicht zu vergessen die zahlreichen Neuinszenierungen und Neueinstudierungen von Werken aus dem laufenden Repertoire, wobei ihm die Opern Mozarts ganz besonders am Herzen lagen. Mochte es dem mehr innerlich ausgerichteten Künstler bisweilen auch an äußerem theatralischem Schwung gemangelt haben, so war es doch die ruhige, zuverlässige und klare Stabführung, die er – frei von Eitelkeit – in den Dienst der Sache stellte. Zur Gründlichkeit bei der musikalischen Vorbereitung gesellte sich ein warmes Empfindungsvermögen, das selbst kleinste Wirkungen nicht übersah. In diesem Zusammenhang sei auch auf den Komponisten Rottenberg hingewiesen, von dem am 30. November 1915 in einer Uraufführung die Schauspielmusik zu Goethes »Geschwister« erklang.
Zu den bedeutsamen Aufführungen ist die Wiederbegegnung mit Christoph Willibald Glucks Oper

»Alkeste«

in der Neufassung von Felix Mottl zu rechnen (23. September 1918). Sie greift zurück auf die italienische Originalfassung der Reformoper, in der u. a. die für Paris geschriebene umfang-

Bühnenbildentwurf von F. K. Delavilla zur Oper »Die Gezeichneten« von F. Schreker.

Szenenbild zur Uraufführung der Schreker-Oper »Die Gezeichneten«.

Bühnenbildentwurf von F. K. Delavilla zu Glucks »Alkeste«.

Bühnenbildentwurf von F. K. Delavilla zu Glucks »Alkeste«

reiche Ballettmusik fehlt. Abgesehen von der Zufügung eines Gluckschen Schlußchores hat Mottl auf Eingriffe in den Organismus des Werkes verzichtet und sich lediglich auf orchestrale Retuschen beschränkt. Die Erstaufführung erhielt besonderen Glanz durch die mit starkem Stilgefühl geschaffenen Bühnenbildentwürfe von F. K. Delavilla, die von Max Walther malerisch ausgeführt wurden. In diesem szenischen Rahmen ließ Spielleiter Christian Krähmer mit leicht archaisierendem Zug und etwas herbem Einschlag das Geschehen ablaufen, und zwar unter äußerster Sparsamkeit hinsichtlich der Gebärdensprache und der Individualisierung des Chores. Die Titelpartie lag in Händen von Beatrice Lauer-Kottlar, die damals bereits zu den bedeutendsten Gesangskünstlerinnen der deutschen Bühnen zählte. Mit feinster Stimmkultur gestaltete sie die Alkeste, so daß man geradezu von einem künstlerischen Ereignis sprach. Im Vergleich zu ihr trat die Leistung der übrigen Ensemblemitglieder etwas in den Hintergrund. Lediglich John Gläser als Admet vermochte durch eine ebenbürtige Ausdeutung seiner Rolle das Publikum zu fesseln.
Eine Aufführung von Verdis »Rigoletto« am 18. Oktober 1918 gab dem Bariton Adolf Permann vom Stadttheater in Graz erneut Gelegenheit, sich für ein eventuelles Engagement vorzustellen. Der Eindruck, den er hinterließ, war recht überzeugend und zugleich Anlaß, den Künstler an Frankfurt zu binden.
Mit der Ankündigung der deutschen Erstaufführung der Oper

»Turandot«

und des theatralischen Capriccios

»Arlecchino«

von Ferruccio Busoni am 15. Oktober 1918 wurde den Frankfurter Theaterfreunden wieder einmal eine interessante Abwechslung geboten. Der italienische Komponist, Sohn einer deutschen Mutter, zählte zu den bedeutendsten Pianisten seiner Zeit, wobei auffällt, daß er – wie viele seiner Kollegen – sich auch zum Komponisten befähigt fühlte und als solcher Außergewöhnliches leistete. Die beiden in Frankfurt zur Aufführung

Tino Pattiera als Don José in Bizets »Carmen«. Der österreichische Tenor, der viele Jahre Mitglied der Dresdner Hofoper (später Staatsoper) war, trat besonders in Verdi Opern hervor. In Frankfurt ließ er sich u. a. als überzeugender Manrico in »Troubadour« und als Radames in »Aida« hören.

Fischer gestaltete die Rolle der Turandot, Erik Wirl die des Kalaf. In der Aufführung des »Arlecchino« erschienen prachtvolle Typen, so Heinrich George in der Titelrolle, der Tenor Karl Ziegler als Leandro und der Bassist Richard von Schenk als Matteo. Man neigte damals dazu, den Erfolg der Werke dem darstellerischen Geschick des Ensembles zuzuschreiben. Immerhin war man in Frankfurt bemüht, die beiden Opern optimal vorzubereiten, wobei der erste Kapellmeister Gustav Brecher, ein von nervöser Agilität getragener Dirigent, mit seinem Kunstverstand alles wohl abzuwägen wußte; Spielleiter Walter Brügmann traf den Stil der Werke mit bemerkenswerter Sicherheit. Nicht zu vergessen die treffsicheren Bühnenbilder, die von F. K. Delavilla beigesteuert wurden. Das Publikum war – trotz einiger Unmutsbezeugungen – von den Aufführungen durchaus angetan, wobei jedoch bedacht werden muß, daß es in jenen schweren Zeiten keineswegs

Otto Fanger als Lohengrin in Richard Wagners gleichnamiger Oper.

gebrachten Werke weckten Erinnerungen an die Commedia dell'arte; sogar die bekannten Figuren des Arlecchino, der Colombina usw. tauchten im Rollenverzeichnis auf. Busoni verstand es, das Vorbild der Buffo-Oper aus dem 18. Jahrhundert in modernem Gewand wiedererstehen zu lassen und durch pfiffige Gestaltungsgabe und gute Instrumentationseinfälle Interesse zu wecken. Seine »Turandot« wurde gegenüber dem »Arlecchino« als wirkungsvoller bezeichnet, doch war auch dieser Oper kein längeres Leben auf der Bühne beschieden, nicht zuletzt wohl infolge des Aufkommens von Puccinis gleichnamiger Oper. Else Gentner-

Eric Wirl (Kalaf) und Else Gentner-Fischer (Turandot) in Busonis »Turandot«.

leicht gefallen sein konnte, sich zur Heiterkeit und Freiheit des Geistes aufzuschwingen.

Der Name Peter Cornelius begegnet den Opernfreunden meist im Zusammenhang mit der komischen Oper »Der Barbier von Bagdad«, einem Werk, das insofern stilistisch von Bedeutung ist, als es den üblichen Sprechdialog durch eine durchkomponierte Form ersetzt. Sein letztes Bühnenwerk »Gunlöd«, das unvollendet blieb, kam am 22. März 1919 in Frankfurt zur Erstaufführung, und zwar in der Bearbeitung von Waldemar von Bausznern, der seit 1916 Direktor des Frankfurter Hochschen Konservatoriums war. Er ergänzte das Skizzenfragment und lieferte hierzu die Instrumentierung. Das Textbuch, das Cornelius vollständig hinterlassen hatte, berührt den Edda-Stoff, ist von gewissem poetischem Reiz, aber ohne die erforderliche Spannungskraft für eine bühnenwirksame Handlung. Der Komponist vermochte es jedoch nicht, der Handlung schärfere dramatische Konturen zu geben. Die Theaterleitung dürfte sich des breit angelegten Handlungsablaufs in Text und Vertonung bewußt gewesen sein, sonst wäre es kaum zu verstehen, daß man – entgegen jeder Gewohnheit – auf der Rückseite des Theaterzettels den Inhalt des Werkes abdrucken ließ. Man gab sich – trotz erkennbarer Mängel – wiederum reichlich Mühe, dem Werk zu dienen. So hatte man den Maler

Bühnenbildentwurf von F. K. Delavilla zu Busonis »Turandot«.

Robert vom Scheidt als Wotan in Richard Wagners »Ring des Nibelungen«.

Bühnenbildentwurf von F. K. Delavilla zu Méhuls Oper »Josef und seine Brüder«.

F. K. Delavilla speziell beauftragt, in Zusammenarbeit mit dem hauseigenen Bühnenbildner Max Walther die Dekorationen zu entwerfen. Die erste Sängerin des Hauses, Beatrice Lauer-Kottlar, vermochte trotz ihres spürbaren Einsatzes in Spiel und Gesang jedoch nicht den allgemein schwachen Eindruck der Aufführung zu steigern. Allen Bemühungen zum Trotz war dem Werk kein längeres Bühnenleben vergönnt.
Die Spielzeit 1918/1919 lief nicht ohne erhebliche Schwierigkeiten ab. Zu den äußeren Unsicherheiten gegen Ende des Krieges kamen eine Fülle innerbetrieblicher Erschwernisse. Die lang andauernden Lichtbeschränkungen zwangen zeitweise zur Wahl von Bühnenwerken mit kürzerer Spieldauer und beeinträchtigten auch die Probenarbeit nachhaltig. Empfindlich wirkte sich auch die steigende Knappheit an Materialien bei der Herstellung von Dekorationen aus. Daneben führte die damals auftretende Grippe-Epidemie zu empfindlichen Ausfällen im Personal. Dennoch konnte neben den erwähnten Erstaufführungen eine Reihe von Werken in neuer Einstudierung herausgebracht werden. Besondere Pflege erfuhren in der abgelaufenen Spielzeit die Opern Lortzings, die am Ende der Spielzeit in einem

»Lortzing-Zyklus«

mit fünf seiner Werke zusammengefaßt wurden.

Ein Rückblick auf die vergangenen Kriegsjahre führt zu der bitteren Erkenntnis, daß die durch die Zeitverhältnisse auferlegten Beschränkungen den Betrieb mehr und mehr beeinträchtigt haben. Dabei muß betont werden, daß die Ursache für diesen Sachverhalt nicht in dem schlechten Willen oder in der Unfähigkeit der leitenden Personen zu suchen war, sondern einzig in den Zeitverhältnissen begründet lag, die im letzten Spieljahr 1918/19 besonders hart spürbar wurden. So war es nicht zu vermeiden, daß einige Aufführungen – trotz beachtlicher Einzelleistungen – im Zusammenwirken nicht die Güte und Ausgeglichenheit zeigten, die sie aufgrund der Tradition eigentlich hätten aufweisen müssen. In diesem Zusammenhang muß auch darauf hingewiesen werden, daß

Robert vom Scheidt als Hans Sachs in Richard Wagners Oper »Die Meistersinger von Nürnberg«.

nur ein Teil der vorgesehenen Ur- und Erstaufführungen bzw. Neueinstudierungen infolge der besonderen Zeitumstände verwirklicht werden konnte.
Mit dem Ende des Krieges und der Demobilisierung verband man die Hoffnung, das Orchester wieder ergänzen zu können, damit es sein altes Niveau erreiche. Das gleiche galt für den Chor, der einer systematischen Ergänzung und Auffrischung bedurfte. Was das Solopersonal anbelangt, so war es wenig überraschend, daß der vortreffliche Heldenbariton Robert vom Scheidt mit Angeboten größter Bühnen rechnen konnte. Es waren damals Besprechungen im Gange, ihn an die ehemals Königliche Oper unter den Linden in Berlin zu holen.

Aber auch Wien (früher k. u. k. Hofoper) und die Metropolitan Opera in New York bemühten sich, den Künstler für ihr Ensemble zu gewinnen. Daneben war die Frankfurter Intendanz auch daran interessiert, so bewährte Kräfte wie Otto Fanger, glänzend als Prophet, und Erik Wirl, sehr überzeugend als Kalaf in »Turandot«, weiter im Ensemble zu wissen sowie die Leistungskraft und den Kunstverstand eines Richard Breitenfeld der Frankfurter Oper zu erhalten. Von den neueren Kräften hatte vor allem John Gläser eine glückliche Entwicklung genommen. Seine edle Stimme hatte merklich an Reife gewonnen und seine Darstellungskunst sich zunehmend gesteigert. Von seinem impulsiven Stimmkollegen Karl Ziegler, der eine große Spanne des Einsatzes vom Hans in der »Verkauften Braut« bis zum Lohengrin zu überbrücken vermochte, mußte sich Frankfurt

Karl Ziegler als Lohengrin in Richard Wagners gleichnamiger Oper.
Der Künstler, der nur zwei Spielzeiten (1917–1919) dem Frankfurter Ensemble angehörte, nahm anschließend seinen künstlerischen Weg über die Volksoper Wien an die Staatsoper der österreichischen Hauptstadt. Seine beachtliche schöne Stimme und seine darstellerische Gewandtheit verschafften ihm auch einen Einsatz bei den Festspielen in Bayreuth, wo er als Loge in »Rheingold« und als David in den »Meistersingern von Nürnberg« herausgestellt wurde.

Emma Holl als »Fidelio«-Leonore.
Die überaus verwendungsfähige Künstlerin, die bis zu ihrer Pensionierung (1935) dem Frankfurter Ensemble angehörte, vermochte durch die Intensität ihrer Darstellung, starke Wirkungen auszulösen. Clemens Kraus setzte diese Sängerin während seiner Amtszeit beispielsweise als Oktavian im »Rosenkavalier«, als Titelheldin in Janáčeks »Jenufa«, aber auch als Venus im »Tannhäuser« und »Walküren«-Brünnhilde ein. Besonders bewährte sie sich auch in modernen Opern und nicht zuletzt in der klassischen Operette.

anzutreffende Großlinigkeit ihres Vortrags sowie ihre darstellerische Begabung ware von unschätzbarem Wert für das Frankfurter Ensemble. In dieser Beziehung hatte sie in der Altistin Magda Spiegel eine ebenbürtige Partnerin, deren selten schöne samtige Stimme in Deutschland ihresgleichen suchte. Besonders in den Partien als Fricka in Wagners »Ring

Elisabeth Kandt als Ännchen in Carl Maria von Webers »Freischütz«.
Die junge Soubrette, die sich in der Spielzeit 1916/1917 von Düsseldorf aus als Papagena (»Die Zauberflöte«) und als Ännchen (»Der Freischütz«) sehr vorteilhaft vorstellte, ließ erwarten, daß mit ihrem Engagement nach Frankfurt eine echte Lücke im Ensemble ausgefüllt werden kann. Über alles Erwarten hinaus entwickelte sie sich zu einer Spitzenkraft, die mehr und mehr während ihres Frankfurter Engagements in das lyrische Sopranfach hineinwuchs. In der Spielzeit 1924/1925 ging sie mit einem mehrjährigen Vertrag an die Metropolitan Opera in New York. Zu ihren Aufgaben zählten dort u. a. die Musette (»Bohème«) und die Dorabella (»Cosi fan tutte«). Angeblich aus Heimweh hat die Sängerin ihre Verpflichtung jedoch schon früh wieder gelöst und ist nach Frankfurt zurückgekehrt. Am Ende der Spielzeit 1933/1934 nahm das allseits geschätzte Mitglied der Frankfurter Oper Abschied von der Bühne.

des Nibelungen« und als Fides in Meyerbeers »Prophet« kam ihre Stimme voll zur Geltung. Zum Vorbild für den systematischen Ausbau ihrer gleichfalls schönen Stimme und ungewöhnlichen schauspielerischen Begabung wurde Else Gentner-Fischer, die auf hochdramatischem Gebiet mehr und mehr Fuß zu fassen verstand, wie es sich in der Rolle als Senta in Wagners »Fliegendem Holländer« und als »Fidelio«-Leonore bereits vorangekündigt hatte. Die Sopranistin Emma Holl bestach vor allem durch ihre faszinierende Darstellungsgabe, doch sie neigte durch

leider trennen, da er nach Wien engagiert wurde. Somit hatte die Frankfurter Oper erneut einen bedeutenden Sänger an ein Spitzentheater abgeben müssen. Dies war einerseits sehr bedauerlich, doch zugleich auch ehrenvoll für das Ansehen der Frankfurter Oper, die bereits in zahlreichen Fällen zum Sprungbrett für eine Künstlerkarriere geworden war. Ein wertvoller Sänger war des weiteren der Baßbuffo Richard von Schenk, der als Ochs in Strauss' »Rosenkavalier« und als Kezal in Smetanas »Verkaufter Braut« famose Leistungen zeigte. Von den weiblichen Kräften verdient Beatrice Lauer-Kottlar hervorgehoben zu werden, die für jedes große Theater eine Zierde gewesen wäre. Ihre künstlerische Ausstrahlung als Sängerin voller Wärme der Empfindung, die so selten

Robert vom Scheidt als Schaharyar in der Oper »Scheherezade« von B. Sekles.

Bühnenbildentwurf von Ludwig Sievert zu Hindemiths »Mörder, Hoffnung der Frauen« (zu Seite 204).

Szenenbild zur Oper »Scheherezade« von B. Sekles.

ihr Drängen in das dramatische Fach zur Vergröberung in der musikalischen Gestaltung. Eine günstige Entwicklung zeigte neben der Sopranistin Fritzi Jokl, die bald den Weg an die Wiener Oper fand, auch die quicklebendige Soubrette Elisabeth Kandt, die sich mehr und mehr zu einer lyrischen Sängerin entwickelte. Mit einem solchen Ensemble, dem wohl in einzelnen Fachrichtungen noch eine Verbesserung zu wünschen war, konnte man in jener Zeit hoffnungsvoll in die Zukunft schauen; zumal es galt, für die kommenden Friedensjahre in bezug auf Spielplan und Ensemble wieder ein Niveau zu erreichen, wie es der Tradition des Hauses entsprach.

Der Frankfurter Komponist Bernhard Sekles, der längere Zeit Direktor des Hochschen Konservatoriums war und Paul Hindemith zu seinen Schülern zählen konnte, kam am 21. September 1919 mit der Erstaufführung seiner Oper »Scheherezade« im Frankfurter Opernhaus zu Gehör. Man kannte ihn bereits vom Konzertsaal her, so daß seinem ersten Bühnenwerk, das im Jahre 1917 in Mannheim zur Uraufführung gekommen war, großes Interesse entgegengebracht wurde. Sekles war stets bemüht, seiner Musik das Kolorit des Fernen Ostens möglichst intensiv aufzuprägen und scheint mit seinen »ohrenzerschneidenden Klängen« nicht immer das Wohlgefallen der Zuhörer gefunden zu haben. In dieser Hinsicht sprach man ihm »tonkünstlerische Eingebungen« ab und warf ihm allgemein »Verletzung des Tonempfindens« vor. Andererseits registrierte man die »wahrhaft herzerquickende Schönheit« mancher Partien, wenngleich deren Wiedergabe hohe Ansprüche an die instrumentalen und vokalen Kräfte stellt. Für die damalige Aufführung setzte man die ersten Solisten des Hauses ein, allen voran Else Gentner-Fischer in der Titelrolle. Man bescheinigte ihr in Gesang und Spiel eine wohlgelungene Darbietung; Robert vom Scheidt gab sich als Kalif von stattlicher Würde. Hans Erl mit seinem schönen Baß und ausladenden Stimmvolumen hatte es schwer, sich als Großwesir gegenüber der Wucht des Orchesters zu behaupten. In bestem Sinne überzeugte der Tenor Adolf Jaeger als Omar, doch auch Emma Holl war – vornehmlich durch ihr Spieltalent – ansprechend am Spielgeschehen beteiligt. Ludwig Sievert, der neu engagierte Bühnenbildner, steuerte hierzu stilgerechte Dekorationen bei, in denen Christian Krähmer das Spiel sinngemäß und lebendig entfaltete.

Die allgemeine Auffassung, daß Musik und Dichtung wesensmäßig eng zusammengehören und sich leicht zu einem einheitlichen Kunstwerk verschmelzen lassen, findet nicht immer ihre Bestätigung. Hier kann die Uraufführung der vertonten Episode »Fennimore und Gerda« des englischen Komponisten Frederick Delius als Beispiel angeführt werden (21. Oktober 1919). Der hauptsächlich auf autodidaktischem Wege vorgebildete Komponist benutzte ein in Prosa abgefaßtes Textbuch, dessen künstlerische Schwerpunkte in der psychologischen Vertiefung lagen. Wenngleich Delius' tonschöpferische Begabung unverkennbar ist, vermag

Else Gentner-Fischer als Trägerin der Titelrolle in der Oper »Scheherezade« von B. Sekles.

Bühnenbildentwurf von Ludwig Sievert zur Oper »Die Frau ohne Schatten« von Richard Strauss (zu Seite 207).

Szenenbild zur Oper »Der Schatzgräber« von Franz Schreker.

der Zuhörer in der betreffenden Oper kaum den psychologischen Zusammenhang der darstellenden Personen zu ergründen, da der Komponist das gesamte Geschehen mit einem – wenn auch imponierenden – Klangzauber umhüllt hat. Man vertrat daher die Auffassung, der Komponist habe seine durchaus schätzenswerte Erfinderkraft sowie seine instrumentale Satzkunst an einem ungeeigneten Objekt verausgabt. Wie dem auch sei, Kapellmeister Brecher setzte alles daran, dem Werk zu einer vollkommenen Wiedergabe zu verhelfen. Beachtenswerte Interpreten waren Robert vom Scheidt (Niels), Erik Wirl (Erik) sowie Emma Holl als Fennimore; sie alle erhielten auf offener Szene reichen Beifall. Eine besonders schwierige Aufgabe hatte Spielleiter Walter Brügmann zu meistern. Er war bestrebt, die elf Bilder des Werkes möglichst fließend zu vermitteln, wobei ungewöhnliche technische Schwierigkeiten zu überwinden waren. Der anwesende Komponist dürfte mit der Darbietung alles in allem zufrieden gewesen sein. Das Werk weckte in mancher Hinsicht durchaus Interesse, doch glaubte niemand daran, daß es sich einen ständigen Platz im Spielplan sichern könne.

Franz Schreker, der Komponist des Musikdramas »Der ferne Klang« und der Oper »Die Gezeichneten«, fand am 21. Januar 1920 erneut Gelegenheit, sich in Frankfurt mit einem Bühnenwerk

»Der Schatzgräber«

– diesmal als Uraufführung – vorzustellen. Der Text zu dieser Oper stammte wiederum vom Komponisten selbst. Hier wird ein glänzendes Sittenbild des Mittelalters enthüllt, in dem höfisches Leben, Romantik, Humor und Liebe ganz wesentlich die Handlung bestimmen. Schreker erscheint bei diesem seinem jüngsten Werk in einem anderen Licht als früher; manches klingt melodiöser und abgeklärter als zuvor. Man zog hieraus den Schluß, er habe seine Sturm- und Drangjahre inzwischen überwunden. Bei der Behandlung der Singstimmen ging er insofern andere Wege, als er diese wie »vokale Instrumente« behandelte, in der Absicht, hierdurch neue Klangwirkungen zu erzielen. An manchen Stellen erreichte der Komponist durch Zusammenballen von klanglichen und modulatorischen Bildungen ein Schwelgen, ja ein Überfluten in Klangerfindungen, die in der Tat etwas Packendes haben. Es gibt daneben aber auch Stellen von volkstümlicher Schlichtheit des Klanges. Die Frankfurter Oper widmete sich der Einstudierung des Werkes mit bemerkenswerter Aufmerksamkeit und investierte einen enormen Zeitaufwand. Dr. Rottenberg war es zu verdanken, daß die Premiere einen qualitativ guten Eindruck hinterließ, doch auch die beiden Hauptdarsteller John Gläser als Elis und Emma Holl als Els setzten sich mit ihrem ganzen gesanglichen und schauspielerischen Können für diese Aufgabe ein. Aus der Reihe der Mitwirkenden sei noch Erik Wirl als Narr erwähnt, der sich durch großes Geschick auszeichnete. Nicht zu vergessen Regisseur Christian Krähmer, der für das lebendige Zusammenspiel verantwortlich zeichnete. Das Frankfurter Publikum zeigte sich bei der Premiere von dem Werk stark angesprochen und spendete den Mitwirkenden wie auch dem anwesenden Komponisten reichen Beifall. Eine zweite Aufführung wurde von Schreker persönlich geleitet, wobei merkwürdigerweise auch diese Darbietung auf dem Theaterzettel als Uraufführung bezeichnet wurde. In dieser zweiten Aufführung hatte Adolf Jaeger die Rolle des Elis, Else Gentner-Fischer die der Els übernommen. Die Presse bescheinigte dem Theater, daß die Besetzung der zweiten Premiere »noch um ein Grad besser« ausgefallen sei als die der Ur-Ur-Aufführung. Sonderlob erhielt Erik Wirl, da er durch Tongebung, Wort und Gebärde die Rolle des Narren zu einem Kabinettstück gemacht hatte. Schreker, der seine Oper der Stadt Frankfurt gewidmet hatte, konnte mit dem Erfolg zufrieden sein, wenngleich dem Werk späterhin keine besondere Gunst des Publikums beschieden war. Bei der Frankfurter Presse stieß der Komponist vorwiegend auf großes Wohlwollen, wobei insbesondere der Kritiker der »Frankfurter Zeitung«, Paul Bekker, zu nennen wäre, der

Szenenbild zur Oper »Der Schatzgräber« von Franz Schreker.

Konsequenz aus diesem Vorfall verfügte der Standortkommandant für Resni eine achttägige Haftstrafe, die dieser sofort antreten mußte. Dem Opernhaus wurde darüber hinaus eine zweitägige Schließung des Spielbetriebs zur Auflage gemacht. Nur durch Einsatz des Frankfurter Oberbürgermeisters wurde schließlich erreicht, daß nach einer ausgefallenen Sonntagsvorstellung das Haus bereits am nächsten Tag wieder eröffnet werden konnte.

dem Komponisten sogar ein Buch zugeeignet hat.
Eine willkommene Abwechslung im Repertoire versprach sich die Intendanz von der Erstaufführung einer Oper von François Adrien Boieldieu »Das Loch in der Landstraße« (21. Februar 1920). Der Name des Komponisten, der uns mit seinem bekanntesten Bühnenwerk »Die weiße Dame« ein Glanzstück der französischen Romantik geschenkt hat, hatte schon lange nicht mehr auf dem Frankfurter Spielplan gestanden. Man betrachtete es wohl als Wagnis, eine Oper zu bringen, von der man selbst in einer Zeit, als derartige Werke noch in Mode waren, in Deutschland keine Kenntnis nahm. Vielleicht war hierbei ausschlaggebend, daß dieses Opus im Jahre 1914 an der Berliner Hofoper gute Aufnahme gefunden hatte und man infolgedessen in einer Aufführung in Frankfurt kein Risiko erblickte. Boieldieu hat die mit viel Humor und Liebesgetändel versehene Handlung mit quellender Melodik vertont, wobei auch volkstümliche Züge erkennbar sind. Die orchestrale Behandlung entbehrte zuweilen der letzten Sorgfalt, und auch der lang anhaltende Wechsel von Dreiklang und Dominant-Septakkord barg in sich die Gefahr der Ermüdung. Wie dem auch sei, vieles war so gelungen und wohlgefällig, daß eine Begegnung mit der in Vergessenheit geratenen Oper letzten Endes als gerechtfertigt erschien. Von den Darstellern sind Violetta Schadow als Frau von Melval hervorzuheben sowie Richard von Schenk, dem mit der Rolle des Dormeuil eine dankbare Aufgabe zugefallen war. Mit dieser Aufführung konnte dem Komponisten erneut zu Ansehen verholfen werden.
Eine Begegnung, die den Lesern nicht vorenthalten bleiben soll, ist verbunden mit einer Aufführung der Operette »Der Bettelstudent« (7. Mai 1920), bei der der Darsteller des Ollendorf, Alois Resni, der zugleich als Regisseur fungierte, zwei Coupletstrophen aktuellen Inhalts einlegte. Seine Anspielungen auf die Franzosen und ihre Besatzungsarmee in Frankfurt stießen jedoch bei einem zufällig anwesenden französischen General auf scharfe Mißbilligung. Als

Maria Ivogün als Rosine in Rossinis Oper »Der Barbier von Sevilla«.
Die beliebte Sängerin, die viele Jahre an der Münchener Hof- und späteren Staatsoper und danach an der Städt. Oper in Berlin tätig war, ließ sich öfter in Frankfurt hören, so u. a. als »Fledermaus«-Adele und Mignon in der gleichnamigen Oper von Thomas.

Szenenbild zur Oper »Die ersten Menschen« von Rudi Stephan.

Mit der Uraufführung von Rudi Stephans Bühnenwerk

»Die ersten Menschen« (1. Juli 1920)

entsprach die Frankfurter Oper insofern einer Ehrenpflicht, als der im zweiten Kriegsjahr gefallene Komponist seine Werke vor Kriegsausbruch – auf Rottenbergs Veranlassung – dem Theater überlassen hatte. Die lange Kriegsdauer mit den Repertoire-Einschränkungen, der Tod Stephans, der Intendantenwechsel wie auch zeitweilige Bedenken wegen des Textes brachten erst im Jahre 1920 eine Gelegenheit, sich des Werkes anzunehmen. Es war keine sentimentale Geste, als sich die Frankfurter Oper zur Uraufführung des Werkes eines so früh verstorbenen Komponisten entschloß. Es geschah dies vornehmlich aus der Erkenntnis, daß hinter der Schöpfung eine der stärksten Begabungen ihrer Zeit stand. Es ist jedoch verständlich, daß man zum Zeitpunkt der Uraufführung eine andere Einstellung zu dem Werk einnahm, als wenn es sich um die Schöpfung eines Lebenden gehandelt hätte. Es war daher müßig, Zukunftsverheißungen auszusprechen, wenngleich vermutet werden konnte, daß der Komponist – wäre ihm ein längeres Leben vergönnt gewesen – unter den musikschöpferischen Kräften einen der vordersten Plätze eingenommen hätte. Stephan, der uns in seinem ersten Bühnenwerk noch ungereift entgegentritt, wählte als Textunterlage für sein Werk das »erotische Mysterium« von Otto Borngräber, das nach der Jahrhundertwende – meist in Verbindung mit Skandalen – über die Bühne ging. Die darin gezeichneten Gestalten erweisen sich – wenn überhaupt, so nur gelegentlich – als dramatisch bewegte Typen und sind geprägt von abstrakten Prinzipien. Stephan dürfte dies wohl erkannt haben, so daß man zu der Annahme gelangte, eben jene Unzulänglichkeit des poetischen Vorwurfs habe ihn gereizt, die Handlung nach eigenen Gesetzen in Musik zu kleiden. In diesem Zusammenhang muß betont werden, daß Stephan nicht als Musikdramatiker im üblichen Sinne anzusehen ist, sondern in erster Linie als Musiker, der von Fall zu Fall die ihm geeignet erscheinende Musikgattung wählte. So war ihm beispielsweise diesmal die Textvorlage mit ihrem relativ unbedeutenden Eigenwert Anlaß, seine individuellen inneren Regungen in Musik umzusetzen. Es bleibt festzuhalten, daß er dies nicht aus Berechnung tat, um eine bestimmte Wirkung zu erzielen, sondern allein in der Absicht, mit leidenschaftlicher Intensität seine innere Empfindung dem Zuhörer zu vermitteln. Daß ein solches Verfahren nicht den Weg zu einer richtungsweisenden Neuorientierung im Bereich der Musikdramatik zu eröffnen vermag, versteht sich von selbst. Stephan ist somit gänzlich anders einzuordnen als etwa der Bühnenmensch Schreker, der sich zur gleichen Zeit dem Urteil der Öffentlichkeit stellte. Der kluge Kritiker der »Frankfurter Zeitung«, Paul Bekker, äußerte über Stephans Schaffen einmal, es sei vom »musikalisch Emotionellen und nicht vom bühnensinnlich Wahrnehmbaren« bestimmt. Stephan war diesbezüglich durchaus ein Kind seiner Zeit, was sich auch an den Nachwirkungen aus zeitgenössischen Mustern ablesen läßt. Er war zunächst noch ein Suchender, doch schon in den »Ersten Menschen« zeigten sich bereits Ansätze zu einem eigenen Stil. So überließ er die melodische Führung meist dem Orchester, während die Stimmen oft nur deklamatorisch geführt werden. Von imponierender Wirkung waren die eingebrachten krafterfüllten Steigerungen. Dabei schreckte der Komponist auch nicht vor harmonischen Überschneidungen zurück. Alles in allem eine Musik, die sich spürbar einen Weg bahnte von der Tradition zu neuen Zielen, deren Erfüllung uns infolge des frühen Ablebens des Komponisten leider vorenthalten blieb. Für das Ensemble bedeutete die Aufführung eine ungewohnte und daher schwierige Aufgabe. Als Regisseur hatte man auf den Direktor des Schauspiels, Richard Weichert, zurück-

Elisabeth Kandt als Mimi und John Gläser als Rudolf in Puccinis Oper »La Bohème«.

gegriffen. Es war immerhin erstaunlich zu sehen, wie er – ohne schablonisierte Operngestik – charakteristische Gestalten von bemerkenswerter Lebensnähe schuf. Die Dekorationen dürften die Opernbesucher anfangs schockiert haben, da sich Ludwig Sievert in kubistischer Stilisierung erging und unter Verzicht auf naturalistische Wirkungen zu harten Konturen griff. Daß daraus Unstimmigkeiten resultierten hinsichtlich der Einheitlichkeit in bezug auf die Vorstellung einer Urweltlandschaft und der darin handelnden Personen, darf füglich angenommen werden. Bei aller Kühnheit der Musiksprache Stephans ergab sich dadurch eine gewisse Diskrepanz gegenüber dem expressionistischen Bühnenrahmen, der sich nicht als stilcharakteristisch erwies, dafür aber das Besondere herausstellte. Dies wurde mit Interesse wahrgenommen, und man ließ es nicht daran fehlen, den Mut zum Experiment und zu neuen Formen zu loben. Neben dem mit Hingabe wirkenden Kapellmeister Dr. Ludwig Rottenberg hatte man für die außergewöhnlich gute Aufführung vor allem den durchweg vortrefflichen Solisten zu danken. In der weitab vom Belcanto liegenden Rolle der Eva zeigte sich Beatrice Lauer-Kottlar als starke Persönlichkeit. Walter Schneider als Adam wußte mit charakteristischer Maske und durch seine maßvoll ernste Haltung zu überzeugen. Richard Breitenfeld formte aus der Figur des Kain einen Charakter von leidenschaftlicher Wildheit. Sein Bruder Abel wurde – weniger in gesanglicher denn in schauspielerischer Hinsicht – eindrucksvoll von Otto Fanger gestaltet. Alles in allem war es eine beachtenswerte Premiere, die es verdient, als denkwürdige Aufführung in die Frankfurter Operngeschichte einzugehen.

Karikatur in Erinnerung an Else Gentner-Fischer, zu deren Glanzpartien die Elsa in Richard Wagners »Lohengrin« gehörte.

Das Opernhaus unter der Leitung von Dr. Ernst Lert 1920–1923

Im Januar 1920 wurde der Theateröffentlichkeit überraschend bekanntgegeben, daß Intendant Geheimrat Dr. Zeiß vom Bayrischen Kultusminister eine Einladung erhalten hatte, in der er gebeten wurde, die Lage der Münchner Staatstheater zu studieren und in einem Gutachten seine Meinung darüber zusammenzufassen. Dabei blieb jedoch nicht verborgen, daß München die Absicht hatte, nach Abgabe des Gutachtens mit Dr. Zeiß zwecks Übernahme des Instituts in Verhandlung zu treten. Da die Frankfurter Oper während der Amtszeit von Intendant Zeiß einen beachtlichen Aufschwung genommen hatte, und obwohl man stolz darüber war, daß eine so renommierte Bühne wie München den Frankfurter Intendanten zu einem Gutachten aufforderte, war man doch besorgt, einen so tüchtigen Theaterleiter verlieren zu können. Es sollte nicht lange dauern, bis es zur Gewißheit wurde, daß Zeiß mit Ende der Spielzeit 1919/1920 Frankfurt verlassen und das Münchener Staatstheater übernehmen würde. Der Aufsichtsrat der Theater AG in Frankfurt konnte nicht umhin, Intendant Zeiß noch vor Ablauf seines Vertrags freizugeben. Der »Rat für künstlerische Angelegenheiten«, der nicht nur die Frankfurter Künstlerschaft, sondern auch die Presse und weite Kreise des kunstinteressierten Publikums vertrat, äußerte die Meinung, man solle sich um einen Generalintendanten bemühen, der künstlerisch wie verwaltungstechnisch die Leitung des Schauspiel- und des Opernhauses wahrzunehmen in der Lage sei. Sollte eine entsprechende Persönlichkeit jedoch nicht aufzufinden sein, so wäre von der Bestellung eines Generalintendanten abzusehen und statt dessen je ein künstlerischer Leiter für das Schauspiel und die Oper zu berufen, wobei die Führung der Verwaltung beider Theater einem Rendanten zu übertragen wäre. Nachdem man sich schließlich dann doch gegen eine gemeinsame Leitung beider Häuser durch eine Persönlichkeit ausgesprochen hatte, berief man ab Spielzeit

Intendant Dr. Ernst Lert.

1920/1921 den gebürtigen Wiener Dr. Ernst Lert zum Intendanten des Opernhauses. Nach seinem Studium an der Universität Wien (Literaturwissenschaft, Theater- und Musikgeschichte) war er in verschiedener Stellung am Burgtheater und an der Wiener Hofoper tätig. Von dort ging er als Dramaturg und Direktionssekretär an das Stadttheater Breslau. Anschließend betätigte er sich als Oberregisseur in Freiburg und übernahm später die Leitung der Leipziger Oper. Im Jahre 1919 wurde er dann zum Direktor des Stadttheaters in Basel berufen.

Dr. Lert, der anfangs den Titel eines Direktors führte und dem erst später die Amtsbezeichnung als Intendant der Frankfurter Oper zuerkannt wurde, übte sich bezüglich des Spielplans vorerst in Zurückhaltung und beschränkte sich vornehmlich auf das seitherige Repertoire. Der Spielplan war angemessen durchsetzt mit Operetten, wobei die Erstaufführungen »Der letzte Walzer« von Oskar Strauß (12. Februar 1921) und »Die Apachen« von Ralf Benatzky (4. Juni 1921) herausgegriffen seien. Es versteht sich, daß man das hundertjährige Jubiläum der ersten Aufführung von Carl Maria von Webers »Freischütz« (18. Juni 1921) zum Anlaß eines Gedenktages machte. Die Frankfurter Aufführung dieser Oper stand unter der musikalischen Leitung von Eugen Szenkar, der gemäß seiner temperamentvollen ungarischen Art stärker die rhythmisch belebten Ausdrucksformen herausstellte, anstatt das lyrisch-romantische Wesen der Weberschen Musik zu deuten. Als Agathe wurde Else Jülich de Vogt von Basel eingesetzt, an deren Engagement man starkes Interesse zeigte. Elisabeth Kandt war ein anmutiges Ännchen und Adolf Jaeger ein stimmlich brillierender Max. Das stimmschöne Ensemble wurde durch Rudolf Brinkmann (Ottokar), Josef Gareis (Kuno), Walter Schneider (Eremit) und Hermann Schramm (Kilian) vervollständigt.

Willkommene Abwechslung im Spielplan brachte am 2. September 1921 die Erstaufführung des musikalischen Volksdramas

»Boris Godunow«

von Modest P. Mussorgskij. Das für die musikalische Entwicklung überaus bedeutungsvolle Werk brauchte annähernd ein halbes Jahrhundert, um in Frankfurt Gehör zu finden. Dies war nicht zuletzt dadurch bedingt, daß die Oper erst fünfzehn Jahre nach dem Tode des Komponisten von dessen Freund Rimskij-Korsakow bearbeitet und neu instrumentiert wurde und im Jahre 1913 dann erstmals in Deutschland, und zwar in Breslau, zur deutschsprachigen Aufführung kam. Der Autodidakt Mussorgskij sprüht in seinem »Boris« geradezu von Genialität, was seiner Oper letztlich zum Welterfolg verhalf. Die Wirkung seiner Musiksprache ist faszinierend, ungeachtet, ob es dabei um die Vertonung zartester menschlicher Regungen

Projektionsbild zur Oper »Boris Godunow« von M. P. Mussorgskij.

In der Absicht, das Frankfurter Ensemble zu ergänzen, ließ man im Oktober 1921 die Darstellerin der »Traviata« vom Landestheater in Prag, Maria Gerhart, gastieren und auch als Königin der Nacht in Mozarts »Zauberflöte« auftreten. Die Künstlerin hinterließ dabei einen so überzeugenden Eindruck, daß sie umgehend nach Frankfurt verpflichtet wurde. Bedauerlicherweise blieb sie mit dem Ensemble nur kurze Zeit verbunden, denn sie wurde bald darauf an die Wiener Staatsoper als erste Fachkraft engagiert. Besondere Sorge bereitete es der Theaterleitung, Ersatz für den Tenor Erik Wirl zu finden, der sich nicht nur in der Oper, sondern auch in der Operette über Jahre hinaus bestens bewährt hatte.

oder um wildeste Leidenschaft geht. Auch die Tatsache, daß er für alles einen natürlichen Ausdruck fand, sichert dieser Oper ihre Einmaligkeit. Gelegentlich greift man bei Aufführungen auf die Urfassung des Werkes zurück, da man Rimskij-Korsakows Bearbeitung und die damit verbundenen Eingriffe in die ursprüngliche Struktur des Werkes nicht immer zu akzeptieren bereit ist. In diesem Zusammenhang wird insbesondere auf die Umstellung der beiden letzten Bilder hingewiesen, welche angeblich den Intentionen des Komponisten zuwiderläuft, da nach dessen Vorstellung nicht nur die Eingangsszene, sondern auch die Schlußszene vom Volk beherrscht sein sollte. Der Frankfurter Erstaufführung lag die Bearbeitung von Dr. Lert zugrunde, in welcher dieser – um der »dramatischen Kontinuität« willen – zahlreiche Umstellungen von Szenen, Zusammenziehungen, Textveränderungen usw. vorgenommen hatte. Diese Eingriffe wurden keineswegs allseits für gut befunden, zumal sich hinsichtlich der Bedeutung der handelnden Personen eine Gewichtsverschiebung ergab. Der Vorstellung gestand man allgemein ein hohes künstlerisches Niveau zu, woran Kapellmeister Dr. Rottenberg den größten Anteil hatte. Lobend hervorgehoben wurden die von reicher Eingebung zeugenden Dekorationen nach dem Entwurf von Ludwig Sievert. Robert vom Scheidt in der Rolle des Boris soll von stark überzeugender Prägung gewesen sein, da seine unerschöpfliche Stimme sowie seine ausgefeilte Charakterisierungskunst besonders hervortraten. John Gläser verkörperte eindrucksvoll den falschen Dimitri, während Else Gentner-Fischer es geschickt verstand, der Marina in Stimme und Erscheinung imposant Ausdruck zu geben. Der Jesuit Ranconi wurde von Richard Breitenfeld, Fürst Schuisky von Adolf Jaeger, der Eremit Pimen von Walter Schneider musikalisch wie darstellerisch sicher dargeboten. Der Beifall des Publikums kam anfangs zögernd, steigerte sich jedoch von Akt zu Akt und nahm am Schluß beachtliche Formen an.

Maria Gerhart als Fiordiligi in Mozarts »Cosi fan tutte«. Die vorzügliche Koloratursängerin, ehemaliges Mitglied vom Landestheater in Prag, war nur für zwei Jahre Mitglied der Frankfurter Oper (1921–1923), da sie anschließend als erste Fachvertreterin an die Wiener Staatsoper verpflichtet wurde. Erneut mußte das Frankfurter Opernhaus eine seiner schönen Stimmen an ein Spitzentheater abgeben.

Georg Baklanoff als Mephisto in Gounods »Margarethe«. Der berühmte russische Bariton läßt sich zwischen den Jahren 1912 und 1928 oft als Gast an der Frankfurter Oper nachweisen, wobei er u. a. als Scarpia (»Tosca«), Escamillo (»Carmen«) und Rigoletto stürmischen Beifall fand.

Ein willkommener Gast in der Frankfurter Oper war wiederum Georg Baklanoff, der am 15. Oktober 1921 als Scarpia in Puccinis »Tosca« und am 18. Oktober 1921 als Träger der Titelrolle in Verdis »Rigoletto« jeweils ein ausverkauftes Haus sicherte.
Ein denkwürdiges Jubiläum konnte am 26. November 1921 der geschätzte Rudolf Brinkmann feiern, da er an diesem Tag zum hundertsten Male die Partie des Papageno in Mozarts »Zauberflöte« übernahm. In diesem Zusammenhang sei darauf hingewiesen, daß der bewährte Spielbariton, der seit 1. September 1897 dem Frankfurter Ensemble angehörte, im darauffolgenden Jahr (1922) sein fünfundzwanzigjähriges Jubiläum feiern konnte. Brinkmann galt als eines der pflichttreuesten Mitglieder des Hauses. Aufgrund seiner musikalischen Sicherheit und seiner Sorgfalt bei der Erarbeitung neuer Aufgaben, wozu auch kleinere Rollen gehörten, galt er am Theater als besonders wertvolle Kraft.
Die Frankfurter Theaterfreunde, die mit dem Namen Erich Wolfgang Korngold bereits vertraut waren, sahen mit Spannung der für den 28. Dezember 1921 angesetzten Erstaufführung der jüngsten Oper dieses Komponisten entgegen:

»Die tote Stadt«

Ungefähr zwei Jahre zuvor war das Werk des 23jährigen Komponisten in Hamburg mit beachtlichem Erfolg uraufgeführt worden. Korngold hatte als komponierendes Wunderkind begonnen und sich im Laufe der Jahre als außergewöhnlich begabt erwiesen. Mit spielerischer Leichtigkeit verstand er es, technische Ausdrucksmittel modernster Prägung zu handhaben und verblüffende Klangwirkungen zu erzielen. Offen blieb zunächst die Frage, ob der junge Komponist über seine phänomenale Begabung zur Anpassung und formalen Nachah-

Bühnenbildentwurf von Ludwig Sievert zur Oper »Die tote Stadt« von E. W. Korngold.

mung hinaus einmal eine Musikernatur von individueller Kraft und eigener Gesetzlichkeit werden würde. Die Antwort auf diese Frage implizierte die Entscheidung, ob es sich bei ihm im Grunde um ein reproduzierendes Komponistentalent handelt, das zum Staunen anregt, ohne indes zu bereichern, oder ob er als eine ursprüngliche Begabung zu bewerten ist. Das Libretto von Paul Schott, einem Nachfahren der berühmten Mainzer Verlegerfamilie, weist nur eine undramatische und von banaler Moral getragene Handlung auf, die sich schon im ersten Akt weitgehend erschöpft und nur durch gewaltsame Dehnungen zu einem dreiaktigen Textbuch umgeformt werden konnte. Korngolds Vertonung ließ schon bald erkennen, daß der Komponist alle szenischen Künste aufzuwenden versuchte, um den offenkundigen Schwächen des Textes zu begegnen. So fällt die Häufung vielfarbiger Erscheinungen auf, wie z. B. Prozessionen, Tänze oder Visionen, die ihm willkommener Anlaß waren für verschiedenartige Stimmungen, Ensembles und Chöre. Auch an einschmeichelnden Sentimentalitäten ließ er es nicht fehlen – ein kleiner Tribut an den Wiener Gefühlston. Korngold verstand es auch diesmal, den großen Opernapparat geschickt zu beherrschen und in kluger Berechnung durch Einsatz unterschiedlichster Wirkungsmittel ein einheitliches Werk zu fertigen. Daraus zog man den Schluß, daß es für ein echtes Kunstwerk nicht genüge, einen Theatereffekt neben den anderen zu setzen – hier ein Lied, dort einen Tanz einzuflechten, dann wieder einem feierlich düsteren Nonnenzug eine Stegreifkomödie folgen zu lassen oder aber durch pathetisches Glockengeläute die Herzen zu erwärmen. Einer solchermaßen zusammengeflochtenen Musik sprach man kategorisch den Anspruch ab, Ausdruck einer schöpferischen Natur zu sein. Korngold mußte es sich daher gefallen lassen, bei seinem damaligen Entwicklungsstand lediglich als reproduktiver Komponist eingestuft zu werden. Auch der weitsichtige Kritiker Dr. Karl Holl, der sich während seines langen Wirkens (u. a. bei der Frankfurter Zeitung) als großer Kenner der zeitgenössischen Musikszene erwies, vermißte bei der Musik Korngolds

Adolf Jaeger als Linkerton in Puccinis »Madame Butterfly«. Der lyrisch/jugendliche Tenor, der bereits vor seinem Engagement in Frankfurt – vom Stadttheater Düsseldorf aus – sich als Max (»Der Freischütz«) und u. a. als Lohengrin bekannt gemacht hatte, wurde während der Clemens Krauss-Ära bevorzugt in Partien eines weniger schweren Faches, so als Hans (»Verkaufte Braut«), Cassio (»Othello«) und u. a. als Tamino (»Zauberflöte«) eingesetzt. Mit der letztgenannten Rolle nahm er am Ende der Spielzeit 1927/28 Abschied von Frankfurt, um an das Theater in Dortmund zu wechseln.

die Seele als belebendes Element und kritisierte das Fehlen einer schöpferischen Individualität. Er äußerte sogar den Verdacht, es sei Spekulation auf den Massengeschmack im Spiele. In diesem Zusammenhang bleibt jedoch festzustellen, daß die Aufführungen von Korngolds Oper »Die tote Stadt« nicht nur in Frankfurt einen geradezu sensationellen Erfolg zu verzeichnen hatten, sondern auch bei den vorausgegangenen Darbietungen in Hamburg, New York und Dresden. Bei der Frankfurter Erstaufführung fühlte sich Kapellmeister Eugen Szenkar offenbar ganz in seinem Element, singendes Ensemble und Orchester folgten willig seinen Intentionen. Im Brennpunkt der Aktion standen Else Gentner-Fischer (Marie und Marietta) und John Gläser (Paul Mark und Kraft), zwei Künstler, die sich beide durch Gesang und Spiel auszeichneten, da Korngold neben dem rein Theatralischen durchaus auch die Stimme zu ihrem Recht kommen ließ. Der phantasievolle Bühnenbildner Ludwig Sievert schuf Dekorationen von eindringlicher Wirkung, von denen das Bild mit der von Mond- und Laternenlicht umwitterten Stimmung am Kanal besonders hervorgehoben zu werden verdient. Für die Belebung der Szene setzte sich Intendant Dr. Lert ein, der auch diesmal Regie führte und sich ausgiebig dem Theatereffekt verschrieb.

Unter den nachfolgenden Neueinstudierungen ist vor allem auf die Erstaufführung von Carl Maria von Webers Bühnenwerk »Oberon« (29. Januar 1922) in der Bearbeitung von Gustav Mahler hinzuweisen. Obwohl in dieser Oper unvergängliche Werte ruhen und Weber sich hier genial entfaltete, konnte sich das Werk im Spielplan keinen festen Platz erobern. Immer wieder versuchten Bearbeiter dieser romantischen Oper, den Text um der Musik willen zu retten. Mahler verstand es, die literarischen Mängel des Stoffes weitgehend zu verdekken und die musikalischen Zutaten mit feinem Stilgefühl den im Werk ursprünglich vorhandenen Stücken einzeln oder zusammenhängend anzupassen. Magda Spiegel sang die Partie der Rezia und vereinte dabei den Wohlklang ihrer Stimme und eine bemerkenswerte Ausdrucksfähigkeit zu einer überzeugenden Leistung. Auch Adolf Jaeger als Hüon war stimmlich in guter Form, wie auch Else Jülich de Vogt den Oberon (sonst Tenor-Partie) eindrucksvoll zu gestalten wußte.

Eine interessante Veranstaltungsreihe brachte die Goethe-Woche im Februar/März 1922. Die Aufführung des »Egmont« (27. Februar 1922) wurde durch eine Ansprache von Gerhart Hauptmann eingeleitet. Thomas Mann sprach verbindende Worte zu der Aufführung der »Zauberflöte« am 1. März 1922. An der dritten Festvorstellung mit Glucks »Iphigenie auf

Szenenbild zu Hindemiths »Mörder, Hoffnung der Frauen«.

Tauris« (2. März 1922) war Rudolf G. Binding mit einem Vortrag beteiligt.
Als die Frankfurter Intendanz drei Einakter von Paul Hindemith

»Mörder, Hoffnung der Frauen« (Erstaufführung)

»Das Nusch-Nuschi« (Erstaufführung)

»Sancta Susanna« (Uraufführung)

ankündigte, schien man sich in der eigenen Haut nicht recht wohl gefühlt zu haben, da man sich vor der Premiere am 26. März 1922 zu einer Erklärung an die »verehrlichte Hörerschaft« veranlaßt sah. Es ist anzunehmen, daß eine gewisse Furcht vor Protesten bestand, und man deshalb zuvor einige »Beruhigungspillen« verabreichen wollte. In der Theateröffentlichkeit hatte sich längst herumgesprochen, daß von Sexualität, einer in Konflikt geratenen Nonne und von obszönen Pointen die Rede sein würde und somit die Gefahr bestehe, daß Moralwächter auf den Plan treten, um gegenüber einer »Kunst im Rinnstein« zum Widerspruch aufzurufen. Diese Befürchtungen erwiesen sich jedoch als gegenstandslos, da die Novitäten von den Theaterbesuchern mit Beifall aufgenommen wurden. Man hatte die Werke schon früher im Frankfurter Spielplan erwartet, zumal Hindemith in seiner Wahlheimat schon häufig als Komponist in Erscheinung getreten war, und man in ihm eine besondere Begabung erkannt hatte. Immerhin saß er zur damaligen Zeit bereits seit annähernd sieben Jahren am Konzertmeisterpult des Opernhausorchesters. – Angesichts der schöpferischen Natur Hindemiths stand zu erwarten, daß sich bei ihm eines Tages der Wunsch nach einem dramatischen Libretto einstellen würde. Er griff – seiner damaligen Entwicklungsphase entsprechend – nach den oben bezeichneten Texten, welche von Autoren stammten, die letztlich keine Dramatiker waren. Dennoch mußten die Texte nicht zwangsläufig bühnenunwirksam sein. Daß Hindemith sich dieser Vorlagen zur Vertonung bediente, läßt sich nur mit seinem damaligen Stimmungsbefund bzw. seinem ausgeprägten Schaffenstrieb erklären. Diese Werke sollten daher eher als Experiment verstanden oder aber als Zeugnis einer bestimmten Entwicklungsphase angesehen werden. Intendant Dr. Lert erwies sich durch seine einprägsame Szenengestaltung wiederum als Meister seines Fachs. Einen überzeugenden Helfer fand er in Bühnenbildner Ludwig Sievert, der viel Phantasie und Farbsinn beisteuerte. Das exotische Satyrspiel »Nusch-Nuschi« mit seinem frechen problemlosen Text sprach das Publikum in besonderer Weise an, wobei Dr. Lert sogar noch die Regie dämpfen mußte. Das Gebaren der Darsteller, ihre Kostümierung und die trefflichen Bühnenbilder gaben dem Einakter die spürbare Geschlossenheit eines amüsanten Spiels mit Humor und Witz. Auch ließ das schöne lyrische Finale aufhorchen. Am überzeugendsten zeigte sich die außergewöhnliche Könnerschaft Hindemiths in der »Sancta Susanna«. Die starke Charakteristik der handelnden Personen wie auch die Leuchtkraft der musikalischen Farben ließen eine imponierende Wirkung spürbar werden. Das Werk dürfte bei vielen der damaligen Besucher den Wunsch geweckt haben, Hindemiths enorme Gestaltungskraft möge sich einmal an einer großen und geeigneten Schöpfung erproben. Die drei Einakter kamen durch den Einsatz des erfahrenen Dirigenten Dr. Rottenberg zu beachtlicher Entfaltung, da dieser es mit Ruhe, Klarheit und Umsicht verstand, den lebendigen Rhythmus und die farbigen Reize der Partitur vollgültig zu vermitteln. Aus der Reihe der Darsteller des Premierenabends seien genannt: Emma Holl (Susanna), Magda Spiegel (Kleymentia) und Betty Mergler (Alte Nonne). Von den Mitwirkenden in »Mörder, Hoffnung der Frauen« ist besonders Robert vom Scheidt (Der Mann) hervorzuheben, während von der »Nusch-Nuschi«-Aufführung Richard von Schenk als Feldgeneral, Fritzi Jokl als Ofasa und Hermann Schramm als Diener erwähnt zu werden verdienen. Der anwesende

Entwurf von Ludwig Sievert zu Hindemiths »Sancta Susanna«.

Komponist wurde mit reichem Beifall bedacht, vor allem am Schluß der Uraufführung seiner »Sancta Susanna«.
Intendant Dr. Lert, der neben der Pflege tradierten Operngutes sich mit Intensität auch für das zeitgenössische Bühnenschaffen einsetzte, konnte am 13. Mai 1922 mit zwei deutschen Erstaufführungen aufwarten. Es waren dies

»Herzog Blaubarts Burg« und »Der holzgeschnitzte Prinz«

zwei Werke des ungarischen Komponisten Béla Bartók, der in der vorangegangenen Zeit mehrfach im Konzertsaal mit Kammermusik- und Orchesterwerken in Erscheinung trat und somit in Frankfurt kein Unbekannter mehr war. Dem Text zu seinem Einakter »Herzog Blaubarts Burg« liegt eine altfranzösische Sage um den Ritter Raoul zugrunde, den, nachdem er sechs Frauen umgebracht hat, die Hand des Rächers ereilt, als er im Begriff ist, der siebenten in seinem Schloß das gleiche Schicksal zu bereiten. Das Textbuch läßt sich bei genauer Betrachtung nur schwer aufgliedern, da es in unwegsames Gelände der Psychologie führt. Vieles ist schwer verständlich und wirft die Frage nach der inneren Linie der Handlung auf. Die Vertonung des eher lyrisch denn dramatisch angelegten Stoffes läßt bei enger Anlehnung an die Textvorlage die agierenden Personen bald in grellem Licht, bald in monotoner Deklamation erscheinen, wobei — je nach Situation — charaktervoll aufpeitschende Rhythmen und schneidende Klangvorstellungen zur musikalischen Nachempfindung des Textes anregen sollen. Nicht alle Zuhörer vermochten bei der Aufführung der seelischen Deutung zu folgen und sahen sich somit vor eine imaginäre Scheidewand gestellt. Mehr Anklang fand das Tanzspiel »Der holzgeschnitzte Prinz«.

Das zarte Gerüst der hübschen Handlung wird jedoch von der Vertonung, wenngleich auch ausdrucksvoll und sprühend gestaltet, erdrückt. Die musikalische Ausdeutung des Stoffes stand somit klangdimensional in einem Ungleichgewicht zum eigentlichen Vorgang des Märchens. Die Tanzregie des »holzgeschnitzten Prinzen« lag in Händen von Ilse Petersen, die jahrelang erfolgreich als Solotänzerin aufgetreten war und später als Ballettmeisterin fungiert hatte. Die Inszenierung von »Herzog Blaubarts Burg« hatte sich Intendant Dr. Lert vorbehalten, der auch diesmal eine sorgsame Vorbereitung spüren ließ. Die bühnenbildmäßige Ausstattung hatte man Karl von Appen, einem Gast, angetragen. Die musikalische Leitung oblag Eugen Szenkar, der die Werke seines Landsmannes Bartók mit Elan und Feinnervigkeit darzubieten verstand, wobei auch seine Qualitäten als Dirigent bewundernswert hervortraten. Die Rolle des Blaubart hatte Robert vom Scheidt übernommen, und es ist müßig, auf die Geschicklichkeit hinzuweisen, mit der er auch diesmal seine Aufgabe meisterte. Else Gentner-Fischer, die sich schon in zahlreichen zeitgenössischen Werken als ausgezeichnete Interpretin erwiesen hatte, stellte erneut ihre ausgeprägte Musikalität in den Dienst der Sache. Der anwesende Komponist konnte am Schluß der Aufführung nicht nur Beifall ernten, sondern mußte auch das Zischen einzelner Zuschauer hinnehmen. Bei »Herzog Blaubarts Burg« kam der Beifall zunächst zögernd, dann langsam anwachsend, wodurch Bartók Gelegenheit geboten wurde, sich zweimal dem Publikum zu zeigen. — Nur langsam und mit wenigen Aufführungen fand das Werk »Herzog Blaubarts Burg« von Frankfurt aus seinen Weg an andere Bühnen wie Weimar, Köln, Dessau und Berlin, bis es nach dem Zweiten Weltkrieg wieder zu neuem Leben erwachte. So lassen sich beispielsweise Aufführungen in Zürich, Neapel, Mailand, Helsinki, Berlin, Paris, London, Warschau, Buenos Aires, Athen usw. nachweisen.

Gegen Ende der Spielzeit 1921/1922 ergab sich in Frankfurt die Notwendigkeit, von dem einen oder anderen Mitglied Abschied zu

Fritzi Jokl als Konstanze in Mozarts Oper »Die Entführung aus dem Serail«.
Die von 1917 bis 1922 in Frankfurt engagierte Koloratursängerin entwickelte sich während dieser Zeit zu einer beachtlichen Künstlerin. Ihr späteres Engagement an der Staatsoper in München als erste Fachsängerin und ihr Einsatz u. a. an der Staatsoper in Wien gaben eindrucksvoll Zeugnis von dem hohen Leistungsstand der Sängerin.

nehmen. Für das Frankfurter Opernhaus bedeutete dies oft einen schmerzlichen Verlust, da es um bewährte Kräfte des Hauses ging, die nach bestandener Bewährungsprobe an die Spitzentheater »entführt« wurden. Zwar ist es einerseits ehrenvoll, hierdurch bestätigt zu finden, mit welcher Sicherheit man gute Künstler aufgespürt hatte, andererseits wurde es immer wieder zum Problem, für die vakanten Stellen vollwertigen Ersatz zu finden. Zu den Solisten, die damals Frankfurt verließen, gehörte Fritzi Jokl, die ihre Laufbahn in Frankfurt begonnen hatte und durch Fleiß innerhalb weniger Jahre zur Vertreterin erster Partien des Koloraturfaches avanciert war. An der Wiener Staatsoper bot sich ihr später die Möglichkeit zu weiterer Bewährung. Eine gern gesehene Sängerin war Else Jülich de Vogt, die nach einjähriger Zugehörigkeit zur Frankfurter Oper nach Basel zurückkehrte, von wo sie gekommen war. In ihr Fach fielen die jugendlich-dramatischen Partien mit gelegentlichen Abstechern zur Operette hin. Bei ihrer Abschiedsvorstellung als Evchen in Richard Wagners »Meistersinger von Nürnberg« wurden ihr reiche Sympathiekundgebungen zuteil. Eigens zum Abschied für Alois Resni, dem humorvollen Chargenspieler und Spielleiter, wurde eine »Fledermaus«-Aufführung angesetzt, in der zugleich die Sopranistin Anita Franz als Rosalinde ihre Laufbahn beendete. Letztgenannte war seit 1909 Mitglied der Frankfurter Oper und hatte in größeren und kleineren Aufgaben treue Dienste geleistet. Zum Abschluß der Betrachtungen über die Spielzeit 1921/1922 bleibt anzumerken, daß Intendant Dr. Lert vom 24. Mai bis 16. Juni 1922 einen

»Zyklus moderner Opernwerke«

zur Aufführung brachte. Es wurden dargeboten: »Boris Godunow« von Mussorgskij, »Pelleas und Melisande« von Debussy, »Der Schatzgräber« von Schreker, »Die tote Stadt« von Korngold, »Mörder, Hoffnung der Frauen«, »Das Nusch-Nuschi« und »Sancta Susanna« von Hindemith, »Herzog Blaubarts Burg« und »Der holzgeschnitzte Prinz« von Bartók. Ferner veranstaltete man vom 23. Juni bis 12. Juli 1922 einen

»Richard Wagner-Zyklus«

mit neun Werken des Bayreuther Meisters aus dem laufenden Spielplan: »Der fliegende Holländer«, »Tannhäuser«, »Lohengrin«, »Tristan und Isolde«, »Rheingold«, »Die Walküre«, »Siegfried«, »Götterdämmerung« sowie »Die Meistersinger von Nürnberg«. Beide Veranstaltungsreihen waren dazu angetan, Zeugnis zu geben vom Leistungsstand des Frankfurter Ensembles, das sich neben der Verpflichtung zur Darstellung überbrachten Operngutes gleichermaßen tatkräftig für das zeitgenössische Schaffen einsetzte.

Zu Beginn der Saison 1922/1923 wurden die Frankfurter Theaterbesucher mit der Pariser Fassung von Richard Wagners »Tannhäuser« bekannt gemacht (17. September 1922). Im Schaffen des Komponisten bedeutete dieses Werk eine Abkehr von der geschlossenen Gesangsnummer und damit einen ersten Schritt auf dem Weg zur Reform der Oper in Richtung Musikdrama. Wagner hatte nach der ersten Aufführung in Dresden (1845) stets von neuem an dem Werk gearbeitet und im Jahre 1860, als es galt, die Oper dem französischen Geschmack anzupassen, die sogenannte Pariser Fassung geschaffen. Da in Frankreich nun einmal keine große Oper ohne Ballett denkbar war, erweiterte der Komponist das Bacchanale,

Robert vom Scheidt als Wanderer in Richard Wagners »Siegfried«.

und Emma Holl vermochte der Elisabeth Profil zu geben. Hans Erl verlieh der Rolle des Landgrafen fürstliche Würde und stimmliche Ausstrahlung. In Erweiterung des Frankfurter Repertoires ließ Intendant Dr. Lert für den 3. Dezember 1922 die zweiaktige Oper

»Die Frau ohne Schatten«

von Richard Strauss als Erstaufführung ankündigen. Von Anfang an war dem Werk kein sonderliches Glück beschieden gewesen, denn es schlummerte nach seiner Fertigstellung erst

Otto Fanger als Siegfried in Richard Wagners »Ring des Nibelungen«.

womit natürlich ein ganz anderer Wagner in Erscheinung trat als bei der Urfassung. Obwohl in Bayreuth im Jahre 1891 gleichfalls die neue Fassung übernommen wurde, konnte sich die Bearbeitung auf Dauer nicht an den Bühnen halten. In Frankfurt nahm man am 17. September 1922 die Pariser Fassung mit Interesse auf, wobei die ersten Gesangssolisten des Ensembles wesentlichen Anteil am Erfolg hatten. Beatrice Lauer-Kottlar als Venus war glänzend in Gesang und Gebärde, wogegen Otto Fanger als Tannhäuser in dem erweiterten Rahmen mehr durch sein schauspielerisches Talent als durch seinen musikalischen Vortrag zur Geltung kam. Angeblich hatte Dr. Rottenberg sehr breite Zeitmaße beim Dirigieren genommen, was Fanger das Singen erschwerte. Robert vom Scheidt ließ sich als Wolfram hören,

Magda Spiegel als Ortrud in Richard Wagners »Lohengrin«. Diese Sängerin, die von 1916 bis 1935 am Frankfurter Opernhaus als Altistin engagiert war, verfügte über eine der schönsten Stimmen an den deutschsprachigen Bühnen. Unvergessene Leistungen blieben die Fricka und Erda in Richard Wagners »Ring des Nibelungen«, der Orpheus in Glucks »Orpheus und Eurydike«, die Dalila in Saint-Saëns »Samson und Dalila«, die Amme in »Frau ohne Schatten«, die Klytämnestra in der »Elektra« von Richard Strauss, die Ortrud in Richard Wagners »Lohengrin« sowie zahlreiche Spielpartien, die sie mit komödiantischem Elan darzustellen wußte. Nicht zuletzt war sie – während der Clemens Krauss-Ära – gerne in der klassischen Operette gesehen, so u. a. als Czipra im »Zigeunerbaron« von Johann Strauß.

Emma Holl als Elisabeth in Richard Wagners »Tannhäuser«.

einmal zwei Jahre im Schreibtisch des Komponisten, bis es dann 1919 in Wien zur Uraufführung kam. Hugo von Hofmannsthal, Verfasser des Librettos, hat trotz seines ausgeprägten Gespürs für Form und Sprache nicht alle Voraussetzungen für eine wirksame dramatische Gestaltung des Operntextes zu schaffen vermocht, so daß deutliche Mängel spürbar blieben. Hofmannsthals breit angelegte Sprache zwang darüber hinaus den Komponisten zu übermäßigen Längen, wie auch das langsame Fortschreiten der Handlung, die vornehmlich auf dem gesungenen Wort beruht, die Gefahr der Ermüdung und Langeweile nicht restlos beseitigen konnte. Richard Strauss hat bei seiner Vertonung zwar versucht, ausgleichend zu wirken, wo immer solche Mängel erkennbar waren, und dabei manches ausgesprochen, was Hofmannsthal nur skizzenhaft angedeutet hatte. Dennoch konnte das Werk die Gunst des Publikums nicht gewinnen, und dies im Gegensatz zu

Bühnenbildentwurf von Ludwig Sievert zu »Die Frau ohne Schatten« von Richard Strauss.

anderen Bühnenwerken des Komponisten. Das ist um so bedauerlicher, als Strauss sämtliche in seinen früheren Werken wie der »Salome«, »Elektra« oder dem »Rosenkavalier« geschaffenen Stil- und Ausdrucksmittel in der »Frau ohne Schatten« zu noch höherer Potenz zu steigern vermochte. Die Charakterisierung des Traum- und Märchenzaubers setzte darüber hinaus noch ungenutzte Entfaltungsmöglichkeiten frei und ließ einen Farbenreichtum von seltener Pracht erstehen. Die Polyphonie des Orchesters blieb dabei immer logisch und klar, wie auch die Rhythmik die Hand des Meisters erkennen ließ. Man geht nicht fehl in der Annahme, daß Richard Strauss in der »Frau ohne Schatten« viele seiner schönsten Eingebungen zu Papier gebracht hat. – Für die Frankfurter Erstaufführung schuf Ludwig Sievert einen faszinierenden Bühnenrahmen, in dem Intendant Dr. Lert klug disponierend die Vorgänge verständlich zu machen suchte. Im Vordergrund des solistischen Angebots standen Magda Spiegel als Amme und Robert vom Scheidt als Barak, der Färber – zwei prächtige Gestalten, die eine in ausgesprochen dämonischer List, die andere gutmütig und geduldig im Wohlklang der Stimmen sich ergehend. Else Gentner-Fischer hatte erst in der zweiten Hälfte der Aufführung als Kaiserin Gelegenheit, von ihrem breitgefächerten Gestaltungsradius Zeugnis abzulegen. Eine imponierende Leistung bot Emma Holl als des Färbers Frau. Otto Fanger sang mit gutem Gelingen die vom Dichter nicht gerade üppig gezeichnete Rolle des Kaisers. Eugen Szenkar schließlich verstand es, vom Pult aus mit Aufmerksamkeit und Umsicht das Orchester zu leiten und zusammen mit dem singenden Personal ein geschlossenes künstlerisches Erscheinungsbild zu formen. Die Aufnahme des Werkes durch das Frankfurter Publikum war mehr als nur sympathisch; man berichtete sogar von enthusiastischem Beifall.
Der Komponist Hans Pfitzner, der in Frankfurt seine Jugend verlebt und bei James Kwast und Iwan Knorr seine Ausbildung erhalten hatte, konnte sich mit seiner musikalischen Legende

»Palestrina«

erst fünf Jahre nach der Münchener Uraufführung in Frankfurt vorstellen (17. Februar 1923). Bis zu diesem Zeitpunkt war die Erörterung über die Bedeutung des großartigen Werkes, das keine Oper im landläufigen Sinne darstellt, längst abgeschlossen. Wenngleich das Bühnenwerk nicht allzu viel an Handlung zu bieten hat, so muß dem Text aus der Hand Pfitzners doch eine hohe dichterische Qualität zugesprochen werden. In Verbindung mit diesem Libretto vermochte der Komponist eine Vertonung zu schaffen, die in vollkommener Weise eine dichterisch-musikalische Einheit darstellt. Es trifft also zu, wenn der »Palestrina« als eines der bedeutendsten Werke der Wag-

Else Gentner-Fischer als Kaiserin in »Die Frau ohne Schatten« von Richard Strauss.

Bühnenbildentwurf von Ludwig Sievert zu Kreneks Bühnenwerk »Der Sprung über dem Schatten« (zu Seite 216).

Otto Fanger als Rienzi in Richard Wagners gleichnamiger Oper.
Im Jahre 1914 hatte die Intendanz der Frankfurter Oper eine glückliche Hand bei der Verpflichtung des Heldentenors Otto Fanger, der sich bei den vorausgegangenen Engagements in Lübeck und Krefeld bereits ein schönes Repertoire ersungen hatte. Das Hauptgewicht seines Einsatzes lag bei den Gestalten der Musikdramen Richard Wagners, wobei die Gesamtleistung von Stimme und Darstellung seinen Erfolg bestimmte. Bis zu seinem Ableben als 54jähriger (1933) war er ein von großer Wertschätzung getragener Künstler.

ner-Nachfolge bezeichnet wird, doch darf dies nicht so verstanden werden, daß Pfitzner etwa als Epigone Wagners anzusehen wäre. Pfitzner hat in »Palestrina« einen ganz persönlichen Stil entwickelt und dabei bewußt Anleihen aus der Stilepoche Palestrinas mit einfließen lassen. Wenn Pfitzner mit genialer Hand die Einsamkeit einer Künstlerseele, die oft aufkommende Mutlosigkeit, den vom Genius getriebenen Schaffensdrang und noch manches mehr in seinem Werk mit so tief empfundenen Ausdrucksformen lebendig werden läßt, glauben wir, darin Pfitzner selbst wiederzuerkennen, der zeitlebens im Schatten von Richard Strauss stand und um Anerkennung ringen mußte. Er hat sich daher den bekannten dramatischen Ereignissen beim kirchengeschichtlich denkwürdigen Tridentiner Konzil weit weniger zugewandt als den stillen seelischen Vorgängen, denen er eine seltene Leuchtkraft verlieh. Auffallend ist die scharf geprägte Charakteristik der einzelnen Personen, die über eine gewisse stoffliche Trockenheit und die großen Längen des deklamatorischen Stils im Konzilakt hinweghilft. Mag auch das Mitreißende einer überragenden Leidenschaft nur gelegentlich spürbar sein, so wird das Werk durch seine tiefwurzelnden Empfindungen für jeden empfänglichen Zuhörer zu einem großen Erlebnis. – Der Frankfurter Aufführung wurde insofern eine gewisse Weihe verliehen, als Dr. Ludwig Rottenberg durch Betonung des schlicht Religiösen den Charakter des Werkes überzeugend erfaßte. Zur Lebensnähe des Gesamteindrucks trugen die trefflichen Charaktergestalten wesentlich bei. Otto Fanger in der Titelrolle gelang es, den seelisch niedergedrückten Menschen glaubhaft zu verkörpern und auch später den fieberhaften Aufschwung seiner Schaffenskraft unter dem Einfluß ekstatischer Gesichte überzeugend darzustellen. Vom jungen Sohn des Meisters, Ighino, schuf die stimmschöne Maria Gerhart ein Abbild von inniger Zärtlichkeit und jugendlichem Eifer. Mehr zur Rücksichtslosigkeit der Jugend und anderen Kunstidealen neigte der Schüler Silla, dessen Darstellung Elisabeth Friedrich übernommen hatte. Der vielseitig einsatzfähige Walter Schneider gab der wichtigen Episodengestalt des Papstes repräsentative Würde und Zeichen menschlicher Güte. Mit wuchtigen stimmlichen Mitteln gestaltete Robert vom Scheidt den römischen Kardinal Borromeo, wie auch Hans Erl als bestimmt auftretender Fürstbischof Madruscht sich mit Hausherrenwürde zu geben wußte. Neben zahlreichen anderen Mitwirkenden wiesen auch Hermann Schramm (Bischof) und Emil Staudenmeyer als eleganter lothringischer Kirchenfürst beachtliches Niveau auf.

Wie bereits angedeutet, stand die Zusammenarbeit zwischen dem Ensemble und Intendant Dr. Lert seit Beginn seiner Frankfurter Tätigkeit unter keinem guten Stern. Die leitenden Herren der Theater AG versuchten zwar, die gespannten Verhältnisse in geruhsame Bahnen zu lenken, doch es stellte sich heraus, daß der Theaterbetrieb auf Dauer unter dem Mißklang zu leiden haben werde. Zum 1. Mai 1923 löste Intendant Dr. Lert mehr oder weniger freiwillig seinen noch über zwei Jahre laufenden Vertrag. Dem scheidenden Intendanten wurde von Freunden des Theaters eine Abfindungssumme gezahlt. Es blieb kein Geheimnis, daß es sich dabei um einen Betrag von 7500 Schweizer Franken handelte, eine Summe, die weder von der Stadt noch von der Theater AG hätte aufgebracht werden können. Bis zur Klärung der sich nunmehr stellenden Frage einer Nachfolge bestimmte man den Verwaltungsdirektor Otto Müller-Wieland zum kommissarischen Leiter der Oper, jedoch mit der festen Absicht, die Interimszeit im Interesse des Betriebs möglichst kurz zu halten. Als zudem auch Kapellmeister Eugen Szenkar um Lösung seines noch laufenden

Else Gentner-Fischer als Elisabeth in Richard Wagners »Tannhäuser«.

Michael Bohnen als Hans Sachs in Richard Wagners »Meistersinger von Nürnberg«.
Der berühmte Baßbariton gastierte bereits während seines Engagements am Hoftheater in Wiesbaden oft in Frankfurt und bewahrte diese Gepflogenheit auch weiter, als er 1914 nach Bayreuth und 1916 an die Hofoper in Berlin verpflichtet wurde. Mehr als zehn Jahre war er überdies Gast an der Metropolitan Opera in New York.

Vertrages bat, da er eine Berufung als Musikchef an die Berliner Volksoper erhalten hatte, und man nicht umhin konnte, seinem Wunsche zu entsprechen, hielt man die Stunde für gekommen, grundsätzlich zu klären, in welcher Form die Leitung der Oper künftig weitergeführt werden sollte. Mehr und mehr näherte man sich der Auffassung, eine markante Musiker- und Dirigentenpersönlichkeit als Generalmusikdirektor mit administrativen Kompetenzen an die Spitze des Theaters zu stellen, wobei das Hauptgewicht auf der Persönlichkeit, nicht auf dem Titel »Generalmusikdirektor« beruhen sollte. In diesem Zusammenhang dachte man mit Wehmut an den einstigen Kapellmeister Otto Dessoff zurück, der solche Voraussetzungen mitgebracht hatte – ungeachtet, daß es damals den Titel »Generalmusikdirektor« noch nicht gab und dieser sich erst allgemein einbürgerte, nachdem er im Rahmen der höfischen Kunstpflege geschaffen worden war. Wie dem auch sei, die Theater AG setzte nunmehr alle ihre Bemühungen ein, um bald zu einem Entschluß zu kommen, wer zukünftig die Geschicke der Frankfurter Oper in die Hand nehmen sollte.

Ein Bühnenwerk, das wahrhaft eine Wiedererweckung verdient, finden wir in der komischen Oper »Der Widerspenstigen Zähmung« des Königsberger Komponisten Hermann Goetz. Diese Schöpfung besitzt durchaus das Format einer »Zugoper«. Dies zeigt sich vor allem in der trefflichen Charakterisierung der handelnden Personen, den humorvollen musikalischen Einfällen wie auch den dankbaren Gesangspartien. Nicht zuletzt die verblüffende Formvollendung, wie sie Goetz als Zeitgenosse des reifen Richard Wagner zu bieten hatte, verdient als Vorzug gekennzeichnet zu werden. Die Neueinstudierung in Frankfurt (20. Mai 1923) erfüllte alle wesentlichen Bedingungen einer guten Aufführung. Allen voran sei Dr. Ludwig Rottenberg genannt, der eine filigrane Durchformung des köstlichen Orchesterparts zu bieten wußte. Robert vom Scheidt als Petruchio und Else Gentner-Fischer als Katharina entfalteten erfrischende Dramatik und konnten mit der üppigen Fülle ihrer Stimmen brillieren. Richard von Schenck als Edelmann Baptista fand ohne Übertreibung den richtigen Lustspielton, wie auch Elisabeth Friedrich als Bianka keinen Wunsch unerfüllt ließ. Der Erfolg der Aufführung war nicht zuletzt ein Verdienst des Gastspielleiters Dr. Lothar Wallerstein, der sich damit informatorisch in Frankfurt vorstellte. Der Eindruck von ihm war derart überzeugend, daß man in ihm den zukünftigen Oberspielleiter der Frankfurter Oper sah.

Zu einer verspäteten Premiere lud das Frankfurter Opernhaus am 2. Juni 1923 ein. Hierbei handelte es sich um die Erstaufführung der Tanzpantomime »Josefslegende« mit der Musik von Richard Strauss. Fachkenner mögen sich erinnert fühlen an die glanzvolle Uraufführung in der Großen Oper in Paris (1914) und an Hugo von Hofmannsthal, der das Libretto für das russische Ballett Djaghilews geliefert hatte. Bei der Frankfurter Premiere tanzten ausländische Gäste, und auch die Choreographie lag in Händen eines gastierenden Ballettmeisters. Neben den Gästen verblaßten die hinzugezogenen einheimischen Tanzkräfte, obwohl sie ihr Bestes gaben. Dies charakterisiert so recht die zeitweise Situation des einheimischen Opernballetts, das – wie auch an vielen anderen Theatern – oft nur für einen Einsatz in der Operette und zu Einlagen in Opernaufführungen zur Verfügung steht; ein weiterer Spielraum für eigene Ballettabende ist meist nicht gegeben. Nur gelegentlich wird – ausgenommen hiervon die großen Bühnen – dem Ballettmeister ein abendfüllendes Programm ermöglicht, und dies oft auch nur, wenn ein geeignetes Ensemble zur Verfügung steht, der Leiter der Gruppe sich dazu befähigt fühlt und er sich mit seinen Wünschen bei der Theaterleitung durchzusetzen vermag. Die musikalische Leitung bei der Aufführung der »Josefslegende« lag in Händen

Hermann Schramm als Mime im »Siegfried« von Richard Wagner.

von Eugen Szenkar, wodurch eine sichere Beherrschung der Partitur garantiert war. Die in großer Zahl erschienenen Zuschauer machten die Premiere zu einem gesellschaftlichen Ereignis und bekundeten ihre Freude durch orkanartigen Beifall.
Inzwischen ergab sich noch die Notwendigkeit, einen Ersatz für Kapellmeister Eugen Szenkar zu finden, da er eine Berufung als Generalmusikdirektor an die Volksoper in Berlin angenommen hatte. Man richtete damals den Blick auf den Lübecker Kapellmeister Wolfgang Martin und bot diesem Gelegenheit zu Informationsgastspielen. Dazu gehörte u. a. die Übernahme einer »Tannhäuser«-Aufführung in der Pariser Fassung, die seinerzeit nur in Frankfurt gegeben wurde. Martin erwies sich hierbei neben der glatten Abwicklung des musikalischen Gefüges zugleich als eine künstlerische Persönlichkeit, so daß einem Engagement im Grunde nichts im Wege stand. Auch das singende Ensemble mußte in personeller Hinsicht insofern einen schweren Verlust hinnehmen, als die vorzügliche Koloratursängerin Maria Gerhart nach knapp zweijähriger Tätigkeit die Mainstadt verließ, um ein ehrendes Angebot der Wiener Staatsoper anzunehmen. Bei ihrer Abschiedsvorstellung als Traviata (22. August 1923) wurde die Sängerin, die später gelegentlich zu Gastspielen nach Frankfurt kam, stürmisch gefeiert. Zu den Neuengagements ab Spielzeit 1923/24 gehörten die Sopranistin Agnes Werninghaus, eine Schülerin von Magda Spiegel, die Mezzosopranistin Erna Recka und Kapellmeister Kurt Kretzschmar, der früher als Chordirektor an der Dresdener Oper tätig gewesen war.

Zu einer interessanten Begegnung sollte es am 11. Dezember 1923 kommen, als man sich endlich dazu anschickte, die Oper

»Jenufa«

des mährischen Komponisten Leōs Janaček in einer Erstaufführung darzubieten. Zwölf Jahre hatte dieses Werk gebraucht, um nach seiner Uraufführung in Brünn (1904) den Sprung über die Grenzen nach Wien zu schaffen. Von dort aus nahm diese Bühnenschöpfung

Magda Spiegel als Magdalena und Elisabeth Kandt als Eva in Richard Wagners »Meistersinger von Nürnberg«.

aus dem mährischen Volksleben ihren Weg zum Welterfolg. Janaček wählte als Vorlage für seine Oper einen naturalistisch krassen Stoff und schrieb dazu eine ebenso veristische Musik. Zwar schöpfte er wie Smetana und Dvořák auch aus dem reichen Volksgut, doch ist die Tonsprache des »Jenufa«-Komponisten weit herber als die seiner Landsleute. Janačeks Tonbild trägt einen gewissen Unruhefaktor in sich, wodurch der Zuhörer stets in Spannung gehalten wird. Der Stil des Komponisten liegt außerhalb jeglicher Romantisierung, womit jedoch nicht gesagt sein soll, daß er neben grellen Leidenschaften nicht auch lyrische Empfindungen musikalisch glaubhaft nachzuzeichnen verstanden hätte. Wann immer es darum ging, einen krassen Naturalismus auszudrücken, so scheute er – was damals auffällig war – auch nicht davor zurück, sich von der Tonalität zu entfernen. Aus allem spricht die elementare Kraft eines unverbrauchten Musikantentums, das in der Wahrheit des Ausdrucks seine Erfüllung sucht. Hierauf beruhte auch sein Bemühen, für den Prosatext eine Wortmelodie zu schaffen, die er seinen Mitmenschen abzulauschen versuchte. Einen Abglanz von alledem fand er – wie er selbst sagte – in der notierten Melodie. Seine Absicht, das wahre Leben zu geben und in die Tiefe der Menschenseele hineinzuleuchten, hat er in hohem Maße zu verwirklichen vermocht, was dem Werk seine Lebenskraft sicherte. Das Ensemble unter Leitung von Kapellmeister Dr. Ludwig Rottenberg versuchte mit Erfolg, der inneren Temperierung des Werkes nachzuspüren und die verschiedenen Wirkungskomponenten aufführungsmäßig zu einer gewissen Geschlossenheit zu fügen. Mit Beatrice Lauer-Kottlar als Küsterin und Emma Holl als Jenufa waren zwei Künstlerpersönlichkeiten im Einsatz, die dank ihres variablen Darstellungsvermögens lebensnahe Gestalten zu formen wußten. Adolf Jaeger als zweifelhafter Laca tat das Seinige, um dem Milieu zusätzlich Atmosphäre zu geben. Nicht recht einverstanden war man mit der dekorativen Ausgestaltung des ersten Aktes durch Ludwig Sievert, da das naturalistische Geschehen in einer stilisierten Architektur von expressionistischer Machart sich nicht stilgerecht entfalten konnte. Die schwierige Aufgabe der Regieführung hatte man Walter Brügmann übertragen, der insbesondere die buntbewegten Ensembleszenen eindrucksvoll zu gestalten verstand. Soweit sich den damaligen Kritiken entnehmen läßt, galt der Beifall des voll besetzten Hauses mehr den lobenswerten Leistungen des Ensembles als dem Stück selbst.
Der Erstaufführungserfolg von Mussorgskijs »Boris Godunow« in Frankfurt ermunterte die Intendanz, sich auch des musikalischen Volksdramas

»Die Fürsten Howansky«

anzunehmen, das sogar als deutsche Erstaufführung für den 19. Februar 1924 angekündigt werden konnte. Hierbei muß vorausgeschickt werden, daß dieses Bühnenwerk nur in einer Klavierskizze erhalten geblieben ist und von Rimskij-Korsakoff nicht nur instrumentiert, sondern auch mit einem Schlußchor versehen wurde. Aus diesem Vorgang läßt sich folgern,

Szenenbild zu »Die Fürsten von Howansky« von Mussorgskij.

Jean Stern als Fürst Iwan und Adolf Jaeger als Fürst Andrej ließ aufhorchen, wie auch die beiden aus dem vollen schöpfenden Stimmen von Magda Spiegel (Marfa) und Robert vom Scheidt (Dosifey) zu einer prachtvollen Ergänzung wurden. Nicht zu vergessen John Gläser (Golizyn), Elisabeth Friedrich (Emma), Emma Holl (Susanna), Rudolf Brinkmann (Schütze) sowie Adolf Permann (Bojar) – alles Sänger mit beachtlichen, wenngleich spezifischen künstlerischen Voraussetzungen. Der Premierenbeifall galt neben den schönen Dekorationen vor allem den Leistungen des instrumentalen und gesanglichen Ensembles.

Ein Gedenktag besonderer Art war der 1. April 1924, an dem es darum ging, die 100. Aufführung von Eugen d'Alberts Oper »Tiefland« zu feiern. Damit gedachte man zugleich des auf den 10. April fallenden 60. Geburtstags des Komponisten, der lange Zeit in Frankfurt

daß das instrumentale Gewand des Werkes – bei aller Routine und Anpassungsfähigkeit des Bearbeiters – nicht als Original angesprochen werden kann. Welchen hohen Wert man dieser Oper jedoch zuschrieb, geht daraus hervor, daß Ravel und Strawinsky gleichfalls eine eigene Bearbeitung des Bühnenwerkes für den Spielplan in Paris herstellten. Die wertvollsten Teile der Oper sind wohl die herrlichen Chorszenen, auch wenn sie den dramatischen Ablauf des Werkes nicht entscheidend beeinflussen. Da sich die erregenden Geschehnisse fast alle außerhalb der Szene vollziehen und auf der Bühne nur davon geredet wird, ist die Handlung selbst zwangsläufig die Leidtragende und das Gespenst der Langeweile nicht gebannt. Vornehmlich aus diesen Gründen wurde dem Komponisten zum Vorwurf gemacht, »nicht entfernt« den Eindruck des »Boris Godunow« erreicht zu haben. Wie im »Boris« handeln auch die »Fürsten Hawansky« vom Kampf um den Zarenthron, wenngleich Mussorgskij in dem letztgenannten Werk versuchte, stärker den Volksstückcharakter herauszustellen und das allgemein Menschliche aus der Verschlingung der politischen Bestrebungen herauszuheben. Obwohl dem Komponisten Erfahrungen mit der Kulissenwelt fehlten, bot er doch manches an erlesenen Schönheiten. Doch letztlich gelang es ihm in Ermangelung eines dramatischen Zuges nicht, die angestrebte Reform der Oper zu erreichen. – Die Frankfurter Erstaufführung stand unter der musikalischen Leitung von Kapellmeister Wolfgang Martin, der sich redlich um Zusammenhalt bemühte. Die auffallend gute Besetzung der beiden Titelrollen mit

Adolf Permann als Wolfram in Richard Wagners »Tannhäuser«.

Otto Fanger als Pedro zur 100. Frankfurter Aufführung von Eugen d'Alberts Oper »Tiefland«.

Robert vom Scheidt als Titelheld in Richard Wagners Oper »Der fliegende Holländer«.

Martha verkörperte und ganz in ihrem Element war; dazu kam Robert vom Scheidt, der ein Sebastiano von seltenem Format bot. Der bewährte Walter Schneider als Tommaso und Rudolf Brinkmann als Moruccio ergänzten das schöne Ensemble aufs beste. Nicht vergessen sei schließlich Martl Schellenberg als Nuri, die mit Beginn der nächsten Spielzeit als Opernsoubrette an die Münchner Staatsoper wechselte; ein weiteres Mitglied, das von Frankfurt aus seinen Weg an ein Spitzentheater nahm.

Im Frühjahr 1924 wurde die Theateröffentlichkeit durch die Mitteilung alarmiert, daß einer der beliebtesten Frankfurter Künstler, Robert vom Scheidt, ein Angebot von der Münchener Staatsoper erhalten habe, so daß die Gefahr

Martl Schellenberg, eine geschätzte Soubrette für Oper und klassische Operette, die zur Spielzeit 1924/1925 von Frankfurt aus an die Staatsoper nach München wechselte.

lebte und auch nach seinem Wegzug in enger Verbindung mit dem Frankfurter Kunstleben blieb. Die Festvorstellung erhielt insofern besonderes Gewicht, als d'Albert persönlich die musikalische Leitung übernahm, wobei er den Beweis erbrachte, daß trotz Auskosten aller dramatischen Steigerungen das Orchester so behutsam geführt werden kann, daß auch das gesungene Wort verständlich bleibt. Unter seiner Leitung fanden die singenden Künstler Geborgenheit und die Möglichkeit zu ungezwungener Entfaltung. Besonders am Schluß der Vorstellung kam es zu jubelnden Ovationen für den Komponisten und das Ensemble. Auch der Darsteller des Pedro, Otto Fanger, wurde an diesem Abend ostentativ gefeiert, da er bei dieser Vorstellung zum 100. Male die Rolle des Pedro gesungen hatte. Hervorzuheben war auch Emma Holl, die eine vortreffliche

bestand, eine der schönsten Stimmen des Frankfurter Ensembles zu verlieren. München bot vom Scheidt eine Anstellung auf Lebenszeit nebst einer fünfzig Prozent höheren Gage, als er sie in Frankfurt erhalten hatte. Auch sicherte man ihm eine ungewöhnlich gute Altersversorgung zu. Die Presse berichtete, daß es wohl kaum einen zweiten deutschen Sänger gebe, der bis dahin ein ähnliches Vertragsangebot erhalten hatte. Die Tatsache, daß die Frankfurter Oper damals ohne Intendant war, hatte zur Folge, daß nicht mit dem erforderlichen Nachdruck einem Fortgang des Sängers entgegengewirkt werden konnte. In der Zwischenzeit war jedoch Intendant Zeiß, damaliger Chef der Münchener Staatsoper, verstorben, was wahrscheinlich mit dazu beitrug, daß der Vertragsvollzug zwischen München und vom Scheidt, der zum Weggang fest entschlossen

Richard Mayr als Ochs von Lerchenau im »Rosenkavalier« von Richard Strauss.
Der immer wieder gerne als Gast in Frankfurt verpflichtete Sänger ließ sich neben seiner Paraderolle als Ochs auch gerne als Sarastro (»Zauberflöte«) hören.

1924/25 offiziell bekannt gab. Ergänzend bleibt darauf hinzuweisen, daß der bereits erwähnte Regisseur Dr. Lothar Wallerstein vom Stadttheater Duisburg nach seinen beiden erfolgreichen Inszenierungen, der »Widerspenstigen Zähmung« von Goetz und »Orpheus und Eurydike« von Gluck, gleichfalls ab Herbst 1924 an die Frankfurter Oper als Oberspielleiter verpflichtet wurde.

Wie bekannt, hatte sich die Frankfurter Oper seit langem wie kein anderes Theater intensiv für das Schaffen von Franz Schreker eingesetzt. Nunmehr wurde den Freunden der zeitgenössischen Musik erneut Gelegenheit gegeben, ein Werk dieses Komponisten kennenzulernen:

war, noch nicht zur Unterschrift kam. Ohne auf den weiteren Verlauf der Dinge im einzelnen einzugehen, gelang es schließlich doch, den Sänger in Frankfurt zu halten. Möglicherweise war auch die Berufung von Professor Clemens Krauss zum Operndirektor ein Beweggrund für Robert vom Scheidt, dem Frankfurter Ensemble verbunden zu bleiben. In diesem Zusammenhang sei nachträglich erwähnt, daß Clemens Krauss am 23. und 24. Februar 1924 mit außerordentlichem Erfolg die beiden Opern »Fidelio« und »Der Rosenkavalier« dirigiert hatte und am 26. März 1924 der Aufsichtsrat seine Berufung als Operndirektor zur kommenden Spielzeit

Bühnenbildentwurf von Ludwig Sievert zu Křeneks »Sprung über dem Schatten«.

»Irrelohe«

(10. April 1924). Im Gegensatz zu früher besaß Frankfurt diesmal nicht den Vorzug, das Werk aus der Taufe heben zu können, wenngleich der Dichterkomponist in den Tagen der Frankfurter Uraufführung des »Schatzgräbers« erstmals öffentlich den eben fertiggestellten Text zu »Irrelohe« in einer Lesung vorstellte. Die Handlung spielt in der Gegend des mittelalterlichen Schlosses Irrelohe, das in waldreicher Höhe oft zum stummen Zeugen von Gewalttaten wurde. Abweichend von den Schrekerschen Vorschriften, in allen Teilen des Stückes das Schloß symbolhaft finster in Erscheinung treten zu lassen, zeigte Bühnenbildner Ludwig Sievert

nur im ersten Akt schemenhafte Umrisse desselben. In allen übrigen Bildern stellte er lediglich einen mächtigen gotischen und gezackten Halbbogen auf die Bühne, in den die szenischen Vorgänge einzugliedern waren. Regisseur Dr. Lothar Wallerstein, zu jener Zeit noch Gast, verstand es gut, seine Gestalten bildhaft in die stilisierten Örtlichkeiten hineinzukomponieren und die Szenen mit Leben zu erfüllen. Schreker versuchte mit einprägsamer Thematik, an der er bis zum Schluß festhielt, »aus dem Klang des Wortes eine Handlung für Musik« zu schaffen, bei der auch das »sprechende« Orchester in das Geschehen eingreift. Das Rezitativ wurde auf ein Minimum reduziert und an jenen Stellen, wo es erschien, musikalisch eingebettet, um eine klangliche Eintönigkeit zu verhindern. Ansonsten war der Komponist bestrebt, durch Farbigkeit und musikalische Buntheit die Szenen zu verlebendigen; dennoch stieß die künstlich geschraubte Handlung mit ihren unwahrscheinlichen Vorgängen beim Publikum auf wenig Gegenliebe. Die Aufführung fand in Frankfurt trotz der äußeren Theatralik des Finales nur bei einem Teil der Zuschauer Beifall. Dr. Rottenberg war für den musikalischen Ablauf des Geschehens verantwortlich, wobei ihm Magda Spiegel (Lola), Jean Stern (Peter), Otto Fanger (Christobald), Emma Holl (Eva) und Rudolf Brinkmann (Förster) vollwertig zur Seite standen. Für die wichtige Rolle des Grafen schien Adolf Jaeger stimmlich wenig geeignet, so daß in dieser Hinsicht der erwünschte Erfolg ausblieb. Der Komponist wohnte auch diesmal der Premiere bei und wurde von seinen Freunden mehrfach vor die Rampe gerufen.
Bevor die neue Ära mit Clemens Krauss als Opernchef ihren Anfang nahm, konnte das Frankfurter Theaterpublikum noch eine Uraufführung des österreichischen Komponisten Ernst Křenek

»Der Sprung über den Schatten«

(9. Juli 1924) miterleben. Křenek bevorzugte in seiner ersten Schaffensperiode instrumentale Musikgattungen, bevor er an Bühnenkompositionen Gefallen fand. In seinem jüngsten Bühnenwerk wandte er sich Zeitproblemen zu und realisierte insofern ein damals kühnes Vorhaben, als er mit zeitgemäßen Jazzklängen und tänzerischen Rhythmen ein »atonales Werk« vorlegte. Der allen Äußerungen seiner Zeit gegenüber aufgeschlossene Komponist scheute nicht davor zurück, bisher geübte Praktiken über Bord zu werfen und sich – ohne Rücksicht auf den Publikumsgeschmack – in allen erdenklichen Stilarten zu tummeln. Křenek wurde so zu einem der radikalsten Erneuerer der damaligen Musikszene, wobei die Fachleute zu keiner Zeit seine eminente Begabung in Zweifel zogen. Zwar riefen die Aufführungen seiner Werke zahlreiche Widersacher auf den Plan und gaben Anlaß zu Skandalen, doch letztlich stand hinter seinen Schöpfungen eine schillernde Persönlichkeit, von der man noch einige Überraschungen erwarten durfte. Zur Aufführung der oben bezeichneten Novität, die als Auftakt des Tonkünstlerfestes bestimmt war, kamen viele in- und ausländische Musiker und Kritiker, die sich eine kleine Sensation versprachen. Křenek erwies sich mit seinem selbstgefertigten Text als witziger Moralist, der seinen Mitmenschen einen Spiegel vor das Gesicht hält. Wenngleich der Text als konstruiert bezeichnet wurde, konnte man doch dessen Originalität nicht in Zweifel ziehen. Der Gesamteindruck der Premiere forderte einen Großteil der Presse zu kräftigen Widersprüchen heraus. Man wollte das Stück lieber in ein Varieté verbannt wissen, da es alle Gesetze zur Harmonik und Melodie über Bord geworfen und somit zur Eröffnung des Tonkünstlerfestes einen ernsten Mißklang hervorgerufen habe. Auch sprach man von einem tonlichen Tohuwabohu, das seinen Höhepunkt darin erreicht, daß der Schluß der Aufführung von einem turbulenten Foxtrott-Arrangement (mit Automobilhupe!) bestimmt ist, wobei selbst der Chor »chaotisch wirbelnd« das Schattenbild umtanzt. Für den kühnen Neutöner Křenek brachte die Premiere lediglich einen zögernden, matten Beifall mit nur schwacher Opposition. Dem Frankfurter Ensemble zollte man jedoch wegen seines beachtenswerten Einsatzes besondere Anerkennung, wenngleich man es als »Wahnsinn« bezeichnete, was der Komponist der menschlichen Stimme zumutet. Else Gentner-Fischer verkörperte die Prinzessin Leonore, Jean Stern zeigte sich in der Dr.-Mirakulus-Rolle eines Dr. Berg sogar humorbegabt, und Richard von Schenck gab dem regierenden Fürst Kuno den erwünscht trottelhaften Eindruck. Den Dichter Laurenz Goldhaar spielte Max Roller. In weniger wichtigen Rollen kamen zum Einsatz: Betty Mergler (Gräfin Blandine), Elisabeth Friedrich (Odette) und Hermann Schramm (Privatdetektiv Marcus). Dr. Rottenberg meisterte mit viel Geschick seine schwierige Aufgabe, und der frühere Frankfurter Spielleiter und spätere Operndirektor in Leipzig, Walter Brügmann, brachte lebendiges Spiel in die Aufführung. Die Dekorationen von Ludwig Sievert galten als Sehenswürdigkeit, da dieser in seiner unübertrefflichen expressionistisch-futuristischen Manier eine amüsante Note zur Premiere beisteuerte.

Das Opernhaus unter der Leitung von Professor Clemens Krauss 1924–1929

Im Vorwort des vorliegenden Buches hat der Verfasser darauf hingewiesen, daß in seiner wenige Jahre zuvor erschienenen Veröffentlichung über »Die Frankfurter Oper von 1924 bis 1944« bereits die wichtigsten künstlerischen Ereignisse dieser Zeitspanne zusammengefaßt sind. Infolgedessen erübrigt sich im Grunde eine erneute Darstellung. Da das betreffende Buch kurze Zeit nach Erscheinen bereits vergriffen war, soll im folgenden wenigstens ein geraffter Überblick über die Zeit von 1924 bis zur Zerstörung des Opernhauses durch Kriegseinwirkung (1944) gegeben werden.

Clemens Krauss sah, als er am 1. September 1924 seine Tätigkeit aufnahm, noch keine Veranlassung, der Öffentlichkeit ein Programm über seine künstlerische Zielsetzung vorzulegen. Ihm ging es nach der Interimszeit vor allem darum, den Betrieb in künstlerischer wie in organisatorischer Hinsicht erst einmal neu zu ordnen. Immerhin konnte er bei Amtsübernahme auf ein vorzügliches Stimm-Ensemble zurückgreifen, das zwar noch ergänzt werden mußte, andererseits jedoch eine große Stütze bedeutete bei der Verwirklichung der künstlerischen Pläne des neuen Operndirektors. Immer wieder bezeichnete man die Zeit seiner Frankfurter Tätigkeit als die »Goldenen Jahre« des Frankfurter Opernhauses. Dies darf indes nicht so verstanden werden, daß es nicht auch früher oder später Perioden gegeben hat, die das Frankfurter Theater weit über die Stadtgrenzen hinaus in das Blickfeld des Interesses rückten. Clemens Krauss konnte sich damals glücklich schätzen, in Regisseur Dr. Wallerstein, der sich während der vorangegangenen Spielzeit schon gastspielweise als vorzüglicher Spielleiter erwiesen hatte, einen erfahrenen Mitarbeiter zur Seite zu haben. Darüber hinaus war es der schon längere Zeit in Frankfurt tätige Bühnenbildner Ludwig Sievert, der mittels phantasiereicher Dekorationen große Wirkungen zu erzeugen verstand. Mit diesen Mitarbeitern vermochte Clemens Krauss

Professor Clemens Krauss.

bereits bei seiner ersten Neuinszenierung (Mozarts »Don Juan«, 20. September 1924) einen Maßstab für seine zukünftige Arbeit zu setzen. In den gleichen Monat fiel die Jubiläumsfeier für das verdiente Mitglied Hermann Schramm, der seit nunmehr 25 Jahren ununterbrochen dem Frankfurter Ensemble angehörte. Mehr als fünftausendmal hatte er in dieser Zeitspanne auf der Bühne gestanden und sich dabei als ein Tenorbuffo erwiesen, um den selbst deutsche Spitzentheater die Frankfurter Oper beneideten.

Hinsichtlich der Spielplangestaltung machte es sich Clemens Krauss zunächst zur Aufgabe, aus bewährten Opern ein gepflegtes Repertoire aufzubauen. Dabei trat jedoch schon während der ersten Spielzeit seine Vorliebe für das Schaffen von Richard Strauss deutlich zutage. So brachte die Saison 1924/1925 beispielsweise eine Neueinstudierung der »Frau ohne Schatten« (25. Dez. 1924) und der »Ariadne auf Naxos« (9. Jan. 1925).

Als erste Novität in der Ära Krauss wurde für den 8. November 1924 die »amerikanische« Oper »Sakahra« des in Rußland gebürtigen, jedoch in Amerika lebenden Simon Bucharoff angekündigt. Die Annahme dieses Werkes als Uraufführung fiel noch in die Verantwortung des früheren Intendanten Dr. Lert. Das »Spektakulum« erhitzte seinerzeit nicht wenig die Gemüter und löste wegen des »kitschigen« Textbuches und der angeblich »brutalen« Musik manche harten Worte bei der Presse aus. Den mitwirkenden Künstlern wurde viel abverlangt, nicht zuletzt auch deshalb, weil die Partien stimmlich ungewohnt hoch geschrieben waren. Am Schluß klatschte das Publikum so lange, bis sich auch der anwesende Komponist zeigte, waren ihm doch immerhin – trotz »mageren Talentes« – einige glanzvolle Szenen gelungen.

Von eindringlicher Wirkung zeigte sich die Frankfurter Erstaufführung von Tschaikowskys

»Pique Dame«

am 9. Dezember 1924. Die gepflegte Wiedergabe der meisterhaft geformten Oper lag in Händen von Kapellmeister Dr. Rottenberg, dem Dr. Wallerstein mit treffsicherer szenischer Führung und Ludwig Sievert mit seinen einfühlsamen Dekorationen wertvolle Helfer waren. Aus der Reihe der Solisten sind John Gläser (Hermann) und Magda Spiegel (Gräfin) hervorzuheben.

Ein besonderes Anliegen von Clemens Krauss war die Pflege des Wagnerschen Bühnenschaffens. Am 15. März 1925 ließ er »Rheingold«, dem Vorspiel des »Ring des Nibelungen«, eine Neuinszenierung angedeihen, der am 7. Juni 1925 die »Walküre« folgte, gleichfalls in neuer

Bühnenbildentwurf von Ludwig Sievert zu Tschaikowskys »Pique Dame«.

Bühnengestaltung. Bereits zum Weihnachtsfest 1925 konnte eine Neuinszenierung des »Siegfried«, am 27. Juni 1926 die der »Götterdämmerung« beachtenswerte Premieren erleben. Für den Erfolg garantierte – um dies vorweg zu nehmen – das gute Gesangsensemble, dem u. a. angehörten: Robert vom Scheidt als Wotan und »Siegfried«-Wanderer, Otto Fanger als Siegmund und Siegfried, Hermann Schramm als Mime, Beatrice Sutter-Kottlar (ehemals Lauer-Kottlar) als »Siegfried«-Brünnhilde, Else Gentner-Fischer als »Rheingold«-Fricka und Sieglinde, Emma Holl als »Walküren«- und »Götterdämmerung«-Brünnhilde und Magda Spiegel als Erda, »Walküren«-Fricka sowie als »Götterdämmerung«-Waltraute. Mit einem so erlesenen Ensemble, den eindrucksvollen Dekorationen von Ludwig Sievert und der regielichen Leistung von Dr. Lothar Wallerstein konnte das Frankfurter Opernhaus mit einer echten Spitzenleistung aufwarten. Zur gleichen Zeit wurden auch der »Parsifal« (10. April 1924) und die »Meistersinger« (6. September 1924) aufgefrischt.
Einen Publikumserfolg versprach die Erstaufführung von Puccinis Kurzoper

»Gianni Schicchi«

die am 4. April 1925 unter der musikalischen Leitung von Clemens Krauss über die Bretter ging. Die Ausdruckskraft dieser musikalischen Komödie traf so recht den Publikumsgeschmack, wobei Robert vom Scheidt in der Hauptrolle ein Beispiel gab von seiner Kunst der Charakterisierung.
Zur Ergänzung des Repertoires mit Werken von Richard Strauss ließ Clemens Krauss am 22. August 1925 die Erstaufführung der bürgerlichen Komödie

»Intermezzo«

im Spielplan folgen. Das originelle Werk, dessen stilistische Eigenart in keiner seiner anderen Bühnenschöpfungen gleichartig in Erscheinung tritt, bringt zwischen den Bildern symphonische Zwischenspiele, die Anklänge an seinen »Till Eulenspiegel« erkennen lassen und als vertiefende Kommentare des Bühnengeschehens zu bewerten sind. Der Versuch des Komponisten, ein Höchstmaß an sinnvoller Deklamation des Wortes zu erreichen, wurde durch Vermeidung jeglicher Vordringlichkeit des Orchesters realisiert, was jedoch nicht bedeuten soll, daß er, wo immer es sein mußte, dem Orchester den strahlenden Glanz vorenthielt. Der Erfolg des Stückes hängt maßgeblich ab von der Qualifikation der Darstellerin der Christine, die diesmal von Else Gentner-Fischer verkörpert wurde und aufgrund der dieser

Magda Spiegel als Fricka in Richard Wagners »Walküre«.

Szenenfoto zu Mozarts »Don Juan« im Bühnenbild von Ludwig Sievert.

Beatrice Sutter-Kottlar als Marschallin im »Rosenkavalier« von Richard Strauss.

Künstlerin eigenen Intelligenz beim Publikum gut ankam.

Nicht ganz im Sinne von Clemens Krauss dürfte es gelegen haben, die von Intendant Dr. Lert angenommene Oper »Der goldene Hahn« von Nikolay Rimskij-Korsakow zur Aufführung bringen zu müssen (22. September 1925). Der Rezensent der Frankfurter Zeitung, Dr. Karl Holl, bezeichnete diese Oper, mit welcher der Komponist sein Lebenswerk abschloß, kurz und bündig als »Niete«, die von Spielleiter Dr. Wallerstein nur »mit dem Mut der Verzweiflung über die Runden gehievt« worden sei.

Zu einem denkwürdigen Tag wurde der 20. Dezember 1925, an dem Richard Strauss' »Rosenkavalier« seine 100. Frankfurter Aufführung mit Beatrice Sutter-Kottlar als Marschallin erlebte. Leider mußte bei dieser Vorstellung auf Elisabeth Kandt als Sophie verzichtet werden, da sie Gastspiele an der Metropolitan Opera New York wahrzunehmen hatte.

Mit Vorschußlorbeeren bedacht wurde die Uraufführung der Oper »Die zehn Küsse« von Bernhard Sekles (25. Februar 1926), der als Direktor des Hochschen Konservatoriums einen guten Ruf genoß. Clemens Krauss hatte sich persönlich der Leitung des Werkes angenommen, obwohl es nicht gerade von sprühenden Einfällen getragen war. Immerhin lag hier eine kompositorisch saubere Arbeit vor, so daß die Aufführung nicht allein als Gefälligkeitsbezeugung angesehen werden konnte.

Beachtlich war des weiteren die »Lohengrin«-Aufführung vom 25. April 1926, bei der sich der Nachfolger von Kapellmeister Dr. Rottenberg, Claus Nettstraeter, vorstellte und Viorica Ursuleac als Elsa aufhorchen ließ. – Auf seiten des weiblichen Personals rückte erneut Else Gentner-Fischer in den Mittelpunkt des Interesses, und zwar mit einer faszinierenden Darstellung als Salome in der Neuinszenierung vom 8. Mai 1926. Bezwingende darstellerische Leistungen zeigten in der gleichen Vorstellung ferner Otto Fanger als Herodes, Robert vom Scheidt

Mit dem Namen dieser Sängerin, die vor ihrem Engagement nach Frankfurt Mitglied des Mannheimer Hoftheaters war, verband sich eine der schönsten dramatischen Stimmen im deutschen Sprachraum. Schon von Mannheim aus trat sie regelmäßig in Frankfurt auf und beherrschte den Spielplan als »Fidelio«-Leonore, Aida, Isolde, Recha (»Jüdin«), Senta (»Der Fliegende Holländer«) usw. Das Frankfurter Opernhaus wurde nach ihrem Festengagement in die Mainstadt sogar von Spitzentheatern beneidet, eine so hervorragende Künstlerin zu besitzen, die viele Jahre auch als Brünnhilde in Richard Wagners »Ring des Nibelungen« hervorragende Leistungen bot. Ihre Verbundenheit mit Frankfurt ging auch auf persönliche Gründe zurück. Im Jahre 1932 nahm sie nach 16jähriger Zugehörigkeit zum Frankfurter Ensemble Abschied von der Bühne.

Szenenbild zur Oper »Die zehn Küsse« von B. Sekles.

Elisabeth Kandt als Trägerin der Titelpartie in Puccinis »Madame Butterfly«.

Bühnenbildentwurf von Ludwig Sievert zu Richard Wagners »Rheingold«.

als Jochanaan und die Darstellerin der Herodias, Emma Holl, die einst die Titelrolle gesungen hatte. Als besonders gelungen wurde das Bühnenbild von Ludwig Sievert angesehen.

Zu einem Ehrentag wurde der 9. Mai 1926, an dem sich Clemens Krauss bei der 100. Aufführung von Puccinis »Madame Butterfly« der musikalischen Leitung annahm. Für die Theaterbesucher war dies zugleich ein Wiedersehen mit der aus Amerika zurückgekehrten, unvergeßlichen Darstellerin der Titelpartie, Elisabeth Kandt.

Wenig zufrieden zeigte sich die Theateröffentlichkeit mit der Entscheidung der Intendanz, Carl Maria von Webers hundertsten Geburtstag lediglich mit einer Wiederaufnahme des »Freischütz« (6. Juni 1926) zu feiern. Immerhin wurde die Darbietung dank der eingesetzten schönen Stimmen zu einem festlichen Ereignis, so mit Viorica Ursuleac als Agathe, Elisabeth Kandt als Ännchen, Adolf Jaeger als Max und Emmerich Weil als Eremit.

Infolge der beachtlichen Verdienste, die sich Clemens Krauss während der beiden ersten Jahre seines Wirkens in Frankfurt erworben hatte, sahen sich der Aufsichtsrat der Theater AG und der Magistrat der Stadt unerwartet vor die Tatsache gestellt, daß die Wiener Staatsoper bemüht war, Krauss als Operndirektor in die österreichische Metropole zurückzuholen. Es war dies ein Signal, so schnell wie möglich über die Bedingungen zu beratschlagen, welche einen Verbleib von Krauss in Frankfurt ermöglichten. Glücklicherweise gelang es, seinen Weggang von Frankfurt zu verhindern, so daß sein Reformwerk weitergeführt werden konnte. Eine laufende Erneuerung des Spielplans, u. a. mit Werken von Mozart, schien fürs erste gesichert, wenngleich man sich bewußt war, daß Clemens Krauss eines Tages nicht mehr in Frankfurt würde gehalten werden können.

Zu den bemerkenswerten Darbietungen der damaligen Zeit gehörte die geschlossene Aufführung von Richard Wagners »Ring des Nibelungen« in völlig neuer Bühnengestaltung (Oktober 1926). Auffallend war vor allem die Abkehr vom üblichen Stimmungsaufwand in den

Bühnenbildentwurf von Ludwig Sievert zu Richard Wagners »Walküre«.

Adele Kern als Zerbinetta in der »Ariadne auf Naxos«. Mit ihrem Namen verbindet sich die Erinnerung an eine bezaubernde Koloratur-Soubrette, die während der Clemens-Krauss-Ära mit Bravour als Susanne (»Figaros Hochzeit«), Zerline (»Don Juan«), Despina (»Cosi fan tutte«), »Fidelio«-Marzeline, Olympia (»Hoffmanns Erzählungen«) usw. in Erscheinung trat. Schon während ihres Frankfurter Engagements absolvierte sie eine Gastspielserie bei den Salzburger Festspielen. Mit Ende der Spielzeit 1927/1928 verließ Adele Kern nach zweijähriger Tätigkeit die Frankfurter Oper, um einer Berufung an die Münchener Staatsoper zu folgen.

Dekorationen. Ludwig Sievert hatte den Weg der Zweckmäßigkeit beschritten, befreit von naturalistischen Gestaltungsprinzipien und ausgerichtet auf eine Illusionswirkung unter Ausnutzung der jüngsten technischen Errungenschaften. Als geradezu sensationell wurden die vom Technischen Direktor Walter Dinse geschaffenen Vorrichtungen betrachtet, mit deren Hilfe im »Rheingold« sich die Rheintöchter »schwimmend« im »strömenden Wasser« bewegen konnten und in der »Walküre« sich ein Feuerzauber von überwältigender Wirkung ermöglichen ließ. In diesen imponierend dekorativen Rahmen stellte Dr. Lothar Wallerstein umsichtig sein regieliches Konzept, das in hohem Maße auf Verdeutlichung der Vorgänge abzielte. Vor allem war es Clemens Krauss, der mit Gespür für die Transparenz des Orchesterklanges und durch souveräne Führung des singenden Ensembles eine Verschmelzung sämtlicher Komponenten der Aufführung zu erreichen verstand.

Zur Vervollständigung des Repertoires mit Strauss'schen Werken hatte Krauss inzwischen eine Neuinszenierung der »Ariadne auf Naxos« (22. September 1926) angesetzt, wobei Adele Kern als Zerbinetta und Viorica Ursuleac als Komponist überzeugende Leistungen boten. Kurz darauf brachte der Spielplan erneut eine Aufführung der »Salome« (29. September 1926) mit Else Gentner-Fischer in der Titelrolle, die inzwischen von einem Gastspielurlaub aus Amerika zurückgekehrt war. Für den 2. November 1926 wurde eine »Fidelio«-Aufführung

Bühnenbildentwurf von Ludwig Sievert zur »Ariadne auf Naxos« von Richard Strauss (zu Seite 222).

Szenenbild zur Uraufführung von Eugen d'Alberts »Golem«.

Robert vom Scheidt (Rabbi) und Elisabeth Kandt (Lea) in Eugen d'Alberts »Golem«.

Szenenbild zu Rimskij-Korsakows Oper »Der goldene Hahn«.

Richard von Schenck als König in Rimskij-Korsakows Oper »Der goldene Hahn«.

Bühnenbildentwurf von Ludwig Sievert zu Richard Wagners »Walküre«.

Franz Völker als Florestan in Beethovens »Fidelio«. Dieser erstmalige Einsatz des Künstlers auf der Bühne war die Geburtsstunde einer großen Karriere als Heldentenor. Unter der Obhut von Clemens Krauss wurde er sorgsam in sein Fach eingeführt. Als Völker nach fünfjährigem Engagement in Frankfurt im Jahre 1931 an die Wiener Staatsoper wechselte, war er bereits ein Gesangsstar, der nachfolgend an den Staatsopern in Berlin und München stets mehrjährig tätig war. Nach seinem ersten Einsatz bei den Salzburger Festspielen (1931) folgte seine Berufung zu den Bayreuther Festspielen, denen er von 1934 bis 1942 verbunden blieb. Nach dem Krieg war er Mitglied der Staatsoper von München.

angekündigt mit dem erstmaligen Auftreten von Franz Völker als Florestan. Es war dies die Geburtsstunde einer großen Karriere, die den Sänger später an alle Spitzentheater, so u. a. auch zu den Bayreuther Festspielen, führte. Mit großer Fürsorge förderte Clemens Krauss den Sänger, der bald darauf als Max im »Freischütz« und als Erik im »Fliegenden Holländer« – auch von der Darstellung her – mehr und mehr an Sicherheit gewann. – Als eine vielversprechende Novität wurde für den 14. November 1926 die Uraufführung einer Oper von Eugen d'Albert

»Der Golem«

angekündigt. Verständlicherweise sah das Publikum nach dem Erfolg seiner Oper »Tiefland«, die einen Siegeszug von Theater zu Theater gemacht hatte, der Darbietung dieses neuen Werkes mit hohen Erwartungen entgegen. Leider waren der psychologisch überlastete Stoff wie auch spürbare Ermüdungserscheinungen im Schaffen d'Alberts nicht dazu angetan, dieser seiner achtzehnten Oper einen bleibenden Erfolg zu sichern, was jedoch nicht heißen soll, daß die Zuhörer auf ein glänzend orchestriertes Werk bzw. auf glanzvolle Gesangspartien hätten verzichten müssen. Eine Paradeleistung bot Jean Stern in der Titelrolle, wobei sein individuell geprägtes Stimmtimbre und seine komödiantische Begabung der Darstellung sehr zugute kamen. Die in hoher Zahl erschienenen Besucher kamen in den Genuß eines gesellschaftlichen Ereignisses und sparten

Szenenbild zur Neuinszenierung von Bizets »Carmen«.

Else Gentner-Fischer als Trägerin der Titelrolle in Bizets »Carmen«.

Elisabeth Friedrich als Baronin im »Wildschütz«.

nicht mit reichem Beifall für den anwesenden Komponisten und das Ensemble.
Der seit Jahren gepflegte Brauch, am ersten Weihnachtsfeiertag mit einer Neuinszenierung aufzuwarten, führte zur Uraufführung der komischen Oper

»Die Lästerschule«

des dänischen Komponisten Paul von Klenau (25. Dezember 1926). Die Oper knüpfte stilistisch an vergangene Zeiten an und erweckte bei der Frankfurter Aufführung nicht den Eindruck einer langen Überlebensdauer. Besser wäre es wohl gewesen, Clemens Krauss, Dr. Wallerstein und Ludwig Sievert hätten die investierte Arbeit anderen Aufgaben zukommen lassen.
Eine bittere Enttäuschung brachte die Neuinszenierung von Bizets »Carmen« am 28. Januar 1927, da ein Gastregisseur, der für eine spätere Zusammenarbeit vorgesehen war, das Werk nicht in den Griff bekam. Das Fehlen jeglichen belebenden Spiels wie auch die modische Bekleidung ließen bei den Zuhörern keine Stimmung aufkommen. Darüber hinaus harmonierte auch die Besetzung mit Else Gentner-Fischer als Carmen, Elisabeth Friedrich als Micaela und John Gläser als Don José insofern nicht, als wohl alle Solisten schon etwas aus dem jeweiligen Fach hinausgewachsen schienen und von seiten der Regie kein Ansporn zu Höchstleistungen gegeben war. – Eine vortreffliche Besetzung erlebte man bei der Wiederbegegnung mit der Oper »Elektra« von Richard Strauss (23. Februar 1927), da Beatrice Sutter-Kottlar in der Titelrolle, Viorica Ursuleac als Chrysothemes und Magda Spiegel als Klytämne-

Szenenfotos zur Erstaufführung von Puccinis »Turandot«.

Figurine von Ludwig Sievert zu Puccinis »Turandot«.

stra hohen Ansprüchen genügten, wie sie an keinem anderen Theater besser hätten geboten werden können.

Zu den anerkennenswerten Leistungen von Clemens Krauss gehörte auch die Pflege der klassischen Operette. Schon früh hatte er sich persönlich des Werkes »Eine Nacht in Venedig« von Johann Strauß angenommen (25. Oktober 1925), gefolgt von »Wiener Blut« (10. April 1927), wozu Dr. Wallerstein ein sprühendes Spiel auf der Szene beitrug.

Ein Glanzpunkt im Opernspielplan wurde die Erstaufführung von Puccinis lyrischem Drama

»Turandot«

am 17. April 1927, das als letzte Bühnenschöpfung des Meisters knapp ein Jahr zuvor an der Dresdner Staatsoper aus der Taufe gehoben worden war. Ludwig Sievert konnte diesmal über den üblichen Rahmen hinaus selten prunkvolle Dekorationen zur Aufführung beitragen. Zu diesem Fest der Augen gesellten sich die ausgewogene Regie von Dr. Wallerstein und die souveräne Beherrschung des großen orchestralen Apparates durch Clemens Krauss. Der erfahrenen Else Gentner-Fischer gelang es, aus ihrer Rolle

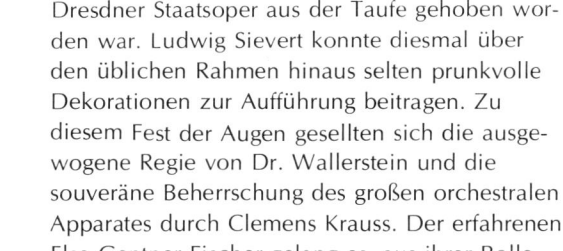

Viorica Ursuleac als Elisabeth in Richard Wagners »Tannhäuser«.
Die in Rumänien geborene Sängerin, einst Schülerin von Lilly Lehmann, war während der Clemens Krauss-Ära die führende Vertreterin ihres Faches als Jugendlich-Dramatische in Frankfurt. Von dort aus nahm die begnadete Künstlerin nach fünfjährigem Engagement ihren Aufstieg an die Staatsopern in Dresden, Wien und Berlin, wo sie – im Rahmen ihres umfangreichen spielplanmäßigen Einsatzes – zu einer der bedeutendsten Interpretinnen Richard Strauss'scher Werke wurde.

Zeichnung von Josef Corregio zu Busonis »Doktor Faust«.

Szenenbild zur »Salome« von Richard Strauss.

als Turandot eine faszinierende Darbietung zu machen. Doch auch Viorica Ursuleac vermochte alternierend sehr zu beeindrucken, wenngleich sie mehr die lyrische Seite der Partie herausstellte. John Gläser ließ als Kalaf keinen Wunsch unerfüllt, da sein berückend schönes Stimmtimbre in der Partie voll zur Geltung kam. Geradezu ergreifend wußte Elisabeth Kandt die Rolle der jungen Sklavin Liu zu verkörpern. Die Premiere des so anspruchsvollen Werkes wurde von seiten des Publikums mit Ovationen bedacht.

Zu den Spitzenvorstellungen im Frankfurter Spielplan gehörte u. a. Richard Wagners Oper »Die Meistersinger von Nürnberg«, die bei der Neuinszenierung am 29. Mai 1927 mit der kaum zu überbietenden Leistung von Robert vom Scheidt als Hans Sachs, mit der vollerblühten Stimme der Elisabeth Kandt als Evchen und John Gläser als Stolzing eine makellose Gestaltung fand. Nicht zu vergessen Hermann Schramm als David – eine Rolle, in der er sich schon in Bayreuth bewährt hatte. Charakteristisch wußte Benno Ziegler den Beckmesser zu gestalten, wie auch Bassist Hans Erl dem Pogner großes Format verlieh. Dank des über dreihundert Personen zählenden Chores (Leitung Kurt Kretzschmar) ergab sich neben gesanglichem Glanz auch äußerlich ein Bild von imposanter Wirkung.

Sichtlich interessiert sah man der Erstaufführung der Oper

»Doktor Faust«

von Ferruccio Busoni entgegen (29. Juni 1927), der sich, vornehmlich als internationaler Konzertpianist, hoher Wertschätzung erfreuen konnte. Die fragmentarisch gebliebene Oper hatte der Komponist Philipp Jarnach bearbeitet und vervollständigt, was sich als durchaus lohnend erwies. Leider wirkte sich die Besetzung der Titelrolle mit dem zu lyrisch veranlagten Adolf Permann nachteilig auf die Aufführung aus. Mehr Überzeugungskraft zeigte der Mephisto-Interpret Hans Brandt, der für Charakterpartien eine besondere Eignung mitbrachte. Das Werk, das auf das alte Puppenspiel zurückgeht, imponierte insbesondere durch die glänzend geformten

Benno Ziegler als Neger in Křeneks »Jonny spielt auf«. Der Spielbariton, der von der Staatsoper in Berlin gekommen war und von 1925 bis 1934 dem Frankfurter Ensemble angehörte, fand bewährten Einsatz als Papageno (»Zauberflöte«), Masetto (»Don Juan«), Beckmesser (»Meistersinger«) und u. a. als Faninal (»Rosenkavalier«).

Chöre und die oft faszinierende Kraft in den dämonischen Szenen. Für eine ausgefeilte Vorstellung sorgte das bewährte Dreigestirn: Dr. L. Wallerstein (Regie), Prof. C. Krauss (musikal. Leitung) und L. Sievert (Bühnenbild).

Zu einem Ereignis von theatergeschichtlicher Bedeutung wurde der

Richard-Strauss-Zyklus

mit sechs Werken unter des Komponisten eigener Leitung (29. Juni bis 28. August 1927). Mit »Salome«, »Rosenkavalier«, »Elektra«, »Intermezzo«, »Ariadne auf Naxos« und »Frau ohne Schatten« konnte die Frankfurter Oper eine einzigartige Leistungsschau bieten, die über das ganze deutsche Sprachgebiet ausstrahlte. Unmittelbar nach Eröffnung der Spielzeit 1927/1928 konnte der Bariton Richard Breitenfeld in einer Festvorstellung des »Rigoletto« (19. September 1927) seine 25jährige Zugehörigkeit zum Frankfurter Ensemble feiern. Die stets charakteristische Wirkung seiner Bühnengestalten sowie seine menschliche Ausstrahlung hatten ihm viel Ehre eingebracht. Ein weiteres Jubiläum war dem Baßbuffo Richard von Schenck beschieden, der zwar erst zehn Jahre dem Frankfurter Verband angehörte, sich aber mit seinen Partien wie dem Baculus (»Der Wildschütz«), Falstaff (»Die lustigen Weiber von Windsor«), van Bett (»Zar und Zimmermann«) sowie als Ochs von Lerchenau (»Der Rosenkavalier«) gleichfalls viel Anerkennung erworben hatte.

Der Komponist Ernst Křenek, der in Frankfurt schon mehrfach Aufsehen erregt hatte, trat am 22. Oktober 1927 erneut mit einer Novität

»Jonny spielt auf«

in Erscheinung. Die Intendanz fühlte sich bei Übernahme des Werkes dadurch abgesichert, daß schon mehr als fünfzig Bühnen sich dieser ausgefallenen Schöpfung angenommen hatten. Clemens Krauss überließ die musikalische Leitung Kapellmeister Claus Nettstraeter. Für die Regie holte er sich den ehemals in Frankfurt tätig gewesenen Walter Brügmann, der auch die Uraufführung des Werkes in Leipzig betreut hatte. Prickelnde Jazzrhythmen und pausenlose Spannung brachten dem anwesenden Komponisten einen rasanten Erfolg. Wenngleich es für die Darsteller nicht ganz leicht war, sich von dem gewohnten seriös-opernhaften Gebaren auf das modern-zivilisatorische Milieu umzustellen, verdienen dennoch die Leistungen von Benno Ziegler (Jazzbandneger) und der vielseitigen Elisabeth Friedrich (Sängerin) – aufgrund ihrer vorzüglichen stimmlichen und darstellerischen Voraussetzungen – hervorgehoben zu werden.

Mit Bestürzung wurde die Mitteilung vom Tode des beliebten Spielbaritons Rudolf Brinkmann aufgenommen, der seit 1897 dem Frankfurter Ensemble angehört und über fünftausendmal auf der Bühne gestanden hatte.

Zu den denkwürdigen Vorstellungen der damaligen Zeit zählt weiterhin die Erstaufführung von Verdis

»Macht des Schicksals«

am 24. November 1927, wobei sich John Gläser als Alvaro und Viorica Ursuleac als Leonore profilierten. Auch diesmal bewährte sich das Arbeitsteam Krauss/Wallerstein/Sievert aufs beste.

Zu den längst vergessenen Opern gehört »Ritter Blaubart« von Ernst von Reznicek (7. Januar 1928), ein Werk, das wegen der Schwäche des letzten Aktes keine sonderliche Anteilnahme fand. Demgegenüber brachte die Neuinszenierung der Operette »Der Zigeunerbaron« von Johann Strauß (4. Februar 1928) volle Kassen, da Viorica Ursuleac als Saffi und Franz Völker

Adele Kern als Adele in der »Fledermaus« von Johann Strauß.

Szenenbild zur Erstaufführung von Verdis Oper »Die Macht des Schicksals« mit Viorica Ursuleac (Leonore), John Gläser (Alvaro) und Hans Erl (Pater Guardian).

als Barinkay – allein schon wegen ihrer herrlich schönen Stimmen – die Zuschauer anzogen. Durch die erste Altistin Magda Spiegel als Czipra und Richard von Schenck als zündenden Zsupán wurde das Ensemble aufs beste ergänzt. Mit Clemens Krauss, Dr. Wallerstein und Ludwig Sievert als leitendem künstlerischem Vorstand war ein sensationeller Erfolg gesichert.

Zu einem Gewinn für das singende Ensemble wurde das Engagement von Clara Ebers vom Düsseldorfer Stadttheater, die als Olympia in »Hoffmanns Erzählungen« (14. Februar 1928) viel Hoffnung auf eine zukünftige Karriere weckte.

Eine denkwürdige, aber auch umstrittene Aufführung verbindet sich mit der ersten Darstellung von Paul Hindemiths Oper

»Cardillac«

(4. Mai 1928). Im Gegensatz zu Wagners durchkomponiertem Opernstil wandte sich der Komponist der reinen Musizier-Oper zu mit geschlossenen Nummern wie Arien, Rezitativen, Ensemblesätzen usw. Hindemith wählte hier einen mit Düsternis und Dämonie durchsetzten Stoff, ganz so, wie es damals des öfteren bei zeitgenössischen Opern zu finden war. Später hielt es der Komponist für notwendig, dem Werk eine neue Fassung zu geben, die sich als gültige Form erhalten hat. Die Frankfurter Erstaufführung wurde regielich von Wallersteins Nachfolger, Hans Esdras Mutzenbecher, betreut, von Ludwig Sievert ausgestattet und von Clemens Krauss musikalisch geleitet.

Eine weitere Probe aus der damals üppig fließenden Quelle zeitgenössischer Musik wurde am 19. Juni 1928 mit der Erstaufführung zweier Einakter von Kurt Weill geboten:

Bühnenbildentwurf von Ludwig Sievert zu »Cardillac« von Paul Hindemith.

Bühnenbildentwurf von Ludwig Sievert zu »Cardillac« von Paul Hindemith.

»Der Protagonist« und »Der Zar läßt sich photographieren«

Der Komponist, der mit Bert Brechts »Dreigroschenoper« einen Welterfolg verbuchen konnte, suchte mit diesen Einaktern einen Ausweg aus der musikdramatischen Produktionskrise und bemühte sich mit allen erdenklichen Mitteln um eine Erneuerung. Ein Großteil der Opernbesucher versagte dem anwesenden Komponisten jedoch bei der Premiere durch Pfeifen und Zischen die Gefolgschaft. Mit der musikalischen Betreuung der Werke hatte Prof. Krauss seinen ersten Kapellmeister Claus Nettstraeter beauftragt.

Gegen Ende der Saison 1927/1928 ergaben sich beim Opernpersonal einige Veränderungen. So wanderte der erste Kapellmeister Claus Nettstraeter ab, um als Generalmusikdirektor nach Braunschweig zu gehen; dort war ihm ein freieres Arbeiten vergönnt als in Frankfurt, wo er im Schatten von Clemens Krauss stand. Einen schweren Verlust für Frankfurt bedeutete der Weggang der aufstrebenden jungen Koloratursoubrette Adele Kern, die in vorliegendem Buch wenig in Erscheinung tritt, da sie mehr im laufenden Repertoire als in den besprochenen Ur- und Erstaufführungen eine Rolle spielte. Zu ihren Glanzleistungen gehörte damals bereits die Zerbinetta in »Ariadne auf Naxos«, eine Rolle, mit der sie sich auch von Frankfurt verabschiedete, da ihr die Münchener Staatsoper einen willkommenen Einsatz bot.

Die Wiederbegegnung mit der Oper »Samson und Dalila« des französischen Komponisten Camille Saint-Saëns (5. September 1928) dürfte maßgeblich auf die gute Besetzung an der Frankfurter Oper zurückzuführen gewesen sein, da das Werk trotz seiner Vorzüge sich nie lange auf dem Spielplan halten konnte. Für die Rolle der Dalila stand der Frankfurter Oper in Magda Spiegel eine der stimmschönsten Altistinnen Deutschlands zur Verfügung. Als Samson konnte John Gläser mit seinem verführerischen Belcanto-Schmelz die Zuschauer in seinen Bann ziehen, und Jean Stern verstand es, sich als Oberpriester Dragon stark profiliert ins rechte Licht zu rücken.

Abwechslung bot der Spielplan im September 1928 insofern, als anstelle des abwesenden Musikchefs Clemens Krauss andere namhafte Dirigenten den Taktstock ergriffen. So leitete

Hans Erl als Hebräer in »Samson und Dalila« von Saint-Saëns.

Szenenfoto zur Oper »Samson und Dalila« von Saint-Saëns.

beispielsweise Erich Kleiber u. a. die »Carmen« (18. September 1928) und Leo Blech Beethovens »Fidelio« (23. September 1928), wobei jeweils eine stark individuelle Deutung der Opern spürbar wurde.

Der wechselhafte Erfolg, den die zeitgenössischen Opern in Frankfurt zu verbuchen hatten, konnte die Intendanz nicht davon abbringen, stets von neuem Proben aus den jüngst erstandenen Werken im Spielplan zu bieten. Diesmal brachten die Einakter von Ernst Křenek

»Der Diktator«,
»Das geheime Königreich« und
»Schwergewicht oder Die Ehre der Nation«

(9. Oktober 1928) unter der musikalischen Leitung von Wolfgang Martin sogar einen Achtungserfolg, wenngleich sich ein Teil der Presse von den Werken mit dem Hinweis auf »Retortenmusik« distanzierte.

Mit der Neuinszenierung von Verdis »Aida« am 15. November 1928 ging ein Aufatmen durch das konservative Theaterpublikum, das sich nach Melodik und opernhaftem Prunk sehnte. Der enthusiastische Beifall zum Schluß der Premiere galt wiederum der geglückten Zusammenarbeit zwischen Kapellmeister Clemens Krauss, Regisseur Dr. Wallerstein und Ludwig Sievert, der eine seltene Pracht an Dekorationen auf die Bühne zauberte. Else Gentner-Fischer als Aida und John Gläser als Radames im Verein mit Magda Spiegel als Amneris und Jean Stern als Amonasro machten die Vorstellung zu einem Fest herrlicher Stimmen.

Im Dezember 1928 wurde es zur Gewißheit, daß Clemens Krauss in absehbarer Zeit die Stelle des Musikchefs an der Staatsoper in Wien übernehmen werde, wofür er schon bei Antritt seines Frankfurter Vertrags die Anwartschaft mitgebracht hatte. Für die Nachfolge als Intendant dachte man u. a. an den früheren Oberspielleiter Dr. Lothar Wallerstein, doch glaubte man nicht so recht an dessen Bereitschaft, von Wien nach Frankfurt zurückzukehren – dies um so weniger, als Clemens Krauss sich dort bald zu etablieren beabsichtigte. Es sollte nicht mehr lange dauern, bis sich in Professor Josef Turnau, dem früheren leitenden Regisseur der Wiener Staatsoper und späteren Intendanten in Breslau, eine glückliche Lösung anbot. Die Verhandlungen führten schließlich ab Spielzeit 1929/1930 zu seiner Verpflichtung nach Frankfurt und nachfolgend auch zu einem vertraglichen Übereinkommen mit seinem dortigen Oberspielleiter Dr. Herbert Graf als Oberspielleiter für das Frankfurter Institut.

Robert vom Scheidt als Träger der Titelrolle in Křeneks Bühnenwerk »Der Diktator«.

Szenenbild zur Neuinszenierung von Verdis »Aida«.

Der mährische Komponist Leoš Janáček, der sich mit seiner Oper »Jenufa« einen festen Platz im Opernrepertoire sichern konnte, stellte sich am 14. Februar 1929 mit einem Spätwerk

»Die Sache Makropulos«

vor. Leider vermochte er es nicht, sich mit seinem Opus erfolgreich durchzusetzen. Die Gründe hierfür lagen nicht allein in den schwer erfaßbaren Vorgängen. Regisseur Hans Esdras Mutzenbecher und Kapellmeister Josef Krips, der später an der Wiener Staatsoper und bei den Salzburger Festspielen zu hohen Ehren kam, ließen nichts unversucht, um so manche Schönheit des Werkes ins rechte Licht zu rücken. Größere Anteilnahme fand dagegen die Erstaufführung der komischen Oper

»Der Jahrmarkt von Sorotschintzi«

von Modest Petrowitsch Mussorgskij (10. März 1929), da die vitale Rhythmik und das instrumentale Kolorit das Publikum ansprachen. Auch diesmal vermochte es Hans Esdras Mutzenbecher mit glücklicher Hand, dem Spielgeschehen – trotz der dünnen Handlung – starke Ausdruckskraft zu verleihen. Hierbei wurde er von Kapellmeister Wolfgang Martin unterstützt, der über die Präzision hinaus der Vorstellung Farbe und Glanz zu verleihen vermochte.

Den Lesern dürfte es aufgefallen sein, daß Prof. Krauss öfter die musikalische Leitung von Werken zeitgenössischer Komponisten an einen seiner Kapellmeister abgab. Es ist anzunehmen, daß dies für den hochbegabten Solorepetitor und Kapellmeister Ernst Wolff Veranlassung gewesen war, seinen Herrn und Meister zu fragen, warum er persönlich so wenig bereit sei, sich für moderne Opern einzusetzen. Wie überbracht, soll Professor Krauss die wohl verstandene Antwort gegeben haben: »Lieber im bewährten Trott, als später zu unser aller Spott!«

Mit der Verpflichtung von Professor Josef Turnau und Oberspielleiter Dr. Herbert Graf war indes noch nicht das Problem der Berufung eines Musikchefs gelöst. Wie aus den Unterlagen ersichtlich ist, stand damals auch der Darmstädter Generalmusikdirektor Dr. Karl Böhm, der später zu internationalen Ehren gelangte, auf der Bewerberliste; bestätigt wird dies mehr oder weniger auch durch sein Dirigentengastspiel am 12. März 1929 mit der »Salome«. Leider ließ sich nicht mehr feststellen, warum es zu keiner Zusammenarbeit kam.

Inzwischen hatte die Intendanz erkannt, daß die Spieloper bislang im Repertoire stark vernach-

Robert vom Scheidt als Titelheld in Křeneks Bühnenwerk »Das Schwergewicht« oder »Die Ehre der Nation«.

Franz Völker als Lohengrin in Richard Wagners gleichnamiger Oper.

Elisabeth Friedrich als Cherubin in Mozarts »Figaros Hochzeit«.
Mit dieser Sängerin verband sich eine seltene Vielseitigkeit in bezug auf ihren künstlerischen Einsatz, wobei ihr eine überdurchschnittliche Spielbegabung sehr zustatten kam. So bewährte sie sich in Frankfurt (1923–1930) als Micaela (»Carmen«), als Baronin (»Wildschütz«), als Adele (»Fledermaus«), als Lisa (»Land des Lächelns«), aber auch unter Leitung von Clemens Krauss als Octavian (»Rosenkavalier«) und als Venus (»Tannhäuser«). Aufgrund ihrer Musikalität fand sie öfter auch Einsatz in modernen Opern. Den Höhepunkt ihrer künstlerischen Laufbahn erreichte sie in Berlin als Mitglied der Städtischen Oper mit Einsatz an der Staatsoper.

Hans Wilhelm Steinberg, Generalmusikdirektor.

Szenenfoto zu »Die Sache Makropulos« von Leoš Janáček.

seine deutsche Erstaufführung erlebt. Puccini wählte für diese Schöpfung einen Stoff aus der amerikanischen Geschichte, den er in Anlehnung an den veristischen Stil vertonte, ohne die von ihm gewohnte Benutzung schwelgerischer Kantilenen. In gröblicher Verkennung der Qualitäten dieses Werkes sprach ein Teil der Presse von »operettenhafter Billigkeit und parfümierter Sentimentalität«. Daß die Premiere in Frankfurt zu einem Erfolg wurde, war nicht zuletzt dem vorzüglichen Ensemble unter Clemens Krauss zu verdanken, dem u. a. Viorica Ursuleac (Minnie), John Gläser (Räuber Dick) und Jean Stern als scharf konturierter Sheriff angehörten.

Mit dem Ausscheiden von Clemens Krauss als Opernchef war auch für einige andere Mitglieder des Frankfurter Ensembles die Stunde des Abschieds gekommen. Der Tenor Adolf Jaeger wechselte nach Dortmund, und Kapellmeister Wolfgang Martin übernahm Verpflichtungen am Düsseldorfer Theater.

lässigt worden war. Hierbei dürften auch Besetzungsprobleme eine Rolle gespielt haben. Immerhin ließ die Neuinszenierung von Lortzings »Wildschütz« (11. April 1929) aufhorchen, bei der Dr. Lothar Wallerstein als Regisseur, Ludwig Sievert als Bühnenbildner und Josef Krips als musikalischer Leiter zum Einsatz kamen. Doch auch mit der quicklebendigen Lena Martin-Bößnicker als Gretchen und der gewandten Elisabeth Friedrich als Baronin war Staat zu machen. Benno Ziegler (Graf), Hans Brandt (Baron) und der humorvolle Richard von Schenck (Baculus) trugen gleichfalls ihren Teil zum Erfolg der Premiere bei.

Zu den unvergeßlichen Aufführungen gehört ferner die »Carmen« (18. April 1929). Damals trat Else Gentner-Fischer zum 100. Male in der Titelpartie auf, und Kapellmeister Hans Wilhelm Steinberg vom Deutschen Theater in Prag stellte sich als möglicher Nachfolger von Clemens Krauss vor. Nach einer weiteren Gastvorstellung Steinbergs mit Beethovens »Fidelio« (21. April 1929) sah man die Voraussetzungen für eine Verpflichtung nach Frankfurt als erfüllt an. Mit Spannung blickte man auch der Wiedergabe von Richard Wagners »Walküre« entgegen (12. Mai 1929), bei der Else Gentner-Fischer erstmals als Brünnhilde, Viorica Ursuleac erstmals als Sieglinde und Franz Völker als Siegmund in Erscheinung traten.

Mit der Erstaufführung der Puccini-Oper

»Das Mädchen aus dem goldenen Westen«

vom 4. Juni 1929 kam man einer Ehrenpflicht nach, denn das Werk hatte bereits vor mehr als fünfzehn Jahren in Berlin-Charlottenburg

Viorica Ursuleac als Minnie bei der Erstaufführung von Puccinis Oper »Das Mädchen aus dem goldenen Westen«.

Das Opernhaus unter der Leitung von Professor Josef Turnau 1929–1933

Als Eröffnungsvorstellung der neuen Ära unter Intendant Professor Josef Turnau, Oberspielleiter Herbert Graf und Musikchef Hans Wilhelm Steinberg wählte man eine Erstaufführung der Volksoper

»Schwanda, der Dudelsackpfeifer«

des jungen Tschechen Jaromir Weinberger (1. Sept. 1929), eines Lieblingsschülers von Max Reger. Der anwesende Komponist zeigte sich gleichermaßen angetan von den phantasiereichen und prunkvollen Dekorationen (Ludwig Sievert) wie auch von den Leistungen der Sänger, so u. a. Adolf Permann in der Titelrolle, Viorica Ursuleac als Dorota und John Gläser als Babinsky. Das aus der böhmischen Volksmusik schöpfende Werk stellt eine auf tonaler Basis stehende Musizier-Oper dar, die beim Publikum leicht Gehör findet. Auch bei der nachfolgenden Premiere mit Glucks »Orpheus und Eurydike« (14. September 1929) zeigten sich Regisseur Dr. Graf und Kapellmeister Steinberg als routinierte künstlerische Vorstände, denen es nicht an Geschmackssicherheit fehlte. Mit großen Erwartungen sah man einer Vorstellung der »Tosca« (31. Oktober 1929) entgegen, bei welcher sich der Tenor Willi Wörle aus Breslau dem Publikum vorstellte. Einem Engagement ab kommender Spielzeit stand daraufhin nichts mehr im Wege.
Das Streben der neuen Intendanz, unbekannten Komponisten den Weg in die Öffentlichkeit zu bahnen, führte am 5. November zur Erstaufführung der Oper

»Maschinist Hopkins«

von Max Brand, einem Amerikaner, der in Europa aufwuchs. Das Bühnenwerk, das kurz zuvor in Duisburg eine glimpflich verlaufene Uraufführung erlebt hatte, führt den Zuschauer in das zeitnahe Milieu einer dröhnend-lauten Maschinenhalle sowie in eine moderne Dancing-Hall. Der Komponist konnte hierbei auf die Erfahrungen aus seiner Lehrzeit bei Schreker

Intendant Professor Josef Turnau.

zurückgreifen. Der Rezensent der Frankfurter Zeitung, Dr. Karl Holl, bezeichnete die Oper als ein Flickwerk mit Jazzelementen und einer Fülle von Geräuschen, die mit einer Oper nichts gemeinsam haben. Auch das eigentliche Gestaltungsmittel bei einer Oper, die Stimme, kam zu kurz. Dennoch gab es – dank der Einfälle von Bühnenbildner Ludwig Sievert – viel zu sehen. Für das »Mosaik der Partitur« setzte sich der neue Kapellmeister des Hauses, Ewald Lindemann, ein, der aus Freiburg gekommen war.

Unkomplizierte und anregende Kost versprach der Spielplan mit der Erstaufführung von Franz Lehárs Operette

»Das Land des Lächelns«

am 30. November 1929. Schon bei der Berliner Uraufführung mit Richard Tauber und Vera Schwarz als Solisten hatte man das Werk als einen großen Wurf erkannt, den sich kein Theater entgehen ließ. Die Frankfurter Oper überließ die Regie dem großen Talent Rudolf Scheel, der später noch viel von sich reden machte. Nahezu ausschließlich waren es Spitzenkräfte der Oper, wie Viorica Ursuleac (Lisa), Franz Völker (Sou-Chong), Clara Ebers (Mi) und Hermann Schramm (Gustl), die sich um die Gestaltung der dankbaren Rollen mühten. Es ist anzunehmen, daß die Aufführung mit den Opernsolisten um ein Geringes zu ernsthaft geriet. Die Wiederholungsvorstellung vom 26. Januar 1930 hatte demgegenüber den Vorzug, daß Franz Lehár selbst die musikalische Leitung übernahm, wobei es zu wahren Beifallsstürmen kam. In dieser Aufführung wurde die Partie der Lisa von Elisabeth Friedrich gesungen, die – wie zu erwarten – sich erstaunlich locker und beschwingt zeigte.
Mit gemischten Gefühlen dürfte die Intendanz der Uraufführung von Arnold Schönbergs Bühnenwerk am 1. Februar 1930

»Von heute auf morgen«

entgegengesehen haben, zu der selbst aus entferntesten Gegenden Enthusiasten zeitgenössischer Musik angereist waren. Der Name des damals bereits richtungsweisend wirkenden Komponisten trat hiermit im Frankfurter Spielplan erstmals in Erscheinung. Auch durch Schönbergs Anwesenheit konnte nicht verhindert werden, daß neben spontanen Beifallskundgebungen auch Pfuirufe zur Bühne geschleudert wurden, die desto stärker ausfielen, je lauter der Anerkennungsbeifall ansetzte. Knapp zwei Monate nach dieser Darbietung gab man dem Schreker-

Bühnenbildentwurf von Ludwig Sievert zu Hindemiths »Cardillac« (zu Seite 230).

Szenenbilder zu »Maschinist Hopkins« von M. Brand.

Benno Ziegler als Träger der Titelrolle in J. Weinbergers Oper »Schwanda, der Dudelsackpfeifer«.

Szenenbild zur Erstaufführung von Lehars Operette »Das Land des Lächelns« mit Viorica Ursuleac als Lisa und Franz Völker als Sou-Chong.

noch dem Musikchef Wilhelm Steinberg zum Trost für den hohen Aufwand an Vorbereitung gereicht haben dürfte.

Neben den wenig geglückten Novitäten soll jedoch nicht vergessen werden, daß sich die neue Intendanz mit Intensität bemühte, den Spielplan durch Wiederaufnahme von Opern aus dem gängigen Repertoire zu erweitern und den einst von Clemens Krauss in neuer Bühnengestalt vermittelten Werken von Richard Strauss und Richard Wagner weiterhin Pflege angedeihen zu lassen.

Eine Veränderung in der Personalsituation ergab sich, als der beliebte Baßbuffo Richard von Schenck mit 44 Jahren unerwartet vom Tod ereilt und so eine spürbare Lücke in das Ensemble gerissen wurde. – Einen Verlust für die Frankfurter Oper bedeutete auch der Schüler Wilhelm Grosz Gelegenheit, sich mit seinem Einakter

»Achtung Aufnahme«

vorzustellen (23. März 1930). Der gebürtige Wiener, der sich insbesondere als Komponist für Film- und Tanzmusik hervorgetan hatte, konnte mit dieser Uraufführung nicht einmal einen Achtungserfolg verbuchen, sondern mußte den üblichen Widerspruchsbeifall hinnehmen. Der Intendanz wurden seitens der Presse – unter Hinweis auf diesen Mißgriff – schwere Vorwürfe gemacht. Es wäre zweckdienlicher gewesen, so hieß es, die Arbeit in Stücke zu investieren, die auf eine Begegnung warten. Man sprach auch davon, es sei angesichts der finanziellen Misere der Stadt nicht zu verantworten, durch Fehlgriffe bei zeitgenössischen Opern eine Publikumsabwanderung zu bewirken. Auch die Uraufführung der Oper

»Transatlantik«

des Amerikaners George Antheil (25. Mai 1930) vermochte das enttäuschte Publikum nicht zu versöhnen. Der Dichterkomponist versuchte, den Geist der Zeit einzufangen, indem er durch Rhythmus und Jazzmusik sich über alles hinwegsetzte, was die hergebrachte Oper als Kunstwerk auszeichnete. Man nannte den Komponisten einen Jongleur, der zwar mit Knalleffekten umzugehen wisse, jedoch Gefühlsregungen nur in verwässerten melodischen Phrasen zu bieten verstehe. Der anwesende Komponist, der später doch noch seinen persönlichen Stil gefunden hat, wurde bei der Premiere selbst zum Zeugen der »Klatsch- und Zischschlacht«, die weder den mitwirkenden Solisten

Franz Völker als Siegmund in Richard Wagners »Ring des Nibelungen« (Karikatur von L. Salini).

Szenenbild zur Neuinszenierung von Glucks »Orpheus und Eurydike«.

Abschied von Elisabeth Friedrich, die sich nach achtjähriger Tätigkeit für ein Engagement in Berlin entschieden hatte, wo sie in Anbetracht ihres hohen Leistungsvermögens schon bald zur Kammersängerin ernannt wurde. Neben dem Cherubin, dem Octavian und der Carmen hatte man der Sängerin im Laufe ihrer Entwicklung in Frankfurt auch andere Aufgaben anvertraut, so beispielsweise die Agathe, Elsa, »Figaro«-Gräfin und die Donna Anna. Hierbei ist hervorzuheben, daß ihre künstlerische Intelligenz durchaus auch einen erfolgreichen Einsatz in der modernen Oper gewährleistete.

Fünfzig Jahre Frankfurter Opernhaus

Als erste Neuinszenierung der Spielzeit 1930/1931 brachte GMD Steinberg Lortzings Spieloper »Zar und Zimmermann« (6. September 1930), in der sich die neuen Mitglieder Willi Wörle (Châteauneuf) und der Baßbuffo August Griebel (van Bett) vorteilhaft vorstellten. Bald darauf folgte eine Festwoche zur Erinnerung an das 50jährige Bestehen des Frankfurter Opernhauses. Am 12. Oktober lud man zu einer Gedenkstunde ein für den inzwischen verstorbenen ersten Intendanten des Opernhauses, Emil Claar, wobei der rührige Kulturdezernent Dr. Max F. Michel die Gedenkrede hielt. Für den gleichen Abend kündigte der Spielplan eine Vorstellung mit Lortzings »Zar und Zimmermann« an unter der Leitung des früheren Mitglieds Egon Polak, Generalmusikdirektor von Hamburg. Der 14. Oktober 1930 brachte dann eine Wiederbegegnung mit Generalmusikdirektor Gustav Brecher, Leipzig, der von 1917 bis 1920 in Frankfurt engagiert war und an besagtem Abend eine Vorstellung von Wagners »Lohengrin« dirigierte. Am 15. Oktober 1930 schloß sich eine Vorstellung des »Rosenkavalier« von Richard Strauss an, deren Leitung in Händen von Generalmusikdirektor Eugen Szenkar, Berlin, lag, der noch aus der Zeit seiner Frankfurter Tätigkeit als erster Kapellmeister (1920–1923) vielen Frankfurtern in guter Erinnerung gewesen sein dürfte. Die Frankfurter Oper konnte sich damals rühmen, drei vorzüglichen Musikern, E. Polak, G. Brecher und E. Szenkar, als Sprungbrett zu selbständigen Positionen gedient zu haben. Zum Abschluß der Festwoche kündigte man eine Erstaufführung der gesellschaftskritischen Satire

»Aufstieg und Fall der Stadt Mahagonny«

von Kurt Weill an (10. Oktober 1930), ein Werk, das nur wenige Monate zuvor in Leipzig seine Uraufführung erlebt hatte. Weill hat mit diesem Opus die wohl extremste Oper im Fahrwasser des sogenannten Zeittheaters vorgelegt, der Hindemiths »Neues vom Tage«, Křeneks »Jonny spielt auf« und Schönbergs »Von heute auf morgen« im gleichen Sinne

Viorica Ursuleac als Sieglinde in Richard Wagners »Walküre«.

Der Zuschauerraum des Opernhauses.

vorausgingen. Wie schon Weills »Dreigroschenoper« wird auch sein jüngstes Werk vom »Song« bestimmt und spielt in einem ähnlichen Milieu. Es war jedoch insofern eine Änderung festzustellen, als nicht mehr singende Schauspieler die Szene beherrschten, sondern Darsteller, die von Elementen der Oper getragen wurden. Der Dialog wird sparsamer verwendet, durchkomponierte Partien lassen sich erkennen, und das Jazzorchester der »Dreigroschenoper« wird durch ein Symphonieorchester ersetzt. Aus allem spricht eine starke formbildende Kraft des Komponisten, der es verstanden hat, mit einfachsten Mitteln, oft auch mit beißender Ironie, Zustände seiner Zeit vor Augen zu führen, und zwar mit antikapitalistischem Trend. Schon vor der Frankfurter Erstaufführung war bekannt geworden, daß die Leipziger Uraufführung zu einem Skandal geführt hatte. Man setzte daher alles daran, damit sich dies

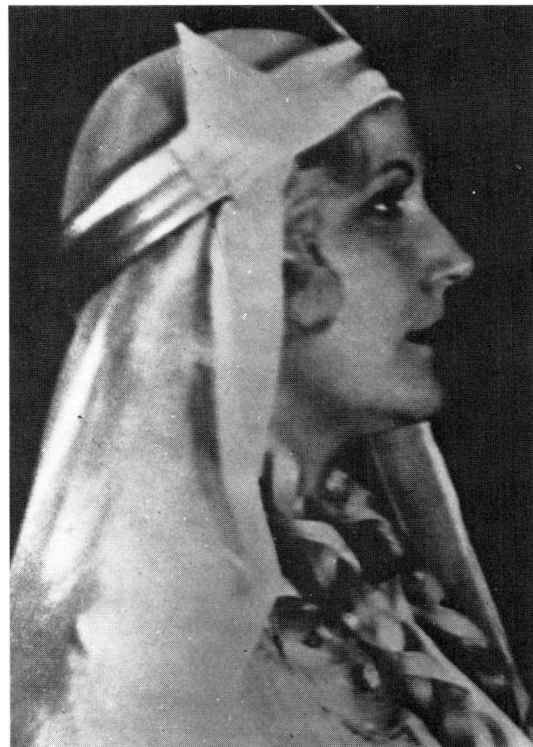

Elisabeth Friedrich als Elsa in Richard Wagners »Lohengrin«.

Szenenbild zu »Aufstieg und Fall der Stadt Mahagony« von K. Weill.

in Frankfurt nicht wiederholte; man dämpfte und milderte, wo immer es möglich war. Im übrigen bot Spielleiter Dr. Herbert Graf vieles in vorsichtiger Dosierung. Dennoch blieb es nicht aus, daß sich das Publikum bei der Frankfurter Premiere in zwei Parteien spaltete: die einen, die begeistert klatschten, und die anderen, die den »Blumenstrauß von den Mistbeeten der neuesten Kunstgärtnerei« mit Pfuirufen quittierten. Das darstellende Ensemble hatte verständlicherweise einige Mühe, sich in den geforderten Stil einzufinden, konnte sich aber dennoch erstaunlich gut behaupten. Else Gentner-Fischer (Jenny) konnte aus ihrem reichen Erfahrungsschatz schöpfen, Willi Wörle (Jim) brachte gute Voraussetzungen mit für seine temperamentvollen Auftritte, und auch Magda Spiegel (Witwe Begbick) tat alles, um den Anforderungen ihrer Rolle gerecht zu werden. Kapellmeister Steinberg und Bühnenbildner Ludwig Sievert ließen größtmögliche Sorgfalt walten, um dem Werk die erforderlichen charakteristischen Züge zu geben.

Die Gepflogenheit, kein Jubiläum von Mitgliedern des singenden Personals zu übersehen, führte am 8. November 1930 zur Ankündigung einer »Fidelio«-Aufführung aus Anlaß der 25jährigen Zugehörigkeit des bewährten Bassisten Walter Schneider zum Frankfurter Opernhaus. Bis zu diesem Zeitpunkt hatte er eine Vielzahl von Rollen großen und kleineren Formats mit der ihm eigenen Zuverlässigkeit gesungen. Ein entsprechendes Jubiläum konnte Josef Gareis am 3. Dezember 1930 mit einer Aufführung des »Zigeunerbaron« von Johann Strauß begehen. Sein fachlicher Einsatz reichte vom Beckmesser (»Meistersinger«), Dr. Bartolo (»Barbier von Sevilla«), Pankratius (»Wildschütz«) bis hin zu vielen anderen Aufgaben aus der klassischen und modernen Operette. Nicht vergessen sei das Jubiläum des Heldentenors Otto Fanger, der am 19. Dezember 1930 zum hundertsten Mal den Tristan sang, was auch den Lesern verständlich macht, welche Anforderungen ein Künstlerleben an die Sänger stellt.

Mit der Erstaufführung von Verdis Oper

»Simone Boccanegra«

entsprach die Frankfurter Oper einer Ehrenpflicht gegenüber dem italienischen Meister (26. November 1930). Dabei wurde geflissentlich ignoriert, daß die Uraufführung (1857) nur

Willi Wörle als Sänger im »Rosenkavalier« von Richard Strauss.

Mit dem Engagement dieses Künstlers, der vom Theater in Breslau gekommen war und sich als Cavaradossi (»Tosca«) vorgestellt hatte (1930), kam wiederum eine besonders schöne Tenorstimme ins Frankfurter Ensemble. Schon vor Antritt seines Vertrages konnte er auf erfolgreiche Gastspiele in Amsterdam, Paris und London zurückblicken und sich auf die besondere Wertschätzung des berühmten Dirigenten Bruno Walter berufen. Zu seinen in Frankfurt gesungenen Partien gehörte u. a. der Belmonte (»Die Entführung aus dem Serail«), der Postillon von Lonjumeau, aber auch der Erik (»Der Fliegende Holländer«) und der Tannhäuser, den er in Frankfurt erstmals sang. Leider nahm im Juni 1933 der so beliebte Sänger wieder Abschied von Frankfurt, da er sich an die Städtische Oper nach Berlin-Charlottenburg verpflichtet hatte.

Szenenbild zu Verdis »Falstaff«.
(lks.) Magda Spiegel (Mrs. Quickly), Emmy Hainmüller (Mrs. Alice Ford), Betty Mergler (Mrs. Meg Page) und Robert vom Scheidt (Titelpartie).

schwachen Beifall erhalten hatte und das Werk kurze Zeit später in Mailand sogar ausgepfiffen worden war. Frankfurt bot damals die Oper in der Bearbeitung von Franz Werfel, welche weit mehr anspricht als die Urfassung, wenngleich dem Werk trotz der herrlichen Arien und der instrumental farbigen Zeichnung von Naturstimmungen der ganz große Erfolg vorenthalten blieb. Jean Stern als Titelheld brachte das geforderte wuchtige Ausdrucksvermögen mit, wie auch Viorica Ursuleac (Amelia), John Gläser (Adorno) und Hans Erl (Jacobo Fiesco) bei Publikum und Presse lobende Anerkennung fanden.

Wie verschiedentlich deutlich wurde, hatte die Intendanz bei der Aufführung zeitgenössischer Werke nicht immer eine glückliche Hand.
Oft brachte man moderne Bühnenschöpfungen, deren Lebenskraft damals mehr als zweifelhaft erschien, während andere Werke, die überzeugender und richtungsweisend waren, dem Frankfurter Theaterpublikum vorenthalten blieben. Hierzu gehörte auch Alban Bergs Oper

»Wozzeck«

die bereits im Jahre 1925 ihre Uraufführung erlebt hatte und erst am 19. April 1931 auf dem Frankfurter Spielplan erschien. Als im Jahre 1925 Kapellmeister Hermann Scherchen Ausschnitte des Werkes in konzertanter Form brachte, äußerte die Frankfurter Presse den Wunsch nach baldiger szenischer Darstellung der gesamten Oper. Trotz des sensationellen Erfolges, der den Schönberg-Schüler Alban Berg von einem Tag auf den anderen berühmt machte, dauerte es noch Jahre, bis das anerkannte Meisterwerk in den Frankfurter Spielplan aufgenommen wurde. Annähernd dreißig Theater hatten sich bis zum Jahre 1936 des Werkes angenommen; nach 1949 setzte sich der Siegeszug dieser Oper fort. Hans Wilhelm Steinberg vermochte der Frankfurter Erstaufführung dank seiner Vertrautheit mit moderner Musik spürbare Akzente zu verleihen, und auch Spielleiter Dr. Graf konnte seine Bühnenerfahrung überzeugend in den Dienst des Werkes stellen. Zu den Darstellern zählten Erna Recka (Marie), Jean Stern (Wozzeck), Otto Fanger (Tambour-Major), Hermann Schramm (Hauptmann) und August Griebel (Doktor).

Mit Abschluß der Spielzeit 1930/1931 kam für den Heldentenor Franz Völker die Stunde des Abschieds. In Frankfurt hatte er das Rüstzeug für seine spätere internationale Karriere erhalten. Am Ende seines fünfjährigen Engagements in Frankfurt konnte er sich darauf berufen, als vorzüglicher Darsteller des Florestan (»Fidelio«), Radames (»Aida«), Siegmund (»Walküre«), Tannhäuser usw. zu gelten, alles Partien, mit denen er in der nachfolgenden Zeit an den bedeutendsten europäischen Bühnen hohe Anerkennung finden sollte. Nicht zu vergessen sein später so erfolgreicher Einsatz bei den Bayreuther Festspielen und seine

Viorica Ursuleac als Evchen in Richard Wagners Oper »Die Meistersinger von Nürnberg«.

Szenenbild zu »Wozzeck« von Alban Berg.

stets zum Ausdruck gebrachte Verbundenheit mit der Frankfurter Oper; immer wieder stellte er sich im Laufe der Jahre zu Gastspielen in Frankfurt zur Verfügung.

Es versteht sich, daß der Spielplan neben der Pflege zeitgenössischen Schaffens weiterhin Neuinszenierungen und Neueinstudierungen von Werken traditioneller Art bot. Auch der Gattung Operette wurde sorgsame Pflege zuteil, wobei im Vergleich zur Krauss-Epoche nunmehr die moderne Operette etwas stärker in den Vordergrund rückte. Eine willkommene Novität war Benatzkys Operette »Im weißen Rößl«, die am 10. Oktober 1931 erstmals das Frankfurter Theaterpublikum erfreute.

Mit Beginn der Saison 1931/1932 traten verschiedene Sänger ihr Neuengagement an. Genannt sei nur Carl Ebert, der von Darmstadt kam und zu einem hochgeschätzten Vertreter des Baritonfaches wurde. Mit seiner künstlerischen Intelligenz machte er selbst aus kleinen Partien Kabinettstücke exquisiter Prägung. Eine glückliche Hand bewies die Intendanz ferner mit dem Engagement von Emmy Hainmüller, die zuvor in Dortmund tätig gewesen war. Sie vertrat den schon immer schwer zu findenden Typus der jugendlich-dramatischen Sängerin, der sich in ihr stimmlich wie auch in der äußeren Erscheinung geradezu ideal verkörperte. Die gute technische Führung ihrer Stimme, das gepflegte Timbre und ihr dramatisches Einfühlungsvermögen brachten ihr während ihres mehrjährigen Engagements allseitige Anerkennung.

Die Verdi-Renaissance, von der damals auch die Frankfurter Oper ergriffen wurde, führte am 23. Januar 1932 zur erstmaligen Aufführung des Frühwerkes

»Macbeth«,

das sich inhaltlich nicht immer mit dem Geist Shakespeares deckt. Wenngleich diese Oper nur gelegentlich noch auf dem Spielplan deutscher Bühnen erscheint, erweist sich ihre Lebensfähigkeit bei Wiederaufnahme immer wieder aufs neue. Die spürbare Aufnahmefreudigkeit des Frankfurter Publikums bei der Erstaufführung war maßgeblich von den stark ausstrahlenden Persönlichkeiten auf der Bühne bestimmt, so von Jean Stern in der Titelrolle und von Else Gentner-Fischer als Lady. Für die Regie zeichnete Intendant Prof. Turnau verantwortlich, und bei der musikalischen Leitung zeigte sich Kapellmeister Helmut Seidelmann von außerordentlicher Anpassungsfähigkeit. Die stilgerechten Bühnenbilder lieferte wiederum Ludwig Sievert.

Franz Völker als Siegmund in Richard Wagners »Walküre«.

Bühnenbildentwurf von Ludwig Sievert zu Verdis »Macbeth«.

Für den April 1932 setzte man erneut eine geschlossene Aufführung von Wagners »Ring des Nibelungen« an, und zwar in Erinnerung an die vor fünfzig Jahren erstmals auf dem Frankfurter Spielplan erschienenen Werke »Rheingold« und »Walküre«. Erneut soll in diesem Zusammenhang darauf hingewiesen sein, daß am Erfolg der Aufführungen auch der Technische Direktor Walter Dinse einen großen Anteil hatte; durch neuartige technische Vorrichtungen vermochte er grandiose Bühnenwirkungen zu erzeugen, um derentwegen oft Theaterbesucher z. B. die Aufführungen von »Rheingold« und »Walküre« besucht haben. Ihm zur Seite stand der gleichfalls rührige Technische Inspektor Friedrich Fischer, der seine reichen Erfahrungen später als Technischer Direktor u. a. am Theater in Wuppertal verwenden konnte.

Das Goethe-Gedenkjahr 1932 wurde mit einer Wiederaufnahme von Gounods Oper »Margarethe« (29. Mai 1932) gefeiert. John Gläser als Faust und Jean Stern als Mephisto zeigten sich in Hochform. Emmy Hainmüller als Margarethe, Betty Mergler als Marthe und Adolf Permann als Valentin vervollständigten das Ensemble gleichfalls mit überzeugenden Leistungen.

Noch vor Ende der Spielzeit 1931/32 konnte Marie Wellig-Bertram ihre 25jährige Zugehörigkeit als Utilité und komische Alte feiern. Ihr urwüchsiger Humor und die Fülle ihrer äußeren Erscheinung hatten unzähligen größeren und kleineren Rollen zum Erfolg verholfen. – Abschied zu nehmen galt es von Beatrice Sutter-Kottlar, der es nach 25jähriger Bühnentätigkeit aus gesundheitlichen Gründen nicht mehr möglich war, eine Abschiedsvorstellung wahrzunehmen. Mit ihrer außergewöhnlich schönen Stimme und ihrer Darstellungskultur steht sie in einer Reihe mit den besten deutschen Sängerinnen.

Unvergessen bleibt sie als Gräfin in »Figaros Hochzeit«, Donna Anna in »Don Juan«, »Fidelio«-Leonore, Marschallin im »Rosenkavalier«, als Ariadne und nicht zuletzt als Brünnhilde in Wagners »Ring«. Mit ihr schied eine der bedeutendsten Sängerinnen der Frankfurter Oper von der Bühne.

Ein recht interessantes Werk verbindet sich mit dem Namen von Darius Milhaud, den man am 22. Juni 1932 mit der Vertonung des Klageliedes von Jean Cocteau

»Der arme Matrose«

herausstellte. Der veristische Text im Charakter einer Moritat veranlaßte den französischen Komponisten, gleichfalls den Bänkelsängerton anzuschlagen. Mit sparsamen Mitteln und differenzierter Rhythmik sowie mit einer farbigen Tonsprache von exotischem Reiz gelang es ihm, die jeweilige Situation zu erfassen. Als weiteren Einakter präsentierte man am gleichen Abend die Musikkomödie

»Die spanische Stunde«

des Franzosen Maurice Ravel, der sich in diesem Werk auch spanischer Musikformen bediente und dank seiner Instrumentationsbegabung aparte und schillernde Klangwirkungen zu erzielen verstand.

Mit der Spielzeit 1932/1933 griff die allgemein schwierige Finanzlage auch auf das Frankfurter Theaterleben über. Man entschloß sich zu einer radikalen Senkung der Eintrittspreise, um so den Anreiz für den Theaterbesuch zu erhöhen. Notwendigerweise hatte die bedrückende Situation auch Auswirkungen auf die Spielplangestaltung. Man stellte sich nunmehr darauf ein, möglichst nur noch erprobte Werke als Neuinszenierungen oder Neueinstudierungen zu bringen und dabei vor allem den Komponisten Gluck, Weber, Mozart, Wagner, Verdi und Richard Strauss Vorrang zu geben. Dies hatte natürlich zur Folge, daß der Mut zum Experiment nahezu völlig zum Erliegen kam. Der Operette räumte man nun etwas mehr Platz ein, ohne daß jedoch der Spielplan das künstlerische Gesicht des Theaters zu dessen Ungunsten veränderte.

Bühnenbildentwurf von Ludwig Sievert zu Milhauds »Der arme Matrose«.

Jean Stern als Titelheld in Mussorgskijs »Boris Godunow«. Der Sänger gehörte als Heldenbariton in die Spitzengruppe der deutschen Sänger seines Faches. Das selten zu findende Stimmtimbre, das kraftvolle Organ und die zum Dämonischen neigende Gestaltungsgabe waren die Vorzüge dieses Sängers in den großen Wagner-Rollen und den Partien wie Pizarro (»Fidelio«), Escamillo (»Carmen«), Jago (»Othello«), Rigoletto, Amonasro (»Aida«) usw.
Im Jahre 1943 sang er während den Bayreuther Festspielen den Hans Sachs in den »Meistersingern von Nürnberg«.

Noch bevor das Kalenderjahr 1932 zu Ende ging, verabschiedete sich Richard Breitenfeld vom Frankfurter Publikum, nachdem er dreißig Jahre dem Ensemble angehört hatte. Seinen Wunsch, den Tonio im »Bajazzo« zu singen (18. Dezember 1932), erfüllte man ihm gerne, da er mit der gleichen Rolle einst von Köln aus auf Engagement in Frankfurt gastiert hatte. Seine durchgebildete Stimme sowie sein Gestaltungsvermögen, aber auch seine vielseitige Einsatzfähigkeit hatten ihn zu einem wertvollen Mitglied der Frankfurter Oper gemacht. Zu seinen bevorzugten Aufgaben gehörten: Jago (»Othello«), Posa (»Don Carlos«), Amfortas (»Parsifal«), René (»Maskenball«), Scarpia (»Tosca«) u. a. m.

Bei Übernahme der Staatsgewalt durch Adolf Hitler war vorauszusehen, daß auch das kulturelle Leben davon stark betroffen sein würde. Das Theater der Vergangenheit wurde von den neuen Machthabern als »Stätte der Dekadenz, der sittlichen Verrohung und des Untermenschentums« bezeichnet. Dabei machte man keinen Hehl daraus, daß alle »Repräsentanten des Verfalls« beseitigt werden müßten. Mit Verfügung des neuen Frankfurter Oberbürgermeisters wurden als erste Maßnahme der jüdische Intendant Prof. Turnau sowie der Musikchef Hans Wilhelm Steinberg ihrer Ämter enthoben. Das gleiche Schicksal ereilte den so begabten Kapellmeister Ernst Wolff, der zur Emigration gezwungen wurde und sich in Amerika später zu einem der angesehensten Pianisten entwickelte. Allen Erschwernissen zum Trotz setzte er sich in seinem neuen Domizil besonders für das deutsche Liedschaffen ein, wofür ihm später das deutsche Bundesverdienstkreuz

Willi Wörle als Lohengrin in Richard Wagners gleichnamiger Oper.

Erster Klasse und seitens der Stadt Frankfurt der Professorentitel verliehen wurden. Zu den unerwünschten Persönlichkeiten im Dritten Reich gehörte weiterhin Oberspielleiter Dr. Herbert Graf, der gleichfalls vor Ablauf seines Vertrags zur Aufgabe seiner Tätigkeit gezwungen wurde. Mit Rücksichtnahme konnte auch der bewährte Bassist Hans Erl nicht rechnen, der noch vor seiner Deportation dazu gezwungen wurde, in der Festhalle, einer Sammelstelle von Juden, die Arie des Sarastro aus Mozarts »Zauberflöte« (»In diesen heiligen Hallen«) zu singen. Tragisch war es auch, daß der bewährte und betagte Richard Breitenfeld ins Konzentrationslager Theresienstadt gebracht wurde, wo er – wie es heißt – eines natürlichen Todes gestorben sein soll. Gewisse Rücksichtnahme übte man gegenüber dem Juden Benno Ziegler, da dieser mit der renommierten Sängerin Else Gentner-Fischer verheiratet war; doch auch ihm blieb letzten Endes nichts anderes übrig, als sich ins Ausland abzusetzen. Mit gewissem »Wohlwollen« begegnete man der Altistin Magda Spiegel, die gebürtige Tschechin war. Zwar ließ man ihr noch bis 1942 Versorgungsbezüge – wenn auch in beschränktem Rahmen – zukommen, doch wurde sie kurz darauf in das Konzentrationslager Theresienstadt verschleppt, wo sie ein Opfer der Nationalsozialisten wurde. In diesem Zusammenhang soll nicht verschwiegen werden, daß es damals auch mutige Männer gab, die sich für einen Verbleib der Künstlerin einsetzten. Als jedoch von höchster Stelle die Zusicherung in Frankfurt eintraf, daß Magda Spiegel von einer Verschickung ins Konzentrationslager verschont bleiben werde, war sie – wegen des inzwischen erfolgten Abtransports – bereits nicht mehr erreichbar. Trotz zahlreicher Schikanen gelang es dem Spieltenor Hermann Schramm, die Nazizeit zu überstehen und sein Ruhegeld als Pensionär in Anspruch zu nehmen. Nach dem Zusammenbruch des »tausendjährigen Reiches« war es ihm noch vergönnt, die verdiente Urkunde als Ehrenmitglied der Frankfurter Städtischen Bühnen entgegenzunehmen. Die Entfernung der jüdischen Mitglieder durch die Nationalsozialisten hatte natürlich für das Ensemble folgenschwere Auswirkungen, da es kaum möglich war, binnen kurzer Zeit für die Ausfälle adäquaten Ersatz zu finden. Spürbar war des weiteren auch das Wegfallen der jüdischen Mitbürger als Theaterbesucher, da bis 1933 annähernd die Hälfte der Abonnenten von ihnen gestellt wurde.

Mit der Leitung des Opernhauses wurde nach der Machtübernahme durch die Nationalsozialisten ein kommissarischer Intendant betraut, der sich zunächst darum bemühte, einen neuen musikalischen Oberleiter zu engagieren. Aufgrund eines Informationsgastspiels verpflichtete man Bertil Wetzelsberger, vorher Nürnberg, als ersten Kapellmeister, womit ein befähigter Musiker ins Haus kam. Dem interimistischen Intendanten machte man keine Hoffnung auf einen Verbleib, da er für einen solchen Posten zwar die politischen Voraussetzungen mitbrachte, ihm aber jegliche Erfahrung in der Führung eines großen Theaters fehlte. Aufgrund einer öffentlichen Ausschreibung kam der ehemalige Stettiner Intendant Hans Meissner zum Zuge, der als früherer Chef der Rhein-Mainischen Wanderbühne durch seine künstlerischen Erfolge in guter Erinnerung geblieben war. Gewisse politische Vorbehalte, die ihm den Ruf »Roter Hans« einbrachten, wurden durch Einsatz des damals amtierenden Oberbürgermeisters legalisiert. Der wiederholt ausgesprochene Verdacht, daß familiäre Beziehungen zwischen dem Oberbürgermeister und Meissner dessen Berufung nach Frankfurt begünstigt haben, ist nur insoweit haltbar, als zwischen den beiden lediglich eine Bekanntschaft aus früherer Zeit bestand.

Szenenbild zu »Die Königskinder« von E. Humperdinck mit Gertrud Riedinger (Gänsemagd) und Torsten Ralf (Königssohn).

Das Frankfurter Opernhaus
unter der Leitung von Generalintendant Hans Meissner 1933–1944

Der neu ernannte Hans Meissner als Leiter der Städtischen Bühnen (Schauspielhaus und Opernhaus) ging anfangs sehr vorsichtig ans Werk und vermied im besonderen jede Kollision mit den politischen Institutionen, die dennoch Gelegenheit suchten und auch fanden, sein loyales Verhalten gegenüber Juden und Mischehen im Personal zu kritisieren. Unter dem Schutz des Oberbürgermeisters konnte Meissner jedoch seine Stellung in Frankfurt mehr und mehr festigen, nicht zuletzt auch deshalb, weil er über eine große organisatorische Begabung verfügte und im Spielplan – um von der Oper zu sprechen – alle Stücke vermied, die aufgrund ihrer Modernität ein Risiko bedeuteten und auf jüdische Komponisten zurückgingen. Sehr zustatten kam Meissner sein ausgeprägtes Gespür für zukunftsträchtige Künstler, welches dazu beitrug, daß die Frankfurter Oper sich später rühmen konnte, eines der homogensten und künstlerisch ausgewogensten Ensembles in Deutschland zu besitzen. Noch bevor Meissner seinen Posten als Generalintendant der Städtischen Bühnen in Frankfurt antrat, brachte der Spielplan eine Aufführung von Hans Pfitzners »Palestrina« (7. Januar 1933), die der Komponist vom Musikalischen und Szenischen her restlos ablehnte. Trotz dieser Vorbehalte dirigierte er am 25. Mai 1933 eine Vorstellung, dies jedoch nur unter der Bedingung, daß seine Beanstandungen behoben würden. Generalintendant Meissner nahm später Gelegenheit, in Form einer Neueinstudierung das gegebene Versprechen einzulösen. Eine Neuinszenierung von Richard Wagners »Parsifal« (19. Februar 1933) ließ insofern aufhorchen, als Willi Wörle in der Titelrolle hohen Erwartungen entsprach. Einen nicht minder guten Eindruck hinterließ sein Einsatz in der »Tannhäuser«-Vorstellung vom 2. April 1933. Bald darauf wurde die Theateröffentlichkeit durch die Mitteilung aufgeschreckt, daß der

Generalintendant Hans Meissner.

Heldentenor Otto Fanger nach über zwanzigjähriger Tätigkeit in Frankfurt im Alter von 54 Jahren verstorben sei. Tausende von Theaterfreunden begleiteten den Trauerzug vom Opernhaus bis zum Hauptfriedhof, um von dem verdienstvollen Sänger Abschied zu nehmen.
Als vordringliche Aufgabe sah Generalintendant Meissner die Neuausrichtung von Richard Wagners »Ring des Nibelungen« an. Hierbei trat der neu engagierte Tenor Paul Helm vorteilhaft als »Walküren«-Siegmund und als Titelheld im »Siegfried« in Erscheinung (Juni 1933), nachdem Willi Wörle – nach kurzer Tätigkeit in Frankfurt – ein Engagementsangebot aus Berlin angenommen hatte.
Eine wertvolle Bereicherung für das Ensemble bedeutete das Engagement von Dr. Oskar Wälterlin als Oberspielleiter, dem die Frankfurter Oper im Laufe der kommenden Spielzeiten beachtliche Inszenierungen zu verdanken hatte. Für das Solistenensemble wurde Elsa Kment als Zwischenfachsängerin verpflichtet. Während vieler Jahre ihres Engagements kamen ihr interessante Aufgaben zu. Mit Herbert Hesse wurde ein geschickter Darsteller des Baritonfaches gewonnen, der sich auch als gepflegter Sänger erwies. Zu erwähnen ist noch das schon früher in Kraft getretene Vertragsverhältnis mit der Opernsoubrette Gertrud Riedinger (von 1931 bis 1934), die stets recht gefiel. Ein großer Gewinn für die Frankfurter Oper wurde der neu verpflichtete jugendliche Tenor Torsten Ralf, ein Sänger mit strahlend schöner Stimme und blendender Erscheinung, den die Frankfurter Oper leider im Jahre 1935 an die renommierte Dresdner Staatsoper abgeben mußte.
Zu einem erstaunlich frühen Termin kündigte der Spielplan die jüngste Oper von Richard Strauss

»Arabella«

an (16. Oktober 1933), ungefähr drei Monate nach der Uraufführung in Dresden. Mit diesem Werk verbindet sich die letztmalige Zusammenarbeit des Komponisten mit Hugo von Hofmannsthal, der ein durchaus bühnenwirksames Libretto geschrieben hatte. Richard Strauss schuf in seltener Meisterschaft gut charakterisierte Figuren und gab den Solisten reichlich Gelegenheit, sich im Wohlklang des Gesanges zu ergehen. Es steht außer Frage, daß es zur damaligen Zeit keinen Komponisten gab, der imstande gewesen wäre, auch nur annähernd

Szenenbild zur Erstaufführung der »Arabella« von Richard Strauss.

einen solchen Klangzauber zu schaffen, wie es Richard Strauss hier gelungen war. Der Komponist hat in sein Werk südslawische Volksweisen eingearbeitet und durch beschwingte Wiener Walzerseligkeit Stimmungen von erlesener Art entstehen lassen, ohne indes auf dramatische Akzente zu verzichten. Unter dem neuen ersten Kapellmeister Bertil Wetzelsberger erklang das Orchester in blühender Farbigkeit. Auch der jüngst verpflichtete Oberspielleiter Dr. Oskar Wälterlin ließ es an nichts fehlen, um dem Spiel der handelnden Personen in unbeschwerter Atmosphäre jene Gelöstheit zu geben, die bewirkte, daß Darstellung und Musik zu einer Einheit verschmolzen. Über allem spannten sich die stark ausgeprägten Bühnendekorationen von Ludwig Sievert, der das Wiener Milieu im Bild reizvoll einzufangen verstand. Die Titelpartie hatte man Elsa Kment überlassen, die eine glänzende Bühnenerscheinung mitbrachte und von ihrer Aufgabe innerlich angesprochen war. Der sonst mit Heldenbariton-Partien befaßte Jean Stern stellte einen Mandryka ganz eigener Prägung auf die Bühne, während Emmy Hainmüller der Zdenka alle Wesenszüge zukommen ließ, die von Text und Musik her gefordert waren. Clara Ebers formte die Fiakermilli mit ihrer Jodelfreudigkeit zu einem getreuen Abbild einer aus dem Wiener Volksleben abgelauschten Figur. Torsten Ralf in der Rolle des Matteo sowie Else Gentner-Fischer als Adelaide rundeten durch überzeugende Leistungen die vom Publikum freudig aufgenommene Premiere eindrucksvoll ab.

Am 10. November 1933 wurde der vorweihnachtliche »Ring«-Zyklus mit »Rheingold« eröffnet, wobei mit Karl Maria Zwißler ein temperamentvoller Dirigent von großer manueller Begabung und künstlerischer Individualität als neuer musikalischer Leiter der Oper fungierte. Er war zugleich der umsichtige Kapellmeister jener Neueinstudierung von Richard Wagners »Rienzi« (11. Januar 1934), bei der Paul Helm die Titelrolle sang und Elsa Kment sich als Irene sowie Magda Spiegel als Adriano qualifizierten.

Als erste Novität der Meissner-Ära kam eine Erstaufführung des Singspiels »Prinz Eugen« von Max Alex Pflugmacher (31. Januar 1934) auf den Spielplan, ein volkstümliches Werk,

Bertil Wetzelsberger, erster Kapellmeister.

Emmy Hainmüller als Zdenka in »Arabella« von Richard Strauss.
Die jugendlich-dramatische Sängerin, die im Jahre 1931 vom Stadttheater Dortmund nach Frankfurt übergewechselt war, hatte bereits bei den vorausgegangenen Informationsgastspielen als Elisabeth (»Tannhäuser«) und als Elsa (»Lohengrin«) den Eindruck hinterlassen, eine prädestinierte Vertreterin in einem schwer zu findenden Fach zu sein. Ihre einnehmende äußere Erscheinung, das für ihr Fach typische Stimmtimbre und ihre überzeugende Darstellungsgabe machten sie im Laufe ihrer langen Zugehörigkeit zum Frankfurter Ensemble zu einer der beliebtesten Sängerinnen.

Clara Ebers als Fiakermilli in der »Arabella« von Richard Strauss.
Als die Sängerin sich im Februar 1928 als Mitglied des Düsseldorfer Theaters in Frankfurt als Olympia in Offenbachs »Hoffmanns Erzählungen« vorstellte, war man rasch entschlossen, die hoch begabte Künstlerin zu engagieren. Ihre anmutige äußere Erscheinung, ihre Musikalität und der Silberklang ihrer Stimme machten sie schon bald zu einem wertvollen Mitglied des Hauses. Als Rosine (»Der Barbier von Sevilla«), als Zerbinetta (»Ariadne auf Naxos«), als Sophie (»Rosenkavalier«), als Traviata usw. wird sie unvergessen bleiben. Noch vor ihrem Wechsel an die Hamburger Staatsoper gelang ihr mit der »Don Carlos«-Elisabeth der Durchbruch zu späteren interessanten Aufgaben wie beispielsweise der Marschallin (»Rosenkavalier«).

Torsten Ralf als Lohengrin in Richard Wagners gleichnamiger Oper.
Der gebürtige Schwede, der von 1933 bis 1935 dem Frankfurter Ensemble angehörte, bestach nicht nur durch ein quellend schönes Tenormaterial, sondern auch durch eine vorzügliche äußere Erscheinung. Zu seinen beachtlichen Leistungen gehörte die Darstellung des Parsifal, des Palestrina und des Lohengrin, eine Rolle, die ihm auch anläßlich des englischen Königs-Jubiläums (1935) in der Covent Garden Opera in London angetragen war. Der Künstler war im Anschluß an sein Frankfurter Engagement erster jugendlicher Heldentenor der Dresdner Staatsoper, wo er bei der Uraufführung von Richard Strauss' »Daphne« den Apoll sang. Wiederholt wurde der Sänger an den Staatsopern in Wien und München eingesetzt, wie auch mit großem Erfolg an der Metropolitan Opera in New York.

Bühnenbildentwurf von Ludwig Sievert zu Bergs »Wozzeck« (zu Seite 243).

Szenenbild zu »Friedemann Bach« von P. Graener.

Paul Helm als Rienzi in Richard Wagners gleichnamiger Oper.
Der junge Heldentenor, der vom Stadttheater in Essen gekommen war, bewährte sich in Frankfurt u. a. als Pedro (»Tiefland«), Siegmund und Siegfried (»Ring des Nibelungen«), aber auch als Lohengrin und Parsifal.

Szenenbild zu »Prinz Eugen« von M. A. Plugmacher mit Lya Justus und Karl Pistorius.

das dem anwesenden Komponisten jedoch nur einen Achtungserfolg einbrachte.
Ohne Widerspruch kam es zur Erstaufführung der Oper

»Friedemann Bach«

von Paul Graener (24. Februar 1934), der zeitweilig als Direktor am Salzburger Mozarteum wirkte und in gleicher Eigenschaft am Sternschen Konservatorium in Berlin zu hohen Ehren kam. Seine Bühnenwerke wandeln auf erprobten Pfaden, sind aber kultiviert in der Satzgestaltung und von dramatischem Impuls getragen. Unter der Leitung des Komponisten fand die Premiere einen guten Anklang, wobei Oskar Wälterlin erneut seine Geschicklichkeit als Regisseur bewies, und Ludwig Sievert durch seine geschmackvolle dekorative Ausstattung den Erfolg wesentlich begünstigte.
Generalindentant Meissner hielt an der Gepflogenheit fest, zur Osterzeit den »Parsifal« zu bringen. Else Gentner-Fischer als bewährte Kundry, Robert vom Scheidt als Gurnemanz, Rudolf Permann als Amfortas, Jean Stern als Klingsor und allen voran Torsten Ralf in der Titelpartie (neben dem alternierenden Paul Helm) boten Leistungen von seltener stimmlicher Schönheit.
Zu den Sängerinnen, die sich mehr und mehr in den Vordergrund spielten, gehörte Clara Ebers, die am 15. März 1934 erstmals die Partie der Madame Butterfly übernahm, wenngleich diese Aufgabe nicht unbedingt in ihr Fach gehörte.
Mit Beginn der Saison 1934/1935 führte sich eine Reihe neuer Sänger in Frankfurt ein. Es sei vorweggenommen, daß diese Engagements

Szenenbild zu Dransmanns Oper »Münchhausens letzte Lüge«.

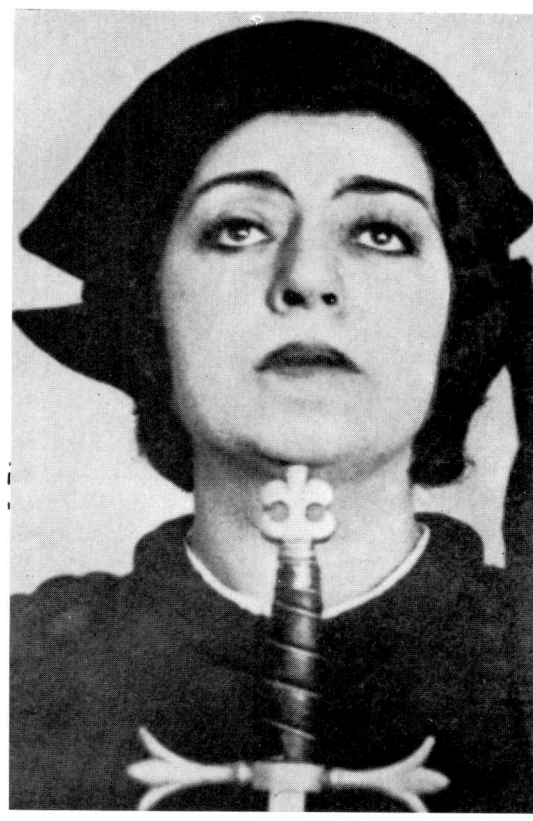

Magda Spiegel als Adriano in Richard Wagners »Rienzi«.

Torsten Ralf als Palestrina in Pfitzners gleichnamiger Oper.

derart glücklich waren, daß man in den meisten Fällen bis zur Zerstörung des Opernhauses im Jahre 1944 immer wieder auf Re-Engagements dieser Künstler zurückgriff. Hierzu gehörten u. a. die lyrische Sängerin Coba Wackers vom Stadttheater Krefeld, die Opernsoubrette Maria Madlen Madsen und der Heldentenor Albert Seibert vom Stadttheater Zürich sowie der Bassist Matthias Mrakitsch vom Stadttheater Nürnberg. In diesem Zusammenhang bleibt zu erwähnen, daß sich Emmerich Weil als erster Bassist nach Zürich begab, wogegen Oberspielleiter Dr. Wälterlin und Kapellmeister Karl Maria Zwißler interessante Engagementsangebote in leitender Funktion ausschlugen. Der allseitige Wunsch der deutschen Theater, aus der Hand zeitgenössischer Komponisten ein volksnahes Bühnenwerk im Sinne einer »kulturellen Erneuerung« ausfindig zu machen, fand vorerst nur in Hannsheinrich Dransmanns Oper

»Münchhausens letzte Lüge«

eine gewisse Entsprechung. Wie gering die Auswahl damals auf diesem Sektor war, zeigt die Tatsache, daß das Werk am 18. Mai 1934 an drei Bühnen gleichzeitig zur Uraufführung gebracht wurde. Schon sehr bald aber war von dem Komponisten und seinem Opus keine Rede mehr.

Zu einem denkwürdigen Tag wurde der 11. Juni 1934, an dem mit der 150. Frankfurter Aufführung von Richard Strauss' »Rosenkavalier« zugleich der 70. Geburtstag des Meisters gefeiert werden konnte. Mit Else Gentner-Fischer (Marschallin), Emmy Hainmüller (Octavian), Clara Ebers (Sophie) und Robert vom Scheidt (Ochs) fand sich ein Ensemble zusammen, das an Qualität kaum zu überbieten war. Zu einem freudigen Wiedersehen führte die Darbietung

Bühnenbildentwurf von Caspar Neher zu Richard Wagners »Tannhäuser«.

hatte ihm oft Gelegenheit gegeben zu Gastspielen im In- und Ausland mit allen nur denkbaren berühmten Dirigenten. Zum Abschied wünschte sich Walter Schneider als Festvorstellung die Gounodsche »Margarethe« (6. Dezember 1934), in der er schon bei Antritt seines Frankfurter Engagements den Mephisto dargestellt hatte. Insgesamt trat Walter Schneider in mehr als zweihundert Partien mit rund viertausend Vorstellungen in Frankfurt auf.

Die 125. Aufführung von Richard Wagners »Tristan und Isolde« wurde zu einem willkommenen Premierenabend, an dem Else Gentner-Fischers Wunsch in Erfüllung ging, die Isolde zu singen (15. Dezember 1934). Albert Seibert war ihr ein sicherer Partner, und Jean Stern

der Strauss'schen »Arabella« am 29. Juni 1934 mit Clemens Krauss am Pult und Viorica Ursuleac, damals bereits Star an der Wiener und Berliner Staatsoper, in der Titelrolle. – Am 10. Juli 1934 wurde das dem Komponisten Hans Pfitzner gegebene Versprechen eingelöst und seine Oper »Palestrina« in neuer Bühnengestaltung herausgebracht. Doch auch diesmal – trotz Verzicht auf die Drehbühne – war der Komponist mit der Inszenierung unzufrieden und reiste kurzerhand noch vor der Premiere ab. Dennoch verdient die Leistung von Torsten Ralf (Palestrina) und Jean Stern (Borromeo) Anerkennung.

Wohl oder übel wohnte Pfitzner am 28. August 1934 einer Aufführung seines »Palestrina« bei, und zwar aus Anlaß der Verleihung des Goethepreises an den Komponisten. Trotz der andauernden Schwierigkeiten mit Pfitzner ließ sich Generalintendant Meissner nicht entmutigen, im Laufe der Zeit das gesamte Bühnenschaffen des Komponisten, wie kein anderes Theater zuvor, zur Aufführung zu bringen. Zunächst ging es jedoch darum, den neu engagierten Mitgliedern des Solistenensembles Gelegenheit zu geben, sich zu präsentieren, wozu außer den bereits genannten Künstlern noch der stimmschöne Bassist Hellmut Schweebs vom Stadttheater Wuppertal gehörte. Noch vor Ende des Jahres 1934 kam für den Bassisten Walter Schneider die Stunde des Abschieds von der Bühne, nachdem er fast dreißig Jahre dem Frankfurter Spielkörper angehört hatte. Während dieser Zeit konnte er sich in vielen ersten Fachpartien als seriöser Baß bewähren und auch im Spielfach reichen Beifall ernten. Sein langjähriges Berufsleben

Walter Schneider in seiner Abschiedsrolle als Mephisto in Gounods »Margarethe«.

Elsa Kment als Venus und Albert Seibert als Titelheld in Richard Wagners »Tannhäuser«.
Elsa Kment, in Mährisch-Ostrau geboren, erhielt ihre gesangliche Ausbildung in Prag, von wo aus sie am Theater in Teplitz debütierte. Über Bremen und Darmstadt kam sie im Jahre 1933 als Zwischenfachsängerin an die Frankfurter Oper, der sie bis 1942 verbunden blieb. Die spielbegabte und blendend aussehende Künstlerin zeigte imponierenden Elan in italienischen Partien wie Tosca, Amelia (»Maskenball«) und Santuzza (»Cavalleria rusticana«). Es gilt feszuhalten, daß sie die erste Darstellerin der Arabella in der gleichnamigen Oper von Richard Strauss (1933) in Frankfurt war und auch die Titelpartie von Puccinis »Manon Lescaut« (1937) bei der Frankfurter Erstaufführung (1937) sang.

Gewiß begrüßten es die Theaterfreunde sehr, als nach langer Zeit wieder einmal ein Werk von Ermanno Wolf-Ferrari auf dem Spielplan angekündigt wurde. Diesmal handelte es sich um die musikalische Legende

»Sly«

die am 19. Februar 1935 ihre Erstaufführung erlebte und kaum noch Erinnerungen an den leichten Rossini-Stil seiner frühen Werke weckte.

als Kurwenal wie auch Matthias Mrakitsch als König Marke erfüllten ihre Aufgaben mit Überzeugungskraft. Nicht zu vergessen die gleichfalls dem Frankfurter Ensemble zugehörige Inger Karén als Brangäne, die bald an die Dresdner Staatsoper überwechselte.
Ein Sänger, der jahrzehntelang dem Frankfurter Opernhaus angehörte und sich als zweiter Bassist sehr verdient gemacht hatte, war Emil Staudenmeyer. Dieser konnte am 19. Dezember 1934 als Rocco in Beethovens »Fidelio« sein 25jähriges Jubiläum feiern und dabei auf eine stolze Zahl gesungener Partien verweisen: 4246mal hatte er während dieser Zeitspanne auf der Bühne gestanden!
Eine »Fledermaus«-Aufführung, die von sich reden machte, war die Neuinszenierung von Walter Felsenstein mit den Bühnenbildern von Caspar Neher (22. Dezember 1934). Diese beiden »Magier der Bildbelebung« brachten eine Aufführung von seltener Geschlossenheit zustande, wobei Torsten Ralf als Alfred, Robert vom Scheidt als Frosch und Clara Ebers als Rosalinde das Publikum zu stürmischem Beifall hinrissen. Auch Maria Madlen Madsen als Adele und Lya Justus als Orlovsky zeigten sich ebenso vollendet in ihren Rollen wie der charmante Operettentenor Karl Pistorius als Eisenstein.

Else Gentner-Fischer (Isolde) und Inger Karén (Brangäne) in Richard Wagners »Tristan und Isolde«.
Die Altistin Inger Karén nahm ihre Bühnenlaufbahn über die Theater in Coburg, Darmstadt nach Frankfurt, wo sie nur eine Spielzeit (1934/35) dem Ensemble angehörte. Anschließend war sie Mitglied der Dresdner Staatsoper. Bei den Bayreuther Festspielen kam sie als Erda in Richard Wagners »Ring des Nibelungen« zum Einsatz.

Szenenbild zu Wolf-Ferraris Oper »Sly« mit John Gläser in der Titelrolle.

Emil Staudenmeyer als Ritter Adelhof in Lortzings »Waffenschmied«.
Der gebürtige Frankfurter gehörte seit 1920 über Jahrzehnte dem Frankfurter Ensemble an, nachdem er sich zuvor in Leipzig und Hamburg als Bassist bewährt hatte. Neben dem Rocco (»Fidelio«), Daland (»Der Fliegende Holländer«) usw. waren es meist kleinere Aufgaben, die er mustergültig verkörperte. Als er 1934 sein 25jähriges Theaterjubiläum feierte, konnte er sich auf mehr als 4200 Vorstellungen berufen.

Im Gegensatz zu den in Frankfurt bereits bekannten Musikwerken des Komponisten klingen in »Sly« auch tragische Töne an, die Wolf-Ferrari geschickt mit Frohsinn zu mischen verstand. Wenngleich er in dieser Oper gereifter in Erscheinung tritt als in seinen früheren Werken, so bleibt es doch bedauerlich, daß dieser Bühnenschöpfung kein dauernder Erfolg beschieden war. Der Beifall des Abends gehörte neben Kapellmeister Zwißler vor allem dem Hauptdarsteller John Gläser sowie Elsa Kment als Dolly. Regisseur Felsenstein mit seiner wohldurchdachten Regie und Ludwig Sievert mit seinen geschmackvollen Dekorationen hatten gleichfalls beachtlichen Anteil am Erfolg.
Zu den bedeutenden Ereignissen des Jahres 1935 gehörte auch die hundertste Aufführung von Richard Wagners »Parsifal« am 4. Mai 1935, wobei erwähnenswert ist, daß das Bühnenweihefestspiel seit seiner Erstaufführung im Jahre 1914 alljährlich auf dem Spielplan der Frankfurter Oper stand, ausgenommen das Jahr 1919. Eine beachtenswerte Leistung! Diesmal war Torsten Ralf der Träger der Titelpartie und Herbert Hesse als Amfortas sowie Hellmut Schweebs als Gurnemanz die weiteren männlichen Solisten. Eine bemerkenswerte Leistung zeigte Inger Karén als Kundry.

Nach langer Zeit konnte die Frankfurter Oper am 22. Mai 1935 wieder einmal durch eine bemerkenswerte Uraufführung glänzen:

»Die Zaubergeige«

von Werner Egk. Die musikalische Leitung des interessanten Werkes hatte man Bertil Wetzelsberger angetragen, der als ein guter Kenner der modernen Musikszene galt. Die neuen Instrumentationswirkungen der Oper, das speziell ausgerichtete Klangbewußtsein sowie die durchklingende Volkstümlichkeit sind einige der Vorzüge, die das Publikum ansprachen und dem anwesenden Komponisten verdiente Anerkennung brachten. Im Mittelpunkt der Handlung stand Herbert Hesse als Kaspar mit Maria Madlen Madsen als Gretl, Emmy Hainmüller als Ninabella und schließlich Hellmut Schweebs als Güldensack.
In der Folgezeit wurde eine Reihe deutscher Spielopern durch Neuinszenierungen wieder in das Repertoire aufgenommen, so z. B. Flotows »Martha« und Lortzings »Wildschütz«. Auch

Szenenbild zu Werner Egks »Zaubergeige« mit (rechts) Maria-Madlen Madsen als Gretel und Herbert Hesse als Kaspar.

und eröffneten ihr den Weg in Richtung auf interessantere Aufgaben. So war sie bereits während ihrer Frankfurter Zeit eine ergreifende Darstellerin der »Don Carlos«-Elisabeth und späterhin – während ihres Engagements an der Hamburgischen Staatsoper – eine beispielgebende Marschallin in Richard Strauss' »Rosenkavalier«.

Mit besonderem Interesse sah man der Felsenstein-Inszenierung von Puccinis »Bohème« (21. November 1935) entgegen, bei welcher der Regisseur jedes falsche Opernpathos vermied. Im Mittelpunkt der Vorstellung stand Coba Wackers als prädestinierte Interpretin dieser Aufgabe. Sie zeichnete sich aus durch einen glockenreinen Sopran und ihre ungezwungene darstellerische Begabung. Zu den von ihr in Frankfurt gesungenen Partien gehörten u. a.: Cherubin, Dorabella, Pamina, Micaela, verschiedene italienische Opern konnten durch Neuinszenierungen aufgefrischt werden. Nicht zu vergessen die ständige Pflege Mozartscher Werke, die nacheinander als Neueinstudierungen wieder Aufnahme in den Spielplan fanden. In einer Neuinszenierung der Oper »Die Entführung aus dem Serail« (14. Oktober 1935) konnte sich der stimmschöne Willy Treffner in der Partie des Belmonte als vorzüglicher Mozartsänger profilieren mit einer Neigung zum leichten italienischen Fach. Der Pedrillo wurde von dem spielbegabten Theo Herrmann dargeboten, der eine strahlende Stimme mitbrachte und auch Partien wie den »Meistersinger«-David, den Hans in der »Verkauften Braut«, den Jacquino in »Fidelio« oder sogar den Mime aus Wagners »Ring des Nibelungen« vollgültig darzubieten vermochte. Maria Madlen Madsen bot in der »Entführung« ein quicklebendiges Blondchen, wofür sie mit ihrer vorzüglichen Stimme, die nicht nur technisch bestens durchgebildet war, sondern auch schwebend leicht geführt werden konnte, geradezu prädestiniert erschien. Auch als Interpretin von Partien Lortzingscher Opern war sie gern gesehen und darüber hinaus eine vorzügliche Musette (»La Bohème«) und Rosine (»Barbier von Sevilla«). – Als Konstanze in Mozarts »Entführung aus dem Serail« brillierte Clara Ebers mit makellosen Koloraturen, die sie auch als Königin der Nacht (»Zauberflöte«), Gilda (»Rigoletto«), Zerbinetta (»Ariadne auf Naxos«), Traviata usw. überzeugend zur Geltung bringen konnte. Ihre hervorragenden stimmlichen Mittel und ihre künstlerische Intelligenz ließen Clara Ebers bald über das Koloraturfach hinauswachsen

Karl Maria Zwißler, leitender 1. Kapellmeister.

Willi Treffner als Tamino in Mozarts »Zauberflöte«.
Der gebürtige Österreicher verfügte bereits bei der Aufnahme seiner Tätigkeit, als lyrischer Tenor in Frankfurt (1934) über ein reichhaltiges Repertoire, das er sich bei seinen vorausgegangenen Engagements in Plauen, Dortmund, Bremen, Nürnberg und Hannover aneignen konnte.
Die technisch gut geführte Stimme, die besonders für Rollen in Opern von Mozart und Rossini geeignet war, hatte einen einnehmenden Wohlklang. Hinzu kamen seine vorzügliche äußere Erscheinung und eine angeborene Spielbegabung. Diese Vorzüge führten denn auch dazu, daß der Sänger Ende der Spielzeit 1937/1938 die Frankfurter Oper verließ, um ein Engagement als erster Fachsänger an der Staatsoper in Dresden anzutreten.

»Verkaufte Braut«-Marie, Agathe, »André Chenier«-Madelaine, aber auch Evchen und Elsa. Mit dem Namen dieser vorzüglichen lyrisch-jugendlichen Sängerin verbinden sich viele beachtliche Erfolge.
Die von so viel Erfolg begleitete Uraufführung von Werner Egks »Zaubergeige«, die das Frankfurter Opernhaus in das Blickfeld der Theateröffentlichkeit rückte, brachte dem Komponisten nachfolgend eine Fülle weiterer Aufführungen an anderen deutschsprachigen Bühnen ein. So konnte Werner Egk bei einem Dirigiergastspiel der »Zaubergeige« (27. November 1935) berichten, daß bereits 35 Bühnen diese Spieloper in ihr Repertoire aufgenommen haben. Die rhythmische Eigenart und die aus dem Werk hervortretende Musizierfreudigkeit lösten bei den Zuhörern eine mehr und mehr sich steigernde Aufnahme aus, so daß man im besten Sinne des Wortes von einer Volksoper im modernen Gewand sprechen konnte.
Ein Standardwerk im Frankfurter Spielplan war Richard Wagners Oper »Die Meistersinger von Nürnberg«, zumal die Mainstadt später zur »Stadt des deutschen Handwerks« erkoren wurde. Bei der Neuinszenierung vom 25. Dezember 1935 wandelte Generalintendant Hans Meissner als Regisseur auf gewohnten Pfaden. Bemerkenswert vor allem waren die gute Führung der Solisten und das glanzvolle Schlußbild. Das prächtig musizierende Orchester unter Karl Maria Zwißler steigerte sich von Akt zu Akt und trug so wesentlich zum Erfolg der Premiere bei. Jean Stern als Hans Sachs war aufgrund seiner Individualität von ganz anderer Prägung als seinerzeit Robert vom Scheidt, der in dieser Rolle belehrend und freundlich in Erscheinung getreten war. Stern, der zur Dämonie neigende Heldenbariton, verkörperte mehr den gebieterischen Typ, dem bis zum letzten Takt seiner Schlußansprache nichts an stimmlichem Glanz fehlte. Unvergessen ist er u. a. auch als glänzender Rigoletto, Scarpia, Jago sowie als Wotan in Richard Wagners »Ring des Nibelungen«. Seine nie ermüdende Stimme und seine imponierende darstellerische Anpassungsfähigkeit waren stets als großartige Leistungen von Presse und Publikum anerkannt worden. Nicht zu vergessen sein Einsatz bei den Bayreuther Festspielen als Hans Sachs. Als Walther von Stolzing trat in besagter Vorstellung Paul Kötter auf, der vor seinem Frankfurter Engagement mehrere Jahre lang als erster jugendlicher Heldentenor an der Hamburgischen Staatsoper wirkte. Zu seinen beachtenswerten Rollen

Clara Ebers als Königin der Nacht in Mozarts »Zauberflöte«.

Bühnenbildentwurf von Caspar Neher zu Verdis »Rigoletto«.

Jean Stern als Hans Sachs in Richard Wagners »Meistersinger von Nürnberg«.

zählte u. a. der Turiddu in »Cavalleria rusticana«. In späteren Jahren galt sein Einsatz vorwiegend der Operette, wofür er eine glänzende äußere Erscheinung, Charme und überdurchschnittliche Spielbegabung mitbrachte. – Für die Darstellerin des Evchens konnte wohl kaum eine bessere Interpretin gefunden werden als Emmy Hainmüller. Ihr kultivierter Gesang wie auch ihre schlichte Darstellung kamen der Rolle sehr zugute. – Eine Leistung von Rang bot des weiteren Herbert Hesse, der einen Beckmesser von feinster Nuancierung verkörperte. Im übrigen konnte er mit seiner eleganten Erscheinung und Gelöstheit im Spiel vielen Mozartpartien zu ansprechender Darstellung verhelfen (so z. B. dem Papageno, dem Don Juan, dem Grafen Almaviva, dem Guglielmo usw.), doch auch in vielen anderen Opern, so etwa im

Paul Kötter als Turiddu in Mascagnis »Cavalleria rusticana«. Nach mehrjähriger Tätigkeit als erster jugendlicher Heldentenor an der Hamburger Staatsoper nahm Kötter im Jahre 1935 seine Tätigkeit in Frankfurt auf. Er stellte sich als Walther von Stolzing in Richard Wagners Oper »Die Meistersinger von Nürnberg« vor. Hierbei fiel seine darstellerische Gewandtheit und seine gute äußere Erscheinung auf. In Frankfurt stand er als Baron (»Wildschütz«), Turiddu, König Gustav (Richard) im »Maskenball«, als Loge (»Rheingold«) und als Titelheld in Richard Wagners »Parsifal« auf dem Spielplan. Schon bald erkannte man jedoch seine Vorzüge, die er für die klassische und moderne Operette mitbrachte, die dann den Großteil seines zukünftigen Einsatzes bestimmten.

Bühnenbildentwurf von Caspar Neher zu Verdis »Rigoletto«.

Herbert Hesse als Beckmesser in Richard Wagners Oper »Die Meistersinger von Nürnberg«.
Bereits bei seinem ersten Auftreten als Figaro in Rossinis »Barbier von Sevilla« (1933) fand er besondere Beachtung, da er sich nicht nur mit dem italienischen Parlandostil vertraut zeigte, sondern sich auch darstellerisch als überaus gewandt erwies. Seine Stärke lag im Spielbaritonfach; so war er beispielsweise ein köstlicher Papageno (»Zauberflöte«). Aber auch als Beckmesser (»Die Meistersinger von Nürnberg«) bot er eine Glanzleistung an Charakterisierungskunst. Zu seinen weiteren Aufgaben gehörten neben den zahlreichen Mozart-Partien u. a. der Wolfram (»Tannhäuser«), der Zar (»Zar und Zimmermann«), der Klingsor (»Parsifal«) und der Rigoletto. Nicht zu vergessen sei auch die Darstellung des Kaspar in Werner Egks Uraufführung »Die Zaubergeige«.

John Gläser als Cavaradossi in Puccinis »Tosca«.
Der gebürtige Berliner trat in seiner Heimatstadt als Solist des altberühmten Hof- und Domchores hervor. Nach seiner Gesangsausbildung war er an den Theatern in Ulm, Altenburg und anschließend ab 1917 an der Frankfurter Oper tätig. Mit seinem Namen verbindet sich eine der schönsten Tenorstimmen italienischer Prägung im deutschsprachigen Raum, was ihm bereits vor Antritt seines Frankfurter Engagements den Kammersängertitel des Herzogs von Sachsen und Gotha einbrachte. Im Jahre 1926 wurde er bei den Salzburger Festspielen als Bacchus in der »Ariadne auf Naxos«, einer Oper von Richard Strauss, sehr gefeiert. Es ist allein der Treue des Sängers zu verdanken, wenn er Angebote an Spitzentheatern ausschlug und bis zu seiner Pensionierung (1942) in Frankfurt blieb.

Szenenbild zu Hermann Reutters »Doktor Johannes Faust«.

»Barbier von Sevilla« als Figaro, zeichnete er sich als vielseitiger Künstler aus. Während der Spielzeit 1935/1936 versäumte man es nicht, des vierzigjährigen Jubiläums von Robert vom Scheidt zu gedenken, der seit 1912 zu den Mitgliedern der Frankfurter Oper zählte. Noch vor Antritt seines Engagements in der Mainstadt hatte er sich bei den Bayreuther Festspielen als Biterolf, Donner und Klingsor bewährt und sich ein umfangreiches Repertoire an den Theatern in Essen, Köln und Hamburg erarbeitet. Zu seinen größten Erfolgen gehörten die Rollen als Telramund, Wotan, Kurwenal, Tonio und Hans Sachs. In den späteren Jahren seiner Bühnenlaufbahn kam er bevorzugt in Bufforollen zum Einsatz, wofür er einen quellenden Humor mitbrachte.

Die glückliche Hand, die Generalintendant Meissner bei der Auswahl zeitgenössischer Werke bewies, führte mit der Darbietung der Oper

»Doktor Johannes Faust«

von Hermann Reutter zu einem erneuten Erfolg (26. Mai 1936). In einer fesselnden Bilderreihe burlesk-heiterer Szenen, gemischt mit ernsten Vorgängen, wurde das Volkstümliche des Faust-Stoffes von Hermann Reutter, zeitweilig Direktor der Staatlichen Hochschule für Musik in Frankfurt, zu einer Sing-Oper mit geschlossenen Musikformen verarbeitet. Text und Musik bewegten sich fern jeder geistigen Deutung der dämonischen Faust-Gestalt, wie beispielsweise in Busonis Faust-Oper; in Reutters Bühnenwerk ging es in erster Linie um die sinnfällige Buntheit der Oper, wobei er sich von Klangrausch und sentimentalen Beigaben freihielt. Die ehrliche und melodische Vertonung trägt das Siegel der Schlichtheit, sie zeigt Charakter und Eingängigkeit und läßt klar erkennen, daß es dem Komponisten darum zu tun war, eine Oper für das breite Publikum zu schreiben. Der rauschende Erfolg dieser Novität war nicht zuletzt das Verdienst von Kapellmeister Bertil Wetzelsberger, der mit seiner vorzüglichen Einstudierung einen wesentlichen Beitrag hierzu leistete. Regisseur Walter Felsenstein und Bühnenbildner Ludwig Sievert schufen mit viel Geschick und Phantasie eine Schau-Oper, die in Spiel und Bild zu einer wahren Augenweide wurde. Hervorragende Solisten wie Jean Stern (Faust), Coba Wackers (Gretchen) und Hellmut Schweebs (Mephistopheles) vervollständigten diesen Eindruck zu einer vorzüglichen

Elisabeth Rosenkranz als Trägerin der Titelrolle in Puccinis »Madame Butterfly«.
Die gebürtige Frankfurterin vermochte durch ihre gute äußere Erscheinung und ihre darstellerische Gewandtheit sich vornehmlich in Spezialpartien zu bewähren, so z. B. neben der Madame Butterfly als Tosca und in Partien von Pfitzner-Opern. Auch in der klassischen Operette war sie eine gern gesehene Sängerin.

Szenenbild zu Richard Wagners »Rheingold« mit Jean Stern als Wotan, Henny Trundt als Fricka und Albert Seibert als Loge.
Die hochdramatische Sängerin Henny Trundt kam 1935 an das Frankfurter Opernhaus, nachdem sie sich vorher an den Theatern in Mainz, Saarbrücken, Stettin, Köln und München bewährt hatte. Auch konnte sie sich darauf berufen, in den Jahren 1927, 1928 und 1930 bei den Bayreuther Festspielen als Kundry (»Parsifal«) und als Sieglinde (»Walküre«) im erfolgreichen Einsatz gestanden zu haben.

Albert Seibert als Siegfried in Richard Wagners »Ring des Nibelungen«.
Der typische deutsche Heldentenor kam im Jahre 1934 vom Stadttheater in Zürich nach Frankfurt, nachdem er sich zuvor bereits viele Jahre in Amerika als Sänger bewährte und sich an den Theatern in Augsburg und Darmstadt ein beachtliches Bühnenrepertoire ersungen hatte. Seine unverwüstlichen Stimmittel und seine kernige äußere Erscheinung waren dazu angetan, als typischer Vertreter Wagnerscher Rollen zu gelten. Aber auch in Partien italienischer Komponisten, wie in Verdis »Othello« usw., vermochte er zu bestehen.

Bühnenbildentwurf von Ludwig Sievert zu Hermann Reutters »Doktor Johannes Faust«.

Gesamtleistung. Der anwesende Komponist wurde vom Publikum mit Recht gebührend gefeiert.

Mit der Neuinszenierung von Puccinis »Madame Butterfly« (13. Juni 1936) brachte der Spielplan eine beachtenswerte Wiederaufnahme, da der hoffnungsvolle Regisseur Dr. Walter Jockisch das Spiel zwar werkgetreu, doch nicht nach gewohnter Schablone gestaltete. Elisabeth Rosenkranz vermochte mit ihrer guten Bühnenerscheinung und ihrem etwas eigenwilligen Stimmtimbre der Gestalt der Cho-Cho-San eine spezielle Note zu geben. Auch diese Sängerin blieb viele Jahre im Verband der Frankfurter Oper, wo sie neben ihrem Einsatz in der klassischen Operette auch andere Aufgaben bis hin zur Tosca wahrnahm. Zu den Mitwirkenden bei der »Butterfly«-Aufführung zählte weiterhin Willy Treffner als Linkerton. Mit seiner weichen und wohlklingenden Stimme, die bevorzugt in Mozart-Opern eingesetzt wurde, konnte er auch im leichten italienischen Fach bestehen, für das er zudem eine blendende äußere Erscheinung mitbrachte. Nicht zu vergessen Oskar Wittazscheck als Goro, der – wie in unzähligen anderen kleinen Rollen – auch diesmal mit seinem komödiantischen Wesen, einer guten Maske und ansprechendem Stimmtimbre seine Aufgabe erfüllte.

Die Spielzeit 1936/1937 begann ohne größere personelle Veränderungen. Lediglich der leitende Kapellmeister Karl Maria Zwißler folgte einem Ruf als Generalmusikdirektor nach Mainz, so daß der Weg frei war, Bertil Wetzelsberger zum Operndirektor zu ernennen. Der kurzfristige Ausfall von Kapellmeister Zwißler machte es notwendig, sich vorerst mit Gästen zu behelfen. Dies führte des öfteren zu willkommenen Begegnungen mit Prof. Clemens Krauss und dem Mannheimer Generalmusikdirektor Karl Elmendorff, der einst als Dirigent bei den Bayreuther Festspielen zu hohem Ansehen gelangte. Schon bald ließ sich jedoch die entstandene Lücke durch Engagement von Georg Ludwig Jochum schließen. Für den ausgeschiedenen Regisseur Walter Felsenstein griff man vorerst auf Gäste wie Rudolf Hartmann von der Staatsoper Berlin und Dr. Siegmund Skraup vom Stadttheater Breslau. Als Ersatz für die bewährte Spielaltistin Magda Strack wurde Marion Hunten engagiert, die von der Dresdner Staatsoper kam und sich während ihres langjährigen Frankfurter Engagements als gewandte Darstellerin und u. a. als eine vorzügliche Carmen erwies.

Zu den Zielvorstellungen Generalintendant Meissners gehörte auch die Auffrischung der Werke von Richard Wagners »Ring des Nibelungen«. Zum Weihnachtsfest 1936 wurde eine neue »Walküre« angekündigt, wobei auffiel, daß der im Grunde modern eingestellte Bühnenbildner Ludwig Sievert sich wieder an das althergebrachte Bayreuther Vorbild hielt. Im Gegensatz dazu erteilte Regisseur Dr. Oskar Wälterlin allem übertriebenen Naturalismus eine Absage. Als Brünnhilde kam die in Bayreuth erprobte Henny Trundt zum Einsatz, die für einen gewissen Zeitraum das hochdramatische

Georg Ludwig Jochum, musikalischer Oberleiter.

Marion Hunten als Carmen in Bizets gleichnamiger Oper. Ihr Aufgabenbereich lag maßgeblich im Spielaltfach, wofür sie eine satte Altstimme mitbrachte. Aber auch in dramatischen Partien wie der Amneris (»Aida«) zeigte sie Format.

Eine beachtenswerte Neuerscheinung im Spielplan brachte die Erstaufführung von Puccinis

»Manon Lescaut«

am 4. März 1937. Die Frankfurter Oper hatte lange gebraucht, bis sie sich des lyrischen Dramas annahm, das bereits im Jahre 1908 in Wien zur deutschen Erstaufführung gekommen war. Selbst ein Gastspiel der Mailänder Scala mit diesem Werk in Frankfurt (1929) weckte nicht den Wunsch, diese Oper, die Puccinis erster Bühnenerfolg war, endlich ins Repertoire aufzunehmen. Nunmehr hatte man erkannt, daß dieses Werk, das heute in Italien noch häufig zu hören ist, durchaus Lebenskraft besaß. Die Frankfurter Aufführung gewann beträchtlich an Wirkung durch die zwingende Gestaltung der Dekorationen von Caspar Neher, dem die malerische Darstellung des Sittenromans besonders gut gelang. Bertil Wetzelsberger, der später Direktor der Stuttgarter Staatsoper wurde, waltete wiederum mit Umsicht vom Pult aus. Elsa Kment war Trägerin der Titelrolle, und Willy Treffner hatte die Partie des Renato übernommen.

Nicht vergessen sei die Wiederbegegnung mit Rossinis komischer Oper »Der Barbier von Sevilla« (10. April 1937), da die von Bühnenbildner Ludwig Sievert in Zusammenarbeit mit dem Spielleiter Dr. Oskar Wälterlin besorgte Neuinszenierung eine verblüffende Szenengestaltung in Spiel und Bild aufwies. Durch senkrecht wie waagrecht laufende Dekorationsteile wurde ein schneller Wechsel der Schauplätze ermöglicht und so dem Ablauf des Geschehens ein amüsanter Anstrich gegeben. Clara Ebers überzeugte als Rosine, und Matthias Mrakitsch, ein kerniger Bassist, war in der Partie des Basilio »als überlebensgroße schwarze Siegellackstange« von ergötzlichem Humor. Ebenso treffend waren Carl Ebert als Bartolo und Marion Hunten als Marzelline. Mit Arthur Grüber am Pult wurde die Neuinszenierung zu einer echten Bereicherung des Spielplans. Es sei vorweggenommen, daß sich Grüber später als Generalmusikdirektor an den Staatsopern in Hamburg und Karlsruhe großer Wertschätzung erfreuen konnte.

John Gläser als Canio in Leoncavallos »Bajazzo«.

Maria-Madlen Madsen als Nedda in Leoncavallos »Bajazzo«. Zu den Spitzenkräften des Frankfurter Ensembles zählte diese hochbegabte Opern- und Koloratursoubrette, die vor ihrem Engagement in der Mainstadt jeweils mehrere Jahre am Südfunk in Stuttgart und am Stadttheater in Zürich tätig gewesen war. Alle anfallenden Partien in den Opern von Lortzing und Mozart wurden gesanglich wie darstellerisch in geradezu vollendeter Weise dargeboten. Aber auch Partien wie die Musette (»La Bohème«) und die Rosine (»Barbier von Sevilla«) wurden von ihr beispielgebend vorgetragen.

Fach im Frankfurter Ensemble vertrat. Neben Elsa Kment als Sieglinde – alternierend mit Emmy Hainmüller – verdient vor allem Albert Seibert als Siegmund hervorgehoben zu werden, der mit seiner unverwüstlichen Tenorstimme und seiner stämmigen Erscheinung über viele Spielzeiten hin eine Stütze im Wagner-Repertoire war. Zwar kam er beispielsweise auch als Canio (»Bajazzo«) und Othello zum Einsatz, doch von der Stimmfarbe und der persönlichen Prägung her war er mehr für die deutsche Oper geeignet. In dieser Eigenschaft fand Seibert internationale Anerkennung.

Bühnenbildentwurf von Ludwig Sievert zu Orffs »Carmina burana« (zu Seite 266).

Entwurf von Ludwig Sievert für den Zwischenvorhang zu Orffs »Carmina burana«.

Eine Aufführung von Format war auch die Neuinszenierung der Oper »Ariadne auf Naxos« von Richard Strauss, die nach jahrelanger Pause wieder im Repertoire erschien (13. Mai 1937). Das großartige Bühnenbild von Ludwig Sievert, Clara Ebers als bravouröse Zerbinetta, Emmy Hainmüller in der Rolle des Komponisten, Herbert Hesse als Musiklehrer und John Gläser als Bacchus waren die Glanzpunkte einer beispielhaften Aufführung. Meissners Erfolge mit Werken aus dem zeitgenössischen Opernbereich rückten mit der Uraufführung von Carl Orffs

»Carmina burana«

am 8. Juni 1937 das Frankfurter Opernhaus erneut in das Blickfeld einer großen Öffentlichkeit. Schon vor der Premiere tauchte die Frage auf, ob der in lateinischer, mittelhochdeutscher und altfranzösischer Sprache gehaltene Text aus der im Kloster Beuron liegenden Liedersammlung beim Publikum überhaupt auf Verständnis stoßen werde. Es wurde zur Tatsache, daß das Werk in seiner musikalischen und bildhaften Erscheinung einen geradezu sensationellen Erfolg einbrachte. Das Bühnenwerk, das weder Oper noch Oratorium sein sollte, war ursprünglich für den Konzertsaal gedacht und hat sich nach der ersten szenischen Gestaltung in Frankfurt den Weg gebahnt zu einem der größten Theatererfolge der damaligen Zeit. Überraschend waren insbesondere die Ursprünglichkeit des Melos und die mitreißenden, schillernden Klangwirkungen des Instrumentalkörpers. Bertil Wetzelsberger am Pult erwies sich geradezu als prädestiniert für eine vollendete Wiedergabe des Werkes. Doch auch Regisseur Dr. Oskar Wälterlin und Bühnenbildner Ludwig Sievert werden in der Erinnerung stets mit dieser Uraufführung verbunden bleiben. Von Frankfurt aus fand das Werk seinen Weg an viele in- und ausländische Bühnen. Der Leiter der Frankfurter Singakademie, Dr. Ljubomir Romansky, einst auch Kapellmeister an der Frankfurter Oper, erbrachte später durch verschiedene konzertante Aufführungen im In- und Ausland den Beweis, daß die »Carmina burana« mit ihren weltlichen Gesängen für Soli und Chor mit Begleitung von Instrumenten und Bildern« auch in dieser Form erfolgreich bestehen kann.

Noch vor Ende der Saison 1936/1937 wartete der Spielplan mit der Erstaufführung eines zeitgenössischen Werkes auf:

Szenenbild zur »Ariadne auf Naxos« von Richard Strauss mit Emmy Hainmüller als Komponist und Herbert Hesse als Musiklehrer.

Szenenbild zu Orffs »Carmina burana«.

»Madame Liselotte«

von Ottmar Gerster (26. Juni 1937). Der Komponist, ein ehemaliger Schüler des Frankfurter Hochschen Konservatoriums, hatte sich damals schon einen Namen gemacht, so u. a. mit seiner Oper »Ennoch Arden«. Dessen ungeachtet zog man es vor, eines seiner Frühwerke in das Repertoire aufzunehmen. Einem Trend der Zeit folgend, plante er eine Volksoper, die gefällig ins Ohr ging. Caspar Neher schuf ein atmosphärisches Bühnenbild mit den für ihn typischen dominierend tristen Farben. Dr. Wälterlin war wie immer ein stilbewußter Betreuer der Szene und Bertil Wetzelsberger ein souveräner Leiter des musikalischen Geschehens.

Als Beispiel für die Neuinszenierungen aus der Spielzeit 1937/1938 sei die Wiederaufnahme von Verdis »Troubadour« herausgegriffen (18. September 1937). John Gläser als Manrico war mit seinem betörend schönen italienischen Tenortimbre ganz in seinem Element. Hervorzuheben ist weiterhin Res Fischer, die mit ihrer vollen Altstimme eine dämonische Azucena darstellte. Bereits als Brangäne (»Tristan und Isolde«) und Ulrica (»Maskenball«) hatte diese Sängerin ihr großes Format unter Beweis gestellt. Sie verstand es, großbogige Kantilenen zu singen und besaß zur dramatischen Seite hin eine strahlende Ausdruckskraft, die ihr viel Erfolg auch in Wagnerrollen einbrachte. Die dankbare Partie des Luna hatte man Rudolf Gonszar angetragen, der über eine breite Skala stimmlicher Entfaltungsmöglichkeiten verfügte und besonders im italienischen Baritonfach einen Ausdruck von imponierender Leidenschaft fand. So waren Partien wie Marcel (»La Bohème«), Carlos (»Macht des Schicksals«), Escamillo (»Carmen«), auch Amonasro (»Aida«) und Scarpio (»Tosca«) für ihn Aufgaben, in denen er sich voll aussingen konnte und sein zündendes Spiel anzubringen vermochte.

Zu Generalintendant Meissners Bestrebungen gehörte u. a. die Pflege des Pfitznerschen Schaffens. Ausschlaggebend hierfür war die persönliche Verbundenheit des Komponisten mit der Stadt Frankfurt sowie der an ihn als ersten Musiker verliehene Goethe-Preis. In Anbetracht der Einwände, die Pfitzner wiederholt bei Aufführungen seiner Werke in Frankfurt äußerte, trug man ihm diesmal nicht nur die Regie, sondern zugleich die musikalische Leitung bei der Erstaufführung des Dramas:

Szenenbild zu Verdis »Troubadour« mit Elsa Kment als Leonore und Rudolf Gonszar als Luna.
Der Bariton Rudolf Gonszar begann seine Bühnenlaufbahn an der Städtischen Oper Berlin, bei der er über drei Spielzeiten verblieb. Über Königsberg kam der Sänger im Jahre 1935 nach Frankfurt, wo er sich schon bald als italienischer Bariton zu bewähren wußte und mit seiner schön timbrierten Stimme und seinem komödiantischen Auftreten viel Anerkennung fand. Als Marcel (»Bohème«), Vater Germont (»Traviata«), René (»Maskenball«), Posa (»Don Carlos«), aber auch als Jago (»Othello«) und Scarpia (»Tosca«) vermochte er sich reichen Beifall zu sichern. An ihn erinnert u. a. eine Schallplatte als Hans Sachs in Richard Wagners Oper »Die Meistersinger von Nürnberg«.

Alf Rauch als Don José in Bizets »Carmen«.
Mit dem Engagement des Sängers (1938), der zuvor am Staatstheater in Kassel engagiert war, hatte das Frankfurter Ensemble wiederum einen jugendlichen Tenor speziell für das italienische Fach. Zwar stellte man ihn auch als Max (»Freischütz«) und erfolgreich als Lohengrin heraus, jedoch sein Stimmtimbre, die glänzende äußere Erscheinung und die darstellerische Begabung ließen Rollen, wie z. B. jene in Verdis »Don Carlos« und »Othello«, zu hervorstechenden Leistungen werden. Während seines Frankfurter Engagements war er mit einem mehrjährigen Gastspielvertrag an die Mailänder Scala gebunden, wo er u. a. den Walther von Stolzing in Richard Wagners Oper »Die Meistersinger von Nürnberg« in italienischer Sprache sang.

Res Fischer als Orpheus in Glucks »Orpheus und Eurydike«.
Mit dem Engagement der Altistin Res Fischer vom Stadttheater Basel (1935) wurde eine der stimmschönsten deutschen dramatischen Altistinnen für das Frankfurter Ensemble gewonnen. Das samtige Stimmaterial, das im lyrischen wie auch im dramatischen Ausdrucksbereich gleichermaßen ansprechend war, wurde von ihr mit einer überzeugenden darstellerischen Leistung verbunden. Nach sechsjähriger Tätigkeit in Frankfurt nahm sie Abschied von Frankfurt, um an die Stuttgarter Staatsoper überzuwechseln. In den Jahren 1951 bis 1961 war sie bei den Bayreuther Festspielen als Mary in Richard Wagners Oper »Der fliegende Holländer« eingesetzt.

Emmy Hainmüller als Octavian im »Rosenkavalier« von Richard Strauss.

Szenenbild zu »Madame Lieselott« von Ottmar Gerster.

»Das Herz«

an (9. Nov. 1937). Dieses letzte Opernwerk Pfitzners hat im Gegensatz zu seinem »Palestrina« einen eher opernhaften, leitmotivisch geprägten Charakter. Es muß nicht sonderlich erwähnt werden, daß er uns in dieser Bühnenschöpfung mit meisterhaftem handwerklichem Können entgegentritt. Dies genügte aber nicht, um das Interesse für diese Oper auf Dauer wachzuhalten. Bei der Vorbereitung der Erstaufführung unterwarfen sich Solistenensemble wie Orchester mit größtmöglicher Anpassungsfähigkeit den Intentionen des Komponisten, so daß eine höchst authentische Wiedergabe zu erwarten war. Doch auch dies verlieh dem Werk nicht die gewünschte Lebenskraft, was bereits bei der Uraufführung in Berlin unter der Leitung von Wilhelm Furtwängler spürbar geworden war. Bei der Frankfurter Aufführung traten Coba Wackers (Helge), Jean Stern (Athanasius) und Theo Herrmann (in der vielseitigen Partie als Modiger bzw. Stimme des Asmodi) besonders anerkennenswert in Erscheinung.

Am 28. März 1938 erschien mit Alf Rauch ein neuer Name auf dem Spielplan. Bei einem Informationsgastspiel als Manrico (»Troubadour«) hatte er sich als brillanter Tenor mit italienisch timbrierter Stimme und ausladender Kraft in der Höhe vorgestellt. Dies war Anlaß, ihn nach Frankfurt zu verpflichten. Seine Erfolge wurden zum Teil auch von seiner glänzenden äußeren Erscheinung mitbestimmt, was beispielsweise bei seinem Einsatz als Lohengrin deutlich wurde. Vom Ensemble des Staatstheaters Kassel stammte Jakob Sabel, ein lyrischer Tenor reinster Prägung, der besonders für Mozart-Partien prädestiniert war. Sein schönes Timbre wie auch sein ausdrucksstarkes Spiel ließen damals bereits die Erwartungen in die Höhe schnellen. Auch in leichteren italienischen Partien, wie z. B. als Graf Almaviva im »Barbier von Sevilla«, vermochte er sich zu bewähren, wenngleich sein Wunsch, als Don José (»Carmen«) aufzutreten, sich aus fachlicher Sicht als verfrüht erwies.

Am 13. April 1938 war der Zeitpunkt gekommen, an dem Richard Wagners letztes Werk, »Götterdämmerung«, seine Neuinszenierung erleben sollte. Dies war zugleich der Abschied des Ausstattungschefs Ludwig Sievert, der einem Ruf an die Münchner Staatsoper folgte. Die Frankfurter Oper hatte dem einfallsreichen

Coba Wackers als Helge in Pfitzners Oper »Das Herz«. Mit dem Engagement der Sängerin nach Frankfurt (1934) wurde das Frankfurter Ensemble um eine echte lyrische Sängerin bereichert, die während ihrer vieljährigen Verbundenheit mit Frankfurt sich großer Wertschätzung erfreuen konnte. Als Micaela (»Carmen«) und Marie (»Verkaufte Braut«) bot sie hervorstechende Leistungen wie auch als Pamina (»Zauberflöte«), Mimi (»La Bohème«) und Agathe (»Der Freischütz«). In späteren Jahren vermochte sie als Evchen (»Die Meistersinger von Nürnberg«) und als Elsa (»Lohengrin«) beispielhaft in Erscheinung zu treten. Große Verdienste erwarb sie sich auch bei ihren Einsätzen in Werken zeitgenössischer Komponisten.

Szenenbild zu Pfitzners Oper »Das Herz«.

Bühnenbildner – während seines 18jährigen Engagements – aufgrund seines Geschmacks und seiner Einfühlungsgabe viel zu verdanken. Mit ihm verlor sie einen der bedeutendsten Vertreter seines Faches. Bereits gegen Ende 1937 hatte aber auch der phänomenal begabte Caspar Neher mit Glucks »Orpheus und Eurydike« (27. November 1937) seine letzte Ausstattung in Frankfurt wahrgenommen; auch er gehört zu den wenigen Bühnenbildnern, die internationale Anerkennung gefunden haben.
Ohne Übertreibung kann konstatiert werden, daß die Frankfurter Oper damals den Ruf genoß, ein selten gutes Ensemble zu besitzen, das sich durch auffallende Homogenität auszeichnete. Keiner der Solisten trat als »Star« hervor, so daß die Aufführungen ein einheitliches künstlerisches Gepräge zeigten. Dies wurde zusätzlich gefördert durch das Bemühen, auch die kleineren Rollen mit guten Kräften zu besetzen, die auf aufsteigender künstlerischer Linie waren. Weiterhin waren es die künstlerischen Vorstände, die nahezu ausnahmslos von Frankfurt aus den Weg an größere Bühnen oder zu gewichtigeren Positionen fanden. Neben der glücklichen Hand der Intendanz bei den Ur- und Erstaufführungen zeitgenössischer Werke war das Frankfurter Opernhaus dank des speziell ausgerichteten Solopersonals in der Lage, sowohl beispielgebende Aufführungen Mozartscher Werke zu vermitteln als auch für die Wiedergabe von Opern Richard Wagners besonders geeignete Sänger zur Verfügung zu haben. Daneben waren für italienische Opern Gesangskräfte im Ensemble, die aufhorchen ließen. Als eine Bestätigung dieses Sachverhalts muß es angesehen werden, daß die Spitzentheater oft von der Frankfurter Oper Gäste ausliehen. Diese überaus positive Beurteilung des Frankfurter Opernensembles mag bei dem einen oder anderen Leser des Buches den Verdacht aufkommen lassen, hier werde aus Lokalpatriotismus übertrieben. Dazu ist zu sagen, daß der Verfasser über eine Zeitspanne von mehr als fünfundzwanzig Jahren sämtliche deutschsprachigen Theater wenigstens einmal im Jahr besucht hat und sich somit bei der Vielzahl der wahrgenommenen Vorstellungen einen Maßstab zur Beurteilung der Leistungsfähigkeit einzelner Ensembles erwerben konnte.
Der gute Ruf der Frankfurter Oper war letztlich auch dafür ausschlaggebend, daß das Ensemble – auf Veranlassung des Verfassers – im Frühjahr

Theo Herrmann als Asmodi in Pfitzners Oper »Das Herz«. Sein komödiantisches Wesen und das strahlende Tenormaterial befähigten den Sänger zu besonderen Leistungen als Tenorbuffo und Spieltenor. So war er ein vortrefflicher Pedrillo (»Die Entführung aus dem Serail«), Jacquino (»Fidelio«), David (»Die Meistersinger von Nürnberg«), Hans (»Verkaufte Braut«) sowie ein »Rheingold«-Mime von beachtlichem Niveau. Schon während seines Frankfurter Engagements war vorauszusehen, daß er später in das jugendliche Tenorfach hinüberwechseln dürfte, was er später am Stadttheater Augsburg verwirklichen konnte.

Bühnenbildentwurf von Paul Walter zu Pfitzners Oper
»Die Rose vom Liebesgarten.

Coba Wackers als Agnes im »Armen Heinrich« von Pfitzner.

Bühnenbildentwurf von Paul Walter zu Pfitzners Oper »Die Rose vom Liebesgarten«.

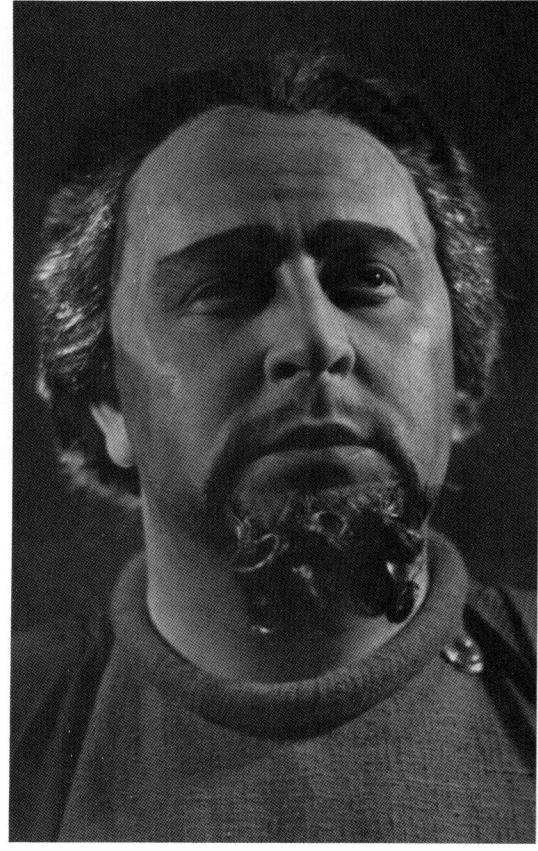

Jakob Sabel als Träger der Titelrolle in Mozarts »Idomeneo«.
Der von dem namhaften Gesangsmeister Prof. Dr. Ligniez in Frankfurt ausgebildete Sänger trat am Staatstheater in Kassel seine Bühnenlaufbahn an und kam 1938 als lyrischer Tenor an das Frankfurter Opernhaus. Die selten schöne lyrische Tenorstimme war für Mozart-Partien geradezu prädestiniert, wofür Sabel einen geschmackvollen Vortrag und neben seiner guten äußeren Erscheinung eine gepflegte Darstellungsgabe mitbrachte. Leider kam durch sein frühes Ableben eine ihm vorausgesagte Karriere nicht mehr zum tragen.

der Aufführung vom 16. April 1939 ein. Da man es bis zu Pfitzners 70. Geburtstag am 5. Mai 1939 nicht schaffen konnte, seine sämtlichen Werke auf den Spielplan zu nehmen, blieb es vorerst bei einem Zyklus mit den drei oben genannten Werken sowie der am 5. Mai 1939 erstmals aufgeführten Oper

»Die Rose vom Liebesgarten«

Am Tag der Uraufführung dieser Neufassung des Werkes wurde Pfitzner als weitere Auszeichnung die Goethe-Plakette der Stadt Frankfurt verliehen. Man verband dies mit einer Zuerkennung der Ehrenmitgliedschaft der Städtischen Bühnen. Der Theateraufführung indes sah man mit großen Vorbehalten entgegen, da das annähernd vierzig Jahre alte Werk für bühnenunwirksam galt. Spielleiter Herbert Decker ließ aus diesem Grunde alle nur erdenkliche Phantasie walten, um der Oper erfrischendes dramatisches Leben einzuhauchen. Dabei wurde er von Bühnenbildner Paul Walter unterstützt, dem es gelang, eine zauberhafte Stimmung zu schaffen, die imponierend wirkte. Von den Solisten der Premiere seien hier nur Elisabeth Rosenkranz als Minneleide und Albert Seibert als Siegnot hervorgehoben.

Neben Pfitzner galt es auch, zu Ehren des inzwischen 75jährigen Richard Strauss eine Festvorstellung zu arrangieren. Man entschloß sich zur Erstaufführung der bukolischen Tragödie

Szenenbild zum »Siegfried« in Richard Wagners »Ring des Nibelungen« mit Albert Seibert (Siegfried) und Theo Herrmann (Mime).

Im Vollzug einer kulturellen Zusammenarbeit hatte das Frankfurter Publikum öfter auch im eigenen Haus Gelegenheit, bei Austauschgastspielen, wie z. B. seitens der Opera Romana von Bukarest, des Nationaltheaters Belgrad, des Kgl. Theaters Athen und des Nationaltheaters Budapest, Aufführungen von nationaler Eigenart zu erleben.

Es würde den Rahmen dieses Buches sprengen, die zahlreich folgenden Neuinszenierungen und Wiederaufnahmen von Opern, modernen und klassischen Operetten einzeln anzuführen. Hier können nur die wichtigsten Neuerscheinungen Berücksichtigung finden.

Bevor die Spielzeit 1938/1939 ihren Anfang nahm, war Abschied zu nehmen von Kapellmeister Bertil Wetzelsberger, der einem ehrenden Ruf als erster Kapellmeister an die Münchner Staatsoper folgte. Mit seinem Fortgang verbindet sich die Erinnerung an ein segensreiches fünfjähriges Wirken in Frankfurt, wobei die musikalische Betreuung bedeutungsvoller Uraufführungen der Opern von Egk, Reutter und Orff besondere Glanzlichter seines Einsatzes waren. Neben Wetzelsberger verließ auch Kapellmeister Arthur Grüber die Mainmetropole, da er aus

1938 zu Gastspielen an die Staatsoper in Bukarest eingeladen wurde, wobei Richard Wagners »Ring des Nibelungen« erstmals zur Aufführung kam. Dabei erwies sich der neu verpflichtete Generalmusikdirektor Franz Konwitschny, der ab Spielzeit 1938/39 fest in Frankfurt engagiert war, als Dirigentenpersönlichkeit von internationalem Format. Sein urwüchsiges Musikantentum und seine manuelle Befähigung ließen keine Zweifel aufkommen, daß er eines Tages zu den führenden deutschen Dirigenten zählen würde. Die Frankfurter Oper hat Konwitschny, der bis zur Zerstörung des Hauses der Stadt verbunden blieb, viel zu verdanken. Sein künstlerischer Weg führte ihn nach dem Krieg als Musikchef nach Hannover, von dort an das Leipziger Gewandhaus und anschließend als Generalmusikdirektor an die Berliner Staatsoper. Im Anschluß an die Gastspielserie in Rumänien folgte das Ensemble noch einer Einladung an die Nationaloper Sofia (Bulgarien), wo u. a. »Figaros Hochzeit« (Mozart) und »Der Rosenkavalier« (Richard Strauss) dargeboten wurden. Ein ähnliches Programm wurde schließlich noch in Jugoslawiens Hauptstadt Belgrad und in Zagreb absolviert, was gleichfalls zu einem gesellschaftlichen Ereignis wurde. In diesem Zusammenhang sei erwähnt, daß die begeisterte Aufnahme der Frankfurter Gastspiele im Ausland weitere Einladungen nach sich zog, so u. a. nach Athen sowie nach Barcelona, wo man sogar während der Kriegszeit bis zum Februar 1944 Ensemble-Gastspiele wahrnehmen konnte.

Jakob Sabel als Titus in Mozarts gleichnamiger Oper.

Generalmusikdirektor Franz Konwitschny.

Hellmut Schweebs als Gurnemanz in Richard Wagners »Parsifal«.

Alf Rauch als Richard in Verdis »Maskenball«.

Berufung als Ausstattungschef an das Nationaltheater Mannheim bestätigte. – Zu den erwähnenswerten Neuengagements gehörte weiterhin die Verpflichtung von Kapellmeister Paul Kloss, der zuvor in Saarbrücken tätig gewesen war. Aus der Reihe der neuengagierten Sänger sei der lyrisch-italienische Tenor Heinrich Bensing genannt, der vom Opernhaus in Köln gekommen war und sich als überaus musikalisch und einsatzfähig erwies. Leider war ihm infolge seines frühen Ablebens keine Möglichkeit gegeben, den sich abzeichnenden Aufstieg an ein Spitzentheater zu schaffen. Schließlich dachte man auch daran, für die moderne Operette eine geeignete Sängerin zu engagieren. Man fand sie in der attraktiven Lola Grahl aus Nürnberg. Mit ihrem Partner Paul Kötter und dem ausnehmend guten Buffopaar Lya Justus und Emil Seidenspinner besaß die Wuppertal ein Engagementsangebot als Musikchef erhalten hatte. Als besonders schmerzlich wurde der Abschied von dem lyrischen Tenor Willy Treffner empfunden, der mit seinem Wechsel an die Dresdner Staatsoper Karriere machte. Die vakante Position des Oberspielleiters wurde mit Herbert Decker glücklich besetzt, der, mit reichen Erfahrungen ausgestattet, während seines Frankfurter Engagements beachtliche Inszenierungen zustande brachte, die bei aller Traditionsverbundenheit einen interessanten, eigenwilligen Stil aufwiesen. Zu den Neuengagierten gehörte auch Bühnenbildner Helmut Jürgens, der von Düsseldorf kam und später ein reiches Tätigkeitsfeld an der Münchner Staatsoper fand. Während seiner Frankfurter Zeit schuf er Dekorationen von imposanter Wirkung, die ihn damals schon zu einem der bedeutendsten deutschen Bühnenbildner machten. Als Nachwuchskraft im gleichen Fach wurde der hoffnungsvolle Paul Walter für Frankfurt gewonnen. Er erhielt schon bald wegen seiner phantasiereichen Entwürfe eigene Aufgaben. Dabei erwies er sich als vielversprechende Begabung, was sich bei seiner späteren

In dem Bassisten Schweebs fand das Frankfurter Ensemble im Jahre 1934 eine bemerkenswerte Bereicherung, nachdem sich der Künstler u. a. in Ulm, Cottbus und Wuppertal bereits ein reiches Repertoire ersungen hatte. Seine Verwendung als Spielbaß, Baßbuffo und seriöser Baß machte ihn zu einem wertvollen Mitglied, zumal er eine schöne sonore Stimme mitbrachte und ein echter Komödiant war. Während seines langen Engagements in Frankfurt begleiteten ihn stets die Darstellung des Ochs im »Rosenkavalier« und des Kezal in der »Verkauften Braut« sowie zahlreiche Partien aus dem »Ring des Nibelungen« (Fafner, Hagen und Hunding), der König Heinrich (»Lohengrin«), der Landgraf (»Tannhäuser«) und der Sarastro (»Zauberflöte«). Wegen seiner Musikalität wurde er auch gerne in Werken zeitgenössischer Komponisten eingesetzt, wie z. B. als Titelheld im »Columbus« von W. Egk.

Frankfurter Oper somit auch ein erlesenes Personal für die moderne Operette. Als erste Premiere der Spielzeit 1938/1939 wurde zum 20. August 1938 die romantische Oper

»Hanneles Himmelfahrt«

von Paul Graener angekündigt. Der Komponist hatte das gleichnamige Werk von Gerhart Hauptmann als Grundlage für seine Oper

Bühnenbildentwurf von Paul Walter zu »Hanneles Himmelfahrt« von P. Graener.

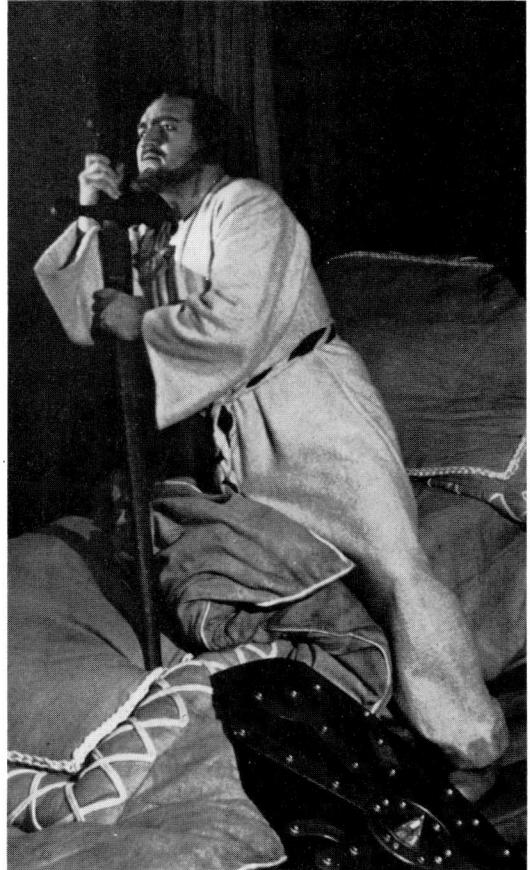

Albert Seibert als Titelheld in Pfitzners Oper »Der Arme Heinrich«.

genommen, deutete jedoch die von sozialen Gesichtspunkten bestimmte Dichtung in ein Traum- und Mysterienspiel um. Mit sicherem Gefühl für Klangwirkungen schuf Graener ein eingängiges Werk, das eine saubere Kompositionstechnik aufweist. Oberspielleiter Herbert Decker und Bühnenbildner Paul Walter gelang mit Einfallsreichtum eine in sich geschlossene Vorstellung, die vom Publikum wohlgefällig aufgenommen wurde. Maria Madlen Madsen gestaltete mit starkem innerem Engagement die Titelrolle und trug durch ihren gut geführten Sopran wesentlich zum Erfolg der Aufführung bei.

Generalintendant Meissners Absicht, im Laufe der Zeit das gesamte Bühnenschaffen des Wahlfrankfurters Hans Pfitzner auf den Spielplan zu bringen, stieß nach der wenig überzeugenden Erstaufführung seiner Oper »Das Herz« beim Publikum auf wenig Gegenliebe; allein den bevorstehenden siebzigsten Geburtstag des Komponisten ließ man als Grund gelten, weitere Vorbereitungsarbeit in die noch fälligen Ur- und Erstaufführungen zu stecken. Nach Wiederaufnahme seines »Armen Heinrich« (1. Okt. 1938), der im Jahre 1915 seine letzte Neuinszenierung in Frankfurt erfahren hatte, folgte am 19. März 1939 eine Neueinstudierung des »Palestrina«, und zwar im Rahmen einer »Woche der Lebenden«. Um dieser Oper gewissen Glanz zu verleihen, lud man Clemens Krauss zu einem Dirigiergastspiel anläßlich

Bühnenbildentwurf von Paul Walter zu »Hanneles Himmelfahrt« von P. Graener.

Szenenbild zu Adams »Postillon von Lonjumeau« mit Maria Madlen-Madsen als Madeleine und Theo Herrmann als Chapelou.

Szenenbild zur Erstaufführung der »Daphne« von Richard Strauss.

»Daphne«

(11. Juni 1939), die etwa vor Jahresfrist in Dresden ihre Uraufführung erlebt hatte. Wie in der »Ariadne auf Naxos« strebte der Komponist eine Musizier-Oper an, die sich jedoch mangels eines dramatisch ansprechenden Librettos inhaltlich nur schwer dem Zuhörer erschloß. Mit seltener Innigkeit gelang es Strauss, in der Titelfigur eine Frauengestalt zu zeichnen, die von seiner großen Meisterschaft kündet. Auch die Verwandlungsmusik der Daphne in einen grünen Lorbeer wird jedem Zuhörer in steter Erinnerung bleiben, da Richard Strauss zum Ende seines Werkes wiederum ein lyrischer Ausklang von starker Wirkung gelang. Emmy Hainmüller in der Titelrolle übertraf sich selbst und bewältigte den von Franz Konwitschny entfachten Klangrausch bravourös mit all ihren Reserven, nicht ohne auch den innigen Seiten der Rolle eine überzeugende Gestaltung zukommen zu lassen. Jakob Sabel (Apollo), Hellmut Schweebs (Penios), Res Fischer (Gaea) und Theo Herrmann (Leukippos) fanden gleichfalls verdiente Anerkennung bei Publikum und Presse. Ein Sonderlob verdiente sich Bühnenbildner Helmut Jürgens, der das Mythische der Handlung bildhaft überzeugend herauszuarbeiten verstand.

Als eine bemerkenswerte Aufführung galt die Neuinszenierung des »Freischütz« (1. Oktober 1939) mit Coba Wackers als Agathe und Maria Madlen Madsen als Ännchen, zwei Sängerinnen, die für diese Rollen als prädestiniert anzusehen waren. In Eugen d'Alberts Musikdrama »Tiefland« (30. September 1939) stellte sich Rose Huszka, die vom Nationaltheater Mannheim gekommen war, als Martha vor, nachdem sie bereits als »Siegfried«-Brünnhilde und als Marschallin im »Rosenkavalier« von ihrer quellend schönen Stimme und natürlichen Spielbegabung Zeugnis gegeben hatte. Später fand sich noch Gelegenheit, sie als »Fidelio«-Leonore, Santuzza (»Cavalleria rusticana«), Ortrud (»Lohengrin«), Eboli (»Don Carlos«), Brünnhilde (»Ring des Nibelungen«) usw. auf der Bühne zu erleben – alles anspruchsvolle Partien, die sie aufgrund ihrer ursprünglichen Spielbegabung überzeugend zu gestalten verstand. – Neu ins Ensemble gekommen war Otto Winkler als erster Kapellmeister, der sich rasch in Frankfurt einlebte und später auch als Generalmusikdirektor in Regensburg und Koblenz durch zielbewußte Aufbauarbeit verdiente Anerkennung fand. Auf ihn wartete eine Vielzahl von Repertoire-Opern, die er neben verschiedenen Neueinstudierungen wahrzunehmen hatte.

Zur Vervollständigung des Repertoires mit Pfitzners Werken brachte der Spielplan am 16. November 1939 die Spieloper

»Das Christelflein«

die aus der Verarbeitung einer früheren Bühnenmusik zu einem Weihnachtsmärchen hervorgegangen war. Um den bekannten Schwierigkeiten

Maria Madlen-Madsen als Marzeline in Beethovens »Fidelio«.

Szenenbild zu den »Vier Grobianen« von Wolf-Ferrari mit (von rechts) Karl Ebert, Hellmut Schweebs, Emil Staudenmeyer und Matthias Mrakitsch.

Oskar Wittazscheck als Filipeto in Wolf-Ferraris Oper »Die vier Grobiane«.
Der über Jahrzehnte in Frankfurt tätig gewesene Spieltenor und Tenorbuffo war ein Künstler von herzquickendem Humor und ergötzlicher Darstellungsgabe, wobei seine Stimme auch für erste Fachpartien wie den Jacquino (»Fidelio«) und Steuermann (»Der Fliegende Holländer«) geeignet war. Hervorstechende Leistungen bot er u. a. als Goro (»Madame Butterfly«) und als Wenzel (»Verkaufte Braut«).

mit dem Komponisten auszuweichen, der seine künstlerischen Ansprüche des öfteren für nicht gewährleistet erachtete, trug man ihm persönlich die Regie und die musikalische Leitung der Premiere an. Mit viel Geduld bemühten sich Solisten und Orchester um die Wiedergabe des wohl am wenigsten bekannten Bühnenwerkes. Wenn auch kein stürmischer Erfolg zu erwarten war, so konnte man doch immerhin feststellen, daß das Publikum sich von der Musik angesprochen fühlte. Die Titelfigur verkörperte Clara Ebers; als Christkindchen hatte man Coba Wackers eingesetzt, und in den Männerrollen konnten sich Matthias Mrakitsch (Tannengreis) und Hellmut Schweebs (Knecht Ruprecht) bewähren. Im Mai 1940 brachte man dann einen

Pfitzner-Zyklus (2.–9. Mai 1940)

mit fünf seiner Werke auf die Bühne, ein im deutschen Theaterleben einmaliges Ereignis. Auch im Jahre 1940 und 1941 erschien auf dem Frankfurter Spielplan eine Folge von Pfitzner-Opern. Darüber hinaus wurde es in Frankfurt zur Gewohnheit, alljährlich Richard Wagners »Ring des Nibelungen« mindestens einmal zur Aufführung zu bringen, wofür meist Sonderabonnements aufgelegt wurden.

Generalintendant Meissners Wunsch, in absehbarer Zeit auch einen Mozart-Zyklus bieten zu können, führte zu einer Neuinszenierung des »Idomeneo« (8. Februar 1940) und des »Titus« (5. Februar 1941).
Von den bedeutsamen Erstaufführungen der damaligen Zeit bleibt noch Wolf-Ferraris musikalisches Lustspiel

»Die vier Grobiane«

zu erwähnen (20. Juni 1940). Die Buffo-Oper gilt als eine der überzeugendsten Leistungen neben den Werken von Donizetti und Rossini. Die köstlichen Arien, Duette und Ensemblesätze machten dieses Lustspiel zu einem der beliebtesten Werke Wolf-Ferraris auf den deutschen Bühnen. Auch ohne Einsatz des Chores zeigt die Handlung keinerlei Leerlauf. Sie bringt statt dessen mehr Ensemblesätze, darunter auch das in der Opernliteratur einmalige Terzett der drei Bassisten. Längst war es an der Zeit, daß sich die Frankfurter Oper dieses köstlichen Werkes annahm, das bereits vor 34 Jahren in München seine deutsche Uraufführung erlebt hatte. Das Frauenquartett mit Clara Ebers, Coba Wackers, Maria Madlen Madsen und Res Fischer war von einmaliger stimmlicher Ausgewogenheit. Dem vergnüglichen Ensemble

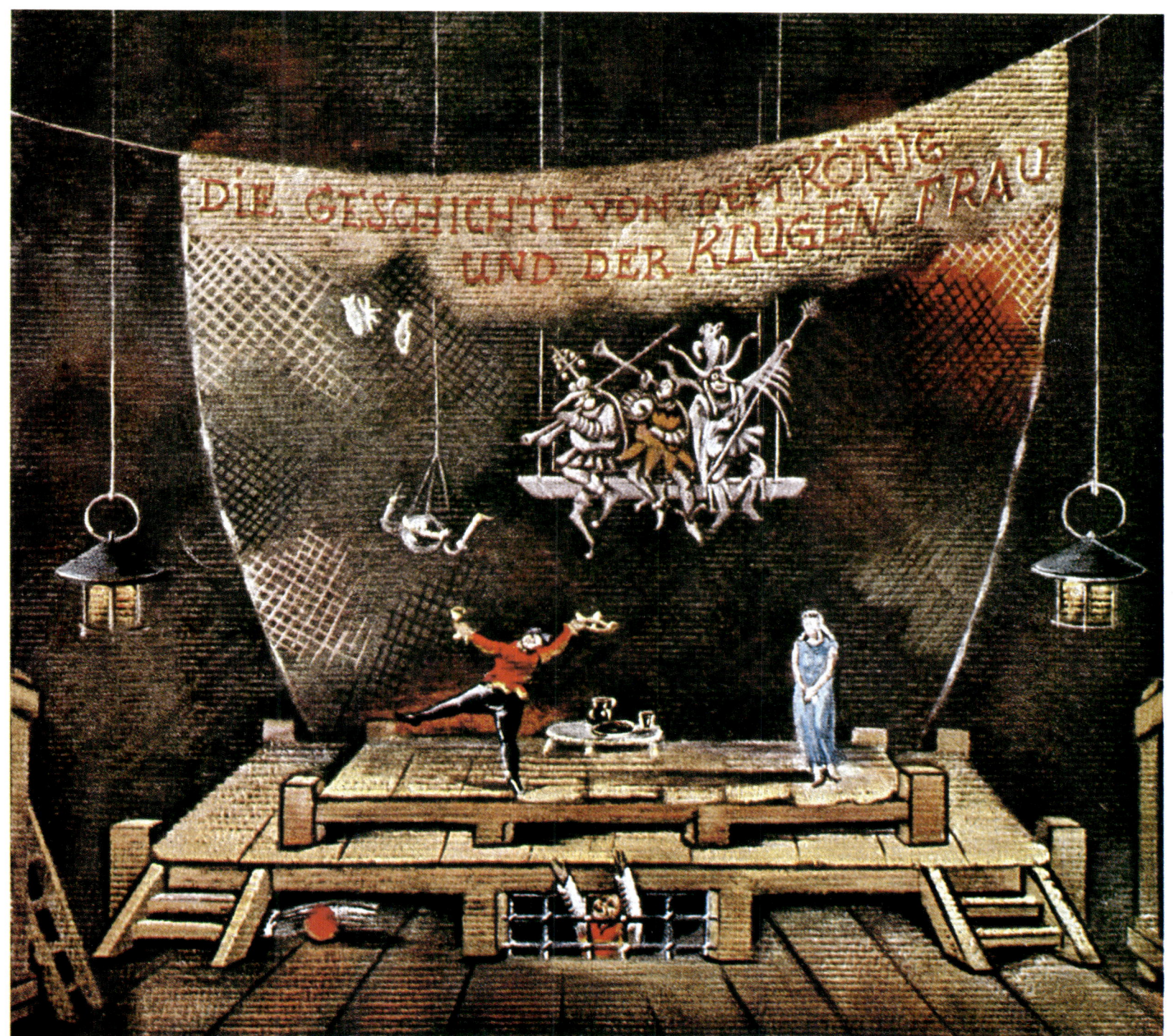

Bühnenbildentwurf zu Helmut Jürgens Bühnenwerk »Die Kluge« (zu Seite 290).

Szenenbild zu Max von Schillings Oper »Mona Lisa«.

Rose Huszka als Brünnhilde in Richard Wagners »Ring des Nibelungen«.
Mit ihrem ersten Auftreten in Frankfurt als Brünnhilde in Richard Wagners »Siegfried« (1938) ließ die bislang am Nationaltheater in Mannheim tätige Künstlerin bereits erkennen, daß sie eine prädestinierte hochdramatische Sängerin ist, wie man sie nur selten findet. Sie ergänzte somit aufs beste das schon vorhandene Wagner-Ensemble. Aber auch als Marschallin (»Rosenkavalier«), »Fidelio«-Leonore, Kundry (»Parsifal«), Ortrud (»Lohengrin«), »Tiefland«-Martha, Santuzza (»Cavalleria rusticana«) und als Eboli (»Don Carlos«) bot sie mit ihrer quellend schönen Stimme überzeugende Leistungen, die von dramatischem Elan getragen waren.

der Grobiane gehörten Hellmut Schweebs, Emil Staudenmeyer, Carl Ebert und Matthias Mrakitsch an; hinzu kam der ergötzliche Oskar Wittazscheck und nicht zuletzt der gewandte Theo Herrmann mit seiner strahlenden Stimme und humorigen Naturell. Herbert Decker verlieh dem Werk in den Bühnenbildern von Helmut Jürgens einen allseits ansprechenden Lustspielcharakter, der von Paul Kloss und seinem Orchester entsprechend musikalisch illustriert wurde.

Es braucht nicht sonderlich erwähnt zu werden, daß der Zweite Weltkrieg sich auch auf das Theaterleben hemmend auswirkte. Die Einberufungen zum Militär, die langsam sich einstellende Materialverknappung, der Verzicht auf eine Darbietung von Werken des »feindlichen« Auslands usw. hinterließen deutliche Spuren. Der Spielplan beschränkte sich somit mehr und mehr auf die Wiedergabe gängiger Werke und vermied jedes Experiment.

Im Oktober 1940 waren sechzig Jahre vergangen, seitdem das Opernhaus als Musiktheater genutzt wurde. Wenn dies auch nicht Anlaß zu einer festlichen Erinnerung sein konnte, so möge doch den Lesern eine Aufführungsstatistik näher gebracht werden, die der Verfasser als damaliger erster Dramaturg des Hauses angefertigt hat. Diese Übersicht – wenn auch nur noch teilweise erhalten – bleibt deshalb von besonderem Wert, weil die damals benutzten Unterlagen durch Kriegseinwirkung restlos verlorengingen und für theatergeschichtliche Zwecke nicht mehr verfügbar sind. Damals war es noch möglich, auf der Grundlage authentischer Niederschriften eine genaue Statistik zu erarbeiten, da selbst die ausgefallenen und geänderten Vorstellungen darin berücksichtigt waren. Es ist interessant, hieraus zu erfahren, daß Eugen d'Alberts Oper »Tiefland« in den Jahren 1906 bis 1940 die stattliche Anzahl von 187 Aufführungen erlebt hat. Auberts »Fra Diavolo« ließ sich über eine Zeitspanne von 1881 bis zum Jahre 1930 laufend auf dem Spielplan verfolgen. Den zahlenmäßig

Bühnenbildentwurf von Helmut Jürgens zu Mozarts »Idomeneo«.

Heinrich Bensing als Idamanthes in Mozarts »Idomeneo«. Der von Natur aus temperamentvolle Sänger trat im Jahre 1939 als ehemaliges Mitglied des Kölner Opernhauses in Frankfurt sein Engagement an. Sein Stimmtimbre prädestinierte ihn für das lyrisch/italienische Tenorfach, wofür ihm viele Einsatzmöglichkeiten in Frankfurt geboten waren. Zu erwähnen seien seine Auftritte als Alfred Germont (»Traviata«), Turiddu (»Cavalleria rusticana«), Cavaradossi (»Tosca«) und als Linkerton (»Madame Butterfly«) sowie als Rudolf (»Bohème«). Mit seiner guten äußeren Erscheinung und seinem flotten Auftreten bewährte er sich auch in der Operette, so z. B. als Paganini, Graf von Luxemburg und als Barinkay (»Der Zigeunerbaron«).

größten Erfolg unter den in Frankfurt aufgeführten Opern ausländischer Komponisten konnte Bizets »Carmen« aufweisen, und zwar mit 458 Vorstellungen. Es will dies außergewöhnlich viel bedeuten, da Beethovens »Fidelio« in der gleichen Zeitspanne es nur auf 396 Aufführungen brachte. Die nur zeitweise beliebte Oper »Die weiße Dame« von Boieldieu konnte es im Laufe der Jahre 1880 bis 1911 nur auf 34 Aufführungen bringen. Eine überaus rege Anteilnahme hatten die Werke Donizettis — besonders um die Jahrhundertwende — zu verzeichnen. Leider ließ sich seit 1908 nicht mehr seine »Lucia von Lammermoor« auf dem Frankfurter Repertoire feststellen. Zu den Lieblingsopern der Frankfurter Theaterfreunde gehörte u. a. Flotows »Martha«, die fast lückenlos seit der Eröffnung des Opernhauses bis zum Ende der Spielzeit 1937/38 mit 247 Aufführungen auf dem Spielplan verfolgt werden konnte. Eine Kette von Vorstellungen verbindet sich mit der Oper »Margarethe« von Gounod, und zwar ununterbrochen von 1881 bis 1935. Hierbei ist auffallend, wie viele prominente Sänger diese Bühnenwerke zu Gastspielen in Frankfurt genutzt haben. Humperdincks Märchenoper »Hänsel und Gretel« erfreute sich seit ihrer Frankfurter Erstaufführung im Jahre 1894 immer wieder einer Wiederaufnahme bis hin zu unseren Tagen. Ein Werk, das heute fast ganz vergessen ist, verbindet sich mit Konrad Kreutzers Oper »Das Nachtlager von Granada«, ein Werk, das von 1880 bis 1914 ununterbrochen auf dem Frankfurter Spielplan stand. Es ist erstaunlich festzustellen, daß von den Opern Lortzings nicht »Waffenschmied«, »Zar und Zimmermann« oder »Wildschütz« die höchste Aufführungszahl beanspruchen können, sondern die romantische Zauberoper »Undine« mit 222 Vorstellungen. Aber was

Alf Rauch als Träger der Titelrolle in Verdis »Othello«.

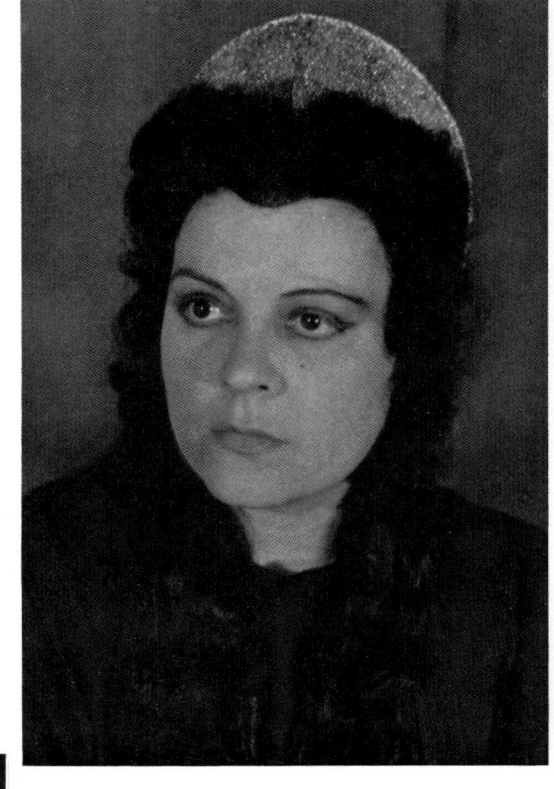

Rose Huszka als Ortrud in Richard Wagners »Lohengrin«.

Jean Stern als Träger der Titelrolle in Richard Wagners Oper »Der Fliegende Holländer«.

Szenenfoto zu Werner Egks »Peer Gynt«.

Die Vertrautheit mit dem Schaffen Werner Egks führte am 30. November 1940 zur Erstaufführung seiner Oper

»Peer Gynt«

die zwei Jahre zuvor in Berlin aus der Wiege gehoben worden war. Die plastische Bildkraft seines Kompositionsstils konnte er im Vergleich zu früher merklich steigern. Für die verschiedenen Bereiche der Handlung hielt er eine Fülle von Nuancen bereit, die durch ihre rhythmische Variabilität Stimmungssphären berückender Art vermitteln. Der schon bei der Uraufführung sich abzeichnende Erfolg wiederholte sich in Frankfurt. In Verbindung mit der Frankfurter Erstaufführung bleibt zu erwähnen, daß die Premiere bereits zwei Tage früher hätte stattfinden sollen; wegen Fliegeralarms mußte die angesetzte Aufführung (28. November 1940) jedoch abgebrochen werden, was eine Verschiebung notwendig machte. Die musikalische Leitung lag in Händen von Franz Konwitschny, der

will dies bedeuten neben dem geradezu überwältigenden Erfolg von Leoncavallos Melodram »Cavalleria rusticana«, das in gleicher Zeitspanne zahlenmäßig auf 419 Aufführungen kam. Es versteht sich, daß die Werke Mozarts seit der Eröffnung des Opernhauses sich ununterbrochen mit hohen Aufführungsziffern auf dem Frankfurter Spielplan finden lassen. Auch gilt dies von Nicolais komisch-phantastischer Oper »Die lustigen Weiber von Windsor«, von Puccinis »La Bohème« und »Madame Butterfly« sowie von Rossinis »Barbier von Sevilla«. Eine erhalten gebliebene Übersicht über die Pflege des kompositorischen Schaffens von Richard Strauss gibt darüber Auskunft, daß die »Salome« in der Zeit von 1907 bis 1940 immerhin 71 Aufführungen erlebte, die »Ariadne auf Naxos« 63 Darbietungen aufweist, wogegen sein »Rosenkavalier« es jedoch auf 215 Aufführungen brachte. Höchstaufführungsziffern erlebten in Frankfurt auch die Opern Verdis, wovon leider die Übersicht durch Kriegseinwirkung verlorenging. Eine stattliche Vorstellungszahl brachte Webers Oper »Freischütz«, die von 1880 bis 1940 allein 323mal gespielt wurde. Über die Aufführungen der Werke Richard Wagners läßt sich nur soviel sagen, daß seine Werke ununterbrochen über die gesamte Dauer des Frankfurter Opernhauses als Musiktheater auf dem Spielplan standen; dies gilt auch von seinem »Parsifal«, der seit seiner Frankfurter Erstaufführung im Jahre 1914 – mit nur wenigen Unterbrechungen – bis hin zum Jahre 1943 sich auf dem Frankfurter Spielplan verfolgen läßt. Wenn auch die obige Übersicht in Anbetracht nicht mehr vollständiger Unterlagen lückenhaft ist, glaubte der Verfasser, im Rahmen dieses Buches auf eine Wiedergabe nicht verzichten zu können.

Clara Ebers als Ilia in Mozarts »Idomeneo«.

Szenenfoto zu Werner Egks »Peer Gynt«.

mit seinem überquellenden Temperament die dramatischen Stimmungen zu voller Entfaltung brachte und auch ein sicherer Begleiter des singenden Ensembles war. Der mit der Titelpartie beauftragte Rudolf Gonszar war insofern ausschlaggebend am Erfolg des Abends beteiligt, als er mit seinem komödiantischen Wesen und seiner musikalischen Intelligenz völlig über der Sache stand. Eine Glanzleistung bot auch Coba Wackers als Solveig. Sie traf vorzüglich den Gefühlston ihrer Rolle und meisterte ihre Aufgabe mit stimmtechnischer Vollkommenheit und darstellerischem Geschick. Treffend besetzt war ebenfalls die Partie der Rothaarigen mit der Sopranistin Ilse Wald, deren spezielle Eignung für Charakterpartien – auch vom Stimmlichen her – der Rolle sehr entgegenkam.

Eine bedeutsame Neuinszenierung verband sich mit der Wiederaufnahme von Verdis »Othello« (25. Dezember 1940), da das Arbeitsteam Hans Meissner (Regie), Caspar Neher (Bühnenbild) und Franz Konwitschny (musikalische Leitung) eine selten gelungene Aufführung zustande brachte. Die glückliche Besetzung der Titelpartie mit Alf Rauch ließ die Aufführung für die Zuhörer zu einem großen Erlebnis werden. Der Künstler vermochte zu erschüttern und erbrachte dank seiner Intensität in Gesang und Darstellung eine imponierende Leistung. Seine künstlerischen Qualitäten wurden zusätzlich durch die Tatsache unterstrichen, daß Rauch damals als einer der wenigen deutschen Sänger mit einem Gastspielvertrag an die Mailänder Scala gebunden war. Auch Jean Stern blieb seiner Rolle als Jago nichts schuldig, sondern verstand es, sich hintergründig, dann wieder triumphierend zu zeigen, je nachdem, wie es die Aufgabe erforderte. Hiervon hob sich Emmy Hainmüller als Desdemona ab, indem sie ganz auf Innerlichkeit eingestellt war und in edler Tongestaltung selbst den zartesten Schwingungen hörbar Ausdruck verlieh. Nicht zu vergessen schließlich der lyrische Tenor Jakob Sabel, der mit lockerer Stimmgebung und Beweglichkeit dem von Verdi gezeichneten Bild des Cassio zu idealer Verkörperung verhalf. Mehr als nur Routine ließen auch die Vertreter kleinerer Aufgaben erkennen, wie z. B. Marion Hunten (Emilia), Oskar Wittazscheck (Rodrigo), Matthias Mrakitsch (Lodovico) und Emil Staudenmeyer (Montano). Es läßt sich nicht bestreiten, daß sich eine ähnlich exzellente Besetzung auch an den größten Bühnen nur schwer finden ließ.

Wie schon in der vergangenen Zeit hielt man es für notwendig, der Operette im Spielplan breiteren Raum zuzugestehen, um der durch den Krieg schwer geprüften Bevölkerung mehr Freude zu bieten. Hierfür stand mit Lola Grahl,

Coba Wackers als Evchen in Richard Wagners »Meistersinger von Nürnberg«.

Bühnenbildentwurf von Helmut Jürgens zu Werner Egks »Columbus«.

Paul Kötter, dem Buffopaar Lya Justus und Emil Seidenspinner – wie schon erwähnt – ein spezielles Ensemble zur Verfügung, das reichen Beifall fand. Nicht vergessen sei auch der excellente Kapellmeister Rudi Franz, der in diesem Zusammenhang – stellvertretend für noch andere Kollegen – genannt sein soll.

Die Erinnerung an die Spielzeit 1941/1942 sei mit dem Hinweis abgeschlossen, daß neben dem »Ring«-Zyklus und der Veranstaltungsreihe mit Pfitzners sämtlichen Bühnenwerken nunmehr auch ein selten geglückter

Mozart-Zyklus (Okt./Nov. 1941)

mit sieben Werken des Komponisten auf den Spielplan kam. Auch dies war für die damalige Zeit eine Ausnahmeerscheinung, da keine andere deutsche Bühne mit einer solchen Repräsentation aufwarten konnte.

Die Bestrebung der Frankfurter Oper, ihren Ruf als eine der bedeutendsten Uraufführungsbühnen im deutschen Lebensraum zu festigen, führte am 13. Januar 1942 zur Aufführung von Werner Egks

»Columbus«

Der Komponist gab seinem Werk die Bezeichnung »Bericht und Bildnis«, womit er wohl zum Ausdruck bringen wollte, daß er – anders als bei der »Zaubergeige« und »Peer Gynt« – nicht eine Oper im geläufigen Sinne, sondern mehr ein szenisches Oratorium zu bieten beabsichtigte. Es ist ihm fraglos gelungen, eine von pulsierendem Leben erfüllte Handlung zu schaffen, die sich zwar in abgeschlossenen Szenen ergeht, doch durch die Dialoge und kraftvollen Chöre zu einer seltenen Einheit verschmilzt. Auf diese Weise vermochte er zeitlich weit auseinander liegende Geschehnisse für den Zuhörer in einen Zusammenhang zu bringen, ohne daß die Zäsuren allzu spürbar wurden. Auffallend in melodischer Hinsicht sind vor allem die Reminiszenzen aus der spanischen Volksmusik und der römisch-katholischen Liturgie, wie auch übernommene Klangvorstellungen aus dem indianischen Lebens- und Kulturkreis. Wenngleich das dramatische Element in dem Werk nur begrenzt in Erscheinung tritt, unterstützt von tänzerischen Einlagen, so wird das Interesse des Zuhörers dennoch bis zum Schluß des Werkes wachgehalten von den eigenwilligen Klangbildern und rhythmischen Raffinessen der Partitur. Im Mittelpunkt

Matthias Mrakitsch als Großinquisitor in Verdis »Don Carlos«.
Mit der Verpflichtung von Makritsch als Charakterbaß ab Spielzeit 1934 wurde das Frankfurter Ensemble durch einem erprobten Sänger ergänzt. Seine große schlanke Statur und sein nobles gesangliches Pathos gaben ihm die Möglichkeit, Rollen wie Sarastro (»Die Zauberflöte«), König Heinrich (»Lohengrin«), Landgraf (»Tannhäuser«) usw. überzeugenden Ausdruck zu verleihen. Auch in Buffopartien, so als Osmin (»Die Entführung aus dem Serail«) und Basilio (»Der Barbier von Sevilla«), wurde er eingesetzt, Rollen, denen er durch seinen trockenen Humor eine spezielle Note gab.

Bühnenbildentwurf von Helmut Jürgens zu Werner Egks »Columbus«.

Rudolf Gonszar als Posa in Verdis »Don Carlos«.

Hellmut Schweebs als König Philipp in Verdis »Don Carlos«.

der Handlung steht die Gestalt des Columbus, dessen Partie vom Komponisten in großen Bögen angelegt und von dem intelligenten Sänger Hellmut Schweebs ideal interpretiert wurde. Da seine Aufgabe sich nicht in bewegter Darbietung erschöpfte, mußte die Figur durch variable gesangliche Darstellung und durch beherrschte körperliche Gestaltung mit Leben erfüllt werden. Schweebs verwirklichte dies in vollendeter Weise. Als Königin Isabella hatte man Clara Ebers eingesetzt, die mit ihrem silbrigen Sopran etwas Hoheitsvolles und Sphärenhaftes in die Rolle legte und somit den Vorstellungen des Komponisten weitgehend gerecht wurde. Generalintendant Meissner schuf mit der Routine eines Schauspielregisseurs prägnante Szenen von zwingender Kraft, wobei Franz Konwitschny jede Gelegenheit zu üppigem Musizieren nutzte und die reizvoll rhythmischen Gegebenheiten akzentuiert herausstellte. Für den dekorativen Rahmen fand Helmut Jürgens eine glückliche Lösung, die nicht nur zum Symbol für die charaktervolle Musik wurde, sondern zugleich mit sparsamen Mitteln die bildhaften Vorstellungen der verschiedenen Spielorte sicher zu treffen verstand. Das Publikum bedankte sich am Schluß der Premiere mit stürmischem Beifall bei Werner Egk und allen Mitwirkenden.

Ein beachtenswerter Erfolg wurde auch mit der Neuinszenierung von Verdis »Don Carlos« am 20. Juni 1942 erzielt. Meissner, Neher und Konwitschny legten eine Gemeinschaftsarbeit vor, die erneut den hohen Leistungsstand der Frankfurter Oper unter Beweis stellte. Wenngleich die Zielsetzung der Regie unverkennbar unter dem Einfluß des Schillerschen Dramas stand, erwuchsen hieraus keine Nachteile

Alf Rauch als Träger der Titelrolle in Verdis »Don Carlos«.

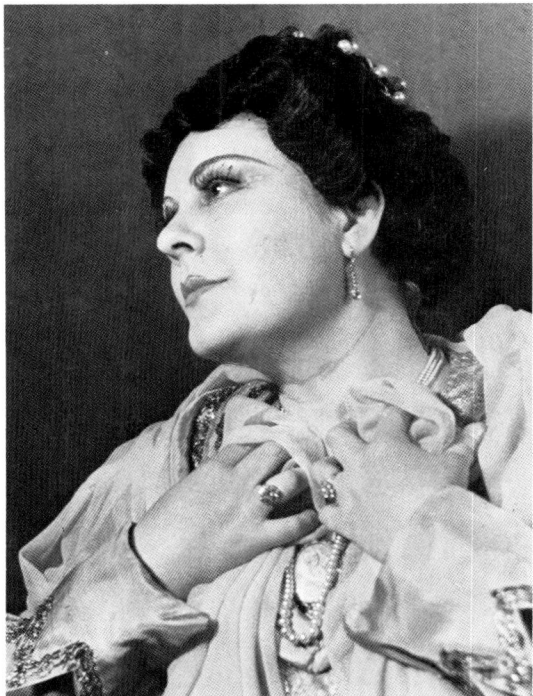

Rose Huszka als Eboli in Verdis »Don Carlos«.

Clara Ebers als Königin Elisabeth in Verdis »Don Carlos«.

für den Handlungsablauf, im Gegenteil, die Vorgänge wurden sogar verdeutlicht. Konwitschny als musikalischer Leiter der Neuinszenierung ließ sich allein von dem Bild leiten, das Verdi vorgezeichnet hatte, wobei er überall dort, wo der Komponist die »große Oper« herausstellte, mit der Fülle schwelgenden Klanges musizierte, andererseits dort, wo es galt, Lyrisches zum Ausdruck zu bringen, den zartesten Tönen Innigkeit und Wohlklang verlieh. Starken Eindruck hinterließen die Dekorationen Caspar Nehers, der mit seinem zum Düsteren neigenden Farbenkolorit dem Bühnengeschehen einen faszinierenden Hintergrund gab. Nicht weniger eindrucksvoll waren die historisch getreuen Kostüme des singenden Ensembles und des Chores. Aus der Reihe der Solisten ragte Alf Rauch in der Titelrolle hervor, der mit effektvollem Spiel, seiner blendenden Bühnenerscheinung und »mit der Träne« in seiner Stimme zu erschüttern verstand. Clara Ebers in der Rolle der Elisabeth war nicht nur schön anzusehen, sondern zeigte auch ein überzeugendes Spiel und ließ ihre von der Koloratur her bestimmte silbrige Stimme über eine große Skala der Empfindungen an das Ohr der Zuhörer dringen. Prachtvoll entfaltete Rudolf Gonszar als Darsteller des Posa seine schöne Stimme; auch mit seiner stattlichen Erscheinung gelang es ihm, in der anspruchsvollen Rolle zu überzeugen. Als König Philipp gab sich Hellmut Schweebs mit der ihm eigenen Musikalität und Intensität ganz im Sinne der Verdischen Vorstellungen. Unvergessen bleibt die Charakterstudie von Matthias Mrakitsch als Großinquisitor, dessen körperliche Gebrechlichkeit und spezifische Verhaltensweisen einzigartig zur Darstellung kamen. Schließlich sei Rose Huszka als Eboli erwähnt, die am Schluß ihrer Arie Sonderbeifall erhielt. Die für das hochdramatische Fach prädestinierte Sängerin gab den innigen Stellen den erwünschten Wohlklang, ließ es aber auch bei den dramatischen Steigerungen zu imponierender Stimmentfaltung kommen. Abschließend sei betont, daß keineswegs alle Vorstellungen des Spielplans ein so hohes Niveau erreichten wie diese »Don Carlos«-Aufführung. So manche Repertoire-Oper verflachte

John Gläser als Lohengrin in Richard Wagners gleichnamiger Oper.

– wie dies nun einmal alle Theater kennen – im Laufe der Zeit in ihrer Wirkung, oft auch durch Wechsel in der Besetzung. Ferner sei nicht verschwiegen, daß die Intendanten, wenn sie als Regisseure in Erscheinung treten, sich eine Glanzentfaltung hinsichtlich Besetzung und Ausstattung zu sichern wissen, die den übrigen Vorständen nicht immer in solchem Maße zugestanden wird.

Mit Beginn der Spielzeit 1942/1943 erhielt das Ensemble Ergänzung bzw. Ersatz durch einige beachtliche Stimmen, darunter der begabte Spielbariton Günther Ambrosius, der profunde Bassist Xaver Waibl und die Altistin Gertrud Walker, die gleichfalls eine schön timbrierte Stimme mitbrachte. Ansonsten konnte sich die Frankfurter Oper glücklich schätzen, daß eine Reihe bewährter Solisten, denen ein Wechsel an größere Bühnen nicht schwergefallen wäre, auch weiterhin der Frankfurter Oper erhalten blieben. In diesem Zusammenhang ist es wichtig zu erwähnen, daß es in den letzten Kriegsjahren nicht im eigenen Ermessen der Künstler stand, einen Engagementswechsel vorzunehmen, da in diesem Falle zuvor eine ministerielle Genehmigung eingeholt werden mußte. Dies bedeutete für die Künstler eine erhebliche Beeinträchtigung in ihrer solistischen Laufbahn. Am stärksten betroffen waren die Spitzensänger, die vorerst auf einen Wechsel an allererste Bühnen verzichten mußten und nach dem Krieg durch die Ungunst der Zeit häufig keinen Anschluß mehr nach dort fanden. Auch Absprachen wurden zwangsläufig annulliert, so beispielsweise ein Gastvertrag der lyrisch-jugendlichen Sängerin Coba Wackers an die Dresdner Staatsoper. In den letzten Kriegsjahren waren die Künstler zudem einem Gagenstop unterworfen, der nur mit Genehmigung der Reichstheaterkammer in Berlin umgangen werden konnte. Die Erschwerung eines Engagementswechsels brachte letztlich der Frankfurter Oper den Vorteil, bis zum Kriegsende über gute Sänger verfügen zu können. Aber auch schon früher hatte sich die Intendanz bemüht, qualifizierte Sänger dem Ensemble zu erhalten, zum Teil unter hohen finanziellen Zugeständnissen und speziellen Zusagen für ihren spielplanmäßigen Einsatz, wie beispielsweise für Kammersänger John Gläser, der mit Beginn der Saison 1942/43 seine 25jährige Zugehörigkeit zum Frankfurter Ensemble feiern konnte.

Am 7. September 1942 war das Interesse der gesamten deutschen Theaterwelt erneut auf die Frankfurter Oper gerichtet, da diese wiederum mit einer Uraufführung aufwarten konnte. Diesmal kam der Komponist Hermann Reutter erneut zum Zuge, der vor sieben Jahren mit seinem »Doktor Johannes Faust« aufhorchen ließ. Er präsentierte sich mit seiner zweiten Oper

»Odysseus«

ganz im Stil eines Opernoratoriums, wie es bei Strawinsky, Orff und Egk vorgezeichnet war. Reutter übertrug einem vor der Szene

Bühnenbildentwurf von Helmut Jürgens für den »Odysseus« von Hermann Reutter.

Wackers, erwähnt zu werden verdient. Die Premiere brachte dem Komponisten wie auch allen Mitwirkenden stürmischen Beifall.

Trotz der zunehmend spürbar werdenden Auswirkungen des Krieges, der die Stadt Frankfurt zur unmittelbaren Gefahrenzone machte, nahm man Gelegenheit, das 150jährige Jubiläum der Städtischen Bühnen zu feiern. Zwar war das Frankfurter Stadttheater bereits 1782 eröffnet worden, doch erst im Jahre 1792 zog ein bodenständiges Ensemble in das sogenannte »Nationaltheater« ein. Zuvor hatten wandernde Theatergruppen den Spielplan versorgt. Vom 17. bis 25. Oktober 1942 kündigte man eine Festwoche an mit den bedeutendsten Werken

aufgestellten Chor die Aufgabe, als Chronist das Geschehen erläuternd zu vermitteln, und spannte damit einen großen Bogen über eine Reihe von Bildern aus dem Leben des griechischen Helden. Damit gab Reutter dem Chor – im Gegensatz zu Egks »Columbus« – weit stärkere Bedeutung und stellte auch das Geschehen weiträumiger dar. Reutters musikalische Sprache verrät den Lyriker, wenngleich das Orchester stärker beteiligt ist als im »Faust«. Mit scharfen Konturen versah der Komponist die Charaktere und grenzte sie fein differenzierend voneinander ab. Auch dem Gesanglichen wurde breiter Raum zugebilligt, so daß sich die Sänger stimmlich zu entfalten vermochten. Generalintendant Meissner verstand es, die Aufführung mit der geschickten Hand eines Routiniers zu einem eindrucksvollen Erlebnis zu machen. Die verschiedenen Szenen ließ er in einem einheitlichen Bühnenaufbau ablaufen, wobei Ausstattungschef Helmut Jürgens, der später mit großem Erfolg an der Münchner Staatsoper wirkte, in den oft wechselnden Bildern mit imponierender Treffsicherheit den jeweiligen Raum der Handlung malerisch erfaßte. Durch kluge Stilisierung, ausgerichtet auf das Wesentliche, bestätigte Jürgens seinen Ruf als einer der bedeutendsten Bühnenbildner seiner Zeit. Bezüglich der musikalischen Gestaltung bedurfte es keiner Frage, daß der gewandte Franz Konwitschny kraft seines Naturells die Partitur mit schillernder Farbigkeit ausdeuten würde. Im Mittelpunkt der Handlung stand Jean Stern in der Titelrolle. Hier konnte er seine gesanglichen Vorzüge ausgiebig verwerten und Charakter zeigen in der Darstellung des von Mythologie umwobenen Königs Odysseus. Auch die übrigen Mitwirkenden besaßen Gelegenheit zu gesanglicher Entfaltung, wobei vor allem die Darstellerin der Nausikaa, Coba

Jean Stern als Titelheld in Hermann Reutters »Odysseus«.

Bühnenbildentwurf von Helmut Jürgens zum »Odysseus« von Hermann Reutter.

aus dem erprobten Opernrepertoire. Die betreffenden Werke wurden bereits ausführlich besprochen. Hervorzuheben ist eine Feierstunde anläßlich dieses Jubiläums, wobei u. a. der Schlußchor »An die Freude« aus Beethovens 9. Symphonie erklang.
Die beständig größer werdende Notlage zwang das Frankfurter Theater zu wohldurchdachten Entscheidungen hinsichtlich des Spielplans.

Der zunehmende Mangel an Dekorationsmaterial ließ nur noch eine beschränkte Anzahl von Neuinszenierungen zu, so daß man unter Benutzung vorhandener Dekorationen bzw. Ausleihe bei anderen Bühnen vornehmlich Neueinstudierungen durchführen konnte.
Im Zusammenhang hiermit muß Spielleiter Georg Reinhardt genannt werden, der einige beachtliche Bühneninszenierungen herausbrachte und sich später als Operndirektor in Düsseldorf weitere Wertschätzung verdiente.
Kaum war der Erfolg des »Odysseus« verklungen, meldete der Spielplan der Frankfurter Oper eine neue Uraufführung:

»Die Kluge«

von Carl Orff (20. Februar 1943). Es handelt sich hierbei wiederum um ein bühnenwirksames Werk, dessen Text auf einem Grimmschen Märchen beruht. Der Komponist überließ es den Zuhörern, dem Werk eine Formbezeichnung zu geben. Er selbst versah sein Opus lediglich mit dem Untertitel »Geschichte von dem König und der klugen Frau«. Von Anfang an bis zum Schluß zieht das Werk den Zuhörer durch effektvolle Originalität in seinen Bann. Trotz der rhythmischen Eigenarten und der oft grellen Instrumentierung vermag es selbst ein voreingenommener Theaterbesucher nicht, sich der unmittelbaren Wirkung dieses Werkes zu entziehen. Alles wirkt so selbstverständlich, urwüchsig und bildhaft, daß einem allseitigen Erfolg nichts im Wege stand. Ganz in diesem Geiste inszenierte Dr. Günther Rennert als Gast dieses volkstümliche Werk. Rennert war in Frankfurt bereits bekannt, da er einst als Regieassistent dem Ensemble angehört hatte. Später finden wir ihn als Intendant der Staatsopern in Hamburg und München, wo er durch beispielgebende Inszenierungen zu einem der begehrtesten Regisseure auf internationaler Ebene wurde. Einen wesentlichen Beitrag zum Gelingen der Inszenierung trug Bühnenbildner Helmut Jürgens bei, der einen dekorativen Rahmen von dezenter Farbigkeit schuf und damit zum Vorbild wurde für viele Aufführungen des Werkes an anderen Bühnen. Die musikalische Leitung der bedeutungsvollen Uraufführung lag bei Otto Winkler, der als klug disponierender Orchesterleiter bekannt war und es verstand, die klanglichen Nuancen gut pointiert herauszustellen. Den Solisten erwuchsen zum Teil recht ansprechende Aufgaben, die über den Deklamationsstil hinaus auch gesangliche Anforderungen opernhafter Art stellten. Dies zeigte sich besonders in der Rolle der »klugen Frau«, die von Coba Wackers überzeugend dargestellt wurde. Ein adäquater Partner war Rudolf Gonszar als König, den er mit voll strömender Stimme und strotzender Männlichkeit überzeugend verkörperte. Ein köstliches Terzett bildeten

Szenenfoto zu Orff »Die Kluge« mit den drei Strolchen (v. lks.) Paul Kötter, Emil Seidenspinner und Günther Ambrosius.

die drei Strolche mit Emil Seidenspinner, Paul Kötter und Herbert Hesse. Der Aufführung war ein stürmischer Erfolg beschieden.
Der Uraufführung der »Klugen« ging die erste Darbietung von Claudio Monteverdis »Orfeo« in der Neufassung von Carl Orff voraus. Hierbei muß ergänzend hinzugefügt werden, daß die Neuformung weit über die übliche Art der Bearbeitung hinausging, da Orff moderne klangliche Mittel einsetzte. Ob dem genialen Frühwerk aus der Frühgeschichte der Oper dadurch eine Gefälligkeit erwiesen wurde, läßt sich schwer beantworten. Rudolf Gonszar als Orpheus und Clara Ebers als Eurydike gaben unter der musikalischen Leitung von Otto Winkler der Aufführung eine nachhaltige Wirkung.
Die schweren Fliegerangriffe auf das Stadtgebiet und die damit einhergehende Zermürbung der verbliebenen Bewohner war für Generalintendant Meissner – wie dieser selbst andeutete – ein verpflichtender, wengleich trauriger Anlaß, durch einen abwechslungsreichen Spielplan den Behauptungswillen des Theaters zu bekunden. Mit dem heiteren Werk

»Donna Diana«

von Emil Nikolaus von Reznicek (15. April 1943) wurde den Frankfurter Theaterfreunden eine Oper geboten, die durch instrumentale Effekte und eine spannungsgeladene Handlung der Erwartung auf Ablenkung vom Kriegsalltag sehr entgegenkam. Clara Ebers als Diana setzte ihre stimmlichen Qualitäten und ihren ganzen Charme zur Wirkung ihrer Rolle ein. Der Bariton Günther Ambrosius vermittelte mit Eleganz und südländischem Temperament den Perin, wobei seine wohlklingende Stimme sehr zur Geltung kam. Regisseur Herbert Decker konnte mit seinem soliden Können einen zügigen Ablauf der Geschehnisse erreichen, wobei ihm der junge Bühnenbildner Dominik Hartmann Dekorationen lieferte, die große Erwartungen in den Künstler rechtfertigten. Auch diesmal war Kapellmeister Otto Winkler ein überlegener Sachwalter der Partitur.
Von den Neuinszenierungen der damaligen Zeit wurde die Wiederaufnahme von Lortzings »Wildschütz« (19. August 1943) von der Presse als eine der gelungensten Aufführungen der letzten Jahre bezeichnet. Dies war ein Anlaß, dem jungen Regisseur Albert Richard Mohr, der bislang meist nur mit der Neueinstudierung

Coba Wackers in der Titelrolle von Carl Orffs Bühnenwerk »Die Kluge«.

Bühnenbildentwurf von Dominik Hartmann zur Oper »Donna Diana« von Ernst Nikolaus von Reznicek.

von Repertoire-Opern befaßt war, künftig mehr Beachtung zu schenken. Im Interesse der erkannten Begabung übernahm der Generalmusikdirektor des Hauses, Franz Konwitschny, persönlich die musikalische Leitung der Spieloper, was bis dahin wohl an keinem großen Theater üblich gewesen war. Leider kamen die Zukunftspläne von Albert Richard Mohr, der als erster Dramaturg und verantwortlicher Leiter der künstlerischen Betriebsdirektion viele Jahre dem Ensemble der Frankfurter Oper angehörte, nicht mehr zum Tragen, da er in Ausübung seines Berufes durch Kriegseinwirkung zum Schwerbeschädigten wurde und infolgedessen einen Berufswechsel vornehmen mußte. Er konnte später jedoch seine Erfahrungen als Beauftragter der Bundesanstalt für Arbeit (Opernsektor) sowie als Universitätsprofessor für Musik- und Theaterwissenschaft auf internationaler Ebene nutzbringend verwerten.

Obwohl eine Schließung der deutschen Theater infolge der näherrückenden Kriegsfront unmittelbar bevorstand, versuchte man, den Theaterbetrieb über die Repertoire-Vorstellungen hinaus mit Novitäten zu bestücken. Dazu gehörte u. a. die in Frankfurt bis dahin unbekannte Oper

»André Chénier«

von Umberto Giordano (24. September 1943) in der Bühnengestaltung von Herbert Decker. Der Komponist, der an anderen deutschen Bühnen bereits erfolgreiche Aufführungen verschiedener Werke hatte verbuchen können, ordnete sich stilistisch ein in die Reihe der von Mascagni und Puccini vorgezeichneten veristischen Opern. Die leidenschaftliche, mitreißende Musik vor allem war es, für die sich das Publikum dankbar zeigte. Die Premiere brachte zugleich die Bestätigung, daß weiterhin geeignete Darsteller am Frankfurter Opernhaus verfügbar waren. So konnte eine Aufführung garantiert werden, die allen Ansprüchen gerecht wurde. Neben Alf Rauch als Titelheld traten auf: Coba Wackers als Madelaine und Rudolf Gonszar (alternierend mit Rudolf Schenkl) als Gérard. Auch Kapellmeister Otto Winkler, der den Sängern zur Entfaltung ihrer schönen Partien verhalf, steuerte zum Erfolg der Aufführung bei.

Zu den erwähnenswerten Neueinstudierungen der damaligen Zeit gehörte ferner Rossinis »Barbier von Sevilla« (20. Oktober 1943) unter der musikalischen Leitung des jungen Kapellmeisters Dr. Ljubomir Romansky, der sich als eine beachtliche Nachwuchskraft erwies und bereits nach wenigen Jahren zum Musikchef am Staatstheater in Wiesbaden

Maria Madlen-Madsen als Floretta und Günther Ambrosius als Perin in Rezniceks »Donna Diana«.
Gütnher Ambrosius kam nach sechsjähriger Bewährung als lyrischer Bariton im Jahre 1942 an das Frankfurter Opernhaus. Über das Spielfach für das er auch darstellerische Gewandtheit mitbrachte, vermochte er sich auch in italienischen Partien, wie z. B. als Luna in Verdis »Troubadour«, zu bewähren.

Aga Joesten als Amelia in Verdis »Maskenball«.
Die Sängerin begann ihre Laufbahn als Volontärin am Opernhaus in Köln, nahm anschließend Engagements in Remscheid, Wuppertal und Essen an, von wo aus sie im Jahre 1940 den Sprung an die Hamburger Staatsoper schaffte. Nach dreijähriger Tätigkeit daselbst nahm sie ein Vertragsangebot an das Frankfurter Opernhaus (1943) an, da ihr dort reiche Aussichten zum Einsatz als Zwischenfachsängerin gewährleistet waren. Die Sängerin blieb bis zu ihrer Pensionierung (1955) Mitglied an der Frankfurter Oper. Noch vor Zerstörung des Opernhauses trat sie als eine vorzügliche Tosca, Amelia (»Maskenball«) und u. a. als Sieglinde (»Walküre«) in Erscheinung.

avancierte. Neben der vorzüglichen Clara Ebers als Rosine sang Jakob Sabel erstmals den Grafen Almaviva, und dies mit viel Erfolg. Am 24. Oktober 1943 erschien – gleichfalls in der Neueinstudierung von Albert Richard Mohr – der »Rosenkavalier« in beachtenswerter Besetzung. Hierzu gehörten Rose Huszka mit ihrer unverbrauchten Stimme als Marschallin, weiterhin Clara Ebers mit idealer Verkörperung der Sophie, Emmy Hainmüller als ebenbürtige Darstellerin des Octavian und schließlich Hellmut Schweebs, der mit komödiantischem Elan den Ochs von Lerchenau vorzustellen verstand. Auch Franz Konwitschny verhalf mit der Souveränität eines genialen Dirigenten der Aufführung zum Erfolg.

Für die von Regisseur Albert Richard Mohr besorgte Neueinstudierung von Richard Wagners »Walküre« (14. November 1943) mußten Dekorationen vom Straßburger Stadttheater ausgeliehen werden, da der Frankfurter Fundus durch Kriegseinwirkung vernichtet worden war. Bei dieser Premiere konnten sich zwei herrliche Frauenstimmen bewähren: Aga Joesten als Sieglinde und Gertrud Walker als Fricka. Aga Joesten, die von der Hamburgischen Staatsoper gekommen war, brachte eine unverbrauchte, schön timbrierte Stimme mit und zeichnete sich auch auf der dramatischen Seite durch eine große Ausdrucksfähigkeit aus. Da sie in Gesang und in ihrem Spiel überzeugte, fand sie in Frankfurt ein beifallfreudiges Publikum. Die Darstellerin der Fricka, Gertrud Walker, vermochte gleichfalls den Raum der Bühne und der Zuschauer mit ihrer geschmeidig-schönen Stimme mühelos auszufüllen. Auch ihre gute Erscheinung trug zum Erfolg bei. Erwartungsgemäß war der unverwüstliche Heldentenor Albert Seibert als Siegmund ein ebenso guter Wagner-Sänger wie Darsteller. Zu Recht hatte man ihn vor einiger Zeit mit dem Frankfurter Ehrenring ausgezeichnet. Nicht zu vergessen die bereits mehrfach erwähnte Rose Huszka, die für die Rolle der Brünnhilde das erwünschte Stimmtimbre, eine entsprechende äußere Erscheinung und überzeugende Gestaltungsgabe mitbrachte. Generalmusikdirektor Franz Konwitschny, ein international anerkannter Wagner-Dirigent, leitete das Ensemble mit überlegener Sicherheit.

Die seit mehreren Jahren von der Frankfurter Oper in Barcelona durchgeführten Gastspiele und die damit eingeleitete kulturelle Zusammenarbeit führte am 4. Dezember 1943 zur deutschen Erstaufführung der Oper

»Las Golondrinas«

des spanischen Komponisten José Maria Usandizaga. Da das bislang unbekannte Werk nur in spanischer Sprache vorlag, war unter gewaltigem Zeitaufwand erst eine Bearbeitung seitens

Heinrich Bensing als Titelheld in Giordanos »Andre Chenier«.

Carl Ebert als Baculus in Lortzings »Wildschütz«.

Rudolf Schenkl als Scarpia in Puccinis »Tosca«.
Der Sänger begann seine Bühnenlaufbahn am Stadttheater in Bielefeld und kam über Osnabrück im Jahre 1941 als Charakter- und Heldenbariton an die Frankfurter Oper. Dort gehörten zu seinen Aufgaben u. a. der Kühleborn (»Undine«), der Orest (»Iphigenie auf Tauris«), der Klingsor (»Parsifal«), der Gerard (»André Chenier«) und weiterhin der Tonio (»Bajazzo«) und der Scarpia (»Tosca«). Mit seinem dramatischen Ausdrucksvermögen vermochte er den von ihm gestalteten Rollen stets eine überzeugende Charakterisierung zu geben. Später bewährte er sich als Opernregisseur in Gelsenkirchen mit imponierenden Leistungen.

gekommen war, hatte sich bereits in Partien wie Micaela (»Carmen«), Pamina (»Zauberflöte«), Elsa (»Lohengrin«) usw. als qualifizierte Sopranistin erwiesen und mit ihrer schön gefärbten Stimme und deren glockenhafter Reinheit in der Höhe besondere Aufmerksamkeit verdient. In der Hauptrolle des Puck konnte Rudolf Gonszar – als Ersatz für den durch Unfall bei der Generalprobe ausgefallenen spanischen

des Dramaturgen Albert Richard Mohr notwendig; diese mühevolle Arbeit erwies sich jedoch als lohnend. Die Oper selbst dürfte ein Modell in Leoncavallos »Bajazzo« gehabt haben, da sie nicht nur Zirkusluft atmet, sondern auch musikalische Anklänge an Mascagni und Puccini erkennen läßt. Die theatralischen Effekte der Oper und die farbenprächtige Instrumentation sind entscheidende Vorzüge dieses Werkes, um das es schade wäre, sollte es der Vergessenheit anheimfallen. Mit eindringlichem Spiel bewältigte Erna Dietrich ihre Aufgabe als Lina. Die Künstlerin, die von Chemnitz

Adam Fendt als Linkerton in Puccinis »Madame Butterfly«.
Der am Frankfurter Hochschen Konservatorium als Stipendiat ausgebildete Sänger brachte ihr selten schönes Stimmaterial für einen jugendlichen Heldentenor mit, das eine internationale Karriere versprach. Nach dreijähriger Bewährung am Pfalztheater in Kaiserslautern und am Nationaltheater in Mannheim trat er im Jahre 1943 sein schon früh vereinbartes Engagement an der Frankfurter Oper an, wo ihm vornehmlich Partien italienischer Opern angetragen wurden. Nach dem Krieg sang er zwar noch an den Theatern in Düsseldorf und Wuppertal, jedoch ereilte ihn nach schwerer Erkrankung schon bald der Tod.

Clara Ebers als Sophie und Hellmut Schweebs als Ochs von Lerchenau im »Rosenkavalier« von Richard Strauss.

Sänger Celestino Sarobe – sein komödiantisches Wesen wie selten zuvor ausspielen und in bravouröser Stimmentfaltung sich einen stürmischen Erfolg sichern. Die Regie von Herbert Decker war durchdacht und wirkungsvoll gestaltet. Es braucht in diesem Zusammenhang nicht sonderlich betont zu werden, daß Bühnenbildner Helmut Jürgens und Kapellmeister Franz Konwitschny ihr Bestes zum Gelingen der Aufführung beitrugen. Niemand konnte damals ahnen, daß diese Neuinszenierung die letzte in dem herrlichen Opernhaus sein würde.
Das Jahr 1944 brachte viel Leid über die Frankfurter Bevölkerung. Die pausenlosen Fliegerangriffe forderten nicht nur Menschenopfer, sondern richteten auch schwere Schäden an Gebäuden an. So wurde das Opernhaus am 29. Januar

Bühnenbildentwurf von Helmut Jürgens zu »Las Golondrinas« von J. M. Usandizaga.

Erna Dietrich als Lina in »Las Golondrinas« von J. M. Usandizaga.
Die gebürtige Dresdnerin erhielt ihre gesangliche Ausbildung in Leipzig, von wo aus sie ihr erstes Engagement als lyrische Sängerin am Stadttheater in Erfurt antrat. Von dort aus ließ sie sich an das Opernhaus nach Chemnitz engagieren. Ab 1943 gehörte sie dem Ensemble der Frankfurter Oper an, nachdem sie sich bei ihren Engagements-Gastspielen als Pamina (»Zauberflöte«), Agathe (»Freischütz«) und als Elsa (»Lohengrin«) als eine Sängerin mit einer auffallend schön timbrierten und technisch gut geführten Stimme erwies. Ihre anmutige äußere Erscheinung sowie ihre künstlerische Ausstrahlung trugen mit dazu bei, daß man ihr große Wertschätzung entgegenbrachte.

1944 bei einem Tagesangriff schwer in Mitleidenschaft gezogen, so daß vorerst an eine Weiterführung des Spielbetriebs nicht zu denken war. Durch sofort eingeleitete Maßnahmen, unterstützt von der Baufirma Philipp Holzmann, die auch bei der Errichtung des Opernhauses maßgeblich beteiligt gewesen war, glaubte man, das Gebäude bis zum April wieder spielfähig machen zu können. Bis zu diesem Zeitpunkt sollte die Bevölkerung mit Konzerten und Behelfsvorstellungen technisch leicht durchführbarer Opern in verfügbaren Sälen versorgt werden. Noch bevor die Wiederherstellungsarbeiten abgeschlossen werden konnten, wurde das auf der Ostseite des Opernplatzes stehende Kulissenhaus bei einem Nachtangriff vom 18. auf den 19. März 1944 Opfer eines Fliegerangriffes. Da an eine Rettung des Gebäudes mit den vorhandenen Hilfskräften nicht zu denken war, beschränkte man sich darauf, ein Übergreifen des Flammenmeeres auf die anliegenden Häuserblocks zu verhindern. Zum traurigsten Tag in der Geschichte des Frankfurter Opernhauses wurde schließlich der 22. März 1944, an dem das herrliche Gebäude in der Nacht zum 23. März durch ein Bombardement restlos zerstört wurde und in Flammen aufging. Der Verfasser des Buches hatte sich noch bemüht, die in der Junghofstraße stationierten Löschzüge zu Hilfe zu rufen, was jedoch abgelehnt wurde mit der Begründung, diese müßten für kriegswichtige Betriebe und Wohnhäuser zur Verfügung stehen. Damit war das Schicksal dieses stolzen Gebäudes besiegelt, das nicht nur Mittelpunkt des Frankfurter Kulturlebens war, sondern darüber hinaus während verschiedener Epochen auch internationalen Ruhm in Anspruch nehmen konnte.

Das zerstörte Opernhaus.

Die Situation der Stadt Frankfurt nach ihrer Besetzung (1945)

Mit dem Einmarsch der amerikanischen Truppen (März 1945) und der Besetzung der Stadt war für die schwergeprüfte Bevölkerung das Ende des »Dritten Reiches« gekommen. Ein Aufatmen ging durch die Bevölkerung, da diese sich nunmehr wenigstens von den zermürbenden Fliegerangriffen verschont wissen konnte. Allen blieb jedoch die Ungewißheit des zukünftigen Schicksals. Wenngleich für einen Großteil der verbliebenen Einwohner vorerst kaum menschenwürdige Wohnverhältnisse zu schaffen waren und niemand wußte, wie der Lebensunterhalt künftig gesichert werden konnte, machten sich alle daran, durch Eigeninitiative die Lage im persönlichen Bereich nach besten Kräften zu verbessern.

Da nahezu die Hälfte der heutigen deutschen Bevölkerung erst nach 1940 geboren wurde, werden viele Leser die Auswirkungen der Katastrophe kaum mehr nachempfinden können bzw. in der Lage sein, sich auch nur annähernd ein Bild zu machen vom Grad der Zerstörung der Stadt und den dadurch hervorgerufenen Zuständen. Der Verfasser hält es daher für angezeigt, wenigstens in großen Zügen auf die Situation in Frankfurt während der Nachkriegszeit einzugehen, da sich die Beantwortung der Frage nach einem Wiederaufbau des Opernhauses bzw. deren jahrzehntelange Verzögerung nur aus der Kenntnis der damals herrschenden Verhältnisse heraus verstehen läßt.

Unmittelbar nach der Besetzung der Mainstadt hatte die Militärregierung den Journalisten Wilhelm Holbach mit der Wahrnehmung des Bürgermeisteramtes betraut, ersetzte ihn jedoch bald durch den auf verwaltungstechnischem Gebiet geschulten Oberbürgermeister Dr. Kurt Blaum. Im Juli 1945 stellte Dr. Blaum im Einvernehmen mit der Besatzungsmacht die Berufung eines Bürgerrats in Aussicht, der jedoch nur beratende Funktion haben sollte.

Inzwischen regten sich in verschiedenen Bevölkerungsgruppen gewisse Kräfte, die einen Beitrag zur Wiedererweckung des völlig darniederliegenden kulturellen Lebens leisten wollten. Zu ihnen darf sich auch der Verfasser des vorliegenden Buches zählen, der unmittelbar nach der Besetzung der Stadt bemüht war, die in Frankfurt verbliebenen Mitglieder der Frankfurter Oper, des Städtischen Orchesters, der großen Frankfurter Chöre sowie bekannte freischaffende Künstler zusammenzuführen. Bereits für den 20. Mai 1945 konnte er mit Genehmigung des Military Governments ein erstes Konzert ankündigen, das zu einem Markstein in der Frankfurter Musikgeschichte wurde. Anschließend folgten – gleichfalls in Zusammenarbeit mit Kapellmeister Dr. Ljubomir Romansky – eine Vielzahl solcher Veranstaltungen im Raume Frankfurt und Umgebung, die samt und sonders regen Zuspruch fanden – selbst dort, wo nur Ruinen als Veranstaltungsort zur Verfügung standen. Auch auf anderen kulturellen Gebieten entwickelten sich Initiativen, so z. B. auf dem Theatersektor, wovon später die Rede sein soll.

Am 5. September 1945 trat unter Vorsitz von Oberbürgermeister Dr. Blaum der Bürgerrat mit seinen 28 Mitgliedern im Hause Siesmayerstraße 45 zum erstenmal zu einer Sitzung zusammen, bei der auch Bürgermeister Dr.

Amerikanische Besatzungstruppen vor dem Opernhaus.

Der zerstörte nordöstliche Eckbau.

Schlosser, Stadtkämmerer Dr. Lehmann sowie sieben Stadträte und Verwaltungsdirektor Adolf Kohl zugegen waren. Die Frankfurter Bürgerschaft setzte große Hoffnung auf den zu erwartenden Bericht über die allgemeine Lage der Stadt, ihrer Bevölkerung und der Stadtverwaltung. Der Oberbürgermeister begann seine Ausführungen mit dem Hinweis, der Stadt Frankfurt sei als Erbe ein Trümmerhaufen hinterlassen worden, von dessen Größe sich kaum jemand eine Vorstellung mache. Seinerzeit errechneten die Sachverständigen eine Trümmermenge von etwa zehn Millionen Kubikmeter, zu deren völliger Beseitigung allein rund dreißig Jahre benötigt würden, falls täglich wenigstens 1000 cbm abgefahren werden könnten. Um sich einen Begriff vom Ausmaß der Trümmer zu machen, sei darauf hingewiesen, daß diese zusammengenommen einer Fläche entsprachen von etwa der Größe der Innenstadt, begrenzt vom Main, dem ehemaligen Schauspielhaus, Anlagenring bis zur früheren Stadtbibliothek an der Untermainbrücke, und zwar bedeckt mit einem Schuttberg von zehn Meter Höhe. Die Kosten für den Abtransport der Trümmer mittels Maschinen wurden damals auf fünfzig Millionen RM veranschlagt, wobei allein für die Baggerarbeiten 6,3 Millionen kg an Dieselöl als notwendig errechnet wurden. Am 1. April 1945 lebten in dem zerstörten Frankfurt rd. 255.000 Menschen, während die Einwohnerschaft vor dem Krieg rd. 550.000 Personen zählte. Interessant ist, daß Anfang September 1945 die Bevölkerungszahl durch Rückwanderung schon wieder um 77.000 Bewohner angewachsen war, einschließlich der aus Kriegsgefangenschaft heimgekehrten 14.000 Soldaten sowie der etwa 1000 Menschen, die aus Konzentrationslagern befreit werden konnten. Ein erschütterndes Bild bietet die Statistik im Zusammenhang mit den einst 44.559 Wohngebäuden im Stadtraum, von denen 11.400 vollständig vernichtet wurden und lediglich 6659 Häuser als unbeschädigt gelten konnten. Von den einst 177.800 Wohnungen mußten 79.800 als vollständig zerstört betrachtet werden; nur 44.900 Einheiten überstanden den Krieg unbeschädigt. Nachdem die Besatzungsmacht 8350 Wohnungen für

den eigenen Bedarf beschlagnahmt hatte –
von dieser Enteignungsaktion waren immerhin
33.355 Personen betroffen –, mußten sich
im September 1945 die rd. 330.000 Einwohner
vorerst mit 89.650 Wohnungen begnügen,
von denen ein großer Teil mehr oder weniger
schwer beschädigt war. Die Statistiker errechneten
damals einen Verlust von rd. 1,5 Milliarden
RM an Gebäudewerten, was bedeutete, daß,
wenn man Frankfurt in fünfzehn Jahren wieder
hätte aufbauen wollen, jährlich 100 Millionen
RM dafür aufzuwenden gewesen wären.
Große Sorgen bereitete der Stadtverwaltung
auch die Sicherstellung der Nahrungsmittel
für die Bevölkerung. Standen im Dezember
1944 dem Normalverbraucher noch rd. 1900
Kalorien zur Verfügung, so waren es Ende
Mai 1945 nur noch 857 Kalorien; erst im
August 1945 konnten jedem Bewohner wieder
1240 Kalorien an Lebensmitteln zugestanden
werden.
Diese Angaben mögen genügen, um allen
Lesern verständlich zu machen, daß es der
Stadtverwaltung damals in erster Linie darum
gehen mußte, genügend Wohnraum zu schaffen
und die allgemeine Ernährungslage – neben
allen sonstigen Verpflichtungen – zu verbessern.
Demzufolge war vorerst nicht im mindesten
an einen Wiederaufbau von Kulturstätten,
wie z. B. des Opernhauses, zu denken. Dennoch
ist bemerkenswert, daß Oberbürgermeister
Dr. Blaum, bekannt als großer Freund des
Theaters, anläßlich der ersten Bürgerratsversammlung als einziges öffentliches Gebäude das
Opernhaus erwähnte, ohne jedoch einen
Hoffnungsschimmer hinsichtlich eines möglichen
Wiederaufbaues aufkommen zu lassen. Wie
sehr man bemüht war, das Leben in der Stadt
zu aktivieren, verdeutlicht u. a. der Sachverhalt,
daß bereits am 24. Mai 1945 die ersten Straßenbahnen wieder ihren Betrieb aufnahmen,
obgleich mit stark beschränktem Schienennetz.
Tag für Tag wurden im Durchschnitt immerhin
185.000 Personen befördert, was auf eine
gute Finanzlage wie auch auf die Suche der
Bevölkerung nach Einkaufsmöglichkeiten
an Lebensmitteln, Hausrat, Bekleidung usw.
schließen läßt. Am Rande sei noch erwähnt,

Der ausgebrannte südöstliche Eckanbau.

Die Schäden am westlichen Zwischenanbau.

daß 21 der einst vorhandenen 75 Volksschulen (von denen nur sechs unbeschädigt blieben) Anfang September 1945 ihren Unterricht aufnahmen, wenngleich nur mit zwei bis drei Stunden täglich. Auch dies war unverkennbar ein Beweis für die Tatkraft und den Aufbauwillen der Stadt und ihrer Bevölkerung.

Bereits am 28. August 1945, d. h. zu Goethes Geburtstag, wurde die Öffentlichkeit von der Verleihung des Goethe-Preises an den berühmten Professor und Experten für theoretische Physik, Dr. Max Planck, in Kenntnis gesetzt, was selbst in der Auslandspresse großes Aufsehen erregte. Darüber hinaus wurde für den 5. September 1945 zur ersten Schauspielaufführung im Sendesaal des ehemaligen Reichssenders Frankfurt (Eschersheimer Landstraße) eingeladen, den die Militärregierung für diesen Zweck zur Verfügung stellte. Ferner bleibt anzumerken, daß auch die Handelskammer den Saal der Getreidebörse für Theateraufführungen zur Verfügung stellte. Hier etablierte sich anfangs die Oper. Am 29. September 1945 wurde der Spielbetrieb mit Puccinis »Tosca« aufgenommen. Nicht zu vergessen der frühere Handwerkersaal in der Braubachstraße, der als Behelfsraum für Veranstaltungen der Städtischen Bühnen genutzt werden konnte.

Angesichts des Leids und der Entbehrungen, die als Folge des unheilvollen Krieges auf Frankfurt und seiner Bevölkerung lasteten, empfand man es damals als übereilig, daß der amtierende Oberbürgermeister Dr. Blaum schon im Frühjahr 1946 dem Bürgerrat den Vorschlag unterbreitete, den Hauptteil eines wiederaufzubauenden Opernhauses für einen dringend erforderlichen großen Konzertsaal mit etwa 2000 Sitzplätzen zu verwenden, der zugleich als Vortrags-, Tagungs- sowie als Festsaal dienen sollte. Anläßlich der Eröffnung des »Kleinen Komödienhauses« in einem Sachsenhäuser Turnsaal (15. Juni 1946) ging Oberbürgermeister Dr. Blaum nochmals in der Öffentlichkeit auf die zukünftige Situation des Theaters ein. Grundsätzlich gab er zu verstehen, daß sich das städtische Budget – im Gegensatz zu früher – in den nächsten Jahrzehnten keine drei Theatergebäude mehr leisten könne. Er präzisierte seine Vorstellungen für die Zukunft, indem er erklärte, daß er es für möglich halte, das bisherige Schauspielhaus zum Kulminationspunkt für das Frankfurter Theaterleben zu machen. Der Erhaltungszustand des Gebäudes rechtfertige durchaus einen Wiederaufbau. Zudem sei es möglich, Schauspiel wie Oper gemeinsam in seinen Mauern aufzunehmen, wobei erwogen werden könne, später evtl. einen Flügelanbau für ein Kleines Theater anzugliedern. Oberbürgermeister Dr. Blaum gab bei seiner Rede ferner zu verstehen, daß man sich »im Laufe der nächsten Jahre auf eine weit wichtigere Aufgabe konzentrieren müsse, nämlich auf die Schaffung eines großen Fest-, Konzert- und Versammlungshauses, natürlich auch mit Bühneneinrichtung«, wofür sich die Opernhaus-Ruine mit ihrer repräsentativen Lage anbiete. Dabei dachte Dr. Blaum auch an einen Wiederaufbau des einst herrlichen Treppenhauses und Foyers, da ihm an diesen Stellen der festliche Charakter des Hauses besonders ausgeprägt schien. Dr. Blaum, der sich auch nach seiner Abberufung als Oberbürgermeister noch als großer Förderer des Wiederaufbau-Gedankens erwies, stellte somit schon zu einem erstaunlich frühen Zeitpunkt in kluger Voraussicht die Gestaltung des späteren Frankfurter Theaterlebens in einer Form dar, wie sie in großen Zügen später verwirklicht wurde. Es sei vorweggenommen, daß das neuerbaute Schauspielhaus am 23. Dezember 1951 als sogenanntes Großes Haus mit Richard Wagners Oper »Die Meistersinger von Nürnberg« eröffnet wurde, in einem Theater also, das vornehmlich für Opernaufführungen bestimmt war. Das Schauspiel war dort zunächst nur gelegentlich zu Gast; jedoch am 14. Dezember 1963 kam auch für das Sprechtheater die beglückende Stunde, da es seinen bisherigen Stammsitz im provisorischen Börsensaal aufgeben konnte. In einem Neubau – unter gleichem Dach mit der Oper – hatte es eine würdige Heimstätte gefunden. Die Stadt Frankfurt konnte sich nunmehr rühmen, eine zentrale Spielstätte zu besitzen, die in der Oper 1430, im Schauspiel 911 und im Kammerspiel 199 Besucher aufnehmen konnte. Ohne die Bedeutung und Auswirkungen der erstellten Theater-Doppelanlage zu schmälern, muß es jedoch als schmerzlich empfunden werden, daß die erhalten gebliebene Fassade des alten Schauspielhauses abgerissen wurde, da sie sich nicht in den Gebäudekomplex einbeziehen ließ.

Die Aktivitäten auf dem Bausektor waren im Laufe der ersten Jahre nach Kriegsende verständlicherweise von der Notwendigkeit bestimmt, dringend erforderlichen Wohnraum zu schaffen und in erster Linie die für lebenswichtige Aufgaben unentbehrlichen Gebäude dem Wiederaufbau zuzuführen. Obwohl vorerst also an eine Lösung der Theatermisere nicht zu denken war, stellte man doch immer wieder die Frage zur Diskussion, auf welche Weise den zahlreichen Mitgliedern der Städtischen Bühnen mit ihren erheblichen Gagenansprüchen eine bleibende Heimstätte geschaffen werden könne. Wenig erfreut zeigten sich die Theaterfreunde, als unter den Augen der Stadtverordnetenversammlung ein Zirkusbau auf dem Gelände des Zoologischen Gartens erstellt wurde, in dem vor Tausenden von Besuchern leichte Muse geboten wurde, während das Opernensemble vor wenigen hundert Zuschauern zu spielen gezwungen war. Die verantwortlichen Gremien waren jedoch davon überzeugt, mit einem kostspieligen Provisorium für die Oper nichts erreichen zu können, da das Musiktheater auf lange Sicht einen Wirkungsrahmen erhalten müsse, der auch in späteren Zeiten eine finanzielle Existenzgrundlage gewährleistete. Großen finanziellen Aufwand für einen Notbau zu betreiben, hielt man für unvernünftig. Andererseits war man sich bewußt, daß eine definitive Lösung bis zu ihrer Verwirklichung längere Zeit beanspruchen würde. Dies zog wiederum die Notwendigkeit nach sich, auf Jahre hinaus erhebliche Zuschüsse verkraften zu müssen, da den hohen finanziellen Aufwendungen keine entsprechenden Einnahmen gegenüberstehen konnten. Es wurden deshalb auch Stimmen laut, die eine vorübergehende Schließung des Theaterbetriebs für angezeigt hielten und nach Lösung der Raumfrage einen Neubeginn des Frankfurter Theaterlebens befürworteten. Wenig zuversichtlich im Hinblick auf eine Lösung des Theaterraumproblems zeigten sich auch die Baufachleute. Man gab zu verstehen, daß neben dem Mangel an Baufachkräften zugleich eine große Notlage an Baumaterialien bestand, so daß im Falle einer Inangriffnahme von Bauarbeiten für ein Theater das dringend notwendige Wohnungsbauprogramm empfindliche Verzögerungen hätte hinnehmen müssen. Die Tatsache, daß beispielsweise viele Ziegeleien, die in normalen Zeiten jährlich 30 Millionen Backsteine in den Versorgungsraum Frankfurt lieferten, bis dahin noch keine Arbeitserlaubnis hatten und es außerdem an Papiersäcken zum Transport von Zement fehlte, nahm letztlich auch der früh einsetzenden Initiative der Theaterfreunde ihren Schwung.

Mit der Währungsreform vom Jahre 1948 ergaben sich auch für das Frankfurter Kulturleben neue Perspektiven. Schlagartig änderte sich die Situation in vielen Bereichen. Die Baumaterialfrage wurde im Gegensatz zu den vergangenen Jahren als weniger bedeutsam empfunden. Demgegenüber trat nunmehr die Geldfrage in den Vordergrund. Die Stadtverwaltung, die sich vor dem Währungsschnitt ihren finanziellen Verpflichtungen noch gewachsen gefühlt hatte, mußte nunmehr die vorhandenen Geldmittel für lebensnotwendige Aufgaben reservieren. Ein Theatergebäude blieb davon verständlicherweise unberücksichtigt. Den einzigen Ausweg aus dieser Situation sah man in einer Selbsthilfeaktion der Bevölkerung. Erwartungsgemäß traten nun, wie könnte es auch anders sein, die »Besserwisser« auf den Plan, die es als ein Versäumnis der Stadtverwaltung hinzustellen versuchten, nicht schon in den Jahren vor der Währungsreform mit ihrer scheinbaren oder wirklichen Geldfülle sich ernsthaft um die Realisierung eines Theatergebäudes bemüht zu haben.

Nach der Währungsreform vertrat der Magistrat die Auffassung, allein die Schauspielhaus-Ruine eröffne eine gewisse Aussicht und lasse hoffen, daß dort am schnellsten ein spielfähiges Theater etabliert werden könne. Ungeachtet dessen versuchte man im Oktober 1949 den Magistrat zu bewegen, bei der Philipp Holzmann AG ein Gutachten über die Standfestigkeit der Opernhaus-Ruine und ihre Wiederverwendbarkeit einzuholen. Nicht zuletzt war man auch daran interessiert zu erfahren, welcher finanzielle Aufwand evtl. erforderlich sei, um die Ruine vor weiterem Verfall zu bewahren. Bevor sich der Magistrat jedoch zu einer solchen Auftragsvergabe entschließen wollte, ersuchte er die städtische Bauaufsichtsbehörde, sich über den Zustand der Opernhaus-Ruine gutachtlich zu äußern, um dann entsprechende Entschlüsse treffen zu können. Am 24. Dezember 1949 wurde das Ergebnis der Untersuchung dahingehend formuliert, daß im Falle einer Erhaltung des Baubestandes der Opernhaus-Ruine unbedingt Sicherungsmaßnahmen vorzunehmen seien. Dabei ging es im wesentlichen um eine Versteifung der südlichen Hauptgiebelwand und der Vestibülrückwand, damit diese eine ausreichende Standsicherheit hätten, um starkem Winddruck, wie er bei Stürmen auftritt, standzuhalten.

Rettet das Opernhaus!

In der Folgezeit verstärkte sich bei der Bevölkerung zunehmend der Verdacht, daß man der Öffentlichkeit verständlich zu machen versuche, das Opernhaus sei eine Ruine ohne Zukunft. Die Furcht, daß man die Ruine pietätlos mit der Spitzhacke niederlegen oder sogar mit einer geballten Sprengladung – wie es offen ausgesprochen wurde – auslöschen würde, rief in der Bürgerschaft starke Unruhe hervor. Zwar hatte die Stadtverordnetenversammlung bereits am 10. November 1949 beschlossen, daß der Magistrat diese vor einer etwaigen Niederlegung der Opernhaus-Ruine zu unterrichten habe, doch schien diese Empfehlung der Öffentlichkeit nicht als ausreichende Garantie gegen eine kurzfristige Abtragung der Gebäudereste. Zudem war mit der Auflage an den Magistrat keinesfalls Gewähr geboten, daß die Opernhaus-Ruine für eine spätere Wiederverwendung erhalten bleiben solle. Die Ungewißheit über die Zukunft der Ruine wurde dadurch noch bestärkt, daß man immer wieder zu hören bekam, es ließe sich nach Niederlegung des Gebäudes auf dem Gelände ein herrlicher Parkplatz einrichten, der einem dringenden Bedürfnis entspräche. All dies überzeugte die traditionsbewußten Frankfurter Bürger mehr und mehr von der Notwendigkeit, daß es an der Zeit sei, den negierenden Absichten durch Gründung einer Bürgeraktion den nötigen Widerstand entgegenzusetzen. Als einer der ersten ergriff der Stadtverordnete Professor Dr. med. Max Flesch-Thebesius das Wort, der von der Stadtverordnetenversammlung die Frage beantwortet haben wollte, ob die Standsicherheit der Opernhaus-Ruine deren spätere Wiederverwendung zulasse und inwieweit Sicherungsmaßnahmen getroffen werden müßten. Der Magistrat gab hierauf zu verstehen, für Sicherungsmaßnahmen einschließlich Überdachung des Zuschauerraumes sei ein Betrag von rund 200.000,– DM notwendig. Hierfür stünden jedoch keinerlei Mittel zur Verfügung. Erwartungsgemäß gab sich die Öffentlichkeit mit dieser Stellungnahme nicht zufrieden. Prof. Flesch-Thebesius erarbeitete mit Freunden des Wiederaufbaus einen Plan, der Möglichkeiten aufzeigte, wie durch Gründung einer speziellen Organisation Geldmittel für die Erhaltung der Opernhaus-Ruine beschafft werden könnten. Gegen Ende des Jahres 1951 bildete sich unter seinem Vorsitz ein Ausschuß „Rettet das Opernhaus", dem sich schon bald kulturelle Vereinigungen und sonstige Organisationen sowie namhafte Persönlichkeiten anschlossen. Für die Geschäftsführung zeichnete die Polytechnische Gesellschaft mit ihrem Präsidenten, dem ehemaligen Oberbürgermeister Dr. Kurt Blaum, verantwortlich. Als erste Aktion startete man im Februar 1952 eine Straßensammlung, bei der Gedenkkarten mit einer Luftansicht der Opernhaus-Ruine sowie Ansteckbienen zum Verkauf angeboten wurden. Damit verbunden war auch die eine oder andere Veranstaltung, wie z. B. ein Platzkonzert einer amerikanischen Militärkapelle, deren flotte Weisen zum Spenden ermuntern sollten. Das Ergebnis der Straßensammlung – nebst sonstiger Spenden – belief sich auf annähernd 30.000,– DM, einschließlich der Einnahmen aus dem Verkauf von 31.000 Gedenkkarten und 16.000 Ansteckbienen.

Der bauliche Zustand der Opernhaus-Ruine (1952)

Im November 1951 erteilte der Magistrat dem städtischen Hochbauamt den Auftrag, festzustellen, ob das zerbombte Opernhaus wieder so hergerichtet werden kann, daß sich dort ein spielfähiges Theater etablieren könne, und welche Kosten entstehen, um die Opernhaus-Ruine durch Anbringen eines Notdaches vor dem weiteren Verfall zu bewahren.

Im Zuge der gewünschten Feststellungen schlossen sich im Jahre 1952 fünf Frankfurter Baufirmen mit Einverständnis des Hochbauamtes zusammen, um ein Gutachten über den baulichen Zustand der Opernhaus-Ruine zu erstellen. Es waren dies die Firmen Philipp Holzmann AG, Hochtief AG, Siemens Bauunion GmbH, Wayss & Freytag AG und Ed. Züblin AG, die sich unter Federführung des verdienstvollen Oberbaurats a. D. Georg Petry kostenlos in den Dienst der Sache stellten. Eine Untersuchung der Gebäudereste sollte die Frage klären, ob die Ruine ohne Gefahr für die Umgebung erhalten werden könne, bzw. welche Kosten zu deren Sicherung aufzuwenden seien. Das Gutachten war nicht darauf abgestellt, die Entscheidung über einen späteren Verwendungszweck des Gebäudes vorwegzunehmen, da hierfür noch keine definitiven Anhaltspunkte gegeben waren. Um eine gründliche Untersuchung der Ruine zu ermöglichen, waren umfangreiche Gerüstbauten notwendig, die von Frankfurter Firmen (Gerüstbau Bachmann KG, Fa. Kurt Gradel, Fa. Franz Spannring & Sohn sowie von Stahlrohr-, Gerüst-Bau und -Verleih Nachf. Bachmann & Co.) gleichfalls kostenlos zur Verfügung gestellt wurden.

Um den Lesern das Verständnis für den Situationsbericht über die Opernhaus-Ruine zu erleichtern, hat der Verfasser dem Buch eine stilisierte Zeichnung des Gebäudes beigegeben. Daraus wird ersichtlich, daß der Kernbau von vier (32 Meter hohen) Hauptumfassungsmauern umschlossen ist, ausgesteift durch zwei Querwände (Vestibül- und Bühnenportalwand) von gleicher Höhe. An der südlichen Eingangsfront des Kernbaus sind Vorhalle und Haupttreppenhaus zu erkennen, auf der West- und Ostseite vier spiegelgleiche (21 Meter hohe) Eckanbauten mit den östlichen und westlichen Zwischenanbauten; an der nördlichen Rückfront befinden sich die Anbauten zur Hinterbühne.

Nach der Zerstörung des Opernhauses im März 1944 durch Spreng- und Brandbomben blieb das Gebäude weitgehend ungeschützt den Witterungseinflüssen ausgesetzt. In den ersten acht Jahren danach, also bis zum Zeitpunkt des erwünschten Gutachtens, wurden keine wesentlichen Sicherungsmaßnahmen getroffen, wenn man von der provisorischen Absperrung des Gebäudekomplexes absieht.

Zwangsläufig hatte die Ruine inzwischen durch Feuchtigkeit, Regen, Schnee und Frost erhebliche Schäden erlitten. Bedauerlicherweise wurden dem Baukörper über diesen Zerstörungsgrad hinaus noch weitere beträchtliche Schäden zugefügt durch rücksichtslose und unsachgemäße Demontage von Stahlgerüsten der Rang-Einbauten und Entnahme der gesamten Kupferabdeckungen der Mauerkronen. Dafür sind keineswegs nur Schrottdiebe verantwortlich zu machen, sondern vor allem jene Abbruchfirma, die mit Genehmigung der Stadt(!) rücksichtslos die Ruine ausgeschlachtet und mit Zugmaschinen die Stahlkonstruktionen herausgerissen hat.

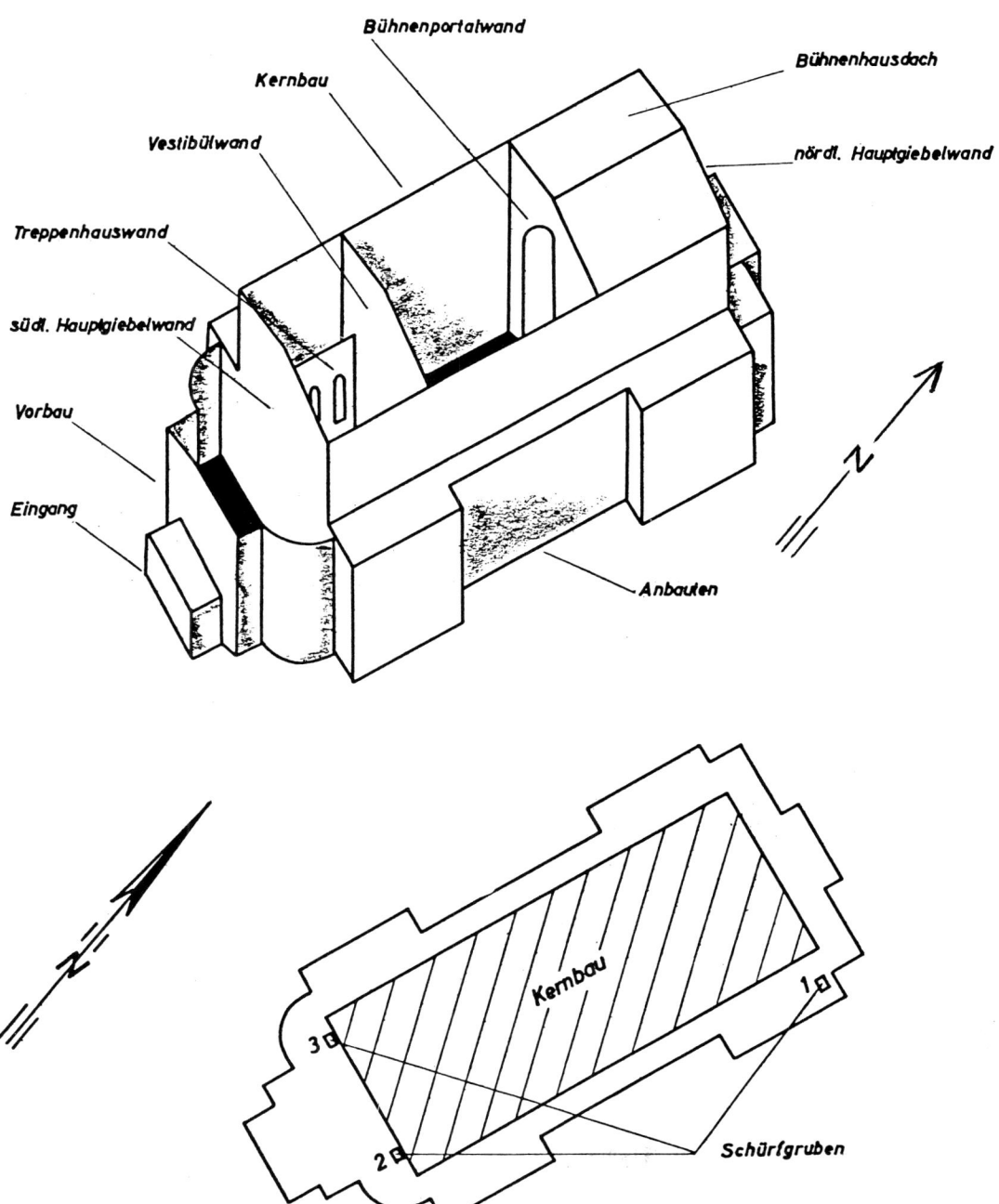

Alles in allem sprach man von etwa 400 Tonnen Schrott. Diese zerstörerischen Maßnahmen bestärkten die Theaterfreunde verständlicherweise in ihrer Auffassung, daß das Bauwerk aufs äußerste gefährdet werden solle, um die Öffentlichkeit eines Tages vor die Tatsache einer unabwendbar gewordenen Niederlegung zu stellen. Außer Frage steht, daß gewisse einflußreiche Kreise daran interessiert waren, die Opernhaus-Ruine wegzuräumen, und daher versuchten, sämtliche Eingaben zur Erhaltung der Ruine zu Fall zu bringen. Nicht ins Konzept dieser Leute dürfte das Gutachten der fünf Baufirmen vom 14. Juni 1952 gepaßt haben, welches – um dies vorwegzunehmen – deutlich machte, daß die Opernhaus-Ruine sehr wohl erhalten werden kann. Mit großer Gewissenhaftigkeit hatte man die örtlichen Untersuchungen vorgenommen und das Urteil durch zusätzliche technologische, chemische und ausführliche statische Gutachten erhärtet. Die Prüfung der Hauptumfassungswände (von einer Dicke bis 2,4 Meter) führte zur Feststellung, daß das Mauerwerk zwar durch die beim Brand entstandene große Hitze und die dadurch bedingte Ausdehnung der Stahlglieder und Wände ebenso gelitten habe, wie durch die Sprengwirkung der niedergegangenen Bomben, daß aber dennoch die Tragfähigkeit erhalten geblieben sei. Auch die durch Hitzeeinwirkung verursachte Zerstörung der innenseitigen Ziegelschale bis auf 4 cm hatte darauf keinen Einfluß. In gleichem Zustand blieb das Mauerwerk der Vor- und Anbauten erhalten, wobei jedoch angemerkt werden muß, daß der nordöstliche Eckanbau teilweise eingestürzt, der nordwestliche Eckanbau zumindest einsturzgefährdet war. Erwähnt seien weiterhin die Schäden am westlichen, in acht Achsen gegliederten Zwischenanbau, der etwa zu einem Viertel zerstört wurde. In gutem Zustand hingegen befanden sich die Bühnenhausmauern, denen das erhalten gebliebene Dach ausreichend Schutz gewährte. Die Kellerräume blieben bis auf einen Abschnitt unter dem Zuschauerraum unversehrt. Mit besonderer Sorgfalt widmete man sich der Untersuchung der drei Meter breiten Fundamente aus Kalkbeton und der 2,6 Meter dicken Funda-

Eine durch Witterungseinfluß und Kriegseinwirkung stark beschädigte Figur auf der Hauptfassade.

mente der Anbauten. Dabei stellte sich heraus, daß die acht Meter unter Straßenniveau liegenden Fundamente im Grundwasser stehen, das aufgrund seines Gehalts an Sulfaten eine circa 15 cm hohe Fundamentzone ausgelaugt hatte, und zwar an jener Stelle, wo der Beton aus dem Wasser herausragt. Da die tragende Kernschicht der Fundamente jedoch nicht angegriffen war und folglich keine ungleichmäßigen Setzungen zu erwarten waren, hielt man die vorhandenen Zerstörungen für nicht beeinträchtigend in bezug auf die Standsicherheit der Ruine. Aufgrund der getroffenen Feststellungen gelangte man zu der Schlußfolgerung, daß ein Wiederaufbau des Opernhauses durchaus im Bereich des Möglichen lag.

Im Anhang zu diesem Befund stellten sich die Gutachter die Frage, welche Sicherungsmaßnahmen einzuleiten seien, um das Gebäude vor weiteren Schäden zu schützen. Fürs erste wurde empfohlen, die einsturzgefährdeten Teile abzubrechen, um die erforderlichen Sicherungsarbeiten unbehindert aufnehmen zu können und eine höhere Standsicherheit der Gebäuderuine zu erreichen. Da der Umfang der Abbrucharbeiten von der Frage abhängig war, in welchem Ausmaß Sicherheitsmaßnahmen getroffen werden sollten, galt es zunächst, eine Entscheidung darüber herbeizuführen, ob man an ein Provisorium oder an eine Sicherung der Ruine auf lange Zeit dachte, da eine langfristige Erhaltung andere Maßnahmen erforderlich machte, als eine Absicherung wertvoller Mauerwerkteile für eine spätere Wiederverwendung. Man hielt es nach Absicherung der einsturzgefährdeten Teile für notwendig, unverzüglich die entsprechenden Maßnahmen zum Schutz und zur Ausbesserung der freiliegenden Bauteile zu treffen. Allen Sachverständigen leuchtete es ein, daß eine Überdachung des gesamten Baukörpers einschließlich der Instandsetzung noch vorhandener Dachflächen als sicherste Maßnahme anzusehen war. Dieselbe Meinung brachte der Chef der Firma Holzmann schon unmittelbar nach der Zerstörung des Opernhauses dem Verfasser gegenüber zum Ausdruck. Damals ließ sich als erste Maßnahme nur eine Verschalung der großen Fensteröffnungen mit Sperrholz erreichen, was jedoch insofern bei der Bevölkerung zu Protesten führte, da es überall an Material fehlte, um beispielsweise die durch Druckwirkung der Bomben zerstörten Fenster von Wohnhäusern abzudichten. Der später erneut diskutierte Vorschlag, die Opernhaus-Ruine zu überdachen, erschien als die wirtschaftlichste Lösung, da auf diese Weise alle Bauteile nebst Keller vor weiterer Durchfeuchtung und Zerstörung bewahrt werden konnten. Weniger versprach man sich somit von einem Schutz der freiliegenden Mauerteile vor eindringender Feuchtigkeit ohne Anbringen

einer Gesamtüberdachung. In einem solchen
Fall war zu berücksichtigen, daß ein beständiges
Instandhalten der Mauerkronen unausbleiblich
gewesen wäre. Hätte man dennoch eine solche
Maßnahme in Betracht gezogen, so wäre
ein rasches Vorgehen notwendig gewesen,
um weitere Zerstörungen zu vermeiden. Die
frevelhafte Entfernung der Kupferabdeckungen
auf den Haupt- und Giebelgesimsen der Hauptumfassungswände durch Schrottdiebe wie
auch der Diebstahl der Wasserrinnen hatte
den Mauerkronen bislang jeden Witterungsschutz
genommen. Sogar im Bühnenhaus, wo das
Dach teilweise erhalten geblieben war, wurde
das angesammelte Wasser infolge der frevlerischen Entfernung der Fallrohre unmittelbar
auf die Mauerkronen geleitet. Als weniger
anfällig gegenüber Regenwasser usw. erwiesen
sich die Giebelgesimse, da das Wasser durch
die Dachschräge zur Seite hin abgelenkt wurde.
– Bei einer Beurteilung des Zustandes der
Mauern muß darauf hingewiesen werden,
daß die östliche Hauptwand des Kernbaues
infolge unsachgemäßer Entfernung der Stahlgerü-
ste in ihrer Standfestigkeit gefährdet war. Mehrere
senkrechte Risse, besonders am oberen Wandkör-
per, erwiesen sich als besonders empfindliche
Schäden. In besorgniserregendem Zustand
befand sich die südliche Hauptgiebelwand,
bei der man im Zweifel war, ob die Mauern
ausreichende Standsicherheit besäßen. Man
war sich bewußt, daß ein Einsturz dieser Wand
sehr nachteilige Folgen für die Standsicherheit
der Längswände des Kernbaues haben würde.
Als weit sicherer erwies sich die nördliche
Hauptgiebelwand, deren Stabilität und Standsicherheit nicht gefährdet schienen. In diesem
Zusammenhang sei eingeflochten, daß sich
die Giebelfelder der Haupt- wie auch der
Rückfassade mit ihrem reichhaltigen Figuren-
schmuck sowie die zahlreichen in den Nischen
rund um das Haus untergebrachten allegorischen
Figuren glücklicherweise gut erhalten hatten

Blick vom Balkon in den Innenraum des zerstörten
Opernhauses.

und einen festen Stand aufwiesen. Bei einer statischen Untersuchung der Vestibülwand (südliche Trennwand) stellte sich jedoch heraus, daß deren Standsicherheit stark beeinträchtigt war. Der obere Teil dieser Wand stand ohne Aussteifung fast vollständig frei im Raum und konnte bei starkem Winddruck in Längsrichtung oder bei Erschütterung zum Einsturz gebracht werden; dies hätte dann auch die Längswände in Gefahr gebracht. Die Gutachter wiesen infolgedessen ausdrücklich darauf hin, daß an eben dieser Stelle, und zwar möglichst bald, die Sicherungsarbeiten einsetzen müßten, um die Gefahrenquelle zu beseitigen. Günstigere Verhältnisse als bei der Vestibülwand ergaben sich bei der in ihren Ausmaßen entsprechenden Bühnenportalwand (nördliche Trennwand), deren Standsicherheit durch das erhalten gebliebene Bühnendach, welches einen gewissen Witterungsschutz bot, gewährleistet war. Das Mauerwerk des Gebäudevorbaus mit der überdachten Anfahrt, den Eingängen, der Eingangshalle und dem Haupttreppenhaus war vergleichsweise gut erhalten, obwohl auch hier die Notwendigkeit bestand, die freistehenden Wandteile der seitlichen Begrenzungsmauern im Treppenhaus durch T-Träger mit der Hauptumfassungsmauer zu verankern. Schwere Schäden hatten die Innenflächen der Eingangshalle und des Haupttreppenhauses hinnehmen müssen. Die beiden vorderen (südlichen) Eckanbauten der Ruine, die jeweils zwei voneinander getrennte Treppenhäuser in sich aufnahmen, blieben erhalten, doch waren aufgrund der zerstörten Dächer Witterungsschäden unvermeidbar. Die beiden rückwärtigen (nördlichen) Eckbauten, in denen einst Chor- und Ballettsaal untergebracht waren, brannten bis zur Kellerdecke aus und wurden stark in Mitleidenschaft gezogen. Auf der östlichen Seite waren drei der gewölbten Seitenfenster des Eckanbaues eingestürzt. Der nordwestlich gelegene Eckanbau hatte unter der Wirkung von Sprengbomben – wie bereits erwähnt – gleichfalls schwer gelitten. Von den Wänden der sogenannten Zwischenbauten behielt die östliche zwar ihre Standsicherheit, doch war der mittlere Teil der sandsteinverkleideten Fassade empfindlich beschädigt. Am westlichen Zwischenbau, der gleichfalls ausbrannte, hatte ein Bombentreffer einen Teil des Hauptgesimses zum Einsturz gebracht. Schließlich sei noch auf die rückwärtigen (nördlichen) Bühnenanbauten hingewiesen, die zwar völlig ausbrannten, deren Treppen jedoch – wie auch der Hauptbühneneingang – begehbar blieben.

Damit ist die bauliche Situation der Opernhaus-Ruine wohl hinreichend gekennzeichnet. Von Interesse dürfte indes auch die Kostenschätzung sein, die von den Gutachter-Firmen vorgenommen wurde. Man unterschied dabei zwei Möglichkeiten: Der eine Vorschlag sah eine Gesamtüberdachung des Baukörpers bei einem Kostenaufwand von 494.000,– DM vor, während der andere mit einem kostendeckenden Betrag von 214.000,– DM lediglich Sicherungsmaßnahmen ohne Gesamtüberdachung in Betracht zog. Im Nachgang hierzu arbeitete das Hochbauamt einen Kostenvoranschlag aus, der über obige Kostenschätzung von 494.000,– DM hinaus einen zusätzlichen Betrag von 206.000,– DM (insgesamt also 700.000,– DM) zugrunde legte, wovon ein Großteil für Kosten gedacht war, die sich noch ergeben konnten und nicht vorhersehbar waren. Für das Projekt ohne Überdachung setzte das Hochbauamt einen Betrag von 300.000,– DM an.

Nachdem die Frankfurter Bauindustrie ihr Gutachten über die Opernhaus-Ruine vom 14. 6. 1952 bei der Stadtverwaltung eingereicht hatte, berief der Magistrat zur Weiterbehandlung des Vorganges eine besondere Kommission ein. Diese vertrat die Auffassung (September 1952), daß ein Musiktheater im alten Opernhaus nicht mehr in Frage kommen könne, da die Stadt Frankfurt bereits über ein vollwertiges Theater (Großes Haus) verfüge. Weiterhin gab man zu verstehen, daß auch der Vorschlag, in der Alten Oper einen Konzertsaal einzurichten, keine Diskussionsgrundlage bilden könne, da die Opernhaus-Ruine in ihren Abmessungen für diesen Zweck viel zu groß sei, und ein solches Vorhaben zwangsläufig zu unwirtschaftlichen Planungen führen müsse. Nicht zuletzt ließ man sich von der Annahme leiten, daß ein Umbau mindestens doppelt so teuer käme wie der Neubau eines Konzerthauses. Die Kommission empfahl abschließend, an der Ruine nur die unbedingt notwendigen baulichen Maßnahmen zu treffen, wie sie zur Erreichung einer optimalen Verkehrssicherheit erforderlich sind. Die finanziellen Aufwendungen hierfür wurden mit rd. 100.000,– DM beziffert.

Allem Anschein nach stieß das Gutachten der Frankfurter Baufirmen nicht auf allseitiges Vertrauen der städtischen Instanzen, da Oberbürgermeister Dr. Kolb durch Vermittlung des Bundesministeriums für Wohnungsbau ein weiteres Gutachten vom Institut Prof. Dr. Wedler, Berlin, anforderte, das für diesen Aufgabenbereich im Auftrag der Bundesregierung tätig war (Januar 1953). Der bald darauf eingetroffene Prüfungsbericht bestätigte nicht nur die von den Frankfurter Baufirmen erarbeitete Stellungnahme, sondern bezeichnete auch die früher vom Amt für Statistik und Baustoffprüfung der Frankfurter Hochbauverwaltung vorgelegten Gutachten (1949) als zutreffend. Somit waren sich sämtliche Fachleute immerhin in der Frage einig, ob die Opernhaus-Ruine aufbaufähig sei. Einmütigkeit erzielte man aber auch bei dem Vorschlag, möglichst bald die entsprechenden Maßnahmen einzuleiten, um die Ruine auf längere Zeit zu sichern und zu erhalten. Wann diese Arbeiten in Angriff genommen werden konnten, hing davon ab, wie rasch die zuständigen Stellen in der Lage waren, sich über einen neuen Verwendungszweck der Alten Oper schlüssig zu werden. Bei einer schnellen Einigung wäre ein wesentlicher Teil der notwendigen Sicherungsarbeiten durch die ohnehin einzuleitenden Bauarbeiten entbehrlich gewesen bzw. hätte damit verbunden werden können. Sollte aber die Entscheidung über den späteren Verwendungszweck der Ruine und damit zugleich die bei Ausführung dieser Entscheidung anfallenden Bauarbeiten auf unbestimmte Zeit verschoben werden, so mußten fortlaufende Sicherungsmaßnahmen hingenommen werden, um einen weiteren Verfall der Ruine zu verhindern. Wie Professor Dr. Wedler zusammenfassend erklärte, könne die Ruine, vorausgesetzt, die vorgeschlagenen Sicherungsmaßnahmen würden getroffen, noch eine Anzahl von Jahren für einen späteren beliebigen Um- und Ausbau stehenbleiben. Für besonders empfehlenswert erachtete er die Aufbringung eines Daches. Welche Entscheidung seitens der zuständigen Behörden auch immer zu erwarten war, die eingeholten Gutachten brachten den Freunden des Opernhauses die Genugtuung, daß ihr bisheriger Einsatz sich gelohnt hatte. Die Öffentlichkeit war nunmehr daran interessiert zu erfahren, welche Einstellung der Magistrat künftighin zu beziehen gedachte. Keinesfalls zuversichtlich stimmte indes seine Verlautbarung, daß man sich zur Zeit außerstande sehe, die veranschlagten hohen Kosten für die Sicherung der Ruine aufzubringen, da dringende Sozialbauten, Schulen usw. Vorrang haben müßten.

Der Magistrat griff lediglich den Vorschlag des Hochbauamtes auf, einen zwei Meter hohen Bretterzaun zur ausreichenden Sicherung des Verkehrs rings um die Opernhaus-Ruine errichten zu lassen. Des weiteren gab er zu verstehen, daß man den Frankfurter Bürgern bei ihrem Einsatz für das weitere Schicksal der Opernhaus-Ruine gerne ideelle Unterstützung zukommen lassen wolle.

Mit der Ruine leben?

Trotz der passiven Einstellung, welche die Stadt nach außen hin gegenüber einem Wiederaufbau der Alten Oper vertrat, wandte sie sich u. a. an den amtierenden Generalintendanten Harry Buckwitz, um von ihm zu erfahren, wie er sich gegebenenfalls die Verwendung eines wiederaufzubauenden Opernhauses vorstelle. Buckwitz verfügte zwar über das »Große Haus« mit 1450 Plätzen, ein sogenanntes »Kleines Haus« mit etwa 700 Plätzen bestand jedoch vorerst nur in der Planung. Er vertrat die Auffassung, daß der Einbau einer Kammerspielbühne in die Opernhaus-Ruine wohl ebenso kostspielig sein dürfte wie ein Neubau. Doch stellte er zur Diskussion, ob man nicht die für einen Neubau notwendigen Mittel von etwa vier Millionen DM dem für die Sicherung des Gebäudes errechneten Betrag von einer Million zuschlagen solle, um dann den Gesamtbetrag in den Wiederaufbau der Alten Oper zu stecken. Damit würde man nicht nur den Wünschen der Bürgerschaft Rechnung tragen, sondern zugleich auch einem dringendem Anliegen seitens der Theaterleitung entsprochen haben. Als abwegig bezeichnete Buckwitz den Vorschlag, die Opernhaus-Ruine in vollem Umfang als Kulissenmagazin zu nutzen, wie dies von einer städtischen Dienststelle vorgeschlagen wurde. Eine andere Anregung wiederum sah vor, im früheren Bühnenhaus der Ruine ein Kammerspieltheater für etwa 425 Personen einzurichten und es dem Theaterdirektor Fritz Rémond zur Verfügung zu stellen, da dieser sich bisher nur behelfsmäßig und unter unzureichenden Bedingungen im Gesellschaftshaus des Zoologischen Gartens etablieren konnte. – Aus der Vielzahl von Vorschlägen sei eine Anregung aus Buchhändlerkreisen aufgegriffen, welche empfahl, die Deutsche Bibliothek im Opernhaus unterzubringen. Aus Bevölkerungskreisen erreichte die Stadtverwaltung die Anfrage, ob sich das Gebäude nicht für ein großzügiges Goethe-Museum eignen würde. Ein anderer Antragsteller schreckte nicht vor der Empfehlung zurück, im alten Opernhaus ein Hotel mit 750 Betten einzurichten, wofür sich sogar ein Hotelkonzern von internationalem Rang und Namen interessierte.

Welcher Art auch immer die Vorschläge zur Erhaltung der Ruine und die Verwendung des wiederaufzubauenden Opernhauses waren, der Kreis der Widersacher versuchte, jegliche Initiative zur Erhaltung der Alten Oper zu unterminieren, ohne jedoch seine Absicht durchsetzen zu können, die Ruine niederlegen zu lassen und statt dessen einen Parkplatz einzurichten. Ausschlaggebend für die Abwehr dieser Bestrebungen war schließlich der Umstand, daß für die Durchführung solcher Maßnahmen Mindestaufwendungen von einer Million DM notwendig gewesen wären. Anderseits war man sich bewußt, daß mit Aufnahme der Sicherungsarbeiten für die Ruine – unabhängig davon, ob man nun einen Aufwand von rd. 200.000,– DM ohne Überdachung oder einen von rd. 500.000,– DM mit endgültiger Überdachung zugrunde legte – für den Stadtsäckel im Laufe der Zeit unweigerlich zusätzliche finanzielle Belastungen entstehen würden. Hinter allem steckte mehr oder weniger auch ein Politikum, da man einerseits den Wiederaufbau als eine Sache der reichen Leute darzustellen suchte, welche die Interessen der großen Masse nicht berühre, anderseits gewisse Kreise sich bemühten, bei der Bevölkerung wegen der unzureichenden Respektierung ihrer Wünsche keine Verstimmung aufkommen zu lassen. Die Unterstellung solcher Motive dürfte von den Initiatoren des Wiederaufbaues ignoriert worden sein, da deren Aktionen von dem ehrlichen Willen bestimmt waren, ein wertvolles Gebäude zu retten, selbst wenn sich daraus für später finanzielle Aufwendungen in hohem Maße ergeben sollten – auch ungeachtet sonstiger Verpflichtungen, die beispielsweise für Neubauten auf sozialem Sektor erforderlich

waren. Man konnte sich hierbei auch auf die Gutachten des Landes- und Bundeskonservators berufen, in denen die Frankfurter Opernhaus-Ruine als erhaltungswürdig bezeichnet wurde. Letzten Endes vertrauten die Befürworter des Wiederaufbaues auf die unterstützende Hilfe der Frankfurter Bevölkerung, wobei man nicht nur das beispielhafte Verhalten der Hamburger Bürgerschaft anführen konnte, die zwei Millionen DM für das dortige Opernhaus gespendet hatte, sondern auch die vom Verfasser dieses Buches durchgeführte Aktion für den Aufbau des Mannheimer Nationaltheaters, die bei einer Einwohnerzahl von ca. 250.000 Personen immerhin einen Spendenertrag von einer Million DM erbrachte. Leider schenkte man im Jahre 1952 seinem Vorschlag, zugunsten des Wiederaufbaues des Frankfurter Opernhauses eine Losbrief-Lotterie durchzuführen, kein Gehör, da man die Angelegenheit wegen der noch ausstehenden Entscheidung über die Zweckbestimmung des Gebäudes für noch nicht spruchreif erachtete. Später stellte dann der »Patronatsverein für den Wiederaufbau der Städtischen Bühnen« einen Antrag beim Hessischen Innenministerium in der Absicht, die Durchführung einer Losbrief-Lotterie zugunsten der Erhaltung des Opernhauses zu erreichen. Dem wurde schließlich auch entsprochen. Aus ungeklärten Gründen zog jedoch der Patronatsverein seine ursprüngliche Bereitschaft, als Träger einer solchen Aktion aufzutreten, später wieder zurück. Für den Ausschuß »Rettet das Opernhaus«, dem u. a. Vertreter der Museumsgesellschaft, des Cäcilienvereins, des Bundes der Altstadtfreunde sowie des Bundes für Volksbildung angehörten, wurde es nunmehr zur dringlichsten Aufgabe, die notwendigen Geldmittel für eine vorläufige Sicherung der Ruine zu beschaffen.
Nachdem von bauamtlicher Seite die Aufbaufähigkeit der Opernhaus-Ruine bestätigt worden war, hielt die Öffentlichkeit die Gefahr eines Abbruchs der Ruine für abgewendet. Nicht wenig erstaunt war man jedoch, als das Schreckgespenst dadurch erneut heraufbeschworen wurde, daß amtliche Stellen aus Sicherheitsgründen eine teilweise Abtragung der Ruine für notwendig erklärten. Hierauf richteten zahlreiche bekannte Persönlichkeiten sowie mehrere Frankfurter Institute ein Protestschreiben an Oberbürgermeister Walter Kolb (Dezember 1952). Dazu zählten das Freie Deutsche Hochstift, die Polytechnische Gesellschaft, die Senckenbergische Stiftung, die Senckenbergische Naturforschende Gesellschaft, das Städelsche Kunstinstitut sowie die Staatliche Hochschule für Musik. In der Zuschrift wurde unmißverständlich zu verstehen gegeben, daß man sich mit allen zur Verfügung stehenden Kräften und Mitteln für die Erhaltung der Ruine einsetzen werde. Nachdem die Stadt Frankfurt durch Kriegseinwirkung bereits beträchtliche Schäden an ihren Kulturbauten hatte hinnehmen müssen, erwartete man nunmehr, daß das Opernhaus als eines der wenigen repräsentativen Gebäude aus früherer Zeit erhalten bliebe. Diese Forderung unterstrich man mit der Feststellung, daß der Ruf der Stadt Frankfurt als einer Pflegestätte hoher Theaterkultur weit über die Grenzen Deutschlands hinausgedrungen sei. Ferner wies man darauf hin, daß das Haus einst zu großen Teilen mit Spendenmitteln Frankfurter Bürger erstellt worden war, woraus die Unterzeichneten für sich die Verpflichtung ableiteten, nicht wieder ein Stück echter und bester Bürgertradition kampflos zu opfern. Mit diesem Notruf, wie man die Eingabe bezeichnete, verband man die Hoffnung, der Oberbürgermeister werde seinen ganzen Einfluß geltend machen, damit der Ruine kein weiterer Schaden zugefügt werde. Später würde sich gewiß eine Gelegenheit finden, das Gebäude einer sinnvollen Verwendung zum öffentlichen Nutzen zuzuführen.

Zu einem gewichtigen Sprecher für die Erhaltung der Opernhaus-Ruine wurde Benno Reifenberg, dessen Name untrennbar mit der besten Tradition der »Frankfurter Zeitung« verknüpft ist. Er warnte eindringlich davor, die Ruine als ein grandioses Zeugnis bürgerlicher Baukunst vom Ende des letzten Jahrhunderts vermodern zu lassen, um vielleicht eines Tages vor der unabwendbaren Notwendigkeit zu stehen, das Gebäude aus Sicherheitsgründen abtragen zu müssen. Als Beispiel verwies er auf die Münchner Pinakothek von Klenze, die im Krieg das gleiche Schicksal erlitten hatte, für die man jedoch – wenn auch nach langem Zögern – die Kosten für die Sicherung aufbrachte, obwohl auch hier keine bindende Aussage vorlag, wie das Gebäude später einmal genutzt werden sollte. Reifenberg nannte das Opernhaus, das selbst als Ruine noch »den alten Wohlklang auszuströmen« vermochte, die »Schließe am kostbaren Gürtel um den Stadtleib«, wodurch er die harmonische Verbundenheit des Gebäudes mit den auf dem früheren Festungswall angelegten Grünanlagen zum Ausdruck brachte (Januar 1953).
Zu einer speziellen Eingabe an die Stadtverordnetenversammlung sahen sich die beiden alten kulturellen Frankfurter Einrichtungen, die Museumsgesellschaft (gegr. 1808) und die Polytechnische Gesellschaft (gegr. 1816) veranlaßt, nachdem bekannt geworden war, daß für die Verkehrssicherung um die Opernhaus-Ruine zwar ausreichende Geldmittel – auf Vorschlag des Magistrats – bewilligt werden sollten, jedoch für die Sicherung des Opernhaus-Baukörpers selbst kein Pfennig zur Verfügung stehe. Unter diesen Umständen könne es nicht ausbleiben, so wurde erklärt, daß eines Tages ein Teil der Gesimse entfernt werden müsse und die Ruine dem beständig zunehmenden Verfall ausgesetzt bleibe. Eine solche Maßnahme aber könnte sich nur dahingehend auswirken, daß die Ruine letztlich niedergelegt werden müsse, weil der verbliebene Baukörper infolge des fortgeschrittenen Zerstörungsgrades keinen Wiederaufbau mehr gewährleiste.
In der Eingabe (Januar 1953) wurde daran erinnert, daß Frankfurt durch eine solche Maßnahme eines der stattlichsten und eindrucksvollsten Opernhäuser aus dem vergangenen Jahrhundert verlieren und ein Gebäude von hoher kultureller Tradition aus der Erinnerung gelöscht würde. Es sei unverantwortlich von seiten der städtischen Behörden, ein solches Haus der Vernichtung preiszugeben. Die Stadt Wien beispielsweise habe sich zum Wiederaufbau ihres Opernhauses bekannt. Beide Gesellschaften brachten in ihrem Protestschreiben deutlich zum Ausdruck, daß ein Eingriff in die Substanz

der Ruine keinesfalls von der Mehrzahl der Bevölkerung gebilligt würde und daß man deshalb die Absicht einer entgegenstehenden Beschlußfassung mit allen Mitteln zu verhindern suche. In diesem Zusammenhang wurde die Zuversicht geäußert, daß sich breite Kreise in der Bürgerschaft gewiß bereitfänden, durch freiwillige Spenden zur Erhaltung des Bauwerkes beizutragen. Auch ihrerseits solle es nicht daran fehlen, sich für eine solche Spendensammlung werbend einzusetzen.

Die Aktivitäten so vieler kultureller Frankfurter Einrichtungen zugunsten eines Wiederaufbaus der Alten Oper bestärkten den Ausschuß zur Rettung des Opernhauses bei der Polytechnischen Gesellschaft – unter Leitung von Oberbürgermeister a. D. Dr. Kurt Blaum –, die Bevölkerung mehr noch als seither für ihre Zielsetzung zu interessieren. Hierfür suchte man auch die Unterstützung namhafter Persönlichkeiten aus dem Kultur- und Wirtschaftsleben, die sich gleichfalls zur Mitarbeit bereitfanden. Schon bei der ersten Pressekonferenz dieser Vereinigung erhielt man davon Kenntnis, daß sich der Hessische Finanzminister einverstanden erklärt habe, die Spenden als steuerabzugsfähig anzuerkennen. Obwohl man nicht mehr daran dachte, das Opernhaus seiner ursprünglichen Zweckbestimmung zuzuführen, war der Ausschuß zur Rettung des Opernhauses dennoch davon überzeugt, daß – nach der Zerstörung des ehemaligen Saalbaus – in dem wiedererrichteten Opernhaus Einrichtungen geschaffen werden sollten, deren das Frankfurter Musikleben so dringend bedurfte. Mit Genugtuung konnte der Ausschuß schon im Juli 1953 vermelden, daß der Spendenaufruf allseits auf große Anteilnahme gestoßen war und man bereits auf die ersten 100.000,– DM an Spendenmitteln zusteuere. Dabei soll nicht unerwähnt bleiben, daß sich auch Banken, Sparkassen und sonstige Geldinstitute zur Entgegennahme von Spenden bereit erklärten. Nach den ersten Sammelerfolgen war man voller Zuversicht, daß es gelingen

Blick in das zerstörte Haupttreppenhaus.

werde, in absehbarer Zeit die von den Sachverständigen errechneten Geldmittel für die Sicherung der Ruine aufzubringen, um dann die städtischen Körperschaften in die Lage zu versetzen, über die zukünftige Verwendung des wertvollen Gebäudes – unter Berücksichtigung der öffentlichen Meinung – ihre Entscheidungen zu treffen.

Zu den tatkräftigen Förderern des Opernhauses gehörte auch Altstadtvater Fried Lübbecke, der bei jeder sich ihm bietenden Gelegenheit zum Wiederaufbau des Opernhauses aufrief. Stets fand er beredte Worte, um den Theaterfreunden die Lebenskraft der Ruine vor Augen zu führen. Dabei brachte er zugleich sein Bedauern darüber zum Ausdruck, daß seinerzeit das Opernhaus von außen und innen weit weniger fotografiert, gezeichnet oder gemalt worden war, als beispielsweise Dom, Römer oder die Altstadt, so daß wir uns heute mit dem Faktum abfinden müssen, nur sehr wenige Aufnahmen von den Innenräumen zu besitzen, geschweige denn von Gemälden oder Plastiken. Zahlreiche wichtige Zeugnisse der Frankfurter Kunstgeschichte wurden mit der Zerstörung des Gebäudes im Inneren nahezu völlig ausgelöscht. Dies gab zusätzlich Anstoß zur Abfassung des vorliegenden Buches, zu dem der Autor aufgrund seiner vieljährigen Tätigkeit als erster Dramaturg, Regisseur und Leiter der künstlerischen Betriebsdirektion vielfältige Erinnerungen beitragen konnte. Auch Fried Lübbecke, der eifrige Besucher des Opernhauses, suchte stets enge Verbundenheit zum Theater und hat sich in Reden und Gesprächen vielerorts über die Pracht und Erhaltung des Gebäudes geäußert. Interessant sind auch seine Erinnerungen an den einen oder anderen bedeutenden Besucher des Opernhauses, wie z. B. an den Reichspräsidenten Friedrich Ebert, der im Jahre 1919 bei seinem erstmaligen Besuch der Frankfurter Messe einer Vorstellung des »Rosenkavalier« beiwohnte. Bei dieser Gelegenheit erzählte Ebert freimütig, daß er seinerzeit als Handwerksbursche am Frankfurter Opernhaus vorbeigegangen sei, ohne sich hineingetraut zu haben. Erst als er Parteisekretär war, habe er sich in das Haus hineingewagt, wobei ihm jedoch das Mißgeschick passierte, daß ausgerechnet bei seinem Eintreffen an der Kasse das Ausverkauftschild vor seiner Nase heruntergezogen wurde. So blieb ihm nichts anderes übrig, als nur einen sehnsüchtigen Blick in das herrliche Treppenhaus zu werfen. Lübbecke hat aus Anhänglichkeit an das Frankfurter Opernhaus jede Gelegenheit wahrgenommen, um die Bürger zu Spenden für den Wiederaufbau des Theaters aufzurufen. Sein Vorschlag zielte darauf ab, Magistrat und Stadtverordnetenversammlung zu dem Beschluß zu veranlassen, das Opernhaus den Frankfurter Bürgern zurückzugeben und einem eigenen »Bund der Opernfreunde« die weitere Pflege und den späteren Aufbau zu überantworten. Lübbecke war überzeugt, daß die Frankfurter Bürger, deren Vorfahren einst durch Spenden den Bau maßgeblich gefördert hatten, diesen auch wieder neu erstehen lassen würden. Er erhoffte sich von seinen Vorschlägen eine Abwendung behördlicher Eingriffe zum Nachteil der uns lieb gewordenen alten Baudenkmäler, nachdem eine beschämend lange Liste unnötig zerstörter Gebäude Alt-Frankfurts in die Annalen der Stadt eingegangen ist. Lübbecke griff mit seinen Beispielen auch zurück auf das frühe 19. Jahrhundert, das von der Zerstörung der alten Kapuzinerkirche zugunsten nüchterner Etagenhäuser kündet und wo – sage und schreibe – ein städtischer Baumeister den Abbruch der Nicolaikirche zugunsten eines Speichers zum Vorschlag brachte. Ferner verwies er auf den einst geplanten Abbruch des Eschenheimer Turmes und die Niederlegung der Weißfrauenkirche sowie auf den unverantwortlichen Abriß der erhalten gebliebenen Schauspielhaus-Fassade nach dem letzten Weltkrieg. Er warnte fortan vor solchen Eingriffen, die seitens der Bevölkerung nicht mehr hingenommen würden. Wie ernst es Lübbecke mit der Rettung des Opernhauses meinte, bewies eine Geldspende von 10.000,– DM, die er seitens des »Bundes tätiger Altstadtfreunde« für den nämlichen Zweck zur Verfügung stellte (Januar 1953).

Auch der Stadtverordnete Prof. Dr. med. Max Flesch-Thebesius nutzte jede erdenkliche Möglichkeit, um seine Stimme für die Erhaltung der Opernhaus-Ruine zu erheben. Als gerüchtweise bekannt wurde, daß man aus Verkehrssicherheitsgründen plante, den oberen Teil der Opernhaus-Ruine abzutragen, ungeachtet der vorliegenden Gutachten über die Verwendbarkeit der Ruine für einen Wiederaufbau, wandte er sich mit einem leidenschaftlichen Appell an die Stadtverordnetenversammlung (Januar 1953). Mittels der Presse rief er die Öffentlichkeit zum Widerspruch auf, da man nach dem rücksichtslos und unsachgemäß vollzogenen Ausbau verankerter Stahlkonstruktionen (mit amtlichem Einverständnis!) nunmehr weitere wertvolle Gebäudeteile niederzureißen beabsichtigte. Für ihn stand außer Zweifel, daß dies lediglich ein weiterer Schritt auf dem Weg zur endgültigen Liquidierung des Gebäudes war, dessen Reste nach weiterem Verfall dann später völlig beseitigt werden sollten. Ein solches Vorgehen hätte unausweichbar das Ende des historischen Gebäudes herbeigeführt, das als Wahrzeichen des Gemeinsinns der Frankfurter Bürgerschaft im Grunde Anspruch auf Erhaltung haben sollte. Prof. Flesch-Thebesius bezeichnete die für die Verkehrssicherungsvorkehrungen angesetzten Kosten von 100.000,– bis 120.000,– DM ohne Umschweife als hinausgeworfenes Geld, das zweckdienlicher verwendet werden könnte. Sein Vorschlag ging dahin, die zur Verfügung stehende Summe – anstatt zur Abtragung von Teilen der Umfassungsmauern und des figurenreichen Schmuckes – für Sicherungsarbeiten zur Verfügung zu stellen, um einem weiteren Verfall der Ruine vorzubeugen. Dabei ging er davon aus, daß die hierfür erforderliche Gesamtsumme von etwa 700.000,– DM vorerst nicht aus dem städtischen Etat beschafft werden konnte, da u. a. noch der Bau des Großen Hauses und des Römers finanziell zu verkraften war. Jedoch sollte es mit Hilfe von Spenden aus der Bürgerschaft gelingen, die Mittel für eine sachgemäße Sicherung des vorhandenen Baubestandes aufzubringen. Damit wäre dann eine Grundlage geschaffen, die einerseits dem Willen der Frankfurter Bevölkerung entsprach, andererseits eine spätere Neuverwendung des Opernhauses ermöglichte. Prof. Flesch-Thebesius war fest davon überzeugt, daß die Frankfurter Bürger einzig durch Rettung der Ruine vor ihren Nachfahren bestehen und sich vor der beschämenden Anklage bewahren könnten, einen solchen Prachtbau der Vernichtung preisgegeben zu haben. Aus dem Jahr 1953 datiert auch ein Brief von Thomas Mann an Prof. Flesch-Thebesius, in dem der bedeutende Schriftsteller die Rettung des Frankfurter Opernhauses als eine Ehrenpflicht aller Bürger bezeichnete. So führt er aus:

»... Mit dem Frankfurter Opernhaus verbindet sich für mich die Erinnerung früher dramatischer Eindrücke. Auf einer Ferienreise mit meinen Eltern hörte ich dort, ein halber Knabe, zum erstenmal Wagners ›Fliegenden Holländer‹ – in einer nach meinen provinziellen Begriffen ganz wunderbaren Aufführung. Auch das Bild des Prachtbaues, in dem dies Wunder vor sich ging, prägte sich mir schon damals für immer ein. Ich hatte seinesgleichen nie gesehen ... Der nobel freistehende, reich und schön gegliederte, säulenreiche Frankfurter Kunsttempel begeisterte mich wie Musik, und immer, wenn ich später wieder nach Frankfurt kam, stellte beim Anblick seines Opernhauses etwas von diesem frühen Eindruck sich wieder her. – Das Kriegsschicksal des Bauwerkes, das doch wohl zum Besten gehört, was das historisch anlehnungsbedürftige 19. Jahrhundert vermochte, ging mir nahe, und ich empfinde mit den Kunstsachverständigen, die, was davon aufrecht geblieben, den glänzenden Mantel des Gebäudes, erhalten zu sehen wünschen. Die Frankfurter Bürgerschaft scheint nicht anders zu denken, da rührenderweise schon vor jedem Aufruf rund 30.000,– DM spontan gezeichnet worden sind zur Bewahrung der Ruine, deren verzichtende Niederlegung, wie ich höre, weit höhere Kosten verursachen würde, als ihre pflegerische Sicherung, und die eines glücklichen Tages zu würdigem Zweck wieder aufgebaut werden kann. – Rechnen Sie mich also, bitte, zu denen, für die die pietätvolle Erhaltung des Opernbaues, der noch in seinem gegenwärtigen schmerzlich mitgenommenen Zustand ein Glanzstück harmonischer Architektur bleibt, und den

Teilansicht vom Treppenhaus nach der Zerstörung mit Blick auf eines der kunstvollen Bronzegitter.

man geistvoll ›die Schließe im kostbaren Gürtel des Stadtleibes‹, den Frankfurter Anlagen, genannt hat, eine wahre Herzenssache ist ...«

Es würde zu weit führen, wollte man die zahlreichen Eingaben, Zuschriften und Äußerungen prominenter Persönlichkeiten und Frankfurter Bürger in diesem Rahmen festhalten, in denen sich diese für einen Wiederaufbau des Opernhauses ausgesprochen haben. Alles in allem zeugt dies von einem glühenden Bekenntnis zum Wiederaufbau der Opernhaus-Ruine, und nicht allein von seiten jener, für die das Gebäude einst eine würdige Heimstätte für große künstlerische Ereignisse war.

Im März 1953 setzte die Polytechnische Gesellschaft den Magistrat davon in Kenntnis, daß eine Geldsammlung zugunsten des Wiederaufbaues der Alten Oper in Aussicht genommen sei. Damit war jedoch die Notwendigkeit verbunden, noch vor Einholen einer amtlichen Genehmigung beim zuständigen Hessischen Ministerium eine Erklärung der Stadt zu beschaffen, welche eine Verwendung der Geldspenden für die Erhaltung der Ruine sicherstellte. Fürs erste erging ein ablehnender Bescheid seitens der Stadt mit der Begründung, man sei sich über den späteren Verwendungszweck des Gebäudes noch nicht schlüssig geworden. Es ist anzunehmen, daß die daraufhin erfolgten leidenschaftlichen Appelle von seiten der Frankfurter Bevölkerung sowie verschiedener kultureller Einrichtungen schließlich doch dazu Veranlassung gaben, bald einen zustimmenden Bescheid folgen zu lassen, auch ohne daß eine Entschließung über die zukünftige Zweckbestimmung erreicht war. Die Stadt verband jedoch mit ihrer Genehmigung für die Sammlung die Bedingung, daß aus ihrer Zustimmung keine Festlegung in bezug auf den Verwendungszweck eines wiedererstellten Opernhauses abgeleitet werden dürfe. Wenig ermunternd war auch der von städtischer Seite an den Regierungspräsidenten gegebene Hinweis, daß man es bislang vermieden habe, sich an einem Spendenaufruf zu beteiligen, woraus eindeutig zu entnehmen war, daß der Magistrat sich vorerst in seinen Entschlüssen völlig frei halten wollte. Die Freunde des Wiederaufbaues zogen hieraus die Konsequenz, dem von der Stadt vorgeschlagenen Kurs, sich auch künftig in fraglicher Angelegenheit passiv zu verhalten, mit noch intensiverem Einsatz für das Bauvorhaben zu begegnen.

Am 3. Juli 1953 rief die Polytechnische Gesellschaft im Namen des Ausschusses »Rettet das Opernhaus« zu einer Spendenaktion auf. Bereits am 16. Oktober 1953 konnte die Öffentlichkeit durch die Presse darüber informiert werden, daß die Bürgeraktion den stolzen Spendenbetrag von 115.000,– DM erbracht hatte. Bis zur Sitzung des Ausschusses am 29. Dezember 1953 erhöhte sich das Spendenaufkommen sogar noch auf 123.000,– DM, wovon lediglich 10.000,– DM an Unkosten abgingen. Ferner wurde bekannt gegeben, daß der Ausschuß den renommierten Architekten Gerhard Weber, der schon die Pläne für den Wiederaufbau der Hamburger Oper, des Mannheimer Nationaltheaters und des Frankfurter Rundfunksaales geliefert hatte, mit einem Vorentwurf für den Wiederaufbau des Opernhauses im Maßstab 1:200 beauftragt worden sei (Oktober 1953). Auf diese Weise sollte den städtischen Körperschaften eine Entscheidung über den Verwendungszweck der Ruine erleichtert werden. Die Vorplanung ging von der Erhaltung der Fassaden und des stattlichen Treppenhauses aus und sah auf der Höhe des Foyers einen Großen Saal von 50×28 m vor für Konzerte, Tagungen, Kongresse, gesellschaftliche Veranstaltungen, Ausstellungen usw. Der Raum war für etwa 2000 Sitzplätze, das Orchesterpodium für hundert Musiker, die Chorbühne für zweihundert Personen projektiert. Für das darunterliegende Geschoß hatte man die Einrichtung eines Kleinen Saales von 38×29 m für Kammermusik, Vorträge, Tagungen usw. mit rund 600 Plätzen in Vorschlag gebracht. Im nördlichen Teil des Gebäudes sollte ein sogenanntes »Intimes Theater« eingebaut werden, das beispielsweise als Interimslösung für Schauspielaufführungen dienen könne. Weniger einnehmend indessen war die Absicht des Architekten Weber, an den Außenfassaden der Alten Oper »übermäßigen Zierrat« entfernen zu lassen. Die geschätzten Kosten für sein Projekt wurden damals mit 4,5 bis 5 Millionen DM beziffert. Schließlich war daran gedacht, der Stadtverwaltung den Vorschlag zu unterbreiten, eine spezielle Gesellschaft zu gründen, in deren Obhut der Wiederaufbau der Alten Oper vollzogen werden solle. Auch sah man es durchaus für möglich an, die Saalbau AG mit einer solchen Aufgabe zu betrauen. Die als Rechtsträger auftretende Gesellschaft hätte dann die entsprechenden Schritte einzuleiten, um die notwendigen Kredite bei den Banken einzuholen und gegebenenfalls auch den Verkauf von »Bausteinen« in ihre Planung einzubeziehen.

Im April 1954 wandte sich der Ausschuß »Rettet das Opernhaus« unter Federführung seines Präsidenten Dr. Blaum an den damals amtierenden Oberbürgermeister Dr. Walter Kolb mit der erfreulichen Nachricht, daß die von ihr durchgeführte Sammlung den ansehnlichen Betrag von 150.000,– DM erbracht habe. Bei dieser Gelegenheit erinnerte Dr. Blaum an das anno 1951 von der Stadtverordnetenversammlung gegebene Versprechen, den Erlös aus dem zum Verkauf anstehenden »Kleinen Haus« für die Rettung der Opernhaus-Ruine zur Verfügung zu stellen. Vorausgesetzt, der Verkauf des Gebäudes würde rund 150.000,– DM einbringen, so hätte man mit der oben bezeichneten Spendensumme bereits einen Gesamtbetrag von 300.000,– DM erreicht, der für die Durchführung der Sicherungsarbeiten zur Verfügung stünde. Der Ausschuß gab dabei zu verstehen, daß in diesem Fall nur noch rund 200.000,– DM aufzubringen seien, um schließlich sogar ein Dach über der Ruine zu finanzieren. In dem Antrag an den Oberbürgermeister wurde die Stadt um eine Beihilfe von 200.000,– DM ersucht, womit der gesamte Baukörper gegen Witterungseinflüsse hätte abgesichert werden können. Bei dieser Gelegenheit wies man erneut mit Nachdruck auf die Notwendigkeit hin, einen Konzertsaal zu schaffen, der zugleich auch als Vortrags-, Tagungs- und Festsaal genutzt werden könnte. Weiterhin gab man zu verstehen, daß es durchaus möglich sein dürfte, in der Alten Oper ein Kammerspieltheater einzubauen, das Ersatz bieten könnte sowohl für das ehemalige »Kleine Haus« als auch für den Börsensaal, der damals noch für Schauspielaufführungen genutzt wurde. Ein solches Kammertheater, das man mit verhältnismäßig geringen Mitteln dort einrichten zu können glaubte, hätte immerhin so lange gute Dienste tun können, wie ein eigenes Schauspielhaus nicht zur Verfügung stand. Der Ausschuß »Rettet das Opernhaus« ließ es nicht nur bei diesen Vorschlägen bewenden, sondern hatte – wie bereits erwähnt – von Architekt Gerhard Weber im Sinne des obigen Vorschlags Entwürfe anfertigen lassen, die man dem Oberbürgermeister in Verbindung mit dem vorgenannten Antrag zureichte. Wie aus einem Bericht der städtischen Pressestelle vom 26. April 1954 hervorgeht, sah der Magistrat das vorgelegte Projekt des Architekten Weber als unzureichend für eine Diskussionsgrundlage an, und zwar u. a. mit der Begründung, es fehle eine spezifizierte Kostenberechnung. Aber auch an einer Vervollständigung dieser Unterlagen zeigte sich der Magistrat nicht interessiert, da angeblich zuvor noch grundsätzliche Erwägungen angestellt werden müßten. Der zuständige Baudezernent gab in Ergänzung hierzu noch gegenüber dem Opernhaus-Ausschuß der Polytechnischen Gesellschaft die Erklärung ab (30. April 1954), daß die Stadt in den nächsten Jahren nicht in der Lage sei, den von ihr auf 15 bis 18 Millionen DM geschätzten Betrag für den vollständigen Aufbau des Opernhauses aufzubringen. Er vertrat darüber hinaus die persönliche Auffassung, daß die Frankfurter Bevölkerung lediglich den Wunsch habe, daß das Gebäude im Stadtbild, wenn auch als Ruine, erhalten werde. Prof. Dr. Flesch-Thebesius und Oberbürgermeister a. D. Dr. Blaum widersprachen nachdrücklich dieser Auffassung und wiesen darauf hin, daß die Spendensammlung als eine spontane Abstimmung der Bevölkerung über die Frage der Erhaltung des Opernhauses wie auch seiner künftigen Verwendung gewertet werden könne. Weiterhin erklärte man, die Öffentlichkeit habe »mit erheblicher Entrüstung« zur Kenntnis genommen, daß die Stadt es nicht einmal für nötig gehalten habe, eine öffentliche Danksagung an die Spender zu richten. Oberbürgermeister Dr. Kolb versprach jedoch, dies bei passender Gelegenheit nachzuholen. Die Frage des Opernhaus-Ausschusses, wie es um den Erlös aus dem Verkauf des ehemaligen »Kleinen Hauses« bestellt sei, der laut Beschluß aus dem Jahre 1951 für den Wiederaufbau des Opernhauses Verwendung finden sollte, beantwortete man mit dem Hinweis, es sei Sache der Stadtverordneten zu entscheiden, ob dieser Betrag für die weiteren Aufbaukosten des Großen Hauses oder aber für die Sicherung des Opernhauses verwendet werden solle. Die Vertreter des Magistrats betonten ferner, daß vor einer Annahme der Spendensumme von 150.000,– DM die Zustimmung der Stadtverordneten eingeholt werden müsse, da der Opernhaus-Ausschuß die Spende ausdrücklich mit der Bedingung verknüpft habe, daß das Geld dem Wiederaufbau der Alten Oper zugute kommen solle. Der Vorbehalt des Magistrats hinterließ verständlicherweise beim Opernhaus-Ausschuß nicht den Eindruck, daß die Stadt zur Erhaltung der Ruine mit dem Ziel einer späteren Wiedererrichtung des Opernhauses entschlossen sei. Seitens des Magistrats war man lediglich bereit, den Erlös zur Sicherung der Fundamente und des aufgehenden Mauerwerks einzusetzen. Die als schroff empfundene Stellungnahme rief bei den Freunden des Opernhauses nicht nur Enttäuschung hervor, sondern erweckte zugleich den Eindruck, die Stadt wolle sich um keinen Preis zum Wiederaufbau des Opernhauses bekennen. Diese Vermutung wurde noch durch den Umstand bekräftigt, daß man den bereits zitierten Beschluß der Stadtverordnetenversammlung aus dem Jahre 1951, welcher

Blick in das große Treppenhaus nach der frevlerischen Entnahme aller Bronzekandelaber, Ampeln, Wandarme, Marmor- und Bronzefiguren, Bronzegitter, Marmorplatten usw.

den aus dem Verkauf des ehemaligen »Kleinen Hauses« erzielten Erlös für die Opernhaus-Ruine einzusetzen bestimmte, einer nochmaligen Prüfung unterziehen wollte.

Die Initiatoren des Wiederaufbau-Gedankens befürchteten daher, daß die Opernhaus-Ruine trotz ihrer Bemühungen letzten Endes doch noch niedergelegt werden würde. Diese Bedenken wurden erst zerstreut, als der Magistrat – im Nachgang zu den Gutachten der Bauindustrie, des Amtes für Statik und Baustoffprüfung, der Bauverwaltung Hochbau, der Bauaufsichtsbehörde sowie vom Institut Prof. Dr. Wedler, Berlin – sich dazu durchgerungen hatte, nunmehr seine Zustimmung zur Erhaltung der Opernhaus-Ruine zu geben (16. August 1954). Darüber hinaus erklärte sich die Stadt zur Annahme der durch öffentliche Sammlung eingegangenen Summe von 150.000,– DM bereit, und zwar mit dem Zugeständnis, den nicht aus Spenden zu deckenden Differenzbetrag von 23.000,– DM – laut Kostenermittlung durch städtische Sachverständige – zum Zwecke von Sicherungsmaßnahmen beizusteuern. Die in Angriff zu nehmenden Arbeiten sollten auf Vorschlag der Bauverwaltung vor allem der Sicherung der südlichen Hauptgiebelwand sowie der Vestibülwand gelten. Weiterhin hielt man die Abtragung und Abstützung der Südecke des nordwestlichen Eckanbaues für notwendig sowie die Entfernung aller losen Teile der Gesimse und Mauerkronen. Schließlich sollten auch wasserabweisende Abdeckungen an den notwendigen Stellen angebracht werden. Das Bauamt vertrat die Auffassung, daß nach Abschluß dieser Arbeiten (ohne Überdachung!) alles Erforderliche zur Standsicherheit und Stabilität der Ruine getan sei. Im Zusammenhang mit der Einverständniserklärung der Stadtverordnetenversammlung zu diesen Maßnahmen (2. Sept. 1954) wurde ausdrücklich erklärt, diese beinhalte keine Verpflichtung in bezug auf die noch zu fassenden Entschließungen hinsichtlich einer späteren Verwendung des Opernhauses. Dessen ungeachtet war nunmehr ein erster Schritt zur Erhaltung der Ruine getan, ein kleiner Schritt zwar, der aber von der Bevölkerung mit großer Freude aufgenommen wurde. Ungewißheit darüber, was später einmal aus der Ruine werden sollte, bestand nach wie vor. Einigkeit herrschte lediglich in dem Punkt, daß ein Ausbau als Opernbühne nicht mehr in Frage kommen konnte, da das Große Haus inzwischen das Musiktheater aufgenommen hatte. Ein Ausbau der Alten Oper zum Konzertsaal stand von nun an bei den Freunden des Opernhauses im Mittelpunkt der Überlegungen.

Inzwischen war bekannt geworden, daß sich die Architektengemeinschaft von Schauroth-Gustl Fromm mit dem Wiederaufbau der Opernhaus-Ruine befaßte. In Zusammenarbeit mit der Firma Ph. Holzmann AG legten die Architekten Entwürfe vor, die darauf abzielten, die Außenansicht des Gebäudes weitgehend zu erhalten. Ungeachtet dessen empfahl man, den vor dem Hauptgiebel gelagerten Portikus mit der Unterfahrt zu entfernen, da er – wie es heißt – den Eindruck der Hauptfassade störe. Das Problem der inneren Raumaufteilung glaubte man dadurch lösen zu können, daß man das große Treppenhaus zu einer Halle umgestaltete, die sich unter der Bühne und dem Großen Saal im Obergeschoß hinzog. Diese großräumige Halle sollte nicht nur die Garderoben beherbergen, sondern auch die Aufgaben eines Foyers und Ausstellungsraumes übernehmen. Vom Ende dieser Halle aus konnte das Publikum über Treppen zum Großen Saal gelangen, der eine Größe von 300 qm hatte und mit 1800 Plätzen ausgestattet werden sollte. Oberhalb des Großen Saales war ein weiterer Saal mit 500 Plätzen und eigenem Foyer vorgesehen. Um dem Einwand zu begegnen, das Volumen des Hauses könne evtl. die Funktionsfähigkeit und Wirtschaftlichkeit des Gebäudes beeinträchtigen, machte die Architektengemeinschaft den Vorschlag, das Dach nicht mehr auf die alte Höhe zu bringen, sondern ein Geschoß tiefer anzulegen. Dies hätte bedeutet, daß der obere Rand der Architektur als durchbrochene Krone in Erscheinung getreten wäre, wovon sich die Architekten eine größere Leichtigkeit des Gesamteindrucks versprachen. Obwohl die Stadt damals noch keine Bereitschaft zeigte, diese Vorschläge aufzugreifen, da noch immer eine Entscheidung über die spätere Zweckbestimmung des Opernhauses ausstand, wirkten die Entwürfe doch anregend auf die Diskussion über die Zukunft des Gebäudes.

Bereits im Mai 1956 konnte gemeldet werden, daß die Sicherungsarbeiten an der Opernhaus-Ruine, die von den Firmen Philipp Holzmann, Hochtief AG, Siemens Bauunion, Wayss & Freytag, Ed. Züblin, Grün & Bilfinger ausgeführt wurden, so weit abgeschlossen waren, daß keine Gefährdung mehr bestand. Nunmehr war zu prüfen, ob der wenig schöne Bretterzaun, der das Gebäude umschloß, entfernt werden könnte. Mit diesen Maßnahmen sah sich die Stadt – in Anbetracht ihrer angespannten Finanzlage – vorerst am Ende ihrer Möglichkeiten. Dies war eine traurige Bilanz, der sich auch die Mitglieder des Ausschusses »Rettet das Opernhaus« nicht verschließen konnten. Der Baudezernent appellierte allseits um Verständnis, da zahlreiche dringende Bauvorhaben wie Wohnungen, Schulen und Krankenhäuser unbedingte Priorität haben müßten. Immerhin hatte man wenigstens erreicht, daß die Ruine trotz vorhandener Substanzschäden bis auf weiteres keinen empfindlichen Verfallserscheinungen ausgesetzt war. Damit hatten die aktiven Freunde des Opernhauses zweifellos einen Teilerfolg in ihrem zähen Kampf um die Erhaltung der Ruine erzielt, in einem Kampf, der vielen oft schon aussichtslos erschienen war. Verständlicherweise wollten sie es nicht bei dem Erreichten belassen und sich nicht mit einer pietätvollen Erhaltung der Ruine – ähnlich dem Heidelberger Schloß – zufrieden geben, auch wenn sich das Gebäude trotz seines mitgenommenen Zustandes noch immer als ein Glanzstück harmonischer Architektur präsentierte.

Kaum jemand in der Stadt zweifelte daran, daß es zu den kommunalpolitischen Notwendigkeiten gehöre, in absehbarer Zeit ein »Kleines Haus« für das Schauspiel sowie einen Konzertsaal zu errichten. Auch dürfte jedermann eingesehen haben, daß beide Projekte angesichts der damals schwierigen Finanzsituation nicht gleichzeitig verwirklicht werden konnten. Hinzu kam jedoch, daß der Börsensaal dem Schauspiel nur noch für begrenzte Zeit zur Verfügung stand. Wohl verkannte man nicht die Absicht von Architekt Weber, im alten Opernhaus auch ein Sprechtheater unterzubringen, doch waren die Theaterfachleute sich darüber einig, daß ein Theatersaal in vorgeschlagener Größe und mit einer wenig aufwendigen technischen Einrichtung keinesfalls den Erfordernissen entsprechen könne. Einen weiteren Nachteil der Weberschen Vorschläge erkannte man darin, daß aufgrund der vorgegebenen räumlichen Situation der Opernhaus-Ruine jegliche Erweiterung eines Theaterprojektes ausgeschlossen war, so daß nicht in ausreichender Zahl Nebenräume geschaffen werden konnten, ganz zu schweigen von der Notwendigkeit eines Dekorationsmagazin. Trotz der Vorteile, die das Webersche Objekt gegenüber dem Börsensaal-Theater mit seinen primitiven technischen Voraussetzungen zu bieten hatte, war nicht zu übersehen, daß ein Theatersaal ohne Drehbühne, Schnürboden, Seiten- und Hinterbühne – neben einem großen Konzertsaal – keine endgültige Lösung darstellen konnte. Diese Erkenntnisse führten folgerichtig mit zu dem Entschluß, für den Neubau eines Schauspielhauses den Plan von Architekt Otto Apel, der eine Doppelanlage vorsah, weiterzuverfolgen – was letztlich auch geschah. Als die Einbeziehung eines Schauspieltheaters in ein wiederaufzubauendes Opernhaus als nicht mehr opportun angesehen wurde, machte man den Vorschlag, neben dem Großen Saal ein repräsentatives Restaurant einzuplanen. Alle diese Überlegungen sollten bei einer erneuten Zusammenkunft zur Diskussion gestellt werden, wobei man nach dem langen Hin und Her die Hoffnung hegte, bald eine endgültige Entschließung herbeiführen zu können.

Zu einer bitteren Stunde wurde jedoch für den Ausschuß »Rettet das Opernhaus« die Sitzung am 23. Nobember 1956 im Dezernat der Bauverwaltung. Im Auftrag des Magistrats wurde den Vertretern des Opernhaus-Ausschusses eindeutig erklärt, der Wiederaufbau der Opernhaus-Ruine stelle vorerst keine aktuelle Frage der städtischen Bauplanung dar. Außerdem verbiete die Finanzlage der Stadt auf Jahre hinaus die Inangriffnahme eines solchen Projektes. Völlig ungewiß sei auch, ob die Ruine überhaupt für einen Saalbau verwendet werden könne. Zwar habe der Opernhaus-Ausschuß mit Unterstützung des Magistrats die Erhaltung der Ruine erreicht, ihr weiterer Verfall werde aber dadurch nicht verhindert, und man wisse infolgedessen nicht, ob das Mauerwerk zu einem späteren Zeitpunkt noch für einen Wiederaufbau verwendbar sein werde. Die Vertreter des Opernhaus-Ausschusses, u. a. Oberbürgermeister a. D. Dr. Blaum und Prof. Dr. Flesch-Thebesius, erwiderten jedoch, der Magistrat habe nun einmal die Erhaltung der Ruine beschlossen und die Sammlungserträge des Ausschusses angenommen. Somit sei der Magistrat auch der Bürgerschaft gegenüber verpflichtet, die Ausbauvorschläge zu prüfen, damit wenigstens über die grundsätzliche Frage der Verwendbarkeit des Opernhauses als Saalbau – im Rahmen der Dringlichkeitsfolge bei den kulturellen Bauvorhaben – entschieden werden könne. Die Situation am Ende des Jahres 1956 war also nur die, daß man nach zähem Ringen lediglich die Erhaltung der Opernhaus-Ruine erreicht hatte. Darüber hinaus bestand damals nicht die geringste Aussicht, von amtlicher Seite eine endgültige Entscheidung in der Frage eines Wiederaufbaues der Alten Oper zu erhalten. Es sah ganz danach aus, als ob die Bevölkerung noch viele Jahre lang mit der Ruine würde leben müssen, da erst nach Besserung der Finanzlage der Stadt mit einer Wiederaufnahme von Verhandlungen zu rechnen war. Mit ziemlicher Sicherheit konnte angenommen werden, daß auch die Frage der Zweckbestimmung des Gebäudes noch zu langwierigen Auseinandersetzungen führen würde, zumal damals bereits zahlreiche einander widersprechende Meinungen geäußert wurden.

Blick auf den westlichen Säulengang zum großen Foyer mit den zerstörten Lunetten und nach dem Diebstahl einer großen Marmorgruppe aus der Wandnische.

Wohlwollende Unterstützung erfuhr der Bürgerausschuß durch den Kulturdezernenten Dr. Karl vom Rath, der die Forderung nach einem Konzertsaal als durchaus berechtigt erklärte und energisch verteidigte. Als wenig hoffnungsvoll für den Erfolg des Wiederaufbau-Vorhabens erachtete man die düstere Lage auf dem Kapitalmarkt, die selbst Optimisten nachdenklich stimmte. Dazu kam, daß man die von Architekt Prof. Weber angegebene Kostenschätzung für den Wiederaufbau von seiten der städtischen Prüfungsinstanzen für schwer übersehbar hielt. Man machte in diesem Zusammenhang u. a. auch auf finanzielle Überraschungen aufmerksam, die beispielsweise durch eine notwendig werdende Verstärkung der Fundamente bzw. durch nicht berücksichtigte Außenanlagen entstehen könnten. Ein weiterer Unsicherheitsfaktor kam insofern hinzu, als man sich bisher zwar mit Fragen der Standsicherheit und der allgemeinen Sicherung der Ruine befaßt, die Eignung derselben für einen Wiederaufbau jedoch zu überprüfen mehr oder weniger unterlassen hatte. Das Hochbauamt bestand deshalb darauf, vor Erstellung bzw. Prüfung eines Bauentwurfs nebst Kostenvoranschlag, die noch offenen technischen Fragen einer Beantwortung zuzuführen. Die Öffentlichkeit wurde mit dem Hinweis getröstet, daß bald eine grundsätzliche Entscheidung herbeigeführt werden solle, die ohnehin der Ausführung von Planungsarbeiten vorausgehen müsse.

Der Ausschuß »Rettet das Opernhaus« nahm trotz aller Schwierigkeiten, die sich einem Ausbau der Ruine entgegenstellten, auch weiterhin jede erdenkliche Möglichkeit wahr, um die Opernhausfrage in öffentlicher Diskussion zu halten. Die städtischen Gremien, die eindeutig Stellung bezogen und erklärt hatten, die Wiederaufbaupläne entbehren vorerst jeglicher Aktualität, waren über die weiterlaufenden Aktivitäten sichtlich verstimmt, denn sie sahen sich im Blickfeld der Öffentlichkeit in den Anklagezustand versetzt. Selbst bei wohlwollender Einschätzung der Situation kam der Opernhaus-Ausschuß zu der Feststellung, daß die Opernhausfrage aus kulturpolitischen Erwägungen seitens der Stadt auf längere Sicht in einem Schwebezustand gehalten werden sollte. Der Ausschuß war sich bei all seinen Bemühungen stets darüber im klaren, daß der Notwendigkeit eines Konzertsaales auch durch Errichtung eines Neubaues entsprochen werden könnte; für diesen Zweck hielt die Stadt sogar ein Terrain im Rothschild-Park bereit. In einem solchen Falle wäre der Wiederaufbau des Opernhauses unausweichlich ins Hintertreffen geraten. Eine Abtragung der Gebäudereste oder günstigenfalls eine Erhaltung der »schönsten Ruine Deutschlands« wäre die Folge gewesen. Auch solche Möglichkeiten bezog der Opernhaus-Ausschuß in seine Überlegungen mit ein, um sich den Weg für eine spätere Verwirklichung seines Vorhabens nicht zu verbauen.

Nachdem der Ausschuß »Rettet das Opernhaus« seinen Zweck erreicht hatte, nämlich die Erhaltung der Ruine, kam man überein, der Vereinigung nunmehr einen Namen zu geben, der das zukünftige Ziel besser in Erscheinung treten ließ: »Saalbau im Opernhaus«. Als vordringliche Aufgabe wurde es nunmehr angesehen, die städtischen Körperschaften zu veranlassen, den Ausbau der Alten Oper in die Dringlichkeitsliste des außerordentlichen Haushalts 1958 aufzunehmen. Dabei war man sich bewußt, daß mit erheblichem Widerstand gerechnet werden mußte. Am 20. Februar 1958 erging ein Schreiben an den Magistrat mit der Aufforderung, bei der Stadtverordnetenversammlung die Aufstellung eines beschlußfähigen Projekts durch den Architekten Prof. Gerhard Weber sowie die Bereitstellung der erforderlichen Geldmittel im Haushaltsplan der Stadt Frankfurt zu beantragen. Als Reaktion auf diese Initiative des Ausschusses muß der Antrag der Stadtverordneten-Mehrheit angesehen werden, ein Gutachten über die Aufbaufähigkeit der Opernhaus-Ruine erstellen zu lassen. Man begründete diese Notwendigkeit mit den vorliegenden unterschiedlichen Stellungnahmen in dieser Frage und wies darauf hin, daß die Öffentlichkeit, die sich am Schicksal des Opernhauses außerordentlich interessiert zeigte, einen Anspruch habe auf objektive und allgemein anerkannte Angaben über das Problem, um die kommunalpolitische Bedeutung der damit geforderten Entscheidungen in ihrem vollen Ausmaß überschauen zu können.

Nach der Berufung von Werner Bockelmann zum Stadtoberhaupt nahm eine Delegation des Opernhaus-Ausschusses, bestehend aus Oberbürgermeister a. D. Dr. Blaum, Freifrau von Bethmann, Prof. Dr. Flesch-Thebesius, Bankier Melber und Verleger Werner Wirthle, Verbindung mit dem neuen Oberbürgermeister auf, um sich seiner Unterstützung des Wiederaufbau-Programms zu vergewissern (April 1958). Bei dieser Besprechung wurde betont, daß es im Interesse der Bevölkerung liege, die Planung des Wiederaufbaus zügig voranzutreiben, wobei unter Zugrundelegung des beschlußreifen Projekts des Architekten Weber von einer Bausumme von inzwischen acht Millionen DM die Rede war. Als Ergebnis dieser ersten Kontaktaufnahme kam die Vereinbarung zustande, daß vorerst die Standsicherheit des Hauses einer erneuten Prüfung unterzogen werden solle, da von seiten des Bauamts Bedenken wegen des Grundwassers und seiner Auswirkung auf die Tragfähigkeit der Fundamente geäußert worden waren. Zwischenzeitlich hatte der Altstadtvater Dr. Fried Lübbecke den Antrag gestellt, die Pläne des Frankfurter Architekten Hermann Senf in die Diskussion einzubeziehen, da diese sich durch beachtenswerte Vorzüge auszeichneten. Die Planung des Architekten Senf sah die Einrichtung eines Saalbaues vor mit einem kleinen Saal im Erdgeschoß und einem darüberliegenden großen Konzert- und Festsaal, und zwar unter Beibehaltung des bisherigen Treppenhauses, mit großer Wandelhalle und einem Restaurationsbetrieb. Die Kosten bezifferte Architekt Senf mit neun Millionen DM, ohne Berücksichtigung des Mobiliars.

Die allgemeine Situation ließ sich damals derart charakterisieren, daß, im Falle einer erneuten Bestätigung der Standfestigkeit der Ruine durch das beabsichtigte Gutachten, die Stadt wohl nicht mehr umhin könne, die Kosten für einen eventuellen Wiederaufbau der Alten Oper ermitteln zu lassen. Oberbürgermeister a. D. Dr. Blaum brachte vorweg eine solche Kostenerhebung erneut in Verbindung mit der ehemaligen Zusage der Stadt, den Erlös aus dem Verkauf des »Kleinen Hauses« dem Wiederaufbau des Opernhauses zugute kommen zu lassen. Leider habe man sich jedoch nicht an das Versprechen aus dem Jahre 1951 gehalten, sondern statt dessen den Beschluß drei Jahre später außer Kraft gesetzt.

Am 18. Dezember 1958 gab die Stadtverordnetenversammlung ihre Zustimmung dazu, ein neutrales Gutachten über die Opernhaus-Ruine von einem Expertenteam erstellen zu lassen. Zu diesem Zweck wurden folgende Persönlichkeiten berufen: Prof. Dr. A. Mehmel, Direktor des Instituts für Massivbau an der Technischen Hochschule Darmstadt; Dr. Ing. H. Beck, Privatdozent, gleichfalls von der Technischen Hochschule Darmstadt; Prof. Dr. H. Leussink, Direktor des Instituts für Bodenmechanik und Grundbau an der Technischen Hochschule Karlsruhe sowie Oberbaurat a. D. G. Petry als beratender Ingenieur aus Frankfurt. Die umfangreichen Untersuchungen führten zu der Feststellung, daß die Umfassungswände des Kernbaues durchaus tragfähig seien und auch das Innenmauerwerk trotz Brandeinwirkung in seiner Tragfähigkeit ausreiche, wenn beim Aufbau die nötige Versteifung vorgenommen wird. Zur Beurteilung der Fundamente ließ man das Grundwasser abpumpen, damit eine Prüfung in der ganzen Höhe möglich war. Das Fundament erwies sich an seiner Außenfläche zwar als porös und war oberhalb des Grundwasserspiegels durch das aggressive Wasser stark zermürbt, doch gelangte man zu der Überzeugung, daß der seit etwa achtzig Jahren erreichte minimale Zerstörungsgrad keine Bedenken rechtfertige und die Fundamente auch weiterhin ihre bauliche Aufgabe erfüllen könnten. Ferner erhob sich die Frage, wie es um die Kosten bestellt sei, und zwar unter Beibehaltung des Bildes der Fassade sowie nach Beseitigung des Schuttes und der nicht mehr brauchbaren Gebäudeteile innerhalb des Kernbaues. Man ging davon aus, daß bei einem Wiederaufbau des Opernhauses die vorhandenen Bauteile im Kernbau mit großer Wahrscheinlichkeit nicht mehr verwendet werden könnten, ausgenommen die Vestibül- und Bühnenportalwand. Zu Vergleichszwecken wurde der Aufwand für folgende drei Ausführungsarten (ohne Berücksichtigung der notwendigen Malerarbeiten an der Außenfront) ermittelt: 1) Die noch bestehenden Teile der Opernhaus-Ruine bleiben erhalten; die Schäden werden ausgebessert, fehlende Teile ergänzt. Kostenaufwand: 3,5 Millionen DM. 2) Die Opernhaus-Ruine wird bis zur Oberkante der Kellerdecke abgerissen, die Umfassungswände, einschließlich der Natursteinfassade, werden in dem früheren Fassadenbild und den früheren Abmessungen neu hergestellt. Kostenaufwand: 7,4 Millionen DM. 3) Wie 2) doch werden unter Beibehaltung des früheren Fassadenbildes die Abmessungen der Natursteinverkleidung und der Hintermauerung nach heute üblichen baulichen Überlegungen verringert. Kostenaufwand: 6 Millionen DM. Bei Gegenüberstellung der verschiedenen Kostenvoranschläge kam man zu der Feststellung, daß bei einem Wiederaufbau des Gebäudes in der früheren äußeren Form, also mit der alten Fassade in Verbindung mit einer neuen Form im Innern, der Weg über die Ergänzung und Ausbesserung der Ruine weitaus am billigsten ist. In seinen Betrachtungen wies der Gutachter-Ausschuß außerdem darauf hin, daß ein völliger Abbruch und die Räumung des Gebäudes Kosten in Höhe von ca. 1,5 Millionen DM verursachen würden. Die Aktionsgemeinschaft

Bilddokument von der rigorosen Entfernung der noch erhalten gebliebenen Stahlkonstruktion der Ränge durch eine Schrottfirma.

sah sich durch das Gutachten in ihrer Meinung erneut bestätigt, daß die Ruine in ihrer Gesamtheit standfest und für einen Wiederaufbau geeignet ist. Hinsichtlich des Umfangs des in die Opernhaus-Ruine einzubauenden Neubaues war man sich im klaren, daß dieser durch die Abmessungen der vorhandenen Ruine bestimmt sein mußte. Der Gutachter-Ausschuß vertrat diesbezüglich die Auffassung, daß es infolge des Volumens der Ruine bei einem Ausbau zu einem Konzertsaal unumgänglich werden könnte, Nebenräume größerer Dimension hinnehmen zu müssen als es bei einem nicht an bestimmte Abmessungen gebundenen Neubau der Fall gewesen wäre (Dezember 1959). Die zeitraubenden Arbeiten an dem Gutachten hätten weit früher beendet werden können, wenn man sich nicht erst sehr spät dazu entschlossen hätte, die Gutachter zusätzlich mit der Aufstellung von Kostenvoranschlägen zu beauftragen. Immerhin kam es am 21. Januar 1960 dann zum Beschluß der Stadtverordnetenversammlung, den von den Gutachtern aufgezeigten Weg einzuschlagen und einen geeigneten Privatarchitekten mit der Vorplanung zu beauftragen. Man war zudem der Ansicht, daß nunmehr der Zeitpunkt gekommen sei, eine Deputation einzuberufen, die vom Magistrat zur Beratung herangezogen werden konnte. Das vorgelegte Funktionsprogramm stellte klar heraus, daß seit der Zerstörung des Saalbaues in Frankfurt kein geeigneter Konzertsaal für große Orchester- und Chorkonzerte mehr zur Verfügung stand. Der Rundfunksaal blieb den speziellen Erfordernissen des Hessischen Rundfunks vorbehalten, während die Museumsgesellschaft auf Überlassung des Großen Hauses angewiesen war, wodurch wiederum der Bühnenbetrieb empfindliche Einschränkungen hinnehmen mußte. Die Kongreßhalle auf dem Festhallengelände erwies sich aus akustischen und verschiedenen anderen Gründen als ungeeignet. Auch die Säle von Zoo, Palmengarten, Volksbildungsheim, Universität sowie der Cantatensaal waren weder imstande, Podien für größere Orchester noch ausreichenden Raum für das Publikum zur Verfügung zu stellen. Die Oratorienchöre waren auf die akustisch problematische Dreikönigskirche mit ihren rund 1000 Sitzplätzen angewiesen, wo die Einnahmemöglichkeiten jedoch in keinem Vergleich standen zu den erheblichen Aufwendungen. Zudem mußten die Chöre ihre Programme auf den kirchlichen Charakter des Raumes ausrichten. Alles in allem befand sich Frankfurt in einem Notstand solchen Ausmaßes, wie er damals wohl in keiner zweiten Großstadt der Bundesrepublik vorherrschte. Einen großen Konzertsaal mit bis zu 2000 Plätzen und einen Kammermusiksaal für etwa 400 bis 500 Personen – mit entsprechenden Nebenräumen – wurde als unverzichtbare Notwendigkeit angesehen; auch der Einbau einer Restauration zur Bewirtschaftung des gesamten Gebäudes war eine der Bedingungen. Private Architekten sollten unter Berücksichtigung der dargelegten Grundforderungen eine optimale Ausnutzung des vorhandenen Raumvolumens zu erreichen versuchen, und zwar in engem Einvernehmen mit den zuständigen städtischen Behörden. Zur Kostenermittlung sollte die Frankfurter Aufbau AG herangezogen werden.

Planungsauftrag der Stadt Frankfurt an eine Architektengemeinschaft (1960)

Am 31. März 1960 ermächtigte die Stadtverordnetenversammlung den Magistrat, einen Planungsauftrag zum Wiederaufbau des Opernhauses an die Architektengemeinschaft Otto Apel, Udo von Schauroth und Hermann Senf zu vergeben. Die Bauverwaltung ging damals von der Vorstellung aus, daß sich die Baukosten auf ca. 25 Millionen DM belaufen dürften.
Im November 1960 berief die Polytechnische Gesellschaft unter Vorsitz von Oberbürgermeister a. D. Dr. Blaum die Mitglieder zu einer Versammlung ein und gab bei dieser Gelegenheit eine Übersicht über die bisher unternommenen Anstrengungen zur Rettung der Opernhaus-Ruine zum Zwecke ihrer späteren Verwendung als Saalbau. Es wurde daran erinnert, daß die Gesellschaft Ende 1951 den fünf Jahre zuvor unterbreiteten Vorschlag des damaligen Oberbürgermeisters Dr. Blaum aufgegriffen habe, die Opernhaus-Ruine vor Abbruch und Verfall zu retten. Nachdem der zu diesem Zweck gegründete Ausschuß »Saalbau im Opernhaus« bei den städtischen Behörden die Vergabe eines Planungsauftrages mit einem dazugehörigen Kostenvoranschlag für die Errichtung eines Saalbaues in die Opernhaus-Ruine erreicht hatte, glaubte man, die Sache als erledigt ansehen zu können. Allen beteiligten Persönlichkeiten wurde gedankt für die im Dienste der Frankfurter Bürgerschaft geleistete erfolgreiche Arbeit. Die Polytechnische Gesellschaft gab dabei zu erkennen, daß sie jederzeit in Angelegenheiten des Opernhauses zur Verfügung stehe, wann immer eine Vertretung gegenüber der Stadtverwaltung notwendig erscheine. Noch bevor die beauftragten Architekten ihre Arbeit in Angriff nehmen konnten, hielt es die städtische Bauverwaltung für angezeigt,

zu einer Konferenz (4. Nov. 1960) einzuladen, um eine einheitliche Zielsetzung zu gewährleisten. Man hatte die Architekten gebeten, in Anwesenheit von Vertretern des Hochbauamtes und der Stadtplanung anhand von Vorskizzen ihre Überlegungen zu den Entwürfen vorzutragen. Architekt Apel schlug für den Hauptsaal eine Querstellung in Schalenform vor, da mit 27 Metern im Kern der Ruine für eine Längsplanung eine zu geringe Breite zur Verfügung stehe. Er versprach sich von seinem Vorschlag eine engere Beziehung zwischen Orchester, Solisten und Dirigenten einerseits sowie den Zuhörern andererseits. Apel glaubte – und damit stimmte er mit seinem Architektenkollegen von Schauroth überein –, daß die von ihm vorgeschlagene Lösung auch die Forderung nach einwandfreier Akustik und guter Sicht erfülle. Der Kleine Saal sollte im Untergeschoß, das Restaurant zur Bewirtschaftung des Hauses im Kellergeschoß untergebracht werden. Im Gegensatz zu Apels Grundidee stand der Entwurfsvorschlag des Architekten Senf, der den Hauptsaal in die Längsachse und die Erschließung damit an die Hauptfront, wie sie vorhanden war, plazieren wollte. Die Problematik dieses Entwurfs lag in der Verbreiterung des Saales über den vorhandenen Baukern hinaus, d. h., bei Realisierung dieses Vorschlages wäre ein Abbruch der Innenwände, welche die Hauptfassadenteile des oben zurückliegenden Teiles zu tragen hatten, unumgänglich gewesen. Einen derartigen Eingriff hielten die Vertreter des Bauamtes für höchst bedenklich, da die damit erforderlich werdende Änderung der Lastenübertragung sehr problematisch war. Nach längerer Diskussion einigten sich die Sitzungsteilnehmer auf den Vorschlag der Architekten Apel und Schauroth, nachdem sich auch Architekt Senf dazu bekannt hatte (Oktober 1960). Die Zweckbestimmung des Wiederaufbaues wurde dahingehend formuliert, daß ein Konzertsaal optimaler Prägung erstellt werden solle, wobei alle übrigen Momente einer Mehrzweckbestimmung zurückzustehen

Teilansicht der schweren Schäden, entstanden durch **unsachgemäßes Entfernen von Stahlgerüsten der Rangeinbauten**.

hätten. Für den weiteren Verfahrensablauf vereinbarte man die Bildung eines Beratungsausschusses. Am 9. November 1960 trat dieser Ausschuß unter Vorsitz des Kulturdezernenten Dr. vom Rath erstmals zusammen, und zwar in Anwesenheit von Prof. Philipp Mohler, Direktor der Staatlichen Hochschule für Musik, Wolfgang Rennert, 1. Kapellmeister am Frankfurter Opernhaus, Generalmusikdirektor Dr. Ljubomir Romansky, Chefdirigent der Städtischen Bühnen Gelsenkirchen (früher Mitglied der Frankfurter Oper), sowie Mag.-Rat. Theo Nau vom Amt für Wissenschaft, Kunst und Volksbildung. Allgemein hielt man eine zeitgemäße architektonische Lösung der Saalfrage – wie sie vorgeschlagen worden war – für begrüßenswert, doch wurden grundsätzliche Bedenken geäußert, daß eine exakt berechnete Akustik erfahrungsgemäß noch lange keine absolute Gewähr biete für gute akustische Verhältnisse. Der Musikausschuß gab ferner die dringende Empfehlung, das Konzertpodium viereckig anzulegen und von der geplanten Trennung von Orchester- und Chorpodium abzusehen. Auch bestand man auf einer Prüfung der Frage, ob hundert Musiker und etwa dreihundert Chorsänger auf den Podien untergebracht werden könnten. Nicht unbeanstandet blieb die beabsichtigte Sitzplatzverteilung der Zuhörer, da gewisse Platzkategorien von der Anordnung her eine Minderung des optischen und akustischen Genusses hinnehmen mußten. Die Musiksachverständigen vertraten daher einhellig die Meinung, einer modernen Längsgestaltung des Großen Saales sei der Vorzug zu geben.

Mit Erteilung des Planungsauftrags machte man es den drei Architekten Apel, von Schauroth und Senf zur Auflage, sich gegenseitig als gleichberechtigt anzuerkennen, damit eine reibungslose Zusammenarbeit unter Apels Federführung gewährleistet sei. Es bestand Einmütigkeit darüber, daß der Auftrag keinen Studienentwurf beinhalten sollte, sondern als ausführungsfähiger Bauentwurf gedacht war. Für die Erstellung eines Vorentwurfs mit Modell hielt man ein Jahr für ausreichend, ein weiteres Jahr glaubte man für die endgültige Entwurfsvorlage inklusive eines Teils der Ausführungszeichnungen zu benötigen, die für einen Kostenvoranschlag erforderlich wären. Bei Beginn der Arbeiten für den Planungsauftrag erinnerte Kulturdezernent Dr. vom Rath erneut daran, daß er eine Querstellung des großen Saales für problematisch halte und deshalb einer Längsgestaltung den Vorzug gebe. Demgegenüber konnte der stellvertretende Operndirektor Dr. Franz Hallasch deutlich machen, daß breitgelagerte Säle, wie die Beispiele München und Salzburg zeigten, keineswegs zu akustischen Beanstandungen führen müssen. Daraufhin wurde eine elfköpfige Kommission, einschließlich der Architekten, zusammengestellt, die an Ort und Stelle entsprechende Erfahrungen sammeln sollte (Februar 1961). Diese Informationsreise führte schließlich zu der Erkenntnis, daß unter bestimmten Voraussetzungen auch Querräume als Konzertsäle akustisch akzeptabel sein können. Damit waren die Bedenken Prof. Mohlers jedoch keineswegs ausgeräumt. Vielmehr prophezeite er, daß auch die Zweiteilung des Zuschauerraums, hervorgerufen durch den keilförmigen Einbau an der Rückseite zum Zweck einer Unterbringung von Rundfunk und Fernsehen, unweigerlich Schwierigkeiten mit sich bringen würde. Ohne hierauf näher einzugehen, sei vorweggenommen, daß die von Kulturdezernent Dr. vom Rath und seinem Ausschuß vorgeschlagene Längsform später auch von den Sachverständigen als die einzig in Frage kommende Gestaltungsform empfohlen wurde und daß man sie letztlich auch so verwirklichte.

Im Frühjahr 1961 legte die Architektengemeinschaft Apel/Schauroth/Senf entsprechend den Grundsätzen des Planungsauftrags ihre Vorplanungsunterlagen im Maßstab 1:200 dem Magistrat vor. Hinsichtlich Umfang und Anlage wurden die Pläne von den sachbearbeitenden Dienststellen als konform mit dem gestellten Raum- und Funktionsprogramm bezeichnet. Die wertvolle Außenfassade der Ruine blieb somit unangetastet. Die Bauweise im Inneren des Gebäudes entsprach in ihrer Konzeption modernsten Erfordernissen, wobei die im zeitgenössischen Konzertsaalbau gesammelten Erfahrungen von den Architekten ausgewertet und berücksichtigt worden waren. Hervorgehoben wurde, daß die Erstellung des Projektes in enger Fühlungnahme mit der Bauverwaltung, dem Amt für Wissenschaft, Kunst und Volksbildung und dem Fachausschuß unter Vorsitz von Professor Philipp Mohler erfolgte. Alle Beteiligten stimmten den Architektenentwürfen prinzipiell zu. Überraschend wurde der Antrag des Magistrats vom 23. Oktober 1961, der auf eine weitere Verwendung der vorliegenden Vorplanung abzielte, von der Stadtverordnetenversammlung zurückgewiesen. Man berief sich auf den Beschluß vom 31. März 1960, der eine Verwendung des Gebäudekomplexes für Konzerte und Kongresse festgelegt habe, wohingegen die nunmehr vorliegende Planung die Funktion des Hauses für Konzerte in den Vordergrund rücke. Die Stadtverordnetenversammlung ließ die vorgelegte Planung nicht gelten, weil diese – wie erklärt wurde – nicht in vollem Einklang stehe mit dem erwähnten Beschluß. Angesichts der dringenden Notwendigkeit, in Frankfurt eine Kongreßstätte zu schaffen, vertrat die Stadtverordnetenmehrheit den Standpunkt, es müßten alle Möglichkeiten ausgeschöpft werden, um auch eine Funktionsfähigkeit des Hauses für Kongresse, Tagungen usw. zu gewährleisten. Nur mit einer solchen Zielsetzung erschienen die hohen Aufbaukosten und nachfolgenden Betriebskosten vertretbar. Zu den Forderungen gehörte u. a. eine im Großen und Kleinen Saal einzurichtende Bestuhlung mit herausklappbaren Arbeitstischen ohne Änderung der Platzkapazität und ohne Beeinträchtigung des besonderen Charakters dieser Säle als Konzertveranstaltungsräume. Da man neuerdings eine volle Kongreßfunktion für notwendig hielt, erwartete man des weiteren die Bereitstellung ausreichender Gruppenarbeitszimmer und sonstiger Nebenräume wie auch den Einbau einer Simultananlage, ausreichende Fernseh- und Fernschreibmöglichkeiten usw. Beide Säle sollten darüber hinaus mit Filmvorführgeräten ausgestattet sein. Das Orchesterpodium im Großen Saal sollte durch zusätzliche technische Einrichtungen so gestaltet werden, daß eine Möglichkeit für Auftritte und Darbietungen verschiedenster Art gegeben

war. Für den Kleinen Saal hielt man eine Ausweitung der Besucherkapazität von 500 auf rd. 800 Plätze für geboten. Schließlich wünschte man eine Planung unter Berücksichtigung der bei Kongressen erforderlichen gastronomischen Versorgung.
Die Arbeitsgemeinschaft der Architekten Apel/von Schauroth/Senf nahm sich nach Beschlußfassung der Stadtverordnetenversammlung (8. Feb. 1962) sofort der Änderungswünsche an und fertigte einen neuen Vorentwurf (im Maßstab 1:200), der diese Änderungsvorschläge berücksichtigte. Daraufhin beschloß die Stadtverwaltung am 25. Oktober 1962, der Architektengemeinschaft den Auftrag zu erteilen, die überarbeiteten Vorentwürfe, die von einer Gleichgewichtigkeit hinsichtlich der Funktion als Konzert- und Kongreßhaus ausgingen, als Grundlage zu nehmen für eine endgültige Plangestaltung im Maßstab 1:100. Da die Architekten zugleich um Ausarbeitung eines Kostenvoranschlags ersucht wurden, bedeutete dies die Anfertigung von mindestens 40% der Ausführungspläne, da allein auf diese Weise den gestellten Wünschen entsprochen werden konnte. Es war vorauszusehen, daß die Erstellung eines solch umfangreichen Planmaterials nebst dessen Begutachtung etwa zwei Jahre in Anspruch nehmen würde. Für die Bauausführung selbst mußten drei weitere Jahre einkalkuliert werden. In welcher Weise die Architektengemeinschaft ihre Aufgabe löste, davon später mehr.

Mit dem Auftrag, baureife Pläne zu erarbeiten und auf deren Basis einen realistischen Kostenvoranschlag zu erstellen, war noch keine Klärung über die Finanzierungsmöglichkeiten eines so kostspieligen Objekts herbeigeführt. Die Mehrheit der Stadtverordnetenversammlung vertrat unmißverständlich die Auffassung, daß die Beanspruchung des Stadtsäckels durch bereits eingegangene anderweitige Verpflichtungen keinen Raum lasse, die aus einem Wiederaufbau des Opernhauses resultierenden Forderungen in den nächsten Jahren zu verkraften.

Die Situation gegen Ende des Jahres 1963 war dadurch gekennzeichnet, daß sich der Magistrat zwar nachdrücklich um die Erstellung einer Bauplanung bemüht zeigte, das Projekt »Konzert- und Kongreßhaus am Opernplatz« aber noch immer nicht für eine Aufnahme in die Investitionsliste 1963–1966 empfahl. Die Stadtverordnetenversammlung stellte zwar einen Betrag von 1,1 Millionen DM für Planungs- und ähnliche Vorbereitungsarbeiten zur Verfügung, doch mußte es, falls die beschlossene Investitionsliste 1963–1966 weiterhin als Richtschnur für die Investitionspolitik der Stadt dienen sollte, als verfrüht angesehen werden, zu diesem Zeitpunkt Überlegungen hinsichtlich der Finanzierung anzustellen. Nach Sachlage der Dinge konnte frühestens 1967 eine Ausführung des Bauobjekts zur Debatte stehen. Zunächst mußte eine Übersicht mit verläßlichen Angaben über die Gesamtkosten angestrebt und eine Entscheidung über den Beginn der Bauausführung getroffen werden. Die Finanzverwaltung mußte verständlicherweise auf diesen Voraussetzungen bestehen, um den Finanzierungskomplex überhaupt einer Bearbeitung zuführen zu können. Erst danach konnte der Empfehlung der Stadtverordnetenversammlung vom 4. Juli 1963 entsprochen werden, Verbindung mit ansprechbaren Kreisen aus der Frankfurter Bürgerschaft aufzunehmen, um in absehbarer Zeit einen Förderkreis für das Opernhaus ins Leben zu rufen. Von einer solchen Einrichtung erhoffte man sich für später die Übernahme eines Teils des Kapitaldienstes bei Bauausführung.

Zur Mitarbeit aufgerufen fühlte sich damals auch das Präsidium »Kuratorium Kulturelles Frankfurt«, das sich seit seiner Gründung im Jahre 1957 unermüdlich für den Wiederaufbau eingesetzt hatte und durch Vorträge, Schriften sowie Spenden das Interesse an der Alten Oper bei seinen Mitgliedern und in der Bevölkerung lebendig gehalten hatte. Man erbot sich auch diesmal, mit Persönlichkeiten aus der Wirtschaft über Spenden und günstige Finanzierungsmöglichkeiten zu verhandeln. Als unerträglich wurde es empfunden, daß die Stadt mindestens bis zum Jahre 1967 keine einzige Mark aus eigenen Mitteln für den eigentlichen Wiederaufbau des Opernhauses beizusteuern beabsichtigte, und es vorerst der Bürgerschaft überlassen bleiben sollte, die Finanzierung in die Hand zu nehmen. Das Kuratorium ließ verlautbaren, daß die Errichtung eines Konzert- und Kongreßzentrums in den Bereich der kommunalen Aufgaben gehöre und folglich in erster Linie aus städtischen Mitteln finanziert werden müsse.

Gründung der »Aktionsgemeinschaft Opernhaus« (1964)

Im April 1964 erfuhr die Öffentlichkeit durch die Presse, daß sich die Industrie- und Handelskammer unter ihrem neuen Präsidenten Fritz J. Dietz in Kürze mit einem Aufruf an die Frankfurter Bürgerschaft wenden werde mit der Bitte, sich durch Spenden am Wiederaufbau des Opernhauses zu beteiligen. Fritz Dietz, dessen Familie seit 1403 in Frankfurt ansässig ist, stellte heraus, daß sich die Kammer mit ihren 33.000 Mitgliedern berufen fühle, auch zu kulturellen Fragen und Aufgaben Stellung zu nehmen und der Kommune für solche Projekte entsprechende Anregungen zu geben. Bezüglich der Wiederaufbaupläne des Opernhauses tat er unmißverständlich kund, daß die Widersacher des Projekts in ihrem heimlichen Kampf um die Niederlegung der Ruine bei weitem überstimmt würden von denjenigen, die in der Erhaltung des Gebäudes und seiner Restaurierung eine verpflichtende Aufgabe der Stadt Frankfurt sehen. Dietz betonte, der Wiederaufbau könne nicht allein als Sache der Stadt betrachtet werden, sondern sei auch Angelegenheit der Bürger, der Wirtschaft, der Institutionen, der Vereinigungen wie auch des Landes. Am 8. Juni 1964 ermächtigte die Kammer ihren Präsidenten einstimmig, den von ihm empfohlenen Weg einzuschlagen. Angesichts der zu beobachtenden Einsatzfreude seiner Kammermitglieder, die erwartungsgemäß auch von der gesamten Bevölkerung getragen wurde, einschließlich der jungen Menschen und all jener, die erst kurze Zeit in dieser Stadt lebten, war Präsident Fritz Dietz davon überzeugt, in absehbarer Zeit das gesteckte Ziel erreichen zu können. Es stand außer Frage, daß der welterfahrene Kaufmann sich mit der ihm eigenen Entschlußkraft und ohne Illusionen der Sache annehmen würde. Da die Altstadt, das Herzstück Frankfurts, im Krieg weitgehend zerstört worden war, fühlte sich Dietz – wie alle seine Mitstreiter – davon überzeugt, daß der repräsentative Opernplatz als schönster Platz innerhalb des Stadtgebiets

Fritz Dietz, der Vorsitzende der Aktionsgemeinschaft Opernhaus.

mit neuem Leben erfüllt werden müsse, und zwar im Sinne bester Erinnerungen an das alte stolze Frankfurt. Bezüglich der Beschaffung der hierfür erforderlichen finanziellen Mittel vertrat er die Auffassung, daß eine Stadt, die bereits eine Schuldenlast von 1,4 Milliarden DM trage, wohl noch die Aufbaukosten dieses wertvollen historischen Gebäudes verkraften könne.
Die Gründung einer umfassenden Organisation für den Wiederaufbau konnte damals mit gutem Zuspruch rechnen, da auch Vereinigungen wie das »Kuratorium Kulturelles Frankfurt« mit Nachdruck ihre Stimme zum »Feldzug gegen die steinerne Schande« erhoben. Prof. Dr. Flesch-Thebesius als deren Sprecher schlug die Gründung einer Träger- und Betriebsgesellschaft vor, damit der Weg zum Wiederaufbau erleichtert werde.
Die Abschiedsworte von Oberbürgermeister Werner Bockelmann mit seinem Bekenntnis zum Wiederaufbau kamen bei den Theaterfreunden gut an. Mehr Hoffnung setzte man verständlicherweise auf den neu berufenen Oberbürgermeister Prof. Dr. Willi Brundert, der zwar erklärte, keine negative Einstellung im Zusammenhang mit dem Wiederaufbau des Opernhauses einnehmen zu wollen, jedoch aus Gründen einer »aus der Sache geborenen Vorsicht« sich in Zurückhaltung üben müsse.
Am 9. Oktober 1964 kam es zu der endgültigen Beschlußfassung, eine »Aktionsgemeinschaft Opernhaus Frankfurt am Main e. V.« unter Vorsitz von Fritz Dietz ins Leben zu rufen. Der Vereinszweck wurde in der Satzung wie folgt formuliert: »Der Verein will in Wahrung Altfrankfurter Tradition der Erhaltung und dem Wiederaufbau des im Jahre 1944 zerstörten historisch und kulturell wertvollen Gebäudes am Opernplatz (›Opernhaus‹) dienen und hierzu das Verständnis bei allen Schichten der Bürgerschaft wecken.«
Ende des Jahres 1964 konnte sich die Aktionsgemeinschaft bereits auf ein Spendenaufkommen von 1,2 Millionen DM als Ergebnis ihrer jüngsten Bemühungen berufen, in das auch der Ertrag einer Galavorstellung der amerikanischen Eisrevue »Holiday On Ice« einbezogen war.
Die Aktionsgemeinschaft war sich von Anfang an bewußt, daß es einer breit angelegten Öffentlichkeitsarbeit bedurfte, um das angestrebte Ziel zu erreichen. Daher berief man auch einen Beirat, dem 18 namhafte Persönlichkeiten aus allen Kreisen der Bevölkerung angehörten. Mit deren Unterstützung sollte der Wiederaufbau-Gedanke bis in die letzten Winkel der Bevölkerung getragen werden. Interessiert nahm die Frankfurter Bürgerschaft zur Kenntnis,

daß sich neben Oberbürgermeister Prof. Dr. Willi Brundert inzwischen auch der Magistrat grundsätzlich zum Wiederaufbau des Opernhauses bekannte. Dennoch war man sich bewußt, daß es noch zäher Bemühungen bedurfte, bis die hierfür notwendigen Voraussetzungen geschaffen waren. Zu den namhaften Befürwortern des Unternehmens gehörte der neunzigjährige Frankfurter Ehrenbürger Albert Schweitzer, der von seinem am Äquator liegenden Spital – am Rande des Urwalds – in einem an Präsident Dietz gerichteten Schreiben die besten Wünsche für einen Wiederaufbau nach Frankfurt übermittelte. Auch so prominente Künstler wie Hildegard Knef, Anneliese Rothenberger und Lotte Lehmann stellten sich in den Dienst der Sache und machten auf diese Weise deutlich, wie unverzichtbar ihnen eine Wiedererrichtung dieses Gebäudes erschien, das wegen seines hohen künstlerischen Ranges einst internationale Geltung besaß. Der Künstlerclub »Gebende Hände« rief zu einem Malerwettbewerb auf, an dem sich 35 Künstler beteiligten, die den für ihre Gemälde erzielten Erlös als Spende zur Verfügung stellten. Zu erwähnen bleibt weiterhin das Entgegenkommen des Circus Hagenbeck, der die Einnahmen einer Sondervorstellung der Aktionsgemeinschaft überließ. Einen erstaunlich hohen Spendenbetrag von ca. 120.000,– DM erbrachte der Jugendwettbewerb »Frankfurter Opernhaus«, der bei den jungen Mitbürgern starken Widerhall fand. Nicht zu vergessen den Ertrag von 61.000,– DM aus dem Verkauf von Glückwunschkarten anläßlich des Weihnachtsfestes. So überraschte es nicht, daß gegen Ende des Jahres 1965 ein Gesamtspendenbetrag von drei Millionen DM gemeldet werden konnte. Die beständig wachsende Zuversicht, das gesteckte Ziel vielleicht schon früher als gedacht erreichen zu können, veranlaßte Präsident Fritz Dietz, noch vor dem Jahreswechsel 1965/66 konkrete Pläne zum Wiederaufbau des Opernhauses vorzulegen. Die Überlegungen gingen dahin, einen Großen Saal mit etwa 2100 Plätzen sowie einen Kleinen Saal für etwa 540 Besucher einzurichten. Selbstverständlich sah die Planung außerdem großzügige Foyeranlagen vor, entsprechende Nebenräume und eine ausreichende Restauration. Unter Berücksichtigung des damaligen Kostenindexes schätzte man die Baukosten auf 25 bis 28 Millionen DM.

Das mit dem 1. Preis ausgezeichnete Gemälde von John Victor von Jablonski beim Künstler-Wettbewerb zu Gunsten des Wiederaufbaus der Alten Oper.

Das neue Jahr 1966 nahm insofern einen erfreulichen Anfang, als auch viele Spenden aus Amerika eintrafen – eine Folge der ausführlichen Berichterstattung der dortigen Zeitungen über die intensiven Bemühungen um den Wiederaufbau des repräsentativen Frankfurter Opernhauses. In diesem Zusammenhang sei auch auf das Konzert des Geigers Shmuel Ashkenasi hingewiesen, das unter Mitwirkung des Bach-Orchesters einen beachtlichen Spendenbetrag erzielte. Als äußeres Zeichen der ständigen Bemühungen um die Restaurierung konnten die von mehreren Frankfurter Firmen und dem Buderusschen Eisenwerk auf dem Spendenweg wieder hergerichteten Kandelaber vor dem Gebäude angesehen werden. Nach deren kostenloser Installation durch Elektrobau Schröder konnte man bereits ein wenig von dem Lichterglanz verspüren, der die Besucher später einmal bei abendlichen Veranstaltungen empfangen würde. Ein guter Einfall war es, unter dem Motto »Schätzen Sie mit« einen Wettbewerb zu starten, bei dem es galt, die Anzahl der Pfennige zu erraten, die sich in großen, an verschiedenen Stellen der Stadt aufgestellten Glasflaschen befanden. Diese Aktion führte immerhin zu einem Reinerlös von 37.000,– DM. Doch auch für die annähernd 6000,– DM betragende Spende war man dankbar, die bei der Erstaufführung des Centfox-Filmes »Die Bibel« zusammenkam.

Wie bekannt, hatte der Magistrat Anfang der sechziger Jahre die Architektengemeinschaft Apel/von Schauroth/Senf damit beauftragt, auf der Grundlage eines formulierten Bauprogramms entsprechende Pläne zu entwickeln. Darüber hinaus ging es darum, einen möglichst genauen Kostenvoranschlag auszuarbeiten, mit dem die Mitarbeiter des Büros Apel, Beckert und Becker, vornehmlich befaßt waren. Der Auftrag umfaßte weiterhin die erforderlichen Untersuchungen des Baubestandes, statische Berechnungen sowie die gesamte Haus- und Klimatechnik. Die ursprüngliche Aufgabenstellung war verknüpft mit der Bedingung, der Konzertsaal-Funktion des wiedererrichteten Hauses Priorität einzuräumen. Während noch an den Entwürfen gearbeitet wurde, entschloß man sich aus Gründen der Rentabilität zu einer Abänderung der bereits erstellten Pläne, da man eine Nutzungserweiterung des Gebäudes auf volle Kongreßfunktion sowie eine Erweiterung der Platzkapazität im Kleinen Saal auf etwa 800 Sitzplätze für notwendig hielt. Das Projekt wurde schließlich so weit umgestaltet, daß der Große Konzertsaal mit Orgel und Hubpodien im Parkett 1247 Plätze und im Rang 688 Plätze aufnehmen konnte, also insgesamt 1935 Plätze umfaßte. In dem gleichzeitig nutzbaren Kleinen Saal im Untergeschoß sollten Plätze für 816 Besucher zur Verfügung stehen. Die Architektengruppe löste das Problem der Raumgestaltung, indem sie beide Säle räumlich in der Form eines Sechsecks mit einem Rang anordnete, in dessen Mitte das Podium für Orchester, Chor usw. zu liegen kam. Es sei darauf hingewiesen, daß eine solche Lösung nicht als Bedingung in der üblichen rechteckigen Form gestellt war und daß sich ein akustisch wie auch visuell guter Konzertsaal – und unter Einfügung eines zweiten Ranges – im Bereich des alten Langhauses der Oper gleichfalls hätte ermöglichen lassen. Mit dieser neuen Lösung glaubte man jedoch, eine besonders enge Verbindung zwischen den ausführenden Künstlern und den Zuhörern herstellen zu können, da kein Platz weiter als 33 Meter vom Podium entfernt war und so eine gute Akustik garantiert werden konnte.

Blick auf einen der wiederhergestellten Kandelaber vor dem Opernhaus.

Nicht zuletzt dachte auch die Architektengruppe an eine besonders festliche Ausstattung des Saales. Neben weiträumigen Foyerflächen in fünf Haupt- und drei Zwischengeschossen von zusammen 1595 qm sahen die Entwürfe noch einen großen Probesaal für 350 Personen vor sowie einen kleinen Probesaal für 80 Personen mit den jeweils erforderlichen Stimm- und Aufenthaltsräumen. Nicht zu vergessen weiterhin die sechs Räume für den Dirigenten und die Solisten, in der Nähe des Großen Saales gelegen, sowie drei weitere Räume dieser Art in Verbindung mit dem Kleinen Saal. Selbstverständlich waren auch die nötigen Räumlichkeiten für Radio, Fernsehen und Projektionen eingeplant sowie die maschinentechnischen Anlagen zweckdienlich eingeordnet. Für das 8. Obergeschoß hatte man Kongreß- und Sitzungsräume vorgesehen mit einer Gesamtfläche von 600 qm für etwa 500 Personen nebst eigenem Foyer, Schreibzimmer usw. Sollte der Große Saal zu Kongreßzwecken genutzt werden, so durfte nicht außer acht bleiben, daß sich nur für etwa tausend Personen Arbeitsplätze einrichten ließen. Es war zumindest zweifelhaft, ob man auf diese Weise allen Kongreßbedürfnissen würde entsprechen können, nicht zuletzt deshalb, weil bei einem Konzertsaal mit fester Bestuhlung keine Einschränkung seiner Funktionen hingenommen werden durfte. Weiterhin wurden Bedenken geäußert bezüglich des nur 200 Personen fassenden Restaurants im 2. Untergeschoß. Dieses hätte den Bedürfnissen eines großen Kongresses wohl kaum genügen können, zumal keine ausreichenden Kühl- und Lagerräume vorgesehen waren. Falls die Kongreßteilnehmer in den eigentlichen Kongreßräumen hätten verköstigt werden müssen, wären beträchtliche technische Vorkehrungen für den Transport von Speisen und Getränken zu treffen gewesen, um den Höhenunterschied von den nahezu zehn Meter unter der Erde liegenden Restaurationsräumen bis zu den zehn Stockwerke darüberliegenden Kongreßräumen (etwa 30 Meter) zu überwinden. Schließlich stellte sich die Frage, ob es bei Nutzung des Kleinen Saales als Kongreßraum als zumutbar angesehen werden konnte, zehn Stockwerke überbrücken zu müssen, um beispielsweise bei Ausschußsitzungen die eigentlichen Konferenzräume im Dachgeschoß zu erreichen. Die Verteilung der für einen Kongreß notwendigen Räume auf verschiedene Stockwerke konnte für potentielle Veranstalter wohl nur wenig Anreiz bieten, ihre Tagungen in Frankfurt durchzuführen, da sich hierfür in anderen Städten wesentlich günstigere Gebäude anboten.

Obige Ausführungen dürften deutlich gemacht haben, wie problematisch es ist, in einem vorgegebenen Baukörper ein so umfassendes Programm unterzubringen. Unbeantwortet fürs erste blieb die Frage, ob es trotz der aufwendigen Konstruktionen und des sehr hohen Kostenaufwands überhaupt möglich war, ohne funktionelle Unzulänglichkeiten auszukommen. Wie bereits erwähnt, wurde der Architektengruppe Apel-Beckert-Becker/von Schauroth/Senf von der Stadt u. a. zur Auflage gemacht, auf der Grundlage kalkulationsreifer Pläne einen möglichst vollständigen Kostenvoranschlag auszuarbeiten. Die beschlußfassenden städtischen Körperschaften dürften dabei von der Erwartung ausgegangen sein, daß man, auch wenn die benannte Architektengemeinschaft nicht mit der Durchführung des Bauvorhabens beauftragt werden sollte, immerhin einen echten Kostenrahmen in die Hände bekomme, der zugleich als Beurteilungsmaßstab für andere Bauentwürfe dienen konnte. Auf der Grundlage des damaligen Zustands der Ruine und des Preisstands vom Mai 1964 wurde ein Kostenaufwand von 43 Millionen DM errechnet. Davon entfielen etwa 31,5 Millionen DM auf reine Baukosten. Trotz der Sorgfalt, mit welcher der Kostenanschlag errechnet worden war, bestand Einigkeit darüber, daß gewisse Unsicherheitsfaktoren zu einer Erhöhung der Kosten führen konnten. Es ließ sich im vorhinein schwer abschätzen, welche Notwendigkeiten sich evtl. noch aus dem Zustand der Außenwände und der Außenfassaden ergeben könnten bzw. welche weiteren konstruktiven Maßnahmen zum Schutz erhaltungswürdiger Bauelemente beim Wiederaufbau zu ergreifen wären. Die Fachleute indes brachten unmißverständlich zum Ausdruck, daß erst nach Vollzug der notwendigen Abbrucharbeiten und mit Beginn der konstruktiven Baumaßnahmen alle Notwendigkeiten klar erkennbar seien. Somit bestand durchaus die Möglichkeit, daß sich die für den Rohbau vorgesehenen Kostenansätze erhöhen würden. Für den Magistrat und die Stadtverordnetenversammlung war weiterhin von besonderem Interesse, wie es um die Wirtschaftlichkeit des Baues bestellt sein werde. Zwar konnte man Vergleichswerte aus anderen Städten heranziehen, doch der spezielle Aufgabenbereich des Frankfurter Gebäudes wie auch der hohe Kapitaldienst an Zinsen und Tilgung für die notwendigen Darlehen konnte nur durch eine gesonderte Berechnung transparent gemacht werden.

Die Wirtschaftlichkeitskosten-Berechnung ergab auf der Grundlage der Pläne der Architektengruppe Apel-Beckert-Becker/von Schauroth/Senf einen ungedeckten jährlichen Betrag von annähernd vier Millionen DM. Eine Alternativlösung unter Wegfall der Kongreßfunktion führte zu einem ungedeckten Betrag von 2.325.000,– DM. Auch bei dieser Kostenberechnung war bei einer späteren Prüfung mit dem Vorbehalt zu rechnen, daß die Vorausschätzungen auf der Ertragsseite wegen der dort oft zu günstigen Prognosen unrealistisch seien.

Der Leser kann diesen Ausführungen entnehmen, daß – bei aller Würdigung des Einsatzes der Bürgerinitiativen – auf Magistrat und Stadtverordnetenversammlung bezüglich der noch ausstehenden Entscheidung über den Wiederaufbau eine große Verantwortung ruhte. Trotz der anerkannten Opferbereitschaft der Bürger ging es nun nicht mehr allein darum, eine optimale Nutzung des Gebäudes zu erreichen, sondern ebenso zu klären, inwieweit überhaupt haushaltsrechtliche Möglichkeiten zur Finanzierung des Aufbaues seitens der Stadt bestanden. Es war klar, daß bei einer Entscheidung für den Wiederaufbau zugleich Tatsachen geschaffen würden, die die Stadt in der Folgezeit zu erheblichen Zuschüssen zwangen. Bevor es daher zu einer endgültigen Entschließung kommen konnte, war es erst einmal notwendig, in zeitraubender Arbeit die vorliegenden Architektenpläne einer Prüfung zu unterziehen und eine Stellungnahme zu den Kostenvoranschlägen zu erwirken.

Nach zweijährigem Bestehen der Aktionsgemeinschaft Opernhaus sah sich diese Vereinigung in die Lage versetzt, mit Intensität eine baldige Aufnahme der Instandsetzungsarbeiten an der Ruine zu erwirken. Zwar bestand zwischen Oberbürgermeister Prof. Dr. Brundert, dem Magistrat und der Mehrheit der Stadtverordnetenversammlung grundsätzlich Einvernehmen in Sachen »Wiederaufbau«, aber die ungünstige Finanzlage der Stadt bot angeblich immer noch keine Möglichkeiten zur Realisierung dieser Pläne. Man erkannte jedoch in der Aktivität der Aktionsgemeinschaft einen guten Weg, die Verwirklichung der Aufbaupläne zu beschleunigen.

Unter der Voraussetzung, daß die Stadt bereit und in der Lage sei, die Opernhaus-Ruine der Aktionsgemeinschaft zur Verfügung zu stellen, machte diese den Vorschlag, gemeinsam mit der Stadt eine Stiftung »Konzerthaus Alte Oper« ins Leben zu rufen oder eine GmbH zu gründen. Es hatte den Anschein, als seien die städtischen Vertreter eher für eine GmbH mit Einräumung eines Erbbaurechts für 99 Jahre zu gewinnen, als sich durch Eigentumsübertragung des Geländes samt Ruine an einer Stiftung zu beteiligen. Dessen ungeachtet legte die Aktionsgemeinschaft für beide Alternativen Vertragsentwürfe vor, durch welche die Stadt in beiden Fällen verpflichtet wurde, zu einem späteren Zeitpunkt im Rahmen der haushaltsrechtlichen Möglichkeiten zum Betrieb des Hauses beizutragen. Von seiten der Stadt konnte eine sofortige Entscheidung in dieser Angelegenheit nicht erwartet werden, da man vor jeglicher Maßnahme erst einmal die Sicherstellung der Gesamtfinanzierung für das Bauvorhaben forderte. Auch für die behördliche Genehmigung einer Stiftung war dies unabdingbare Voraussetzung, da der Gesetzgeber sein Einverständnis für eine solche Einrichtung nur dann erteilt, wenn die Erfüllung des Stiftergedankens sichergestellt ist.

Die Aktionsgemeinschaft Opernhaus ergriff kurzentschlossen die Initiative und beauftragte Dipl.-Ing. Rambald von Steinbüchel, ein Vorprojekt für den Wiederaufbau auszuarbeiten (Juli 1966). Dabei ging man von dem Vorsatz aus, die Opernhaus-Ruine in ihrer äußeren Erscheinung zu erhalten, jedoch einen Innenausbau vorzunehmen, der den Erfordernissen entsprach. Steinbüchel konzipierte in seinem Vorentwurf einen Konzertsaal mit aufsteigenden Rängen für 2100 Besucher. Über den muldenartig angeordneten Sitzplätzen sollte sich eine Decke wölben, die für alle Besucher eine gute Akustik gewährleistete. Steinbüchel konnte sich hierbei auf eine gutachtliche Äußerung von Prof. Dr. L. Cremer vom Berliner Institut für technische Akustik stützen, der auch gegen die Plätze

Entwurf von Rambald von Steinbüchel.

und repräsentative Gestaltung des Treppenhauses beibehalten, um den Gegensatz zwischen dem Bestehenden und dem Neugeschaffenen hervorzuheben. Die Garderobenhalle war als zentrale Kleiderablage räumlich im Eingangsgeschoß unter den ansteigenden Stuhlreihen des darüberliegenden Saales eingeplant. Unter weiterer Ausnutzung des vorhandenen Baukörpers entwickelte Steinbüchel großzügig verteilte Foyerräume von insgesamt etwa 4250 qm, die durch Öffnungen in den verschiedenen Ebenen eine Durchsicht von oben nach unten gestatteten. Um auch die Kongreßfunktion des Hauses angemessen zu berücksichtigen, ließ Architekt Steinbüchel aus den früheren Chor- und Ballettsälen auf der Ost- und Westseite sechs Arbeitsräume erstehen. Für das vier Meter unter Straßenniveau liegende Kellergeschoß sah er eine Ladenstraße und einen Restaurations-

hinter dem Orchester keine Bedenken erhob. Man berief sich hierbei auf Erfahrungen mit dem Concertgebow Amsterdam und der Berliner Philharmonie. Steinbüchels Vorschlag sah eine Ausweitung des Raumes bis zur Außenmauer vor, also über den früheren Zuschauerraum der Oper hinaus. Auf diese Weise ergab sich bei guten Proportionen der Vorteil, daß die rückwärtigen Sitze nicht so weit vom Podium entfernt waren. Allerdings war es hierzu notwendig, die beiden Seitenwände vom Langhaus ab zweitem Obergeschoß abzufangen, was nach dem fachlichen Urteil von Statikern praktikabel war. Für Steinbüchel bot diese Maßnahme den Vorteil, daß sich zwischen den vorhandenen Wänden neben dem Treppenhaus (in einer Höhe von 17 m) ein Kammermusiksaal mit einem Fassungsvermögen von 540 Personen einplanen ließ. Ein solches Vorhaben bedingte jedoch, daß sechs Treppenhäuser geschaffen werden mußten, damit die Säle gut und schnell erreichbar waren und sich im Falle einer Gefahr ebenso rasch wieder räumen ließen. Am Eingang sollte sich gegenüber früher nichts ändern, da das prunkvolle Treppenhaus in seiner Struktur weitgehend erhalten geblieben war. Steinbüchel wollte die großzügige

Entwurf von Rambald von Steinbüchel zur Gestaltung des Großen Saales.

betrieb vor, die sowohl von den darüberliegenden Stockwerken als auch von außen erreichbar waren. Auf der gleichen Ebene war außerdem eine direkte Verbindung zu einer U-Bahn-Station eingeplant. Die Gesamtkosten für das oben bezeichnete Objekt ohne Ladenstraße wurden damals auf 25,7 Millionen DM geschätzt. Über den eventuellen Einbau der Ladenstraße hinaus waren noch Kosten durch die zusätzliche Errichtung einer Tiefgarage zu erwarten, wobei bei nur einer Ebene 240 Wagen, bei zwei Stockwerken die doppelte Anzahl untergebracht werden konnte. In letzterem Falle wäre nach dem damaligen Kostenstand für den Wiederaufbau der Alten Oper nebst Ladenstraße und Tiefgarage ein finanzieller Aufwand von rund 32,2 Millionen DM notwendig geworden. Auch wenn es der Aktionsgemeinschaft – entsprechend ihren Erwartungen – gelungen wäre, die bereits auf 8,5 Millionen DM angewachsene Spendensumme auf 10 Millionen zu erhöhen, wäre noch immer ein Darlehensbedarf von 24 Millionen DM übrig geblieben. Abgesehen von diesen Kosten mußte berücksichtigt werden, daß nach Eröffnung des Hauses erhebliche Betriebsaufwendungen zu erwarten waren. Dabei errechnete man – selbst bei Verzicht auf die Verkehrsanlage mit Ladenstraße – einen jährlichen Zuschußbedarf von schätzungsweise 1,4 Millionen DM; andernfalls glaubte man mit rund 500.000,– DM Gesamtzuschuß auskommen zu können. Diese das betriebsfertige Haus betreffenden Kostenangaben wie auch die Wirtschaftlichkeitsberechnungen wurden schon damals – wie bei den anderen bereits vorliegenden Projekten – von Fachleuten als zu optimistisch angesehen. Die Unsicherheitsfaktoren in dieser Modellrechnung glaubte man auch bei dem Projekt Steinbüchel darin zu erkennen, daß eine zu große Zahl von Veranstaltungen und ein überdurchschnittlicher Besuch zugrunde gelegt worden waren – ohne Berücksichtigung konjunktureller Schwankungen. Ein Vergleich der Kostenansätze des Projekts Steinbüchel mit jenen der Architektengruppe Apel-Beckert-Becker/von Schauroth/Senf läßt erhebliche Unterschiede erkennen. Dies erklärt sich aus den grundsätzlich unterschiedli-

Pressekonferenz mit dem Vorsitzenden der Aktionsgemeinschaft Opernhaus Fritz Dietz (Mitte) im Vestibül der Alten Oper.

chen Bauprogrammen wie auch aus der Tatsache, daß nicht alle Positionen in gleicher Weise berücksichtigt wurden.

Gegen Ende des Jahres 1967 war es nach peinlichen Verzögerungen endlich so weit, daß eine Stellungnahme der Stadt zu den Prüfungsberichten über die Entwürfe der Architektengemeinschaft Apel-Beckert-Becker/von Schauroth/Senf und des Architekten Steinbüchel im Vergleichsverfahren zu erwarten war. Die Prüfer dürften sich bei der Formulierung ihrer Gutachten der Tatsache bewußt gewesen sein, daß es den Architekten schwer gefallen sein mußte, in dem äußerlich wohlproportionierten Baukörper eine optimale Zuordnung miteinander korrespondierender Funktionen zu erreichen. Die Verschachtelung von Funktionen ließ unbefriedigende Lösungen voraussahnen, dies um so mehr, als sich bei bereits ausgeführten Neubauten in anderen Städten ein hoher technischer Aufwand als notwendig erwiesen hatte, um den gestellten Forderungen architektonisch einigermaßen gerecht zu werden. Grundsätzlich scheint bei den städtischen Instanzen vorrangig die Auffassung bestanden zu haben, daß – im Gegensatz zu den Entwürfen des Architekten Apel und seiner Mitarbeiter mit der sechseckigen Form des Saales – eine Beibehaltung der historischen Grundstruktur des Gebäudes, also die Langhausform, dem Vorhaben zuträglicher sei. Dafür sprach nicht allein die ansonsten zwingend notwendige Abtragung der starken Mittelhauswände, sondern ebenso die gebotene Übereinstimmung zwischen der äußeren Erscheinung des Bauwerks und seiner Innengestaltung. Grundsätzlich erweckten die Vorplanungen den Eindruck, als sei der Einbau eines Konzertsaales und eines Kammermusiksaales technisch wie funktionell möglich. Die mit der geplanten Doppelfunktion als Konzert- und Kongreßhaus gestellte Aufgabe war jedoch noch nicht restlos gelöst. Selbst wenn dies der Fall gewesen wäre, blieb man bei der Auffassung, daß sich ein Vollkongreß in einem Konzertsaalgebäude nicht ohne Beeinträchtigung durchführen lasse, es sei denn mit außergewöhnlichem technischem Aufwand.

Zu Beginn des Jahres 1968 ließ die Stadt durchblicken, daß die bislang vorliegenden Entwürfe für den Wiederaufbau der Opernhaus-Ruine noch keine allseits befriedigenden Lösungen versprachen. Dies war für die Mehrheit der Stadtverordnetenversammlung ausreichend Grund genug, die Verhandlungen mit der Aktionsgemeinschaft bezüglich einer Stiftung vorerst nicht weiter zu verfolgen, vor allem auch deshalb nicht, weil die zahlreichen Verpflichtungen der Stadt gegenüber den sonstigen kulturellen Institutionen – wie behauptet wurde – es nicht erlaubten, jahrelang die hohen Folgekosten nach Erstellung des Gebäudes zu übernehmen. Demgegenüber zeigte man sich nicht abgeneigt, einer geeigneten Rechtsträgerorganisation das Grundstück nebst Ruine zu überlassen, wenn durch Nachweis der entsprechenden Mittel der Wiederaufbau gesichert schien. Die Stadt stellte dabei in Aussicht, der Aktionsgemeinschaft noch vor einer Entscheidung über eine Übereignung der Ruine an einen Rechtsträger die Genehmigung zu erteilen, mit Räumungs-, Sicherungs- und Erhaltungsarbeiten in eigener Initiative zu beginnen. Damit wollte sich die Aktionsgemeinschaft jedoch nicht zufriedengeben. Durch ständige Fühlungnahme mit Magistrat und Stadtverordnetenversammlung versuchte sie gegen die Absicht der Stadt anzugehen, sich von einer Kostenbeteiligung am Wiederaufbau freizuhalten. Präsident Fritz Dietz vertrat diesbezüglich die Ansicht, eine Gemeinsamkeit zwischen der Aktionsgemeinschaft und der Stadt sei unumgänglich, wenn man diese kulturelle Aufgabe erfüllen wolle. Fritz Dietz nahm dabei u. a. Bezug auf die Tatsache, daß man in Dresden bis zum Jahre 1971 das dortige Opernhaus mit einem Kostenaufwand von 81 Millionen Mark zu erstellen beabsichtigte. Der kritische Punkt seiner Verhandlungen mit den städtischen Amtsträgern waren nach Eröffnung des Hauses die entstehenden Folgekosten, da sich die Aktionsgemeinschaft außerstande sah, diese ohne Zuschuß decken zu können. Präsident Dietz hielt eine jährliche Zuwendung von etwa einer Million DM für erforderlich, wofür der Stadt andererseits eine Kulturstätte zur Verfügung stünde, die allen Bürgern sowie den Gästen zugute käme. Auch brachte die Aktionsgemeinschaft wiederum den Entwurf des Architekten von Steinbüchel zur Sprache, dessen Vorschläge von seiten der Stadt – wie es hieß – keine ausreichende Würdigung erfahren hatten. Steinbüchel gab in einer Pressekonferenz zu verstehen, seine Planung sehe neben dem Großen Saal weitere dreizehn Nebenräume für Kongresse vor mit einem Fassungsvermögen von rund 900 Personen. Damit vermittele er ein Angebot, das über das Fassungsvermögen der Berliner Kongreßhalle hinausgehe.

Trotz der nicht ausgereiften Pläne der Architekten und der wiederholt von der Mehrheit der Stadtverordnetenversammlung herausgestellten Finanznot dürfte es auf den ständigen Druck der Aktionsgemeinschaft zurückzuführen gewesen sein, daß das Stadtparlament gegenüber der Öffentlichkeit zum Wiederaufbau der alten Oper klar Stellung bezog. So kam es schließlich zu der Erklärung der Mehrheitspartei, daß in naher Zukunft mit keiner finanziellen Unterstützung von seiten der Stadt gerechnet werden könne und ein Wiederaufbau in der von der Aktionsgemeinschaft Opernhaus angestrebten Form vorerst keine Diskussionsgrundlage darstelle. Erwartungsgemäß kam es daraufhin zu heftigen Reaktionen, wobei sich u. a. auch die »Freunde Frankfurts« zum Sprecher protestierender Bürger machten. Man erklärte, kein Verständnis dafür aufbringen zu können, daß ein Millionengeschenk gesammelten und gespendeten Geldes nicht angenommen werden solle und einer Bürgerinitiative nicht die gebührende Würdigung zuteil werde. Die Sprecher waren insbesondere verärgert, weil in jüngster Zeit in der Öffentlichkeit seitens der Stadt die Hoffnung auf einen Wiederaufbau des Opernhauses genährt worden sei. Man war der festen Überzeugung, daß das Gebäude als eines der letzten Zeugnisse Frankfurter Kulturtradition es verdienen würde, mit städtischer Hilfe und Unterstützung der Bürgerschaft aufgebaut zu werden. Ungeachtet dessen kam es bei der Stadtverordnetenversammlung zu dem Beschluß (29. Februar 1968), dem Wiederaufbau des Opernhauses mit städtischer Unterstützung eine Absage zu erteilen, womit zugleich die Frage nach der Gründung einer Trägergesellschaft in Form einer Stiftung gegenstandslos wurde. In Kreisen der Mehrheitspartei brachte man diese angeblich unausweichliche Entscheidung mit dem vollendeten Bau der Frankfurter Theater-Doppelanlage in Verbindung, die in ausreichendem Maße Platz biete für Oper, Schauspiel und Kammerspiel, und zu deren Betriebsfähigkeit man bereits 16,3 Millionen DM aufzubringen habe. Der von kompetenter Seite unterbreitete Vorschlag, einen bundesweiten Architekten-Wettbewerb auszuschreiben, stand infolge der veränderten Sachlage gleichfalls nicht mehr zur Diskussion. Die Mehrheit im Stadtparlament vertrat die Auffassung, ihre ablehnende Haltung sei u. a. auch von den ungeklärten Fragen der bevorstehenden Gemeindefinanzreform bestimmt worden, die auf Jahre hin keinerlei finanzielle Vorbelastungen erlaubten. Als weiteren Grund für die Ablehnung wurde angegeben, daß dringend andere kommunalpolitische Verpflichtungen zur Zeit kein finanzielles Engagement für den Wiederaufbau des Opernhauses zuließen. Um wenigstens ein kleines Entgegenkommen gegenüber den Freunden des Opernhauses zu zeigen, wie auch in der Absicht, den leidlichen Streit um den Wiederaufbau der Alten Oper etwas zu entschärfen, erteilte die Stadtverordnetenversammlung der Aktionsgemeinschaft doch wenigstens die Genehmigung, mit Sicherungsmaßnahmen an der Ruine beginnen zu dürfen. Der Beschluß hatte folgenden Wortlaut: »Die Stadt ist damit einverstanden, daß die Aktionsgemeinschaft Räumungs-, Sicherungs- und Erhaltungsarbeiten schon vor der Übergabe

Feierstunde aus Anlaß der Aufnahme der Wiederaufbauarbeiten an der Alten Oper (5. Oktober 1968).
Erste Reihe von links: Werner Hess (Intendant des Hessischen Rundfunks), Prof. Dr. Walter Rüegg (Rektor der Johann Wolfgang Goethe Universität), Emma Lübbecke (Gattin des Altstadtvaters), Kammersängerin Viorica Ursuleac (ehemaliges Mitglied der Frankfurter Oper), Dr. Hans-Jürgen Moog (Vorsitzender der CDU-Fraktion), Bürgermeister Dr. Wilhelm Fay, Irmgard Brundert, Oberbürgermeister Prof. Dr. Willi Brundert, Bundesminister Georg Leber, Annemarie Dietz, Erna Maria Leber, Fritz Dietz (Präsident der Industrie und Handelskammer), Stadtrat Walter Möller (späterer Oberbürgermeister), Dr. Friedrich Freiwald (MdB), Hans-Ulrich Korenke (stv. Stadtverordnetenvorsteher), Stadtrat Ernst Gerhardt (späterer Stadtkämmerer) und Generalintendant Prof. Ullrich Erfurth.

an eine Stiftung oder einen anderen Rechtsträger vornehmen lassen darf.« Ergänzend sei darauf hingewiesen, daß die Stadtverordnetenversammlung jedoch ein darüber hinausgehendes Zugeständnis ablehnte, der Aktionsgemeinschaft die Genehmigung zu eigentlichen Baumaßnahmen zu erteilen. So war es nicht möglich, auch nur einige Teile des Gebäudes instandzusetzen und dieses – wie beabsichtigt – so schnell wie möglich dem kulturellen Leben Frankfurts und seiner Bürger wieder zugänglich zu machen. Am 30. April 1968 wandte sich die Aktionsgemeinschaft an das Hochbauamt mit dem Antrag, zu einem möglichst frühen Termin mit den genehmigten Sicherungsarbeiten beginnen zu dürfen. Am 25. Juni 1968 lag der Erlaubnisschein vor, und am 2. Juli 1968 wurde Präsident Dietz vom Leiter der Bauaufsichtsbehörde symbolisch der Schlüssel zum Opernhaus ausgehändigt. Dies konnte als gewisser Fortschritt in den Bemühungen der Aktionsgemeinschaft um den Wiederaufbau des Opernhauses angesehen werden. Die Tatsache, daß Präsident Fritz Dietz kurz darauf einen Betrag von 100.000,– DM aus seinem Privatvermögen für den Wiederaufbau des Opernhauses stiftete, brachte so recht die Freude zum Ausdruck, welche die Aufnahme der Sicherungsarbeiten begleitete. Am 5. Oktober 1968 gab Präsident Fritz Dietz während einer Feierstunde auf dem Opernplatz das Signal zum Beginn der Restaurierungsarbeiten. Neben Oberbürgermeister Prof. Dr. Brundert, dem damaligen Verkehrsminister Georg Leber, Bürgermeister Dr. Wilhelm Fay, dem stellv. Stadtverordnetenvorsteher Hans-Ulrich Korenke, den Stadträten Walter Möller und Ernst Gerhardt sowie einer Vielzahl namhafter Persönlichkeiten aus dem kulturellen und politischen Leben waren mehr als 5000 Frankfurter Bürger erschienen, die somit Zeugen eines historischen Augenblicks in der Geschichte des Frankfurter Opernhauses wurden.

In der Bilanz des Jahres 1968 konnte die Aktionsgemeinschaft Opernhaus nicht nur eine freundliche Annäherung an die Mehrheitspartei (SPD) als letztentscheidende Instanz verbuchen, sondern zugleich auf ein Spendenaufkommen von neun Millionen DM verweisen, einschließlich des Reingewinnes von 240.000,– DM aus der ersten Aufbau-Tombola.

Die noch immer bestehende Ungewißheit, welchen Zwecken das Opernhaus später einmal dienen sollte, brachte auch den Bund Deutscher Architekten, Gruppe Frankfurt, auf den Plan. Unter Zugrundelegung bereits vorliegender Projekte und in Würdigung der hieraus erfolgten Diskussionsergebnisse machte diese Berufsorganisation in Form eines offenen Briefes (Mai 1969) den Vorschlag, auf dem Festhallengelände ein Kongreß- und Veranstaltungszentrum zu errichten. Als Zweckbestimmung für das Opernhaus empfahl man, die Einrichtung einer sogenannten Museumsinsel »Alte Oper«. Dabei dachte man an die bisher noch nicht untergebrachten Sammlungen und Museen mit den dazugehörigen Sälen für Vorträge und sonstige zweckgebundene Veranstaltungen.

Auch das Jahr 1969 wurde von der Aktionsgemeinschaft reichlich genutzt, um das Spendenaufkommen zu erhöhen und mit der Stadt zielbewußte Verhandlungen zu pflegen. Zu den bemerkenswerten Werbemitteln der Aktionsgemeinschaft gehörte eine Schallplattenserie, deren Erlös dem Wiederaufbau des Opernhauses zugute kam. Bedeutende Künstler, die einst am Frankfurter Opernhaus gesungen hatten, waren mit Darbietungen vertreten, so u. a. Hermann Schramm, Else Gentner-Fischer, John Gläser, Jean Stern, Clara Ebers und Viorica Ursuleac; doch auch Mitglieder aus jüngerer Zeit wurden einbezogen wie z. B. Ernst Kozub, Anny Schlemm und Anja Silja. Nicht zu vergessen die Mitwirkung des Opernhaus- und Museumsorchesters, das sich für einen Teil der Aufnahmen zur Verfügung stellte, und zwar unter der Leitung von Generalmusikdirektor Christoph von Dohnanyi. Eine beachtliche Einnahmequelle war auch der von der Aktionsgemeinschaft veranstaltete Ball in der Höchster Jahrhunderthalle, der in Verbindung mit einem Tanzturnier zu einem gesellschaftlichen Ereignis wurde.

Zum Abschluß des Kalenderjahres 1969 konnte die Aktionsgemeinschaft nicht allein auf die fortgeschrittenen Instandsetzungsarbeiten an der Hauptfassade hinweisen, sondern auch auf ein Spendenkonto von zehn Millionen DM. Präsident Fritz Dietz erklärte mit berechtigtem Stolz, eine solche Spendenhöhe sei bis zu diesem Zeitpunkt noch nirgends erreicht worden. Dieser einmalige Vorgang dürfte nicht unwesentlich dazu beigetragen haben, daß die Mehrheitspartei im Stadtparlament zunehmend Bereitschaft zeigte, sich mit dem Gedanken an einen Wiederaufbau der Alten Oper vertraut zu machen, zumal sich abzeichnete, daß ein finanzielles Engagement der Stadt früher oder später nicht mehr zu umgehen war.

Zwischenzeitlich hatte auch der bekannte Architekt Günther Balser in eigener Initiative einen Vorschlag für den Wiederaufbau der Oper ausgearbeitet, wobei er Kongreß- und Konzertfunktion zu vereinen suchte. Zur Erreichung dieses Zieles hielt er jedoch umfangreiche Anbauten an den alten Baukörper für notwendig. Balsers Entwurfsstudie sah zur Erfüllung der Kongreßfunktion den Anbau eines großen Kongreßsaales an der Nordostseite der Alten Oper vor, während er an der Nordwestseite einen Gaststättenanbau plante. Der Kongreßsaal sollte mit 2500 Sitzplätze ausgestattet sein und in sechseckiger Form entstehen. Der in der Alten Oper aufzubauende Konzertsaal dagegen sollte 1600 Personen Platz bieten und durch eine Bühne knotenpunktartig in einem Winkel von etwa 60°–75° mit dem Kongreßsaal verbunden werden. Balser schwebte eine Lösung vor, die es erlaubte, Großveranstaltungen durchzuführen, bei denen der größere Teil des Publikums im Kongreßsaal, ein kleinerer Teil im Altbau-Konzertsaal untergebracht werden konnten. Beide Teilnehmergruppen hatten zwar eine Sicht- und Hörverbindung zur Bühne, jedoch sonst keinerlei Kontakt miteinander. Auch dürfte in diesem Fall ein Drittel der im Kongreßhaus plazierten Besucher nur über eine unzureichende Sichtverbindung zur Bühne verfügt haben. Wie den Skizzen zu entnehmen ist, waren unterhalb der beiden großen Säle jeweils noch weitere Räume mit 600 bzw. 800 Plätzen nebst Unterteilungsmöglichkeit vorgesehen. Für die Besucher standen in den Pausen geräumige Hallen, Foyers und Wandelgänge von rd. 4800 qm zur Verfügung sowie mehrere Büfetts und ein Restaurant mit annähernd 600 Plätzen in einem zweigeschossigen Separatbau im Nordwesten des Terrains. Architekt Balser plante an der Rückseite des Kongreßsaales die Installation von Kabinen für Simultananlagen, Filmvorführung, Rundfunk- und Fernsehaufnahmen. Diese Einrichtungen sind auf der Planungsstudie im Konzertsaal jedoch nicht erkennbar, d. h., bei optimaler Ausnutzung mußten wohl die bezeichneten technischen Einrichtungen doppelt installiert werden. Grundsätzlich bleibt festzustellen, daß Balsers Entwürfe die Mehrzweckfunktion durchaus erfüllten, wenngleich der große Kongreßsaal jede Unterteilungsmöglichkeit ausschloß. Bei allem muß jedoch hervorgehoben werden, daß Balsers Entwurf den Abriß des am besten erhalten gebliebenen Nord- und Nordostteiles der Alten Oper einschließlich des gesamten Bühnenhauses zugunsten einer Anbindung des Kongreßhauses vorsah, so daß ein erheblicher Teil der alten Bausubstanz verlorengegangen wäre. Natürlich ist es interessant zu erfahren, welche finanziellen Aufwendungen notwendig waren, sollte das Projekt von Balser zur Ausführung kommen. Unter Zugrundelegung der Ende 1969 gültigen Maßstäbe für die Kostenberechnung ermittelte man Investitionskosten von 66,6 Millionen DM einschließlich 11 Prozent Mehrwertsteuer. Auf der Grundlage eines Eigenkapitals der Trägergesellschaft von 10 Millionen DM errechnete sich ein Kapitaldienst von jährlich 8 Prozent aus 56,6 Millionen DM, d. h. eine Summe von 4.550.000,– DM; hinzu kamen 850.000,– DM an Abschreibungen von Gebäuden, technischen Einrichtungen, Geräteausstattungen usw. (1,5 Prozent von 56,6 Millionen). Neben dem Kapitaldienst waren noch die Betriebs- und Folgekosten zu erwirtschaften, die jährlich rd. 2,5 Millionen DM ausmachten. In diese Summe waren u. a. einbezogen: rd. 1,3 Millionen DM für Instandhaltungskosten und Reparaturen, 160.000,– DM

Blick in den zerstörten Zuschauerraum.

für Verwaltungspersonal, 250.000,— DM für Heizung, Lüftung, Strom und Gas, 200.000,— DM für Reinigung und 120.000,— DM für Löhne und Abgaben für das technische Personal. Auf der Ertragsseite stand ein Betrag von 822.000,— DM. Dabei ging man davon aus, daß das Gebäude für zwanzig Kongresse und 200 Veranstaltungen (Konzerte usw.) pro Jahr genutzt würde; einbezogen waren ferner die Einnahmequellen durch Verpachtung der Gaststätte, Vermietung von Werbeflächen und Überlassung der Räume für Ausstellungszwecke. Hieraus ergab sich ein ungedeckter Kostenaufwand von jährlich rd. 7 Millionen DM. Bei dieser Berechnung blieben der Ausbau und die Unterhaltung eines unentbehrlichen Parkhauses unberücksichtigt. Zur Orientierung sei daher darauf hingewiesen, daß für 765 Einstellplätze in drei unterirdischen Ebenen nochmals 11,5 Millionen hätten aufgebracht werden müssen. Sollte eine Planung der Tiefgarage rund um das Opernhaus auf zwei Ebenen mit 822 Einstellplätzen verwirklicht werden, so waren sogar 16.775.000,— DM erforderlich (Januar 1970) — und dies ohne Berücksichtigung der Betriebs- und Folgekosten. — Um deutlich zu machen, wie nachteilig sich die Inflation auf das Bauvorhaben auswirkte, sei erwähnt, daß sich die Kosten des ersten Aufbauvorschlags von Steinbüchel, der lediglich ein Konzerthaus vorsah, in der Zeit von 1966 bis Anfang 1970 durch Bauindexsteigerung um 16 Prozent erhöhten, also von rd. 26 Millionen DM auf 32.250.000,— DM (einschließlich 7 Prozent Differenz von Umsatz- zur Mehrwertsteuer). Als jährlichen Ertrag ermittelte man eine Summe von 451.000,— DM, dem ungedeckte Kosten in Höhe von jährlich rd. 2,8 Millionen DM gegenüberstanden. Die Kosten des von Architekt Steinbüchel ausgearbeiteten erweiterten Projekts beliefen sich zur nämlichen Zeit — unter Berücksichtigung der Indexsteigerung und des Differenzbetrags zwischen Umsatz- und Mehrwertsteuer — auf rd. 41 Millionen DM bei einem jährlichen Kapitaldienst von rd. 2,9 Millionen DM und einem ungedeckten Kostenaufwand von rd. 3,9 Millionen DM. Für die seinerzeit von der Stadt eingeholte Planung der Architekten Apel/Becker/Schauroth/Senf war ursprünglich ein Kostenbetrag von rd. 43 Millionen DM errechnet worden (1964), der sich jedoch aufgrund der Indexsteigerung von 30 Prozent bis 1970 auf 55,9 Millionen erhöhte. Hinzu kam ein siebenprozentiger Differenzbetrag von Umsatz- und Mehrwertsteuer mit rd. 3,9 Millionen, so daß bei Verwirklichung des genannten Projekts alles in allem mit einem Kostenaufwand von 59,8 Millionen DM gerechnet werden mußte.

Diese Übersicht soll dazu dienen, dem Leser einen Einblick in die finanziellen Voraussetzungen zu verschaffen, die gegeben sein mußten, um einen Wiederaufbau der Alten Oper zu ermöglichen. Wenngleich seitens der Mehrheitspartei immer wieder die Finanznot als Hinderungsgrund für die Verwirklichung des Projekts angegeben wurde, zweifelte kaum jemand daran, daß die Stadtverordnetenversammlung früher oder später sich zu einem Wiederaufbau wird entschließen müssen, da ein Gebäude für Konzerte und Kongresse sich von Tag zu Tag als dringlicher erwies. In diesem Zusammenhang konnte nicht bezweifelt werden, daß die Aktionsgemeinschaft mit ihrem hohen Spendenfonds und den hinter ihr stehenden Bevölkerungsschichten weiterhin alles daran setzen werde, um Magistrat und Stadtverordnetenversammlung mehr und mehr zu einer positiven Entscheidung zu bewegen. Die Mehrheitspartei im Rathaus erkannte bald den zwingenden Faktor, den die Aktionsgemeinschaft für ihre Zielsetzung zum Einsatz brachte, und dürfte auch die Gefahr gesehen haben, daß Zurückhaltung möglicherweise als Mißachtung des Bürgerwillens empfunden werden könnte. Schließlich mußte damit gerechnet werden, daß bei der anstehenden Kommunalwahl die Vorgänge von der Opposition zu einem »Wahlschlager« umgemünzt werden könnten. Ob die Opernhausfreunde dies in ihre Überlegungen mit einbezogen hatten, sei dahingestellt, fest steht jedenfalls, daß das Grundkonzept ihres Handelns nicht neu war und sich bei der Erstellung von Bauobjekten in anderen Städten bestens bewährt hatte. Die Aktionsgemeinschaft war auch insofern an einem baldigen Wiederaufbau interessiert, als die ihr zur Verfügung stehende Spendensumme bei einem weiteren Hinausschieben des Wiederaufbaues durch die Inflation in eine immer ungünstigere Relation zu den steigenden Kosten geraten mußte. Auch in dieser Hinsicht stand die Stadt unter dem Druck der öffentlichen Meinung. Gewiß wird sich die Aktionsgemeinschaft später einmal darauf berufen können, man habe es ihrem Drängen zu verdanken, daß der Wiederaufbau früher als beabsichtigt vollendet werden konnte, zumal noch weitere Verzögerungen wesentlich höhere Kosten verursacht hätten. Diese Meinung spiegelt sich wider in einer Äußerung eines maßgeblichen Vertreters der Stadt, der unmißverständlich zum Ausdruck brachte, daß der Wiederaufbau schwerlich so früh in Angriff genommen worden wäre, wenn die Aktionsgemeinschaft unter Präsident Fritz Dietz nicht unentwegt die zuständigen städtischen Gremien bedrängt hätte.

Mit der Wahl von Walter Möller zum neuen Oberbürgermeister (Juli 1970) verband die Aktionsgemeinschaft Opernhaus berechtigte Hoffnungen auf einen baldigen Wiederaufbau, da Möller während seiner vorausgegangenen Tätigkeit als Stadtrat bereits mehrfach eine solche Notwendigkeit zum Ausdruck gebracht hatte. Als Stadtoberhaupt gab er zu verstehen, daß er die Verpflichtung der Stadt zur Errichtung eines Konzertsaales durchaus anerkenne und befürworte, doch sei angesichts der Höhe des finanziellen Aufwands ein Kulturzentrum mit breitgefächerten Funktionen und Aufgaben anzustreben. Er lobte die langjährigen Bemühungen der Aktionsgemeinschaft um den Wiederaufbau und führte weiter aus, daß ein aktiver Einsatz hierzu auch von seiten der städtischen Körperschaften bald zu erwarten sei. Bereits am 12. November 1970 forderte die Stadtverordnetenversammlung — im Anschluß an einen Antrag der CDU-Fraktion — den Magistrat auf, geeignete Architekten zu benennen — jeweils einen von der Stadt und der Aktionsgemeinschaft —, die mit der Ausarbeitung von Plänen für den Wiederaufbau beauftragt werden sollten. Nach Abschluß der Planung, so glaubte man, könne die Frage erörtert werden, inwieweit die Stadt in der Lage sei, sich an den Folgekosten zu beteiligen. Mit großer Zuversicht sah die Aktionsgemeinschaft nunmehr der Erfüllung ihrer Wünsche entgegen, zu deren Zweck bereits 10,5 Millionen DM an Spendenmitteln verfügbar waren.

Als Architekt für den Wiederaufbau der Alten Oper brachte die Aktionsgemeinschaft ihrerseits erneut Dipl.-Ing. Rambald von Steinbüchel ins Gespräch, dessen bereits erläuterte Entwurfskonzeption weiterhin zur Diskussion gestellt wurde. Steinbüchel konnte sich darauf berufen, bereits im In- und Ausland eine Vielzahl von Großobjekten verwirklicht zu haben. Insbesondere war er schon früher mit Neu- bzw. Aufbauten von Konzertsälen, Theater- und Universitätsbauten befaßt. Seitens der Stadt wurde die Architektengruppe Braun & Schlockermann in die zu gründende Arbeitsgemeinschaft berufen. Dieses in Frankfurt tätige Architektenbüro mit den Partnern Helmut Braun, Wolfgang Braun, Martin Schlockermann und Inge Voigt hatte sich seit Jahren durch Planung und Errichtung großer und bedeutender Bauvorhaben einen guten Namen gemacht. Erwähnt seien hier nur die Deutsche Klinik für Diagnostik in Wiesbaden, das Haus des Deutschen Sports in Frankfurt, die William-Harvey-Klinik in Bad Nauheim und das Aukammhotel in Wiesbaden.

Im Interesse einer zügigen Weiterführung der Verhandlungen über den Wiederaufbau rief Oberbürgermeister Walter Möller am 18. Februar 1971 für den Zeitraum bis zur Konstituierung eines Rechtsträgers in Sachen Wiederaufbau die beiden paritätisch besetzten Arbeitsgruppen »Bau« und »Recht und Steuer« – im Einvernehmen mit der Aktionsgemeinschaft – ins Leben. Die Arbeitsgruppe »Bau« hatte die Aufgabe, ein Raum- und Funktionsprogramm zu erarbeiten. Dabei ging es vor allem um eine Überprüfung der bei multifunktioneller Nutzung des Geländes sich ergebenden Möglichkeiten sowie der Wirtschaftlichkeit der baulich-konstruktiven Lösungen. Als Arbeitsmittel

Inge Voigt.

Helmut Braun.

Architektengemeinschaft Braun und Schlockermann.

Wolfgang Braun.

Martin Schlockermann.

stellte Präsident Fritz Dietz Vorplanungskonzepte als Diskussionsgrundlage zur Verfügung.

Als im Sommer 1970 Hilmar Hoffmann seine Tätigkeit als neu ernannter Kulturdezernent der Stadt Frankfurt aufnahm, waren die Theaterfreunde zuversichtlich, in ihm einen Förderer des Wiederaufbau-Programms zu finden. Von ihm hieß es, er habe sich in gleicher Funktion bereits in Oberhausen nachdrücklich für die Entwicklung des Theaters eingesetzt. Schon dort hatte er es verstanden, unkonventionelle Pläne für das Kulturleben zu entwickeln, welche Aufmerksamkeit erregten und seinen Namen weit über die Stadtgrenzen hinaustrugen. In diesem Zusammenhang ist vor allem auf die von ihm begründeten »Westdeutschen Kurzfilmtage« in Oberhausen hinzuweisen, die sich seit ihrer Entstehung im Jahre 1954 zu einem der bekanntesten Kurzfilm-Festivals entwickelten. Bei seiner Frankfurter Amtseinführung kennzeichnete Hilmar Hoffmann während einer öffentlichen Sitzung der Stadtverordnetenversammlung die Schwerpunkte einer gegenwartsnahen und zugleich zukunftsweisenden Kulturpolitik als praktische Bildungsarbeit zum Wohle aller Bürger. Ohne an dieser Stelle auf seine Vorstellungen in den vielfältigen Bereichen des Kulturlebens ausführlicher einzugehen, soll doch wenigstens sein Vorschlag, ein »Audio-Visuelles Kommunikationszentrum« zu errichten, hervorgehoben werden, zumal er eine solche Einrichtung mit dem Wiederaufbau des Opernhauses in Verbindung brachte. Es wird sich noch Gelegenheit finden, auf die Funktionen, die sich Kulturdezernent Hoffmann im Zusammenhang mit einer solchen Einrichtung vorstellte, näher einzugehen. Über seine weiteren Vorhaben, etwa auf dem Theatersektor, äußerte sich Hoffmann anfangs nur grundsätzlich, da es ihm verständlicherweise zunächst darum ging, die Frankfurter Kulturlandschaft genauer kennenzulernen, bevor Prioritäten gesetzt wurden. Schon bald konnte man feststellen, daß ihn ein starkes Stehvermögen beim Verfolgen seiner Pläne auszeichnete und er sich auch in seiner eigenen Fraktion gegen Widersacher durchzusetzen verstand. Im Zusammenhang mit der Alten Oper dürfte wohl nur Insidern bekannt sein, daß es Hilmar Hoffmann war, der bei der entscheidenden Haushalts-Klausurtagung der Sozialdemokratischen Partei im Frühjahr 1971 in Schmitten (Taunus) die Diskussion um den Wiederaufbau der Alten Oper wesentlich beeinflußte. Nachdem sich Oberbürgermeister Walter Möller in einem leidenschaftlichen Plädoyer für den Wiederaufbau eingesetzt hatte, ihm aber vier Stimmen zur Mehrheit für einen entsprechenden Antrag fehlten, fachte Hoffmann nach erfolgter Abstimmung die Diskussion im Sinne Möllers erneut an. Als neuer Mann mit neuen Argumenten machte er die Frage der Alten Oper zu einer Prestigeangelegenheit der Kulturpolitik, die sich bei dieser Nagelprobe in der Öffentlichkeit bewähren müsse. Bei erneuter Abstimmung erhielten Walter Möller und Hilmar Hoffmann dann die notwendigen Stimmen für diesen Tendenzbeschluß. Obwohl Hoffmann den Wiederaufbau prinzipiell befürwortete, äußerte er sich öffentlich keineswegs immer im Sinne der Aktionsgemeinschaft, so daß es vor allem zu Anfang der siebziger Jahre gelegentlich – auch in der Presse – zu Kontroversen zwischen Präsident Dietz und Stadtrat Hoffmann kam, die bisweilen recht dissonante Töne vernehmen ließen.

Am 10. Mai 1971 legte die Arbeitsgruppe »Bau« ihr Raum- und Funktionsprogramm für den Wiederaufbau der Opernhaus-Ruine als Grundlage für die mit der Vorplanung zu beauftragende Architektengemeinschaft vor. Diese »Raumplanung Alte Oper« sah im einzelnen vor:

1. Großer Saal – multifunktional – für mindestens 2000 Besucher mit Nebenräumen, Stimmzimmern, Solisten-Garderoben etc.
a. Musikveranstaltungen, Symphoniekonzerte, Chorkonzerte, Oratorien, Ballette, Musicals, Rundfunk-Konzerte usw.
b. Multimedia-Veranstaltungen
c. Gesellige Veranstaltungen wie Fasching, Modenschauen usw.
Versammlungen, Veranstaltungen von Parteien, Vereinen, Betrieben etc.
2. Kleiner Saal – multifunktional – für 500 Besucher. Kammermusik, Solistenkonzerte, Vorträge, Lesungen, Diskussionsabende, Filmveranstaltungen, Werkstatt-Theater etc.
3. Foyer-Ebenen – flexibel – Kunst- und andere Ausstellungen, Kunst-Auktionen, Kunstmarkt; dienen zugleich Kommunikationsfunktionen als Leseecken – internationale Presse –
4. Räume im Erdgeschoß und in den unteren Ebenen – Treffpunkt: z. B. Beat, Pop und Jazz, Diskothek, Räume für kulturelle Aktivitäten von Gruppen und einzelnen.
5. Gaststätten – Die Restaurationsräume sowie Cafeterias mit mindestens 500 Plätzen entsprechen unverwechselbar dem Konzept des Hauses. Die Funktionsräume tragen nach Kapazität und Lage den verschiedenen Nutzungen des Hauses Rechnung.
6. Vermietbare Räume – Ladenstraße mit breitem Angebot für einen kulturell interessierten Besucherkreis – Schallplatten, Bücher, Boutiquen, Galerien u. a. m.
7. Nebenräume – Alle zur Erfüllung der Funktionen des Hauses erforderlichen Nebenräume. Mit der vorbezeichneten Zweckbestimmung sollte in erster Linie erreicht werden, daß sich alle Bevölkerungsschichten und Altersgruppen angesprochen fühlen konnten. Alle irgendwie interessanten kulturellen, künstlerischen und politischen Äußerungen aus Tradition und Gegenwart sollten unter Mitarbeit von Vereinigungen, städtischen und privaten Institutionen eine gebührende Pflege erfahren. Ferner sollte das Opernhaus in der Weise funktionell aufgebaut werden, daß es mit seinem Raumangebot in ausreichendem Maße auch Kongreßaufgaben erfüllen könne.
Für die Leser dieses Buches dürfte in diesem Zusammenhang von Interesse sein, etwas ausführlicher zu erfahren, wie man sich speziell das Funktionsprogramm der Alten Oper vorstellte, auf dessen Grundlage die Architekten ihre Planungen auszuarbeiten hatten. Zur Diskussion standen zum einen die Vorschläge der Aktionsgemeinschaft, die hier als bekannt vorausgesetzt werden können, andererseits das Arbeitspapier des von allen Parteien getragenen kulturpolitischen Ausschusses sowie das detaillierte

Funktionsprogramm des Kulturdezernenten für den Magistrat. Die Grundeinstellung ging aus von der Erkenntnis, daß sich in der Alten Oper mit ihrer historischen Bausubstanz in geradezu idealer Weise ein Saalbau für kulturelle, künstlerische und gesellschaftliche Kommunikation verwirklichen lasse. Man ging ferner davon aus, daß sich eine solche Einrichtung nur dann zu einem lebensvollen kulturellen Kristallisationspunkt entwickeln ließe, wenn in technisch modernen Räumen alle Arten von Kunst – und dies im weitesten Sinne des Begriffes – dargeboten werden könnten. Entscheidend sollte die Überlegung sein, daß ein für alle Bevölkerungsgruppen errichtetes kulturelles Zentrum nicht allein zum unreflektierten Konsum einladen dürfe, sondern mittels eines breit gefächerten Angebots an Kunstäußerungen zu Kommunikationen und aktiver Teilnahme herausfordern müsse. Allein durch eine solche vielfältige Nutzung, die dem Interesse aller Bevölkerungskreise und den Bedürfnissen aller Generationen weitgehend entspräche, glaubte man den Wiederaufbau rechtfertigen zu können. Eine ausschließlich für Konzertzwecke, für Musik aus Vergangenheit und Gegenwart wiedererrichtete Alte Oper wurde als anachronistisch verworfen, da man damit in Zeiten zurückfalle, in der solche Einrichtungen lediglich den Repräsentationsansprüchen einer bestimmten Bevölkerungsschicht dienten. Ein derartiges »Museum« für Konzerte hielt die Mehrheitspartei für fragwürdig, da dies nicht den Wünschen der Bevölkerungsmehrheit entspräche. Gleichwohl wurde die Notwendigkeit, in Frankfurt einen Konzertsaal internationalen Anspruchs verfügbar zu haben, anerkannt und befürwortet. Als durchaus notwendig sah man auch die Errichtung eines Kongreßhauses in Frankfurt an, doch setzte sich die Auffassung durch, daß das Bauvolumen der Alten Oper den internationalen Maßstäben eines modernen Kongreßhauses schwerlich standhalten werde und man sich eine Verwirklichung nur an anderer Stelle vorstellen könne. Als Voraussetzung für den Wiederaufbau machte man zur grundsätzlichen Bedingung, daß sich die Konzeption im Innern nach den Bedürfnissen der Mehrheit der Bevölkerung richten müsse, insbesondere auch nach den Erwartungen der Jugend. Das wiedererstandene Gebäude sollte im weitesten Sinne zu einem kulturellen Zentrum entwickelt werden, das für alle Formen der von der Gesellschaft rezipierten Äußerungen von »Kunst« nutzbar sei, also nicht nur einer Kultur im bürgerlichen Sinne, sondern gleichermaßen auch alternativen Ausdrucksformen der Subkultur, der Popmusik, des Jazz etc. oder aber aus dem Umfeld der Avantgarde innerhalb der verschiedenen Kunstrichtungen und Medien. Der Vorschlag für eine solche Funktionsgestaltung bezog das ganze Haus in die Überlegung mit ein: Im »Underground«, d. h. in der riesigen Kellerebene der Alten Oper, sollten größere und kleinere Räume für eine Art Beat-Popmusik-Center eingerichtet werden. Die bekanntesten Popmusik-Bands und Solisten der internationalen Szene sollten dort Gelegenheit finden, ihre Musik zu repräsentieren, neben Psychedelic-Light-Shows, Dancing usw.; sogar Cola-Bars und Räume mit Flipper- und Tischfußball waren im Treffpunkt für die Jugend vorgesehen. In dem von außen direkt erreichbaren Erdgeschoß wünschte man sich Boutiques, Kioske und Stände, Antiquitäten- und Pop-Shops, Kunstgalerien, Läden für Schallplatten usw. Auch ein Lesesaal mit Zeitungen, Zeitschriften usw. für alle Bevölkerungsschichten sollte nicht fehlen. Schließlich war auch an die Einbeziehung eines Kabaretts gedacht. Das Obergeschoß sollte den Großen Saal aufnehmen, der für Museumskonzerte, Weihnachtsoratorien und Osterpassionen, Chorkonzerte, Gastspiele berühmter Orchester und Dirigenten wie auch für Großveranstaltungen mit Unterhaltungsmusik und nicht zuletzt für gesellige Veranstaltungen gedacht war. Für Kammermusik, Vorträge usw. hielt man einen Saal mit 500 bis 700 Plätzen für notwendig. – Ein solches »Center Alte Oper« wünschte man sich in der Trägerschaft einer Betriebs GmbH, die das Haus auch finanziell rentabel zu gestalten hätte. Von einem solchen »Volkshaus« versprach man sich eine attraktive Ausstrahlung auf die Gesamtbevölkerung und einen nicht zu unterschätzenden Pluspunkt im Rahmen der Freizeitangebote. –

Wie bereits ausgeführt wurde, stellte Kulturdezernent Hilmar Hoffmann u. a. den Vorschlag zur Diskussion, in der Alten Oper einen Aktionsrahmen für ein »Audio-Visuelles Kommunikationszentrum« zu schaffen. Dabei berief er sich auf das beständig wachsende Interesse der jüngeren Generationen an audio-visuellen Medien, die durchaus einen wertvollen Beitrag zur Entfaltung eines breiten kulturellen Spektrums zu leisten vermögen. Hoffmann war davon überzeugt, daß eine solche Einrichtung wertvolle Pionierarbeit leisten könne und durch ihre Einmaligkeit in der Bundesrepublik beispielhaft wirken würde. Zum Zwecke einer kritischen Auseinandersetzung mit den künstlerischen und gesellschaftspolitischen Entwicklungen des Films wollte Hoffmann in der Alten Oper ein spezielles Studio-Kino mit 400 bis 500 Plätzen einrichten lassen. Er ging dabei von der Überlegung aus, daß der künstlerische Film in den privatwirtschaftlich geführten Kinos keine ausreichende Pflege findet, weshalb sich das kommunale Kino dieser Aufgabe annehmen müsse. In Zusammenarbeit mit allen erreichbaren gewerblichen und nichtgewerblichen Verleihern sowie durch ständige Kontaktaufnahme mit Filmarchiven, Instituten für Filmkunde, Fernsehanstalten, Festivals, Amateuren usw. glaubte Hoffmann, ausreichend Material zur Verfügung zu haben, um eine abwechslungsreiche und lebendige Ausstrahlung eines solchen Studio-Kinos in der Alten Oper gewährleisten zu können. Eine Erweiterung des Angebots sollte erfolgen durch Errichtung audio-visueller Werkstätten, die mit allen möglichen technischen Einrichtungen für Kurse und selbstschöpferische Arbeiten mit Film, Bild und Ton ausgerüstet sein müßten. Damit wäre der Weg frei, um in Zusammenarbeit mit dem Frankfurter Institut für Filmgestaltung, der Volkshochschule, Universität, Theater, Fernsehen, Jugend- und Studentengruppen, Parteien, Kirchen, Gewerkschaften usw. gesellschaftspolitische Dokumentationen zu regionalen und überregionalen Entwicklungen zu schaffen. Selbstverständlich war auch an eine audio-visuelle Fachbibliothek nebst Lesesaal gedacht, wo entsprechende Literatur zu Film, Bild und Ton auf internationaler Ebene zur

Verfügung stehen sollte. Als unverzichtbar erachtete er ferner eine Beratungsstelle für audio-visuelle Programmgestaltung, die auch bei der Auswahl und Beschaffung von audio-visuellen Hilfsmitteln unterstützend in Erscheinung treten konnte. Zudem sprach er sich dafür aus, zwischen dem Kommunikationszentrum und den Frankfurter Museen, Sammlungen und Galerien eine enge Zusammenarbeit anzustreben, um durch Aufzeichnungen (Film, Videoband, Kassette) über bildungsspezifisch aufbereitete Bestände das Museumsgut noch stärker der Öffentlichkeit zu vermitteln, sei es durch Vorführungen in den Museen selbst oder aber durch Verleih und Verkauf an interessierte Kreise. Als weiteres Ziel wurde von Hoffmann die Einrichtung eines Film-Zentralarchivs als Vorstufe für einen Archivverbund für wünschenswert erklärt. Die seit längerer Zeit in Frankfurt durchgeführten Wochen des Asiatischen Films sollten weiter gepflegt werden, wobei man für späterhin sogar die Einrichtung einer europäischen Sammel- und Beratungsstelle ins Auge faßte. Es würde zu weit führen, alle Einzelheiten detailliert aufzuzeichnen, die Kulturdezernent Hoffmann im Zusammenhang mit dem von ihm vorgeschlagenen »Audio-Visuellen Kommunikationszentrum« in der Alten Oper verwirklicht sehen wollte. Ungeachtet des vom Kulturdezernenten angestrebten Zieles, muß darauf hingewiesen werden, daß die Errichtung eines repräsentativen Großen Saales zwecks Durchführung von Konzerten und sonstigen Veranstaltungen sowie die Einrichtung eines kleineren Saales für Kammermusik, Vorträge usw. im Vordergrund seiner Wünsche stand. Zur Ergänzung des Raumangebots empfahl Hoffmann den Einbau eines Theatersaals mit etwa 300 Plätzen, wobei er nicht an eine fest installierte Bühne dachte, sondern an eine flexible Einrichtung, in der neue Formen der Präsentation erprobt werden könnten.
Der Einbau von Dolmetscher-Kabinen, Vorrichtungen für Rundfunk- und Fernsehübertragungen, Eidophor-Anlagen mit Ausstrahlung in die verschiedenen Ebenen usw. waren ebenso selbstverständlich wie eine ausreichende Anzahl von Restaurationsräumen für die Versorgung der Gäste im Bereich der Alten Oper. Abschließend bleibt festzustellen, daß die oben dargestellten Empfehlungen für den Wiederaufbau der Alten Oper für durchführbar gehalten und als solche dem Magistrat und der Stadtverordnetenversammlung zur Beschlußfassung vorgeschlagen wurden. Weder die Konzertfunktion allein noch die Kombination von Konzert- und Kongreßfunktion wollte man seitens der Sozialdemokraten als tragbar gelten lassen, da man nur eine Konzeption für geeignet hielt, die eine Belebung des Gebäudes durch alle Schichten der Bevölkerung und zu allen Tageszeiten – nicht nur abends – garantierte.

Aufgrund der bisherigen Einstellung der Aktionsgemeinschaft hinsichtlich der zukünftigen Zweckbestimmung der Alten Oper konnte es nicht ausbleiben, daß Fritz Dietz gegen eine so weitläufige Verwendungsabsicht des Gebäudes Einspruch erhob. Er erklärte erneut, das Gebäude könne nur als Haus der Musik und für Tagungen aller Art sinnvoll seinen Zweck erfüllen, und er werde alles daransetzen, daß die Alte Oper nicht zu einem »Jahrmarkt« umfunktioniert würde. Entsprechend lautete seine Parole »Ein Haus für alle, aber nicht für alles«. Weiterhin gab Fritz Dietz zu verstehen, daß er sich unzumutbaren Bedingungen niemals beugen werde und die ihm anvertrauten Spendengelder nur dann für einen Wiederaufbau zur Verfügung stellen könne, wenn die von den Spendengebern vorausgesetzte Zweckbestimmung der Alten Oper respektiert würde.

Nach dem vielen Hin und Her um das Funktionsprogramm der Alten Oper war im Mai 1971 jedoch von der Mehrheit der Stadtverordnetenversammlung eine Grundlage geschaffen worden, die es ermöglichte, eine fundierte Planungskonzeption für den Wiederaufbau des Gebäudes zu erarbeiten. Die Architektengemeinschaft Braun & Schlockermann entwickelte nunmehr ihre Vorstellungen zum Wiederaufbau unter größtmöglichem Eingehen auf die vorhandene Bausubstanz mit einem Großen Konzertsaal für 2500 Besucher innerhalb der erhaltenen Umfassungsmauern. Im Zusammenhang damit sollten Nebenräume für Musikveranstaltungen, Kongresse, Versammlungen und gesellige Veranstaltungen eingerichtet werden. Auch der Kleine Saal mit rund 500 Plätzen war multifunktionell geplant, d. h. er sollte unterschiedlichen Zwecken dienen, so z. B. für Kammermusik, Solistenkonzerte, Vorträge, Lesungen, Diskussionsabende usw. Die flexible Foyerebene sollte so gestaltet werden, daß sie Ausstellungen, Kunstmarkt, Kino, Leseecken usw. aufnehmen konnte, um den Aufgaben eines Kommunikationszentrums gerecht zu werden. In der unteren Ebene beabsichtigte man die Unterbringung des sogenannten Jugendforums nebst Werkstätten und sonstigen Räumen sowie Einrichtungen für Aktivitäten von Gruppen. In der Zwischenzeit nahm die Aktionsgemeinschaft Opernhaus aufgrund der divergierenden Vorstellungen der Architekten Gelegenheit, sich mit dem weltbekannten Akustiker Prof. Heinrich Keilholz in Verbindung zu setzen, der große Erfahrungen auf dem Sektor des Konzert- und Theaterbaus mitbrachte. Aus der Vielzahl der von ihm betreuten Projekte seien nur das Große Festspielhaus Salzburg, die Staatsoper Wien, die Deutschlandhalle Berlin, die Rheingoldhalle Mainz, die Jahrhunderthalle Hoechst, die Staatsoper Hamburg, die Deutsche Oper am Rhein, Düsseldorf, die Theater in Kiel, Karlsruhe, Hannover usw. hervorgehoben. Auch im europäischen Ausland sowie in Mexiko, Japan, Persien, Israel, China, Rußland und Amerika hatte er sich als Raum- und Bauakustiker bereits große Verdienste erworben. Prof. Keilholz vertrat die Auffassung, daß für den Großen Konzertsaal nur die Rechteckform – wie sie die Architektengemeinschaft Braun & Schlockermann vorschlug – empfehlenswert sei, um akustischen Schwierigkeiten aus dem Weg zu gehen. Für Steinbüchels Entwurfskonzept glaubte er, keine Garantie für eine gute Akustik auf allen Plätzen geben zu können. In diesem Zusammenhang sei darauf hingewiesen, daß auch die Frankfurter Aufbau AG gegenüber dem Steinbüchelschen Entwurf insofern Bedenken geäußert hatte, als ein Abfangen der beiden Längswände bautechnische Risiken und kostenwirksame

Prof. Heinrich Keilholz.

Imponderabilien in sich berge, die niemand verantworten könne. Prof. Keilholz befürwortete deshalb die Planvorstellungen der Architektengemeinschaft Braun & Schlockermann, da sich eine rechteckige Saalgestaltung unter Beibehaltung der tragenden Seitenwände verwirklichen ließ. Mit einer solchen Lösung glaubte man, alle für die gewünschte funktionelle Nutzung notwendigen Baumaßnahmen konstruktiv ermöglichen zu können. Das Gutachten von Prof. Keilholz war für die städtischen Gremien in so hohem Grade überzeugend, daß alle vorausgegangenen Planungen der Architekten, die nicht den Raumvorstellungen des Akustikers entsprachen, kaum Aussicht auf Verwirklichung hatten. In diesem Zusammenhang darf jedoch nicht unerwähnt bleiben, daß eine Entscheidung für die Rechteckform des Großen Saales es notwendig machte, den Kleinen Saal, wie er im Projekt von Steinbüchel vorgesehen war, dem Großen Saal hinzuzufügen. Damit ergab sich allerdings der Nachteil, daß die hinteren Sitzplätze auf dem Rang eine sehr große Entfernung hinnehmen mußten; auch wurde dadurch unvermeidlich, das frühere große Treppenhaus aufzugeben. Die Vorteile auf der einen Seite waren also mit der Hinnahme empfindlicher Nachteile auf der anderen Seite verbunden.

Ungeachtet der verschiedenen Anschauungen, die zwischen Architekt von Steinbüchel als Beauftragtem der Aktionsgemeinschaft und der von Oberbürgermeister Walter Möller berufenen Planungsgruppe Braun & Schlockermann bezüglich der Art des Wiederaufbaus bestanden, wurde vom Oberbürgermeister eine Architektengemeinschaft von Steinbüchel/Braun & Schlockermann vorgeschlagen. Am 5. April 1971 einigten sich die Architekten, gemeinsam ein Planungsteam zu bilden, worauf ein entsprechender Vertragsentwurf vorbereitet wurde. Es darf angenommen werden, daß Präsident Dietz von der Aktionsgemeinschaft dieser Vereinbarung nicht vorbehaltlos gegenüberstand, da in einer solchen Architektensozietät die Möglichkeit bestand, daß das von Steinbüchel eingebrachte Projekt, für welches sich Dietz angeblich das Einverständnis des Oberbürgermeisters bereits gesichert hatte, durch ein neues Programm unterlaufen werden könne. Fritz Dietz glaubte, darauf bestehen zu müssen, daß Steinbüchels Pläne auch bei Mitarbeit des Architektenbüros Braun & Schlockermann weiterhin als Grundlage dienten. Schließlich kam es soweit, daß auch Prof. Keilholz gebeten wurde, der Arbeitsgemeinschaft beizutreten. Da die von Keilholz eingebrachten Überlegungen jedoch in keiner Weise den Vorschlägen Steinbüchels entsprachen, kam es im weiteren Verlauf der Dinge zum Bruch zwischen Steinbüchel und der Aktionsgemeinschaft. Dies führte schließlich zur Gründung der Planungsgemeinschaft Wiederaufbau Alte Oper – Architektenbüro Braun & Schlockermann und Partner/Ingenieurbüro Prof. Heinrich Keilholz. Architekt von Steinbüchel sah sich in seinen Interessen geschädigt, und so kam es zu einem Rechtsstreit zwischen ihm und der Aktionsgemeinschaft Opernhaus, der sogar den Bundesgerichtshof beschäftigte. Steinbüchels Honorarforderungen wurden grundsätzlich bejaht und in ihrer Höhe vom Gericht entsprechend der eingebrachten Arbeitsleistung festgesetzt.

Im März 1972 legte die neu konstituierte »Planungsgemeinschaft Wiederaufbau Alte Oper« – Architektenbüro Braun & Schlockermann/Ingenieurbüro Prof. Keilholz – ihre erste Planungsstudie vor. Nach den Vorstellungen der Planungsgemeinschaft konnte es beim Wiederaufbau nicht darum gehen, das Gebäude in seinem vollständig zerstörten Innern bis ins Detail zu restaurieren. Im alten Gewand konnte vielmehr nur die Fassade wiedererstehen; das Gebäude-Innere hingegen mußte bis auf die Restaurierung einiger erhalten gebliebener Bauelemente – dem ehemaligen Vestibül im Erdgeschoß und dem großen Foyer in der Ebene 3 – ganz von seiner neuen Aufgabenstellung her konzipiert und gestaltet werden. Das bedeutete eine Wiederherstellung der äußeren Gestalt des Opernhauses, im Innern dagegen die Zugrundelegung einer neuen Baukonzeption mit modernen, funktionsgerechten und vielfältig nutzbaren Räumen.

Durch den neu formulierten Arbeitstitel »Forum für Kunst und Kultur« brachte man zum Ausdruck, daß die Alte Oper neben der Kunst- und Konzertfunktion, die im Mittelpunkt steht, multifunktional nutzbar sein und dadurch zu einem lebendigen kulturellen Kristallisationspunkt in Frankfurt werden sollte. Im einzelnen sah die Planungsstudie innerhalb des vorgegebenen Bauvolumens der Opernhaus-Ruine folgende Räumlichkeiten vor:

1. Großer Saal für 2500 Besucher mit Nebenräumen, Stimmzimmern, Künstlergarderoben etc. – multifunktional nutzbar für Musikveranstaltungen, Multimedia-Veranstaltungen, gesellige Veranstaltungen, Versammlungen, Kongresse.
2. Kleiner Saal für 500 Besucher, nutzbar für Kammermusik, Solistenkonzerte, Vorträge, Lesungen, Diskussionsabende, Filmveranstaltungen, Werkstatt-Theater etc.

Planungsteam Wiederaufbau Alte Oper
Braun & Schlockermann/Prof. Keilholz.
sitzend – von links nach rechts:
Helmut Braun, Martin Schlockermann, Dagmar Mascheck,
Hasan Numankani, Friedrich-Carl Schiepe.
stehend – von links nach rechts:
Fritz K.H. Stäter, Roland Röhner, Volker Rödel, Peter
Westrup, Ernst-Ullrich Scheffler.

3. Flexibel gestaltete Foyerebenen für Kunst- und andere Ausstellungen, Kunst-Auktionen, Kunstmärkte.
4. »Offenes« Erdgeschoß als Anziehungs- und Treffpunkt, gleichzeitig für Kunst- und andere Ausstellungen.
5. Räume für Jugendliche sowie kulturelle Aktivitäten von Gruppen und einzelnen in den unteren Gebäudeebenen.
6. Restaurationsräume, gastronomische Versorgung.
7. notwendige Nebenräume zur Erfüllung der vorgesehenen Funktionen.

Neben der Berücksichtigung der aus der Zielsetzung und Bestimmung des Hauses resultierenden Forderungen gingen die Verfasser der Planungsstudie auch von der Überlegung aus, daß der Entwurf auf die vorhandene Bausubstanz – soweit funktionell vertretbar – Rücksicht nehmen muß. Die Architekten führten dazu aus:
»Abgesehen davon, daß anders die Kosten des Wiederaufbaus nicht in Grenzen gehalten werden können – ein Abfangen der Gebäudelängswände etwa, wie es zur Diskussion stand, birgt aufgrund der damit verbundenen Risiken kostenmäßig kaum erfaßbare Imponderabilien in sich – wird auch die Idee des Wiederaufbaues ad absurdum geführt, wenn bei Eingriffen in die erhaltene Bausubstanz Teile der Fassade abgetragen, numeriert und eingelagert und anschließend wieder vorgeblendet werden müssen.«

Nach der neu erarbeiteten Planungskonzeption ist der Große Saal für 2500 Personen räumlicher und planungsbestimmender Hauptteil der wiederaufgebauten Alten Oper. Dieser Saal ist als einfacher, in seinen Oberflächen allerdings entsprechend den akustischen Erfordernissen differenziert gestalteter Rechteckraum so zwischen die erhaltenen inneren Umfassungswände des Gebäudes unter Einschluß von ehemaligem Bühnen- und Haupttreppenhaus gelegt, daß ein konstruktiv schwieriges Abfangen bestehender Bauteile nicht notwendig wird. Die rechteckige Raumform des Saales kommt aber auch gleichzeitig den akustischen Belangen entgegen; jede Polygonform – so Professor Keilholz – ist aus raumakustischer Sicht bedenklich.
Um die geforderte Mindestbesucherzahl zu erreichen und aus räumlichen Gründen, ist ein Rang ausgebildet; der hintere Rangteil ist vom Großen Saal abteilbar und wird so zum Kleinen Saal. Die Erschließung der Säle geschieht über die in den Querflügeln geplanten Treppenhäuser und über die Seitenschiffe. Dabei sind in der Festlegung der verschiedenen Niveaus die Gegebenheiten der vorhandenen Bausubstanz voll berücksichtigt – alle Fensteröffnungen stehen in Übereinstimmung mit dem Innenraum.
Für den Kleinen Saal ist eine gesonderte Foyer-, Garderoben- und Nebenraumebene geplant. Das Hauptfoyer liegt auf der Parkettebene, ein Bankett-Saal kann abgeteilt werden; das Parkett kann aber auch zusammen mit den Foyerflächen zu einer großen, ebenen, zusammenhängenden Saalfläche umgestaltet werden. Die Garderoben für den Großen Saal sind in einem Zwischengeschoß über der Eingangsebene bzw. unter der Saalebene geplant; sie stehen mit der Eingangsebene in unmittelbarer räumlicher Verbindung.
Das Eingangsgeschoß ist für die Allgemeinheit weitgehend offen gehalten und stellt als Anziehungs- und Treffpunkt das eigentliche »Forum für Kunst und Kultur« dar.
In den unteren Ebenen sind außer Räumen für technische Anlagen und sonstigen Nebenräumen Restaurant, Küche, Personal-Cafeteria sowie Jugendräume mit einem weiteren Studio-Saal geplant. Das Jugendforum steht mit der Eingangsebene räumlich in Verbindung, hat jedoch auch einen direkten Zugang von außen.
– Im übrigen besitzt die Alte Oper nach der Entwurfskonzeption der Planungsgemeinschaft auch einen direkten Anschluß an die B-Ebene des geplanten U- und S-Bahnhofes Opernplatz sowie an die auf der Ostseite geplante – und unabdingbar notwendige – Tiefgarage.
Die inneren und äußeren Umfassungswände des Gebäudes sind bei dieser Konzeption bis auf Türdurchbrüche an keiner Stelle angetastet, sondern im Gegenteil durch vier Stahlbetonscheiben in Verstärkung der Querschiffwände zusätzlich ausgesteift. Die Konstruktion des Gebäudeinnern ist unabhängig von den Umfassungswänden geplant; lediglich die Dachlasten sollten ursprünglich auf die bestehenden inneren Längswände abgegeben werden. – Die Überprüfung der Tragfähigkeit dieser Wände ergab jedoch, daß die Dachlasten von dem alten Mauerwerk nicht mehr »verkraftet« werden

konnten, sondern vielmehr über den Umfassungswänden vorgelagerte Stützen gesondert abzutragen sind. Insgesamt ist der Grundsatz »Unantastbarkeit der Fassade bzw. Umfassungswände – unabhängige Neugestaltung des Gebäudeinneren« in allen Ebenen durchgehalten; besondere konstruktive Schwierigkeiten konnten dadurch vermieden werden.

Für den Eingangsbereich mit der Vorhalle ist – beispielhaft für das gesamte ehemalige Interieur – eine detailgetreue Restaurierung vorgesehen. Das ehemalige Haupttreppenhaus hingegen konnte aus funktionalen Gründen – geforderte Mindestkapazität des Großen Saales – nicht wieder aufgebaut werden. Weitere Planungsdetails sollen im Zusammenhang mit der Besprechung der der Ausführung zugrunde liegenden endgültigen Entwurfspläne erläutert werden.

Die von der Planungsgemeinschaft Braun & Schlockermann und Professor Keilholz erarbeitete Planungsstudie wurde sowohl von den städtischen Gremien als auch von der Aktionsgemeinschaft allgemein akzeptiert. Auf ihrer Grundlage wurde noch im Sommer 1972 an die Planungsgemeinschaft der Auftrag erteilt, eine detaillierte Vorplanung einschließlich einer fundierten Kostenschätzung für die Gesamtbaumaßnahme zu erstellen. Gleichzeitig wurden entsprechende Planungsaufträge an die bei der weiteren Planung einzuschaltenden Sonderfachleute – Statiker, Fachingenieure für Gebäude- und Bühnentechnik, Bauphysiker – vergeben und die Frankfurter Aufbau AG mit den Baubetreuungs- und Bauleitungsaufgaben betraut. Die Planungskosten für diese Vorplanungsarbeiten sollten von der Stadt und der Aktionsgemeinschaft je zur Hälfte getragen werden.

Auf der Grundlage der Vorplanung wurde eine erste Kostenschätzung aufgestellt, und zwar auf der Preisbasis des Jahres 1972. Die ermittelten Baukosten schlossen ab mit einem Gesamtaufwand von 60 Millionen DM. Die Aufstellung einer Betriebskostenrechnung war trotz geläufiger Faktoren zum damaligen Zeitpunkt noch nicht möglich, weil diese ganz wesentlich abhängig war von den noch zu treffenden Festlegungen über Struktur und Organisationsform des Betriebes sowie den endgültigen Verwendungsabsichten. Man ging jedoch davon aus, daß der Betriebsaufwand weitgehend aus erwirtschafteten Einkünften bestritten und die verbleibende Deckungslücke in einem erträglichen Maß gehalten werden konnte.

Die Restaurationsarbeiten an der Fassade – finanziert mit dem von der Aktionsgemeinschaft gesammelten Spendenaufkommen – liefen unterdessen zügig weiter. Der erreichte Planungsstand erlaubte darüber hinaus die Inangriffnahme vorbereitender Bauarbeiten zur weiteren Sicherung der Ruine und zur Ausräumung des Bauschuttes, ohne daß hierdurch weiteren Planungsentscheidungen vorgegriffen wurde.

Parallel zu den erläuterten Planungsarbeiten wurde die Konstituierung des Rechtsträgers betrieben, der gemeinsam von der Stadt Frankfurt und der Aktionsgemeinschaft berufen werden und künftig für Planung und Bau verantwortlich zeichnen sollte. Bis zur Gründung dieser Rechtsträgerorganisation sollten – wie bereits oben erwähnt – die benannten Arbeitsgruppen »Bau« sowie »Recht und Steuer« die zur Entwurfsbearbeitung erforderlichen Entscheidungen vorbereiten.

Ein Rückblick auf das Kalenderjahr 1972 läßt erkennen, daß man zwar langsam, doch Schritt für Schritt in der Verwirklichung des Vorhabens weitergekommen war. Bemerkenswert erscheint der Beschluß der Stadtverordnetenversammlung vom 6. Juli 1972, sich mit der Hälfte der Vorplanungskosten in Höhe von 1,15 Millionen DM zu beteiligen. Für die Planung als solche wurden die Vorschläge der Arbeitsgruppen »Bau« und »Recht und Steuer« als verbindlich anerkannt. Nachdem auch gesichert war, daß der neu gewählte Oberbürgermeister Rudi Arndt befürwortend hinter dem Wiederaufbau-Programm stand, ging man daran, die Vorbereitungen für die Gründung einer »Stiftung Alte Oper GmbH« voranzutreiben; die Aktionsgemeinschaft steuerte einen Entwurf dazu bei. Im November 1972 wurde seitens der beiden Arbeitsgruppen die Zielsetzung der zu gründenden Gesellschaft dahingehend formuliert, daß der geplante Neubau ein kulturelles Zentrum für die Allgemeinheit werden solle, in dem Konzert- und Kongreßfunktion Vorrang haben. – Daneben war die Aktionsgemeinschaft bemüht, die Bevölkerung durch Veranstaltungen und Sonderaktionen zu Spenden für den Wiederaufbau zu bewegen. Eine Versteigerung gestifteter Kunstgegenstände erzielte durch den Einsatz des Auktionshauses Arnold einen Reinerlös von 50.000,– DM. Ein ausverkauftes Haus brachte ein Festkonzert in der Oper mit den beiden renommierten Sängern Anja Silja und Hermann Prey, die unter der Leitung von Generalmusikdirektor Christoph von Dohnanyi und dem Opernhaus- und Museumsorchester ein erlesenes Programm darboten. Die zweite Aufbau-Lotterie zugunsten der Alten Oper – September/Oktober 1971 – schloß mit einem Reingewinn von 320.000,– DM ab. Ende 1972 hatte der Spendenstand eine Höhe von 11,5 Millionen DM erreicht.

Die Aktionsgemeinschaft gab zu erkennen, daß sie mit ihren Spenden sofort in Vorlage treten könne, damit nun endlich nach 27 Jahren des Einsatzes um die Erhaltung des Opernhauses mit dem Wiederaufbau begonnen werden kann. Schlägt man die Zeitungen der damaligen Zeit auf, läßt sich des öfteren lesen, daß Präsident Fritz Dietz die immer erneute Verschleppung des Wiederaufbaus der alten Oper durch die Verantwortlichen in den städtischen Gremien kritisierte. Er wies darauf hin, daß beispielsweise in Darmstadt mit seinen nur 141.000 Einwohnern ohne eine Bürgerinitiative ein Theater mit einem finanziellen Aufwand von 70 Millionen DM entstanden sei, wogegen in Frankfurt die verantwortlichen Gremien sich noch keine Gedanken über die Finanzierung des Opernhausprojektes machten. Dem stellte er die Anstrengungen der Aktionsgemeinschaft gegenüber, die im Jahre 1972 bereits 3,5 Millionen DM für Erhaltungs- und Instandsetzungsarbeiten in Auftrag gegeben habe.

Bezüglich des Innenausbaues und der Zweckbestimmung der Alten Oper schien sich erneut eine Auseinandersetzung anzubahnen, da Präsident Dietz bei jeder Gelegenheit betonte, das Opernhaus sei zwar für alle aber nicht für alles gedacht. Im Verfolg des Fortganges dieser Bestrebungen ging es ihm vorerst offenbar darum, nach mehr als Jahresfrist die im Februar 1971 mit dem verstorbenen Oberbürgermeister Walter Möller getroffene Absprache bezüglich der Errichtung einer Trägerschaft in Form einer Stiftung verwirklicht zu sehen. Wenn es gelingen sollte, die von der Stadt gemeinsam mit der Aktionsgemeinschaft in Auftrag gegebene Vorplanung, die kurz vor ihrer Vollendung stand, im Römer positiv zur Entscheidung zu bringen, glaubte Präsident Fritz Dietz, wiederum ein gewaltiges Stück vorwärtsgekommen zu sein. Leider zogen jedoch insofern düstere Wolken am Horizont auf, als die Mehrheitspartei im Stadtparlament bei ihrer Etatklausur im Februar 1973 ihren früheren Beschluß revidierte und somit weder die Bebauung des Dom-Römer-Bereichs (mit einem Kostenaufwand von ca. 150 Millionen DM) noch der Wiederaufbau des Opernhauses (mit einer Kostenschätzung von 60 bis 70 Millionen DM) vorerst eine reelle Chance hatte, rasch verwirklicht zu werden. Dieser Vorgang war verständlicherweise wenig geeignet, die Opferbereitschaft der Frankfurter Bevölkerung erneut anzuspornen. Immer wieder wurde die Frage aufgeworfen, warum man sich nicht schon in den fünfziger Jahren mit etwas gutem Willen zu einem Wiederaufbau entschlossen habe, als alles noch weitaus billiger zu realisieren war. Oberbürgermeister Rudi Arndt sah sich veranlaßt darauf zu verweisen, daß er infolge Geldmangels fürs erste keine Möglichkeit sehe, den Wiederaufbau des Opernhauses in der Prioritätenliste aufzunehmen. Die Christdemokraten gaben jedoch auch diesmal wieder zu verstehen, daß nach ihrer Ansicht die Ablehnung des Projekts aus einer bestehenden Finanznot nicht zu rechtfertigen sei, sondern allein auf der mangelnden Bereitschaft beruhe, den Wiederaufbau der alten Oper zu fördern. – Erwartungsgemäß reagierte ein Teil der Öffentlichkeit auf die neue Beschlußlage mit bitterer Enttäuschung, da a) der Magistrat sich bereits im Mai 1972 durch Antrag an die Stadtverordnetenversammlung zur Mitfinanzierung der Vorplanung bekannt hatte, b) er

die von der Aktionsgemeinschaft und der Stadt paritätisch besetzten Arbeitsgruppen »Bau« und »Recht und Steuer« mit ihren bekannten Funktionen inzwischen tätig werden ließ, c) eine Vorplanung durch eine Architektengemeinschaft in Auftrag gegeben und d) auch den Satzungsentwurf für eine Trägergesellschaft »Alte Oper GmbH« verabschiedet hatte. Die Aktionsgemeinschaft erklärte offen, die Glaubwürdigkeit der Stadt sei durch ihre jüngste Entscheidung stark erschüttert, und es bestehe nunmehr wohl frühestens nach 1976 eine Möglichkeit, eine Aufnahme des Opernhausprojektes in die Investitionsliste zu erreichen. Den früheren positiven Reaktionen von Magistrat und Stadtverordnetenversammlung zufolge konnte sich die Aktiongemeinschaft eigentlich in der Hoffnung bestärkt fühlen, daß man seitens der Stadt endlich eingesehen habe, welcher hohe Stellenwert einem Wiederaufbau des Opernhauses zukomme, so daß um Prioritäten nicht mehr gestritten werden mußte. Da die Entwicklung aber anders verlief, ließ die Aktionsgemeinschaft in einer Pressekonferenz am 2. Mai 1973 verlautbaren, daß man nunmehr versuchen werde, aus eigener Kraft den Wiederaufbau zu bestreiten. Man setzte nun die ganze Hoffnung auf einen Antrag für einen erweiterten Bau-Erlaubnisschein, um dann auf der Grundlage der von der Stadt gebilligten Vorplanung und mit Hilfe der zur Verfügung stehenden Spendenmittel die Aufbauarbeiten fortsetzen zu können. Als nächstes Teilstück der Planung faßte man eine Überdachung des Gebäudes ins Auge. Hinsichtlich der Innengestaltung gab Präsident Fritz Dietz wiederholt zu verstehen, daß nicht beabsichtigt sei, ein Haus »in Plüsch und Gold« zu erstellen, sondern vielmehr ein Konzert- und Kongreßhaus, wie es die Stadt Frankfurt dringend benötigt, um anderen Städten gegenüber konkurrenzfähig zu werden. Die neue Parole der Aktionsgemeinschaft lautete: »Wir machen weiter, wir geben nicht auf!« Bezüglich der zwingend notwendigen Geldbeschaffung stellte sich die Frage, wo die Unterstützung des Landes Hessen bleibe, das beispielsweise für seine Staatstheater in Wiesbaden, Kassel und Darmstadt jährlich

rund 23 Millionen DM aufzubringen bereit war und etwa 57 Millionen DM für den Bau des Darmstädter Staatstheaters aus Steuermitteln zur Verfügung gestellt hatte. Ungeachtet der Frage, ob von dieser Seite finanzielle Hilfe zu erwarten war oder nicht, gab sich die Aktionsgemeinschaft zuversichtlich, daß zu den 12,5 Millionen DM an Spenden (Juli 1973) noch weitere Zuwendungen kommen würden und es dann – unter Inanspruchnahme zusätzlicher Darlehen – vielleicht sogar gelingen könne, die Alte Oper in eigener Regie in Betrieb zu nehmen. Hieraus konnte man ableiten, daß Fritz Dietz sich wohl damit abgefunden hatte, vorerst mit keinen finanziellen Zuwendungen von seiten der Stadt bzw. des Landes Hessen rechnen zu können.
Es soll nicht unerwähnt bleiben, daß Oberbürgermeister Rudi Arndt ebenso wie Kulturdezernent Hilmar Hoffmann sich wiederholt zur Notwendigkeit kombinierter Räume für Konzerte und Kongresse in der Alten Oper bekannten, da in Frankfurt diesbezüglich eine echte Notlage bestand. Aus dieser Einsicht resultierte dann auch die verbindliche Zusage der Stadt gegenüber der Aktionsgemeinschaft, einer Erweiterung des Bau-Erlaubnisscheines zuzustimmen, wodurch der Aktionsgemeinschaft die Möglichkeit gegeben wurde, die Sicherungs- und Erhaltungsmaßnahmen voranzutreiben. Oberbürgermeister Arndt gab weiterhin zu verstehen, er hoffe, vom Magistrat die Zustimmung zur Vorplanung zu erreichen sowie eine Übernahme der Hälfte der Planungskosten – wie bisher – erwirken zu können. Nun bestand immerhin Aussicht auf Eröffnung des seit langem konzipierten Informationszentrums im Portal der Alten Oper, vorausgesetzt, die Genehmigung der Planung durch die städtischen Körperschaften war bis dahin erreicht.
Im Frühsommer 1973 legte die Planungsgemeinschaft Braun & Schlockermann/Keilholz ihre Vorplanung – bereits im Maßstab 1:100 detailliert ausgearbeitet – zum Wiederaufbau der Alten Oper vor. Sie erbrachte die Bestätigung, daß ein Aufbau unter Erhaltung der Fassade bei wirtschaftlich vertretbarem und vorhersehbarem Aufwand möglich ist. Dies sollte – wie bereits

ausgeführt – in erster Linie dadurch erreicht werden, daß die Standfestigkeit der alten Bausubstanz in sich gesichert und in die Ruine hinein ein Neubau in Stahlbetonkonstruktion gestellt wird, der die neu eingezogenen Decken, aber auch das Dach tragen sollte. Die Vorplanung erbrachte ferner die Bestätigung, daß das beschlossene Raum- und Funktionsprogramm funktional sinnvoll und bei gutem Zuschnitt der Räume unterzubringen ist. Das Gebäude sollte außerdem mit gewissen Einschränkungen – auch für Kongresse geeignet sein.
Insgesamt ergab sich aufgrund der vorgeschlagenen Raumdisposition eine Nutzfläche von ca. 18.000 qm.
In den Erläuterungen des Bau- und Planungsdezernats sowie des Kulturdezernats unter den Dezernenten Hans Adrian und Hilmar Hoffmann zur Vorplanung heißt es wörtlich:
»In der Ebene des Opernplatzes und der Grünanlagen wird das Bauwerk zu allen Tageszeiten für jedermann offengehalten. In der Erdgeschoßebene werden Räume zur Begegnung und zur Diskussion angeboten. Daneben können Kioske, Zeitungsstände, Bücherstände, aber auch Sitzecken und ein Café entstehen. Das darunter liegende Geschoß, durch Abgänge verbunden, soll vor allem jungen Menschen gewidmet sein: offene Diskussionsecken, geschlossene Jugendräume, ein Werkstatt-Theater. Über dem Forum im Erdgeschoß liegen in einem Zwischengeschoß die Garderoben und darüber der Große Saal für 2500 Besucher. Der in das alte Gebäude eingefügte unkomplizierte rechteckige Grundriß ist wirtschaftlich, akustisch günstig und erlaubt vielfältige Nutzung. Der größte Teil des Saales ist eben, so daß er als Parkett eines Theaters oder Konzertsaales wie als Festraum dienen kann. Die Bühne entsteht durch Hebebühnen und ist veränderbar. Das Foyer liegt auf gleicher Höhe wie das Parkett, so daß es bei gesellschaftlichen Veranstaltungen einbezogen werden kann. Im Foyer wird die Architektur der Alten Oper wieder hergestellt.
Der Große Saal wird gegliedert durch einen großen hinteren und einen schmalen umlaufenden Rang. Ein Teil des hinteren Ranges läßt sich als Kleiner Saal mit 500 Plätzen durch eine hydraulische Hubwand akustisch einwandfrei abtrennen. Die Bestuhlung ist veränderbar. Für Kongresse und Tagungen aller Art sind Nebeneinrichtungen vorgesehen von kleineren Diskussionsräumen bis zu Kabinen für Simultanübersetzer.
Das gewählte Konstruktionsprinzip, Erhaltung der äußeren Schale, Einfügung einer neuen, weitgespannten Tragkonstruktion im Inneren sichert vor unliebsamen Überraschungen beim Bau, sichert dem Gebäude vielfache und veränderbare Nutzungsmöglichkeiten und erlaubt spätere Umbauten und Veränderungen.«
Inzwischen hatte die Aktionsgemeinschaft Vorbereitungen getroffen für eine dritte Aufbau-Lotterie, die in der Zeit vom 1. November bis 15. Dezember 1973 durchgeführt werden sollte. Da die beiden letzten Lotterien einen beachtlichen Reinerlös erbracht hatten, hoffte man auch diesmal wieder auf ein günstiges Ergebnis. Auch startete man anläßlich der hundertjährigen Wiederkehr des Baubeginns der Alten Oper einen Werbefeldzug für den Verkauf der inzwischen geprägten Opernhaus-Medaillen in Gold und Silber, die auf der einen Seite das Opernhaus nach einer Zeichnung des Malers Lorenz Ritter (1895), auf der Rückseite eine Frankfurt-Darstellung aus der Hand von Meister Merian (1675) zeigen.
Endlich, am 14. Dezember 1973, erfolgte ein weiterer wichtiger Schritt in Richtung Wiederaufbau. Die von der Stadt und der Aktionsgemeinschaft gemeinsam in Auftrag gegebene Vorplanung war bei einer Sitzung der beiden Arbeitsgruppen »Bau« und »Recht und Steuer« im Technischen Rathaus endgültig angenommen worden. Die Vorplanung der Planungsgemeinschaft Braun & Schlockermann/Prof. Keilholz fand bei allen Anwesenden uneingeschränkte Zustimmung, da in der Planung sowohl die Forderungen der Stadt als auch die der Aktionsgemeinschaft harmonisch miteinander verbunden worden seien. Nunmehr nahm der Magistrat Veranlassung, die Unterlagen der beschlußfassenden Stadtverordnetenversammlung vorzulegen. Nach dem damaligen Bauindex ergab sich nur für den Wiederaufbau des Opernhauses ein Kostenaufwand von ca. sechzig Millionen DM.
Im Dezember 1973 war es dann soweit, daß unter der ehemaligen Vorfahrt zur Alten Oper ein Informationsstand auf Initiative der Aktionsgemeinschaft eröffnet werden konnte, der bei der Bevölkerung auf großes Interesse stieß. – Auf der Grundlage der akzeptierten Vorplanung konnten nun die vorbereitenden Planungs- und Bauarbeiten zur Sicherung der Ruine bereits so konzipiert und weitergeführt werden, daß sie nicht als zeitliches Provisorium, sondern bereits als notwendiger Bestandteil der künftigen Konstruktion zu betrachten waren. Auch die Restaurierungsarbeiten an der Fassade wurden weitergeführt sowie alles, was sich an Stuckornamenten, Reliefs, Medaillons, Fresken, Kacheln und Mosaiken im Inneren, in den alten Mauern, Böden und Decken noch fand, wurde sorgsam gesammelt, zum Teil abgeformt und Spezialisten zur Restaurierung überlassen. Um die Standfestigkeit der Ruine zu sichern, die Beseitigung der beiden Querwände im Bereich des ehemaligen Treppenhauses bzw. der Bühne und die Enttrümmerung des gesamten Kernbereiches zu ermöglichen, wurden parallel zu den Restaurierungsarbeiten an der Fassade die sogenannten Sicherungsarbeiten abschnittsweise wie folgt konzipiert:
I. Bauabschnitt Restaurierung und Sicherung des Nordgiebelvorbaus (Ausführungszeit von Januar bis Juli 1973).
II. Bauabschnitt Restaurierung und Sicherung der nördlichen Seitenrisalite einschließlich der Sanierung der erhaltenen Dachkonstruktion über dem ehemaligen Bühnenhaus. Sicherung der Hauptumfassungswände im Norden durch Einbau von Windscheiben. Restaurierung und Sicherung der südlichen Seitenrisalite, gleichzeitig Sicherung der Hauptumfassungswände im Süden durch den Einbau von Windscheiben.
III. Bauabschnitt Restaurierung und Sicherung des Südgiebelvorbaus.
IV. Bauabschnitt Restaurierung und Sicherung der Seitenschiffe, gleichzeitig Sicherung der Hauptumfassungswände in Gebäudemitte. –
Die in den oben erwähnten Bauabschnitten

durchzuführenden Arbeiten glaubte man im Sommer 1976 abschließen zu können, was auch geschah.

Es war vorauszusehen, daß die endgültige Zweckbestimmung des zu erstellenden Gebäudes erneut zu Auseinandersetzungen führen würde, da die Mehrheitspartei im Stadtparlament – im Gegensatz zur Aktionsgemeinschaft Opernhaus – erneut die Auffassung vertrat, das Haus solle ein Zentrum vielfältiger kultureller Nutzung werden. Im April 1974 berichtete die Presse, daß seitens des Kulturdezernenten daran gedacht sei, das Jazzlokal »Sinkkasten« in der Alten Oper zu etablieren. Damit sollte ein Anfang gemacht werden in Richtung auf Unterbringung von Institutionen, wie sie für späterhin geplant war. Dieser Vorschlag stellte die Opernhaus-Ruine erneut in den Mittelpunkt der öffentlichen Diskussion. Auch Schauspieler aus dem Frankfurter Raum taten ihr Interesse kund, in den Kellerräumen des Hauses Shakespeares »Timon von Athen« zur Aufführung zu bringen. In beiden Fällen hoffte man schon für absehbare Zeit auf einen Einsatz, also noch vor der eigentlichen Eröffnung des Hauses. Beide Vorhaben hatten jedoch vorerst keine Chance auf Verwirklichung, da die Sicherheit in der Ruine noch längst nicht gewährleistet war. In diesem Zusammenhang muß jedoch darauf hingewiesen werden, daß sich Fritz Dietz aus grundsätzlichen Erwägungen strikt dagegen aussprach, den »Sinkkasten« im Bereich der alten Oper unterzubringen. Er vertrat die Ansicht, die Verwendung der Räume müsse auf einer übereinstimmenden Entscheidung der Stadt und der Aktionsgemeinschaft beruhen, was auch für die Zukunft zu gelten habe.

Noch immer waren seitens der Stadt Frankfurt keine definitiven Beschlüsse über den Zeitpunkt des Beginns der eigentlichen Arbeiten für den Wiederaufbau gefaßt worden. Am 10. 6. 1974 jedoch beschloß der Magistrat der Stadt trotz aller Finanznot einen weiteren Schritt in Richtung Wiederaufbau Alte Oper: Er beauftragte das Dezernat Planung und Bau, eine beschlußfähige detaillierte Bauplanung auf der Grundlage der inzwischen akzeptierten Vorplanung der Planungsgemeinschaft Braun & Schlockermann/Professor Keilholz vorzulegen. Im Rahmen dieser weiterführenden, von den Architekten und Ingenieuren zu erbringenden, zum Teil bereits ins Detail gehenden Planungsleistungen sollten auch Kostenberechnungen und Wirtschaftlichkeitsberechnungen von der Frankfurter Aufbau AG erbracht werden, die es der Stadt ermöglichten, sich einen genauen Überblick über die zu erwartenden Investitions- und Folgekosten zu verschaffen und weiterführende Beschlüsse für den Wiederaufbau zu fassen. Die Kosten dieser 2. Planungsstufe in Höhe von ca. 2,5 Millionen DM sollten je zur Hälfte von der Stadt Frankfurt und der Aktionsgemeinschaft getragen werden. Erste Ergebnisse der 2. Planungsstufe sollten in ca. zwei Jahren vorgelegt werden. In der gleichen Sitzung stimmte der Magistrat der Aktionsgemeinschaft zu, mit den ihr zur Verfügung stehenden Mitteln weitere Arbeiten zur Sicherung und Erhaltung der Ruine durchzuführen. Das Stadtparlament billigte am 24. 10. 1974 diese Magistratsvorlage. Im gleichen Monat wurde in einer Klausurtagung der Mehrheitspartei beschlossen, für einen Ansatz von 3 Millionen DM im Etat zu votieren und die baureife Planung voranzubringen. Im Oktober 1975 beschloß dann auch die Hessische Landesregierung bei der Verabschiedung ihres Konjunkturförderungsprogramms, sich mit 1,5 Millionen DM am Wiederaufbau der Alten Oper zu beteiligen. Das erfreuliche Engagement des Landes bezeichnete Präsident Fritz Dietz als eine »Wende im langjährigen Ringen um den Wiederaufbau« des Gebäudes.

Die Aktionsgemeinschaft Opernhaus hatte sich im Bewußtsein ihres Auftrags auch in den vergangenen Jahren unermüdlich dafür eingesetzt, den Spendenfonds zugunsten des Wiederaufbaus aufzustocken. Aus der Reihe der von ihr zur Durchführung gebrachten Veranstaltungen sei vor allem das Festkonzert mit dem weltberühmten Geiger Yehudi Menuhin am 19. Mai 1974 erwähnt. Doch auch die Weinversteigerung in der Industrie- und Handelskammer (6. Juni 1975) erbrachte einen beachtlichen Reingewinn für den Spendenfonds. Als gute Einnahmequelle erwies sich auch die vierte Aufbau-Lotterie (Okt./Dez. 1975), die mit einem Überschuß von 142.800,– DM abschloß. Schließlich sei noch der seit Jahren bewährte Verkauf von Weihnachtskarten mit stets wechselnden Motiven erwähnt, der sich gleichfalls positiv auf den Spendenfonds auswirkte.

Die Situation zu Beginn des Jahres 1976 läßt sich etwa wie folgt beschreiben: Die SPD als Mehrheitspartei im Stadtparlament konnte sich seither noch nicht endgültig zu dem Projekt bekennen. Obwohl vor der Landtagswahl 1974 bereits ca. 3 Millionen DM für

Der weltberühmte Geiger Yehudi Menuhin war einer der namhaften Künstler, die sich für den Wiederaufbau der Alten Oper einsetzten.

die Vorbereitung einer baureifen Vorplanung bewilligt worden waren, gab es weiterhin starke Strömungen in der SPD, die gegen das Vorhaben eingenommen waren. Doch wie man auch die Sachlage beurteilte, es gab kein Zurück mehr, wenn man nicht Gefahr laufen wollte, vollends an Glaubwürdigkeit zu verlieren. Es stellte sich also nicht die Frage nach dem »Ob überhaupt«, sondern vielmehr die nach dem »Wie« und »Wann«. Ein entscheidender Durchbruch wurde erreicht bei der Klausurtagung der Sozialdemokraten vom 17. bis 21. März 1976 im Spessartdorf Vielbrunn. Die bis dahin immer wieder hinausgeschobene Finanzplanung brachte dabei insofern eine Lösung, als eine Bereitstellung der notwendigen Mittel für den Wiederaufbau des Opernhauses, einschließlich Errichtung einer Tiefgarage, für die Investitionsliste 1976–79 zur Bewilligung vorgeschlagen werden sollte. Falls Magistrat und Stadtverordnetenversammlung dem Vorschlag entsprachen, war damit zu rechnen, daß bereits im Jahre 1976 ausreichende Mittel zur Verfügung stünden, um das Bauvorhaben auf der Grundlage der bereits erarbeiteten Entwurfskonzeption endgültig in Angriff zu nehmen. Für den eigentlichen Aufbau schätzte man eine Zeitspanne von drei bis vier Jahren, so daß man verbindlich annehmen konnte, daß zur Hundertjahrfeier am 20. Oktober 1980 der Wiederaufbau des Gebäudes vollendet sein dürfte. Als etwaige Bausumme wurde damals ein Betrag von etwa 70 Millionen DM veranschlagt.

Endgültige Zustimmung der Stadtverordnetenversammlung für den Wiederaufbau der Alten Oper (1976)

Nach dem jahrelangen Ringen um die Erhaltung der Opernhaus-Ruine bzw. deren Wiederaufbau faßte die Stadtverordnetenversammlung am 13. Mai 1976 den endgültigen Beschluß, das Gebäude wieder aufzubauen und hierfür die entsprechenden Geldmittel zur Verfügung zu stellen. Man hoffte damit zugleich gesichert zu haben, daß das Haus zu seinem hundertjährigen Jubiläum im Jahre 1980 wiedereröffnet werden könne. Der Entschluß der Stadtverordnetenversammlung bedeutete für die Fachgremien, daß spätestens am 1. April 1977 mit den umfangreichen Bauarbeiten begonnen werden mußte, um eine fristgemäße Fertigstellung des Gebäudes und der Außenanlagen zu garantieren. Obgleich das Bauprogramm bereits beschlossen war, hielten es die Stadtverordneten für notwendig, das Projekt nochmals überprüfen zu lassen. In dem Gutachten der »Neuen Heimat Städtebau« wurde die Auffassung vertreten, die Stadt Frankfurt biete sich aufgrund ihrer verkehrsgünstigen zentralen Lage und mit ihrer großen Hotelkapazität in besonderer Weise als Kongreßstadt an. Auch war man sich offenbar bewußt, daß die Konzentration von Firmen und Institutionen in Frankfurt sich überaus günstig auf die Kongreßfunktion der Alten Oper auswirken würde. Die Abwicklung von Kongressen fand in Frankfurt bislang überwiegend in Hotels statt. Es fehlte jedoch bisher an einem angemessenen Raumangebot, wenn es um Teilnehmerzahlen von über 200 Personen ging. Man rechnete sich in Frankfurt also eine echte Marktchance aus, wobei man die besten Entwicklungsmöglichkeiten bei Kongressen vermutete, die bis zu tausend Teilnehmer umfassen. Auch konnte nicht übersehen werden, daß wissenschaftliche Kongresse, Firmentagungen, Fortbildungsseminare im Laufe der vorausgegangenen Jahre ständig zugenommen hatten, und dies im Gegensatz zu reinen Verbandstagungen. Außer Frage stand ferner, daß die Wahl der Veranstaltungsorte mehr und mehr abhängig gemacht wurde von der Qualität der Tagungseinrichtungen. Bei vorrangiger Nutzung der Alten Oper als Konzerthaus hatte man in Erwägung zu ziehen, inwieweit sich eine Inanspruchnahme durch Kongresse ermöglichen lasse, da die Schwerpunktmonate für Konzerte denen für Kongresse weitgehend entsprechen. Dies wiederum bedeutete, daß die Nutzung durch Tagungen und Kongresse nicht überschätzt werden durfte. Ungeachtet dessen blieb jedoch zu prüfen, inwieweit die Bauvorlage räumlich den gehobenen Ansprüchen bei der Durchführung solcher Veranstaltungen genügte. Es war anzunehmen, daß die Dauerbelegung der Eingangsebene durch Jugend-Forum und öffentliches Forum einem Raumbedarf für tagungsgebundene Veranstaltungen im Wege stehen und eine freie Disposition über diesen räumlichen Bereich den Ansprüchen eher entgegenkommen würde. Ein Bedürfnis nach differenzierten Nebenräumen für Kongresse war unstreitig gegeben, da in zunehmendem Maße begleitende Arbeitsgruppen parallel zum Kongreßgeschehen tagen. – Auch der Verband der Stadt-, Sport- und Mehrzweckhallen e.V. vertrat in seinem Gutachten die Auffassung, daß die Alte Oper in ihrer Kongreßfunktion eine echte Lücke auszufüllen vermag, besonders für solche Kongresse, die über den Kapazitäten der Frankfurter Nobelhotels liegen. Eine Anlage für maximal 600 Teilnehmer sollte deshalb einem Plenum mit Parlament-Bestuhlung zuzüglich Pressebeobachter und

Die Quadriga-Gruppe, die einst den Giebel der Fassade des Schauspielhauses krönte, vor ihrer Aufbringung. Von links: Oberbürgermeister Rudi Arndt, Dr. Frolinde Balser, Stadtverordnetenvorsteherin, und Fritz Dietz, Vorsitzender der Aktionsgemeinschaft Opernhaus.

Gäste angeboten werden. Als weitere unabdingbare Notwendigkeit forderte man sechs bis zehn Konferenzräume unterschiedlicher Größe von 50 bis 300 Plätzen. Mehr als früher war man der Überzeugung, daß in einem modernen Kongreßhaus auch Möglichkeiten für ein persönliches Gespräch außerhalb der Tagungsräume gegeben sein müßten, wie es beispielsweise in den Lobbyräumen des englischen und amerikanischen Parlaments der Fall ist. Als vordringlich erachtete man ferner die Unterbringung der vielfältigen technischen und organisatorischen Dienstleistungen wie u. a. von Kongreß-Empfangsraum, Bank- und Postschalter, Dolmetscher-Büros, Pressezentrum, Reisebüros, Fernsprech- und Fernschreib-Einrichtungen. Auch die Verfügbarkeit ausreichender Ausstellungsflächen mußte gewährleistet sein, was in Kongreßgebäuden inzwischen fast zur Selbstverständlichkeit geworden war. Einen wesentlichen Bestandteil eines ansprechenden Kongreßhauses bildet aber auch die Gastronomie, die internationalen Ansprüchen genügen und neben der Einrichtung von Cafeterias, Imbißstuben usw. große Bankette bis zu 1500 Personen versorgen können muß. Alle diese Funktionen in der Alten Oper zu vereinen, mußte zu neuen Überlegungen führen. Ob ein Verzicht auf einen gesonderten Kammermusiksaal – in Anbetracht des Vorhandenseins geeigneter Räume in anderen Gebäuden der Stadt – ins Auge zu fassen war, um den Aufgaben eines Kongresses besser gerecht zu werden, war gleichfalls ein Gesichtspunkt in dem vorgelegten Gutachten. Auf alle Fälle glaubte man erreichen zu müssen, daß die vorgesehene Betriebsgesellschaft mindestens drei Jahre vor Eröffnung des Hauses zum Einsatz kommt, damit eine reibungslose Funktion des Gebäudes gewährleistet ist.

Inzwischen hatte die Architektengemeinschaft auftragsgemäß die Planungsarbeiten auf der Grundlage des Raumprogramms vom 10. Mai 1971 sowie der erstellten, bereits erläuterten Vorplanung vom Frühsommer 1973 (Planungsstufe 1) weitergeführt. Die Ergebnisse der Planungsstufe 2 lagen im August 1976 vor. Der Entwurf im Maßstab 1:100 (Variante A), Ausführungszeichnungen, Berechnungen, Gutachten, technische Projekte der Haus- und Bühnentechnik wurden zusammen mit einem Kostenvoranschlag der Frankfurter Aufbau AG dem damals zuständigen Baudezernenten Hans Joachim Krull zur Vorlage beim Magistrat übergeben. 85 Millionen DM sollte das Gebäude nunmehr kosten, ohne Berücksichtigung des einzubringenden Mobiliars und der Außenanlagen.

Im September 1976 beschäftigte sich der Magistrat mit der Erörterung weiterer Maßnahmen zur Fortführung des Wiederaufbaus. Oberbürgermeister Rudi Arndt machte deutlich, daß Eile geboten sei, wenn das Gebäude termingerecht fertig werden solle. Eine »Lenkungsgruppe« unter seinem Vorsitz werde alle erforderlichen Entscheidungen treffen, zugleich sollte ein Beirat aus sechs Vertretern der verschiedenen städtischen Ämter und drei Mitgliedern der Industrie- und Handelskammer bzw. Aktionsgemeinschaft Opernhaus diese Entscheidungen vorbereiten und die Termine kontrollieren. Träger des künftigen Konzert- und Kongreßhauses Alte Oper sollte die Stadt Frankfurt in Form einer sofort zu gründenden Betriebsgesellschaft sein. Der Planungsgruppe, bestehend aus Achitekten, Ingenieuren und der Frankfurter Aufbau AG, wurde vom Hochbauamt der Stadt Frankfurt eine Projektgruppe beigegeben, in der Vertreter aller städtischen und anderweitig mit dem Wiederaufbau befaßten Behörden und Institutionen kurze Genehmigungs- und Entscheidungswege garantieren sollten.

Die Quadriga-Gruppe nach ihrer Aufbringung auf den Giebel des Vorderhauses.

Die eigentlichen, über die Sicherungs- und Restaurierungsarbeiten hinausgehenden Bauarbeiten begannen im Herbst 1976 mit der Enttrümmerung des Kerns und der Erstellung der außenliegenden Keller- und Technikräume. Die Stadt beauftragte eine Arbeitsgemeinschaft, bestehend aus den Firmen Philipp Holzmann AG, Hochtief-Aktiengesellschaft und Dyckerhoff & Widmann AG, mit der Durchführung der gesamten Rohbauarbeiten.

Zu einem denkwürdigen Tag wurde der 24. Oktober 1976, da an diesem Termin die Panther-Quadriga-Gruppe, die einst schon das Giebelfeld des alten Schauspielhauses geschmückt hatte, über dem Giebelfeld des Vorderhauses der Oper zur Aufstellung gebracht wurde. Dabei erfuhr die Öffentlichkeit, daß die ungefähr zwei Tonnen schwere Gruppe mit ihrem Gespann von vier Panthern und der geflügelten Frauengestalt einer Viktoria, als Symbol des Sieges, nach dem unverzeihlichen Abbruch der Schauspielhaus-Fassade an einen Privatmann verkauft worden war (1962). Etwa zehn Jahre später gelangte die von dem Bildhauer Franz Krüger geschaffene Gruppe in die Hände eines Schrotthändlers in Frankfurt-Nied, wo sie durch Zufall wiederentdeckt wurde. Im Jahre 1974 konnte diese Panther-Quadriga durch Spendenmittel der Aktionsgemeinschaft zurückerworben werden. Zu Recht nahm man die Aufstellung der Quadriga-Gruppe zum Anlaß für eine schlichte Feierstunde, zu der sich viel Prominenz einfand: Oberbürgermeister Rudi Arndt, Präsident Fritz Dietz, Stadtverordnetenvorsteher Dr. Frohlinde Balser, Bürgermeister Martin Berg, die Stadträte Reiss, Dr. Haverkampf, Krull und Hoffmann wie auch Prof. Dr. Flesch-Thebesius und Bürgermeister a. D. Dr. Wilhelm Fay, zwei allseits bekannte Persönlichkeiten, die seit Jahrzehnten sich bei jeder bietenden Gelegenheit mit Intensität für den Wiederaufbau des Opernhauses einsetzten. — Es sei dahingestellt, ob die Aufstellung der Panther-Quadriga auf der Opernhaus-Fassade als eine glückliche Entscheidung anzusehen ist. Jedenfalls wurden bald Stimmen laut, die diese Gruppe auf ihrem neuen Standort in Material bzw. Farbe als zu auffällig und von den Proportionen her als zu massiv kritisierten.

Im Zuge des Planungsprozesses war die ursprüngliche Raumplanung im Zusammenhang mit den Diskussionen um die Nutzungsmöglichkeiten des Erdgeschosses und des Untergeschosses für freie Aktivitäten von einzelnen und Gruppen in diesen Bereichen modifiziert worden. Die Planungsvariante B sah einen Jugendtreff, ein zusätzliches Studio, die Unterbringung des Kommunalen Kinos mit zwei Vorführsälen sowie eines beliebten Jugendlokals (»Sinkkasten«) vor.

Die bereits erwähnten betriebswirtschaftlichen Gutachten über Erträge und Folgekosten im zukünftigen Konzert- und Kongreßhaus Alte Oper hatten inzwischen zu neuen Überlegungen über das Funktionsprogramm geführt. Dies bedeutete für die Architekten und Ingenieure, daß sie der Kongreßfunktion in ihren Plänen erhöhte Bedeutung zumessen und zusätzliche Flächen für Ausstellungen usw. schaffen mußten. Hier gab es nur den einen Ausweg, bereits vorgesehene Nutzungsmöglichkeiten wieder aufzugeben, da der Baukörper, die vorgegebene historische Hülle, an keiner Stelle erweitert werden konnte. Im Januar 1977 wurde die Planungsvariante C vom Magistrat als Grundlage für die Baudurchführung gebilligt. Anstelle des Kammermusiksaales wurden nunmehr zwei Säle für jeweils 300 Personen vorgesehen.

Die Alte Oper im Wiederaufbau

Die Kommunikationsebene im Erdgeschoß wurde teilweise aufgegeben zugunsten von Flächen für Ausstellungen und Veranstaltungen, die im Zusammenhang mit Kongressen notwendig waren. Erhalten blieben jedoch im Untergeschoß der Treffpunkt für Bürger und Jugendliche, die Kinosäle, Gaststätten, Räume für Jazzgruppen und Dichterlesungen sowie die Verbindung zwischen Untergeschoß und Erdgeschoß über eine großzügige Treppenanlage.

Optimistisch äußerte sich der Magistrat hinsichtlich der auf der Grundlage des beschlossenen Funktionsprogramms entstehenden Folgekosten. Die geplante Verwendung des Hauses als Konzert- und Kongreßgebäude bei Einbeziehung der Änderungen der Variante C reduzierte die späteren laufenden Kosten angeblich in so erheblichem Maße, daß kaum mehr mit einem Defizit gerechnet werden mußte. Man ging dabei von der Voraussetzung aus, daß sich Buchungen für rund 150 Konzerte ermöglichen ließen und die restlichen Tage von Kongreß-Veranstaltern wahrgenommen würden.

Die Zweckbestimmung der Alten Oper als Konzert- und Kongreßhaus (1977)

Mit der Kommunalwahl vom März 1977 und der damit verbundenen Aufwertung der CDU als Mehrheitspartei ergaben sich auch neue Gesichtspunkte hinsichtlich des Funktionsprogramms der Alten Oper. Die Christdemokraten hatten sich bereits während jener Jahrzehnte, da sie im Stadtparlament noch in der Minderheit waren, mit einer Vielzahl von Eingaben für die Erhaltung der Opernhaus-Ruine und den Wiederaufbau des Gebäudes eingesetzt. Viele Wünsche der CDU ließen sich jedoch in der Zeit als die SPD noch Mehrheitspartei war, nicht realisieren. Es erübrigt sich, in diesem Zusammenhang auf die einzelnen von der CDU im Stadtparlament eingebrachten Vorschläge einzugehen, da diese bereits dokumentarisch erfaßt wurden und somit als immerwährendes Zeugnis für den Aufbauwillen der CDU lebendig bleiben. Hiermit verbinden sich – um nur einige Namen zu nennen – die Verdienste des Oberbürgermeisters Dr. Kurt Blaum, des Stadtverordneten Dr. Max Flesch-Thebesius, des Bürgermeisters Dr. Wilhelm Fay und, stellvertretend für viele, des Fraktionschefs Dr. Hans-Jürgen Moog. – Auch den Vertretern der Freien Demokratischen Partei muß bescheinigt werden, daß sie sich mit zahlreichen Eingaben für den Wiederaufbau des Opernhauses einsetzten und bemüht waren, das Bauvorhaben möglichst rasch zu verwirklichen.

Auch nach ihrem Wahlsieg vertrat die CDU die Auffassung, daß die neu zu errichtende Alte Oper ausschließlich Konzert- und Kongreßfunktionen zu dienen habe, wobei der Konzertfunktion Priorität eingeräumt werden müsse. Dies bedeutete eine Abkehr von der seither empfohlenen multifunktionellen Nutzung des Gebäudes, also einen Verzicht auf das einst vorgesehene Jugendforum, das Kommunale Kino und sonstige Einrichtungen. Da der Auftrag für den Rohbau bereits vor der Kommunalwahl vergeben worden war, mußte nunmehr alles daran gesetzt werden, schnellstmöglich die

Eingangshalle mit Fußbodenmosaik aus dem alten Treppenhaus.

notwendigen Abänderungen auf der Grundlage des von der CDU im Einvernehmen mit der Aktionsgemeinschaft erstellten Programmes vorzunehmen. Die zu treffenden Entschließungen ließen jedoch vermuten, daß sich die Kosten für das Haus erhöhen würden und der Eröffnungstermin des Gebäudes am 20. Oktober 1980 wahrscheinlich nicht mehr zu halten sein dürfte. Man war jedoch bereit, notfalls diese Nachteile in Kauf zu nehmen, zumal eine überschlägige Wirtschaftlichkeitsberechnung zu der Feststellung führte, daß das von der CDU beschlossene Funktionsprogramm hinsichtlich der Folgekosten einen weit geringeren Aufwand als die früheren Vorschläge erforderte.

Der Planungsgemeinschaft Braun & Schlockermann/Prof. Keilholz kam nun u. a. die Aufgabe zu, anstelle des Jugendforums und der vorgesehenen Ausstellungsflächen im Erdgeschoß einen Kammermusiksaal einzuplanen mit einer Kapazität von 500 bis 700 Plätzen, der internationalen Ansprüchen genügt. Dieser zweigeschossige Raum mit Galerie sollte auch für Bankette, Bälle, Kongresse sowie für Proben usw. nutzbar sein, weshalb ein direkter Anschluß an die Küchenräume berücksichtigt werden mußte. – Nachdem die entsprechenden Neuplanungen am 12. Mai 1977 durch die Stadtverordnetenversammlung beschlossen worden waren, kam es dann über die Planungsvarianten D und E zur Variante F, die der Ausführung nunmehr endgültig und ohne weitere Änderungen zugrunde liegen sollte. Wie sich die Planungsgemeinschaft Braun & Schlockermann/Prof. Keilholz demzufolge den Wiederaufbau der Alten Oper vorstellte, läßt sich dem nachfolgenden Erläuterungsbericht entnehmen:

»Die Entwurfsplanung sieht in den einzelnen Gebäudeebenen folgende Raumbereiche bzw. Baumaßnahmen für das Konzert- und Kongreßhaus vor:

Ebene 02
Die Tiefgeschoßebene nimmt die Räume für technische Anlagen u. a. Küchenlagerräume auf.

Ebene 01
Der vordere Teil der Untergeschoßebene wird als Restaurant genutzt, die alten Kellergewölbe sind an dieser Stelle erhalten. Zwei mittelgroße Konferenzräume sind im Anschluß an das Restaurant auf der Südostseite geplant. Das südöstliche Haupttreppenhaus ist mit der auf der Südostseite des Gebäudes geplanten Tiefgarage direkt verbunden. Das Restaurant steht über eine Freitreppe mit dem Fußgängerbereich Opernplatz in direkter räumlicher Beziehung.
Die Küchenanlage liegt in der Gebäudemitte und versorgt in ihrer zentralen Lage Restaurant, Konferenzräume und Kammermusiksaal wie auch – über einen entsprechenden Service-Aufzug – die oberen Gebäudeebenen. Die Küchenanlieferung geschieht über einen Lastenaufzug auf der Westseite des Gebäudes. In diesem Bereich ist auch eine natürlich belichtete Personal-Cafeteria angeordnet.
Der Kammermusiksaal im Anschluß an die Küchenanlage steht mit der Eingangsebene über zwei großzügige Treppenanlagen in räumlicher Verbindung. Er ist durch die direkte funktionale Beziehung zur Küche sehr gut als Bankettsaal zu nutzen.
Im nördlichen Kernbau, den nördlichen Gürtelbauten – Nordgiebel, Eckbauten – sind im Chorproben- und Einsingsaal Nebenräume für Personal, Künstler und Besucher vorgesehen.

Ebene 1
Der Haupteingang mit dem Windfang und dem ehemaligen Vestibül ist neben Teilen des Foyers in der Ebene 3 als beispielhaft zu restaurierender Bereich im Gebäudeinneren vorgesehen; das ehemalige Haupttreppenhaus hingegen ist aus funktionalen und wirtschaftlichen Gründen aufgegeben. An seiner Stelle ist eine teilweise zweigeschossige Eingangs- und Ausstellungshalle mit den Zugängen zu den Haupttreppenhäusern und zum Kammermusiksaal geplant. Über die Seitenschiffe steht die Eingangshalle mit den Nebentreppenhäusern in den beiden nördlichen Eckbauten in Verbindung.
Die Gebäudemitte der Ebene 1 wird durch den Kammermusiksaal ausgefüllt. Über die Seitenschiffe, die in dieser Ebene, aber auch in den übrigen Foyerebenen als Wandelgänge und Galerien dienen können, wird der Kammermusiksaal auch von Osten und Westen zugänglich. Die gastronomische Versorgung des Kammermusiksaals geschieht über die Vorbereitungszone in der Ebene 01.
Den rückwärtigen Teil des Gebäudes nehmen in der Eingangsebene wie auch in den übrigen Ebenen Nebenräume und Räume für Künstler ein. Zwei Personenaufzüge sind an zentraler Stelle vorgesehen, zwei Personaltreppenhäuser sind in den Gebäudeecken angeordnet. Über ein Transportpodium, das auf direktem Wege von dem Künstler- und Personaleingang auf der Nordseite des Gebäudes beschickt werden kann, können sperrige Güter – Kulissen, Ausstellungsgegenstände etc. – auf die Szenenflächen gelangen.
Die sogenannten Mehrzweckräume in den nördlichen Eckbauten können neben ihrer Funktion als Aufenthaltsräume für Chor, Orchester und Ballett bei Konzert- und vergleichbaren Veranstaltungen auch als Tagungsräume bei Versammlungen und Kongressen sowie überhaupt für kleinere Konferenzen und Arbeitsgruppen dienen.

Ebene 2
Die Gebäudeebene nimmt als sogenanntes Zwischengeschoß die zentrale Garderobenanlage und die Toiletten für den Großen Saal auf. Mit der Eingangsebene steht die Ebene 2 in ihrem südlichen Teil in unmittelbarer räumlicher Verbindung. Für Versammlungen und Kongresse sind in dieser Ebene das Presse- und Tagungsbüro, ein kleines Postamt und ein Bankschalter untergebracht. Im rückwärtigen Gebäudeteil liegen wieder Nebenräume und Räume für Künstler sowie unterhalb der Bühnenfläche das zentrale Tisch- und Stuhllager, außerdem wieder zwei Mehrzweckräume – Schreib- und Vervielfältigungsbüros – im Bereich der nördlichen Eckbauten.

Ebene 3
Der vordere Gebäudeteil mit Balkon und Loggia einschließlich der Fläche des ehemaligen

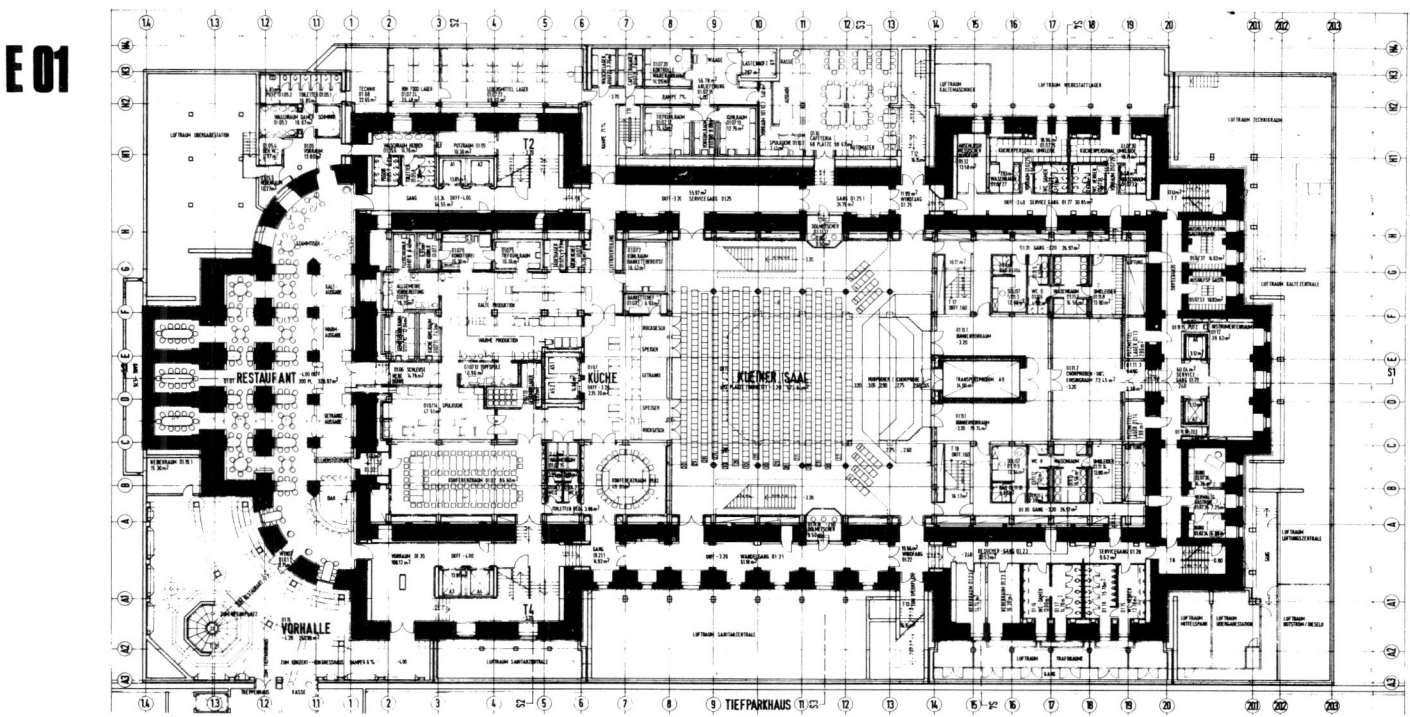
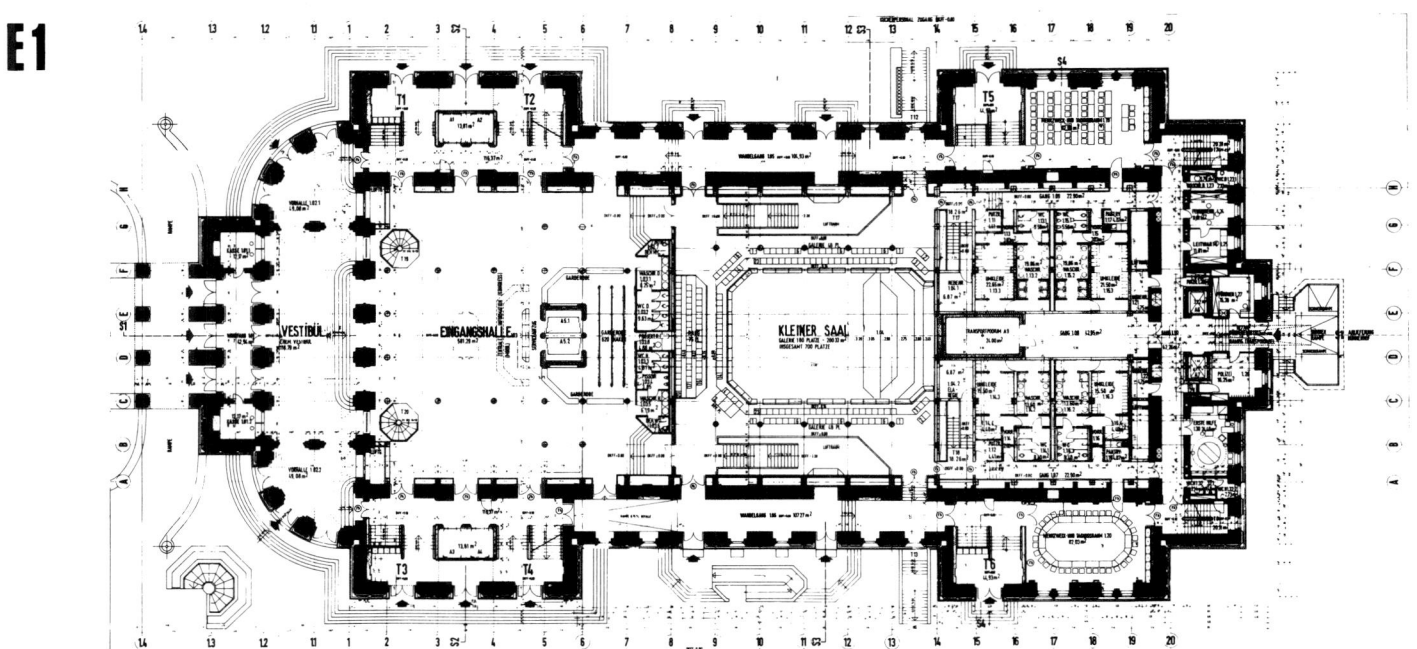

Grundriß zu Ebene E 01 (oben) und E 1 (unten).

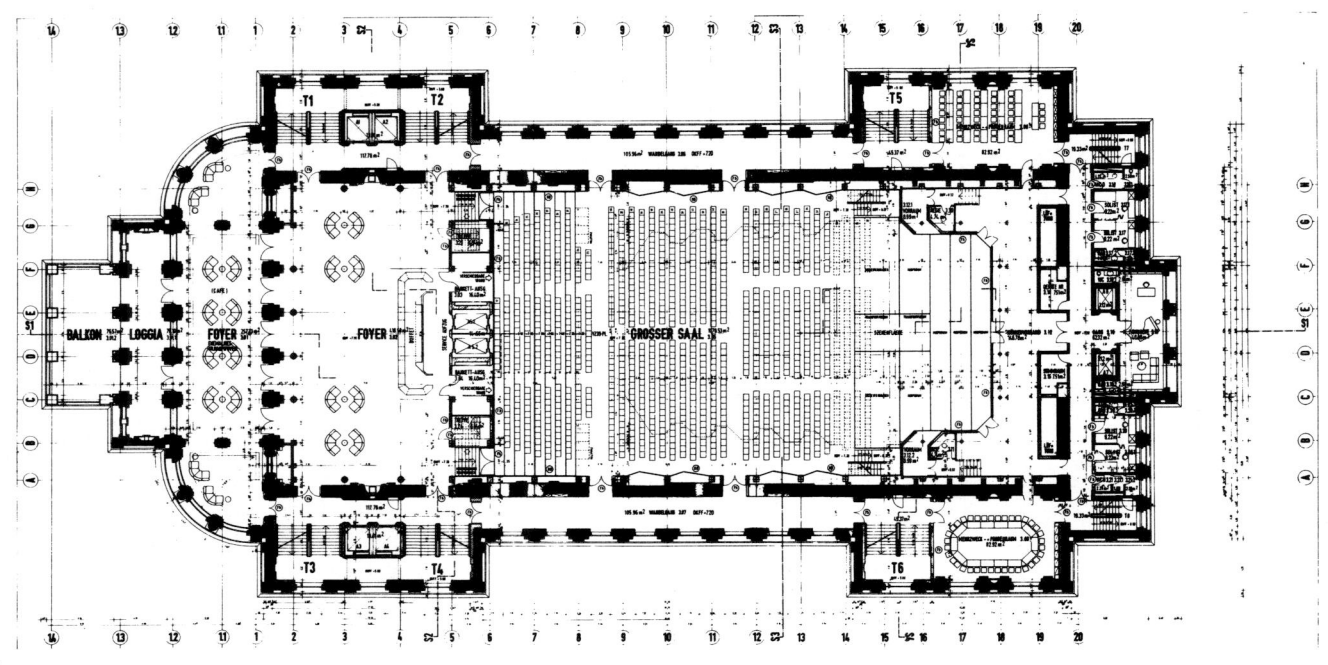

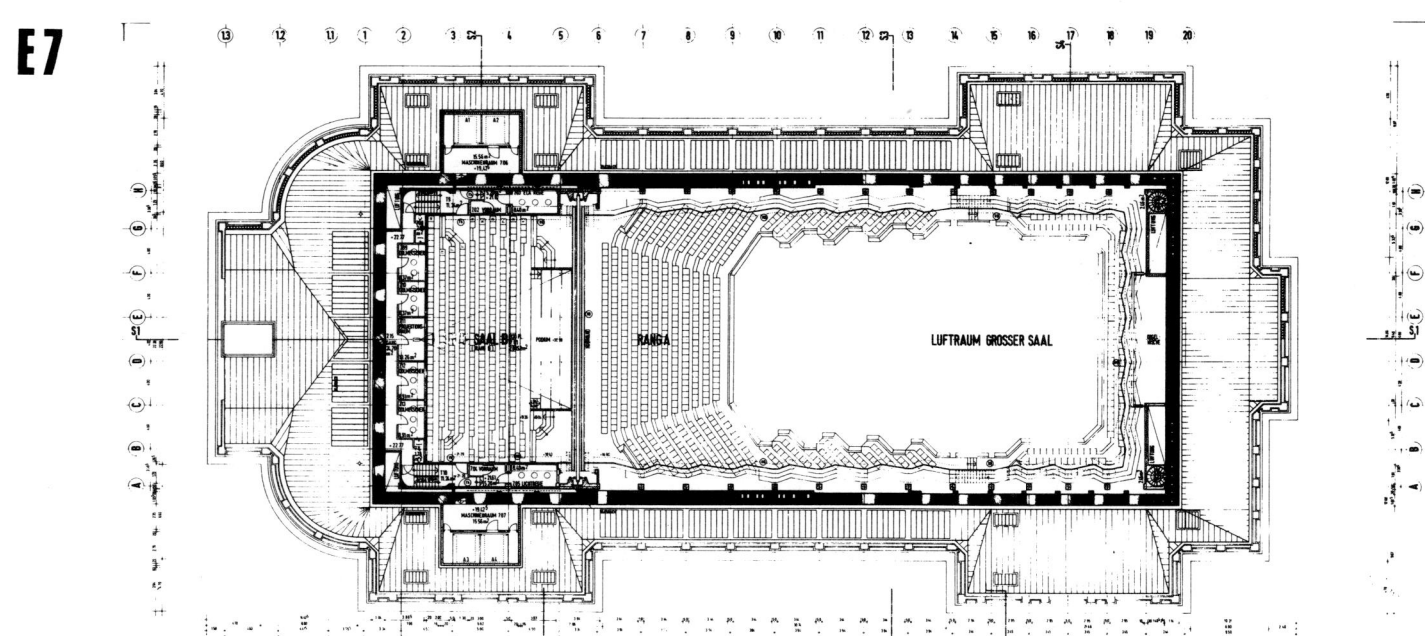

Grundriß zur Ebene E 3 (oben) und E 7 (unten).

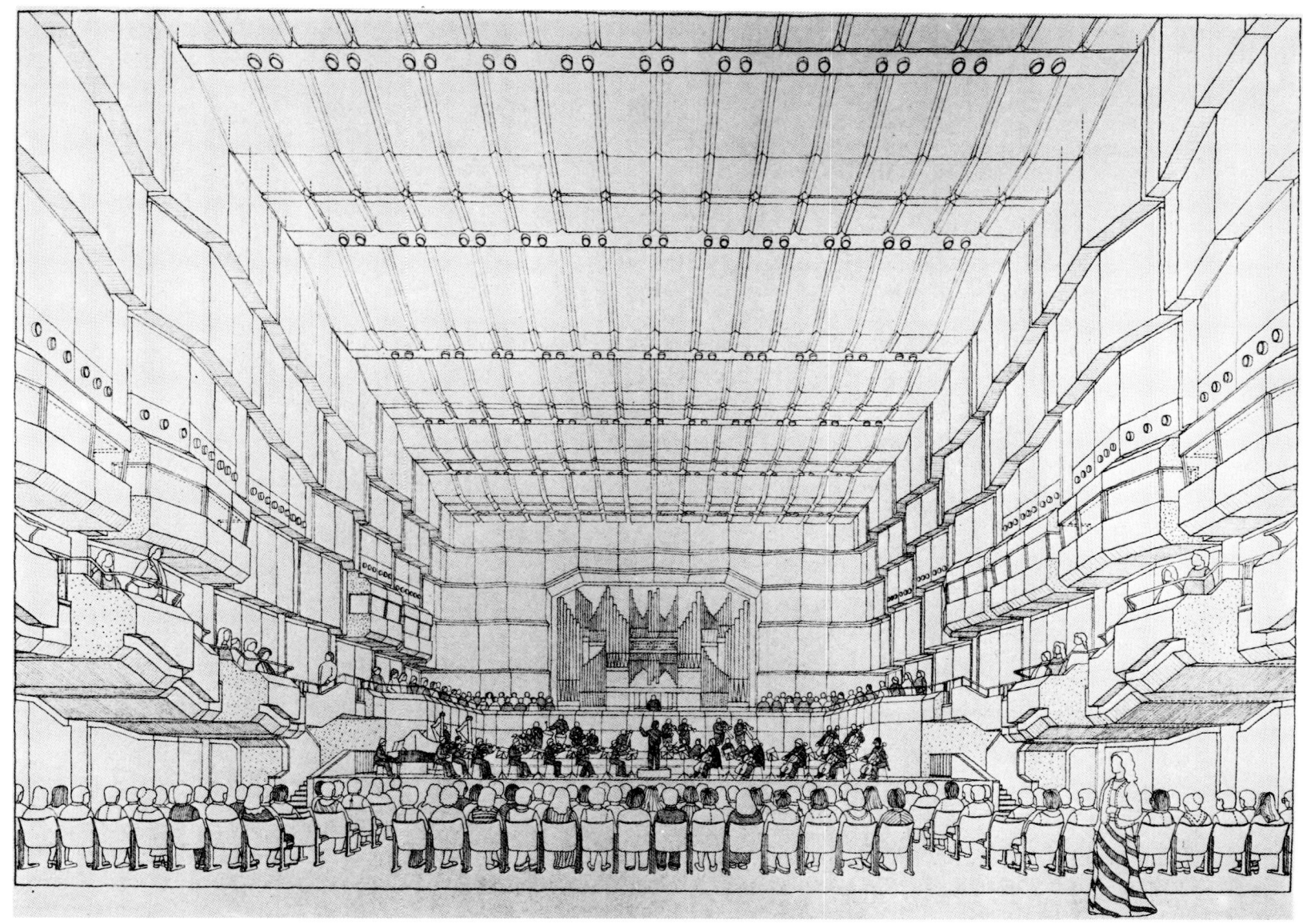

Großer Saal mit Blick auf die Szenenflächen und die Orgel.

Haupttreppenhauses bildet das Hauptfoyer. Letztere Fläche kann vom Foyer zu einem Bankett-Saal abgeteilt werden; die gastronomische Versorgung von der Küchenanlage im Untergeschoß ist über den zentralen Service-Aufzug sichergestellt.

Die Gebäudemitte der Ebene 3 wird durch das über die Seitenschiffe erschlossene Parkett des Großen Saales mit einer Sitzplatzkapazität von ca. 1250 Personen eingenommen. Alternativ ist das Parkett entweder insgesamt als ebene Saalfläche oder aber in den zwei vorderen Dritteln eben und im hinteren Drittel mit leicht ansteigender Bestuhlung geplant. Zu diesem Zweck werden im hinteren Drittel Parkettpodien ansteigend bis auf eine Höhe von 1,20 m aus einer Bodenvertiefung hochgefahren, die die optischen und akustischen Verhält-

Das neue Foyer des Großen Saales mit Übergang zum historisch restaurierten Foyer.

nisse in diesem Bereich wesentlich verbessern. Bei Banketten oder ähnlichen Nutzungen bilden die in der Bodenvertiefung versenkten Podien eine ebene Saalfläche, die gemeinsam mit den Foyers genutzt werden kann.
Die Szenenfläche selbst ist mit hydraulischen Hubpodien ausgestattet, die es erlauben – je nach den Bedingungen einer Veranstaltung – eine ebene oder ansteigende Szenenfläche zu schaffen oder auch eine differenzierte Bühnenlandschaft zu gestalten. Der vordere Rang kann, wenn er nicht wie etwa bei einem Chorwerk durch die Darbietung selbst beansprucht wird, einige Zuschauerreihen aufnehmen. Bühnennebenräume sind – soweit es die baulichen Gegebenheiten erlauben, jedoch in dem erforderlichen Mindestumfang – der Szenenfläche zugeordnet. Mehrere Prospekt- und Teleskopaufzüge sind im Dachraum vorgesehen. Der Platz für den Einbau einer Orgel ist berücksichtigt.
In den beiden nördlichen Eckbauten sind wie auch in den Ebenen 1 und 2 sowie in der Ebene 5 Mehrzweckräume, in dieser Ebene vor allem als Proberäume vorgesehen.

Ebene 4
Diese Gebäudeebene ist im Foyer- und Parkettbereich Luftraum, um die Szenenfläche herum ist sie Regiezone sowie für weitere Nebenräume und Räume für Künstler genutzt. In den nördlichen Eckbauten sind hier wegen der Zweigeschossigkeit der Mehrzweck- und Probenräume der Ebene 3 keine Räume vorgesehen.

Ebene 5
Über dem Bankett-Saal oder Hauptfoyer bzw. unter der Ebene des Kleines Saales B ist der Kleine Saal A für ca. 300 Besucher untergebracht, der bei Großveranstaltungen auch als Foyer genutzt werden kann. Die gastronomische Versorgung auch dieses Foyers bzw. kleinen Saales von der Küchenanlage ist durch den zentralen Service-Aufzug gesichert. Über die Seitenschiffe sind die unteren hinteren Rangteile und die Seitenränge erschlossen.
Im Nordgiebel und in den Eckbauten sind wieder Bühnennebenräume bzw. Mehrzweckräume – Rundfunk- und Fernsehschaltraum sowie ein weiterer Probenraum – angeordnet. Von den Wandelgängen sind auch die Dolmetscher- und Regiekabinen erschlossen.

Ebene 6
In dieser Gebäudebene ist der Kleine Saal B für 350 Besucher geplant, welcher durch eine mehrschalige Hubwand vom Großen Saal abgeteilt werden kann. Regieräume und Dolmetscherkabinen sind in ausreichender Zahl und Größe eingeplant, außerdem – im Dachgeschoß des Südgiebelvorbaues – ein kleines Foyer, Garderobe und Toilettenanlage. Im Südgiebelvorbau, im Nordgiebelvorbau sowie den nördlichen Eckbauten befinden sich weitere Lüftungszentralen.

Ebene 7
Diese Gebäudeebene umfaßt den hinteren Rangteil und ist ansonsten Luftraum. Ein zusätzliches Treppenhaus in der südwestlichen und südöstlichen Gebäudeecke verbindet die beiden Haupttreppenhäuser mit den oberen Reihen des Kleines Saales B sowie mit den Dolmetscherkabinen dieses Saales. Als Service-Treppe führt diese Treppe weiter in den Dachraum, analog zu zwei ähnlichen gewendelten Treppen in den nördlichen Gebäudeecken. Bei aufgezogener Hubwand wird der Kleine Saal mit der übrigen Saalfläche vereinigt, ohne daß für die Besucher irgendeine Zäsur spürbar wird.

Ebene 8 und 9
Die Decke des Großen und Kleinen Saales ist als transparente Metallgitterdecke ausgebildet. Der Raum oberhalb dieser Decke bis unter das Dach zählt als akustisch notwendiger Luftraum mit zu den Sälen. Alle technischen Elemente wie Schallreflektoren, Lüftungskanäle, Lautsprecher, Scheinwerfer, Teleskop- und Prospektaufzüge einschließlich der zu ihrer Bedienung notwendigen Laufstege sind für das Publikum unsichtbar oberhalb der abgehängten »optischen« Decke angeordnet. Die Laufstege stehen über die oben erwähnten Service-Treppen in den Gebäudeecken mit der Ebene 6 in Verbindung.
Folgende Nutzungsmöglichkeiten der Saalbereiche und Foyerflächen sind möglich:

A. Konzert-, Vortrags-, Versammlungsbestuhlung etc. Reihenabstand 90 cm, Sitzbreite 55 cm

Großer Saal	2012 Plätze
Kleiner Saal B	349 Plätze
Großer u. Kleiner Saal	2532 Plätze
Kleiner Saal A	305 Plätze
Kammermusiksaal	700 Plätze

B. Bankettbestuhlung

Großer Saal mit Tanzfläche	700 Plätze
Großer Saal ohne Tanzfläche	1000 Plätze
Rang A	250 Plätze
Kleiner Saal A	170 Plätze
Foyer Großer Saal	450 Plätze
Kammermusiksaal	400 Plätze

C. Kongreßbestuhlung – Tische und Stühle

Großer Saal	500–620 Plätze
Rang A/Seitenränge	300 Plätze
Kleiner Saal A	180 Plätze
Kleiner Saal B	200 Plätze
Mehrzweckräume	360 Plätze
Kammermusiksaal	400 Plätze

Mögliche Speiseräume während Kongreßveranstaltungen

Foyer Großer Saal	300 Plätze
Kammermusiksaal	400 Plätze
Konferenzräume in der Ebene 01	150 Plätze
Restaurant in der Ebene 01	210 Plätze

Wandelgang seitlich des Großen Saales.

Besichtigung der im Wiederaufbau befindlichen Alten Oper durch (v. lks.): Präsident Fritz Dietz, Stadtverordnetenvorsteher Hans-Ulrich Korenke, Kulturdezernent Hilmar Hoffmann, Oberbürgermeister Walter Wallmann, Hans-Joachim Kirchberg als Leiter der Projektgruppe Alten Oper, und Ministerpräsident Holger Börner (1978).

Blick auf das Podium des Kammermusiksaales.

Perspektivischer Längsschnitt.

Das Programm »Raumplanung Alte Oper« ist durch die Entwurfsplanung voll erfüllt, auch die Nebenräume sind ausreichend, wenn auch knapp bemessen. Im Dachraum und teilweise aus dem Gebäude ausgelagert im Erdreich sind weitere Räume für technische Anlagen vorgesehen. Im Zusammenhang mit der Gesamtbaumaßnahme sind auch die auf der Südostseite des Gebäudes geplante Tiefgarage, der geplante U-Bahnhof »Opernplatz« sowie die Neugestaltung der gesamten Außenbereiche der Alten Oper zu sehen«.

Mit der Ausarbeitung der zitierten Bauplanung war eine endgültige Grundlage für den Wiederaufbau der Alten Oper geschaffen. Nunmehr konnte die Stadt Frankfurt als Bauherr – im Anschluß an die bereits durchgeführten Arbeiten – weitere Entschließungen treffen.
Die Aktionsgemeinschaft Opernhaus hatte sich im Bewußtsein ihres Auftrags auch in den vergangenen Jahren tatkräftig für den Wiederaufbau der Alten Oper eingesetzt und viel dazu beigetragen, den Spendenfonds aufzustocken. Hierzu gehörte die erneute Durchführung einer Losbrief-Lotterie, die mit einem Reingewinn von rd. 79.000,– DM abschloß (1977). Dankbar wurde es auch begrüßt, daß das »Italienische Institut für Außenhandel« den Erlös aus seinen Pelz-Modeschauen für den Wiederaufbau des Gebäudes zur Verfügung stellte. Das bevorstehende Richtfest nahm man gleichfalls zum Anlaß für eine Sonderspendenaktion. Schließlich sei erneut der seit Jahren bewährte Verkauf von Weihnachtskarten erwähnt, der sich gleichfalls günstig auf den Spendenfonds auswirkte.

Erinnerungsfoto an das Richtfest mit (v. lks.): Oberbürgermeister Dr. Walter Wallmann, Präsident Fritz Dietz und Kulturdezernent Hilmar Hoffmann.

Richtfest der Alten Oper (1978)

Die Alte Oper am Tag des Richtfestes (7. Dezember 1978).

Ein bedeutsamer Tag für die Frankfurter Bevölkerung war der 7. Dezember 1978, an dem das Richtfest des Opernhauses gefeiert werden konnte. Eigens zu diesem Anlaß wurde eine Festschrift herausgegeben, die nicht nur Erinnerungen an die Alte Oper wachrief, sondern zugleich ahnen ließ, welche hohen Erwartungen sich mit der Eröffnung des Hauses verbinden. In Ergänzung hierzu brachte eine Ausstellung im Vestibül eine Vielzahl von Großfotos vergangener Zeiten sowie einen Einblick in die Neugestaltung des Gebäudes. Es ist verständlich, daß Tausende von Theaterfreunden sich zu der Feierstunde auf dem Opernplatz einfanden, wo sie nicht nur festlich gestimmt den Musikweisen verschiedener Kapellen zuhörten, sondern auch mit Interesse den Ansprachen folgten. Oberbürgermeister Dr. Walter Wallmann stellte in seinem Grußwort vom Balkon des Gebäudes den Opfersinn der Frankfurter Bürger heraus, die nach dem Krieg den Anstoß zum Wiederaufbau des Opernhauses gegeben hatten. Auch richtete er Worte des Dankes an Fritz Dietz und die hinter ihm stehende Aktionsgemeinschaft. Dietz selbst wies in seiner Ansprache darauf hin, daß er in der zur Eröffnung anstehenden Alten Oper ein Symbol des Bürgerwillens sehe, der erreicht habe, daß das ehrwürdige Haus erhalten blieb und bald in neuem Glanz wiedererstehen wird. Kulturdezernent Hilmar Hoffmann schließlich stellte in seiner Ansprache den hohen Auftrag des Gebäudes heraus, das mit seinem Raumangebot zu einem weit ausstrahlenden Zentrum der Begegnung werden möge. Aus der Vielzahl der anwesenden Gäste seien genannt: Wirtschaftsminister Heinz-Herbert Karry, Stadtverordnetenvorsteher Hans-Ulrich Korenke, die Fraktionsvorsitzenden der CDU, Dr. Hans-Jürgen Moog, der SPD, Hans Michel, und der FDP, Inge Sollwedel, sowie der Baudezernent Dr. Hans-Erhard Haferkampf und zahlreiche weitere Persönlichkeiten aus dem öffentlichen und kulturellen Leben; nicht vergessen die früheren Mitglieder der Oper.

Auftrag und Vollendung

Der Wiederaufbau des Opernhauses dürfte innerhalb des Frankfurter Stadtgebietes eine der bedeutendsten denkmalpflegerischen Taten des 20. Jahrhunderts gewesen sein. Erst nach seiner Zerstörung wurde sich die Frankfurter Bevölkerung so recht bewußt, welch hohen Stellenwert das Gebäude eingenommen hatte. Und so setzte sich bald allgemein die Erkenntnis durch, daß es ein Frevel gewesen wäre, angesichts der hohen künstlerischen, städtebaulichen und architektonischen Bedeutung des Hauses, das verbliebene Bauwerk niederzulegen. Auch der Frankfurter Denkmalpfleger Dr. Heinz Schomann wies seit seiner Amtseinführung (1972) immer wieder auf die architekturhistorische Bedeutung des Hauses hin und bezeichnete das Gebäude als »Architektursolitär« im Bereich der Frankfurter Monumentalbauten.

Wenn die wiedererstandene Alte Oper – wie vorgesehen – zu Goethes Geburtstag, am 28. August 1981, eröffnet wird, dürfte das Gebäude äußerlich so in Erscheinung treten wie bei seiner Einweihung im Jahre 1880. Es wird jedoch nicht ausbleiben, daß man der historischen Fassade des Hauses trotz aller Reinigungsarbeiten wird ansehen können, daß diese eine hundertjährige Geschichte hinter sich hat. So war es beispielsweise nicht zu verhindern, daß die strukturierten Bauteile, wie Reliefs, Gesimse usw., längst nicht mehr so scharfkantig und deutlich in Erscheinung treten, wie es am Eröffnungstag im Jahre 1880 der Fall gewesen sein mag. Schließlich war auch nicht zu vermeiden, daß Fehlstellen im Stein stärker als früher sichtbar sind. Wie dem auch sei, wenn das Aussehen des Gebäudes nach seiner Restaurierung weitgehend dem Urbild entspricht, so ist dies nicht zuletzt auch das Verdienst des Denkmalpflegers Dr. Heinz Schomann, der auch dafür Sorge trug, daß der durch Kriegseinwirkung verlorengegangene figürliche Schmuck der Fassade nicht neu gestaltet wurde, sondern in nachempfundener Form wiedererstand. Dies gilt nicht nur für den Pegasus, der den Gipfel der Hauptfassade krönt und von dem Bildhauer Georg Hüter neu geschaffen wurde, sondern ebenso für die acht gleichgearteten Dachkandelaber-Figurengruppen (tanzende Genien), die von dem Bildhauer Hermann zur Strassen neu geformt wurden. Wie bereits erwähnt, brachte man als Ersatz für die im Krieg vernichtete Apollo-Gruppe die im Jahre 1903 für das Frankfurter Schauspielhaus entstandene Panther-Quadriga auf dem Hauptgiebel des Unterhauses zur Aufstellung. Daß Denkmalpfleger Dr. Schomann hinsichtlich des Innenausbaus nicht mit allem

Erdaushub im Kernbau.

Fundamente im Kernbau.

einverstanden war, konnte nicht überraschen, wenngleich die Entscheidung im wesentlichen vor seinem Amtsantritt gefallen waren und man sich bereits dahingehend festgelegt hatte, daß das Opernhaus, wenn es endgültig zum Wiederaufbau kommt, über einen größeren Saal als ursprünglich (ehemals ein Drittel der Gebäudelänge) verfügen müsse — was wiederum zur Folge hatte, daß eine Rekonstruktion des prächtigen Treppenhauses entfallen mußte. Für jene Frankfurter Bürger, die das alte Haus noch aus eigener Anschauung kennen, ist es schwer verständlich, daß gerade dieser Teil des Gebäudes, also das Kernstück der Alten Oper, dem vom damaligen Raumerlebnis her große Bedeutung zukam, geopfert werden mußte. Auch denkt man mit Wehmut zurück an die begehbaren Kolonnaden, wie sie sich formgleich in bekannten Barockschlössern finden lassen. Letzten Endes sollte jedoch dafür Verständnis aufgebracht werden, daß das Operngebäude nicht mehr als Musiktheater genutzt werden wird und die neue Funktionsbestimmung des Hauses nun einmal gewisse Zugeständnisse erforderte. Im Zusammenhang mit den tiefgreifenden Veränderungen am Haupttreppenhaus darf nicht übersehen werden, daß dieses durch den Krieg doch weitgehend zerstört worden war. Da man andererseits aber durchaus Verständnis dafür aufbrachte, originale Bauteile im Innern zu erhalten, setzte sich auch der Denkmalpfleger besonders dafür ein, daß Vestibül und großes Foyer annähernd im alten Stil wiedererstellt bzw. restauriert wurden. Aus dieser denkmalpflegerischen Verantwortung heraus ließ Dr. Schomann nach seinem Amtsantritt unverzüglich eine Foto-Dokumentation über den Zustand des Innenraums anfertigen, wobei sämtliche noch erkennbaren Fliesen, Stuck-, Bild- und Dekorationsmotive in Farb- und Schwarzweiß-Fotos erfaßt wurden. Diese wertvollen Unterlagen waren später für die Architekten bei den Rekonstruktionsarbeiten ein unentbehrlicher Materialfundus. Die Besucher der neuerstandenen Alten Oper werden nach Eröffnung des Hauses Gelegenheit haben, das Foyer in jenen schweren Formen bürgerlicher Neu-Renaissance der Gründerzeit wieder zu erleben und in der sonoren Farbigkeit und dem reichen Ornamentskanon ein zeittypisches Bild des späten 19. Jahrhunderts vor Augen zu haben. Unglücklicherweise wurden die Decken-Oktogone des großen Foyers, die in diesem Buch abgebildet sind, durch Kriegseinwirkung restlos zerstört, so daß man sich nunmehr mit farbigen Eintönungen zufrieden geben muß. Was den übrigen figürlichen Schmuck im Foyer und in den Kolonnaden anbelangt, so ließ sich nur in einigen wenigen Fällen wegen der erheblichen Beschädigungen eine Lösung finden. Es konnten lediglich in den Wandelgängen sechs Lunettenbilder von antiken und neuzeitlichen Dichtern unter hohem Kostenaufwand und mit größter Sorgfalt ausgebaut und geborgen werden. Diese von Friedrich Leonardi inzwischen restaurierten Bilder werden künftig die Bogenfelder im Foyer schmücken, welche einst Szenenbilder

Rohbau Technikergeschoß.

aus Schauspiel und Oper zeigten. Auf diese Weise wurde dazu beigetragen, daß das Foyer vom Gesamteindruck her möglichst getreu im alten Stil wiedererstand, wobei die neuen Motive in den Bogenfeldern keine Ausdrucksschmälerung bedeuten. Wenn das wiedererstandene Foyer dem unvoreingenommenen Beschauer in seiner neuen Beschaffenheit wie selbstverständlich entgegentritt, so steht dahinter die imponierende Leistung des Denkmalpflegers, der Architekten wie auch der beteiligten Künstler und tüchtigen Handwerker. Auf zeittypische Accessoires, wie Plüschvorhänge und antike Möbel, wurde vollständig verzichtet. Erhalten blieb jedoch ein Eindruck, der als charakteristisch für die Gestaltung solcher Räume in den achtziger Jahren des vorigen Jahrhunderts gelten kann. Die Frankfurter Bürger, und nicht nur diese, können sich glücklich schätzen, daß trotz zahlreicher Sachzwänge etliche denkmalpflegerische Gesichtspunkte – wenn auch unter großem Kostenaufwand – berücksichtigt werden konnten und daß man bemüht war, bei der Raumgestaltung möglichst weiche Übergänge von den alten zu den modernen Formen zu finden. Für die künstlerische Ausgestaltung der Innenräume und Treppenhäuser lassen sich leider keine vollständigen Angaben machen, da bis zur Drucklegung des vorliegenden Buches wohl einer Vielzahl von Künstlern Aufträge für Entwürfe erteilt worden sind, jedoch vorerst nur Hermann Goepfert mit der Gestaltung des Optophoniums im Foyerbereich einen verbindlichen Auftrag erhielt.

Außer Frage steht, daß der Wiederaufbau des Opernhauses für die Planungsgemeinschaft Braun & Schlockermann/Prof. Keilholz insofern ein faszinierender Auftrag war, als es darum ging, eine Aufgabe bautechnischer Art zu lösen, die wegen des Kontrasts bzw. des Zusammenspiels zwischen alter historischer Hülle und neu zu schaffendem Kern besonders hohe Ansprüche stellte. Neben der Problematik eines unmittelbaren Zusammenwirkens von Alt und Neu dürfte auch die mit dem Wiederaufbau der Alten Oper verbundene Neugestaltung des Opernplatzes in seiner für Frankfurt exponierten Lage und städtebaulichen Funktion für die Architekten ebenso reiz- wie anspruchsvoll gewesen sein.

Bei allem stellt sich naturgemäß die Frage, ob der Versuch, Altes und Neues zu vereinen, nicht insofern ein Wagnis darstellt, als man häufig von der Ansicht ausgeht, neuzeitliche bzw. moderne Vorstellungen und Erscheinungen hätten hinter jenen der »goldenen Jahre« zurückzustehen. Die Architekten sahen sich vor die verantwortungsvolle Aufgabe gestellt, Altes und Neues so miteinander zu verbinden, daß es trotz der Unterschiedlichkeit des Zeitgeistes von 1870/1880 und 1970/1980 als vertretbar angesehen werden konnte. Die Architekten unterwarfen sich hierbei einer Talentprobe, die von dem unumgänglichen Umstand begleitet war, daß ihnen eine Anzahl planungsbegleitender Ämter in Bauherrenfunktion mit entsprechenden

Schalungsarbeiten Kammermusiksaal.

und welcher Leitgedanke ihrer Arbeit zugrunde lag. Bekanntlich waren vom alten Opernhaus lediglich die Umfassungswände, die Fassaden, stehengeblieben. Das Innere wurde – bis auf wenige Reste im Eingangs- und Bühnenbereich – während jener Bombennacht im Jahre 1944 völlig zerstört. Eine Restaurierung der Ruine kam deshalb nur für die Fassaden, nicht aber für das Innere in Betracht. Ein gänzlich neuer Kern für eine geänderte Funktion – nicht Oper, sondern Konzert- und Kongreßhaus – mußte erstehen. Damit ist das Wesentliche der neuen Aufgabenstellung knapp formuliert, der besondere Schwierigkeitsgrad in seinen Ausmaßen umrissen.

Die erste Aufgabe, der sich die Architekten stellen mußten, bestand darin, die Bauidee des alten Opernhauses zu begreifen, die seinerseits den Berliner Architekten Richard Lucae bei Errichtung des Gebäudes bestimmte. Wahrscheinlich wurde das Verhältnis der Architekten zu dem Gebäude, je mehr sie sich mit den alten Plänen befaßten, beziehungsreicher, vermutlich auch respektvoller. Immerhin handelte es sich um ein Gebäude, das sich in seiner Epoche durchaus mit anderen Bauten messen konnte, wie etwa der Pariser oder der Dresdener Oper. Um der neuen Aufgabe gewachsen zu sein, war es notwendig, sich behutsam in Idee und Struktur des Gebäudes einzufühlen. Dabei wurde von den Architekten jedoch erwartet, daß sie das Neue nicht hinter das Alte stellten, sondern sich bemühten, ein Nebeneinander zu erreichen. Der hohe Zerstörungsgrad schloß – im Gegensatz zum Dresdener Theater – von vornherein eine reine Anpassungsplanung aus, abgesehen von der gegenüber früher geänderten Zweckbestimmung des Gebäudes.

Es fragt sich nun, auf welchem Wege die Architekten das angestrebte Zusammenspiel, die Verträglichkeit zwischen Alt und Neu zu erreichen suchten und was sie unternommen haben, um störenden Dissonanzen nach Möglichkeit zu entgehen. Der Grundsatz, alten Gebäuden mit Respekt zu begegnen, veranlaßte die Architekten, die der Alten Oper zugrundeliegende Basilika-Form beizubehalten und diese – bedingt

Wünschen gegenüberstand. Hinzu kamen seit 1978 die besonderen Anforderungen der Betriebsgesellschaft »Alte Oper Frankfurt – Konzert- und Kongreßzentrum GmbH«, von denen später noch die Rede sein wird. Auch die Gruppe der Veranstalter bleibt zu erwähnen, die sich mit wertvollen Ratschlägen zu Wort meldete. Ferner sind die Vertreter verschiedener gesellschaftlicher Vereinigungen zu nennen, die gleichfalls ihre Interessen berücksichtigt sehen wollten. Für einen Außenstehenden dürfte es angesichts einer solchen Fülle unterschiedlicher Anforderungen an die Planung nur schwer vorstellbar sein, wie unter diesen Voraussetzungen überhaupt eine gestalterische Idee durchgehalten und verwirklicht werden konnte. Deshalb dürfte es für den Leser von gewissem Interesse sein zu erfahren, welchen Weg die Architektengemeinschaft bei der Verwirklichung ihrer Konzeption einschlug

Großer Saal mit Rangkonstruktion.

durch die Form des Innenraumes – in aller Konsequenz herauszuarbeiten. In Würdigung der vorgefundenen Ordnung sah man davon ab, irgendwelche Nebenfunktionen einzuflechten. Es ist anerkennenswert, daß man sich zur Ehrlichkeit der Gesinnung bekannte und die Struktur des in das alte Gehäuse eingebrachten neuen Gefüges den Gegebenheiten anpaßte, anstatt sich durch architektonische Umwege den einen oder anderen Vorteil zu verschaffen.

Das Kernstück des Innenbaus bilden der Große Saal und der Kammermusiksaal. Aufgrund der überwiegend musikalischen Nutzung dieser Räume war die Form der Säle von den raumakustischen Anforderungen her bestimmt. Auch die anderen Räumlichkeiten, Wandelgänge und Treppenhäuser sind – wie aus den beigegebenen Entwürfen ersichtlich – von einem pathosfreien Stilempfinden geprägt und architektonisch einfach gegliedert. Bezüglich der Farbgebung übte man sich gleichfalls in Zurückhaltung und wählte nur dezente Farbtöne, oft in Verbindung mit edlem Naturholz. Besucher, die sich noch an die innere Ausstattung des alten Gebäudes erinnern, mögen vielleicht den ornamentalen Reichtum vermissen und von einem verhältnismäßig bescheiden wirkenden Eindruck sprechen. Man wird jedoch dafür Verständnis aufbringen müssen, daß mit der Wiederbelebung des Hauses – hundert Jahre nach seiner feierlichen Einweihung – auch die Ansprüche einer neuen Gesellschaft in zeitgemäße Formen umgesetzt werden mußten. Gewiß wird es nicht ausbleiben, daß zukünftige Besucher beim Anblick der restaurierten äußeren Erscheinung des Gebäudes eine adäquate Innengestaltung erwarten. Doch die über das Haus hereingebrochene Katastrophe der Innenzerstörung wie auch andere Sachzwänge wiesen beim Wiederaufbau nun einmal den beschrittenen Weg. Noch vor Eröffnung des Hauses konnten sich unbeteiligte Fachleute davon überzeugen, daß die erreichte Lösung von imponierender Wirkung ist. Es darf wohl auch von der Frankfurter Bevölkerung erwartet werden, daß sie das Bauwerk, das seitens der Stadt einen Investitionsaufwand von rd. 148,5 Millionen DM (Stand Mai 1980) – ohne die Kosten für die betrieblichen Einrichtungen – notwendig machte, gerne und dankbar als Heimstätte für ihre kulturellen Belange annehmen wird. Ein solches Haus kann verständlicherweise nicht für alle kulturellen Einrichtungen und Aktivitäten ausreichenden Raum zur Verfügung stellen, doch steht außer Zweifel, daß die Erwartungen im Rahmen der von der Bürgerschaftsvertretung geforderten Funktionsbestimmung in hohem Maße sichergestellt sind. Es liegt nunmehr an den Bürgern selbst, die mit hohen finanziellen Aufwendungen wiedererstandene Alte Oper nach der für den 28. August 1981 vorgesehenen Eröffnung mit pulsierendem Leben zu erfüllen.

Vor Abschluß des Buches bedarf es noch der Benennung all jener Personen und Institutionen, die – neben dem bereits dargestellten Einsatz der Architekten – für die Planung der oben geschilderten komplizierten Baumaßnahmen und deren Realisierung verantwortlich waren. Vor allem bedurfte es der Einschaltung einer Reihe hochqualifizierter Experten und Ingenieure, um bei multifunktionaler Nutzung des Hauses auch im technischen Bereich den unterschiedlichsten und modernsten Anforderungen genügen zu können.

Um dem Leser einen Eindruck von der Vielfalt und Komplexität eines Planungs- und Bauprozesses zu geben, seien an dieser Stelle all jene Ämter, Institutionen und Personen sowie die von ihnen vertretenen Bereiche genannt, die zum Gelingen des Bauvorhabens einen entscheidenden Beitrag geleistet haben:

Bauherr
Stadt Frankfurt am Main
Dezernat für Kultur und Freizeit
Amt für Wissenschaft und Kunst
unter Mitwirkung der
Aktionsgemeinschaft Opernhaus
Frankfurt am Main e. V.
Projektleitung
Stadt Frankfurt am Main
Dezernat Bau
Hochbauamt
Projektgruppe Alte Oper
Amt für technische Anlagen
Architekt
Entwurfs- und Ausführungsplanung und
künstlerische Oberleitung
Planungsgemeinschaft Wiederaufbau Alte
Oper
Braun & Schlockermann und Partner
Planer und Architekten BDA
Frankfurt am Main
Heinrich Keilholz
Ingenieurbüro für Raum und Bau
Akustik Bühnen Elatechnik
Hannover-Buchholz
Baubetreuung und örtliche Bauleitung
FAAG Frankfurter Aufbau AG
Frankfurt am Main

Großer Saal kurz vor dem Richtfest.

Die eingerüstete Vorderfassade der Alten Oper.

Neues Restaurant in den alten Kellergewölben.

Statik
Ingenieursozietät BGS Frankfurt am Main
Prüfingenieur
Ingenieursozietät Deutsch-Buckert-Thomas Frankfurt am Main
Heizungs-, Klima-, Lüftungs-, Sanitär- und Elektrotechnik
Planungsgemeinschaft
Schmidt Reuter Frankfurt am Main
Klimatechnische Ingenieure
Frankfurt am Main Götzenhain
Raum- und Bauakustik, Bühnen und Elatechnik
Ingenieurbüro Heinrich Keilholz
Hannover-Buchholz
Gründungsberatung
Grundbauinstitut
Dr.-Ing. Heinrich Sommer
Darmstadt
Bauphysik
Institut für Bauphysik (IFB)
Horst R. Grün
Mülheim/Ruhr
Gastronomie-Planung
Steigenberger Consulting GmbH
Frankfurt am Main
Lichtplanung
Lichtdesign Hans T. von Malotki
Rodenkirchen
Terminplanung
Eitelbach Consult GmbH
Koblenz
Beteiligte Ämter u. a.

Bauaufsichtsamt
Stadtplanungsamt
Brandaufsicht
Straßen- und Brückenbauamt
Amt für Denkmalpflege
Stadtbahnbauamt
Amt für Fremdenverkehrs- und Kongreßwesen
Gartenamt
Revisionsamt

Verständlicherweise erforderten die bezeichneten Aufgaben und Beiträge eine umfassende Koordination, bevor sie in den Planungs- und Bauprozeß einfließen konnten. Für den Bereich der Planung erbrachten die Architekten diese wichtige und verantwortungsvolle Aufgabe; für den Bereich Bauvorbereitung und Bauabwicklung war Hermann Sengle zuständig, der Technische Direktor der Frankfurter Aufbau AG, der zugleich die Gesamtbauleitung und die finanzielle Betreuung des Bauvorhabens im Auftrag der Stadt Frankfurt am Main übertragen worden waren.

Es würde zu weit führen, wollte man alle die einzelnen Funktionen in diesem Rahmen ausführlich erläutern und in ihrem Umfang bei der Neugestaltung des Gebäudes bzw. der Außenanlagen kennzeichnen. Es soll jedoch darauf hingewiesen sein, daß die Frankfurter Aufbau AG noch vor Übernahme der technischen und geschäftlichen Oberleitung beim Wiederaufbau von der Aktionsgemeinschaft Opernhaus – aufgrund von Erlaubnisscheinen seitens der Stadt Frankfurt – mit der Gesamtbauleitung für Räumungs-, Sicherungs- und Erhaltungsarbeiten beauftragt worden war. Gemäß Beschluß der Stadtverordnetenversammlung vom 6. Juli 1972 erfolgte dann der Leistungsauftrag an die Frankfurter Aufbau AG in unmittelbarer Treuhänderschaft des Magistrats und der Aktionsgemeinschaft Opernhaus. Es kann nicht Aufgabe des Buches sein, alle die einzelnen Funktionen der Frankfurter Aufbau AG an dieser Stelle ausführlich zu erläutern und in ihrem Umfang bei der Neugestaltung des Gebäudes bzw. der Außenanlagen zu kennzeichnen. Andererseits darf nicht versäumt werden darauf hinzuweisen, daß in den Jahren 1972 bis 1977 die Firma Philipp Holzmann AG mit der Durchführung der Sicherungsarbeiten an der Opernhaus-Ruine beauftragt war. Die Arbeiten erstreckten sich unter der Oberleitung der Frankfurter Aufbau AG über vier Sicherungsabschnitte, die bereits auf der Grundlage der Planungsgemeinschaft Braun & Schlockermann/Prof. Keilholz – entsprechend den finanziellen Möglichkeiten – durchgeführt wurden. Die Firmenbauleitung lag in den Händen von Heinz Zimmer. Nach Genehmigung des Planwerkes und der Zustimmung der Stadtverordnetenversammlung für den endgültigen Wiederaufbau der Alten Oper konnte im Juni 1977 die Arbeitsgemeinschaft Philipp Holzmann AG, Hochtief AG und Dyckerhoff & Widmann AG mit der Konstruktion des Rohbaues beginnen. Mit der Bauvorbereitung war Hans Günther Scheren von der Frankfurter Aufbau AG befaßt. Bereits während der Durchführung der vorausgegangenen Sicherungsarbeiten und auch während der Dauer der sich anschließenden Rohbauarbeiten, d. h. von 1972 bis 1978, war Wolfgang Eichenauer von der Frankfurter Aufbau AG als bauüberwachender Bauleiter eingesetzt. Mit Beginn der haustechnischen Gewerke im Juni 1979 und der Ausbaugewerke übernahm Adolf Buch von der Frankfurter Aufbau AG die Oberbauleitung. Ihm oblag die Steuerung des Bauablaufs unter Beachtung des festgesetzten Terminplans bis hin zur Fertigstellung des Gebäudes.

Die letzte Verantwortung für das Gelingen des Gesamtvorhabens trug der Magistrat der Stadt. Mit Beschluß vom 21. Mai 1976 setzte er beim Hochbauamt eine dezernatübergreifende »Projektgruppe Alte Oper« ein, an deren Spitze der stellvertretende Amtsleiter des Hochbauamtes, Hans Joachim Kirchberg, berufen wurde. Die Hauptaufgabe der Projektgruppe bestand darin, alle Beiträge der am Wiederaufbau beteiligten Gruppen möglichst so aufeinander abzustimmen, daß bei deren Zusammenfassung eine optimale Gesamtlösung erreicht werden konnte. Ohne Frage war es keine leichte Aufgabe, die von besagten Gruppen vorgetragenen Wünsche in die Gesamtkonzeption einzubeziehen. Zwangsläufig erfolgten manche Abstriche. So waren beispielsweise, um die Kosten des Gebäudes nicht endlos in die Höhe zu treiben, mitunter Kompromisse nicht zu umgehen, wobei beachtet werden mußte, daß die Funktionsfähigkeit dieses für Frankfurt so bedeutungsvollen Hauses ungeschmälert erhalten blieb. Die letzten Entscheidungen waren von der Zielsetzung bestimmt, ein Höchstmaß an Qualität für das Haus zu erreichen, den vorgezeichneten Terminplan einzuhalten und die Abwicklung des Bauvorhabens im Rahmen der Kostensätze vorzunehmen. Von den zahlreichen Mitarbeitern aus dem Amtsbereich der Projektgruppe Alte Oper sei hier nur, stellvertretend für viele, Architekt Jörg Husmann genannt.

Mit der Projektgruppe Alte Oper hatte sich der Magistrat eine Einrichtung geschaffen, die ihm die notwendigen Beschlüsse entscheidungsreif vorbereitete. Durch diese Maßnahme wurde zugleich sichergestellt, daß die Anweisungen der Stadtverordnetenversammlung in bezug auf die Alte Oper respektiert und ausgeführt wurden. Der Projektgruppe Alte Oper wird es auch zukommen – gemeinsam mit dem amtierenden Baudezernenten Dr. Hans-Erhard Haverkampf und allen vorgenannten Planungs- und Ausführungsbeteiligten – das vollendete Bauwerk seiner Bestimmung zu übergeben, – ein Gebäude, das nicht nur die verschiedensten Belange, Vorstellungen und Planungsideen in möglichst ausgewogener Form in sich vereinigt, sondern auch den Anforderungen eines funktionsfähigen »Konzert- und Kongreßhauses« entspricht.

All jenen, die den Wiederaufbau der Alten Oper aufmerksam verfolgten und die Schwierigkeiten einzuschätzen wissen, die mit der Neugestaltung des Kerns in der vorgegebenen Baustruktur zwangsläufig verbunden waren, dürfte bewußt geworden sein, daß die Beteiligten redlich bemüht waren, die hohen Erwartungen im Rahmen des Möglichen zu erfüllen. Die Kenntnis dieses Sachverhalts sollte eigentlich genügen, um unangebrachte Kritik verstummen zu lassen.

Vor Abschluß des Kapitels „Auftrag und Vollendung" sei noch ein Wort des Dankes an die Aktionsgemeinschaft und ihren Vorsitzenden Fritz Dietz gerichtet. Seit 1964 hatte sich die Aktionsgemeinschaft mit besonderer Intensität für den Wiederaufbau der Alten Oper eingesetzt, nachdem bereits vor ihrer Gründung die Erhaltung der Ruine erreicht werden konnte. Mit einer bloßen Sicherung der Ruine – ähnlich wie es beim Heidelberger Schloß der Fall war – und einer damit verbundenen Erinnerung an glanzvolle Zeiten, konnte und durfte sich die Aktionsgemeinschaft nicht zufrieden geben. Sie sah ihre große Aufgabe in dem Wiederaufbau des ehrwürdigen Hauses, um nach den vielen Jahren der Entbehrung darin das unumgänglich notwendige Konzert- und Kongreßhaus in der Alten Oper unterzubringen. Nur Schritt um Schritt gelang es bei den verantwortlichen Gremien, die Überzeugung durchzusetzen, daß es gemeinsamer Anstrengungen seitens der Stadt und der Bürger, der Wirtschaft, der Institutionen, der Vereinigungen wie auch des Landes bedurfte, um ein solches Vorhaben rasch zu realisieren. Die im Stadtparlament – wenn auch unter Widerspruch – vorgetragenen Argumente, es müßten vorerst andere Bauobjekte verwirklicht werden und die angebliche Finanzmisere erlaube noch keinen Wiederaufbau der Alten Oper, konnten Fritz Dietz und seine Mitarbeiter nicht entmutigen. Mit Besonnenheit verfolgten sie ihre Zielsetzung. Hierbei konnte nicht ausbleiben, daß sich die Fronten oft verhärteten, insbesondere wenn es um die Zweckbestimmung des Gebäudes ging, denn Fritz Dietz vertrat die Auffassung, die zukünftige Alte Oper solle wohl für alle, nicht aber für alles bestimmt sein. In diesem Sinne rief die Aktionsgemeinschaft seit 1964 die Bürgerschaft zu Spenden auf, die gegen Ende des Jahres 1979 auf den stolzen Betrag von 14,6 Millionen DM angewachsen waren. Dieses in der Nachkriegszeit einmalige Spendenergebnis zeigte nicht nur, daß ein Großteil der Bevölkerung hinter den Bestrebungen der Aktionsgemeinschaft stand, sondern stärkte dem Vorsitzenden Fritz Dietz vor allem den Rücken, um leidenschaftlich gegen jede Verschleppung des Wiederaufbaues

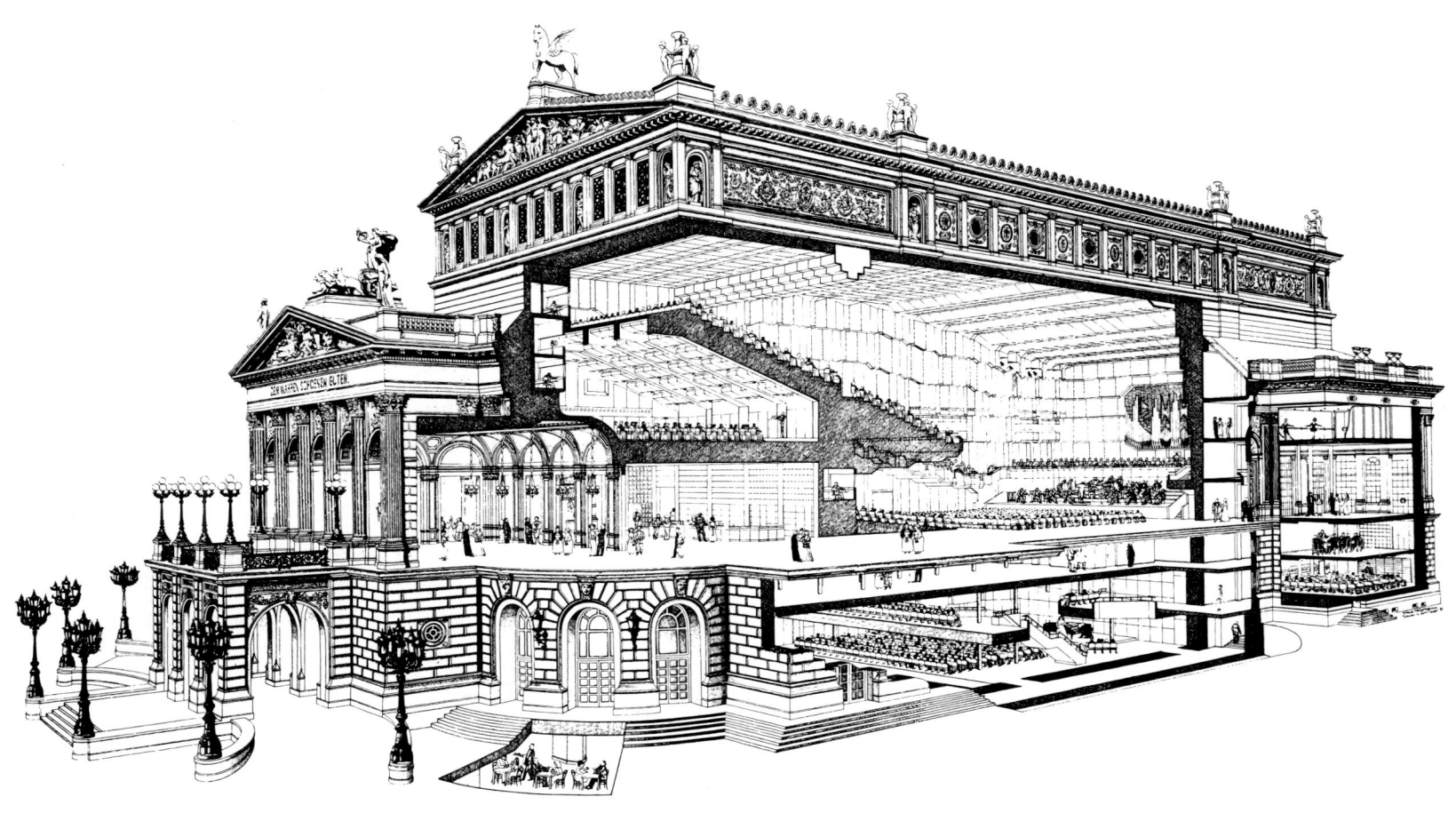

Modellzeichnung der Alten Oper mit Darstellung ihrer neuen Funktion.

der Alten Oper anzugehen. Die Standfestigkeit von Fritz Dietz im Verfolg seines Zieles ist besonders hervorzuheben, da sie wesentlich zur Beschleunigung des Bauvorhabens beigetragen hat. Wenn das Gebäude zu Goethes Geburtstag am 28. August 1981 feierlich eröffnet wird, können sich Fritz Dietz und seine Getreuen mit Genugtuung darauf berufen, daß sich ihre Bemühungen gelohnt haben. Die Stadt Frankfurt besitzt nunmehr einen Saalbau, den sie viele Jahrzehnte lang entbehren mußte. Die Frankfurter Bürger mögen sich indessen der Tatsache bewußt bleiben, daß die Stadt mit ihrer Entscheidung für den Wiederaufbau der Alten Oper und der Bereitstellung eines Großteils der Aufbaukosten sich einen Markstein im kommunalen Leben der Mainmetropole gesetzt hat. Das neu erstandene Kulturzentrum dürfte aufgrund seiner internationalen Ausstrahlung wesentlich dazu beitragen, das Ansehen der Stadt zu stärken.

Ausblick

Der Leser wird sich daran erinnern, daß die Neueröffnung der Alten Oper ursprünglich zum hundertjährigen Jubiläum des Gebäudes am 20. Oktober 1980 vorgesehen war. Unerwartet aufgetretene Schwierigkeiten führten indessen dazu, daß der Eröffnungstermin auf den 28. August 1981 verschoben werden mußte. Dies schloß jedoch nicht aus, den hundertjährigen Jubiläumstag des Opernhauses dennoch mit einer Festwoche zu begehen. Es ist verständlich, daß man in Erinnerung an die Eröffnungsvorstellung im Jahre 1880 sich mit dem Gedanken trägt, auch diesmal Mozarts »Don Juan« in festlichem Rahmen darzubieten. Ergänzend treten verschiedene Ausstellungen hinzu, die sich mit der Alten Oper als architektonisches Bauwerk und mit der ehemaligen Bedeutung des Hauses als Musiktheater befassen. Auf diese Weise soll informationsbedürftigen Freunden des Frankfurter Theaters – über die Möglichkeiten des vorliegenden Buches hinaus – Gelegenheit gegeben werden, sich anhand umfangreichen Bildmaterials jener bedeutungsvollen Ereignisse bewußt zu werden, die das Frankfurter Opernhaus einst zum Mittelpunkt im kulturellen Leben der Mainmetropole machten. Über diese Ausstellungen hinaus ist eine Reihe weiterer Veranstaltungen geplant, welche die Bedeutung des geschichtsträchtigen Gebäudes verstärkt ins Bewußtsein der Bevölkerung tragen soll. Die Festwoche zum hundertjährigen Jubiläum ist somit ganz wesentlich dazu bestimmt, eine Brücke zu schlagen zwischen der Erinnerung an die ehrwürdige Vergangenheit der Alten Oper und den hoffnungsvollen Erwartungen, die von so vielen Seiten an das neu erstandene Musik- und Kongreßzentrum herangetragen werden.

Für den Leser dürfte von besonderem Interesse sein zu erfahren, welch spezielle Aufgaben dem wiedererrichteten Opernhaus zugedacht sind. Die Verantwortlichkeit für die zukünftige programmatische Ausrichtung des Gebäudes wurde einer inzwischen ins Leben gerufenen Betriebsgesellschaft »Alte Oper Frankfurt – Konzert- und Kongresszentrum GmbH« übertragen, deren Kompetenzbereich in einem Gesellschaftsvertrag verankert ist. Der als Verwaltungsdirektor der Städt. Bühnen bewährte Jurist Ulrich Schwab sieht es als eine seiner wichtigsten Aufgaben an, die Alte Oper zu einer Wirkungsstätte für all jene Frankfurter Institutionen zu machen, die seit Kriegsende – meist unter großen Opfern und Erschwernissen – das Musikleben gepflegt und gefördert haben, wie z. B. die Museumsgesellschaft, der Hessische Rundfunk, die Veranstalter der Zyklus-Konzerte, die Kunstgemeinde, der Verein Frankfurter Bachkonzerte, die Robert-Schumann-Gesellschaft und nicht zuletzt die namhaften Laienchöre wie der Cäcilienverein, die Singakademie, die Frankfurter Kantorei und der Frankfurter Konzertchor. Angesichts der Vielfalt des zu erwartenden Angebots will der Generalmanager die verschiedenen Privatinitiativen gezielt unterstützen, die Veranstaltungen programmatisch und terminlich koordinieren sowie die sich daraus ergebende Programmpalette entsprechend ergänzen. So hofft er neben regelmäßigen Mittags-, Feierabend- und Sonntagskonzerten auch Folklore-, Ballett-, Operetten- und Musical-Aufführungen anbieten zu können. In diesem Zusammenhang bleibt hervorzuheben, daß es der Initiative von Ulrich Schwab und seines Technischen Direktors Klaus Diers zu verdanken ist, daß – über die ursprüngliche Konzeption des Gebäudes hinaus – im Großen Saal ein Bühnenvorhang eingeplant wurde und die Beleuchtungs- wie auch die Beschallungsanlage, abgesehen von unzähligen sonstigen technischen und organisatorischen Details, entsprechend ausgebaut wurden. Auf diese Weise konnte sichergestellt werden, daß die Alte Oper nicht nur als Konzert- und Kongreßhaus, sondern auch für theatralische Veranstaltungen wie Ballette, Operetten und Musicals genutzt werden kann. Selbstverständlich sind auch Veranstaltungen mit stärker ausgeprägtem gesellschaftlichem Charakter vorgesehen, wie beispielsweise eine Wiederbelebung des einst so glanzvollen Opernballes, der alle Schichten der Bevölkerung festlich vereinte.

Letztlich bleibt zu hoffen, daß die Erwartungen der Frankfurter Bürger sowie aller Freunde des Opernhauses für eine schöne Zukunft der Alten Oper in Erfüllung gehen. Immerhin läßt das zur Eröffnung der Alten Oper vorgesehene Festprogramm erkennen, daß man bestrebt ist, dem Musik- und Kongreßhaus zu einem Ansehen zu verhelfen, das internationalen Ansprüchen gerecht wird. Für den eigentlichen Eröffnungstag am 28. August 1981, dem Geburtstag Goethes, ist eine Aufführung der 8. Sinfonie von Gustav Mahler unter der Leitung von Generalmusikdirektor Michael Gielen vorgesehen. Die anschließenden Veranstaltungen erfolgen unter Mitwirkung des Chicago Symphony Orchestra mit dem ehemaligen Frankfurter Generalmusikdirektor Sir Georg Solti, der Wiener Philharmoniker mit Prof. Karl Böhm, des Orchestre de Paris unter Daniel Barenholm, des Concertgebouw Orchestra unter Bernard Haitink und des Londoner Symphonie Orchestra unter Claudio Abbado. Alle diese Gaben lassen einen hohen Kunstgenuß erwarten und sind dazu angetan, in uns das Bewußtsein wachzurufen, daß wir in der neueröffneten Alten Oper ein Gebäude besitzen werden, welches kulturellen Darbietungen vielfältigster Art eine würdige Heimstätte zu bieten imstande ist.

Namensverzeichnis

Abbado, Claudio 367
Abt, Franz 88
Ackté, Aini 162
Adam, Adolphe 87, 158
Adickes, Franz 123
Adrian, Hans 341
Albert, Eugen d' 128, 141, 143, 144, 154, 182, 213 f., 224 f., 277, 280
Alfermann, Marianne 184 f., 186
Allemand, Pauline L' 83, 89
Altenkirch, Prof. Otto 185
Ambrosius, Günther 288, 291, 292
Anders, Erich 183
Andrade, Francesco d' 111 f., 122
Antheil, George 239
Apel, Otto 314, 318 f., 320, 324 f., 327 f., 332
Appen, Karl von 205
Arndt, Rudi 339, 340, 344 f.
Arnold, Auktionshaus 339
Arnoldson, Siegrid 125
Artôt, Désirée 91
Ashkenasi, Shmuel 323
Auber, Daniel François 86, 89, 98

Bachmann, KG 303
Bahr-Mildenburg, Anna 164
Baklanoff, Georges 202
Balser, Dr. Frohlinde 344 f.
Balser, Günther 330 f.
Bandrowski, Alex von 109 ff., 112, 123 ff.
Barenholm, Daniel 367
Barnay, Ludwig 106
Bartók, Béla 205 f.
Bassewitz, Gerdt von 178
Baumann, Carl 71, 75, 80, 88, 93, 106, 117, 130
Bauszener, Waldemar von 189
Beck, Dr. H. 316
Beck, Joseph 69, 71, 80 f., 84, 97, 100
Becker, Johann Albrecht 23, 26, 28, 57, 73, 76
Beer, W. A. 67
Beethoven, Ludwig van 80, 281
Behrend, Oscar Fa. 58
Bekker, Paul 196, 198
Bellini, Vincenzo 85, 98, 176
Bellincioni, Gemma 128
Benatzky, Ralf 200, 244
Bensing, Heinrich 272, 281, 293
Beraneck, Lilly 184 f.
Berény, Henry 132
Berg, Alban 243
Berg, Martin 345
Berlioz, Hector 130
Bernhard, Prinz von Weimar 63

Bertram, Theodor 135
Bethmann, Alexander von 12
Bethmann, Freifrau von 316
Bethmann, Gebr. von 58, 59
Bethmann, Moritz von, Ehefrau 73
Bettendorf, Emmy 174
BGS, Ingenieursozietät 364
Bierbaum, Otto Julius 137
Binding, Rudolf G. 203
Bing, Fa. 59
Bittner, Julius 150, 186
Bizet, Georges 88, 106, 125, 226, 281
Blaum, Dr. Kurt 297 ff., 300, 302, 309, 312 f., 315, 316, 318, 347
Blech, Leo 153, 232
Bockelmann, Werner 322
Bode, Leopold 37
Bodenstedt, Friedrich von 59, 74
Boehm, Dr. Karl 233, 367
Boennecken, Lucy 167, 173 f., 176, 180 f., 182
Börner, Holger 354
Bößnicker, Lena 235
Boetel, Heinrich 117
Bohnen, Michael 211
Boieldieu, Adrien Louis 81, 130, 197, 281
Boller & Co., Fa. 22
Bordiau, Gédéon 14 ff.
Borngräber, Otto 198
Brand, Max 236
Brandes, Georg 71, 83, 126
Brandt, Hans 228, 235, 238
Brandt-Buys, Jan 182
Braun, Helmut 333, 338
Braun, Wolfgang 333
Braun & Schlockermann 336 f.
Braun / Schlockermann / Keilholz 339 f., 341 f., 348, 360, 363, 365
Brecher, Gustav 185, 189, 240
Brecht, Bert 231
Breitenfeld, Richard 137, 140, 142, 144, 148 f., 151, 154, 157 f., 170 f., 172, 178, 180, 182, 185, 191, 199, 201, 229, 246, 247
Brinkmann, Rudolf 132, 135, 137, 143, 160, 167, 200, 202, 213 f., 216, 229
Brioschi, Carlo 71 f., 77, 78, 80, 84, 86, 100
Brückner, Max 78, 80, 139
Brückwald, Otto 14 ff.
Brügmann, Walter 189, 212, 216, 229
Brühl, Ignatz 84
Brüning, Dr. 58
Brundert, Dr. Willi 322 f., 325, 329
Brunow, Ludwig 32
Buch, Adolf 365

Bucharoff, Simon 217
Buckwitz, Harry 307
Buderus, Eisenwerke 323
Bütschli, F. R., Fa. 59
Büttel, Wilhelm, Fa. 59
Burghart, Hermann 71 f., 78, 83, 100, 119, 129
Burgstaller, Alois 127
Burnitz, Rudolf Heinrich 11, 14 f., 19 f.
Busoni, Ferruccio 188 f., 228 f.
Busse, Carl Ferdinand 16

Candidus, William 78, 84, 85, 87, 89 f., 104
Capitain, Adam, Fa. 58
Caruso, Enrico 158, 162
Charpentier, Gustav 135
Cherubini, Luigi 98
Claar, Emil 56, 63 ff., 68, 72 ff., 76 f., 91, 92 f., 95 f., 98, 100, 108 f., 111, 116, 124, 128 f., 158, 240
Claar-Delia, Hermine 73, 98
Clairmont, Eva 172 f., 176 ff.
Clauer, Georg, Fa. 59
Cocteau, Jean 245
Cornelius, Peter 118, 189
Correggio, Josef 228
Cremer, Dr. L. 325

Debussy, Claude 146, 206
Decker, Dr. Herbert 272, 273, 276, 280, 291, 292, 294
Delavilla, Franz Karl 186 ff., 189 ff.
Delibes, Leo 99
Delius, Frederic 194
Dessoff, Otto 56 f., 61, 69, 78, 80, 84, 88, 90, 92 f., 96 f., 104, 110, 113 f., 116
Destinn, Emmy 131
Deutsch – Buckert – Thomas, Ing. Soz. 364
Devrient, Otto 56
Dietrich, Erna 294, 295
Diers, Klaus 367
Dietz, Annemarie 329
Dietz, Fritz 322 f., 327 f., 329 f., 332, 334, 336 f., 339 f., 342, 344 f., 354, 356 f., 365
Dingelstedt, Franz 56
Dinse, Walter 222, 245
Doenges, Paula 153, 155, 172
Djaghilew, Sergej 211
Dohnanyi, Christoph von 330, 339
Doninger, Lina 151 f., 170, 175
Donizetti, Gaetano 80, 95, 97, 137, 281
Donner-von Richter, Otto Philipp 40, 42
Dransmann, Hannsheinrich 253
Dresser, Marcia van 167, 171, 173
Dukas, Paul 166
Dyckerhoff & Widmann AG 345, 365

Ebers, Clara   230, 236, 249, 250, 253, 255, 257, 258, 264, 266, 278, 283, 286 f., 288, 291, 293, 294, 330
Ebert, Carl   244, 264, 278, 280, 293
Ebert, Friedrich   310
Eckhardt, Rudolf   31
Egk, Werner   256, 258, 283, 284, 285 f.,
Eichenauer, Wolfgang   365
Eitelbach, Consult GmbH   364
Elmendorff, Karl   263
Encke, Erdmann   30
Ende-Andriessen, Pelagie   siehe Greeff-Andriessen
Epstein, Ernestine   70 ff., 75, 87 ff., 93 f.
Erfurth, Prof. Ullrich   329
Erl, Hans   194, 207, 210, 228, 231, 247
Erlanger, von Familie   58
Estdorff   31

Fall, Leo   152, 181, 183
Fanger, Otto   176, 178, 189, 191, 199, 207 f., 210, 214, 216, 218, 220, 242, 243, 248
Fay, Dr. Wilhelm   329 f., 345, 347
Feinhals, Fritz   149
Felsenstein, Walter   255, 256, 257, 261, 263
Fendt, Adam   294
Feßler, Eduard   88, 92 f.
Fischer, Friedrich   245
Fischer, Jenny   113 f., 128, 152
Fischer, Res   267, 268, 277, 278
Fleisch-Daum, Fa.   59
Flesch-Thebesius, Prof. Dr. Max   302, 310 f., 312, 315, 316, 322, 345, 347
Flotow, Friedrich von   85, 98, 281
Fönß, Johannes   171 ff., 176, 178
Forchhammer, Ejnar   136, 144, 146, 150, 155
Fortner-Halbaerth, Bella   157 f., 160, 167, 170, 176
Frankfurter Aufbau AG   336, 339, 342, 344, 363, 364
Franz, Anita   206
Franz, Rudi   285
Freiwald, Dr. Friedrich   329
Friedrich, Elisabeth   210 f., 213, 216, 226, 229, 234, 235, 236, 239, 241
Friedrich-Materna, Amalie   96, 98
Friedrich Wilhelm, Kronprinz   15, 58, 68, 74
Fromm, Gustl   314
Fuentes, Giorgio   108
Furtwängler, Wilhelm   180, 269

Gareis, Joseph   142 f., 148, 154, 200, 242
Garnier, Charles   22
Gentner, Karl   142 f., 144, 150 f., 153 f., 158, 159, 169, 173 ff., 192
Gentner-Fischer, Else   144, 155, 157, 170, 173, 174 ff., 178, 181, 186, 189, 194, 199, 203, 208, 210, 216, 218, 220, 222, 226 f., 232, 235, 242, 244, 249, 252 f., 254, 330
George, Heinrich   189
Gerhardt, Ernst   329 f.
Gerhart, Maria   201, 210, 212
Gerster, Ottmar, 267 ff.
Gesser, August   180
Gielen, Michael   131, 186, 367
Giesenberg, Eduard   28, 44, 55, 67, 74, 76
Gießwein, Max   128
Giordano, Umberto   292
Gläser, John   184, 188, 191, 199, 201, 203, 213, 217, 226, 228, 231, 236, 243, 245, 256, 260, 264, 266 f., 288, 330
Gluck, Christoph Willibald   118, 142, 187 f., 236, 240
Goepfert, Hermann   360
Goethe, Johann Wolfgang von   187, 245, 300, 358, 366 f.
Goetz, Hermann   211
Goldmark, Carl   92, 122, 139 f., 141, 175
Goldschmidt, Adolph B. H.   12
Gollmer, Frieda   162
Goltermann, Georg   61, 68, 89, 92 f., 116
Gonszar, Rudolf   267, 284, 286 ff., 290, 291, 292, 294
Gontard, Familie   73
Gounod, Charles   86 f., 111, 245, 281
Gradel, Kurt, Fa.   303
Graener, Paul   175, 252, 272 f.
Grätz, Karl Julius   47
Graf, Dr. Herbert   232, 233, 236, 247
Grahl, Lola   272, 284
Greeff, Paul   110 f., 121 f., 126, 133
Greeff-Andriessen, Pelagie   118, 120, 129, 131 f., 136, 139 f., 142, 173
Griebel, August   240, 243
Grosz, Wilhelm   239
Grüber, Arthur   264, 271
Grün, Horst R.   364
Grün & Bilfinger, Fa.   314
Grunelius, E.   73
Grunert   71, 80, 86
Gudehus, Heinrich   103 f.
Gudenberg, Wolff von   183
Gugitz, Gustav   14
Gulbranson, Ellen   123
Gura, Eugen   118
Gutheil-Schoder, Maria   160

Hafgren-Waag, Lilly   164
Hagen, Otfried   164
Hainmüller, Emmy   243 f., 245, 249, 250, 253, 256, 259, 264, 266, 268, 277, 284, 293
Haitink, Bernard   367
Halbaerth, Bella   siehe Fortner-Halbaerth
Halévy, Jacques   84
Hallasch, Dr. Franz   320
Hamburger, Dr. Karl   68, 73 f.
Hartmann, Dominik   291 f.
Hartmann, Rudolf   263
Hauck, Alfred   125, 130, 139, 143, 170
Hauptmann, Gerhart   203
Haverkampf, Dr. Hans-Erhard   345, 357, 365
Heim, Melitta   158, 167, 173, 175 ff., 182
Heinrich, Prinz   64, 68
Helm, Paul   248, 249, 252
Hempel, Frieda   157
Henrich, Karl Friedrich   14, 16
Hensel, Heinrich   130, 137 ff., 140
Hensel-Schweitzer, Elsa   135 ff., 139, 144, 146, 148, 163 f., 157, 162
Hergenhahn, August u. Familie   64, 73, 76
Herold, Gustav   30 ff., 37, 53
Herrmann, Theo   269, 270 f., 273 f., 277, 280
Hess, Werner   329
Hesse, Herbert   248, 256 f., 259, 260, 266, 291
Hessen, Landgraf von u. Ehefrau   69, 73
Hill, Wilhelm   95
Hiller, Ferdinand   60, 92
Hindemith, Paul,   204 f., 206, 230 f.
Hitzig, Friedrich   14, 16
Hochtief AG   302, 314, 345, 365
Hoffmann, Hilmar   334 ff., 340 f., 345, 354, 357
Hoffmann, Philipp   16, 18
Hofmann, Aloys   185
Hofmannsthal, Hugo von   152, 207, 211, 248
Holbach, Wilhelm   297
Holl, Emma   180, 182 f., 192, 194, 196, 204, 207 f., 212 f., 214, 216, 218, 221
Holl, Dr. Karl   203, 220, 236
Holzmann, Philipp AG   22 f., 26, 58 f., 295, 300, 302, 304, 314, 345, 365
Hubay, Jenö   121
Hülsen, Botho von   59, 74
Hüter, Georg   358
Humboldt AG   26
Humperdinck, Engelbert   117 f., 126, 138, 157, 247
Hundrieser, Emil   30 ff.
Hunten, Marion   263, 264, 284
Husmann, Jörg   365
Huszka, Rose   277, 280, 282, 287, 288, 293
Hutt, Robert   158, 162, 169, 171 f., 181

Ibach, Carl, Fa.   58
Impekoven, Niddy   180
Impekoven, Toni   180
Ivogün, Maria   197

Jacobi, Flory   178
Jablonski, Victor von   323
Jadlowker, Hermann   175, 178
Jaeger, Adolf   194, 196, 200, 203, 213, 221, 235
Jäger, Anna   109, 117 f., 123 f., 126, 128 f.
Janáček, Leoš   232 f., 235
Jarnach, Philipp   228
Jauner, Franz   106
Jensen, Paul   129 f., 134 f., 148, 152, 155, 157 f.
Jochum, Georg Ludwig   263
Joesten, Aga   293
Jockisch, Dr. Walter   263
Jokl, Fritzi   184, 194, 204, 206
Jordan, Wilhelm   68
Jülich de Vogt, Else   200, 203, 206

369

Jürgens, Helmut   272, 277, 279, 280, 281, 285, 286, 289, 290, 294, 295
Junker, Hermann   66
Justus, Lya   252, 255, 272, 284

Kalisch, Paul   107
Kandt, Elisabeth   184, 192, 194, 199f., 212, 219f., 221, 224, 228
Karén, Inger   255f.
Karry, Heinz-Herbert   357
Kaskel, Karl von   132
Kaupert, Gustav   31, 37, 43
Kautzky, Johann   71f., 78, 82, 84, 100, 105, 145, 147
Keilholz, Heinrich   336f., 339, 364
Keller, Josef   37
Kemp, Barbara   183
Kern, Adele   222, 229, 231
Kernic, Beatrix   137ff., 143f., 149, 151
Keuffel, Matthäus   37, 59
Kienzl, Wilhelm   121, 166
Kirchberg, Hans Joachim   354, 365
Kleiber, Erich   232
Klenau, Paul von   174, 226
Klenze, Leo von   40, 308
Klimsch, Eugen   38
Klötzer, Prof. Dr. Wolfgang   59
Kloss, Paul   280
Kment, Elsa   248f., 255, 256, 264, 267
Knef, Hildegard   323
Knoll, Waldemar   67ff., 70ff., 73, 78, 79, 82, 86, 90, 98f., 100, 113, 161
Knorr, Iwan   166, 209
König, Siegmund   71, 80f.
Kötter, Paul   258, 259, 272, 284, 291
Kohl, Adolf   298
Kolb, Dr. Walter   306, 308
Konwitschny, Franz   271f., 277, 283, 284, 286, 289, 292, 293, 294
Korenke, Hans-Ulrich   329f., 354, 357
Korngold, Erich Wolfgang   181, 202f., 206
Korschén, Richard   152, 155
Kozub, Ernst   330
Krähmer, Christian   130, 135, 137, 143, 144, 148, 151, 153, 154, 157, 159, 169, 172, 180f., 183, 186, 194
Kraus, Ernst   133
Krauss, Clemens   215, 217ff., 221, 226, 227, 229f., 232f., 254, 263, 273
Kreibig, Edmund   117
Křenek, Ernst   215f., 229, 232
Kretschmar, Edmund   84
Kretschmar, Kurt   212, 228
Krips, Josef   235
Kreutzer, Konradin   84, 281
Krüger, Franz   37, 345
Krull, Hans Joachim   344f.
Kunwald, Dr. Ernst   137f.
Kurz, Selma   124f.
Kwast, James   208

Langhans, Karl Friedrich   14, 22
Laube, Heinrich   56
Lauer, Dr. Gustav von   64
Lauer-Kottlar, Beatrice   siehe Sutter-Kottlar
Lazerus, Gustav   132
Leber, Erna Maria   329
Leber, Georg   329f.
Lecocq, Charles   125
Lederer, Impressario   158, 162
Lederer, José   96f., 100, 106
Lehár, Franz   155, 174f., 181, 236, 239
Lehmann, Dr. Friedrich   298
Lehmann, Lotte   323
Lejdström, Carl   142
Leonardi, Friedrich   359
Leoncavallo, Ruggiero   114f., 118, 281
Lert, Dr. Ernst   200f., 203ff., 206, 210, 217, 219
Leussink, Dr. H.   316
Lindemann, Ewald   236
Linnebach, Adolf   185
Liszt, Franz   129
Loen, von   50, 74
Lortzing, Albert   82, 130, 191, 235, 240, 283, 291
Loucadou, Armand Paul von u. Familie   73
Lucae, Dr. Christian   16
Lucae, Richard   15f., 19ff., 21ff., 41f., 47, 54, 361
Lucae, Prof. Dr. Richard   59
Lucca, Pauline   109f.
Lucius, Dr. Eugen   58
Lübbecke, Emma   329
Lübbecke, Fried   310, 316
Lütkemeyer, Fritz   78, 93, 97
Luger, Angelina   106

Madai, Guido von   59, 64, 74
Madsen, Maria Madlen   253, 255f., 257, 264, 273f., 277f., 292
Mahler, Gustav   125, 132, 139, 150, 159, 203, 367
Maillart, Louis   97
Mallinger, Mathilde   101
Malotki, Hans T. von   364
Malten, Therese   103
Mann, Thomas   203, 311
Manskopf, Familie
Mantler, Ludwig   128f., 130, 132
Mallinger, Mathilde   101
Malten, Therese   103f.
Marschner, Heinrich   88, 104
Martin, Karlheinz   171
Martin, W., Fa.   59
Martin, Wolfgang   212f., 232f., 235
Mascagni, Pietro   112f., 121, 128
Mascheck, Dagmar   338
Massary, Fritzi   183
Massenet, Jules   104, 107, 111, 118, 141
Martena, Amalie   siehe unter Friedrich-Materna
Matthias, S.   83
Mayr, Richard   139, 215

Mehmel, Dr. A.   316
Méhul, Etienne Nicolas   104, 190
Meissner, Hans   247, 248f., 252, 254, 258, 263, 266, 267, 273, 278, 284, 286
Meister, Wilhelm   58
Mendelssohn, Felix   98
Menuhin, Yehudi   342
Melber, Adolf   316
Mergler, Betty   204, 216, 243
Metz, Friedrich, Fa.   58
Metzler, Carl u. Familie   58, 68, 73
Meuers, Fritz   173
Meyer-Helmut, E.   122
Meyerbeer, Jakob (Giacomo)   77, 86f., 89, 91, 113, 176
Michel, Dr. Max F.   240
Michel, Hans   357
Michel-Kuchen, Julius   12
Milhaud, David   245f.
Millöcker, Karl   104
Miquel, Dr. Johannes von u. Familie   57, 58, 60, 68, 73f.
Möller, Walter   329f., 332f., 334, 337, 340
Mohler, Philipp   320
Mohr, Dr. Albert Richard   291f., 293, 294, 308, 310
Monteverdi, Claudio   291
Moog, Dr. Hans-Jürgen   329, 347, 357
Moran-Olden, Fanny   70f., 80, 84, 87ff., 90, 93f., 96f.
Mottl, Felix   187
Mozart, Wolfgang Amadeus   50, 57, 63ff., 69, 85, 104, 108, 114, 187, 257, 285
Mraczek, Josef Gustav   183
Mrakitsch, Matthias   253, 255, 264, 278, 280, 284f., 288
Müller-Wieland, Otto   210
Mumm, Georg von Schwarzenstein   21
Mumm, jr.   12
Mumm, von Schwarzenstein, Hermann   30
Mumm von Schwarzenstein, Dr. Daniel Heinrich   11, 12, 26, 56, 60, 74, 76
Mussorgskij, Modest Petrowitsch   200f., 206, 212f., 233
Mutzenbecher, Hans Esdras   230, 232

Nachbauer, Franz   103f.
Nau, Theo   320
Naumann-Gungl, Virginia   81, 89, 92
Naval, Franz   111f., 114, 117f., 120
Nawiasky, Eduard   110, 113, 115
Neher, Caspar   254, 255, 259, 260, 270, 284, 286, 288
Neßler, Victor   89, 104
Nettstraeter, Claus   219, 229
Neufville de Familie   58
Neumann, Franz   155
Nicolai, Otto   87, 281
Niering, Joseph   71, 75, 81, 87, 89, 94f., 97
Nordheim, Friedrich August von   37
Numankani, Hasan   338

Odemar, Fritz   167
Offenbach, Jacques   104f., 181
Orff, Carl   266f., 290, 291

370

Paër, Ferdinando 141
Pattiera, Tino 189
Perfall, Karl von 59
Pergolesi, Giovanni Battista 155
Permann, Adolf 188, 213, 228, 236, 245, 252
Perotti, Julius 104
Petry, Georg 302, 316
Petry, Heinrich 31, 37
Petersen, Ilse 205
Pfitzner, Dr. Hans 126, 177f., 208f., 248, 254, 270, 273, 276, 277, 278
Pflugmacher, Max Alex 249f.
Pichler, Max 111, 113ff. 118, 126, 129f., 131
Pistorius, Karl 252, 255
Planck, Dr. Max 300
Platen, Graf 59
Pollak, Egon 166f., 174, 240
Pollini, B. 106
Ponchielli, Amilcare 108
Possart, Ernst von 50
Presber, Rudolf 142
Prey, Herman 339
Pröll, Dr. Rudolf 118, 120, 122, 124, 128, 132f. 138, 140
Puccini, Giacomo 117, 126f., 150, 153, 218, 221, 227, 235, 263, 264, 283, 300

Quaglio 49

Ralf, Torsten 247, 248, 249f., 252, 253f., 255f.
Rath, Dr. Karl vom 315, 320
Rauch, Alf 268f., 272, 282, 284, 286, 288, 292
Ravel, Maurice 245
Recka, Erna 212, 243
Reich, Carl 137f.
Reichenberger, Hugo 142, 146, 151, 154
Reichmann, Theodor 102, 104
Reifenberg, Benno 308
Reinhardt, Georg 290
Reinthaler, Karl 92f., 95
Reiss, Willi 345
Rémond, Fritz 307
Rennert, Dr. Günther 290
Rennert, Wolfgang 320
Resni, Alois 197, 206
Reutlinger, Jacob Fa. 58
Reutter, Hermann 261, 263, 288f.
Reznicek, Emil Nikolaus von 229, 291
Riedinger, Gertrud 247, 248
Rimskij-Korsakow, Nikolaj 129, 200f., 220, 225
Rödel, Volker 338
Röhner, Roland 338
Röhder, Hugo
Röhr, Hugo 186
Roller, Alfred 156f., 159
Roller, Max 216
Romansky, Dr. Ljubomir 292, 297, 320
Rooy, Anton van 150

Rosenkranz, Elisabeth 261, 263, 276
Rossini, Gioacchino 82f., 114, 264, 283, 292
Rothenberger, Anneliese 323
Rothschild, Familie von 58, 74
Rottenberg, Dr. Ludwig 116f., 122, 126, 130, 132, 143f., 148, 150, 153f., 157, 159, 169, 172, 178, 180f., 182, 186f., 196, 198f., 204, 207, 211f., 216f., 220
Rottonara, Franz Angelo 134, 141
Rubinstein, Anton 98f., 148
Rudolph, Carl 151
Rüegg, Prof. Dr. Walter 329
Rumpf, Karl 32
Ruzicka, Sophie 81, 89f., 94

Sabel, Jakob 269, 271, 276f., 284, 293
Saint-Saëns, Camille 107, 136, 141, 231f.
Salini, Lino 239
Sarobe, Celestino 294
Scaria, Jakob 102, 104
Schacko, Hedwig 111, 114f., 117f., 122, 126, 129f., 132, 137ff., 142, 144, 158
Schadow, Violetta 197
Schauroth, Udo von 314, 318f., 320, 324f., 327f., 332
Scheel, Rudolf 236
Scheffler, Ernst-Ulrich 338
Scheidemantel, Karl 127
Scheidt, Robert vom 170f., 174, 176, 178, 181f., 186, 190f., 192, 194, 196, 201, 204f., 206f., 210f., 214f., 218, 220, 224, 228, 232f., 243, 252f., 255, 258, 261
Schellenberg, Martl 214
Schelper, Berte 172f.
Schenck, Richard von 184, 189, 192, 197, 204, 211, 216, 224, 229f., 235, 239
Schenkl, Rudolf 292, 294
Scherchen, Herrmann 243
Scheren, Hans Günther 365
Schiepe, Friedrich-Carl 338
Schierholz, Friedrich R. 31ff., 37
Schillings, Max von 180, 280
Schinkel, Karl Friedrich 14f., 40
Schlemm, Anny 330
Schlockermann, Martin 333, 338
Schlosser, Dr. Karl 298
Schmalstich, Clemens 178
Schmedes, Erik 151
Schmidt-Rumpf, Fa. 58f.
Schmidt-Reuter, Ing. Soz. 364
Schneider, Walter 162, 167, 170, 199, 200f., 210, 214, 242, 254
Schönberg, Arnold 236
Schomann, Dr. Heinz 358ff.
Schott, Paul 203
Schramm, Hermann 132, 135, 139, 142, 151, 155, 157f., 162, 167, 170, 175, 180, 185, 200, 204, 210f., 216, 217f., 236, 247, 230
Schreker, Franz 158f., 168f., 186f., 196f., 206, 215f.
Schröder, Emmy 151, 162
Schröder, Elektrobau 323

Schröder-Hanfstaengl, Marie 80f., 99, 108, 110, 113
Schubert, Franz 181
Schumann-Heink, Ernestine 154
Schwab, Ulrich 367
Schweebs, Helmut 254, 256, 361, 272, 277, 278, 280, 286, 288, 293f.
Schweitzer, Albert 323
Schweitzer, Elsa siehe Hensel-Schweitzer
Schwemer, Friedrich 57, 69, 84, 88, 90, 95, 97
Schwindt, Georg Wilhelm 31
Scribe, Eugène 81
Seckendorf von 64
Seibert, Albert 253ff., 262, 264, 271, 273, 276, 293
Seidelmann, Helmut 244
Seidenspinner, Emil 272, 285, 291
Sekles, Bernhard 194, 219f.
Sellin, Lisbeth 144, 146, 148, 150f., 155f., 157ff., 162, 169, 173
Sembrich, Marcella 107
Semper, Gottfried 14, 16, 22
Senf, Hermann 316, 318, 320, 324f., 327f., 332
Sengern, Leonore 153
Sengle, Hermann 364
Sennelaub, Philipp Fa. 58
Shakespeare 181
Siemens, Bauunion 302, 314
Sievert, Ludwig 177, 179, 193, 194, 195, 199, 201f., 203ff., 208, 209, 212, 215f., 217f., 220f., 222, 223, 224, 226f., 229ff., 232, 235f., 237, 242, 244f., 251, 252, 256, 261, 263, 265, 266, 269
Silha, Anton 173
Silja, Anja 330, 339
Skraup, Dr. Siegmund 263
Slezak, Leo 186
Semtana, Friedrich 116, 120f.
Sollwedel, Inge 357
Solti, Georg 367
Sommer, Dr. Heinrich 364
Sonnemann, Leopold 14
Sonntag, Henriette 78
Spannring, Franz Fa. 303
Spiegel, Magda 184, 192, 203f., 207f., 211, 212f., 216f., 218, 226, 230f., 232, 240, 243, 247, 249, 253
Stäter, Fritz K. H. 338
Starke, Ottomar 163, 165, 169
Staudenmeyer, Emil 210, 255, 256, 278, 280, 284
Steffens, Hermann 137, 143, 157
Steigenberger, Consulting GmbH 364
Steinberg, Hans Wilhelm 234f., 236, 239f., 242f., 246
Steinbüchel, Rambald von 325f., 332f., 336f.
Steinle, Eduard von 36ff., 40, 42, 44, 46f., 48, 54f.
Stephan, Rudi 198f.
Stern, Ernst 168f.
Stern, Georg 12
Stern, Jean 213, 216, 231f., 243f., 245f., 249, 252, 254, 258, 259, 261f., 282, 284, 289, 330
Stock, Herbert 173ff., 181
Stoltze, Adolf jun. 75f.

371

Stoltze, Friedrich 53, 106
Strack, Johann Heinrich 14 ff.
Strack, Magda 263
Strassen, Hermann zur 358
Strauß, Johann 104, 106, 110, 170, 227, 229
Strauß, Oskar 152, 186, 200
Strauss, Richard 116, 126, 134 f, 144, 152, 154 f., 156 f., 166 f., 184 f., 207 f., 211, 218, 229, 248 f., 253, 266, 276 f., 283
Stritt, Albert 85, 87 f., 90, 93 ff., 96 f., 100, 104, 110
Solti, Georg 367
Sulzbach, Rudolph 12
Sutter-Kottlar, Beatrice 182, 185, 188, 191 f., 199, 207, 212, 218 f., 226, 245
Suppé, Franz von 104
Szenkar, Eugen 200, 203, 205, 210, 212, 240

Taubmann, Otto 181 f.
Tervani, Irma 162
Thiersch, Friedrich von 37, 40
Thomas, Ambroise 111
Thuille, Ludwig 154
Tijssen, Josef 142
Treffner, Willy 257 f., 263, 264, 272
Trundt, Henny 262, 263
Tschaikoswki, Peter 132, 137, 217 f.
Turnau, Josef 232 f., 236, 244, 246

Uersfeld, Maria 184
Uhr, Charlotte 166 f., 173 f., 175 f.
Urbach, Otto 122
Ursuleac, Viorica 219 ff., 222, 226 f., 228 f., 235, 236, 239 f., 243, 254, 329
Usandizaga, José Maria 293 ff.

Verdi, Giuseppe 83 f., 85, 91, 95, 108 f., 121 f., 171, 188, 202, 229, 233, 242 f., 244, 267, 287 ff.
Völker, Franz 225, 229, 234, 235, 236, 239, 243 f.
Voigt, Inge 333
Vogl, Heinrich 101 ff.
Vogl, Therese 101, 104
Volkner, Robert 166, 178, 184

Wachtel, Theodor 87
Wackers, Coba 253, 257, 261, 269, 275, 277, 278, 284, 288 f., 290, 292
Wälterlin, Dr. Oscar 252 f., 263, 264, 266
Wagner, Richard 50, 80, 85, 91, 93 f., 99 ff., 142, 171 f., 176, 206, 217 f., 221, 245, 249, 258, 263, 269, 271, 283, 300
Wagner, Siegfried 130
Waibl, Xaver 288
Wald, Ilse 284
Walker, Edith 152
Walker-Seibert, Gertrud 288, 293
Wallerstein, Dr. Lothar 211, 215, 217, 218 f., 222, 226 f., 229 f., 232
Wallmann, Dr. Walter 354, 356, 357
Walter, Gustav 92
Walter, Minna 92, 97, 100 f.
Walter, Paul 272, 273, 274, 275, 276
Waltershausen, Hermann 166
Walther, Max 129, 137, 139, 146, 148, 188, 191
Wayss & Freytag AG 302
Weber, Carl Maria von 50, 78, 87, 98, 106, 132, 200, 203, 222, 283
Weber, Clara 113, 130 f.
Weber, Gerhard 312, 314 f., 316
Wedler, Prof. Dr. 306, 313
Weichert, Richard 198
Weill, Kurt 230 f., 240 ff.

Weill, Emmerich 221, 240 ff., 253
Weinberger, Jaromir 236, 238
Weingartner, Felix von 110, 140 f.
Weis, Karl 133 f.
Wellig-Bertram, Maria 155, 245
Welsch, J. 45
Werfel, Franz 243
Werninghaus, Agnes 212
Westerweller, Paul von 59
Westrup, Peter 338
Wetzelsberger, Bertil 247, 249, 256, 261, 263 f., 267, 271
Wilhelm I., Kaiser 57, 63 ff., 73 f., 108
Wilhelm II., Kaiser 122 f.
Wilt, Marie 69 f., 78, 84, 89 ff., 92, 114
Winkler, Otto 277, 290, 291
Wirl, Erik 148, 151, 155, 157, 162, 170, 176, 180 f., 182, 189, 191, 196, 201
Wirthle, Werner 316
Wittazscheck, Oskar 263, 278, 280, 284
Wörle, Willi 236, 240, 242, 246 f., 248
Wolf, Hugo 173 f.
Wolf-Ferrari, Ermanno 141, 155, 174, 255 f., 278
Wolff, Dr. Ernst 233, 246
Wolfram, Carl 135
Wolzogen, Ernst von 134, 143
Wurmb, Lothar von 64

Zeiß, Dr. Karl 184, 186, 200, 214
Ziegler, Benno 228 f., 235, 238, 247
Ziegler, Karl 184, 186, 189, 191
Zimmer, Heinz 365
Züblin, Ed., Fa. 302, 314
Zumpe, Hermann 69
Zwißler, Karl Maria 253, 256, 257, 258, 263

Von den zahlreichen Bildwiedergaben in dem vorliegenden Buch ließen sich nur bei einem kleinen Teil der Vorlagen die Namen der Fotografen ermitteln; soweit nicht schon im Vorwort genannt, handelt es sich hierbei um: Karl Baumann, Atelier Culier, Atelier Dette, A. Dous, Otto Fischer, Erich Fornoff, Martha Hellfritsch-Mráz, Nini & Carry Hesse, Gabor Hirsch, H. Junior, A. Kruthoffer & Fegers, Atelier Marx, Atelier May, Fritz Nippold, Atelier Pieperhoff, Martin Pietsch, A. Rudolf und Willy Schäfer.

Die auf Seite 33 abgebildete Opernhaus-Aktie wurde von den Freunden Historischer Wertpapiere in Frankfurt am Main zur Verfügung gestellt.
Die Wiedergabe eines Spenden-Zertifikates für den Bau des Opernhauses und dem damit verbundenen Logenanrecht (Seite 33) verdankt der Verfasser den Bankiers Georg Hauck & Sohn in Frankfurt am Main.
Die Zeichnung der wiederaufgebauten Alten Oper mit ihrem neuen Funktionsprogramm (Seite 366) stammt von Tatjana Hauptmann und Thomas Warschauer.

Zum Abschluß dieser Dokumentation über das Frankfurter Opernhaus ist es dem Verfasser ein besonderes Anliegen all denen zu danken, welche die Herausgabe des Buches unterstützt haben wie die Ämter der Stadt Frankfurt am Main, die Alte Oper GmbH, die Polytechnische Gesellschaft e.V., die Aktionsgemeinschaft Opernhaus und die Adolf und Luisa Haeuser-Stiftung für Kunst und Kulturpflege, der im besonderen die Überlassung von wertvollem Bildmaterial zu danken ist.